마셜 호지슨의 세계사론

유럽, 이슬람, 세계사 다시 보기

마셜 호지슨의 세계사론

유럽, 이슬람, 세계사 다시 보기

마셜 호지슨 지음　에드먼드 버크 3세 엮음　이은정 옮김

사□계절

마셜 G. S. 호지슨(Marshall G. S. Hodgson)은 주로 3권으로 된 대작 『이슬람의 모험』(*The Venture of Islam: Conscience and History in a World Civilization*)의 저자로 알려져 있다. 그가 여러 중요한 논문들과 유작 『세계사의 통일성』(*The Unity of World History*)을 남긴 세계사학자였다는 사실은 별로 알려져 있지 않다. 호지슨은 결국 이 책을 끝내지 못한 채 1968년 46세를 일기로 세상을 떠났다.

비록 나는 마셜 호지슨을 직접 만나지는 못했지만 세계사에 대한 그의 생각으로부터 많은 것을 배웠다. 오랫동안 나는 세계사에 대한 호지슨의 가장 좋은 글들을 묶어 펴내면 현재의 세계사와 그 안에서의 유럽의 위치에 대한 논의에 큰 공헌을 할 수 있을 것이라고 생각해 왔다. 여기에 수록된 논문들은 이미 출판된 것들이지만[1] 그 중 겨우 몇 편만이 그 가치에 합당할 정도로 널리 읽혀졌다. 이 논문들은 1940년대에서 1960년대 사이에 쓰여진 것들이지만 거기서 볼 수 있는 개념의 명철함과 방법론적 엄격성은 오늘날에도 여전히 의미가 있다.

이 책의 1부에 포함된 글들은 세계사 속의 유럽의 위치를 탐구하며, 유럽중심주의자와 다문화주의자 모두에게 도전장을 내고 있다. 2부의 글들은 세계사의 틀 속에 이슬람 문명의 역사를 위치지우려는 것으로, 1부의 짝을 이룬다. 3부의 글들은 궁극적으로는 오직 단 하나의 역사 —세계사—만이 존재하며 모든 부분적 혹은 특별 취급을 받는 역사들은 세계사의 맥락 속에서 다시 자리매김되어야 한다는 취지다. 이 책의 대미는 호지슨의 3권짜리 『이슬람의 모험』을 세계사 저작으로 보는 나의 회고적 감상문으로 마무리되었다.

---

1) 엮은이는 이 책의 서론에서 이 논문들이 쓰여진 경위를 밝혀 놓았다.

호지슨의 철자법, 신조어, 중동 어휘의 음역 등에 대해서도 언급해 둘 필요가 있다. 다른 여러 가지도 그렇지만 호지슨의 문장은 곧 그의 방법론적 자기 인식의 표현이자 전통적 용어들에 대한 불만족의 표현이었다. (5장, 「문명 연구의 역사학적 방법론」에서 그는 역사가들의 언어 사용과 새로운 용어의 고안에 있어서 자기 성찰이 필요하다고 주장하였다.)

나는 가능한 한 원문에서 호지슨이 쓴 철자법을 충실하게 따르고자 하였다. 그러나 그의 아랍어와 기타 중동언어들의 음역(音譯: transliteration)은 텍스트를 좀 더 읽기 쉽게 하기 위하여 단순화되었다. 전문가들은 그 음역 시스템에 무엇을 더 집어넣어야 하는지 알 것이고 일반 독자들도 불편하지 않을 것이다. 여기 실린 많은 글들은 서로 다른 여러 경로로 출판된 것들이어서 경우에 따라 철자 시스템이 서로 달랐지만 일관성을 위해서 철자법을 전체적으로 통일하였다.

나는 호지슨의 유저(遺著) 관리자인 시카고 대학교의 유진 겐들린(Eugene Gendlin) 교수의 제안으로 호지슨의 세계사에 관한 가장 훌륭한 글들을 엮어 출판할 수 있다는 것을 알게 되었다. 또한 그의 미망인 필리스 호지슨(Phyllis Hodgson) 부인의 격려는 이 작업을 끝마치는 데 많은 도움이 되었다. 캘리포니아 대학교 산타크루즈(U.C.S.C.) 인문학부는 이 책을 편집하는 데 연구 기금을 지원해 주었다. 이 자리를 빌어 인문대학장이었던 마이클 코완(Michael Cowan)에게 감사드린다. 끝으로 워드 프로세싱 센터에서 텍스트를 입력한 헬렌 위틀리(Helen Wheatley)와 최종 원고를 준비해 준 조이 소자(Zoe Sodja), 두 사람 모두에게 깊이 감사하는 바이다.

차례

마셜 호지슨과 세계사

— 에드먼드 버크 3세

지난 20년간 세계사 서술에는 중요한 변화가 있었다. 문명 연구의 틀에 입각한 학문적 전통이 안팎으로부터 도전을 받게 된 것이다. 전지구적인 상호 의존성에 대한 새로운 인식뿐만 아니라 서구를 그 외의 인류에 비해 특권적 지위에 올려놓았던 도덕적 예외주의(moral exceptionalism)의 붕괴 결과로 역사가들은 관심의 지평을 넓혀갔다. 그 결과 비교사는 이제 미국사의 서술에서도 점점 큰 영향력을 갖게 되었다. 미국 남부 노예제의 역사나 남북전쟁 후 남부 재통합의 역사도 이제 더 이상 이전의 구태를 유지하지 못할 것이다. 서로 다른 사회들이 시간과 공간 속에 서로 연결되어 있으며, 이 연결방식에 대해 새로운 인식을 갖게 한 것은 마르크시즘의 공헌임이 분명하다. 이매뉴얼 월러스틴(Immanuel Wallerstein), 에릭 홉스봄(Eric Hobsbawm), 에릭 울프(Eric Wolf), 그리고 안드레 군더 프랑크(Andre Gunder Frank)와 사미르 아민(Samir Amin)은 세계 경제의 구조적 영향력을 중요시하는 자본주의 발달사를 저술하였다.[1] 그 과정에서 그들은 인류사를 논하는 새로운 개념적 도구와 그것을 위치지울 새로운 지평을 마련하였다. 문명들 사이의 문화적 교류가 아닌 민족들 사이의 사회 경제적 상호작용이 이 새로운 시각의 기본 구성요소가 되었다.

마르크스주의적 전통 속에서 연구한 학자들의 공헌도 중요하지만, 세계사 분야가 새로 만들어지는 데는 윌리엄 맥닐(Willian H. Mcneil)의 저작이 더욱 중요한 역할을 한 것으로 보인다. 그의 『서구의 부상』(The Rise of the West)은 문명사적 전통 안에서 세계사에 대한 종합적인 설명을 학생들에게 제공했다.[2] 맥닐의 새로운 방법론은 문명사 연구를 슈펭글러의 비관주의 건 토인비의 순환론이건 간에 벗어날 수 없었던 형이상학이라는 프로크루스테스의 침대(그리스 신화에서 유래한 개념으로, 융통성 없는 틀을 이야기함 - 옮긴이)로부터 해방시켰다. 문화적 전파라는 개념을 인류학에서 빌려오면서 맥닐의 세계사는 전파되어 가는 것이 있으면 오는 것도 있다는 식의 세계사가 되었지만, 그 속에서도 불가사의하게 서구가 주된 수혜자가 되었다. 자본주의 발달에 대한 관심 때문에 1500년대 이후만을 주로 연구한 마르크스주의적 전통을 잇는 사람들과는 달리, 맥닐은 근대성의 등장을 인류사 전체의 맥락에서 본다. 이것은 인류의 과거 윤곽을 논하는 데 있어서 좀 더 현재중심적이고 덜 유럽중심주의적인 논의를 가능하게 해주지만, 그의 책 제목이 암시하듯 약간의 어려움이 남는다. 사실 마르크스주의자나 맥닐의 추종자들에게는 전지구적 시간의 관점에서 본 인류사나 근대성의 역사 속에서 유럽의 위치 문제 등에서 한계가 있다. 마셜 호지슨의 학술적 공헌이 중요한 이유가 여기에 있다.

맥닐이 1950년대에 시카고 대학교에서 그의 대표작을 쓰고 있을 때, 그의 동료이자 친구였던 마셜 호지슨은 동시에 3권으로 된 『이슬람의 모험』

---

1) Immanuel Wallerstein, *The Modern World system*, 2 vols. (New York: Academic Press, 1974, 1977); Eric Hobsbawm, *The Age of Revolution 1789~1848*, *The Age of Reform 1848~1875* (New York: New American Library 1962, 1975); Eric Wolf, *Europe and the People Without History* (Berkeley: University of California Press, 1982); Andre Gunder Frank, *World Accumulation, 1492~1789* (New York: Monthly Review Press, 1978); Samir Amin, *Unequal Development* (New York: Frank, 1976).

2) *The Rise of the West: A History of the Human Community* (Chicago: The University of Chicago Press, 1963).

(*The Venture of Islam: Conscience and History in a World civilization*)을 쓰고 있었다.[3] 이슬람학자이며 퀘이커교도였던 호지슨은 오리엔탈리즘이라고 불리는 텍스트 분석의 전통 속에서 일했으며, 이슬람의 역사에 문명론적인 접근법을 사용했다. 그러나 보통의 오리엔탈리스트의 저작과 달리, 그의 『이슬람의 모험』은 이슬람 문명의 역사를 단순히 중동사의 맥락에서 보는 데 그치지 않고 세계사의 맥락에서 보았다. 호지슨 저작의 이러한 양면성은 그의 방법론적 자각, 윤리적 감수성과 더불어 우리가 그에게 관심을 갖게 만드는 주요한 요소다. 1968년 사망할 때까지 학제적인 사회 사상 협동 과정(현재 그 과정의 후신은 그 당시와는 경향이 약간 다르다)의 주임이었던 그는 서양 문명의 철학적·사학적 전통을 재고해 보려는 시도에 깊이 간여하였다. 광범위한 학식과 확고한 자신감을 가진 호지슨은 대단한 인물이었다. (결론에서 당시 시카고 대학교의 학술적 환경에 대해 좀 더 이야기하겠다.)

마셜 호지슨이 보기 드문 엄정함과 열정을 갖춘 세계사학자이기도 했다는 사실은 잘 알려져 있지 않다.[4] 세계사학자로서 호지슨은 그가 이슬람적이라고 한 문명의 위치를 서아시아의 역사와 인류 전반의 역사, 양자의 맥락 속에서 비평하고 고치는 데 관심을 기울였다. 그는 언젠가 "인류야말로 인간의 모든 의문에 대한 논의와 유의미한 사고가 가능한, 궁극적으로 유지할 수 있는 단 하나의 장(field)"이라고 말했다. 그보다 작은 범위는 어떠한 것이라도 유럽중심적이고 현재중심적인 편파성을 허용하여 질문의 기반을 왜곡시킬 수 있는 것이다. 바로 이런 이유 때문에 그는 또한 특정한

---

3) Chicago: The University of Chicago Press, 1974.
4) 예를 들면 호지슨은 대체로 철저하고 통찰력 있는 개론이었던 길버트 알라다이스의 "Toward World History: American Historians and the Coming of the World History Course," *Journal of World History* I, 1(1990), pp. 23~76에 언급되지 않았다. 하지만 이 논문은(비록 다음 세 사람의 역사에 대한 접근법은 매우 다르지만) '시카고 학파' 세계사학자들이라고 할 수 있는 루이스 고트샬크, L. S. 스티브리아노스, 윌리엄 맥닐에 대해서는 중요하게 언급하고 있다.

시점에서 이슬람문명의 발전을 서유럽문명의 역사와 비교하여 이슬람에 대한 대부분의 오리엔탈리스트들의 저작에서 나타나는 유럽예외주의를 초기에 완화시키고자 하였다.

호지슨의 초기 저작 중의 하나(1941)는 그가 19세 때 쓴 세계사에 대한 새로운 개념적 접근법의 윤곽을 그린 수필이다. 그 후 25년간 그는 이 초기 저작을 여러 형태로, 매번 더욱 심오한 내용으로 계속 고쳤다.[5] 세계사와 그 안에서의 유럽의 위치를 어떻게 새롭게 개념화할 것인가 하는 문제에 대한 호지슨의 생각은 몇 년에 걸쳐 여러 편의 주요 논문으로 출판되었다. 그의 생각 가운데 일부는 『이슬람의 모험』에 포함되었다. 이러한 수필들의 여러 판과 또 다른 수필들은 그의 출판되지 않은 유고 『세계사의 통일성』에 포함될 예정이었다.

호지슨의 작업 방식 때문에 그가 쓴 책 한 권 분량의 출판되지 않은 원고인 『세계사의 통일성』를 출판하겠다고 나서는 출판사는 없었다. (그는 이 원고를 계속 수정하였고 그것의 일부를 논문으로 출판하거나 『이슬람의 모험』에

---

5) 시카고 대학교의 조셉 레겐스틴 도서관의 특별자료과에 있는 호지슨의 문건들은 우리로 하여금 이러한 진화의 과정을 세세히 추적할 수 있게 해 준다. 이 책의 3장 「세계사와 세계관」에 수록된 글은 1944년에 쓰여진 것으로, 세계사에 대한 그의 독특한 접근법이 처음으로 인쇄된 글로 표현된 것이었다. 1945년에는 마거릿 캐머론의 논문 제목에서 영감을 얻어 그는 자신의 세계사를 '동양은 없다'(There is no Orient)라고 이름지으려 하였다. 그 이유는 '편협한 서구중심주의에 맞서기' 위해서였다. 1955년에 그는 이른바 '나의 서사적 역사'(My Epic History)라는 것에 대해 이야기했다. "나는 일종의 신곡(Divina Commedia) 같은 것을 구상하고 있는데, 그것은 밀튼이나 이븐 아라비 같은 세계관의 이미지, 즉 토인비의 저작을 대체할지도 모른다는 희망을 담은 서사시 혹은 신비술이다." 1960년 10월, 그는 구상중인 책이 '세계사의 구조: 중세와 근대 유라시아에 대한 에세이'(The Structure of World History : an Essay on Medieval and Modern Eurasia)라고 하였다. 1962년에는 각 장의 윤곽들이 결국 그가 남겼던 유고 『세계사의 통일성』의 목차와 비슷해졌다. (그 중 마지막 세 장은 이 책에 그대로 실렸다.) 그가 순진한 애착을 갖고 있던 세계 연방주의는 책을 서사시의 형태로 만드는 데 대한 낭만적인 열정과 마찬가지로 점점 곁가지로 밀려나게 되었다. 이 계획이 처음 입안 단계에서부터 점차 변화해 가는 과정을 살핌으로써 우리는 한 젊은 학자가 어엿한 전문가로 성숙해 가는 과정을 볼 수 있다.

넣기 위해서 발췌하였다.) 이 원고에서 그가 세계사의 윤곽에 대해 말하려 했던 것의 대부분은 그의 세계사 관계 논문들이나 『이슬람의 모험』 일부에 더 완성된 형태로 존재한다. 끝으로, 호지슨이 1950년대에 이 원고에 착수했기 때문에 그 중 일부는 확연히 시대에 뒤떨어져 보였다. (알프레드 토인비나 해리 엘머 바안즈 같은 세계사학자의 저작은 더 이상 널리 읽히지 않으며, 그들의 통찰은 세계사 분야의 발전에 의해 낡은 것이 되고 말았다.)

10년 전 『세계사의 통일성』 원고의 출판 심사에 참여했던 나는 그 원고의 세계사학적 가치와 동시에 그 원고를 출판사가 출판할 가능성이 희박하다는 점에 주목했다. 만일 이 원고가 출판될 가능성이 없다면, 이미 출판된 논문들과 원고의 일부를 책으로 만들 수는 없을까? 나는 그렇게 노력해 보기로 작정했다. 1987년 6월 조셉 레겐스틴 도서관의 특별 자료과에 보존된 호지슨의 논문들을 조사하면서 이 책에 포함될 수 있는 논문들을 몇 개 더 발견하였다. 나는 또 호지슨이 『이슬람의 모험』의 일부를 구성하는 것들도 포함하여 자신의 세계사 관련 논문을 엮어서 책으로 내려고 했던 것을 암시하는 친필 메모(날짜는 없지만 약 1962년경에 만들어진 것으로 추정된다)를 발견했다. 내가 이 책을 구성하는 것도 그 목록으로부터 도움을 받았다.

호지슨의 개념적 접근법과 방법론적 엄격성이 세계사학을 모색해 보려는 현재의 노력에 중대한 공헌을 할 것이라는 확신을 가지고 나는 호지슨의 이슬람과 세계사에 대한 저술 가운데 가장 우수한 것들을 추려 모아 이 책을 만들기로 결심했다. 나는 여기 수록된 논문들을 세 부분으로 나누었다.

호지슨의 세계사 저술의 중요한 초점은 서양사를 세계사의 맥락 속으로 되돌려놓고, 그 과정에서 서양사를 유럽중심적인 목적론들(혹은 푸코식으로 말하자면 유럽의 자기 자신에 대한 거대담론이라고 할 수 있는 것들)로부터 자유롭게 하려는 것이었다. 1부 '세계사적 맥락에서 본 유럽'에 속하는 글들은 이 주제에 대한 호지슨의 가장 중요한 작업을 모은 것이다. 그 중 1963년에 처음 쓰여진 「역사상의 사회들 사이의 상호관계」는 가장 잘 알려진 것이다.[6] 「지도의 중심에서: 어느 나라나 스스로 역사의 중심이라고 생각한다」와 「세계사와 세계관」은 초기 저술로 그의 세계사에 대한 개념적 접근법을 쉽게 소개해 준다.[7] 근대성의 문제, 그리고 그것을 어떻게 역사적으로 위치지울 것인가—유럽에 뿌리를 둔 전지구적인 과정으로서? 혹은 특별히 유럽적인 것의 발현으로서?—하는 문제는 「서구의 대변동」에서 처음으로 언급되었다.[8] 「문명연구의 역사학적 방법론」은 먼저 주요한 인식론적이고 개념적인 문제들을 잘 생각하지 않고 세계사를 시작할 때 있을 수 있는 위험과 함정들에 대한 호지슨의 생각을 엿볼 수 있다.[9] 여기서 호지슨은 교육자로서 멋진 면모를 보여준다. 끝으로, 「세계사를 연구한다는 것에 대하여」라는 소품은 호지슨 자신의 세계사에 대한 접근법의 요점을 짧은 범위 내에서 간명하게 보여주고 있으며, 윌리엄 맥닐의 『서구의 부상』에 대한 간략한 비평을 내보이기도 한다. (이 글은 뉴햄프셔 대학교의 존 볼에

---

6) "The Interrelations of Societies in History," *Comparative Studies in Societies and History*, V (1963), pp. 227~250. 이 논문의 초판은 *Cahiers d' historie mondiale/Journal of World History* I (1954), pp. 715~723에 수록되었다. (이는 둘 다 호지슨이 시카고 대학교의 학부생이었던 1941년에 쓴 출판되지 않은 편지를 고친 것이었다.) 이 책의 1~13장이 원래 수록되어 있었던 그의 미출간 유고 『세계사의 통일성』 자체도 사실은 바로 이 조숙한 초기작품에서 유래한 것이다.

7) "In the Center of the Map," *UNESCO Courier* (May 1956), pp. 16~18, "World History and a World Outlook," *The Social Studies* 35 (1944), pp. 297~301. 후자는 날짜 기입란에 오리건주 엘크톤의 엘크톤 캠프라고 쓰여 있는데, 호지슨이 퀘이커 평화주의자로 그의 사상 때문에 2차대전 중 수용소에 수용되었음을 상기시킨다. 캠프 엘크톤은 퀘이커교도의 양심적 병역거부자들을 수용하기 위해 지어졌다. (호지슨의 퀘이커신앙의 지적인 중요성에 대해서는 이 책의 마지막에 실린 나의 에세이를 보라. 세계 연방제가 그의 글에 미친 영향은 매우 컸다. 그의 세계사에 대한 초기 개념화에서 그다지도 중요했던 이 주제의 영향력은 시간이 지나면서 점점 줄어들었다.)

8) 이 논문은 처음에 *Chicago Today* (1967)에 발표되었다. 이 책에 실린 수정본은 이전에 *The Venture of Islam* (Chicago: The University of Chicago Press, 1974) vol. 3, Book 6, chap. 1, pp. 176~200에 실린 것이다.

9) 이것은 처음에 *The Venture of Islam* (Chicago: The University of Chicago Press, 1974)의 머리말로 vol. 1, pp. 22~74에 실렸다.

게 보낸 1966년 12월 16일자 편지의 발췌문이다. 호지슨은 습관적으로 편지를 썼으며, 그의 가장 탁월한 생각들이 편지글에 처음 나타나는 경우도 종종 있었다. 예를 들면 1941년 처음으로 편지에서 나타난 구상에서 나중에 『세계사의 통일성』이 나오게 되었다.)

2부 '세계사적 맥락에서 본 이슬람'에서는 호지슨의 이슬람과 세계사에 대한 주요한 주장을 접할 수 있다. 「세계사 속에서 이슬람의 역할」은 이슬람 문명사의 큰 줄거리에 대한 역작이다.[10] 「이슬람권과 서구에서의 문화적 패턴 비교」라는 에세이는 처음에는 『이슬람의 모험』의 일부로서 모습을 드러냈다.[11] 이 글은 이슬람 문명과 서구 문명을 상당히 일관성 있게 비교하고 있다. 글은 어렵지만 거기 나타난 생각들은 대단히 고무적이다. 「후기 이슬람사의 통일성」에서는 몽골 이후의 이슬람사는 저류에 흐르는 통일성이 있다는, 기존 학계의 정설과는 상반되는 주장을 펴고 있다.[12] 「근대성과 이슬람의 유산」이라는 장에서 호지슨은 현대의 무슬림들이 처한 상황에 대해 깊이 생각한다. 그가 종종 한 것처럼 여기서도 그는 많은 사건들을 예견하였다.[13]

이 책의 3부 '세계사라는 분야'는 그가 출판하지 못한 『세계사의 통일성』의 마지막 부분을 이루는 세 편의 글로 되어 있다. 여기서 호지슨은 세계사에서 객관성의 문제를 논하고 역사적 비교에 대한 그의 생각을 제시하며, 세계사란 더 작은 일반화 범주의 역사적 탐구가 의미를 갖게 하는 단하나의 모(母)학문분야라고 주장한다. 그의 생각들은 학술로서의 세계사에 대한 오늘날의 논의와 지속적인 관련성을 갖는다.

---

10) *International Journal of Middle East Studies*, I (1970), pp. 99~123.

11) *The Venture of Islam*, vol. 2 (1974), pp. 329~368.

12) *Journal of World History*, 5 (1960), pp. 879~914.

13) *Islamic Studies*, I (1962), pp. 89~129.

이 책은 나의 「세계사로서의 이슬람사: 마셜 호지슨과 『이슬람의 모험』」이라는 글로 끝을 맺고 있는데, 그 글은 이슬람사와 세계사라는 두 주제가 호지슨의 생각 속에서 어떻게 지속적인 상호작용을 했는지에 대한 사색이 담겨 있다.

이슬람과 서구: 서구문명의 위치 재설정

에드워드 사이드(Edward Said)의 『오리엔탈리즘』(*Oientalism*)[14]이 근자에 촉발시킨 논쟁은 서구의 역사와 세계 다른 지역의 역사와의 관계를 재평가하는 작업을 시작하는 데 좋은 출발점이다. 사이드는 중동에 대한 유럽의 헤게모니 연장선상에 있는 학술 분야로서 오리엔탈리즘(일반적으로 인정되고 있는)의 역할, 그리고 오리엔탈리즘이 힘의 담론으로서 비서구에 대한 서구의 지배에 입각해 있다는 점을 강조한다. 그러나 좀 더 심화된 수준에서 사이드의 접근법은 문명 연구의 유효성을 암묵적으로 의문시하며, 특히 한 문명의 경전들이 그 문명의 특성을 이해하는 열쇠가 된다는 것에 대해 회의적이다. 만약 사이드가 말하는 것처럼 오리엔탈리즘이 '타자'에 대한 담론이라면, 서구문명은 '우리 자신'(서구인들)에 대한 담론이다. 바로 이 점에서 (비록 그들 사이에는 분명한 차이가 있지만) 사이드의 비평이 호지슨과 합치하게 되는데, 호지슨도 본질주의(essentialism: 모든 사물에 변하지 않는 본질이 있다고 보는 생각 –옮긴이)가 문명연구의 기본적 속성이라고 보았다.

---

14) Edward Said, *Orientalism* (New York: Pantheon, 1978); Hichem Djait, *Europe and Islam* (Berkeley: University of California Press, 1985); Malcolm Kerr (ed.), *Islamic Studies: A Tradition and Its Problems* (Santa Monica: Undena Publications, 1980); Bryan S. Turner, *Marx and the End of Orientalism* (London: Allen and Unwin, 1978); Jean-Claude Vatin, *Connaissances du Maghreb: Sciences sociales et colonisation* (Paris: C. N. R. S., 1984).

동시에, 호지슨은 세계사에 대한 문명론적 접근의 한계를 의식하면서도 그 것을 집요하게 추구했다는 점도 지적해 두어야 한다.

호지슨에 의하면, 서구문명 비판을 시작하기 전에 먼저 인식론적으로 짚고 넘어가야 하는 문제가 있다. 모든 저작은 문제의 현상에 대한 이해를 기본적으로 좌우하는, 저자의 기존 신념들(precommitments)의 산물이라는 것이다. 호지슨에게 이러한 '신념'은 단지 종교적 소속만이 아니라 마르크 시즘과 (좀 더 놀랍게도) 서구중심주의를 포함한다. 최근의 학자들보다도 더 분명하게, 호지슨에게는 하나의 혹은 여러 가지의 신념들로부터 해방되 어 인식론적으로 깨끗해진 공간에서 서술하는 듯한 가식이 없다. 차라리 그는 우리 모두가 각각 여러 가지로 우리의 이해를 가능하게도 해주고 제 한하기도 하는 신념들을 가지고 있다고 가정한다. (자세한 설명은 5장에 나 온다.)

호지슨과 사이드, 두 사람 모두에게 담론으로서의 서구 문명은 서유럽 이 나머지 인류에 대해 문화적, 도덕적으로 우월하다는 뿌리깊은 관념에 입각한 것이다. 오리엔탈리즘과 서구문명 모두 각 문명에는 본질이 있으 며, 이러한 본질은 그 문명들이 생산한 위대한 경전들에서 가장 잘 나타난 다는 '텍스트주의'적 관점에서 출발한다. (무엇이 위대한 경전인지를 누가 결 정하는지, 그리고 경전이 특정한 시간과 장소에서 벌어지는 실제 남녀들의 삶과 어 떤 관계가 있는지는 만족스럽게 설명된 적이 없다.) 이러한 텍스트주의적 관점 은 과거의 이미지를 극적인 형태로—이슬람의 경우에는 비극으로, 서구의 부상의 경우에는 승리로— 더 잘 나타내려고 역사를 짧아보이게 하고, 변 화를 사상해 버린다. 어떤 경우든 그것은 기본 텍스트에 이미 각인되어 있 다는 문명 본질의 불가항력적인 작용에 따라 리듬이 정해지는 이야기다. 그리하여 우리는 서구의 역사를 자유와 이성의 이야기로 이해하게 되고, 동방의 역사를 (어떤 동방이나 마찬가지다) 전제주의와 문화적 정체의 이야기로 인식하게 되는 것이다. 호지슨의 시대에는 '담론'이라는 개념이 없었지만, '본질'로 모든 것을 설명하는 서구의 학술적 경향에 대한 그의 이해는 푸코, 사이드 그리고 다른 학자들의 저술과 중요한 맥락에서 일맥상통한다.

마셜 호지슨은 이슬람의 역사가 서구문명에 대한 담론의 비판을 시작하는 데 적절한 지점이라는 것을 분명히 간파하였다. (그러한 비판은 문명을 하나의 분석단위로 삼기로 한 그의 결정 때문에 초점이 예리하지 못하기는 하다.) 그가 말한 대로, 이슬람문명은 우리(서구) 문명의 자매다. 그것의 뿌리는 똑같이 기본적으로 이란-셈계의 종교적·문화적 가치에 있으며, 거기에 서아시아 제국의 모호한 유산이 더해진 것이다. 이슬람은 서구가 그 자신을 정의하는 데 척도가 되었던, 훨씬 더 부유하고 더 성공적인 타자였다. 장기적으로 보면 서구와 이슬람의 역사는, 아주 다르지만 암시적으로 비슷한 두 사회의 발현에 대한 매우 재미있는 연구의 대상이 될 수 있다. 양자는 모두 헬레니즘 학문, 서아시아의 예언자적 유일신교, 농경에 기반을 둔 관료제적 제국의 혼합된 전통을 담지하고 있었다. 따라서 이슬람문명에 대한 연구는 거의 필연적으로 세계사적 맥락에서 유럽의 발전을 새롭게 위치설정하고 그러는 과정에서 더 이상 유럽사를 예외가 아니게 하는 방향으로 재검토하게 만든다.

더욱이 이슬람이 중동에서부터 아프로-유라시아 전역으로 퍼져나갔다는 사실은 경전 위주의 문명 연구라는 주류의 패러다임을 손상시킨다. 이슬람교의 세계적 확산은 아주 많은 수의 이슬람사회를 형성시켰고, 그 과정에서 아프로-유라시아의 지역문명 사이의 장벽들이 무너졌다. 지역사회들과 이슬람교의 기본적 이상의 상호 작용은 무수히 많은 사회적·문화적 혼합체들을 만들어냈는데, 그들은 모두 명백히 이슬람적이면서 동시에 분명히 중국적이거나 아프리카적 혹은 투르크적이었다. 예를 들자면 모스크 건축에서도 특징적인 지역적 양식을 찾아볼 수 있다. 그래서 북경에 있는 것은 불탑같이 생겼고, 팀북투에 있는 것은 진흙 벽돌로 지어졌고, 이스탄불 모스크들은 뾰족한 첨탑과 돔이 있는 것이다. 이슬람문명은 세계문명들 사이에 존재한 종래의 지역적 경계를 넘어 아프로-유라시아 각지에 퍼지는 복잡한 과정을 통해서 인간사회의 역사에 좀 더 전세계적이고 다원적이며 상호작용하는 이미지를 제시한다. 동시에 이슬람 문명은 동양과 서양, 전통과 근대 등의 이분법적 개념들이 관념적 토대를 형성하고 있는, 변하지 않는 문명의 본질론적 이야기로서의 세계사라는 주류의 개념을 뒤엎는다. (동시에 문명을 분석단위로 하는 토인비적인 것에 대한 그의 추구는 통찰의 독보적인 성격을 희석시킨다.)

「역사상의 사회들 사이의 상호관계」[15]라는 중요한 논문에서 호지슨은 이슬람문명과 유럽문명을 모두 세계사 속에 위치지울 수 있는 개념상의 혁신을 이루어냈다. 그는 이 글에서 세계사적 관점에서 보면 문명의 역사는 필연적으로 아시아 중심적일 수밖에 없다고 하였다. 그는 중국에서 서유럽에 이르는 아프로-유라시아의 땅 전체에 걸쳐 농경에 기반을 두고 도시를 가진 사회가 서로 연결되어 있는 띠 모양의 지역(토인비를 따라서 그가 '오이쿠메네〔oikumene〕'라고 부른 여러 문명을 총체적으로 일컫는다)[16] 대부분이 아시아에 속한다는 데 주목하였다. (5개 주요 문명 중 4개가 아시아에 위치하였다.) 그러므로 그는 반구에 넓게 걸친 여러 지역들을 아우르는 역사적 접근법이 서구를 역사의 중심에 놓는 접근법보다 논리적으로 우월한 것으로 생각했다. 더욱이 그는 1500년경에야 비로소 서구가 아프로-유라시아의 다른 주요 문명들의 문화적 수준에 도달할 수 있었다고 보았다.

그는 세계사에 접근할 때 어떤 것도 당연시하지 않았다. 그는 우리가 세

---

15) *Comparative Studies in Society and History*, 5 (1963), pp. 227~250.
16) 맥닐은 이것을 '에쿠메네'(ecumene)라고 표현했다.

계를 보는 이미지의 유효성, 특히 전통적인 메르카토르 도법마저도 의문시하였다. 그는 이 책 2장 「지도의 중심에서: 어느 나라나 스스로 역사의 중심이라고 생각한다」라는 글에서 메르카토르 투영법이 서유럽에 중심을 두고 있기 때문에 남반구의 육지가 지도에서 보는 것보다 훨씬 더 큰 땅덩어리를 차지하고 있음에도 불구하고 작아 보이도록 체계적으로 왜곡하고 있다는 점을 지적한다. 호지슨은 이러한 이유 때문에 메르카토르 도법을 '인종차별적인 투영법'이라고 불렀다. 비록 유럽의 면적은 아시아의 두 반도들, 즉 인도나 동남아시아의 면적과 대략 비슷하지만 유럽은 대륙이라고 불리고 인도는 아(亞)대륙, 동남아시아는 그것에도 못 미치는 지위를 갖고 있다. 유럽, 인도, 동남아시아는 각각 주요 강줄기나 언어 집단 등의 수도 대략 비슷하다. 게다가 아프리카의 크기는 메르카토르 투영법으로 더욱 현저하게 축소되었다.

호지슨이 『이슬람의 모험』에서 이루어낸 중요한 발상 전환 중의 하나는 그가 일컫는 바 이슬람의 '중간시기'(the Middle Periods: 이는 '중세〔the Middle Ages〕'와 구별되는 개념이다)에 대해 주목한 점이다(9장 참조). 그가 말하는 '중간시기'는 압바스조의 중앙집권화된 관료제적 제국이 쇠퇴하는 시기(서기 945년경)부터 16세기에 화약제국들이 성장하는 때까지를 의미한다. 여기에 초점을 맞춘다는 것은 여러 가지로 중요한 의미를 갖는다. 우선, 그 이전의 정설은 945년 이후가 되면 이슬람사회가 19세기가 되어서야 끝나는 긴 쇠퇴의 시기로 접어든다는 것을 강조했지만, 호지슨은 이슬람문명에서 문화, 과학, 예술 부문에서 가장 유명한 인물들(예를 들면 이븐 시나, 알 가잘리, 알 비루니, 알 피르도시 등)이 그 시점 이후에 살았다는 것과 그 사실 자체만으로도 한 시대에 대한 재평가가 필요하다는 점에 주목하였다. 호지슨은 중간시기를 중요시함으로써 이슬람의 문화어는 아랍어만이 아니었다고 주장할 수 있게 되었다. 오히려 945년 이후로는 페르시아어와 터키어가 국제적인 이슬람문화를 표현하는 데 주도적인 역할을 하게 되었다. 바로 이러한 점이 중국, 인도, 동남아시아, 발칸반도, 마그리브 등을 포괄하는 반구에 걸친 이슬람의 역할을 이해하는 데 열쇠를 제공한다. 중간시기는 이슬람 문명의 위대한 발전의 시기였다. 그러므로 호지슨의 전통적인 시대구분의 재검토는 이슬람문명을 어떻게 볼 것인가에 대한 매우 성공적인 방안으로 이어졌으니, 이로써 이슬람문명은 유럽과 비슷하지만 거기에 못 미치는 것으로서가 아니라 그 자체로서 세계사적인 맥락에서 인식될 수 있게 된 것이다.

중간시기에 똑같은 시간을 할애함으로써 호지슨은 서아시아에 대한 몽골 침략의 영향을 재평가할 수 있었다. 그가 보여주는 것처럼 그것은 대부분의 촌락에서 발생한 인구감소, 많은 도시의 파괴, 정치적·문화적 하부구조의 붕괴로 이어지는 대재난이었다. 더욱이 몽골인들은 일반적으로 야만인 무리들이 약탈 후에 떠나갔던 것과는 달리 떠나지 않았다. 그들은 현지에 머물렀고 몽골의 계승국가들은 15세기 말까지 서아시아를 통치하였다. 폐허에서 일어난 화약왕조들은 그러한 경험에 깊은 영향을 받았으며, 그들의 행동 가능성도 2세기에 걸친 유목민의 점령에 따른 심각한 여파로 인해 크게 제약받았다. 이슬람지역이 몽골의 지배하에서 2세기에 걸친 쇠퇴와 문화적 소용돌이를 겪고 있을 때, 서유럽은 훗날 근대성의 기반이 되었던 일련의 변화를 겪고 있었다. 우리가 서구의 부상을 이해하려면 먼저 서구에 필적하는 이슬람권 역사의 의미를 이해해야 한다고 호지슨은 역설하고 있다.

이슬람과 근대성의 문제

호지슨의 가장 중요한 공헌 중 하나는 그의 근대사(즉 1500년 이후)와 그 안에서 유럽의 위치에 대한 재평가다. 마셜 호지슨이 이슬람 사학도였던 점은, 그가 그 당시에 근대화이론의 주된 특성 중 하나였던 서구 예외주의에서 적어도 부분적으로는 벗어난, 근대성에 대한 새로운 생각을 갖게 되는 데 도움이 되었다. 출간되지 않은 세계사의 저자로서 그의 이슬람사에 대한 접근은 어떠한 문화주의적 관점에 의해서도 별로 영향받지 않았다. 이는 그의 「서구의 대변동」[17]이라는 글에서 확연히 드러나는데, 그 글에서 그는 18세기 이래 처음에는 서구를, 그리고 그 후에는 다른 지역을 계속 변모시킨 복합적인 변화과정의 세계사적 전개를 개관하였다. 우리는 근대성의 뿌리에 대한 그의 새로운 관점을 받아들이는 작업을 아직도 하는 중이다.

호지슨은 세계사학자로서의 안목을 통해 근대화이론의 유럽중심주의를 적어도 부분적으로 넘어설 수 있었다. 역사가들에 의해서 일반화 · 서구화와 혼동되어 온 근대성의 전개를 호지슨은 세계적(전지구적)인 과정이라고 보았다. 비록 서구가 농경문명의 제약을 뛰어넘은 최초의 사회가 되었다고 해도, 호지슨은 이러한 발전이 세계사적인 맥락 속에 위치지워져야 한다고 보았다. 아프로-유라시아에 도시가 있는 사회들의 대략적인 수준과 문화적 혁신이 점증하는 경향을 생각해 볼 때, 농경적인 제약에서 획기적으로 벗어나는 일은 지구의 어느 곳에선가 조만간 일어날 일이었다고 호지슨은 주장한다. 그는 서구가 아니었다면 그러한 일은 송대(宋代) 중국이나 이슬람세계에서 일어날 수 있었으리라고 짐작한다. 유목민들에 의해 무너지기 전인 송대 중국사회는 대규모의 사회적 · 기술적 투자의 패턴을 선구적으로 실험했는데, 그것은 송대 중국이 일정 기간 동안 농경적 제약을 넘어설 수 있도록 해주었다고 한다. 중국의 이와 같은 최초의 '산업혁

---

17) *Chicago Today* (1967), pp. 40∼50. 여기에서 이 논문은 『이슬람의 모험』 6책의 1장으로 수록된 최종판으로 실렸다.

명'이 비록 궁극적으로 성공하지는 못했지만, 만일 성공했다면 무슨 일이 벌어졌을까를 짐작해 보는 것은 흥미로운 일이다. 마찬가지로 만일 근대성이 이슬람세계에서 처음으로 나타났다면, 호지슨은 근대 사회의 평등적·국제적 경향이 제고되었을 것이라고 짐작한다. 이 경우, 근대 세계는 서구의 경험과 결부된 국민국가의 틀 속에서가 아니라, 초(超)울라마와 초(超)샤리아(이슬람 학자단과 이슬람 법률이 더욱 고도로 진화된 형태를 가상하여 지칭한 것으로 보임 - 옮긴이) 아래에 놓인 평등주의적 보편국가로 특징지워졌을 것이다.

산업혁명이 서구에서 일어났다는 사실은 물론 미래의 많은 결과들을 잉태하고 있었다. 새로운 형태의 사회적 투자와 새로운 사고방식(호지슨은 이를 기술주의[technicalism]라고 부른다)은 근본적으로 새로운 단계의 사회로 나아갈 수 있는 비약적인 발전을 가져왔다. 16세기 말까지 이러한 변화들은 서유럽사회를 완전히 새로운 수준으로 옮겨놓을 정도로 많이 바꾸어 놓았다. 실제로 이것이 무엇을 의미하게 되는지는 아주 천천히 현실로 나타나게 되었지만 말이다.

호지슨은 근대성의 전개가 애초에 전지구적인 과정이라고 본 점에서 근대화이론의 패러다임과 결별했다. 서구가 이러한 변화의 진원지이기는 했지만 어딘가에서 그런 변화가 일어나자 모든 곳에서 발전의 조건이 근본적으로 바뀌고 말았다. 그나마 느지막이 서구의 그늘로 들어가게 된 아프가니스탄, 타이, 모로코 같은 국가들마저도 16세기부터 시작된 이러한 변화들로 인해 중대한 영향을 받았다. (여기서 호지슨은 인류학자에게 그다지도 소중한 고립된 농촌이란 것이 사실은 비유에 지나지 않는다고 설파한 에릭 울프와 비슷한 생각을 선구적으로 한 것이다. 울프는 가장 오지에 있는 촌락도 조사해 보면, 새로 나타나고 있던 세계경제와 서구에 의해 주도되는 국제질서에 영향을 받고 있었다고 주장한다.)

호지슨의 근대성에 대한 재평가에서 대단히 중요한 점은 역사적 시간이라는 관점에서 서구의 역사를 볼 때 연속성이 아닌 불연속성이 가장 두드러지는 특성이라고 주장한 점이다. 그는 고대 그리스에서 르네상스를 거쳐 근대에 이르는 상승곡선은 착시 현상이라고 본다. 또한 그는 역사 시대의 대부분을 차지하는 기간 동안 유럽은 아시아의 중심지역으로부터 떨어져 있는 미미한 변방이었다고 본다. 더욱이 그는 르네상스로부터 근대가 시작된 것이 아니라고 생각했다. 르네상스는 단지 유럽을 '오이쿠메네' (oikumene)의 다른 문명들의 수준으로 올려놓았을 뿐이라는 것이다. 유럽이 그렇게 될 수 있었던 것은 부분적으로는 다른 아시아문명들의 성취를 받아들이고 동화시켰기 때문이다. 다른 지역에서 처음 나타나서 이후에 유럽으로 전파된 발명을 열거하자면 그 목록은 길어진다. 화약 무기, 나침반, 배의 후미에 있는 방향타, 십진법, 대학 등을 포함해서 말이다. 이러한 관점에서 보면 유럽의 경험은 훨씬 덜 독특한 것으로 보인다. 이렇게 이야기하는 것은 유럽에서도 독자적인 발전이 있었다는 것을 부정하는 게 아니다. 그러나 3000년에 걸친 아프로-유라시아의 오이쿠메네의 농경에 기반한 도시문명 사회의 맥락에서 볼 때 문화적 혁신이 오이쿠메네 전반에 걸쳐 퍼짐에 따라 서로 다른 문명들이 대체로 비슷한 수준에 이르게 되는 경향이 있었다.

호지슨의 사고 속에는 근대성을 세계사적 과정으로 보는 경향과 근대성을 서구에 깊이 뿌리박은 문화적 조류로 보는 것 사이에 팽팽한 긴장이 있었다. "영국에서 산업혁명이 처음 일어났다고 해서 유럽의 역사를 영국사로 환원시킬 수 없는 것처럼, 산업혁명이 처음으로 확산된 지역이라고 해서 세계사를 유럽사로 환원시킬 수는 없다." 이러한 긴장은 '서구의 대변동' (transmutation: 원래의 뜻은 돌연변이 – 옮긴이)과 '기술주의'라는 그의 개념들에서 가장 잘 나타난다고 할 수 있다. 그의 이론에서는 이러한 개념들이 농경시대와 근대를 구분하는 것이다. 그러한 개념들은 우리의 시대를 그 이전의 모든 시대로부터 구별짓는 것이다. 호지슨에게 근대성은 16세기 화약을 이용한 총포가 등장한 이래 모든 도시문명 사회로 점점 더 확산된 기술적 전문화와 관련된 것이었다. 혁신이 축적됨에 따라 특히 서구에서는 그 결과 인간 사회조직의 수준과 성질에 있어 질적 변화가 일어났다. 이러한 변동을 호지슨은 수메르 시대 농경에 기반한 도시의 생활양식이 처음으로 나타나게 되었을 때 일어났던 변화에 비유한다. 그에 따르자면, 근대의 특징이 된 것은 산업혁명이 아니라 이 새로운 문화적 태도였다. (호지슨은 그 근거로 덴마크가 의심할 바 없이 근대적이지만 아직도 농업을 위주로 한다고 설명한다.)

호지슨이 문화가 갖는 형성적 역할을 중시하고 문명론적 접근에 대한 신념을 갖고 있다는 점은 그의 기술주의라는 개념의 사용에서도 분명히 드러난다. 기술주의는 "다수의 전문 분야가, 사회의 주요 부문에서 예상할 수 있는 패턴을 결정할 만큼 대규모로 서로 의존하게 되는 계산적이고 …… 기술적인 전문화 상태"이다. 이런 문화적 경향은 다른 곳에서도 찾아볼 수 있지만, 오직 서구에서만 기술적 능률을 극대화하려는 노력이 다른 가치들보다 높은 위치를 차지하게 되었다는 것이다. 호지슨이 1950년대에 이러한 개념을 생각해냈을 때, 그것은 베버의 '합리화'(rationalization)에 대한 유익한 주석처럼 보였다. 1980년대가 되자 이 개념의 결함은 분명해졌다. 이제 지나치게 추상적이고 외곬으로 문화주의적이며 유럽중심적인 기술주의라는 개념은 개념적 도구로서 별로 유용하지 않아 보인다. 프랑스인들이 '장기지속'(la longne durée)이라 부르는 범위에서 일어나는 세계적인 사회적·경제적 변화의 큰 패턴에 주목하는 근래의 연구들을 돌아볼 때, 호지슨의 사고가 제한되어 있었다는 점을 부인할 수는 없다. 문화에 대해서 초점을 맞추기 때문에, 호지슨이 선호한 문명론적 접근법은 근대의 시작에 동반된 (혹은 근대 시작 이전부터 있었던) 중요한 장기적 인구, 경제적 · 사회적 변동에 대해서는 아주 희미하게밖에 파악할 수 없었다.

결론적으로 서구의 부상을 세계사적 맥락에 위치지우려 한 호지슨의 노력은 결과적으로 성공과 실패가 뒤섞인 것이었다. 어떤 면에서 그의 개념적인 통찰력은 아직까지도 유효하다. 그러나 다른 한편, 그의 근대성에 대한 관념은 문제시되는 서구예외주의와 일정 정도 연결되어 있다. 물론 호지슨 혼자만 그런 것은 아니다. 맥닐이나 마르크스주의자들도 전세계로 확산되기 전에 유럽에서 처음 일어난 중요한 변화들을 진실로 세계사적인 틀 속에 위치지우지 못했다. 호지슨의 생각에 결함이 있긴 하지만 그의 저작은 자신의 저작을 가장 엄격하고 인식론적으로 진지한 잣대를 가지고 재어보고 싶은 모든 사람들의 주목을 받을 만하다. 21세기에 활동할 수 있는 능력 있는 인간을 길러내야 한다는 필요성으로 보건대 우리는 세계사를 좀더 중요하게 여겨야 할 것이다. 따라서 우리는 호지슨의 목소리에 귀를 기울여야 한다.

1부: 세계사적 맥락에서 본 유럽

1장

역사상의 사회들 사이의 상호관계[1]

세계대전과 냉전이 있었던 20세기보다 훨씬 전부터, 혹은 유럽이 세계를 지배한 세기였던 19세기 이전부터 인류의 여러 분파들의 행로가 서로 얽히기 시작했다는 점은 오래 전부터 지적되었다. 이 글에서는 이러한 인간 사회들의 행로가 서로 어떻게 역사적으로 얽히게 되었는지 그 모습의 일부를 살펴볼 것이다. 이를 통해 우리는 큰 규모의 역사를 추적하고 거기에 연관된 사회들을 비교하는 유효한 방법들을 좀 더 대중적이지만 불건전한 방법들로부터 가려낼 수 있게 된다. 나는 근대 이전의 시대에 대해 주로 이야기하고 글의 끝머리에서 간략하게 근대의 인간 사회들 사이의 관계가 그 이전과 어떤 점에서 핵심적으로 달라졌는지 간단히 논할 것이다.

서구중심의 지리적 세계관

근대 서구인들이 자기중심적인 중세적 세계관의 특징을 어떻게 보존해 왔

---

1) 이 논문은 원래 시카고 대학교에서 인류연구위원회의 후원 하에 "인류의 이해"라는 강연 시리즈 가운데 하나로 발표되었던 것이다. 이 글은 저자가 좀 더 완벽하게 구체화하려고 했던 생각의 스케치를 담고 있으며, 저자의 논문 "Hemispheric Interregional History as an Approach to World History" (*Cahiers d'histoire mondiale*, vol. 1, 1954), pp. 715~723에서 한 단계 진일보한 것이다.

는지 추적해 보는 것은 그 자체로 중요한 이야기가 될 것이다. 이러한 세계의 이미지는 현대 과학과 학술적인 언어로 포장된 채 여전히 우리 곁에 있다. 사실 정확히 말하자면, 간혹 제기되는 의문에 맞서 이 세계관을 지키기 위해 여러 학술적 논거들로 주장을 보강하여 온 것이다. 어떠한 자문화중심적 세계관이든 그 요체는 세계를 우리 자신과 타자(他者)라는 두 부분으로 나누고, 그 둘 중에서 우리 자신이 더 중요한 부분을 차지한다고 보는 것이다. 이러한 이미지를 완전히 충족시키려면, 그것은 동시에 역사적이고 지리적이어야 한다. 중국인들의 '중국'(Middle Kingdom)이라는 이미지나 이슬람의 중간 기후대(이슬람권에서는 세계를 7개의 기후대[iklim]로 나누고, 그 중 가운데의 네 번째 기후대가 인간에게 가장 알맞다고 보고 이라크 등의 중심 지역이 거기 속한다고 보았다-옮긴이)의 이미지처럼, 서구가 자기 이미지를 부각시키는 비결은 역사를 적절히 요리하는 데 있었다. 서유럽은 지리적으로는 작을지라도 모든 역사가 그곳에 집중되도록 만들어졌다.

그러나 우리는 지도에서 이야기를 시작해야 한다. 지도에 대한 문제는 어쩌면 사소하게 보일지도 모른다. 그러나 그것은 좀 더 근본적인 사례들에 대하여 하나의 본보기를 보여준다. 왜냐하면 우리는 지도에서조차도 우리의 감정을 표현하는 방법을 찾았기 때문이다. 우리는 세계를 '대륙'이라는 것들로 나눈다. 아직도 인류의 5분의 4 이상이 살고 있는 동반구에는 중세 유럽인들이 썼던 것과 똑같은 구분─유럽, 아시아, 아프리카─이 아직도 존재한다. 알다시피 러시아 서쪽의 유럽은 지금은 인도와 파키스탄으로 나뉘어져 있는 옛 인도 지역과 대략 비슷한 정도의 인구가 살고 있으며, 비슷한 정도의 지리적·언어적·문화적 다양성을 포함하고 있고, 거의 비슷한 면적을 차지한다. 왜 유럽은 대륙이고 인도는 대륙이 아닌가? 지리적인 특징 때문도 아니고, 우리가 선택한 경계에서의 문화적 단절이 중요해서도 아니다. 에게 해의 양쪽 해안은 거의 항상 같은 문화를 소유하였고, 대체로 같은 언어(들)를 썼고 심지어 같은 정부에 의해 통치되었다. 이러한 현상은 대체로 흑해나 우랄 산맥의 경계에서도 마찬가지다.

유럽이 '대륙' 중 하나로 아직도 손꼽히고 있는 것은 우리(서구인)의 문화적 조상들이 거기 살았기 때문이다. 우리가 유럽을 '대륙'으로 만드는 것은 그 자연적 규모에 걸맞지 않는 지위를 부여하는 것이니, 그것은 좀 더 큰 단위에 부속된 부분이 아니고 그 자체로서 세계의 주요 구성부분의 하나가 되어버리는 것이다. 또한 우리는 그렇게 함으로써 세계의 다른 부분보다 훨씬 더 자세한 잣대로 우리 자신을 평가하는 것을 정당화하는 것이다. 『뉴요커』지에 실린 '뉴요커의 미국지도'(1컷 만화)에서는 뉴욕 시, 뉴잉글랜드(코네티컷 주에서 메인 주에 이르는 미국 동북부 지역-옮긴이), 플로리다, 그리고 미국 서부가 모두 비슷한 크기로 그려졌다. 우리도 세계를 대륙으로 나누는 데 있어서 우리 자신의 관심을 비슷하게 투영하고 있는 것이다. 이탈리아는 유럽 '대륙'의 남부에 있는 나라고, 인도는 아시아 대륙 남부에 있는(물론 '거대'하고 '신비'스럽기는 하지만) 나라다.

또한 『뉴요커』의 미국지도는 지도에 그려진 여러 지역의 크기로 뉴요커의 의식을 반영하였다. 메르카토르 도법으로 그려진 세계지도가 우리의 서구적 세계관을 반영하듯 말이다. 일부 사람들은 메르카토르 세계지도가 항해에 꼭 필요한 정확한 각도를 보여주기 때문에 (비록 땅의 형태가 그 면적만큼이나 왜곡되지만) 인기가 있다고 이야기한다. 그러나 항해를 위해서가 아니라 세계 여러 지역의 위치를 확인하고 크기를 비교하기 위해서 필요한 세계지도라면, 형태와 면적이 각도보다 훨씬 더 중요하다. 더욱이 면적은 문화적인 함의를 갖기 때문에 형태보다 더 중요하다. 메르카토르 도법의 문제는 사실 북아메리카의 형태를 왜곡하는 것이나 그린란드를 너무 크게 만들어서가 아니다. 우리가 그린란드를 어떻게 인식하느냐 하는 것은 그다지 중요하지 않다. 더 큰 문제는 이 지도가 인도와 인도네시아, 그리고 아프리카 전체를 너무 작게 만든다는 것이다. (나는 이 세계지도가 아프리카보다 유럽을 크게 그리기 때문에 '인종차별적 투영법'이라고 부른다.)

역사상의 사회들 사이의 상호관계

물론 문제는 단순히 우리가 유럽을 크게 보이게 만든다든가 그것을 위쪽 중앙부에 놓는다는 등의 것이 아니다. 그런 일 자체는 마치 우리가 그리니치에 본초자오선을 설정한 것과 마찬가지로 중요하지 않은 일일 수도 있다. 문제는 우리의 인식이 (본초자오선에 의해서가 아니라) 지도투영법에 의해 특이하게 왜곡된다는 것이다. 북위 40도선은 우리의 세계에 대한 이미지에서 묘한 중요성을 띤다. 역사적으로 거의 모든 대문명의 중심지는 40도선 남쪽에 위치했다. 유럽을 빼고는 모두 다 그러했다. 유럽의 대부분은 40도선 이북에 놓여 있다. 그러나 메르카토르 도법이 온당치 못하게 면적을 과장하기 시작하는 것도 바로 이 북위 40도선부터다. 그 결과 이 투영법과 그와 비슷한 다른 도법들은 유럽을 중동, 인도, 중국보다 훨씬 더 큰 크기로 만들어 준다. 인도는 이 투영법으로 보면 유럽에서 스웨덴이 차지하는 정도의 비중을 갖는 '아시아의 한 국가'로 보인다. 그리고 세계지도에는 유럽의 세세한 부분들, 서구인들에게 유명한 도시와 강들은 하나하나 보여주면서, 인도와 인도네시아는 가장 중요한 지리적 사항들—물론 우리(서구인들)는 잘 모르는 것들이다—로만 서둘러 채워진다.

그렇다면 메르카토르 도법의 왜곡에 대한 우리의 인식이나 더 나은 투영법들이 존재하는데도 불구하고 메르카토르가 지리학도의 교실 밖에서 가장 흔한 세계지도로 남아 있는 것은 전혀 놀라운 일이 아니다. 그것은 우리(서구인)의 편향성을 확인해 주고 우리의 자아를 추켜세운다. 만일 우리가 메르카토르 도법의 문제점 때문에 그것을 버린다면 그린란드의 크기는 줄일 수 있을지 모르지만, 여전히 인도를 유럽에 비해 작아 보이게 하는 도법을 택할 게 분명하다. 내셔널 지오그래픽 협회에서 쓰는 반 데어 그린텐 도법(Van der Grinten)이 바로 그런 예다. 그러나 정말로 필요한 것은 서구인의 자부심이 그려 온 세계가 아니라, 있는 그대로의 세계를 직시하는 것이다. 우리는 지도책의 적절한 다른 부분에서 유럽을 다른 지역보다 더 자세히 공부해도 된다. 그러나 우리가 전체로서의 세계를 볼 때, 그리고 전체로서의 인류를 볼 때, 우리는 우리 자신을 적절한 배율로 볼 수 있도록 우리의 지역이 제 모습을 찾아 적절한 위치에 들어가기를 바라야 한다. 세계지도가 요구되는 모든 목적에 쓰여질 수 있도록 세계 각 지역의 면적을 같은 배율로 보여주는 세계지도가 필요한 것이다.

서구 중심의 역사적 세계관

지리적 패러다임에 대한 이야기는 이 정도로 그치자. 세계사라는 개념은 세계지도보다 훨씬 더 추상적인 것이다. 그러나 서구의 입장에서 본 세계사의 이미지도 역시 거의 동일한 문제들이 제기된다. 여기서도 우리가 별 생각 없이 쓰는 용어들이 왜곡을 불러일으킨다. 이제 우리가 모든 편협한 관점을 지양하려고 해도 종전에 있어 왔던 역사적 범주와 역사 세계의 구성에 대한 인식을 근본적으로 뜯어고치지 않는 한, 조금만 주의를 딴 데로 돌려도 전통적인 선입견에 끌려 제자리로 돌아와 버린다는 사실을 깨닫게 될 것이다.

우리는 전통적인 역사가 어떻게 진행되는지 알고 있다. 역사는 '동방'에서 (그러나 중세 서구인들이 생각했던 동방의 지상천국에서 시작된 것이 아니라) 메소포타미아와 이집트에서 시작되었다. 그 횃불은 이어서 그리스와 로마로 건네졌고 끝으로 북서부 유럽의 기독교인들에게 전해져 중세와 근대의 삶이 전개되었다. 중세 동안에는 이슬람이 본질적으로는 서구에 속하는 과학의 횃불을 보전하도록 일시적으로 허락되었지만, 서구가 그것을 넘겨받아 앞으로 나아갈 준비가 되자 다시 서구로 넘어왔다. 인도, 중국, 일본도 고대 문명들을 갖고 있었지만 역사의 주류에서 고립되어 있었고 주류, 즉 서구의 역사에 '기여'한 바는 더더욱 없었다. 근대에 들어와서 서구는 세계의 나머지 지역까지 확장되었다. 이슬람과 인도, 중국은 더 이상 고립된 지역이 아니라 계속 진보하는, 이제는 세계문명이 되어 버린 서구문명의 영향권 안으로 들어가게 되었다.

이러한 이야기에는 두 개의 핵심적인 인식이 들어 있다. 역사에 '주류'라는 것이 있고 그것은 우리 서구인의 직접적인 조상들로 이루어져 있다는 것이다. 이는 물론 문명화된 이후의 서구 역사 전체를 포함한다. 그 이전 시대에는 남동쪽 지역의 몇몇 시대들이 선택적으로 포함된다. 즉 로마제국 시대까지의 그리스(그 이후는 포함되지 않는다—비잔틴 시대는 주류로 치지 않는다), 그리스인들이 부상하기 전의 근동지역(그 이후는 역시 포함되지 않는다)이 그러한 예다. 그런데 이 '주류'라는 개념은 문화적으로 창조성을 보인 지역들의 역사나 혹은 역사적 변화의 집중도가 높은 시대와 일치하지 않는다는 점에 주목해야 한다. 전통적인 역사의 '주류'는 메로빙거 왕조 때 암흑시대였던 북서부 유럽을 지나 흘러간다. 그러나 그 당시 비잔티움 사람들과 무슬림들(그리고 인도인과 중국인들)이 훨씬 더 문명화되어 있었다는 것은 누구나 다 아는 사실이다. 역사의 '주류'라는 것은 단순히 우리 서구인들에게 가장 가까운 역사적 조상들일 뿐이다.

사실 '주류'의 모든 지역들은 간혹 '서구'와 동일시되기도 한다. 고전 시대의 그리스는 '서양'이라고 일컬어지지만 비잔티움 시대의 그리스는 종종 '동방'에 포함된다. 이것은 우리의 문화적 조상들이 가장 많이 주목받는 식의 세계사를 구성하도록 해주는 두 번째의 핵심적 개념과 연결된다. 즉 동반구의 모든 다른 문명들은 '동방', '동양'이라는 이름 아래 다 같이 뭉뚱그려진다. 역사에서 이러한 개념은 지리에서의 '아시아'에 상응한다. 그것은 서구를 모든 다른 문명화된 지역들 전체—아시아—와 개념적으로 맞먹는 것으로 상정할 수 있게 해준다. 유라시아와 아프리카 북부(비록 모로코가 스페인보다도 더 서쪽에 있지만 북아프리카는 물론 '동방'에 속한다)를 논외로 하면 세계의 다른 지역들은 상대적으로 인구밀도가 낮고, 대부분의 경우 높은 수준의 문명화와는 거리가 멀었다. 그들의 역사는 우리의 주목을 끌지 못한다. 그러므로 유라시아를 위와 같은 관점으로 보는 것은 세계의 주요 부분에 고전적인 종족중심적 이분법을 적용할 수 있도록 해주는 것이다. 자기와 타자, 유대인과 이방인들, 그리스인과 야만인들, 그리고 '서방'과 '동방'은 모두 이런 이분법에 속한다. 역사의 '주류'는 개념 정의에서부터 '서구'를 관통해서 흐르기 때문에 똑같은 개념 정의의 잣대로 보면 '동방'은 고립되고 정태적인 것이 된다. 그러므로 이미 인류의 절반인 것처럼 보이게 된 서구는 더 나아가 그 두 절반 중에서 더 중요한 절반인 것처럼 되고 만다.

근대 서구의 종족중심주의의 가장 신기한 특징 중 하나는 세계의 모든 종족중심주의 위에 그것이 덧씌워지고 그래서 일반적으로 혼란이 가중된 점이다. 무슬림들이나 인도인들은 근대 서구의 관념들을 모두 무조건 과학적인 것으로 생각하는 경향이 있다. 그들은 서구인들의 지리적·역사적 용어들과 그에 부수되는 함축적 의미들까지 받아들였다. 이집트인들이 자신을 '동양인'이라고 하면서 예수, 붓다, 공자가 모두 '동양인'이었다는 사실에 근거해 서구에 대한 영적인 우월성을 주장하려 할 때, 혹은 '아프리카'가 대륙이라는 서구적인 관념을 받아들임으로써 '아프리카인'으로서 제국주의적으로 보이지 않으면서 사하라 남부의 정치에 간섭하는 데 적합한 핑계를 찾을 때처럼 어떤 경우에는 서구의 개념들과 그들의 이익이 맞아떨어졌다. 물론 서구의 개념들이 그다지 편리하지 않을 때도 간혹 있었다. 나는 카이로의 독실한 무슬림이며 공무원이었던 사람이 자신이 근무하는 관청에 이슬람이 얼마나 널리 퍼져 있는지 보여주는 '무슬림 세계'의 지도를 걸어 놓은 것을 보았다. 그러나 그 지도는 프랑스에서 만들어진 메르카토르 세계지도였고, 따라서 이슬람 지역의 면적이 유럽에 비해 크게 축소된 것이었다. 그 공무원은 메르카토르 도법에 너무나 익숙해서 그것이 공식적 제국주의라고 불릴 만한 것의 한 사례가 된다는 점을 느끼지 못하고 있었다.

이제는 메르카토르 도법이 대단히 많은 비판을 받으면서 그 도법이 왜곡을 초래한다는 것을 모든 사람이 아는 것처럼 서구의 역사적인 세계관도 비판받고 있다. 우리 서구인들은 모두 '동방'이 이전에 생각했던 것보다 중요하다는 것을 불편하게나마 인식하고 있다. 그러나 대부분의 사람들은 메르카토르 도법이 어느 부분을 가장 크게 오도하고 있는지, 왜 그와 비슷한 다른 도법들이 똑같이 나쁜지 모르면서 왜곡의 가장 중요한 예가 그린란드라고 생각하는 것처럼, 세계사에 대한 서양인들의 이미지 왜곡의 의미를 파악하고 그것을 개선하려는 여러 시도들을 적절하게 평가하는 사람은 아주 드물다. 인종차별적인 세계지도들이 계속 신문, 잡지, 일반 독자를 위한 책에 쓰이는 일반적인 지도로 계속 쓰이고 있지만 그에 대한 반발은 거의 없다. 마찬가지로 인류에 대한 거의 대부분의 논의의 저변에는 여전히 세계사에 대한 서구적인 이미지의 변종 중 하나가 깔려 있다. 슬프게도 학술적인 수준에서도 이러한 현상이 나타나고 있는데, 이는 전통적인 패턴에서 벗어나려고 노력하는 세계사 저술의 일부도 여전히 전통적인 왜곡의 영향을 간직하고 있기 때문이다.

전근대 유라시아 역사 복합체 내의 지역간적 연결성

여기서는 동반구의 주요 문명 지역을 논하는 것으로 그칠 수밖에 없다. 인류의 압도적인 다수는 지난 두 세기 이전에는 여기서 논하고자 하는 지역에 살았다. 그곳은 대서양에서 태평양까지 뻗어 있는 아프로-유라시아 지역이고, 그 중에서도 근대 이전에 농경과 도시생활을 발전시켜 인구밀도가 높아진 지역은 대체로 적도 이북이었다. 이러한 아프로-유라시아의 문명을 네 개의 핵심적 지역들, 즉 유럽, 중동, 인도 그리고 중국과 일본이 있는 극동 지역으로 나누는 것이 관례였다. 그러한 구분은 약 기원전 1000년경부터 적어도 서기 1800년 정도까지는 상당히 현실에 부합되었다. 이 지역들은 각각 3000년 이상의 지속적인 문화적 발전을 보여왔다. 더 정확히 말하면 이들 지역의 각각에는 대체로 연속적인 전통을 갖는 중심지역이 있었고 그 지역에서 주변의 넓은 지역으로 지속적인 문화적 영향력을 전파했다.

우리는 이런 중심지역들에 대해 많은 이야기를 할 것이기 때문에 그것들을 좀 더 정확히 짚어내야 한다. 유럽이라고 불리는 곳의 중심지역은 지중해의 북안, 그 중에서도 특히 아나톨리아에서 이탈리아에 이르는 곳이었다. 이 지역에는 그리스 문화(나중에는 그리스-로마 문화)가 있었는데 그것은 점차 북방으로 전파되었다. 그러나 중세 말까지도 지중해 지역은 더 북쪽에 있는 지역에 비해 경제적·문화적으로 앞서 있었다. 중동의 중심지역은 비옥한 초승달 지대와 이란의 고원이었는데, 여기서 남북으로 놓인 중앙 유라시아에서 예멘, 동아프리카까지 이곳으로부터 선진 문화를 수입했고 심지어 과거 전통의 뿌리가 다른 이집트, 북아프리카, 수단 전체까지도 그렇게 하였다. 중동의 주요 문화 언어는 셈계와 이란계였다. 주도적인 셈어와 이란어의 종류는 각 시대마다 바뀌었지만 전통문화의 지식은 대체로 한 시대에서 다음 시대로 연결되었다. 힌두쿠시 산맥지역의 동부와 남부로 구성된 광활한 인도적 전통의 영역에서는 인더스와 갠지스 강 계곡들이 비슷한 중심지의 역할을 담당했다. 거기서 산스크리트어와 팔리어가 발전하였고 이는 캄보디아와 자바에 이르는 먼 곳에까지 고전으로 받아들여졌다. 끝으로 중국의 황하와 양자강 유역 역시 그러한 창조적인 중심지역이 되었고, 그 문화적 영향이 사방으로 뻗어나가 계속 팽창하는 중국의 경계를 넘어 일본과 베트남에까지 영향을 미쳤다.

서구 학자들은 적어도 19세기부터 이 아프로-유라시아의 문명지역이 다른 문명권들과 상관없이 그 자체로서 완전한 이해가 가능한 개별적인 역사세계들로 구성된 것으로 보려고 노력해 왔다. 그들의 동기는 복합적인 것이었겠지만, 그러한 구분이 주는 편리한 결과 중 하나는 유럽 혹은 서유럽을, 유럽의 역사에 의해 생겨난 필요 때문이 아니라면 인류의 다른 부분과 통합될 필요가 없는, 전 세계 속에서 독자적인 역사를 지닌 하나의 독립적인 부분으로 만들게 된다는 것이었다. 그러나 우리는 이러한 시도가 계속될수록 점점 더 세계사는 물론이고 유럽사에 대해 왜곡된 인식을 갖게 될 것이다. 왜냐하면 4대문명의 핵심지역들 사이에서도 위와 같은 해석을 뒷받침할 수 있을 정도로 경계선이 뚜렷한 것은 아니었기 때문이다. 좀 더 명백한 경계선들을 간략하게 살펴보는 것이 경계선의 중요성을 평가하는 데 도움이 될 것이다.

만약에 아프로-유라시아 전체의 역사적 복합체를 둘로 나누려고 위의 문명지역들을 묶어본다면(이러한 시도는 진지하게 이루어지는 일이 거의 없다), 가장 부적합한 구분은 유럽을 '서양'이라는 한 부분으로 만들고 다른 세 지역을 '동양'이라는 하나의 범주로 묶는 것이리라. 왜냐하면 유럽에 가장 가까운 이웃들과 유럽 사이의 차이는 대체로 별것 아니기 때문이다. 지중해 북쪽 지역은 비옥한 초승달 지대와 이란 지역에 항상 밀접하게 연결되어 있었다. 나는 아나톨리아 반도(터키 공화국의 서반부)를 유럽의 일부로 간주했는데, 그것은 그 지역이 그리스 문화가 형성된 중요한 중심지의 하나였고 발칸 반도와 항상 운명을 같이했기 때문이다. 그러나 그 지역은 흔히 중동의 일부로 간주되는데 거기에도 이유가 있다. 지중해 연안의 저지대는 역사적으로 로마제국 시대에만 통합되어 있었던 것이 아니라 그 이전과 이후에도 그러하였다. 중세의 한가운데에서도 시칠리아 같은 곳은 그리스, 아랍, 라틴 문화를 창조적으로 융합하였다. 중동의 전통 안에서 그리스 사상은 내면화된 하나의 요소가 되었고, 중동의 종교는 유럽의 삶 속에서 중심적인 위치를 차지하였다.

종래에는 유럽 · 중동지역과, 인도 계통의 지역 사이에 좀 더 명확한 구분이 존재했다. 중세 그리스인, 아랍인, 라틴인, 페르시아인들은 모두 그들 서로가 이질적인 것 이상으로 인도가 이질적이라고 생각하였다. 힌두쿠시 산맥와 발루치스탄의 사막은 타우루스 산맥보다 훨씬 더 큰 장벽이었다. 그럼에도 불구하고 중동과 인도 사이에는 무역이 끊임없이 번창했다. 이는 중요한 문화적 교류로 반영되기도 하고, 그들이 갖고 있던 부분적이기는 하지만 공통된 배경을 강화시켰다. 왜냐하면 인도 – 유럽인들이 도래하여 인도, 이란, 그리스의 언어와 신화가 같은 기원을 갖게 된 것보다 훨씬 전에 인더스 계곡 문명은 메소포타미아 문명과 가깝게 연결되어 있었기 때문이다.

문명지역의 연속 가운데 가장 큰 단층이 있다면 그것은 중국지역과 다른 인도, 중동, 지중해 지역들 사이에 있었다. 히말라야 산맥은 힌두쿠시 산맥보다도 더 효과적인 장벽이었다. 근대에 이르기 전에 중국지역과의 직접적인 접촉은 주로 상업활동에 국한되었다. 알렉산드로스 대왕은 그리스와 펀자브에 침입하였고, 투르크인 티무르는 러시아와 갠지스 평원을 모두 정벌하였다. 그러나 비록 티무르가 중국 정복을 꿈꾸었더라도 거기에는 이르지 못했다. 그러나 몽골군은 중국을 거의 다 정복한 것과 동시에 독일(폴란드에서의 리그니츠 전투를 넓은 의미에서 독일에 포함되는 것으로 본 듯하다-옮긴이) 이란, 그리고 인더스 강에서까지 승리를 거둘 수 있었다. 알려진 것처럼 인도에서 기원한 불교는 중국과 일본의 삶 속 깊이 침투하였으며, 화약, 나침반, 종이, 인쇄술 등의 중요한 발명들이 각기 다른 시대에 중국에서 중동으로 그리고 인도와 유럽으로 전파되었다.

유라시아의 역사를 공부할수록, 이러한 상호관계들이 각기 독립된 사회들 사이의 단순히 피상적이고 우연한 문화적 차용만은 아니었다는 사실이 명확해진다. 그들은 모든 문화적 수준에서 서로에게 영향을 미치는 사건의 연속과 문화적 패턴을 반영한다. 4대문명권이라는 추상적 역사개념은 불완전하다. 모든 지역들은 함께 문화적으로 발전하는 하나의 거대한 역사복합체를 이루었다.

근대 이전에는 네 개의 핵심지역들이 가장 창조적인 중심지들이었지만 그 외에도 티베트 같은 소규모의 창조적 중심지들이 항상 있었다. 그리고 문명의 핵심지역들 자체도 항상 하나의 단위로 볼 수 있는 것은 아니다. 지중해 서부와 동부의 문화적 전통은 상당히 일찍부터 구분되기 시작하였고, 마침내 그리스어와 라틴어, 정교회와 가톨릭의 분화에서 볼 수 있듯이 비교적 서로에게서 독립적으로 발전하게 되는 데까지 이르렀다. 이란과 중앙유라시아는 종종 비옥한 초승달 지대나 이집트지역과는 별개의 역사를 가진 것으로 보였다. 인도의 북부와 남부도 서로 상당한 대조를 이룬다. 끝으로, 4대문명지역들 사이의 차이는 특정한 민족들 사이의 차이를 통해 결정적으로 구별할 수 있는 것도 아니다. 그러나 세계사를 이해하려는 근대적이고 진지한 시도들은 내적으로 통일성을 가지고 다른 문명권과는 피상적인 관계만 있는 각각 서로 구별되는 사회들, 구별되는 문화세계들이 있었다는 전제에 입각하고 있다. 랑케의 '보편화에의 시도'(Universalizing effort)는 이런 전제와 동떨어진 예외적 시각처럼 보이지만, 실제로는 유럽을 세계처럼 보이게 하고 다른 모든 지역들은 고립되고 국지적인 것처럼 보이게 하는 착시현상에 기반하고 있다.

우리가 거대한 문명들의 기원에 대해서 생각할수록 왜 아프로-유라시아의 역사 복합체 속에서 뚜렷한 경계선을 긋는 것이 불가능한지, 그리고 그럼에도 불구하고 왜 역사가들은 계속 뚜렷한 경계선을 그으려고 노력하는지가 분명해질 것이다. 잘 알려져 있다시피, 문자를 쓰는 문화는 거의 동시에 인더스 강, 티그리스-유프라테스 강, 나일 강, 황하 유역과 크레타 섬처럼 좀 더 소규모의 독립된 지역들에서(비록 대개 도시적이었지만) 서로 다른 형태로 출현하였다. 이러한 과정은 적어도 인더스 강에서 에게 해에 이르는 지역, 즉 이후에 인도, 중동, 유럽의 전통의 핵심을 이루는 지역들에서는 공통적이고 상호의존적인 변화였던 것으로 보인다. 얼마 동안은 신석기 문화가 널리 퍼졌고, 그것이 한 곳에서 도시적이고 문자를 쓰는 형태로 결정화되자, 그러한 변화는 여러 곳에서 일어났고 넓은 지역으로 신속하게 퍼져나갔다. 발전하는 문명이 일정한 지점에 이르렀을 때―그것은 아프로-유라시아의 주요 지역에서 대강 비슷한 시점에 일어났다―에야 거대한 지역적 전통들이 각각 구별될 수 있게 되었다. 그러한 거대문명들은 에게 해에서 인더스 강 유역까지의 여러 지방적 유산이 융합된 다양하고 개방적인 조건 속에서 소규모의 문화적 전통들이 상대적으로 와해되면서 나타났다. 거대한 문명권들 사이의 차이는 부차적이었고 애초에 지리적이거나 역사적인 우연에 입각한 것이 대부분이었다. 이것은 중앙 유라시아와 같이 여러 중심지역의 영향이 겹치는 주변지역의 문화가 중심지역들의 문화의 혼합체로 치부될 수 없다는 사실에 의해 뒷받침된다. 모든 지역들은 신석기 시대까지 거슬러 올라가는 자체의 전통을 갖고 있었고 전체 유라시아 문화 유기체의 한 부분이 되었다. 프랑스인들은 고대 갈리아 지방의 예에서 이런 점을 강조하였다. 그것은 말레이시아나 중앙 유라시아에도 똑같이 적용된다. 옥수스-작사르테스 강 유역에는 셈-이란계통의 문화가 다른 어떤 문화보다 중대한 영향을 미쳤다. 그 예로 비옥한 초승달 지대로부터 건너온 문자 체계를 들 수 있다. 또한 오랜 세월 동안 옥수스-작사르테스 지역은 북인도와 정치적으로, 또한 종교, 문학, 예술적으로도 밀접히 연결되어 있었다. 예를 들면 이 지역에서는 불교가 번창하였고 불교를 중국으로 가장 손쉽게 전파시킨 곳이었다. 중국의 영향은 반복적으로 강하게 나타났고, 그것은 그 지역이 중국의 정치적 지배하에 있었을 때만 국한된 일이 아니었다. 또한 그 지역에서는 헬레니즘도 한동안 융성하였다. 그러나 옥수스-작사르테스 유역은 그 자체의 통시대적인 연속성을 갖고 있다. 그것은 여러 거대 문명지역 역사의 단순한 상관관계라고 해석될 수는 없다. 더욱이 그 지역의 역사가 온전한 의미를 가질 수 있는 것은 유라시아 문명지역 전체의 역사적 맥락 속에서뿐이다.

아프로 – 유라시아 역사 복합체의 초민족 사회들

그래서 가장 세련된 학자들은 영구적인 지역 구분을 하지 않으려고 노력하는 한편 순전히 역사적으로 정의되고 시간적 · 공간적으로 한정되어 이상적이고 독립적인 역사세계를 이루는 초민족 사회를 상정하려고 했다. '서구세계'라는 말이 의미를 갖는 것은—그 용어가 조금이라도 진지한 의미가 있을 수 있다면—이러한 측면에서다. 이러한 시도는 그 자체의 한계도 갖고 있다. 그러한 사회들은 일종의 의식적인 유대관계, 즉 공통의 종교나 창조적인 스타일 등으로 결속된 것으로 생각되었다. 그들은 가장 높은 문화적 수준에서의 의사소통 영역이라는 의미에서 별개의 '세계'들이다. 슈펭글러의 시도는 그러한 사회들을 구별해내려는 여러 시도 중에서 가장 유명한 것이다. 토인비는 별개의 '이해 가능한 연구영역'(intelligible fields)이라는 개념을 가지고 비슷한 구상을 하려고 시도(그러나 거기에 심혈을 기울인 것은 아니었다)했다. 그런데 그는 그가 다룬 소재의 무게 때문에 일반적인 경계선을 넘어가게 되었고 결과적으로 자신의 원래 시도를 무용지물로 만들었다. 토인비의 책을 자세히 살펴보면 그의 이른바 '이해 가능한 연구영역'이라는 개념은 실제로 자체 내에서 이해될 수 있는 독립적인 범위들이 아니고 그 자신의 역사 연구에서 가장 중요한 '이해 가능한 연구영역'들도 아니라는 것을 알 수 있다. 결국 그가 생각한 체계 안에서 가장 중요했던 것은 종교의 발전인데, 그는 애초에 각각 독립적으로 이해 가능한 권역들이라고 상정했던 19개 문명의 경계를 초월해서 종교들이 형성되고 퍼져나가는 것을 보여주었다. 종국에는 하나의 거대한 '이해 가능한 연구영역' — 즉 그의 '사회'들이 여러 세대에 걸쳐 다양하게 상호관계를 맺으며 이루었던 아프로-유라시아 역사복합체 — 의 맥락 속에서만 그의 저작은 설득력을 갖는 셈이다.

이것은 필연적인 귀결이다. 왜냐하면 여러 초민족 사회가 역사적인 삶의 틀로서 중요한 의미가 있다고 해도 그들은 서로 중복되어 있고, 그들만으로는 역사의 장을 철저하게 규명해낼 수 없기 때문이다. 초민족 사회들은 두 대양 사이에 넘어갈 수 없는 지리적 경계가 없는 역사적 삶의 연속 스펙트럼 위에 존재하는 것이었다. 상업, 도시와 농촌 관계의 패턴, 기술(특히 군사기술)의 전파는 흔히 종교나 문자 사이의 전통적인 경계를 무시하고 이루어졌다. 그러한 일들은 종종 특정 지역의 사정과 문명권의 전체적인 문화수준에 의해 결정되었다.

이런 관점에서 보자면 역사가들이 여러 문명이나 사회들을 논할 때에는 문명화된 삶의 한정된 측면만을 이야기하는 것이다. 물론 매우 중요한 부분에 대한 언급이겠지만 말이다. 근대 이전에는 어느 시기에서든 한 지역은 일반적으로 다른 지역들보다 이웃하는 일부 지역들과 훨씬 더 긴밀하게 연결되어 있었다. 이러한 연결에는 주로 정치, 문예, 종교의 세 가지 방식이 있었다. 정치적 연결이란 대개 지속적이지 못한 것이었고, 문예적 혹은 종교적 연결로 강화된 경우가 아니라면 여기에서 언급의 대상이 되지 못할 것이다.

문명 초창기에는 각 언어권이 서로 독립적으로 발전했던 것으로 보인다. 그러나 상당히 일찍부터 어떤 언어들은 문화적 가치가 특별히 풍부하다고 인정받았고, 그 언어를 쓰지 않는 사람들 사이에서도 문화어로 존중받았다. 그래서 수메르어와 바빌로니아어는 비옥한 초승달 지역에서 고전 언어들이 되었고, 어느 정도는 그런 고전 전통에 대한 존경을 통해 하나의 문명을 이루게 되었다고 할 수 있다. 그들은 공통의 주요 용어와 공통의 기준을 가지고 있었다. 그리고 같은 고전문예 전통을 인정한다는 것은 또한 종종 공통되는 법률적 형태, 정치사상, 예술적 패턴을 갖는다는 의미이기도 하였다. 이것은 기원전 1000년기 말에 특히 두드러졌는데, 주요 지리적 지역 내의 지방문화 전통들이 대체로 융합되어 사라졌던 것이다.

그러나 중세가 되면 구원의 종교들이 일어나 문예적 전통의 유대만큼 혹은 그 이상으로 강력한 유대관계를 이루어냈다. 유럽에서 인도에 이르는 지역에서 종교적 구분이 언어 문화보다 훨씬 중요해졌고 사람들은 그리스어, 쐐기문자, 혹은 산스크리트어의 사용자로서보다는 기독교인, 조로아스터교인, 혹은 불교도라는 식으로 서로 유대관계를 맺게 되었다. 중국이나 극동에서는 종교적 소속이 궁극적으로는 문예적 소속보다 덜 중요했다. 결국 중국 사회는 불교나 도교의 신앙보다 유교 경전의 이름으로 다스려졌다. 하지만 어떠한 경우에도 '고급 문화'의 수준에 있는 대부분의 교양인들은 그것이 문예적이든 종교적이든 간에 다른 전통들을 배제한 채 세워진 하나의 문자화된 전통과 결부되어 있었다.

인류의 삶의 발전에서 이러한 문화적 구분의 중요성은 아주 큰 것이었는데, 이상(理想)과 상상력, 종교, 예술, 문학, 법, 정치, 그리고 사회제도에 있어서 특히 그러했다. 소작인의 삶까지도 그 지역의 엘리트에 의해 육성된 문자화된 전통이 제시하는 이상에 의해 어느 정도 틀이 잡혔다. 그러나 소작인의 삶에 대한 함의 때문이 아니라 문예적이고 언어학적인 함의 때문에 역사가들이 문자화된 전통에 그토록 주의를 기울인 것이다. 사실 그것은 인문주의적인 역사가가 갖는 주요 관심사다. 그러나 많은 역사가들이 그것에 대해서만 배타적인 관심을 기울이면서 이를 잘못 해석했다. 그들은 이러한 문자화된 전통들을 '역사적 세계들'로 지나치게 절대화하였다.

그러한 사회들은 결코 폐쇄된 단위가 아니었다. 항상 활기에 찬 움직임을 보이는 분야들이 있었고, 중요한 분야지만 그 사회의 중심적 전통이 단지 피상적으로만 형성시켜 놓은 분야들도 있었다. 이러한 사회들이 기반하고 있던 지리적 지역들에서는 항상 두 개 이상의 전통들이 경쟁관계에 있는 영역들이 있었고, 실제의 삶을 들여다보면 상층 문화의 수준에서도 항상 다양한 요소들이 복합되어 있었다. 이러한 모습은 이론가들이 보는 것처럼 비정상적인 것이 아니었다. 각 사회 내에서 여러 종류의 문자화된 전통이 서로 다른 정도로 섞여 있었다. 그래서 비잔틴 문화가 한편으로는 고대 그리스 문화의 연속이라고 할 수도 있지만, 다른 한편으로는 공간적으로는 더 넓지만 시간적으로는 더 제한적인 기독교 복합체의 일부라고 볼 수도 있는 것이다. 기본적으로 같은 종류면서 영향력은 덜 광범위하지만 다른 부분과 겹치는 좀 더 소규모의 문자화된 전통들도 있었다. 플라톤·아리스토텔레스적 철학자들에 의해 만들어지고 그리스의 문예전통의 한 지류를 견지하는 사회가 기독교, 이슬람교, 유대교의 경계를 넘어서 형성되었다. 이러한 철학자들은 대개 공통의 철학적 유산에 의해 틀이 잡힌 삶을 살았으며, 종종 자신의 종교집단에 속하는 그 누구보다 오히려 철학자들과 더 많은 공통점을 찾을 수 있었다. 철학보다 좀 더 기반이 취약하지만 아마도 더 중요했던 것이 여러 지역을 아우르는 자연과학의 전통이었을 것이다. 이는 바빌로니아와 그리스의 기록에서 산스크리트어로, 그리고 나중에 아랍어에서 다시 중국어와 라틴어로 전해졌다. 이것은 아프로-유라시아의 모든 주요한 문화적 경계선을 뛰어넘은, 광범위한 시사점을 갖는 역동적인 전통이었다.

이슬람은 아마도 전체로서의 사회를 건설하는 데 가장 크게 성공한 공동체였고, 이런 점에서 그 이전이나 그 경계 밖에 있던 모든 문화로부터 분명하게 구분된다. 종교로 따지자면 비록 유라시아의 역사에서 상대적으로 늦게 나타났지만, 기독교 공동체들이 이교도적인 로마법을 채택한 것과는 대조적으로 자체의 종합적인 법률체계를 발전시켰다. 이슬람은 자체의 고전문학을 발전시켰고, 거기에는 이전의 중동적 전통들의 흔적이 단지 제한적으로만 남아 있었을 뿐이다. 사회조직, 경제구조, 예술 등이 모두 확연한 이슬람적 색채를 띠었다. 더욱이 비록 이슬람 사회가 동시대의 중세 사회들 가운데서는 가장 광범위하게 펼쳐져 있었음에도 불구하고 모로코에서 자바까지, 카잔에서 잔지바르까지 무슬림들 사이에는 특이하게 강한 사회적 연대감이 자리잡고 있었다.

그렇다 해도 잘 살펴보면 문자화된 전통으로서의 이슬람은 그냥 독특한 역사세계 그 자체로서만 이해될 수 있는 분야로 다루어질 수는 없다는 점이 분명해진다. 이슬람 사회의 중동적인 초창기는 상대적으로 덜 알려져 있다. 우리는 이전 수 세기 동안의 비옥한 초승달 지대와 이란에서의 삶에 대해 너무나 아는 게 없다. 그러나 초기 이슬람의 중요한 현상 중 하나는 사산조 페르시아의 마지막 세대에서 이미 확립되었는데, 그것은 지방의 토착적 지주 세력을 억누르고 파괴할 수 있는 절대적 군주권의 지도하에 도시의 상업집단들에게 권력이 집중되었다는 것이다. 사산 왕조 후기에 종교 분파들의 부상과 고전적 무슬림 분파들의 등장은 이같은 상황과 긴밀하게 연결되어 있는 것으로 보인다. 우리는 그 이전의 사산 왕조 시대에 대한 좀 더 전반적인 이해 없이는 초기의 이슬람적 정치·종교생활의 의미를 제대로 이해할 수 없다는 것을 배워 가고 있다. 더욱이 처음 2~3세기를 지나면서 만들어진 이슬람 정통 신앙도 단순히 무하마드의 비전을 완수한 것이라고만 이해할 수는 없다. 그의 비전은 무수히 다른 방법으로도 완성될 수 있었고, 혹은 가장 개연적으로 보이는 것처럼 단순히 정치적인 이데올로기로 축소되고 아랍 지배층이 동화됨에 따라 시들어 버렸을지도 모른다. 이슬람의 존재는 시리아의 기독교 수도자들과 메소포타미아의 유대 열심당원들의 열망으로 설명되어야 할 것이다. 이러한 열망은 초기에 무슬림이 된 개종자들에게 종교란 무엇이어야 하는지에 대한 관념을 심어 주었고, 그들은 이것을 전대미문의 방식으로 완성하였다.

나중에 이슬람 사회가 아프로-유라시아 문명지역의 반 이상을 채웠을 때, 오래된 지역적 구성이 무슬림의 연대의식에도 불구하고 다시 나타났다. 늦어도 16세기에 이르면 동유럽의 이슬람, 중동 본지의 이슬람, 인도의 이슬람은 각각 확연히 분리된 길을 걸어가고 있었다. 무굴제국의 창건자인 바부르가 인도에 침입했을 때, 같은 무슬림인데도 이미 그 지역의 토착 무슬림들을 힌두교도만큼이나 낯설게 느꼈던 것으로 보인다. 그리고 인도적 성격을 거부하고 마침내 무굴 황제의 지지를 얻어낸 인도 이슬람 내부의 강력한 경건주의적 세력에도 불구하고 그의 후손들은 중동과 중앙 유라시아의 인재들에게 계속 의존하면서 무굴제국 치하의 인도 이슬람 사회는 점점 더 그 나름의 인도적 제도의 틀과 문화적 패턴을 발전시켜 상대적으로 독자적인 사회를 형성했다. 아나톨리아와 발칸에서의 오스만제국 치하의 동유럽 이슬람 역시 비슷한 방향으로 진화하였다. 무굴제국처럼 오스만제국은 자기의 영역 안에서 탈집중화와 정치적 권위의 사회역할 축소라는 이슬람의 오래된 경향을 역전시켰다. 무굴제국의 제도와는 많이 달랐지만 오스만제국은 오랫동안 지속된 종교, 법, 정치제도 등의 중앙 제도를 만들었다. 그러나 오스만 문화의 핵심은 유럽의 중심지에 남아 있었다. 그곳은 이전에 그리스의 영토였던 아나톨리아와 발칸이었다. 타우루스 산맥의 남쪽에 있는 아랍지역들은 단지 반쯤 복속된 지역이었을 뿐이고 오스만 문화의 창조적 측면을 조금밖에 공유하지 못했다. 적어도 이라크는 당시 또 하나의 거대한 무슬림 제국이었던 이란의 사파비제국에 동조적이었다.

이전의 수천 년 동안, 세 개 중심지역의 전통을 표현한 이 세 제국뿐만 아니라 아프로-유라시아 전 지역에 걸쳐 이슬람은 지역간 문명의 소우주였고, 그 사회 안에는 이슬람이 전파된 여러 지역들 사이에서 전개되어 온 온갖 종류의 관계들이 포함되어 있었다. 말레이시아에서 이슬람은 강력한 힘을 발휘했다. 이슬람은 동반구 전역에 걸친 무슬림의 지지에 힘을 얻어 종전의 인도적 전통을 압도해 버렸고, 이전의 인도적 유형의 문예적 영감을 새로운 언어 자체는 아니더라도 새로운 알파벳으로 표현된 새로운 영감으로 대체하였다. 그러나 새로운 신앙을 받아들이는 데 있어서도, 말레이시아인들은 이전에 인도의 힌두교에 영향을 받았던 것처럼 대체로 인도 이슬람의 영향을 받았다. 그리고 그들의 새로운 문예전통은 (비록 완전히는 아니지만) 종전의 문예전통과 단절되자, 역시 남인도에서 성행한 페르시아어와 아랍어 전통의 혼합으로부터 유래하였다. 더 중요한 것은 말레이시아의 이슬람이 (그 지역이나 다른 지역의 정통파 무슬림의 입장에서 보면 스캔들이라고 생각될 정도로) 상당히 최근까지도 이슬람권의 중심지역에서 가끔 종교생활을 숙정(肅正)하곤 했던 엄격성을 거의 보이지 않았다는 점이다. 말레이시아에게 이슬람이란 새롭고 더욱 보편적인 신비주의였는데 이는 인도계 구루(guru)들의 후예들에 의해 그렇게 배웠던 것이다. 사실상 말레이시아의 이슬람은 아프로-유라시아 지역 전체에서 본 말레이시아의 위치에 걸맞는 자연적 귀결이었다. 말레이시아 상층의 문화생활은 문명이 맨 처음 거기에 도래했을 때부터 궁극적으로는 항구의 문화로부터 들어온 것이었다. 그러나 이것은 내륙의 삶으로부터 약간 동떨어진 것으로 남았고, 지역적 전통에 깊이 뿌리박은 것이 아니었다. 또한 동시에 남중국해 전체로부터 밀려오는 넓은 문화적 조류에 자연스럽게 열려 있었다. 해상의 주된 문화가 힌두교와 불교적인 것이었을 때, 항구 도시들은 힌두교와 불교로 전향했고, 마침내는 배후지도 그들을 뒤따르게 되었다. 지역간 무역이 점차 무역량과 범위 면에서 증가하자 중동의 항구들이 남중국해 전체의 무역에서 점점 더 중요한 역할을 하게 되었다. 바로 그때 중동의 문화가 남중국해—특히 말레이시아의—항구들을 지배하게 된 것이다. 중세 말기에 그 중동의 문화란 바로 이슬람이었다. 그러나 말레이시아적 삶의 기본적 패턴은 계속되었고, 그것은 아프로-유라시아의 문명지역 전체의 맥락에서만 이해될 수 있다.

초창기에서부터 적어도 2~3세기 전까지의 역사적 삶은 아프로-유라시아 문명지대 전체에서 연속성을 띠고 있었음이 분명해졌다. 그 지대는 궁극적으로는 서로 분리될 수 없었다. 각각의 지역들은 그 자체의 전통을 갖고 있었다. 한 지역의 범위 내에서 혹은 여러 지역에 걸쳐서 중요한 사회적 실체들이 등장하였는데, 그들은 구성원들의 문화 생활의 틀을 대부분 잡아주었다. 그러나 이 모든 것, 역사적 전체는 불완전했다. 그들은 이차적인 집단들이었다. 지역의 문명생활은 그들 중 어느 한 집단에 완전히 참여하지 않더라도 이어질 수 있었다. 자연과학과 같은 가장 창조적인 역사적 활동은 그들의 경계선을 넘어서 이루어졌다. 아프로-유라시아 지대 전체만이 더 일반적이고 기본적인 역사적 의문에 답하는 데 충분히 큰 틀을 제공해 줄 수 있는 역사적 배경이 된다.

지역간 교류의 장(場) 아프로-유라시아 복합체

또한 아프로-유라시아의 문명지대는 정태적인 역사적 배경이 아니었다는 점이 더욱 분명해질 것이다. 그것은 상호관계들의 묶음으로서 고유한 성격을 가지고 있었다. 여러 문명지역들은 지속적인 역사적 배치를 이루었고, 그 안에서 각각의 지역은 자신의 특징적인 위치, 다른 문명과의 반복되는 특징적인 관계를 갖고 있었다. 또한 이러한 지역간 구성은 그 자체의 주요한 성격을 유지하면서도 세부적인 상호관계에서는 항상 변하는 것이었다. 전체로서의 문명지대는 그 자체의 역사를 가지고 있었다.

수천 년에 걸쳐서 정보와 기술의 자원이 각각의 지역에서 축적되었고 머지않아 아프로-유라시아 지대 전역으로 퍼져나갔다. 지역간 무역에 쓰일 수 있는 재원들은 새로운 지역들이 편입됨에 따라 계속 증가하였다. 이렇게 누적된 성장은 뒷세대들에게 열린 새로운 가능성이 이전의 세대가 가질 수 있었던 가능성과 크게 달랐다는 점을 의미한다. 이러한 기술의 축적은 여행과 전쟁의 예에서 특히 중요하였다. 말이 끄는 전차의 발명은 즉시 사람과 사람의 관계를 변화시켰다. 더욱 중요한 점은 그것이 먼 거리에 대한 생각 자체를 바꿔 놓았다는 것이다. 그리고 최초의 제국들이 생겨났다. 이와 비슷한 결과가 무장한 기병의 등장과 함께 나타났고, 그와 더불어 ― 특히 중앙 유라시아에서 ― 거리는 더욱더 줄어들었다. 물론 이러한 변화와 관련해 농경에의 위험한 보완이자 도전이었던 유목이 떠올랐다. 화약이 좀 더 효율적으로 사용되자 전술면에서 결정적인 변화가 초래되었다. 중국에서의 원시적인 발명 이후 수 세기 동안 아프로-유라시아 지대 사람들은 이러한 변화에 적응하지 않으면 안 되었고, 거의 모든 곳에서 화약의 발전에 따른 변화가 정치권력의 중앙집중 효과를 가져온 것으로 보인다. 서북대서양과 지중해, 인도양을 거쳐 남중국해를 잇는 아프로-유라시아의 주요 해로들의 양쪽에서 선박과 해양지도를 제작하는 데 점진적인 개선이 있었다. 중국에서 나침반을 발명하고 서유럽에서 그것을 극적으로 이용한 것은 항해술에서 가장 두드러진 변화였을 뿐이다. 전쟁과 상업에서뿐만 아니라 모든 분야에서 그 자체로는 작은 변화들이 누적되어 문화적 활동의 범위를 넓혔고, 그리하여 여러 문화들이 서로에게 중요해지는 경우가 많아졌다. 중국의 예술적 조류는 종이 자체는 차치하고라도 수많은 미세한 안료들과 필사본의 화려한 장식기술의 발전이 없었더라면 페르시아와 인도의 화가들에게 그렇게 중요하지는 않았을 것이다.

정신 영역에 있어서도 지역간의 상황들이 크게 변화하였다. 중국에서 종이를 발명하고, 그것이 타지역으로 전파된 것은 중요한 지적 결과들을 초래하였다. 좀 더 덜 기술적인 것을 들자면 수행 생활—보통의 사회적 관계를 단절한 일군의 사람들이 많이 돌아다니면서도 그들 사회에서 가장 고도의 지적 혹은 영적 발견을 전문으로 하는—의 발명이 있다. 그런 사람들은 원거리 선교자로 매우 적합하였다. 아프로–유라시아 지대로 그러한 사람들이 침투되었을 때, 문화간의 주요 전파자가 피곤한 상인들이었을 때와는 비교가 안 되는 수준의 지역간 교류가 생겨날 수 있었다. 불교와 기독교, 마니교는 모두 이러한 종교 전문가들의 이동성을 충분히 이용하였다. 그러나 아마도 수행 생활과 관련이 있지만 수행 생활의 창안보다 더 중요한 것은 개인적 지향의 대규모 체계, 즉 역사적으로 유명한 종교들의 일반적 발전이었으며, 이러한 종교들은 수도승의 존재 여부와 상관없이 자기 종교를 전파하려는 거의 보편적인 경향을 갖고 있었다. 특히 이슬람의 경우에는 드디어 종교가 순수하게 개인적인 차원을 넘어서 직접적인 사회적 주도권을 갖게 되었고, 전례없는 반구적(半球的) 규모의 사회건설을 향해 움직였다.

앞서 언급된 모든 경향들이 하나의 누적적인 조류에 기여하여 그것이 두드러진 중요성을 갖게 되었는데, 이는 도시 문명이 상업적 · 정치적인 지배를 확장할 수 있었던 영역에 관한 것이었다. 이러한 과정에서 특별히 중요했던 것은 북유럽에서의 이랑 만드는 쟁기의 발명이라든가 사하라 사막에서의 낙타 이용과 같은 새로운 기술이었다. 이러한 것은 효과적인 농업 생산과 대규모 상업 교역의 무대를 넓혀 주었고, 한 지역 내에서 인구와 경제력의 내부적 균형을 변화시키는 것뿐만 아니라 아프로-유라시아 지역구성 속에서 특정 지역들의 역할을 변화시키는 데도 도움이 되었다. 최소한 농경과 도시가 새로운 지역으로 퍼져나가는 곳마다 농업 기술의 소규모 변용이 필요하였다. 그리고 이러한 일들은 반복적으로 이루어졌다.

이러한 발명들과 또한 팽창으로 이어진 다른 많은 방식으로 모든 지역들은 문명의 지속적인 확장에 기여하였고, 문명지역들이 존재하게 되는 세계를 형성하는 데 매우 중요한 역할을 했으며, 지역의 운명을 결정하는 하나의 기본적 요소가 되었다. 서로 연결된 지대의 규모 자체가 중요하게 된 것은 특정한 시기에 인적 자원을 공급하는 능력과 상관관계가 있었다. 더욱 중요한 것은 아프로-유라시아의 발전에서 역사적 구성요소들이 몇 배로 불어났으며 지역적 다양성이 아프로-유라시아의 발전에 기여했다는 점이다. 대서양에서 태평양까지 아프로-유라시아의 해상 교역로를 통해 끊임없이 무역이 이루어졌고, 그 지역의 도시화 정도에 따라 이 교통로의 중요성은 시대마다 달라졌다. 해상 교역로를 예로 들어 설명하자면 말레이시아가 단순히 중간 지점인 것보다 말레이시아 자체가 활발한 상업지역일 때 훨씬 높은 가치가 있었다. 중앙 유라시아 초원의 중요성도 이와 마찬가지로 변화하였다. 지속적인 팽창이 아프로-유라시아의 상업적 범위를 넓히면서 새로운 사람들을 들여왔을 뿐만 아니라, 반구의 나머지 지역에서 도시화된 지역의 비율을 바꿈으로써 문명 밖에 남아 있던 사람들의 문명에 대한 상대적 위치도 변화시켰다. 특히 이것은 중앙 유라시아의 유목민들과 기타 비정주민들에게 적용되는 일이었다. 그들은 점점 더 자신들의 범위

(비록 그 범위는 유동적인 것이었지만) 내에 국한되었고, 도시의 영향으로부터 완전히 자유로울 수 없었다. 오웬 라티모어(Owen Lattimore)는 그의 『중국의 내륙 아시아 변경 지대』(*Inner Asian Frontiers of China*)에서 유목과 농경의 진화가 얼마나 평행을 이루었는지, 그리고 얼마나 후자가 전자에 기반하고 있는지를 시사하였다. 그리하여 각 시대의 문화적, 경제적 가능성들은 무수히 많은 방식으로 동반구 전체에 걸친 아프로-유라시아 문명지대의 확장에 의존하였다. 그렇게 확장된 전체는 어떤 부분들보다 더 큰 영향력을 발휘하였다.

아프로-유라시아 지대의 역사 개관

위와 같이 역사적 관계들의 지역간 구성에 여러 가지로 영향을 준 이러한 변화들은 단순히 대규모였던 것만이 아니라 서로 맞물리는 것이었다. 그러한 구성의 요소들이 서로 상호의존적이었기 때문에 하나의 변화가 새로운 변화를 이끌어내는 경향이 있었고, 이 모든 변화의 과정은 하나의 통합된 줄거리를 만들었다. 다음에서 우리는 대략적으로 지역간 관계 발전의 중심이 되는 선들과 가장 중요한 전환점들을 볼 수 있다. 이것은 지역간 관계의 발전에 대한 문제이며, 따라서 인간 역사 자체의 주요 사건들과는 일치하지 않을 수 있다. 하지만 사실 아프로-유라시아 지역구성의 발전은 각 지역 역사의 가장 중요한 측면들과 직접적으로 관련되어 있었다. 그러므로 이 대략적인 밑그림은 간략한 세계사에 가까워진다. 어쨌든 이는 우리가 마음속으로 비교할 수 있는 가장 가까운 대상인 전통적인 서구적 역사 이미지보다 진정한 세계사에 더 가깝다.

문명지역의 팽창은 일찍부터 매우 근본적인 중요성을 갖는다. 초기의 고립된 강-계곡 문명들, 즉 야만인들의 바다 속에 섬처럼 고립된 문명들은 기껏해야 빈약한 장거리무역으로 연결되어 있었다. 그러나 만약 그들이 가졌던 하나의 중요한 공통점이 야금술의 일정한 공정이었다면 그리고 그러한 희귀한 금속들을 찾아 상인들과 통치자들이 문명화된 패턴을 배후지에까지 팽창하도록 만들었다면, 그들 모두에게 공통된 이러한 금속에 대한 수요가 그들 모두의 운명을 결정짓는 새로운 조건으로 이어졌다고 볼 수 있다. 왜냐하면 조만간 이들은 더 큰 문명지역의 운명에 따르게 되었기 때문이다. 당시 서로 다른 언어를 쓰는 민족들이 처음으로 이웃하게 된 중동과 같은 큰 지역들에서만 아마르나(이집트와 바빌로니아, 히타이트, 미탄니의 4국 사이에 긴밀한 관계가 유지되었던 기원전 16~13세기의 약 300년간-옮긴이) 시대 같은 세계시민적 문화(cosmopolitanism)가 가능하였다. 그리하여 하나의 대규모적인 상황은 새로운 대규모 상황을 이끌어내는 변화들을 불러일으켰다. 이러한 광범위한 지역들로부터, 문명과 공존하며 문명에 부응하여 발전된 기마전술에 힘입어 특히 기원전 2000년기 말에 여러 번 침략의 물결이 있었다. 대부분은 인도-유럽인에 의해 이루어진 침입이었는데 중동과 북인도, 그리고 어쩌면 북중국의 발전된 지역들까지도 거의 휩쓸어 변모시킬 수 있었다. 이리하여 난해한, 상형문자적인 청동기 시대 문화가 끝나게 되었다. 비록 중국에서는 전형적인 상대적 고립으로 인해 그러한 문자가 살아남았는지도 모르겠지만 말이다.

기원전 1천년기(millenium)의 그러한 침입들로 인해 그리스인들, 히브리인들, 페르시아인들, 인도-아리아인들, 그리고 중국의 주나라가 세계에 모습을 드러냈다. 이들 사이에는 새로운 역사적 풍토, 즉 철기 시대의 경향이 지배적이었다. 이러한 가운데 문명지대는 반구적인 차원에까지 넓혀졌고, 아프로-유라시아의 지역간 구성의 주요한 항상적 요소가 이미 가시화되었다. 이들은 비록 먼 거리에 있었지만 어느 정도 비슷한 길을 갔는데, 그것이 서로 별개의 발전이 평행적으로 나타난 것인지 혹은 지역간의 활발한 교류에 의해서인지 이 이른 시기에서는 그다지 분명하지 않다. 비록 세부적으로는 각각 독립적으로 이루어진 것이지만, 유럽과 중국에서 거의 동시에 주조된 화폐를 이용해 지역간 무역이 이루어졌다. 또한 지중해에서 인도까지 새로운 유형의 자모(알파벳)를 이용하여 상대적으로 널리 쓰일 수 있는 문자 체계가 생기게 되었는데, 종전의 각 지방 계곡의 전통 유산이 사라지면서 이 문자가 점차 지배적이 되었다.

그리고 이제는 아프로-유라시아의 역사적 구성에서 계속된 변화들로 인해 만들어진 아주 중요하고 위대한 시대를 보게 된다. 어디에서나 세속적인 팽창이 계속되고 있었다. 그것은 이전에 있었던 대규모 침략에 의해 순간 중단된 것처럼 보였기 때문에 더욱더 빠르게 보였을지도 모른다. 도시에 의한 지배는 지중해에서 서쪽으로, 이란과 중앙 유라시아, 인도에서 남쪽으로, 중국에서 확산되고 있었다. 펀자브에서 싸우고, 갠지스 강을 따라 항해하려 하고, 아프로-유라시아 지대를 지리적으로 알 수 있는 전체로 이해하려고 하였던 마케도니아의 알렉산드로스 대왕의 방대한 공간적 비전은 그보다 1000년 전에는 불가능하였던 이 당시의 지평선 넓이를 보면 알 수 있다. 그리고 이 넓이는 그 후에 일어난 일, 즉 탈레스와 이사야에서 맹자에 이르는 거대한 철학적 약진에 자취를 남겼다. 자주 지적된 바와 같이 기원전 1000년기의 후반에는 아프로-유라시아의 4대 핵심지역에서 모두 이전에 비할 바 없는 창조적인 문화가 꽃피었다.

사실 핵심지역들 자체가 어느 정도는 바로 이 창조적 개화에 의해 형성된 것이다. 그리스적 전통을 받아들인 지역과 산스크리트 전통을 받아들인 지역들이 이 시기에 만들어졌고, 이 두 지역을 배경으로 중동은 그들과는 대조되는 이상을 고수하면서 출발한 것이다. 이 시기의 지적인 삶은 유럽과 중국에서 계속 고전으로 남았다. 인도에서도 이 시기는 표면적으로 보이는 것보다 훨씬 중요한 의미를 가졌는데 이는 인도에서 샹카라

(Shankara : 8세기 힌두 철학자로 일원론을 강조했음 - 옮긴이) 시대 다음으로 가장 대단한 철학의 시대였기 때문이다. 중동에서 이 시기는 이란과 히브리의 예언의 시대였고, 더 오래된 문자화된 전통들과 명확히 대조되는 규범들을 받들었다. 무함마드와 그의 추종자들이 중동을 재편성하는 작업에서 그러한 예언자적 전통은 그 전제가 되었다. 야스퍼스가 이 시대를 '추축 시대'(the Axial Age)라고 한 데는 이유가 있었다. 이 때는 각 문화들이 특성화된 시대이면서 동시에 더욱 심층적인 지역간 교류가 생긴 시대였다. 이러한 놀라운 성과를 이루어내는 데 당시의 지적 분위기 속에서 상호 교류가 갖는 초기적 역할이 무엇이었든 간에, 그러한 교류들을 통해 문화간의 상호영향이 추상적 사고를 진전시킬 수 있게 해준 지적 선택의 기준이 어디에서나 마련되었고 이것은 무엇보다도 자연과학의 전개에 중요하였다.

아무튼 세계는 이제 헬레니즘의 광범위한 확산을 맞이할 준비가 되어 있었다. 헬레니즘의 여러 측면은 대서양에서 갠지스 강까지 전파되었고, 극동에서조차 그 반향이 있었다. 그리고 헬레니즘 자체는 세계가 대규모 지역을 아우르는 제국의 시대를 맞을 준비를 용이하게 하도록 만들었으니— 아마도 인도에서도 그랬을 것으로 추측되며, 그곳의 제국 건설의 원동력은 서북쪽에서 유래했다—지중해의 로마제국, 인도의 마우리야 왕조와 계승국가들, 중국의 한나라 등의 시대가 펼쳐진다. 이러한 제국들은 모두 (그들 중 가장 덜 알려진 친헬레니즘적 파르티아제국마저) 어느 정도는 스토아 학파, 불교, 유교를 막론하고 고전적인 현자들의 인간 통합에 대한 저작들을 반영하고 있다. 이 몇몇 제국들에 의해 이루어진 상대적으로 안정되고 광범위한 질서는 또한 지역간 관계에 영향을 미쳤다. 로마인들은 곧 머나먼 인도에 금을 빼앗기고 있다고 불평하기 시작했다. 이는 분명히 헬레니즘과 같은 광범위한 운동의 조짐이었다. 헬레니즘의 직접적인 영향력이 후퇴하면서 인디시즘(Indicism)이라 부를 만한 것들이 여러 가지 형태로 헬레니즘과 마찬가지로 널리 퍼졌다. 동남아시아, 중동(특히 이란과 중앙 유라시아), 중국에까지 퍼져나간 것이다. 그리고 그것은 유럽에서조차 반향이 있었다. 인디시즘은 알렉산드로스 대왕처럼 대단한 정복이 뒤따른 것은 아니지만 더 넓은 지역에서 더 깊은 영향을 미쳤다. 그러나 이들 제국들이 초래한 가장 중요한 결과는, 초기 기독교인들과 로마의 예에서 보았던 것처럼 각각의 제국이 하나의 (혹은 하나 이상의) 거대한 보편 종교들을 위한 길을 닦았다는 점이다. 그 이후 시대의 지역간 혹은 한 지역의 문제에서 가장 두드러지는 현상은 종교의 독보적인 중요성이었다.

왜냐하면 그러는 사이에 현자들의 뒤를 이어 (좀 더 국지적인 전례로부터) 보편적인 종교들이 경전과 배타적인 도덕적 우주론에 대한 믿음, 일반 개인의 죽음 이후에 대한 희망, 개인이 당장 헌신의 결단을 할 것에 대한 요구와 함께 나타났기 때문이다. 이들은 이제 처음부터 일관된 틀 속에 있었던 기독교나 대승불교와 같은 신앙의 형태로 나타나거나 이전부터 있던 오래된 신앙이 새로운 형태로 재구성된 것들, 즉 랍비적 유대교나 혹은 힌두의 샤이비즘(Shaivism: 시바 숭배 - 옮긴이)과 바이슈나비즘(Vaishnavism: 비슈누 숭배 - 옮긴이)의 형태로 나타났다. 이런 종교들은 도시들을 중심으로 많은 사람들에게 퍼져나갔다. 기원후 첫 천년기(millennium) 동안 아프로-유라시아 지대 전체 어디에서나 이런 종교들 중 하나가 정치권력을 얻고 배타적인 종교로 인정받고자 했다. 비록 어느 종교도 다른 종교에 대해 완전히 우위를 점하지 못한 지역들이 있었지만, 이러한 종교들은 공백지대를 남기지 않고 퍼졌다. 이들은 종전의 다신교들을 쓸어내버리거나 새로운 종교의 기본정신하에 복속시켰다. 종교들이 권력에의 지향을 갖게 되는 것과 동시에, 1000년 이상 아프로-유라시아의 삶의 한 측면을 지배하게 된 금욕적인 수도생활의 조류가 (거의 전 지역에 존재하고 있던 인도의 영향을 받든 받지 않았든) 나타나게 되었다. 보편 종교들의 도래와 함께, 멀리 떨어진 신자들이 서로 같은 신앙을 갖게 됨에 따라 지역과 지역이 연결되었다. 그러나 동시에 여러 지역들 사이에는 장벽이 만들어졌는데, 이는 이전의 원시적인 것보다 높은 수준에서 새로운 정통 교리들이 어떤 지역의 삶을 지배하려고 하는 자기폐쇄적 불관용성을 만들어냈기 때문이다.

이러한 모든 과정에서, 그리고 부분적으로는 제국들의 활동의 결실로 넓은 지방들이 최신형태의 도시 생활에 개방되고 있었다. 그러한 예로 갈리아나 쓰촨을 들 수 있다. 이러한 경향은 점점 힘을 얻어 아틸라의 시대가 되면 유라시아 전역의 도시에 의해 주도되는 지역들은 양적으로는 북쪽의 나머지 지역에 맞먹는 거대한 영역의 벨트를 이루게 되었다. (유목민이나 야만족의) 새로운 침략이 서유럽과 같은 변경지역이나 중국의 북부지방을 유린할지라도 더 이상 문화적 · 상업적 관계로 연속된 전체를 휩쓰는 것은 불가능하였다. 근대가 완전히 시작될 때까지, 청동기 문화의 역할을 그토록 갑작스레 축소시켰던 것 같은 문예적 전통의 전체적 단절은 없었다. 이는 물론 부분적으로는 엄청난 규모 때문에 생긴 결과다. 다른 한편으로 이는 상업적 구조들과 종교들의 성격에 힘입어 여러 지역에서 고급 전통들에 대한 더욱 광범위한 참여가 있었다는 점에서 기인한다. 실제로 종교들은 그들의 선교활동에서 새로운 종류의 문화적 공세를 펼쳐나갔다. 이것은 옛 중심지들을 넘어 북유럽, 중앙 유라시아, 동남아시아, 동북아프리카와 같은 주변지역으로 뻗어나간 종교들, 특히 기독교, 유대교, 마니교, 불교만이 아니라 힌두교에서도 볼 수 있는 현상이었다.

기원후 첫 천년기의 중간쯤에는 헬레니즘이 퍼지던 시기와는 전혀 다른 분위기가 지배적이었다. 이제는 어디서든지 하나의 보편적인 종교가 한 인구집단을 장악한다는 것이 당연하게 받아들여졌다. 이러한 문화적 배경에서 이슬람이 일어난 것이며 이슬람은 보편종교의 극치임을 주장하면서 즉각적으로 지중해, 인도양, 중국에 영향을 미친 유라시아 초원의 정치적 균형을 변모시켰고, 중국의 영향이 확산되는 데 한계를 설정했다. 이슬람은 강력한 사회적·영적 이상을 창조하였는데, 그러한 이상은 몇 세기 지나지 않아 반구의 거의 모든 부분으로 퍼져나갔고, 이슬람에 흡수당하지 않은 큰 문명들 모두에게 정도의 차이는 있지만 영속적인 문화적·정치적 도전을 제기하였다. 여러 세기 동안 인도와 유럽의 모든 지역적 상상력은 무슬림의 위협에 의해 지배되었고, 그것에 의해 통일성이 부여되었다. 이슬람의 중동에서의 통합적 효과는 곧 널리 영향을 미쳤다. 이슬람 학자들은 그리스, 이란, 인도의 분산된 과학전통들을 집대성하여 중국과 서유럽에까지 퍼뜨렸다. 이슬람 상인들은 중국의 기술적 발견 일부를 멀리까지 전파하였는데, 그 중 가장 두드러지는 것은 종이였다. 이슬람은 이처럼 지역들 사이의 조건들을 변화시켰지만 동시에 다른 아프로-유라시아의 발전들은 이슬람 자체에 새로운 방향을 열어 주었다. 동남아시아와 같은 새로운 지역들이 더욱 전반적으로 발전하였다. 거기에서 이슬람은 대단한 약진을 보였으며 옛 중심지들의 빛을 바래게 하였다. 이슬람은 스스로 전세계를 곧 흡수할 것이라고 약속하였고 그 약속이 근거없는 것만은 아니었다.

이슬람이 이처럼 생성하고 팽창하던 시기에 특히 군사와 재정기술에서 흔히 있는 누적된 기술의 발전이 있었다. 사하라 이남의 아프리카에서 상업의 범위가 팽창하였고 그 지역은 무엇보다도 사하라에서 낙타의 이용과 함께 아프로-유라시아의 문명지대에 실질적으로 진입하게 되었다. 또한 (북극 남쪽으로 북아메리카와 연결되지는 못했지만) 먼 북서부지역에서도 그러한 경향이 나타났다. 지식의 다양한 조류는 주요 종교들의 오래된 철학적 전통 속에서 스콜라적인 종합으로 편입되었는데, 9세기 인도에서 마침내 철학적으로 불교를 버린 샹카라에서부터 중국의 주희, 13세기의 토마스 아퀴나스에 이르는 예를 들 수 있다. 스콜라적인 조류와 함께 그에 못지 않게 두드러지는 것은 자비를 강조하는 신비주의의 제도화된 기관 내에서의 발전이었다. (이것은 힌두교의 박티[신에 대한 사랑-옮긴이], 이슬람의 수피즘, 그리고 동방과 서방 기독교의 신비주의적 전통을 포함한다.) 이러한 신비주의는 주로 추축 시대로부터 기원하는 고전어들 이외에 수많은 지방 언어들의 성장과 관련되는 경우가 많았다.

학문과 종교에서 비슷한 경향들이 실제로 아무런 교류 없이 단순히 공통된 역사적 문제들로부터 얼마나 기원하는 것인지를 알기란 무척 어렵다. 물론 그것은 어느 정도까지는 단지 공통된 문제를 해결하는 것이었을 테지만 간혹 그러한 문제의 해결방법이 달랐다. 그래서 다른 모든 지역과는 대조적으로 이 당시의 중국은 보편 종교 즉 불교와 도교가 쇠퇴하는 모습을 보였고, 그 대신 본질적으로 추축 시대의 철학체계였던 유교가 이득을 보았다. 그러나 이 시기가 되면 지역간의 교류는 이슬람, 몽골인, 그리고 과학과 예술적인 상호 학습 등에 의해서 대단히 많아져 고립된 중국이나 먼 서유럽까지도 자유롭게 연결해 주었기 때문에 이러한 새로운 조류들이 완전히 서로 독립적일 수는 없었다. 단순히 과거로부터의 평행적(비슷한) 발전이든 동시대의 요구에 부응하는 것이든, 이러한 조건들은 지역들 사이에 피할 수 없는 접촉의 맥락을 만들어냈고 그러한 맥락은 흔히 종교적 외피를 쓰고 있었다.

이 시기의 한가운데에 아프로-유라시아 지대의 모든 문화들을 공통적인 수준에서 합류시키는 방향으로 이끄는 특별한 일이 있었다. 도시문화 전통들의 다양한 풍성함이 이제는 점차로 아프로-유라시아 대륙의 오지들까지 영향을 미치게 되었다. 무슬림, 중국인, 그리고 나중에는 러시아인들이 중앙 유라시아의 팽창에 합류하였다. 그리하여 13세기가 되자 몽골의 오지에 있던 한 부족이 도시적 세력의 지나친 요구와 압도적인 권위에 답답함을 느끼게 되었는지도 모른다. 초원의 머나먼 가장자리에 있던 젊은 칭기스 칸은 중국 황제의 수하들 때문에 크게 분노하였다고 한다. 예전에 계곡을 기반으로 발생한 문명들이 이제는 도시적 세력에 포위된 상황이었다. 이전에 중국의 한나라와 로마제국 시대의 문명들은 그들의 주변에 있는 야만인들의 영역을 합친 것과 비슷한 정도였다. 그러나 이제는 야만인이나 유목민들이 스스로 포위되었다고 느낄 차례였다. 칭기스 칸 휘하에서 분투한 유목민들의 마지막 필사적인 격노는, 아마도 그들이 여러 지역적 형태의 도시적 기술을 전례없는 정도로 사용했다는 점과 마찬가지로 도시적 삶의 침투를 반영하는 것이리라. 아프로-유라시아 사람들의 공동 작업의 결과로 나타난 이 예상 밖의 산물은 아프로-유라시아의 상당부분을 황폐화시키고 문화사·정치사를 영구적으로 굴절시켰다.

그러나 몽골인들의 분노에 찬 습격은 지역간적인 상황 속에서는 단순히 도시적 전통이 중앙 유라시아의 대부분 지역으로 침투하는 것을 촉진시켰을 뿐이다. 유목민들 자신도 불교도나 무슬림이 되었으며 제국적인 지향을 가진 칸들에게 점차 더 절대적으로 복속하여 갔다. 14세기에 아프로-유라시아 지대 전역에 걸친 도시적 문화의 침체처럼 보이는 것들 — 원나라 치하에서, 훗날의 델리 술탄국에서, 중동에서 항구와 관개수로를 수리하는 데 실패한 점, 서유럽의 도시에서 성장이 지연된 점, 거대한 지역에 흑사병이 휩쓴 것(북아프리카와 같은 변두리에서의 문화적 지속과 지역 간 세력균형에 예상밖의 결과를 가져왔다) — 에도 불구하고, 먼 구석의 서구에서 갑자기 대두한 서구인들이 전세계적으로 '동방의 부'를 약탈하는 경제적 배경이 만들어지고 있었다. 상업적으로 발전한 지역들의 범위가 이제는 반구의 상당부분을 아우를 정도가 되었고, 사치품과 전문용품의 수만이 아니라 여행과 무역 기술이 크게 늘어났다. 극서지역(Far West: 호지슨의 신조어로 유라시아의 서쪽 끝에 있는 서유럽지역을 뜻함-옮긴이)은 중동에서의 종교전쟁에 의해 자극받고 있었지만(아틸라의 시대와는 대조적으로) 새로이 도시화된 동유럽에 막혀 있기 때문에 몽골의 노도와 같은 물결로부터 고립되어 있었다.

우리는 아프로 - 유라시아의 역사복합체가 서로 독립된 조직적 문명들 사이의 단순한 상호차용과 상호영향의 틀만은 아니라는 것을 살펴보았다. 이 역사복합체는 그 자체의 발전에서도 하나의 확연한 구성요소였다. 이러한 사실은 발명의 전파에서도 관찰할 수 있다. 이러한 점에서 몽골의 격랑 이후에 중국의 최신 발명품들은 확실히 그 이전의 어느 시대보다도 빠른 전파속도를 보였다. 그들의 역사적 영향은 단지 전파만으로 환원될 수 없고 지역간 구성에 의해 만들어진 복잡한 패턴을 반영하는 것이었다. 그것들은 지역에 따라 아주 다른 효과를 가져왔다. 이러한 발명들 가운데서 특기할 만한 것이 화약 무기들, 나침반, (가장 나중에 발명된 활자를 포함하는) 인쇄술이다. 이들 중 몇몇은 상대적으로 직접적인 관계로 인하여 얻어진 공통의 배경에서 영감을 얻어 유럽이나 다른 지역에서 독자적으로 발명되었을 수도 있다. 이들은 어쩌면 모두 극동으로부터의 '자극의 전파'에서 영감을 얻었거나 (즉 그러한 발명품들이 존재한다는 것을 의식함으로써 영감을 얻는 것), 혹은 극동으로부터 직접 수입되었을 수도 있다. 그리고 그들 대부분은 거의 모든 주요 중심지에서 거의 비슷한 시기에 이용되었다. 중국을 제외한 모든 곳에서 화약의 등장이 점차로 보조적인 '불꽃놀이' 무기에서 더욱 효율적인, 그리고 궁극적으로는 결정적인 이용으로 옮겨갔다. 그러나 화약의 이용은 지역에 따라 그 지역의 사회적 조건들과 광범위한 맥락 속에서의 위치에 대응하여 서로 달랐고 매우 다른 결과들이 초래되었다. 이런 발명들은 새로 부상한 서구를 대양으로 내보내는 것, 그 중에서도 (지역간 무역의 틀 때문에) 가장 중요한 인도양으로 나가는 것을 용이하게 만들었다. 그러나 비슷한 화약무기는 16세기 초에 세 개의 거대한 육상의 무슬림 제국(오스만, 사파비, 무굴)을 만들었는데 이 제국들은 인도양의 반대방향을 바라보았고 인도양에서의 장거리무역의 주도권을 서구인의 첫 습격에 빼앗긴 후 다시 무슬림의 손에 넣는 데 실패하였다.

아프로-유라시아의 변방, 서유럽

우리가 이 글에서 본 것처럼 거대한 역사적 복합체 안에서 서유럽은 주변적인 역할, 그리고 중세가 시작되고 한참 지나기까지 후진적인 역할을 했다. 카르타고인들과 에트루리아인(로마 이전의 이탈리아에서 고도의 문명을 발전시킨 종족-옮긴이)들은 대단한 사람들이었지만 동지중해에서 그들에게 도래한 문화에 큰 발전을 덧붙이지는 못했다. 이러한 점은 로마인들도 마찬가지였다. 비록 그들의 도시가 서북변경에 위치한 헬레니즘적인 동지중해에 대해 정치적인 우위를 점하였지만, 그들은 문화적 방향의 지침을 얻기 위해서 항상 동방을 바라보았다. 비록 오랫동안 라틴어를 언어로 사용했지만 그들의 가장 값진 창조물이었던 로마법도 사실은 이탈리아적이기보다는 지중해적인 것이었다. 중세 전성기에 와서야 서유럽인들은 문명의 중심지역으로서의 창조적 수준에 도달하기 시작하였다. 십자군이 시작될 때도 그들은 여전히 그리스인들이나 아랍인들에 비해 의학과 화학기술 등의 분야에서 우악스럽고 무식했다. 그들은 아랍인들의 '그리스의 불'(Greek fire: 7세기 비잔티움에서 쓰이기 시작한, 석유 혼합물을 이용한 화공〔火攻〕무기-옮긴이)을 당해낼 수 없었다. 십자군이 끝날 때쯤 처음으로 라틴인들은 아랍인들과 대체로 비슷한 수준이 되었다.

앞서 본 바에 따르면 그 유명한 이른바 서쪽으로 가라는 제국의 행진곡은 나침반의 모든 방향을 향한 문명의 전반적 팽창 앞에서 완전히 효력을 잃고 만다. 서유럽은 비록 도시화되고 문자를 사용하는 문화를 일찍 발전시켰지만, 수단이나 말레이시아와 마찬가지로 변방지역이었다. 유럽은 후자의 두 지역과 마찬가지로 오래된 문화 중심지에 대해서 종속적인 관계를 유지하였고, 문화적 학습의 흐름도 상당히 일방적이었다. 중국, 인도, 중동, 그리고 (무엇보다도) 동지중해에서 서구로의 흐름이었고, 그 반대방향으로의 흐름은 거의 없었다. 오랜 시간 동안 이것은 지역간 무역에도 반영되었다. 서구는 남쪽이나 동쪽의 변방들처럼 완성된 상품보다는 주로 노예를 포함한 자연자원을 제공할 수 있었다. 따라서 서구의 사건들—지역 내의 도시화와 학문의 부침들은 전세계에서 그다지 큰 중요성을 띠지 못했다. 중세 이슬람 작가들은 비잔티움과 인도와 중국을 강하게 의식하고 있었지만 직접적인 접촉을 하는 때를 제외하고 극서(Far Occident)나 티벳, 동아프리카에 대해서는 관심이 적었던 것과 마찬가지다. 아프로-유라시아의 역사적 맥락의 주요한 부분, 즉 주류는 (그런 것이 있었다고 한다면) 그러한 먼 변방의 사건들에 의해서는 거의 영향을 받지 않았다.

아마도 서구에게는 거의 같은 시기의 한국과 일본이 그랬던 것처럼 지역 간 교류의 간선에서 벗어나 누릴 수 있었던 것과 비슷한 변방적 위치에서 오는 유리한 점이 있었을지도 모른다. 서구인들은 처녀지에서 오래된 테마 위에 독자적인 문화적 변형을 이루어낼 수 있었으며 종종 에게 해에서 벵골 만까지를 지배하였던 문화적이고 군사적인 혼란들로부터 상대적으로 방해받지 않을 수 있었다. 더욱이 중세 후기까지 서유럽인들은 현존하는 문명의 한계선 너머에 자신들의 활동영역을 넓힐 수 있는 매력적인 공간을 항상 갖고 있었다. (이것은 일본인들에게는 거의 주어지지 않은 것이었다.) 서구의 성격에 대한 대부분의 실마리는 아마도 오랜 변방지역이었다고 하는 점에서 찾을 수 있을지도 모른다. 어쨌든 서구와 기타 주변지역들 (이들은 문화적 중심지들과 다른 관계에 처해 있었을 것이다) 사이의 비교가 서구와 문화적 중심지들을 비교하는 것보다 더 유익할지도 모른다. 예를 들면, 지역 내의 창조성과 외부의 영향에 대한 수용성의 관계 같은 측면에서 말이다.

우리가 인간의 역사를 하나의 전체로서 바라볼 때, '동양 사회들'에 좀 더 많은 관심을 기울인다는 것만으로는 충분하지 않다. 그러한 관심을 기울이는 이유가 그 자체에 대한 흥미 때문이든 혹은 그것이 유럽에 영향을 미치고 기여했기 때문이든 말이다. 우리는 우리가 알고 있는 기존의 사회를 어느 정도 능가하며 심지어 그들로부터 독립적일 수도 있는 넓은 역사적 과정에 들어 있었던 많은 사회들 중 하나로 서양을 인식하는 법을 배워야 한다. 비록 서양이 상대적으로 고립되어 있었다고 하더라도 이러한 광범위한 과정에 서양이 들어가 있었다는 것이 서양에 초래한 결과도 이런저런 다른 사회로부터의 영향 혹은 학습의 총합으로 간주될 수 있다. 그러나 그것은 유럽의 동쪽과 남쪽의 강력한 이웃들의 존재에서 기인하는 긍정적이거나 혹은 부정적인 일반적 영향으로 환원될 수는 없다. 어떤 시대에서나 광범위한 지역간 패턴이 궁극적으로 서구나 그 밖의 다른 사회에게 어떤 선택들이 가능한지를 결정하는 것이다. 문명지대의 팽창, 기술의 축적, 도처에서의 사회적 역량의 수준 향상, 그리고 다른 많은 사건들의 특정한 연속들은 지역들 사이의 관계기반 위에서 이루어진 것이다. 서유럽의 진화는 몇몇 기본 전제에서부터 아프로-유라시아 역사 전체의 발전선상에 있었다.[2]

---

2) 지금까지 말한 것은 근대성과 옛 서양문화 사이의 관계를 바라보는 우리의 관점이라는 점에서 매우 진지한 함의를 갖는다. 나는 이러한 함의의 일부를 발전시켜 *Journal of the Central Institute of Islamic Research* (Karachi)에 나올 예정인 논문에서 논하였다. 세계 근대화의 가장 흔한 대중적 관점은 그것이 근본적으로 변하지 않고 반복되는 전통으로부터 속도만 빨라진 근대 서구적인 과정으로의 변화로 보거나(J. M. Romein, "The common Human Pattern," *Cahiers d' histoire mondiale*, vol. IV, 1958 참조) 혹은 여타 사회들이 다양한 정도로 받아들이거나 저항한 역사적인 서양 사회의 팽창으로 본다. 이 두 관점들은 모두 부적절하다. 그 관점들은 전근대 아프로-유라시아의 역사복합체 전체가 기반하고 있던 공통의 역사적 조건들의 붕괴 결과로 근대성을 이해함으로써 보완되어야 한다. 부족사회에 비하면 일정 정도의 의도적인 혁신은 아프로-유라시아 문명사회들에서 언제나 존재하고 있었다. 역사적 구성에 심각한 변화를 간혹 가져오기도 했던 고전 그리스나 고전 이슬람의 중대한 변영도 이러한 연속성과 모순되지 않을 수 있다. 사실, 르네상스와 서양의 초기 해양 팽창은 그 자체로는 전근대 역사의 틀을 결정적으로 벗어나지 못했다. 16세기에 아프로-유라시아 문명의 여러 지역들은 문화적·사회적 힘

의 수준이 여전히 본질적으로는 비슷한 수준이었다. (어디서나 수천 년 전보다는 훨씬 높은 수준이었다.) 1600년과 1800년 사이에 서양 안에서의 발전들은 마침내 이러한 공통적인 역사적 전제들을 파괴하였다. 그러나 그들이 서양 안에서 완전히 파괴되자마자(즉 1800년 세대에) 이미 존재하던 아프로-유라시아 역사의 단일성 때문에 그런 전제들은 다른 모든 문명에서도 효과적으로 파괴되었다. 1800년경부터 다른 대부분의 사회에서 그 사건의 결과들은 서구 안에서의 결과들과는 매우 달랐지만, 중요한 의미에서 그들도 역시 '근대적'이었다. 근대성은 헬레니즘의 확산에 비유되어서도 안 되고, 서양 내부의 경험 단계들로 축소되어서도 안 된다. 비록 그것의 시작이 일정 정도 중요한 결과들을 가져왔지만 말이다. 근대성은 그 기원으로 보든 전세계적 사건으로서의 충격적 결과로 보든 지역문화적 지속성의 측면에서 보든 단순히 '서구적'인 것이 아니다. 무엇보다도 근대성이 우리 모두에게 제기하는 문화적 문제들의 본질에 있어서 그것은 단순히 '서구적'인 것이 아니다.

2장

지도의 중심에서: 어느 나라나

스스로 역사의 중심이라고 생각한다

16세기 이탈리아의 선교사 마테오 리치는 아메리카의 새로운 발견을 보여주는 유럽의 지도를 중국에 가져갔다. 중국인들은 아메리카에 대해 알게 된 것을 기뻐했지만 그 지도의 일부분이 그들을 기분 나쁘게 하였다. 그 지도는 지구 표면을 태평양에서 잘랐기 때문에 중국이 오른쪽 가장자리에 뚝 떨어져서 나타났던 것이다. 반면에 중국인들은 스스로를 문자 그대로 '중국'(한가운데 있는 나라)이라고 여겨 지도의 중심부에 표시되어야 한다고 생각했다. 리치는 중국이 좀 더 가운데 그려지도록 대서양을 자른 지도를 만들어 그들을 달래 주었다. 그리고 요즘도 중국 근방에서는 그런 식으로 지도를 그린다.

물론 유럽인들은 유럽을 가운데 위쪽에 보여주는 전자의 지도를 고수해왔다. 반면 북아메리카에서 가장 흔한 지도는 미국을 영예로운 자리에 놓느라고 다른 대륙을 반으로 자르기까지 한다. 이처럼 자기 나라를 지도의 중심에 놓을 뿐 아니라 자기 민족을 역사의 중심에 놓고 싶어하는 유혹은 매우 일반적이다.

가장 유명한 예는 이른바 중국(中國), 즉 '한가운데 있는 나라'의 예다. 많은 중국인들은 황제의 수도인 베이징에 있는 '천단'이 세상의 정확한 중심이라고 생각했다. 물론 중세의 중국 학자들마저도 중국이 수학적인 의미에서 중심이라고 할 수는 없다는 사실을 알고 있었다. 그들은 유럽, 아프리카, 인도양 등의 전반적인 배치를 알고 있었고, 한 학자는 지구의 '중앙부'가 적도를 따라서 있다고 말했다. 그럼에도 불구하고 지각 있는 역사가들마저도 인류사에서 가장 중대한 것은 그 안에 모든 세련된 문명의 광휘가 집중되어 있는 위대한 중화제국이 처해 있는 조건이라고 생각하였다.

중화제국이 강력했던 시대가 간혹 있었다. 그럴 때 (관용적인 표현으로 말하자면) 황제는 수도를 에워싸고 펼쳐진 아름다운 국토를 평화롭게 다스릴 수 있었다. 산지에서 나는 가장 좋은 산물들과 바다의 가장 좋은 산물들이 제국의 광대하고 비옥한 평원에 유입되었다. 사막, 산지, 멀리 떨어진 섬 등 덜 혜택받은 곳에 사는 야만인들은 황제의 현명한 정책에 의해 분열되고 약화되었으며 공손하게 조공을 바치고 문명의 기술을 배우러 내방하였다.

그렇게 한반도에서, 일본에서, 티벳에서 사람들이 왔다. 영국인들도 마찬가지로 그들의 먼 섬나라에서 중국의 호화로움을 찾아왔고 그 대가로 황제가 받을 만한 것은 별로 가져오지 못했다. (그저 아편 정도나 가져왔을 뿐이다.) 영국의 사신들마저도 품위 있게 영접받았지만, 황제에게 적절한 예를 갖추지 않은 그들은 경멸을 받으며 추방되었다.

제국의 힘이 약해졌던 시기에는 지방세력들이 득세하였고 백성들은 도탄에 빠졌으며, 생활수준이 낮아졌다. 바로 그런 때에 (흔히 이야기되는 대로 말하자면) 야만인들이 무례한 정복자로 들어왔고 세상에서 문명은 빛을 잃었다. 그렇게 중앙아시아의 투르크인들, 쿠빌라이 칸 휘하의 몽골인들이 들어왔다. 또한 같은 방식으로 청나라가 쇠퇴할 때 영국인들이 와서 (풍족함 때문에 모든 야만인이 탐내던) 중국을 침략하고 그들의 조악한 풍습을 사람들에게 강요하였다.

사실 한동안은 중국이 세계에서 가장 부유하고, 가장 인구가 많고, 가장 미적으로 세련되었고 거기에다 가장 강력한 국가였다고까지 주장할 수 있을 것이다. 그러나 이러한 사실이 중국인의 세계관의 바탕이 되었을 때, 그 결과는 비극적일 수밖에 없었다.

중세 힌두인에게 세계는 영혼의 정화를 위한 곳이었다. 왕들과 그들의 제국들은 나타났다가는 사라지고, 신들 자체도 생겨났다 없어졌다 — 시간은 무한했고 공간은 거대하여 모든 영혼에게는 환생에 환생을 거듭하면서 자기가 뿌린 씨앗을 거두어들일 수 있는 무제한의 기회가 있었다. 우주에서 영혼들은 대부분 고난 없이 행복한 상태로 살았다. 우리의 고생스러운 이곳, 지구에서의 삶의 특징은 인간이 선과 악, 그리고 그 결과들 가운데 책임 있는 선택을 할 수 있다는 점이었다. 여기에서의 삶은 덕의 실천을 위해 설정되었고, 각각의 카스트는 사회에서 고유의 기능을 가졌다. 한 사람이 하나의 역할을 잘 수행했다면 그는 다음 생에서 더 높은 역할을 할 것이고 종국에는 존재의 덧없는 영고성쇠를 모두 뛰어넘는 경지에 오를 것이다.

따라서 힌두인들에게 역사가 중요한 이유는 사회가 사람의 미덕에 걸맞는 지위를 부여할 수 있도록 얼마나 잘 조직되어 있는지의 정도가 각 시대마다 달랐기 때문이었다. 어떤 우주적 주기가 끝에 가까울수록 무질서가 증가했고 정의는 약화되었다. 우리 자신의 시대는 그러한 주기의 후기라고 설명되었다. 지구의 중심부에서만(즉 인도에서만) 사회의 질서가 여전히 잘 유지되고 있었다. 거기서 브라만들은 제례의식을 행하고 다른 카스트들은 그들의 지위에 따라 통치하거나 봉사하였다.

그 동쪽과 서쪽은 이미 너무나 쇠락하고 더럽혀진 암흑의 땅으로 경건한 브라만들은 발도 들여놓지 않으려 했던 이곳에서는 영혼들이 야만스러운 믈레카(Mleccha: 인도인들이 자신과 다른 종족들, 즉 비아리아인들을 경멸적으로 부른 이름-옮긴이)로 태어나도록 운명지어졌다. 거기서 그들은 인도에 태어날 자격을 얻을 때까지 비속한 인생을 살아갔다. 우리의 타락한 시대가 진행될수록 인도 안에서도 사회 질서가 교란되고, 가장 낮은 카스트에서도 통치자들이 나오고, 마침내 믈레카들이 정복자로 들어오게 되었다. 서쪽에서 온 무슬림들, 그리고 더 먼 곳에서 온 유럽인들이 바로 그들이었다. 그러나 이 모든 외견상의 굴욕 속에서도 여전히 힌두인들은 성스러운 갠지스 강이 흐르는 중앙의 땅에서 자신이 여전히 진실과 성스러움의 길 —그런 길은 저열한 유형의 인간들에게는 접근이 불가능한 것이다—을 걸을 수 있고 환생의 가장 높은 경지를 기대할 수 있다는 것을 알았다.

중세 무슬림에게 세계는 동시대의 중국인이나 힌두인들이 보는 방식과는 아주 다르게 보였다. 역사는 제국의 권위와 문명의 중심부가 힘이 있고 없는 것의 문제가 아니었고, 무한히 이어지는 세계들 속에서의 일시적인 사건도 아니었다. 그들에게 역사는 자신의 의지를 확정적으로 관철하기 위해서 유일신에 의해 약 5000년 전에 창조된 한 종의 이야기였다. 아담 이래로 신은 수천의 예언자들을 여러 민족들에게 보내셨고, 그들은 각 민족들에게 고유의 법과 학문을 가져다 주었다. 마침내 신은 무함마드를 보내어 그보다 앞서 있었던 모든 진실들을 완성하는 율법, 점차적으로 전세계를 지배하게 되어 이전의 모든 율법을 대체할 율법 중의 율법을 주창하게 하셨다.

많은 무슬림들은 무함마드의 탄생지인 메카가 세계의 중심이라고 생각했다. 사람들은 매년 지상의 가장 먼 지역으로부터 순례를 왔고 메카의 상공에서는 천사들도 예배를 거행한다고 생각했다. 그곳은 바로 신의 옥좌가 있는 곳이었고 하늘과 땅의 거리가 가장 가까운 장소였다. 물론 학자들은 지구가 구형이라는 사실을 알고 있었고 신이 모든 곳에서 신도들의 마음속에 똑같이 존재한다는 것도 알았다. 그러나 지구에 대한 그들의 좀 더 깨인 지식도 이슬람의 권위를 지지하는 데 모순이 아니라 효과적으로 작용했다. 그들은 지구에서 인간이 사는 지역은 적도와 북극 사이 그리고 서쪽과 동쪽에 있는 바다들 사이에 있는 땅덩어리라고 생각하였다. 이것은 대체로 유라시아와 북아프리카였다.

이 땅덩어리는 남쪽에서 북쪽으로, 극단적인 열대에서 극단적인 한대에 이르기까지 일곱 '기후대'로 나누어졌다. 시리아나 이란의 위도에서 저술활동을 한 무슬림들은 너무 더운 남쪽에서는 사람들이 게을러져서 문명적으로 낙후되고, 또한 너무 추운 먼 북쪽지방에서는―예를 들면 북유럽―사람들의 피부가 창백해지고 추워서 생각도 제대로 할 수 없다고 하였다. 그러므로 오직 지중해지역과 이란 같은 중앙부의 온대지방에서만 정신이 가장 활발해지고 문명이 가장 높은 수준으로 진화하게 되었다. 이슬람의 축복은 거기서부터 더운 남방의 흑인들과 추운 북방의 백인들 같은 가장 먼 지역들로 점차 전파되었다.

그러므로 중세 무슬림들에 의해 씌어진 세계사 저작들은 이전의 고대 페르시아인, 히브리인, 로마인들에 대한 언급이 첫머리에 나올 수도 있다. 그러나 무함마드 시대부터 역사의 근대 부분은 거의 전적으로 이슬람권의 사람들을 다루었다. 다른 지역의 사람들도 그들만의 독특한 방식을 가진 흥미로운 문화를 갖고 있었다. 중국인들은 도구를 만드는 데 소질이 있고 그리스인들은 철학에 소질이 있었다. 그러나 정말 중요한 역사는 이전의 많은 우상들과 성인들의 형상과 함께 자신들의 지역적 신앙을 버리고, 유일신을 형상없이 숭배하는 이슬람의 국제적인 연대에 참여한 사람들의 역사였다. 이슬람의 국제적 연대는 매년 더 멀리 나아가서 이미 지브롤터 해협에서 말라카 해협까지 뻗어 있었다.

동시대의 서구인들은 무슬림들의 역사적 · 지리적 관념의 상당부분을 공유하고 있었고, 그러한 관념을 똑같이 그리스와 히브리 원전에서 얻었다. 그러나 그들의 해석은 매우 달랐다. 그들에게 역사란 신이 자신이 사랑하는 사람들에게 법이나 은총을 지속적으로 내려주는 이야기였다. 아담의 후손들 가운데 신은 히브리인들을 처음으로 선택했고, 그리스도의 강림과 함께 '새로운 이스라엘', 즉 기독교인들이 신의 은총을 받았다.

신은 기독교인들 가운데서도 또 선택을 하였다. 레반트(동지중해의 해안 지역으로, 일반적으로 소아시아에서 시리아 지역을 지칭하나, 때로는 이집트나 그리스가 포함되기도 한다―옮긴이)와 그리스의 기독교인들을 이단이나 분파주의자라 하여 제쳐놓고, 로마교황 휘하의 서유럽인들을 택한 것이다. 각 시대의 은총받는 사람들은 일련의 대단한 왕정 치하에서 살았다. 고대에는 유대인들을 정복한 칼데아, 페르시아, 그리스인들이 있었지만 최후의 가장 대단한 제국은―그 아래에서 예수 그리스도가 태어난―서방의 로마제국이었고 그 제국은 최후의 심판날까지 계속되어야 했다.

서유럽인들은 세계의 중심은 예루살렘이라고 생각하였다. (지중해의 길이를 과장함으로써 그들의 지도는 스페인과 중국이 예루살렘으로부터 같은 거리에 있는 것처럼 보이게 하기도 하였다.) 그러나 그들은 역사의 시초에 해뜨는 동쪽에 낙원이 있었던 것처럼 지금 지상에서의 신의 대리권은 해지는 서쪽에 있다며 스스로 위안 삼았다. 그러므로 로마는 영적이고 세속적인 모든 권위의 중심지였다.

근대에 들어와서 이런 모든 중세적 세계관들은 사라지거나 수정되었다. 아메리카의 발견과 지구를 일주하는 항해 속에서, 지구가 무한한 우주 속의 작은 행성이고 인류가 거기에서 수십만 년을 살았지만 그래도 비교적 나중에 생겨난 생물학적 종이라는 사실의 발견 앞에서 우리는 우리의 상황을 다시 생각해야 했다. 신앙과 문화의 거대한 이상들은 영적인 측면에서 관조되어야 하며 우주의 지도에 반영되어서는 안 된다.

서유럽인들은 처음으로 이와 같은 새로운 사실들의 발견에 실제로 직면하였고 결과적으로 세계의 새로운 상을 만들어 나가는 방향으로 길을 이끌었다. 그러나 그들은 지리와 역사를 자신들을 중심으로 구성하고 싶은 유혹에서 벗어나지 못했다. 그 점을 증명하려면 서양의 어떤 '세계사' 책의 목차든 훑어보기만 하면 된다. 문명은 메소포타미아와 이집트(아마 인도와 중국에서의 약간의 지역적 변형도 포함해서)에서 시작되었다. 그러나 곧 역사가 마치 그리스인들의 전유물인 것처럼 보일 것이다. 그리고 다른 민족들은 그 자신들의 특이한 면모 때문에 흥미로울지도 모르지만, 그 이후에 역사로 간주되는 것은 단지 유럽뿐이다. 그리고 로마의 성장 이후에는 단지 서유럽뿐이다. 진리와 자유의 고향이 거기에 있었다.

만일 여러 세기에 걸쳐 서유럽에서 진리나 자유를 찾을 수 없는 경우에 그 시기는 유감스럽게도 인류의 암흑시대라고 분류되었다. 그러나 근대에 서유럽인들은 세계를 계몽하고 (또 정복하러) 나아갔다. 그리하여 이제까지 '서구화된' 세계의 역사는 거의 서구의 역사로 안전하게 환원될 수 있었다.

세계지도는 그에 따라 구성되었다. 서구인들은 5, 6개의 대륙들을 구별하였다. 아프리카, 아시아, 북미와 남미, 그리고 유럽이다. 가끔 가다가 순진하게도 유럽이 다른 대륙들에 비해 얼마나 작은지 언급되는 경우가 있다. 그러나 정치적 논의, 통계의 분류, 혹은 역사적 비교에서 이러한 구분들은 그것이 마치 자연적으로 고정되어 있는 것처럼 되풀이하여 나타난다.

유럽의 '세계지도집'들을 보면 유럽 각 국가들의 지도가 자세하게 실려 있고, 세계의 나머지 부분들은 끝부분의 몇 쪽에 몰려 있다. 게다가 세계 전체를 보여줄 목적으로 일반적으로 선택되는 지도조차도 인류를 바라보는 이런 시각을 강화하는 데 적절한 것이다. 메르카토르 세계지도에는 유럽이 상단의 중앙부에 위치하고 있을 뿐만 아니라 다른 위대한 문화권들보다 훨씬 크게 보인다. 이들 주요 문화권들은 대개 북위 40도 이남에 위치하고 유럽의 거의 대부분은 그보다 북쪽에 위치하는데, 메르카토르 투영법은 북위 40도부터 사물의 크기를 거대하게 과장하기 시작한다.

따라서 크기의 비례에 대한 감각을 제대로 가르쳐 줄 수 있어야 하는 세계지도에서마저 유럽에는 많은 지명을 쓸 수 있는 공간이 충분한 반면 훨씬 더 작은 축척으로 그려진 인도나 중국같이 많은 인구가 사는 중심지에는 몇몇 주요한 지명만 표시되면 된다는 식이다. 비록 면적과 모양을 훨씬 덜 왜곡시키며 면적을 동일한 비례로 보여주는 투영법(equal-area projections)들이 개발된 지 오래되었지만, 서구인들이 자신들에게 그토록 기분좋은 투영법만을 고집하고 있다는 것은 이해하기 쉬운 일이다. 그들은 마치 자신들이 항해에만 종사한다는 듯이 메르카토르 지도는 각도가 정확하게 맞으며 이것이 항해자들에게 편리하다는 점을 누누이 강조해 설명한다. 그리고 지도집이나 벽걸이 지도에서, 참고서나 신문에서 세계 전체가 어떻게 보이는지 보려고 할 때 서구인들의 선입견은 권위 있는 것으로 확인되고 충족되는 것이다.

자주 거론되는 예로 '인류'라는 이름을 가진 어떤 작은 부족 이야기가 있다. 다른 부족들은 그들의 세계관에서 단지 우연적인 것에 지나지 않았다. 아마도 다른 부족 사람들은 인류의 일원이 아니었을 것이다. 중국인, 힌두인, 무슬림, 서구인들 모두가 그 작은 부족 이야기를 듣고 그 위험한 순진함을 비웃었다면 그들은 너무 빨리 웃은 꼴이 될 것이다.

3장

세계사와 세계관

대부분 알고 있는 사실이지만 중국에는 유럽 본토에 사는 사람들과 맞먹는 수의 사람들이 살고 있다(오늘날 중국에는 약 13억, 유럽에는 9억의 인구가 살고 있다-옮긴이). 중국과 일본의 인구는 유럽 본토와 영국의 인구를 합한 것보다 더 많다. 더욱이 중국이 유럽보다 일찍 문명화되었다는 사실은 누구나 인정하므로, 그러한 상태는 아마 상당히 오래 지속된 것이리라. 순수하게 인간 존재라는 관점에서 볼 때 중국의 운명은 유럽의 운명만큼 중요하다.

그런데 우리의 사회과학, 특히 역사 서술에는 이와 맞지 않는 상황이 벌어지고 있지만 내가 알기로는 거기에 대해서 아무런 효과적인 조치도 취해진 적이 없다. 보편사를 다루는 최신작들은 중국에 대해 한두 장 언급하는 데 그치는 반면 그 밖의 모든 지면을 유럽에 할애한다. 유럽만이 변화했고 유럽에서만 사건들이 일어났는가? 중국사를 공부한 사람이라면 누구나 그렇지 않다고 대답할 것이다. 그렇다면 인류의 대부분이 유럽 문화 속에서 살고 있고 이제 중국 문화가 끝났기 때문인가?

유럽이 광대한 영토를 식민화했다는 것은 사실이다. 그러나 거기서 만들어진 단 하나의 조밀한 인구집단은 미국뿐이다. 유럽은 그 많은 식민지를 경영했음에도 불구하고 중국과 일본보다 더 많은 인구를 갖지 못했고,

물론 중국과 일본의 과거 문화도 끝난 것과는 거리가 멀다. 이렇게 볼 때 중국 문화의 역사는 국제적인 관점에서 보면 현대의 세계인류에게 거의 유럽사만큼이나 중요하다. 그러나 우리가 '세계사'를 읽을 때 우리는 주로 유럽의 역사를 읽게 된다.

왜 그럴까? 나는 세 가지 주된 이유가 있다고 생각한다. 첫째는 '중화제국'의 역사가들이 세계사에서 중국이 거의 유일한 주체였던 것처럼 상정했던 것을 기억해낸다면 자명해질 것이다. 중국이나 유럽의 배타성은 똑같은 원인, 즉 교만한 오해에서 나온 것이다.

두 번째 이유는 조금 더 합당한 근거가 있다고 하겠다. 유럽이 산업혁명 이래 중국에 끼친 영향은 중국이 유럽에 끼친 영향보다 크다는 것이다. 물론 옳은 말이다. 그러나 우리가 지배자에 대해서만 공부하고 피지배자는 공부하지 않는다면 과연 세계사의 진실에 다가갈 수 있을까? 역사적 맥락에서 문명을 볼 때 아주 최근에 이르기 이전에는 아마도 반대 방향으로 더 많은 영향이 있었을 것이다. 그리고 우리는 이러한 일이 당연히 또 생길 수도 있다는 사실을 깨닫고 있다.

세 번째 이유는 사안의 핵심과 직결된다. 우리 서구인의 문명은 유럽적인 것이고, 그러므로 우리가 어떻게 이렇게 이루어지게 되었는지 설명해 줄 수 있는 역사에만 우리는 관심을 갖는다. 그렇다면 그 점에 대해 솔직하게 인정하고 사실상 유럽의 나라들과 그들의 식민지 역사를 말하면서 (거기에 세계의 다른 지역에 대한 언급을 조금씩 끼워넣으면서) 그것이 마치 세계사나 보편사인 양 이야기하는 것을 그만두는 게 어떨까. 현대의 일부 역사가들은 그렇게 하고 있지만 일반 사람들은 그렇지 않다. 그러나 나는 진정한 세계사가 우리에게 중요하지 않다는 것은 결코 사실이 아니라고 생각한다.

역사의 목적은 무엇인가? 거기에는 수많은 목적이 있다. 물론 전 유럽이나 세계의 문명을 다루는 일반적인 역사의 목적은 우리가 오늘날의 문명을 이해하고 역사적 배경 속에 이것을 올바르게 위치지우는 것을 도와주기 위한 것이다. 이것은 마치 사회복지사가 어떤 대상을 맡을 때 스스로에게 지침이 되도록 제일 먼저 포괄적인 케이스 히스토리를 만드는 것과 같다.

그러나 이전에는 한번도 깨닫지 못했는지 모르지만, 지금 우리는 세상에 유럽인들만 존재하는 것이 아니라는 점을 깨달아야 한다. 중국, 일본, 인도, 이집트, 이란 등의 나라들은 현재 유럽인들과 미국인들의 삶에 중요한 역할을 하고 있을 뿐만 아니라 우리 자식들의 세대에는 더욱 중요한 역할을 하게 될지도 모른다. 우리는 만약 한 나라의 문제를 바로잡으려면 전 세계를 고려해야 한다는 점을 깨닫게 되었다. 전체로서의 세계의 역사가 소용없다는 것은 아주 바보스러운 생각이 아닌가?

세계사가 아주 절실히 필요하다는 것은 현재 유럽 제국들의 위기에 의해 제기되고 있다. 어떤 대중적인 작가는 유럽제국주의의 원인을 유럽 내부의 요소들만 가지고 분석한다. 그러나 세계의 다른 지역이 왜 지배당할 수밖에 없었는지를 모르면서 어떻게 유럽이 지배할 수 있었는지를 과연 알 수 있을까? 만약 그 작가가 유럽적 배경만 가지고 분석을 하려고 한다면 지배당한 지역들에서 일반적으로 그러나 다양하게 일어나고 있는 저항을 얼마나 성공적으로 이해할 수 있을까?

그리고 더 나아가, 전체로서의 세계라는 무대를 이해하지 않고서 유럽과 유럽인의 역사마저도 제대로 이해할 수 있을까? 중국인들이 중국사를 얼마나 연구했건, 중국이 세계의 중심이 아니라는 사실을 알기 전에 그들이 중국사를 제대로 이해했다고 볼 수 있을까? 똑같은 논리가 우리에게도 적용되는 것은 아닐까?

우리는 "십자군이 유럽에 자신의 문화보다 수준높은 문화에 대한 지식을 가져왔다"는 사실을 오랫동안 알고 있었다. 유럽과 근동문화를 하나의 역사 안에 객관적으로 병치시켜 놓고 유럽인들이 어떤 세부적인 것은 취하고 어떤 것은 받아들이지 못했는지, 그리고 더 중요하게는 각각의 문화가 어떤 점에서 공통되게 발전했는지를 보지 않고 유럽이 배운 구체적인 사항들을 그저 열거하는 것으로 만족할 수 있을까? 한 나라를 연구할 때 그 나라에 있었던 모든 사건들을 그 나라의 내부적 요인들로만 설명하게 되는 위험성이 도사리는데, 만약 다른 지역들을 함께 살펴보면 다른 곳에서도 명백히 관련된 사건들을 보게 된다. 이는 원인과 결과가 순전히 한 나라 안에서 이루어지는 것이 아니라 국제적으로 이루어지는 것임을 보여준다. 마찬가지로 유럽을 연구하는 데 유럽의 진화 원인을 유럽 안에서만 찾으면 모든 연구가 끝났다고 말할 수 있을까?

우리가 만약 전체로서의 세계사를 연구하기 시작한다면, 그리고 우리가 세계사를 하는 양 가장해 왔던 불균형적인 방식을 버린다면 유럽사가 모든 단계에서, 사회 · 경제 · 예술 · 종교 등 여러 방면에서 대체로 적어도 최근까지 문명의 전반적 발전에 대해 종속적인 부분이었다는 점을 발견하게 될 것이다. 그러한 관점에서 유럽사를 연구하면 우리는 유럽과 인류 모두에 대해 새로운 이해를 하게 될 것이다. 이러한 추측을 전적으로 부정하는 것은 소용없는 짓이다. 이것이 틀렸다고 증명할 수 있는 유일한 방법은 세계사를 이 관점으로 연구해서 어떤 결과가 나오는지 보는 것이다.

세계사 그 자체를 연구하는 데는 그것의 역사로서의 가치 이외에도 또 다른 이유가 있다. 그것은 우리의 자민족중심주의를 무너뜨린다는 점에서 가치가 있다. 내가 여기서 말하고자 하는 것은 사회과학 대부분에 대해서도 이야기될 수 있는 것이지만 세계사는 특히 이 문제에 대한 적절한 대응 방법이다. 요즘 미국인들은 다른 어떤 것이 필요한 만큼이나 우리가 현대 세계 속에서 점하고 있는 지위에 대한 건전한 인식을 할 필요가 있다. 그 지위는 물론 막강하지만 불안정한 것이다. 우리는 세계인구의 약 6퍼센트만을 갖고 있다(1944년 출판 당시 상황-원 편집자). 지금까지 우리는 세계

나머지 지역의 대부분 국가들보다 더 고도로 산업화되어 있었다. 그러나 인도와 중국이 산업화하고 있고, 우리에게는 유감이지만 일본은 이미 산업화되어 있다.

전세계 인구가 대체로 네 개의 동등한 부분으로 구분될 수 있다는 점을 생각해 보라. 중국과 일본의 5억 5400만 명, 인도의 이쪽 저쪽에 5억 2600만 명, 유럽과 영국에 5억 3400만 명, 그리고 세계의 나머지 지역에 5억 5600만 명이 있다.[1] 유럽인 전부와 해외에 있는 유럽인 자손들을 다 합쳐봐야 전세계 인구의 3분의 1이 될 뿐이다. 우리 유럽인들은 지구상의 나머지 사람들 위에서 주인 행세를 해왔다. 다른 민족들이 이미 반대하기 시작했고, 그들의 반대는 점점 더 증가할 것으로 보인다. 세계에서 우리만 중요한 사람들이 아니라는 사실에 이제는 우리도 눈뜰 때가 되지 않았는가?

사회과학을 가르치고 저술하는 사람들, 특히 역사가들은 우리에게 필요한 세계관을 함양하는 데 큰 기여를 할 수 있다. 그리고 지금이야말로 그 목표를 향해 모든 노력을 기울일 때다. 뉴욕 사람들이 미국을 보는 관점을 풍자한 지도가 『뉴요커』지에서 출판된 적이 있다. 그 지도에서 맨해튼은 일리노이 주보다 더 크다. 시카고 사람들은 이것을 재미있다고 생각하지만 장개석(蔣介石)은 우리 미국인들이 미국과 유럽은 아주 크고, 그 나머지는 중요하지 않다는 세계관을 가진 것을 재미있다고 생각하지 않는다. 이제 우리 자신이 그 지도를 바꿔야만 한다.

나는 물론 우리 학교와 도서관에서 중국과 인도보다 미국과 유럽에 더 많은 관심을 기울이면 안 된다는 것이 아니다. 독자들에게 특별히 중요한 시대를 다루는 역사는 매우 중요하다. 그러나 우리가 근대 서구의 역사를 서술하면서 내용의 4분의 3을 미국으로 채우지 않고, 그 대신 미국사에 대

---

1) 1941년 국제연맹 통계(1944년 출판 당시 상황).

한 우리의 특별한 필요를 충족시키기 위해 별도의 책과 강좌들을 마련하는 것처럼, 우리는 서구 역사에 대한 우리의 특별한 필요를 충족시키기 위해 세계사를 배울 기회를 없애는 일을 허락해서는 안 된다. 일반인을 위한 얇은 책이든 학생들을 위한 4분기 혹은 한 학기에 걸친 강좌든 하나의 특수한 역사가 보편사의 구체적인 한 부분으로 설정될 수 있는 왜곡없는 틀을 제공하기 위해서 보편사 또한 필요하다.

이제 우리 역사가들과 사회과학자들이 '전 지구적인' 세계관을 만드는 것이 아주 중요한 일이라는 점을 인식했다면, 우리가 이를 위해서 할 수 있는 일들은 많이 있다. 구체적으로 우리는 두 종류의 일을 해야 한다. 첫째, 진정한 의미의 세계사 저술을 권장하는 일이다. 아직까지 유럽을 쓸데없이 부각시키지 않고 구(舊)세계 전체의 여러 곳에 있었던 문화의 발전을 하나의 그림으로 제시하려고 시도한 역사책은 한 권도 없었다고 보아도 틀리지 않을 것이다.[2] 둘째, 비록 지금 당장은 할 수 없더라도 일반인들에게 세계에 대한 왜곡된 상을 심어주는 용어들을 계속 사용해서는 안 된다. 이런 용어들은 사람들이 전 지구적인 세계라는 관점에서 생각할 수 있는 가능성을 막아 버리고, 우리가 가진 한심스럽도록 편협한 생각들을 유지하는 데 힘을 실어준다.

이 점에 대해 내가 언급할 사안들은 사소한 것처럼 보일지도 모른다. 그것들을 통해 확인할 수 있는 편견이 이미 우리 안에 존재하지 않는다면 이 사안들은 중요하지 않을 것이다. 그러나 불행히도 그러한 편견은 이미 우리 안에 있으며, 따라서 작은 문제더라도 그 편견을 북돋아주고 자라나게 하는 것은 현명하지 못하다.

예를 들면 메르카토르 투영법을 쓰는 세계지도는 우리의 왜곡된 세계관

---

[2] 어쩌면 네루의 비공식 서한들은 보통의 역사로 간주되어야 하고 따라서 약간 부적절한 예외인지도 모른다. 토인비의 저작은 물론 하나의 연구이지 서술적인 역사가 아니다.

에서 사실상 『뉴요커』 지의 지도가 뉴욕 사람들에게 하는 것과 같은 기능을 하는 것이다. 메르카토르 투영법으로 보면 인도의 하이데라바드(인더스 강 동쪽의 충적 평원–옮긴이) 주보다 작은 잉글랜드가 그보다 거의 세 배는 커 보인다. 이것은 메르카토르 도법이 북아메리카, 유럽, 러시아 등이 있는 북 방을 과장하면서 남방에 있는 인도나 근동 등의 지역은 축소시키기 때문이 다. 북방에 존재하는 것은 대개 이미 과대평가된 우리의 나라들이다. 좀 더 비례에 맞고 메르카토르의 용도도 충족시킬 수 있는 다른 도법의 세계지도 들이 존재하는 상황에서, 교실과 기타 장소에서 그토록 왜곡된 지도를 계속 건다는 것은 심각한 태만이다.

그리고 내가 기피하자고 주장하려는 세 종류의 용어들이 있다. 우선 유 럽의 지리적 성격에 대한 것들이 있는데, 이 용어들은 반도에 대륙이라는 지위를 부여하고 있다. 지리적으로 보자면, 유라시아를 우랄 산맥에서 두 대륙으로 나누는 것은 우스운 일이다. 인도 반도는 유럽보다 약간 작을 뿐 이고 대륙의 나머지 부분으로부터 훨씬 더 명확하게 분리되어 있다. 유럽 과 유라시아의 나머지 부분 사이에 역사적인 구분이 있다면 그것은 그리스 인들이 사용했던 '러시아의 유럽 부분' 가운데쯤 있는 선이고, 거기서 유럽 반도는 사실상 끝난다. 왜냐하면 굳이 말하자면 거기에서 슬라브와 '중앙 아시아'의 구분선이 상정되기 때문이다. 그러나 이것도 대륙 사이의 경계 로 보기 어렵다.

내가 유럽을 대륙의 지위로 격상시키는 관행을 버리자고 하는 이유는 자명하다. 그러한 관행이 한 지성적인 저술가를 오도했던 우스운 사례를 보면 더욱 분명해질 것이다. 반 룬(Van Loon)은 유럽을 대륙으로 부르는 것의 불합리성을 발견하고 나서도 유럽의 대륙으로서의 지위를 부정할 때 생기는 혼란을 피하고자 '아시아'와 유럽의 역사적 지위를 비교하였다.[3] 그는 '아시아'의 강들은 "아무 방향으로나 흐르는데" 모든 유럽의 강들은 곧장 바다로 흘러 들어간다고 하였다. 그러므로 유럽은 팽창하였는데 아시아는 그렇지 못했다는 것이다. 이 명제는 비교할 만한 지역과 인구를 대상으로 했더라면 말이 되었을지도 모른다. 예를 들면 유럽을 중국이나 인도와 비교했다면 말이다. 그러나 만약 그랬다면 강들을 통해 그가 주장하려한 이론은 완전히 의미를 잃었을 것이다. 이미 존재하는 혼란이 너무도 대단해서 혼란이 가중될 가능성이 별로 없는 상태가 아니었다면 반 룬의 "혼란을 가중시키지 않으려는" 의도는 가상하다고 할 수 있을 것이다.

그러므로 유럽이 유라시아의 나머지 부분과 동등한 대륙이라는 생각을 조장하지 않기 위해서 우리는 다음과 같이 해야 한다. (1) 유럽 '대륙 전체'를 언급하지 말고 대신 유럽 '본토' 혹은 유럽 '반도 전체'를 언급하고 (2) 러시아 가운데를 통과하는 의미없는 경계선을 그려 놓은 지도들을 쓰지 말고 (3) '아시아적'이라는 말이 마치 '유럽의' 혹은 '미국의'라는 말들처럼 특별히 구체적인 특성을 지칭하는 듯이 쓰지 말고 (4) '아시아'나 그 하위구분들에 대해 우리가 하는 말들을 잘 살펴서 혹시 유럽과 그 하위구분들에 대해 말도 안 되는 비교를 하고 있지는 않은지 확인해야 한다.

우리가 피해야 할 또 다른 어휘는 '동'과 '서'가 세계문명의 상호보완적인 반쪽인 듯이 말하는 것이다. '동방의' 혹은 '동양의'라는 말보다 더 우스꽝스러운 것이 있는가? 우리는 알제리와 러시아에서 자바와 일본까지의 모든 것, 즉 유럽적이지 않은 거의 모든 것을 이런 어휘들로 뭉뚱그리고 있다. 그러나 여기서 우리가 단일한 '서구의' 문명과 비슷하게 단일한 문명을 다루고 있지 않다는 점은 명백하다.

간단히 살펴보기만 해도 '동방'의 적어도 세 개의 거대한 문명들은 각각 유럽과 다른 것만큼이나 서로 차이가 난다는 점을 알 수 있다. 예를 들면

---

3) Hendrik W. Van Loon, *Geography*, p. 78.

유럽이 그리스와 로마의 알파벳을 쓰는데, 근동은 아랍문자를, 인도는 힌두적 형태의 문자들을, 그리고 극동은 한자를 쓴다. 유럽은 기독교, 근동은 무슬림, 인도는 힌두교와 소승불교, 극동은 대승불교다. 또한 문화의 저변에 깔려 있는 다른 것들도 다양하다. '동'과 '서'를 대등하게 보는 것은 단순히 우리의 서구문화가 다른 모든 것의 총합과 동등하다는 것을 암시할 뿐만 아니라, 비유럽인들이 전혀 서로 같지 않다는 중요한 사실을 무시하는 것이다. 차라리 중국인들이 했던 것처럼 세계를 천상의 문명과 야만의 문명으로 나누는 것이 훨씬 더 합리적일지 모른다. 모든 문화 가운데 아마도 중국문화가 가장 독특한 것이었을 테니까 말이다.

물론 여타의 지역과 다른 유럽의 특성을 몇 가지 지적할 수는 있다. 그러나 그와 마찬가지로 어떤 지역과도 다른 아이슬란드의 특성들도 이야기할 수 있는 것이다. 그런 경우, 세계문화를 아이슬란드 문화와 비(非)아이슬란드 문화로 대별하는 것은 온당치 않다. 예를 들면 노르웨이의 문화는 브라질 문화보다 아이슬란드 문화에 훨씬 가깝다. 서구와 비서구를 이분법적으로 생각하는 것도 똑같이 불합리하다. 예를 들면 이집트 문화는 일본 문화보다 폴란드 문화에 훨씬 더 가깝다. 이같은 이분법은 어떤 목적을 위해서는 유용할지도 모른다. 그러나 세계를 보는 안목을 기르려고 할 때 이러한 지나친 단순화는 대단히 위험하다.

전략에 대한 최신 유행 서적에서든 일본을 깔보는 논리에서든, 혹은 '동양적인 여성의 격리'나 '동양적인 삶의 곤고(困苦)함' 같은 일반화된 성격 부여, 혹은 다른 어떤 '동양적인' 특성에서 보이는 것이든, '동방'이나 '동양'이라는 어휘의 용례는 거의 대부분 그 위험성을 보여준다. 얼마나 많은 사람들이 실제로 '동은 동이고 서는 서'라고, 그들은 절대로 만나지 않을 것이라고 믿는지 놀라울 따름이다. 고든 장군(2차 중영전쟁과 태평천국의 반란 진압에서 무공을 세운 영국 장군-옮긴이)이나 C. F. 앤드류스(미국 버몬트 출신의 침례교 선교사로 인도에서 장기간 선교활동을 했음-옮긴이) 같은 사람들은 중국이나 인도에 적응한 기적의 인물들이 아니다. 그들은 미국인 화가가 파리 사람보다 더 파리 기분에 물들 수 있는 그런 과정을 조금 더 심화시켰을 뿐이다. 미국인이나 프랑스인이 인도를 이해하는 데 겪는 어려움은 미국인이 프랑스를 이해하는 어려움보다 약간 더 정도가 심할 따름이다.

그러므로 이제 필요한 일은 단지 "동방은 우리만큼 가치가 있다"는 사실을 지적하는 것만이 아니다. 동방이 유럽의 나머지를 채우는 단일한 문화적 실체라는 생각을 조금이라도 가져서는 안 된다. 따라서 우리는 우선적으로 (1) 이런저런 특성을 '동양적'이라고 부르지 말아야 한다. 비록 그런 일은 드물겠지만 어떠한 현상이 모든 '동방' 지역에 적용되고 '서구'에는 적용되지 않는다는 점을 치밀한 연구로 밝혀내었더라도 말이다. 왜냐하면 그런 언급은 서구가 '동방' 전체의 총합과 동등하다는 관념을 뒷받침할 위험이 있기 때문이다. (2) '동방'이나 '동양'이라는 어휘는 애매하므로 절대로 쓰지 말고 그 대신 극동, 인도, 근동, 아프리카, 중국 등의 어휘를 쓰자. (3) '서구', '서양' 등의 어휘를 쓰는 데 극히 조심스럽게 해야 한다. (4) '이해하기 어려운 동양의 신비'에 대해서 이야기하는 것은 그만두고 만약 필요하다면 그 대신 '자기 문화와 다른 문화를 이해하는 데 있어서의 어려움'에 대해 이야기하라.

우리가 피했으면 좋겠다고 생각되는 세 번째 유형의 어휘는 유럽, 혹은 유럽문화의 가장 직접적인 조상이 항상 세계사의 중심에 있었던 것으로 보는 데서 나온 것이다. 나는 어떤 역사도표를 본 적이 있는데, 거기에는 상단에 가로질러 연대가 표시되어 있고 그 밑으로 연대에 평행해서 그려진 막대들이 하나의 민족이 역사 속에서 중요했던 기간을 나타내도록 되어 있었다. 그리고 막대의 앞뒤에 찍혀진 점들은 "그러한 지역들이 역사 무대의 중심을 차지했던 시기의 전후에도 역시 거기에 사람이 살고 있었음을 상기시키기 위해" 마련된 것이었다. 이집트와 바빌로니아가 왼쪽 상단의 구석에서 시작하고, 기원전 500년부터 지금에 이르기까지 점선으로 이어진다. 좀 더 아래에 오른쪽으로 히브리인들과 그리스인들, 그리고 로마, 그리고 나서 더 아래 오른쪽으로 무슬림과 중세 유럽문화의 막대들이 쌍을 이루고 하단 오른쪽 구석에 근대 서구가 자리잡는다. 인더스에서 동쪽으로 펼쳐진 땅이 구대륙 인구의 반 이상을 점하는데 만일 역사의 중앙무대가 어느 한 집단에게 주어진다면 그게 어떻게 인더스 강의 서쪽이 될 수 있겠는가? 인도가 역사의 주류에서 소외되어 있다고 하는 것보다 유럽이 그러했다고 말하는 편이 훨씬 타당할 것이다.

사실 위의 도표는 그것을 만든 사람이 '문명의 점진적 서진'(slow march westward of civilization)이라고 믿고 있는 것을 보여주기 위해서 의도적으로 고안한 것이다. 이 허구는 일부 미국의 국수주의자들에게는 확실히 유용한 것이었다. 이 도표가 주는 인상의 불건전함은 그것이 중세 유럽과 동격으로 놓은 무슬림문명이 사실은 바빌로니아인들과 고대 이집트인들(이들은 도표상에 점선이 되어 있다)이 있던 곳과 같은 지역에 존재했고, 그러므로 도표가 암시하려 했던 것과는 달리 문명은 서진을 계속한 것이 아니라는 점을 지적함으로써 증명할 수 있다.

이 도표의 뻔뻔스러움은 놀랄 만하다. 지도상에서 보면 유럽이라기보다는 근동에 더 가깝게 보이고 지난 세기까지 서쪽보다는 동쪽과 더 깊은 유대관계를 가졌던 그리스를 제외하면 유럽은 중세 말 이전까지 세계적인 중요성을 갖는 것을 거의 생산하지 못했다. 그때까지 문명이 서쪽으로 움직였던 흔적은 전혀 없다. 자랑스러운 로마마저 식량뿐만 아니라 스승과 모범을 얻기 위해서 이집트와 동지중해 지역에 의존하고 있었다. 제국의 가장 크고 부유한 도시들은 문명이 항상 존재하던 동쪽에 있었고, 바로 거기에서 과학과 문화의 대부분이 만들어졌다.

그러나 이 도표의 논리는 그것의 대담함보다 더 이해하기 쉽다. 우리가 역사를 배울 때, 우리는 항상 가장 서쪽에 있었던 문화를 배웠다. 즉 우리의 북서 유럽에 가장 가까운 것을 배웠다. 그래서 그리스가 드러나면 모든 관심을 그리스에 쏟는다. 그리고는 헬레니즘하에서 그리스 이외의 지역들이 많은 공헌을 한 것을 보면 놀라워한다. 또한 이탈리아가 문명화되기 시작하면 우리는 모든 관심을 거기에 쏟고는 아드리아 해의 동쪽으로 다시 돌아오지 않는다. 그 대신 영국과 갈리아, 독일의 숲으로 가능한 빨리 주의를 돌려버린다. (그리고 또 한 번, 십자군 시대가 되면 동방이 그들보다 더 발전해 있었다는 사실을 알고 놀란다.)

아드리아 해 서쪽의 기독교 문화가 초창기의 광휘에도 불구하고 궤도에 올라서는 데 부진하자 우리는 전세계에 암흑시대가 도래했다고 판단하고 만다! 우리는 바그다드에 자비르(8세기 아랍의 연금술사-옮긴이)가 살던 시대, 중국의 당나라가 있던 시대에 국지적 문제를 극복하려고 노력했던 추장을 세계적인 인물이라고 주장하는 뻔뻔스러움을 보인다. 아마도 카를 대제가 우리들보다 자기 분수를 더 잘 알았을 것이다.

"바빌론, 그 다음은 그리스, 그 다음에는 로마, 그리고 북서유럽이 역사의 중앙무대를 차지했다"는 인식을 조장하지 않으려면 역사가들은 (1) '알려진 세계'라는 표현을 지금처럼 사용해서는 안 된다. 즉 좁디좁은 유럽에 알려진 것이라는 뜻일 뿐이다. (2) 로마가 문명세계의 주인이었다고 혹은 로마가 로마세계의 주인이었다는 이야기를 하지 말아야 한다. 왜냐하면 보통 사람들은 이 두 표현 사이의 미묘한 차이를 알아채지 못하기 때문이다. (3) 3~4개의 서부 속주들의 상실을 가지고 로마제국의 멸망을 논하지 말아야 한다. 로마 시 자체는 통념적인 멸망 연도인 476년 이후에도 수 세기 동안 제국의 손 안에 있었고, 대부분의 서지중해 해안지역도 무슬림의 침입 이전까지는 그러하였다. (4) 암흑시대가 마치 역사의 한 시대인 것처럼 이야기하지 말아야 한다.

　우리의 편협한 자기중심성을 조장하지 않기 위해서는 다른 많은 주의할 점들이 있겠지만 나는 우리가 저술과 강의에 있어서 적어도 이러한 점들만은 유의하기를 바란다. 나의 근본적인 희망은 누군가가 우리 자신을 투시하는 관점을, 그리고 우리 자신의 문명과 시대를 그 안에 맞춰넣을 수 있는 왜곡되지 않은 틀을 제공하는 진실한 세계사를 쓰는 작업에 착수했으면 하는 것이다.

4장

서구의 대변동

세계사적 사건이었던 서구의 대변동

대략 1600년에서 1800년 사이에 서유럽은 전반적인 문화적 변동을 겪었다. 이러한 변동은 대체로 동시에 일어난 두 개의 사건들, 즉 인간의 전문화된 기술적 발전이 결정적으로 인간에 의한 생산의 전제조건들을 바꾸어 놓은 산업혁명과 그와 비슷한 정신이 인간의 사회관계에 대한 전대미문의 규범을 세운 프랑스혁명에서 절정에 달했다. 이러한 사건들은 내가 이야기하는 변동의 구성요소라기보다는 그것의 눈에 띄는 초기적 결과다. 그러나 이 변동은 유럽인들뿐만 아니라 전세계에 널리 영향을 미쳤다. 우리 모두에 끼친 이 변동의 장기적인 의미는 아직도 완전히 밝혀지지 않았다. 우리는 그 중 몇 가지를 나중에 살펴볼 것이다. 그러나 전세계의 관점에서 본다면, 그리고 특히 무슬림들의 입장에서 본다면 그 변동의 좀 더 직접적인 결과를 주목하게 된다. 즉 약 1800년경에 이르면 러시아를 포함한 서양인들이 세계의 나머지 대부분 지역, 특히 이슬람지역을 지배하는 위치에 서게 되었던 것이다. 산업혁명과 프랑스혁명을 겪은 세대는 또한 거의 비슷한 정도로 파격적인 전례없는 사건, 즉 유럽이 세계 패권을 확립하는 것을 목도하게 되었다.

이러한 현상은 단순히 유럽인들과 해외 이주민들이 그들과 부딪히는 그 어떠한 세력도 무찌를 수 있는 군사적 우위를 가졌다는 사실만으로, 혹은 그 사실에 주로 힘입어서 일어난 것이 아니다. 유럽의 상인들은 누구보다도 많이 생산하고 많이 여행하고 많이 팔 수 있었고, 유럽의 의사들은 누구보다도 병을 잘 치료할 수 있었고, 유럽의 과학자들은 다른 모든 과학자들을 부끄럽게 만들 수 있었다. 적어도 처음에는 세계 지표면의 작은 부분만이 유럽의 군대에 의해서 직접 점령당했다. 유럽의 패권은 유럽의 세계 통치를 의미하는 것이 아니었다. 중요한 것은 점령된 (식민 혹은 유럽인 정착) 지역들과 점령되지 않은 ('독립된') 지역들이 모두 상당히 빠르게 유럽인들과 그들의 해외 정착민들에 의해 규칙이 만들어지고, 그들의 이익을 반영하는 전세계적 정치와 상업의 체제에 걸려들게 되었다는 점이다. '독립된' 지역들조차도 유럽인들이 자신들의 혜택받은 지위를 자랑하고 유럽의 신기하고 새로운 물질적이고 지적인 사치품들을 남들에게 과시할 수 있도록 유럽의 상인, 선교사, 심지어 관광객들에게까지 유럽인들이 본토에서 익숙해져 있는 종류의 국제적 '법과 질서'를 어느 정도 제공해야만 그 지역의 자율권을 유지할 수 있었다. (왜냐하면 그렇지 않을 경우 유럽 열강들은 정치적 개입이 필요하다고 느꼈을 것이고 그리고 그들 중 하나가 노력을 집중하면 거의 틀림없이 성공했을 것이다.) 그리하여 모든 사람들은 자신들의 정부를 근대 유럽의 국제적인 정치질서에 맞추어야 했고, 또한 더욱 어려운 일이지만 자신들의 경제를 기술적으로 산업화된 유럽과의 경쟁에 적응시켜야 했다. 또한 그들의 관념을 유럽에서 만들어진 근대 과학의 도전에 적응시켜야 했다. 유럽인들의 존재는 그 자체만으로도 그들의 새로운 힘을 남들이 느끼게 하기에 충분했다.

우리는 이것을 유럽인들이 (물론 그들의 해외에 거주하는 후손들까지 포함하여) 1800년경에 이르기까지 다른 어떤 곳에 있던 것보다 높은 수준의 사회적 힘을 갖게 되었다고 요약할 수 있다. (제도화된 자본 축적을 동반하는 18세기 유럽인들의 예외적인 위치는 이미 이러한 과정의 상당히 발전된 단계를 반영하는 것이었다.) 유럽인 개개인들은 다른 지역의 개인들보다 덜 현명하고, 덜 용기있고, 덜 충성스러울 수도 있다. 그러나 사회 내에서 교육받고 조직되었을 때 유럽인들은 한 집단의 성원으로서 다른 어떤 사회의 성원들보다도 훨씬 더 효과적으로 생각하고 행동할 수 있었다. 회사, 교회, 그리고 정부와 같은 유럽식 기관들은 유럽을 제외한 다른 세계에서 가장 부유하고 가장 활기찬 사람들에게서 동원할 수 있는 것보다도 강력하고 수준높은 지적ㆍ경제적ㆍ사회적 힘을 동원할 수 있었다. 유럽에서 일어난 일을 단순히 '진보'라는 이름하에 언급하는 것은 조금 시기상조일지도 모른다. 이 말은 윤리적 판단을 전제로 한다. '진보'는 '후퇴'나 '옆길로 새는 것'에 대조되는 것으로 하나의 목표를 향한 운동 혹은 적어도 좋은 방향으로의 움직임을 의미한다. 우리의 근대적 삶에서 무엇이 좋은 쪽으로 바뀌고, 무엇이 나쁜 쪽으로 바뀌었는지는 논란의 대상이 될 수 있다. 우리의 관심을 끄는 것은 있었을지도 모르는 전반적인 '진보'가 아니라, 좋은 일인지 나쁜 일인지 알 수 없지만 사회적 힘의 수준이 직접적이고 결정적으로 제고된 것이다. 서구[1]에서 일어난 일에 대한 무슬림들의 반응을 이해하려면 이 점이 중요할 것이다.

최근까지도 미국인을 포함한 서구인들 사이에는 이 대단한 사실(서구의 우월)을 당연한 것으로 받아들이는 경향이 있었다. (많은 무슬림들은 서구의 대변동에 가로막히기 이전에 이와 비슷한 방식으로 이슬람적인 제도들의 우월성을 자연스러운 것으로 생각하고 있었고, 조만간 그러한 우월성이 그들로 하여금 모든

---

1) 내가 '서양', '서구', '유럽' 등의 어휘를 어떻게 사용하였는지에 대해서는 5장 「문명 연구의 역사학적 방법론」을 참조하라.

불신자들에게 승리를 거두게 해줄 것이라고 짐작했다.) 그러한 서구인들은 수세기에 걸친 침묵 후에 여러 '낙후된' 민족들이 왜 이제 와서 야단들인지 이해하지 못한다. 그들은 유럽이 따지고 보면 한 세기 남짓한 짧은 기간 동안 세계 속에서 그렇게 독보적인 지위를 갖게 된 내막의 경이로움을 간과한다.[2] 정말로 중요한 문제는 세계관을 바라보는 관점에서 나오는 것으로, 무엇이 유럽인들에게 한동안 압도적인 힘을 주었는가라는 것이다.

나는 이러한 사회적 힘으로 연결되었던 1600년에서 1800년 사이 유럽에서 있었던 문화적 변화들을 대변동(transmutation : 원래는 '돌연변이'를 의미-옮긴이)이라고 부른다. 여기서 나는 생물학적인 비유를 하려는 것이 아니다. 그 사회적 힘의 이러한 증폭을 가져왔다는 점에서 그러한 변화들은 서로 연결된 통일성을 갖고 있고, 적절한 주의를 기울인다면 비록 거대하고 복잡하지만 하나의 사건으로서 논의할 수 있을 것이다. 이 사건은 인간 역사의 진행을 생각할 때, 상대적으로 갑작스러운 것이었다. 더욱이 그 안에서의 기본적 변화들은 새로운 원칙을 세우는 것이었다. 그러한 변화들은 단지 사회적 · 문화적 특성만을 바꾼 것이 아니라 그 이후에 있게 될 인간의 사회적 · 문화적 발전 전체에 대한 가장 기본적인 전제의 일부를 바꾸었다. 그 이후로 역사적 사건들은 어떤 면에서는 근본적으로 다른 방식으로 일어나게 되었다.

이 때 일어난 일은 기원전 수천 년 전에 특정한 사회들에서 처음으로 도시생활, 문자 해독, 일반적으로 복합적인 사회, 문화조직 등의 주요한 요소들의 조합, 즉 우리가 '문명'이라고 부르는 것이 처음으로 나타났던 사건에

---

2) '동방'의 '수천년에 걸친 잠'이라는 관념은 부분적으로는 관광객의 잘못된 인상에서도 기인하지만, 또한 두 부류 학자들의 접근법에도 그런 관념이 포함되어 있기 때문이기도 하다. 다른 모든 사회들의 등급을 낮추어 매기는 서구중심주의자, 그리고 모든 전근대인들은 전통에 압도되었다고 보는 지역학도들이다. 5장 「문명 연구의 역사학적 방법론」 가운데 마지막 절 '전통은 확정적인 것인가?'를 참조하라.

비견될 수 있다. 아마도 수메르로부터 시작되었을 문명화된 사회, 즉 도시를 가진 농경사회는 식량을 채집하는 부족들은 말할 것도 없고 다른 농경집단들에 비해서도 훨씬 높은 수준의 사회적 힘을 갖고 있었다. 얼마 되지 않아 하나의 도시 공동체가 점점 더 넓은 범위에서 정치적으로 그리고 궁극적으로는 문화적으로 결정적인 역할을 하게 되었다. 수메르에서 일어난 사건은 곧 (고대의 시간적 스케일로 보면) 동반구 대부분의 운명을 결정지었다. 농경단계에 있던 이러한 사회들 속에서 역사적 변화가 너무 크게 일어났기 때문에 우리는 그 이전의 시대를 간혹 '선사시대'라고 부른다. 예를 들면, 변화의 속도가 대단히 빨라져 이전에는 수천 년이 걸리던 변화가 이제는 단지 수 세기 만에 이루어지게 되었다. 마찬가지로 서구의 대변동 이후에는 이전의 농경 시대에서 수백 년이 걸리던 변화가 이제는 기껏해야 수십 년밖에 걸리지 않는다.

더 나아가 농경단계의 문명이 하나의 혹은 소수의 장소에서 일어난 후 거기서부터 지구 대부분으로 퍼져나간 것처럼, 근대적인 삶이라는 것도 같은 시기에 모든 도시인들이 사는 어느 곳에서나 일어난 일이 아니라 서유럽이라는 하나의 한정된 지역에서 처음 일어나고 거기서 다른 모든 곳으로 퍼져나간 것이다. 그러나 이것이 서양에 전적으로 한정된 조건들로부터 근대 문명이 탄생했다는 증거가 될 수는 없다. 최초의 도시적이고 문자를 사용하는 생활양식이 많은 민족들 사이의 무수히 크고 작은 사회적 관습과 창안의 축적이 없었다면 불가능했듯이 근대의 문화적 대변동도 동반구의 여러 도시문명 사회 모두의 기여를 전제로 하는 것이었다. 초기의 기초적인 발견과 발명이 대부분 유럽에서 만들어지지 않았기 때문에 여러 인간집단의 많은 발명과 발견이 필요했다. 또한 비교적 인구가 조밀하고 도시에 의해 지배되는 지역의 사람들은 엄청난 지역간 상업 네트워크로 묶여 있었는데 그것이야말로 동반구에서 점차적으로 만들어졌던 거대한 세계시장이며, 그 속에서 유럽인들은 재산을 모으고 자신들의 상상력을 발휘할 수 있었다.

기술주의와 사회: 대변동의 결정적인 제도적 특성

이제 우리는 서구 자체 내에서 무슨 일이 일어났는가를 살펴봐야 한다. 왜냐하면 비록 이러한 사건들은 수없이 여러 번 분석되었지만 그 분석은 대개 진정 세계사적인 관점에서 이루어진 것이 아니라 항상 좁은 범위의 서구의 과거라는 관점에서만 이루어졌기 때문이다. 서구의 대변동을 우리의 세계사적인 목적에서 주로 본다면 경제, 지식, 사회 세 주요 분야에서의 변동으로 이루어져 있다고 생각할 수 있다. 경제생활에서는 새로운 기술적 과정에 따라 엄청난 생산성 증대가 일어났고 그것은 자본의 축적과 대량판매 시장에 기반한 생산의 집중적 관리에 의해 이루어진 것이었다. 이는 "산업혁명"과 그에 동반되는 "농업혁명"으로 이어져 극대화되었다. 지식분야에서는 케플러와 갈릴레이 이래 새로운 실험과학이 대두하였고 계몽시대에는 철학적이고 탐험적인 독립성이 좀 더 일반적으로 인기를 얻게 되었다. 사회적으로는 구시대의 토지에 기반한 특권과 우위가 무너지고 그들이 부르주아 관료 혹은 상업세력으로 대체되어 미국과 프랑스혁명을 향한 길을 열었으니 그 반향은 유럽 전체를 뒤흔들었다.

세계 전체 속에서 서양의 사회적 힘이라는 관점에서 볼 때 이러한 모든 분야들에서 지금 보면 결정적인 것으로 느껴지는 변화들은 200년 남짓 된 시대에 속하는 것들이다. 16세기에는 오이쿠메네에서 도시문명 사회들 간의 대등함이 여전히 두드러지고 있었다. 르네상스와 일반적으로 결부되곤 하는 서구의 번영에도 불구하고 서유럽인들은 오스만제국에 밀리기까지 하고 있었고, 상업에 있어서 무슬림들은 오이쿠메네 대부분에서 적어도 그들의 동등한 맞수였다. 문화적으로도 무슬림들은 그들의 가장 빛나는 시기를 맞고 있었다. 세계사의 이와 같은 현실은 르네상스의 번영이라는 것이 아직은 그 자체로서 농경 수준의 사회를 뛰어넘지 못했다는 유럽사상의 사실을 반영하는 것이다. 그러나 16세기 말에는 핵심적인 변화가 분명히 일어나고 있었다. 18세기 말이면 벌써 그러한 변화들이 적어도 특정 지역의 특정 분야에 있어서는 모두 다 완료되었는데, 예를 들면 서구 전체에 걸친 천체 물리학, 혹은 영국의 면직물 생산이 그러한 예다. 이에 상응하여, 이슬람권 사회는 벵골 같은 지역에서 패배하였다.

르네상스를 근대 이전의 상황에 넣지 않고 근대로의 실제적 이행기에 넣는 것이 세계사적 관점에서 보면 전체상을 왜곡시키는 것과 마찬가지로, 그 핵심적인 시기를 18세기보다 더 이후로 연장시키는 것은 결정적인 사건에서 결과지어지는 일부 단계들과 그 세계사적 사건 자체를 자의적으로 혼돈하는 것이다. 그 사건에 따르는 결과들은 엄청난 중요성을 띠었다. 예를 들면 이후에 있었던 산업에너지의 기본 형태로서 전기의 도입, 혹은 물리에서의 상대성이론 도입 등이 있다. 그러나 지금 논해지고 있는 역사적 변화의 본질을 보자면, 그러한 것들은 단순히 1800년경에 이미 틀이 만들어져 있었던 현대적 패턴의 발전을 계속해 나갔을 뿐이다. 어찌됐든, 서구인들을 결정적으로 다른 사람들과 대조되게 만든 것은 17~18세기의 변화였다.

이러한 변화들의 상호관계가 무엇이었길래 이들 모두가 동시에 일어났을까? 그렇게 파급효과가 크고 갑작스러우면서도 종합적인 사회변화를 만들어낸 요인은 무엇인가? 그런한 변화들이 서로 긴밀하게 관련되어 있고 서로 기반하고 있었다는 점은 명백하다. 그러나 그렇다고 해서 한 분야의 특정한 변화들이 항상 다른 분야의 특정한 변화에 달려 있었다는 의미는 아니다. (과학의 발전과 산업의 발전은 오랫동안 상대적으로 표면적인 접촉이 있었을 뿐 서로 독립적으로 진행되었던 것이 바로 그런 예다.) 그보다는 그 모든

변화들이 동일한 사회적 자원들 내지는 동일한 생각의 심리적 패턴을 전제로 하는 것이었다고 하겠다.[3]

역사를 연구하는 입장에서 볼 때, 우리는 서구의 대변동을 하나의 역사적 사건 내지 과정으로 분석해야지 단순히 인간 문화의 새로운 상태나 새로운 시대의 존재로 보면 안 된다. 지금까지 그러한 시도들은 그리 많지 않았다. 그러나 슘페터는 예외적으로 마르크스주의자들에도 상대적으로 정태적인 자본주의 사회 '단계'로 되어 있는 것을 복합적이고 현실적인 균형으로 그리고 예측가능한 종말로 성공적으로 대체시켰다. 그러한 관점에서 볼 때, 옛날식 부르주아 경제학자의 자본주의 시장에 대한 분석처럼 마치 그것이 본질적으로 대강의 균형에 입각한 것 같은 분석은 비현실적인 느낌을 준다. 그들은 그들이 분석대상으로 하는 시장을 형성하고 수정해 나가는 하나의 전체적 과정 속에 있는, 기껏해야 단기적인 균형을 분석하고 있을 뿐이다.

이런 관점에서 나의 시도는 두 가지 결점이 있다. 나는 대변동을 일차적으로 하나의 상태에서 다른 상태로의 이동으로 다루었고, 그것이 특정 장소의 특정 분야들에서 기본적으로 성취된 1789년의 세대에서 완성되는 것으로 보았다. 장기적으로 보자면, 대변동은 (만약 그런 날이 온다면) 사회생활의 모든 관련 분야와 전세계가 기술화되는 시점에서만 완결된 과정으로 다루어져야 하는 것인지도 모른다. 이 관점에서 보면 17~18세기는 비록 특수한 위상을 간직한다고 해도 단순히 예비적인 단계로 보일지도 모른다.

---

3) 부르크하르트의 시대부터 '근대인' 즉 기술 시대의 유럽인이란 정말로 무엇인가를 분석해 보려는 많은 통찰력 있는 시도가 있었다. 그러나 이른바 '동양인'에 대한 왜곡된 정보는 차치하고라도 이러한 시도들은 대개 서유럽과 고대 그리스 역사 안의 자료들만을 사용했다. 그러므로 그런 저작들은 서구 발전의 국지적 단계들과 더욱 보편적으로 중요한 변화들 사이의 차이를 흐려버린다. 다른 한편 지역학을 하는 사람들은 그 세계의 19세기 이전 상황에 대해서 아는 것이 거의 없다. 그래서 나는 내 스스로 따로 분석을 할 수밖에 없었다.

그러나 지금 나로서는 그러한 장기적인 관점을 택하는 만용을 부릴 수는 없다.

따라서 많은 사람들이 대변동을 하나의 전체적이고 기본적인 변화의 여러 분야에서 오는 표현이라고 생각했다. 이른바 '전통적'인 사회에서 '이성적'인 사회로의 변화라는 것이었다. 이성적인 사회에서 선택은 옛날부터 내려오는 관습에 의해 좌우되기보다는 즉각적인 이득에 대한 실제적 계산에 의해 좌우되었다. 사람들은 개인의 출생과 가족의 연줄보다는 개인이 가진 효율적인 능력에 의해 지위와 권위를 갖게 되었다. 효율적이고 예측 가능한 조직이 가족적이고 가부장적인 관계보다 우위를 점할 것이고, 사회적 관계는 사적이고 개인적인 구속보다는 비인격적인 법적 지위에 의해 결정될 것이다. 즉각적인 효율성이 과거와의 연속성보다 더 높이 평가받을 것이며 사람들은 퇴보하지 않기 위해서 변화에 대해 덜 주저하게 될 것이다. 그 대신 지속적이고 실질적인 개선이 종전에 가치 있는 것으로 여겨지던 것을 버리는 한이 있더라도 '진보'로서 환영받을 뿐 아니라 자연스러운 사회적 조건으로 간주될 것이다. 일단 '합리성'이 자리를 잡고 혁신이 정상적인 것으로 받아들여지고 나서는 모든 경제적, 사회적, 지적 개선들이 자연스럽게 따라왔다. 그러나 이러한 변화는 종종 추측되었던 것처럼 절대로 급격한 변화가 아니었는데, 사실 '전통' 사회의 표준적 이미지는 허구에 가깝기 때문이다. 우리가 문화적 전통의 본질에 대해 논한 것처럼 아주 '원시적'인 사회에서도 문화적 전통이 자생력을 가지려면 끝없이 변화해야만 한다. 왜냐하면 문화적 전통이 그때 그때의 필요에 효과적으로 대응하지 못하면 선대로부터 물려받은 특권이 아무리 많아도 구제받을 수 없기 때문이다. 더욱이 이른바 합리성이라는 것, 즉 산업 분야에서 '합리화'라고 불리는 비인격적이고 혁신적이며 사(私)적인 사고는 사실상 상대적인 것이다. 사실 농경 단계의 사회도 문자 이전 단계 사회의 상대적으로 '전통적인 성격'에 비하면 대체로 비교적 '합리적'이라고 할 수 있다. 단순히 '합리화'라는 측면에서 보면, 대변동 속에서 일어난 것과 같은 변화는 역사상의 여러 단계와 시점에서 반복하여 나타난 것이다. 도시의 발생에서뿐만 아니라 모든 문화적 융성기에서, 그리고 심지어 좀 더 작은 규모지만 새로운 종교나 정치적 전통이 시작될 때는 언제나 그러한 변화가 있었다. 그런 시기에는 언제나 (인간의 합리성 그 자체는 아니더라도) 독립적이고 혁신적인 사고가 좀 더 강조되고 전통적 관습이 덜 강조되었다. 나아가 그러한 태도의 흔적이 흔히 그 이후의 사회생활 속에서 제도화되었고, 그런 경향은 국제적인 사회에서 더욱 두드러졌다.

그러므로 이슬람권은 이슬람 역사의 중간시기에는 서구보다 더 국제적이었으며, 사회제도의 측면에서 합리적 사고와 개인에게 주도권을 부여하기 위한 조건들을 더 많이 갖추고 있었다. 사실 유럽에서 근대화의 일부가 된 '전통적인' 것에서 '합리적인' 것으로의 변화는 서구를 이슬람권의 전통에서 이미 확립되어 있던 것에 가깝게 만든다는 느낌이 있다. (이것은 특히 르네상스 시대에 이미 시작되고 있던, 그리고 근대가 이 당시부터 이미 시작되었다는 주장의 근거로 자주 인용되는 '근대적' 발전들에 잘 적용되는 명제다.) 귀족 혈통을 우대하지 않으면서 광범위한 신분상승을 장려하는 것에 대해서 서구는 이슬람권처럼 오랜 역사를 갖지 못했다. 개인들이 자유롭게 체결한 계약에 길드나 신분제의 권위보다 더 일차적인 권리를 허락하는 경향은 샤리아 법의 원칙에 따른 것이었다.

관습과 지속성에 대한 의존으로부터 이성과 혁신에 대한 의존으로의 변화는 한정된 범위 내에서 일어난 것이기도 했지만, 근대 서구의 대변동에서만 나타나는 특수한 사항은 아니었다. 서구인들을 그들의 조상들과 세계의 나머지 부분들로부터 구별지은 것은 이것이 아니었다. 그것은 단지 시간과 돈의 투자 패턴에서의 변화를 동반하고 그 변화를 촉진시켰을 뿐이다. 앞으로 보게 될 것처럼, 서구를 구별짓는 요소는 내가 기술주의적이라고 부르는 특수한 형태로만 발생하였는데, 구체화된 기술적 고려사항이 다른 모든 것보다 우선하게 되었다. 다른 형태가 아니라 이 특수한 형태에서 미증유의 정도까지 변화가 진행되어 그 결과들이 모든 역사적 삶의 조건을 새로 설정하게 되었다. 인간의 정신이 마치 돌연변이라도 된 것처럼 갑자기 해방되어 이전에는 새로운 길이 우연에 의해서만 그리고 인습적 편향에도 불구하고 겨우 일어날 수 있었던 데 비해 모든 계산할 수 있는 가능성을 자유롭게 탐구하게 된 것은 아니었다. 그보다는 종전까지는 가장 깨인 사람에게도 실행하기 어려웠던 사회적 투자의 새롭고 구체적인 유형이 이제는 관습적인 유형에서 조금이라도 벗어나는 것에 대체로 저항하던 사람들마저 끌어들일 정도로 실행가능해졌던 것이다. 그리고 저항은 점차 줄어들었다.

첫째, 우리는 새로운 형태의 투자 그 자체에서 무엇이 특징적이었는가를 찾아내야 한다. 르네상스에서 사고의 혁신은 여전히 농경시대의 대단히 '정상적인' 번영 정도였을 뿐이다. 그러나 시간이 지나면 그러한 번영은 대체로 사그라든다. 대체로 그러한 활동들은 문화적 복합성이 증대되는 것이 역사적 우연에 의한 방해에 지나치게 좌우되어 그것이 야기시키는 위험부담을 더 이상 상쇄시키지 못하는 지점에 조만간 이르게 된다.

여기서 달랐던 점은 전통의 본질 안에 항상 존재하는 것이지만 합리적인 혁신을 향하는 경향이 일정한 형태에서 (사실 그 형태들에서만) 미증유의 정도까지 추구될 것을 허락받았고, 모든 역사적 삶의 조건을 새로 설정하도록 허락받았다는 것이다. 요컨대 이전에는 간헐적이고 불안정하게 있었던 물질적이고 정신적인 여러 유형의 투자가 충분히 큰 규모로 일어나 제도화되고 더 축적될 수 있는 단계에 이르렀던 것이다. 그리고 그것은 마침내 사회적으로 역전시킬 수 없는 정도에 이르렀다. 이 새로운 상황은 인간의 기획에 새로운 기회를 제공하였고, 여러 유형의 문화적 창조성을 위한 기회를 마련해 주었다. 그러한 새로운 기회들은 재빠르게 이용되었다. 새로운 창의성에 기반하여 새롭고 급변하는 전통들이 확산되었고, 문화적 전통들의 진화과정이 감당할 수 있는 한도 내에서 재빨리 새로운 패턴들이 정착되었다. 하나의 전통 내부에서의 대화가 방해받지 않고 그 활동영역이 다른 일에 이용되지 않았을 경우에 이것은 매우 빨리 일어날 수 있다. 이것을 가능하게 만든 역사적 조건은 그것이 여러 분야에서 한꺼번에 일어나도록 만들었다. 농경적 기저 수준(agrarianate base level)에서 도시–농촌 공생관계의 문화적 복합성이 갖는 불안정성은 마침내 극복되었고, 새롭고 더 높은 기저 수준이 만들어졌다고 볼 수 있다.

르네상스에서의 합리적 혁신은 아직도 농경시대의 번영에서 보자면 '정상적인' 범위에 속하는 것이었다. 대개의 경우 더 이상의 문화적 복합성은 역사적 우연의 개입에 너무나 많이 좌우되므로 그러한 활동의 위험부담을 보상해주지 못하는 지점에 조만간 다다르게 된다. 이것은 시간이나 돈의 대규모 사회적 투자가 필요한, 그리고 그러한 투자가 전제로 하는 평화와 사회질서를 교란시킬 조직붕괴나 자의적 개입의 부재가 필요한 어느 분야에서나 그러하다. 이는 일종의 유행 주기로 인간의 마음을 사로잡을지도 모르는 너무 거대해진 내적 균형의 억압 같은 것보다 훨씬 더 급박한 위험이다. 16세기 말이 되면 사회적 혼란의 부재에 가장 크게 의존하였던 그러한 종류의 계산적이고 혁신적인 투자가 이전에 미치지 못했던 수준에 다다르고 있었다. 즉 다방면의 서로 보완하는 전문성을 통해 구체적이고 실질적인 목적을 달성하려는 기술적 방법의 개선이었다. 그리고 30년 전쟁과 영국 내전(English Civil War) 같은 재난에도 불구하고 특히 서북유럽에서 그러한 전체 과정은 중단된 적이 없었다. 예전에 매우 비슷한 과정이 중국의 송나라 말기에 유목민 왕조들에 의해 중단되었다.

서구의 번영은 사그라들지 않았다. 혁신적인 투자가 1600년경에 사회 발전의 분수령에 이를 때까지 계속되었다. 그때쯤이면 농경시대 전체를 통해 번영기에도(그리고 르네상스 시기에도) 간헐적이고 불안정하게 이루어졌던 (물질적 · 정신적) 특정 유형의 투자가 이제는 제도화되고, 점점 축적되어 끝내는 사회적으로 돌이킬 수 없을 정도의 큰 규모로 일어나게 되었다. 이같은 새로운 상황은 인간의 위업에 새로운 기회들을 제공하였고 여러 가지 문화적 창조성을 위한 새로운 기회를 마련하였다.

　이러한 새로운 경향들은 오래된 제도들을 포함하여 모든 것을 동반하였다. 기존의 제도들은 물론 그러한 발전을 가능하게 만드는 데 충분히 개방적인 것으로 판명되었다. (아마도 성숙한 제도들은 어느 것이나 겉보기보다 훨씬 유연한 모습을 보일 수 있을 것이다.) 그러나 그러한 제도들은 변화에 그다지 잘 적응하지는 못했는데, 말하자면 이슬람권의 제도들보다 더 잘 적응한 것은 아니었다. 그러나 그들은 새로운 가능성에 봉사하도록 압력을 받았고, 그렇지 못하면 도태되었다. 서구의 법인적 관념 속에서는 상당한 제도적 엄격성이 전제되어 있는데, 이 엄격성의 일부는 새로운 발전에 장애로 작용하였다. (예를 들면, 교회의 종교재판은 이슬람권에서 찾아볼 수 있는 그 어떤 것보다도 사색하는 일반 개인에게 억압적인 것이다.) 그런데도 바로 이 법인적 구조는 상황이 무르익었을 때, 적어도 이슬람권의 신분상승과 샤리아적 자치가 했던 정도로 개인적 혁신을 보호하도록 작용하였다.

　새로운 혁신의 핵심에는 다양한 기술적 전문화의 패턴이 있었다. 그같은 기술적 전문화는 전적으로 새로운 것이 아니었다. 화약 무기가 도입된 이래 총포술은 대변동의 특질이 되는 혁신적 기술 전문화의 소우주를 대표하였다. 그러나 그것은 이제 그러한 혁신을 전보다 광범위하게 제도화할 수 있는 넓은 규모, 일종의 임계 질량에 이르렀고, 그러한 제도화는 전 사회의 모든 주요부문을 아우르고 휘어잡았다. 경제적으로 그것은 17세기 서북유럽의 산업적 · 상업적 투자로 나타났다. 자본은 계속적인 기술혁신과 시장 패턴의 예기된 팽창에 기반하여 체계적으로 재투자되고 몇 배로 불어났다. 지적인 방면에서는 왕립 학회와 같은 기관의 일에서 그러한 흐름이 드러났다. 이전에도 여러 문화권에서 기존의 학문적 지식을 함양하는 조직들이 있었고 그들은 어쩌다가 새로운 정보를 환영할 수도 있었다. 그런데 17세기의 왕립 학회들은 확연하게 옛 지식을 대체할 새로운 지식을 모으고 확산시키는 것을 목표로 하였고, 그런 활동은 직업적인 기계 제조자들이 새로운 발명을 계속하고 그런 기계들이 새로운 관찰을 가능하게 해주리라는 예상에 기반한 것이었다. 그러한 움직임의 지적인 측면은 경제적인 측면에 의존한다고 생각하겠지만, 그렇다고 자연과학이 산업분야에서의 발명에 의해 직접적으로 득을 보았다는 뜻은 아니다.

그보다는 산업투자의 확장이 경제 전반에 걸쳐 더 많은 자원을 베풀어주게 되었던 것이다. 이러한 자원들은 새로운 상업적 · 산업적 기획에 동반된다는 흥분에 의해 만들어진 빠른 속도의 확장세에 어울리는 방식으로 학자들에 의해 이용되었다. 지적인 발전은 상당히 자율적인 것으로 보였다. 어쨌든 자연과학의 발전이 일정한 지점에 이르고 나면, 동시에 모든 면에서 이루어지는 엄청난 인력 투자 없이는 앞으로 나아갈 수 없다. 그것은 여러 분야의 점증하는 전문화를 의미한다. 우리가 서구에서 1300년 이후에 있었던 과학적 업적의 침체 원인이 당시 활용가능한 인적자원의 수준에서 더 앞으로 나아가기 어려웠던 데서 비롯했다고 보든 보지 않든, 드디어 인력자원의 갑작스런 증가가 대단히 폭발적인 효과를 낼 수 있는 지점에 과학이 이르렀던 것이라고 생각된다. 특히 다양한 전문화에 좌우되는 지식분야에서는 더욱 그러하였다. 산업적 경험이 과학에 득이 되었다면, 그것은 대개 기계제조자들의 기술과 기술자원의 증가에 의한 것이었고 그들의 전문적인 혁신은 물론 과학에서의 기술주의적 경향을 확증하는 것이었다.

과학부문과 경제부문에서 모두 점증하는 기술적 전문화의 규모는 질적인 변화를 동반했다. 아마도 가장 극명한 예는 아마도 기술적 전문화를 체현하고 확인하는 제도들에 필요한 시간, 돈, 그리고 신경을 쓰는 것이 이익이 되는 수준에 이르렀다는 것이리라. 바로 이러한 기관들이 변화의 과정을 촉진시켰다. 17, 18세기에는 점차로 그러한 과정이 서구 사회에서 너무나도 깊이 뿌리내리고 널리 확산되어 그 과정의 외부에서 유입되는 어떤 사회적 변화나 역사적 사건도 그 과정을 역전시키거나 심각하게 지연시킬 수 없게 되었다.

　　이러한 제도화는 여러 부문의 전문화 과정들이 긴밀한 상호관계를 한다는 것을 전제로 했다. 개별적인 기술적 진보의 단순한 축적이란 존재하지 않았다. 기술적 전문화의 예로서 기계화된 면사 방적은 이집트의 콥트인 토지 측량기사들의 매우 전문화되고 상대적으로 효과적인 기술에 맞먹는 것이라 비유할 수 있다. 특히 그 과정이 일어난 주요 부문들 안에서는 모든 것이 점점 더 포괄적이고 상호의존적인 기술적 특화의 결합을 증가시키는 데 달려 있었다. 그리하여 어떤 일에서나 기술적 효율성은 다른 전문분야의 성과를 이용함으로써 증대되었고 그렇게 증대된 효율성은 다시 다른 분야의 효율성을 증대하는 데 도움이 되었다. 이러한 과정이 잘 진척되려면 한 사회의 모든 활동의 상당 부분이 여기에 관여해야 한다. 일단 이 과정이 잘 성립되면 새로운 발견과 발명을 위해 필요한 인력과 자금 투자와 함께 기하급수적인 발전을 맞게 된다. 일단 새로운 발명이 이용되면 언제나 또 다른 발명으로 향하는 길을 열었다.

　　그와 같은 기술주의적 과정이 농경단계 사회의 가장 기본적인 전제를 완전히 초월해 버렸음은 자명하다. 그 자체로 직접적으로 농경위주가 아닌—예를 들면 유목이나 상업을 주업으로 하는—농경단계의 사회마저도 농경 배후지의 사회관계에 의존하여 살아가고 있었다. 농경의 잉여생산물이

상층 문화의 전담자들, 즉 상업 도시의 주요 시장이 의존하였던 주요 수입을 제공하였던 것이다. 그런데 상호보완적인 기술적 전문화의 성장은 넓은 지역에서 특권층의 소득 구조를 일차적으로 농경민을 착취하는 것에서 해방시켰다.

그것은 물론 산업이 음식과 같은 생활 필수품을 대신 생산해낼 수 있어서가 아니었다. 그게 아니라, 이제 경제의 비농업부문이 지탱할 수 있었던 요인은 상층문화의 담지자인 특권층의 특별한 소득이었다. 그리고 전처럼 단지 일부 중심적인 도시에서만이 아니라 전체적으로 연결된 경제 네트워크 속에서 모두 다 그러하였다. 농경의 잉여생산 증가 없이, 즉 먹여살릴 수 있는 비농업 노동자의 수가 증가하지 않고도 기술적 전문화는 생산성과 총생산량을 크게 향상시킬 수 있었다. 생산의 아주 많은 부분이 비농업적인 것이어서 사회 안에서 그에 상응하는 큰 액수의 소득이 농업적 관계에 의해 결정될 필요가 없게 되는 정도에 이르렀다. 기술적 과정이 고도로 발전하려면 (그리고 사회 안에서 특권층의 비율이 궁극적으로 늘어나려면) 단순히 노동자 일인당 더 높은 생산성이 필요한 것만이 아니라 더 많은 수의 노동자가(따라서 더 많은 양의 농업 자원이) 필요하다. 그러므로 국지화된 수작업 혹은 축력의 이용방법에서 비롯된 농업 생산의 한계마저도 농업 자체에까지 그러한 새로운 사회적 과정을 확대시킴으로써 벗어나야 한다. (부분적인 대안은 기술주의적인 과정을 아직 거치고 있지 않은 먼 나라에서 농산물을 사오는 것인데 그것은 그곳에 공산품을 팔아 그 지역의 수공업자들을 망하게 하고 그 나라들을 더욱 농업의존적으로 만드는 결과를 의미하게 될 수 있지만 말이다.) 농업과 농업적 관계의 모든 단계는 이슬람권의 미래를 위해 중요한 것이었다.

이러한 전반적인 과정과 그것이 초래하는 사회적 조건을 나는 기술화라고 부르겠다. 나는 그것을 사회의 주요 부문에서 예측 패턴을 결정할 수 있을 정도의 큰 규모로 여러 전문분야가 상호보완하게 되는 합리적이고 계산적인 (따라서 혁신적인) 기술적 전문화로 정의하겠다. 18세기 말의 산업혁명은 확장되는 '대중' 시장에 맞게 전문화된 기계들을 증기 동력의 끝없이 팽창할 수 있는 자원에 연결시킴으로써 이루어졌다. '산업화'란 그와 같이 한 나라의 경제를 기계화된 산업이 주도하게 되는 것을 말했다. (증기의 힘이 전기의 힘이나 원자력으로 대체되었을 때 혹은 어떤 동력의 원천이 조립 라인이나 자동화의 이용으로 몇 배로 효율화되었을 때 인간에게 미치는 영향도 중요하겠지만, 농경단계의 사회와 비교해 산업의 역할에 대한 대조를 보여주는 기본적 명제는 바뀌지 않고 이어졌다.) 이것은 분명히 17~18세기 경제 변동의 절정이었고, 오늘날에는 한 나라의 경제 안에서 동력화된 산업이 우세하다는 것이 근대성의 핵심적인 징표로 간주되고 있다. 어떤 나라가 근대적이라는 말은 그 나라가 산업화되었다는 뜻이다. 그러나 이것은 아직 하나의 징표에 지나지 않았다.

우리에게는 이보다 좀 더 넓은 개념화가 필요하다. 덴마크는 비록 일차적으로 농업위주지만 농업분야와 특히 농업의 보조적인 가공에서 동력–기계화의 우세는 유추하자면 '산업화'에 포함시킬 수 있으므로 '산업화'라는 개념은 덴마크같이 고도로 기술화된 근대국가를 배제하지 않을지도 모른다. 그러나 기술화의 전 과정은 훨씬 더 포괄적인 것이다. 경제 자체만 놓고 보아도 동력–기계화 없이도 고도의 기술화는 있을 수 있다. 동력–기계화가 (일단 이용가능하게 되자 그렇게 되었던 것과 같이) 혁신적 기술화에 관계된 모든 당사자들에게 선택의 여지 없이 주어지기 전에는 말이다. 그리하여 프랑스의 동력–기계 이전의 산업들은 이미 그들의 내적 진화와 세계 무역에서의 결과에서 기술화의 여러 특징을 보여주었다. 과학과 사회 조직, 그 밖에 사회의 다른 측면에서 기술화 과정은 경제 생산에서의 기술화 과정과 마찬가지로 중요하였다. '기술화'와 같은 용어는 그 과정의 모든 측면을 중립적으로 보호하며 어떤 특정 측면에 우위를 두지 않는다.

기술화에 따른 도덕적 · 정신적 변화

이제 우리는 그러한 투자 패턴에 반드시 개재되는 심리적 측면을 살펴보아야 한다. 여러 가지 기술적 전문화에 의지하는 것은 우리가 기술주의적인 전망이라고 부를 수 있는 패턴과 서로 관련되어 있다. 그러한 전망의 일부는 특정 부문의 사람들의 일부가 기술화를 시작하는 데 필요하였으며, 그러고 나서 그 과정 자체는 다른 부분에서 그러한 전망을 불러일으키고 강화시켰다.

기술주의적 정신의 요체는 기술적 정확성을 통한 비인격적인 효율성의 전망이다. 어느 시대에나 비록 한정된 방식으로라도 효율성, 특히 군사적 효율성에 대한 관심은 있었다. 또한 언제나 일정 정도의 기술적 전문화와 정확성은 정밀 수공업의 예에서처럼 존재해 왔다. 기술적인 창의성 또한 비교적 세련된 경제 패턴 안에서는 존중받는 위치에 있었다. 그러나 이제 서유럽에서 기술적 효율성은 점점 더 일차적인 역할을 차지하였고, 덜 보편적으로 혹은 가시적으로 객관적인 종류의 고려사항들—미학적, 전통적, 대인관계적인 것 등—은 점점 더 기술적 효율성에 자리를 내주게 될 정도였으며, 건설적인 활동에서 탁월한 기량을 발휘하는 데 기술적 효율성은 가장 중요한 바탕이 되었다. 이러한 심리적인 차원에서, 사회조직의 모든 측면이 기술화된다는 것은 사회조직들이 눈앞에 객관적으로 보이는 한정된 목표들을 향하여 최대 효율성을 내기 위해 계산되고 전문화된 과정을 고려하여 짜여진다는 것을 의미한다. 기술화가 권위 있는 관습으로부터 독립적인 계산을 향한 대전환을 제도화했다는 것은 이런 형태에서다.

우리가 '전통적-합리적'이라는 말로 표현되는 대조를 만나게 되는 것은 심리적인 차원에서다. 근대적 삶의 상당부분이 인간적으로 합리적인 데 못 미친다는 우리들 사이의 일반적 인식에도 불구하고, 경제발전과 사회발전에 대한 요즘의 저작들은 아직까지도 독자들에게 기술주의적 정신을 인간의 합리성 그 자체와 동일시하지 않도록 경고해야 할 필요가 있다는 데 대한 증거를 제시해 준다. 인간 이성의 활동은 어떤 주어진 유형의 계산적 추구와 동일시될 수 없다. 어떤 경우에는 작은 범위에서의 실용적인 혁신이, 아주 영리하게 만들어진 것일지라도 (오랜 세월 동안 축적된 경험을 무시하여) 너무나도 위험한 것이 되어 사실상 비이성적인 것이 될 때도 있다. 그러나 어찌되었든 모든 도덕적, 미적 혹은 신념에 대한 모든 고려를 기술적 효율을 증대하는 데 종속시키는 것은 아무리 성공적일지라도 결국에는 비이성적인 악몽으로 판명될 가능성이 높다.

'합리적'인 것과 '전통적'인 것은 근대적인 것과 전근대적인 것을 구별하는 것으로서 기술적인 의미를 지닌다고 할 수 있을지도 모른다. '합리적'이란 '전문화된 기술적 목표에 대해 계산적인' 것을 의미하고, '전통적'이란 '관습에 따라 권위 있는' 것을 의미한다. 그러나 이 용어들은 독자에 의해서나 저술가들 자신에 의해서나 좀 더 개괄적으로 이해되었다. 좀 독선적이기는 하지만, 근대 서구인이 그의 기술주의적인 삶의 방식을 합리적이라 보고 농경단계 사회들의 운영방식을 합리성에 대조되는 맹목적인 전통의 결과라고 폄하하는 것은 상당히 자연스러운 일이다. 이 용어들의 학술적인 사용은 아무리 좋은 의도를 갖고 행해진다고 해도 이런 편파성을 강화시킬 뿐이다. 다음과 같은 분명한 사항들을 너무나도 자주 보여줄 필요가 있는 것이다. 기술적 고려사항 이외의 것들이 무시되는 한, 경제의 '근대적인' 즉 기술주의적인 부문이 평범한 인간의 감각에는 그다지 합리적이지 못하게 보인다는 점, 혹은 '전통적' 제도들이 보통 사람의 입장에서는 합리적일 수도 있고 기술주의적 발전에 기여할 수도 있다는 것이다. 이러한 용법으로 보면, 모든 사회는 문화적 전통을 통해 움직인다는 점에서 전통적이다. 그러한 전통들이 특히 기술주의하에서처럼 어떤 경우에는 지

극히 빠르게 진화한다고 해도 말이다. 그리고 사회 제도들이 실용적으로 기능을 다해야 오래 살아남을 수 있다는 점에서 보면 모든 사회는 합리적이다. 이것은 진지한 대안들이 나올 수 있고 실행될 수 있는 한—경우에 따라 실행가능한 대안들의 범위가 아무리 좁더라도—한 사회의 지적 성원들의 개인적 결정들이 합리적 계산을 반영하기 때문이다. 사실 고도로 기술화된 지역의 가장 큰 이점은 개인들의 합리성을 이어주는 데 도움을 주는 그들 전통의 지속성과 유효성이며, 기술화가 덜 된 지역들의 가장 큰 고민은 그들 사회가 겪은 상층 문화 전통과의 심각한 단절에 의해서 고삐가 풀려 버린 통제 없는 기회주의적 합리성이라는 주장도 할 수 있다.

경제 생산에서 기술주의적 정신은 좀 더 창의적인 발명이나 생산과 시장에의 통계분석 같은 것에 점점 더 의존하는 데서 나타났다. 기술적 효율성에 대한 요구의 이와 같은 발현은 2세기 동안 계속 증가하여 어떤 경제활동에 대해서나 새로운 전제들이 만들어지기에 이르렀다. 가내 수공업을 가업으로 이어받는 것이나, 개인적 지위, 상인들의 연대 같은 것에 대한 고려 대신에 생산적으로 자본수익을 재투자하는 것, 현지의 외국 경제들, 기술에서 앞서나가는 것 등에 대한 고려에 더 큰 무게가 실렸다. 가업의 비밀은 공공 특허사무소에 의해 대체되었다.

과학부문에서도 비슷한 경향이 나타났다. 군사전술과 같이 이미 '기술화'의 요소들이 주도하고 있었던 분야인 천문학에서도 새로운 경향이 눈에 띄기에 이르렀다. 코페르니쿠스와는 대조적으로 브라헤와 케플러부터는 아주 전문화된 기술적 도구들의 도움으로 극미한 수준까지 정확하게 측량하는 것이 새로운 형태의 탐구 요체가 되었다. 나로서는 케플러가 형이상학적으로 변명을 하긴 했지만 그가 무의식적으로라도 철학적 우아함보다 기술적 정확성과 조작에 우선순위를 두기 시작하지 않았다면 과연 기하학적으로 더욱 '순수한' 원이 아닌 타원에 우위를 두었겠는지 의심스럽다.

결과는 전체적으로 우주의 조화로운 느낌을 위협하는 것이었다. 서양에서도 자연과학의 전통들은 전반적으로 인생에 지침을 주는 전통들의 지적 신념으로부터 일찍이 얻은 일정 정도의 지적 자율성을 유지하고 있었다. 이러한 자율성은 무슬림과 기독교도들 사회 모두에서 간혹 상대적인 경험주의 속에서 드러났는데, 그런 경험주의는 실체의 목적론적이고 계서적인 성질에 대한 철학적 인식에 구속되었지만 압도당하지는 않았다. 이제 강도높은 전문화와 더불어 자연과학 전통의 자율성은 훨씬 더 멀리 나아갔고, 그에 동반되는 경험주의는 거의 일상적인 것이 되었다. 모든 주요한 과학자들은 (그가 관심이 있다면) 자기 나름대로의 우주론을 고안해야 할 처지가되었고, 의식 있는 일반인들은 우주관에 대한 '모든 일관성이 사라진 채' 홀로 남겨졌다. 1800년에 이르기까지 기술주의적 정신은 천문학과 물리학에서 화학, 지질학, 생물학에까지 파급되었다. 데카르트부터 칸트에 이르러 절정에 달할 때까지, 새로운 인식론적 철학은 새로 나온 기술주의적 과학과 그것이 궁극적 의문들으로부터 거리를 유지했다는 사실 자체에서 영감을 얻었다.

끝으로 사회적 삶은, 비록 세계적 관점에서 보았을 때 처음에는 좀 덜 획기적인 성질을 가지고 진행되었지만, 행정 또한 기술주의적 경향을 반영하게 되었다. (옛 중국의 선례에서 부분적으로 영감을 얻은) 새로운 '계몽'적인 절대주의 왕국들은 처음에는 여전히 서구의 행정을 이전에 다른 지역, 예를 들면 오스만제국에서 성취되었던 효율성의 수준까지 끌어올리려고 노력했다. 그러나 프랑스혁명 시기에 이르면 이미 법적으로 운영되는 사회적 통제의 효율성, 문서와 보고서의 기술적 정확성, 그리고 더 중요하게는 효용성에 의해 평가받는 공공 서비스로서의 정부라는 개념의 실행 등은 송대 중국마저도 넘어서 유럽에서의 모든 통치 전통을 낡은 것으로 만들었다. 그 다음의 수십 년간 유럽의 여러 나라들은 모두 새로운 기반 위에서 자기 자신의 체제를 새로 짜야 할 필요를 느끼게 되었다.

기술적 전문성의 상호의존 범위가 넓어짐에 따라 효율성의 새로운 기준들은 소수의 지식인이나 전문가뿐만 아니라 서유럽 인구의 상당부분에게 적용되었다. 18세기 말에 동력 기계를 도입한 사람들이 섬세하게 조절된 기계들을 만들 노동자들을 얻고, 큰 사고 없이 그런 기계들을 다룰 노동자들을 찾아낼 수 있었던 것은 영국의 사무원들과 공장 노동자들이 점차 새로운 기반에서 일하는 데 익숙해졌기 때문이다. (나중에 동력 기계들이 본 궤도에 오르고 나서야 비교적 미숙련 노동자들이 대규모로 훈련받을 수 있게 되었다.) 개신교와 가톨릭 시민들 사이에서 인쇄된 책들의 사용이 확산되면서 심지어 지적인 혁신에도 인구의 점점 더 많은 부분이 참여하게 되었다. 거의 모든 주요한 기획들이 대단히 많은 전문분야의 상당히 직접적인 공헌에 의존하였고, 그런 각 분야들은 점점 더 전문적이 되어 외부인이 대단한 각고의 노력 없이는 침범할 수 없을 정도로 어려워졌다. 사실상 인구 전체가 어느 정도는, 그리고 그 중에서 야심적인 부류는 특히 기술주의적 관점을 함양하고 기술주의적으로 사고하도록 압력을 받게 되었다.

여기에 개재되는 도덕적 특질의 관점에서 보면, 기술적 전문화가 다양화되고 서로 얽혀서 더 이상 어떤 노동자 한 사람이나 학자 하나가 자신의 일을 일부분으로 포함하는 전 과정의 세부까지 모두 알 수 없도록 사회적으로 결정되는 순간이 되면, 기술화가 사회 조직을 일반적으로 성격지울 만큼 멀리 진전되었다고 할 수 있을 것이다. 대변동이 정점에 이르렀던 세대의 가장 위대한 문호였던 괴테는 '최후의 만능인'이라고 불리어졌지만 그마저도 자신의 극예술의 혁신에 도움이 되었던 기계들을 구성한 도구들이 만들어진 모든 기술적 과정을 세세히 다 알 수 있기를 바라지는 못했다. 이븐 할둔이나 레오나르도 다 빈치는 그들의 시대에 그렇게 할 수 있었겠지만 말이다.

따라서 기술주의에는 뭔가 비인간화를 암시하는 것이 있다. 그와 동시에 대변동 시대에는 창의적이며 인간적인 도덕적 변화도 있었다. 서구나 그 밖의 세계에 똑같이 새로운 하나의 특징적이고 이상적인 인간형이 점점 더 많은 사람들에게 매력적으로 받아들여지고 있었다. 기술주의의 성장과 긴밀하게 연결된 것은 새롭고 창의적인 기획을 불굴의 의지와 신념을 가지고 떠맡는 사람의 이미지였다. 그는 더 이상 한 개인으로서의 모험가가 아니라 더 넓은 범위의 사람들에게 새로운 삶의 패턴에 대한 희망을 대표하는 사람이었다. 이런 '기획자'(projector)는 벤 존슨(17세기 영국의 극작가, 시인-옮긴이)의 시대부터 풍자되었고, 스위프트의 걸리버 여행기에서 명성을 얻었고, (키플링의 〈만일(If)〉이라는 시〔러디야드 키플링이 쓴 시로, 성공과 실패에 흔들리지 말라고 조언하는 내용이다-옮긴이〕에서 좀 더 상식적인 충고를 받았는데) 투자가 증대함에 따라 번창하는 사업가 층에서도 점점 더 눈에 띄게 효과적인 유형이 되었다.

　겉보기에는 '기획자'의 인상과 대조적이지만 관련이 있는 것이 인간적인 '문명'인의 이미지였다. 사실 대변동 시대에는 기술주의적 정신과는 직접적으로 거의 관련이 없는, 두드러지게 인도주의적인 경향의 새로운 도덕적 기준이 세워졌다. 특히 눈에 띄는 것은 항상 이상적인 것으로 생각되어 왔던 것이 실제로 실현될 수 있을지도 모른다는 적극적인 기대에 기반한 '매너의 온건화'라고 부를 수 있을 만한 변화였다. 형편이 나은 계층의 예의범절은 부드러워지고 '문명화'되었다. 새로운 점잖은 취향에 맞추어 이단자들은 괴롭힘을 당하지 않았고, 처벌로 사용되거나 정보를 알아내는 데 사용되던 고문이 사라졌다. 좀 더 '철학적'이거나 '자연스러운' 교육과 좀 더 자유로운 법률에 의해 인간의 정신과 영혼이 일반적으로 계몽되고 '완전'해질 수 있을 거라는 생각이 대두되었다.

　새로운 인간상의 많은 부분이 이전에 있었던 비슷한 이미지들을 상기시

킨다. 예를 들면 피르도시나 루미의 이란적 영웅설화 전통에서의 여러 형
태, 혹은 세르반테스에 의해 풍자된 여러 형태의 서구적 기사도의 전통에
서 나타난 개인적 노력에 대한 찬미가 있다. 그러나 이제 이런 이미지를 묘
사하는 어조는 귀족적인 것과 정반대다. 사실 보수주의자들은 어떤 경향들
이 심란할 정도로 천박하다고 생각했다. 상당히 세속적이고 실용적인 수준
에서 개인의 무한한 추구를 높이 사는 것은 분명히 르네상스의 (비록 다른
문화적 번영에서도 얼마든지 그런 경향이 나올 수 있었겠지만) 공헌 중 하나다.
그런 이미지는 한 사회에 열려 있는 가능성들을 정의하는 데 핵심적이었
고, 그런 기회들을 계속 열려 있게 하는 데 중요한 역할을 하였다.

　그러한 이상주의가 갑자기 실현가능한 것으로 느껴진 것은 기술화가 그
본령에서 진전함에 따라 이루어진 경제 팽창과 낙관적인 분위기 때문이었
다. 그러나 이상주의는 관료들의 자의성과 특히 전쟁(1648년 이후의 전쟁에
서는 점차로 목표가 제한되고 행동의 규율이 잡혔다)의 파괴성을 완화시키는
데 도움이 되었다고 여겨진다. 이러한 완화가 없었다면 정부들이 (이전에
그랬었던 것과 마찬가지로) 황금알을 낳는 거위를 죽였을 수도 있을 것이다.
그들은 과학자와 투자자들의 일을 방해하여 더 이상의 기술적 전문화가 사
실상 별 이득이 없다는 것을 증명했을 수도 있다.[4] 1789년의 세대가 되면
새로운 도덕관념이 가장 다양한 방향에서 폭발적으로 생성되어 서구와 다
른 사회들의 심리적 격차를 만드는 데 큰 역할을 했다. 그때가 되면, 서구
는 기술주의적인 요소를 상당부분 노골적으로 띠고 있었다. 적어도 '매너
의 온건화'는 처음에 전반적으로 종교적이고 미학적인 변화의 형태를 띠었

---

4) 영국에서 일어난 '이른 산업혁명'(earlier industrial revolution)의 기본적 역할로 우리의 관심을
　돌린 장본인인 존 네프(John U. Nef)는 여러 저작과 그 중에서 특히 『산업문명의 문화적 토대』
　(*Cultural Foundations of Industrial Civilization*, Cambridge: Cambridge University Press,
　1958)에서 이러한 주장을 하였다.

고, (특히 농경시대의 다른 번영기들에 비교했을 때) 과학과 경제의 발전에서처럼 시대구분이 확연히 될 정도로 획기적이지는 않았지만 그렇다고 간과해서는 안 될 것이다. 특히 종교에서, 새로운 철학의 영향 아래 파스칼에서 슐라이어마허(19세기 초 독일의 신학자로 근대 프로테스탄트 신학의 아버지로 간주됨-옮긴이)에 이르는 여러 인물들이 인간의 영적 경험에 직접 기반하여 종교공동체의 도그마로부터 영적 경험을 해방시키기 위해―혹은 느슨하게 풀어 주기 위해―엘리트의 신비주의를 필요로 하지 않는 종교적 의식(意識)을 위한 기초를 만들어 가고 있었다. 그리하여 도그마 그 자체도 궁극적으로는 좀 더 보편적인 수준에서 재고되어야 했다. (개신교의 성립은 농경적 단계에서 지배적이었던 종교적 전제들 바깥으로의 진일보가 전혀 아니었다. 개신교가 그 이후의 종교적 발전을 촉진시킨 측면은 있을지 모르지만 예를 들면 개신교의 주요 특성 중 일부는 농경단계의 이슬람에서도 찾아볼 수 있다.)

하지만 서구인들은 많이 투자하고 깊이 탐구할 태세가 되어 있어도 그럴 수 있는 현실의 범위는 어느 정도 한정되었다고 생각한다. 상호보완적인 여러 전문화에 대한 투자로 기여할 수 있는 것이 아닌 기술적 목표들은 그 시대의 상황하에서는 선택되지 않거나 별로 함양되지 않았다. 마치 가장 명석한 사람들이 새롭게 나타난 전문화 분야를 이용하느라 너무 바빴던 것처럼 말이다. 가장 두드러지는 것은 개인에게 많은 의미를 가지는 영역들이었다. 건강 분야에서 거의 모든 의사들이 수천 년에 걸쳐서 관심을 기울인 개인적 섭생법의 여러 측면은 관심을 끌지 못했고―간혹 관심이 더 낮아졌을 것이다―그런 한편 병을 치료하는 기술적 방법은 (일단 그렇게 될 조건이 되자) 몇 배로 증가하였다. 여러 문화적 전통 속에서 (어떤 경우는 상당히 늦게) 발달하였던 무용이나 무예를 위한 고강도 근육 훈련은 서구에서 비슷한 정도의 관심을 얻을 수 없었다.

가장 특기할 만한 것으로, 서구인들은 구체적이고 물질적인 측면에서 공식화할 수 없는 부분들을 그다지 탐구하지 않았다. 예컨대 요가의 일부 형태와 수피즘에 의해 대표되는 전문화된 신비적 기술들은 기독교 유럽에서 이전에 있었던 기대할 만한 시작에도 불구하고 거의 무시되거나 그렇지 않으면 공동체적 종교의 전제(前提)에 의해 극도로 억압되었다. 다른 분야에서 서구인들은 실용적이고 합리적인 계산과 개인의 독창력을 극단적으로 끌고 나갔고 종종 새로운 기술을 발견함으로써 선례들을 개선해 나가기 위한 끊임없는 시도를 요구하거나 요구하는 것처럼 보였지만 말이다.

그리고 기술화의 과정에 수반된 사고 틀에서의 주요한 변화들은 단지 합리적인 낙관주의라는 일반적 분위기만을 반영한 것이 아니라 선택적이고 확연히 기술주의적인 정신을 반영하였는데, 서구인과 무슬림들은 모두 그것을 '물질주의적'이라고 일컬었다.

기술주의가 이끌어낸 여러 변화들

기술적 효율성은 기술주의적 정신 안에 포함될 수 있는 여러 가지의 서로 관련된 경향이 나타나는 것을 의미하기도 하였다. 합리화된 기술에 대한 강조처럼, 그런 경향들은 권위 있는 관습으로부터 독립적인 계산으로의 변화 속에 포함될 수 있다. 그러한 경향들은 다중적 기술 전문화의 필요에 맞는 것이지 존재가능한 모든 종류의 합리성에 맞는 것은 아니었고, 그러한 변화의 간헐적인 표현만이 아니라 가장 기본적인 속성을 직접적으로 제도화하는 규모에서 길러졌다. 합리화를 지향하는 계산적 경향은 특히 초기에는 지속되는 혁신에 대한 예측에 기반하였다. 즉 실험을 적극적으로 장려하는 태도, 이전에 생각되고 행해진 것 중 가능한 최소의 것만을 당연하게 받아들이는 것, 모든 기성의 권위를 거부하는 것, 그리고 그러한 거부가 야기할 수 있는 내재적인 실수로 인한 위험 감수 등에 기반하는 것이었다. 비록 그 시대의 초입인 르네상스 동안에는 보수주의적 정신의 만조가 어느 정도 수그러들었다고 하지만 주요한 제도들은 다른 곳에서와 다름없이 서구에서도 농경단계의 보수성을 대표하고 있었다. 그런 제도들은 삶의 불안정한 유동성이 자연스럽게 향하게 되는 혼돈에 대항하여 질서를 지키기 위해 기성화된 패턴들을 최대한 유지하고자 하였다. (사실 문화의 정의 자체는 아직도 각각의 개인이 원점에서 시작할 필요가 없도록 하기 위해 한 세대에서 다른 세대로 삶의 방식을 전달하는 것이다.) 그러나 18세기 후반이 되면 서구의 가장 중요한 제도들이 솔직하고 열렬하게 변화와 혁신의 원칙을 표방하기 시작하였다. 과학 잡지들은 과학 협회들과 마찬가지로, 옛 지식을 보전하기 위해서가 아니라 새로운 지식을 찾아내기 위해 일차적으로 존재하였다. 특허에 의한 발명관련 권리의 법적 보호는 산업에서 이미 흔한 관행이 된 것을 인정한 것이다. 성공은 가장 먼저, 가장 효율적으로 혁신을 한 사람에게 돌아갔다. 새로운 사회조직 내에서 혁신이 제도화된 것이다.

궁극적으로는 정부 자체도 이 원칙을 체현하게 되었다. 입법부라는 기관 자체의 임무가 단순한 세금징수의 허락도 아니고, 행정가들의 임명도 아니고, 전쟁과 위기에 대한 정책을 결정하는 것만도 아니고, 법을 제정하기 위해 정기적으로 모이는 회의체라는 인식은 의식적인 혁신이 얼마나 새로운 사회질서의 핵심에 놓여 있었는지를 반영해 준다. 추축 시대 이래 어느 문명에 속했든 사상가들은 행정가들이나 현행 정책들이 상황에 따라 바뀌어야 한다는 점을 인정해 왔다. 그러나 다른 것은 그만두더라도 법만큼은 가능한 한 영속적이어야 한다고 생각했다. 사실 모든 시대 모든 사회에서 법은 간혹 바뀌었다. 예를 들면 (오스만제국의 경우) 법이 바뀔 수 있다는 단서가 카눈(오스만제국의 세속법－옮긴이)법령을 정규화하면서 붙여졌다. 사회제도의 주요 목적은 그러한 변동을 미연에 방지하거나 적어도 최소화하는 데 있었다. 그러나 '입법부'라는 이름 자체는 정반대의 개념을 암시하는 것이었다. 그러한 분위기에서, '진보'라는 관념이 처음으로 역사적 변동에 대한 진지한 사색의 주된 주제가 된 것은 필연적이었다. 단순히 항구적으로 변한다는 것이 아니라 지속적으로 모든 것이 개선된다는 것이 일상적인 예측이 되었다. 젊은 세대의 싹수가 노랗다고 나이든 세대가 일반적으로 생각하는 것은 적어도 새로운 세대가 매번 더 크고 좋은 것을 건설할 수 있다는 젊은 희망으로 상쇄시킬 수 있게 되었다.

좀 더 나중에 나타났지만 아마도 기술주의의 더욱 핵심적인 결과는 가능한 한 많은 사람들을 모든 면에서 다중적 기술 전문성의 연결 속으로 끌어들인 대중참여 사회였다. 새로운 경제 질서는 숙련 노동의 대규모적이고 유동적인 공급에 의존하였고 또한 꾸준히 증가하는 대량생산의 산물을 흡수할 수 있는, 최저 생활수준 이상에서 살아가는 사람들로 이루어진 대중시장에 특히 의존하였다. 대량생산과 대량소비가 이루어지면서 소농민까지 포함하는 하층민들도 이전에는 상류층만이 누리던 도시생활과 결부된 세련됨을 공유하게 되었다. 궁극적으로 기술화된 사회가 제대로 기능하려면 대중들에게 널리 문자해독 능력이 확산되어야 한다는 것이 명백해졌다. 그러한 능력을 갖춘 대중은 불가피하게 정치세력화되었다. (궁극적으로는 권력이 소수에 의해 체계적으로 독점된 기술화된 사회에서도 대중의 정치적 역할이 단순히 용인하는 정도에 그치지 않는다는 점이 밝혀졌다. 그런 사회들은 국가의 포괄적인 조직이 좀 더 잘 돌아갈 수 있도록 '전체주의적인' 정치과정에 대중들이 적극적으로 충성하고 참여할 것을 요구하였다.)

사실상 미증유의 세부에까지, 벗어날 수 없는 효율성을 가지고 모든 가정에 침투한 거대하게 확장된 국가의 역할은 진보라는 관념만큼이나 기술화된 사회를 특징짓는 것이었다. 농경단계에서 개인과 다른 한쪽 끝에 있는 국가 사이를 매개해 주던 개인적 접촉에 기반한 집단들은 상대적으로 무능하게 되거나 혹은 새로운 기술주의 안에서 전문화된 역할들에 기반하되 종합적인 역할에 인간적으로 기반하지 않는 기능적 집단들에 의해 대체되었다. 국가는 큰 지역사회에서 전례없을 정도로 개인들을 직접적으로 다루게 되었다. 모든 사람이 똑같이 복종하도록 강제하는 국가의 비인격적 권력만이 대중사회에서 나타난 기술적 전문성을 가진, 서로 연결되는 광대한 네트워크를 통제하는 데 적합한 것으로 보였다.

끝으로 기술화는 그 자체로 중요한 도덕적 기율을 수반하였고, 앞서 언급된 매너의 온건화와 합류하여 그것을 강화시켰다. 이 도덕률은 대중사회만이 아니라 그것을 보완하는 것으로, 사적으로 고립되어 있지만 동시에 고도로 교양을 갖추고 협조적인 개인을 전제로 하였다. 오직 길드의 규칙, 종족에의 충성, 혹은 공동체적 종교의 전통에 얽매이지 않는 독립적이고 자조하는 개인만이 기술적 효율성을 위해 요구되는 자유를 가지고 혁신을 하거나 계속 새로워지는 전문화를 간접적으로라도 함양할 수 있었다. 이는 다른 개인들의 통제로부터 개인의 자유를 점점 더 높이 평가하는 데 기여하였다. 그것은 또한 개인과 대중 사이의 매개체들이 모두 (개인이 서류 파일의 번호로 증류되어 버리는 것처럼 보일 정도로) 약화되면서 궁극적으로 익명성으로 흐르는 조류를 의미하기도 하였다. 그러나 독립과 사적인 고립만큼 중요한 것은 협동심과 자발적인 협조 정신과 함께 발전할 사적인 고결함, 개인적 성숙과 교양이었다. 그러므로 기술주의는 개인의 높은 도덕적 수준에의 기대와 개인의 특수한 재능에 대한 존중을 동시에 의미했다.

사실 '부르주아의 도덕률'의 규범이 세력을 떨치게 된 특수한 윤리적 혁명이 영국의 산업혁명과 함께 나타났다. 그 다음 세대에 이르기까지 이 윤리적 혁명은 사적 생활에서 과도한 형태의 낭비와 과시만이 아니라 정치에서 독직과 수뢰마저 없애는 방향으로 큰 진전을 보였다. 전례가 없는 정도로, 이슬람권보다도 더 권리의 동등성이 요구되었다.

전문가들은 그가 조상으로부터 물려받은 어떤 임의적 신분이나 다른 연줄에 의해 존경받는 게 아니라 공통의 발전에 기여하는 그의 개인적 성취 때문에 기술주의적 기준에 의해 존경받았다. 여전히 이의없이 인정되는 단 하나의 귀속 지위는 인간이라는 자격뿐이었다. 이 보편적인 인간으로서의 지위에는 여태까지 권력이나 신성함에 의해 보호되고 개인적으로 연결된 여러 배타적 소집단들의 특권이었던 개인적 불가침성이 부여되었다. 이 사실은 공공적인 잔인성을 완화시킨 18세기 계몽주의의 위대한 성취에 공헌하였다. 혁신과 기술적 효율성에 대한 존경에 수반된 것은 기회의 증가였다. 보통 사람들에게는 자신의 재능에 맞는 직업을 선택할 기회가, 특출한 사람들에게는 간혹 독창적인 비전을 표출할 기회가 주어졌다.

이러한 모든 변화는 특히 사회적 통제의 중심부에 진출한 사람들에게 활용가능한 물리적 힘을 엄청나게 증가시켰고 그에 따른 물질적 부의 엄청난 증가를 가져다 주었다. 구체적인 지식의 증가는 상상할 수 있는 가능성을 증대시켰다. 성취의 기회로 연결되는 통로가 대단히 많아졌고, 따라서 개인의 건설적인 자유의 기반도 늘어났다. 부와 지식과 자유는 사회적 힘의 수준을 지속적으로 높이는 방향으로 나아가는 데 있어 기술화된 조직의 직접적인 효과들을 더욱 강화하였다. 그러한 사회적 힘은 상품을 생산하고, 사실을 발견하고, 무엇이든 목표가 생기면 그것에 맞게 인간의 삶을 조직하는 데 쓰여졌다.

무슬림들에게 이 모든 것은 특별한 도덕적 의미가 있었다. 적어도 일정 부분에서 서구인들은 문명의 시작 이래 인간의 양심에 들이대어진, 도시문명사회의 도덕적 딜레마들을 해결해낸 것이었다. 그 딜레마는 특히 이란-셈계의 영적 전통에서 명확하게 표출되었으며 서구인들도 그 전통을 공유하고 있었다. 무슬림들은 적어도 개인의 법적 안전성, 높은 수준의 사회질서, 그리고 가장 힘없는 사람도 공유하기 시작한 번영을 모두 보증하는 듯한 제도들을 발전시켰다. 더욱이 개인의 순수성 차원에서 그들은 개인적 정직, 근면, 충성, 겸손, 그리고 사적인 경쟁을 초월하는 능력의 기준을 확립했는데, 이는 유럽에서의 도덕적 원숙성의 보장에는 미치지 못했지만, 사회의 책임 있는 계층에서 점점 더 가시적으로 나타났다.

샤리아 이슬람의 편벽되지 않은 추종자라면, 유럽의 성취에는 감탄할 만한 것들이 많았다. 샤리아는 무함마드로부터 영감을 얻어 평등주의적 정의를 제시했고, 개인의 책임과 핵가족을 강조하며 일정 정도의 신분 이동을 전제했다. 이슬람은 다른 어떤 종교전통보다도 부르주아적이고 상업적인 가치를 수용하는 데 뛰어났다. 이슬람은 단순히 인습에 의한 그 어떤 권위나 보편적 법칙이나 개인의 위엄이라는 미명하에 이루어지는 관행에 대해서도 일관되게 저항했고 인간의 번영(이슬람에게 그것은 인간이 지킬 책임이 있는, 신이 허락한 행운이었다)에 있어서 훌륭한 행정과 개인의 도덕이 함께 갖는 핵심적 위치를 때로는 분명하게 때로는 암묵적으로 증언하였다. 이러한 모든 일에서 기독교 유럽의 사람들은 대변동 이후 이상을 현실로 바꾸는 데 대단한 성과를 거두었다. 사실 19세기의 상당히 이른 시기부터 혜안을 가진 존경받는 무슬림들 중에서 이슬람적 기준에서 볼 때 유럽인들이 무슬림들보다 더 나은 삶을 살고 있다고 단언하는 사람들이 나오기도 하였다.

물론 사회의 기본적 윤리문제들은 사실 아직 완전히 해결되지 않았다. 그때까지 이루어진 진보는 수메르 시대 이래로 그런 문제들이 제기된 기본 조건들을 바꿈으로써 가능해진 것이었고, 아직 아무도 헤아릴 준비가 안 되어 있었던 대가를 치르면서 이루어진 것이었다. 일부 무슬림들은 새로운 유럽의 힘과 번영의 가치에 대해 애초부터 의심을 품고 있었고, 그 해결책들이 불완전했다는 점이 드러나자 궁극적으로 많은 사람들이 환멸을 느꼈다.

왜 대변동은 서구에서만 일어났을까?

어떤 주어진 시대에서 우리가 한 사회와 그 성취의 우수성을 평가하기 위한 절대적 기준을 찾아낼 수 있으리라고 기대해서는 안 된다. 우리는 어떤 시점에 한 사회가 행사할 수 있는 힘과 동원할 수 있는 자원에 근거하여 그 사회의 번영과 쇠퇴를 재단하는 것도 조심해야 한다고 배웠다. 우리는 걸핏하면 내적 쇠퇴의 조짐을 찾으려는 경향이 있다. 일부 학자들은 근세 이슬람권의 가시적인 영광을 경멸하는 근거로서 이슬람 사회 내에서 발견된다고 생각하는 것이 바로 이 내적 쇠퇴다. 합리성과 내적 자유를 동시에 보여주는 척도로 간주되는 기술과 (특히) 자연과학의 발전으로 한 사회의 진보를 재는 편이 더 안전해 보인다. 그러나 과학과 기술은 진실성과 자유를 잴 수 있는 유일한 척도가 아니다. 오히려 과학과 기술은 드러내 놓고 기술주의적인 기준을 제공하며, 근대 서구의 우월성을 합리화시키는 데 꼭 알맞다. 오늘날 우리는 (다음과 같이 언급된 일도 있는 것처럼) 우리의 자연과학이 유용하다고 주장할 수는 있지만 그것이 좋은 것인지, 그리고 궁극적 의미에서 유효하고 진실하다고 할 수 있는지는 의심스럽다는 사실을 점점 더 의식하게 된다. 과연 우리가 근대 서구의 성취들을 자랑스럽게 생각하도록 만들었던 기준들의 대부분은 일반적으로 의심해 볼 만한 이유가 있다.

그럼에도 불구하고, 우리가 지난 300년간 서구가 상징했던 유형의 '진보'에 더 이상 절대적이거나 배타적인 가치를 부여할 수 없다고 해도 기술화와 그것을 동반한 모든 것이 그 나름대로 인간의 대단한 성취였다는 점도 여전히 사실이다. (궁극적인 결과야 어찌되었건) 그것은 서양 사람들과 그들 지역 내 제도들의 힘, 그들의 영적이고 지적인 삶의 활력, 그 인구집단의 대부분의 번영에 높은 점수를 줄 만한 대단한 승리였다. 대변동은 서구 르네상스의 특기할 만한 문화적 성취에서 대체로 파생된 것이었고, 르네상스는 이미 어떤 면에서는 서구가 중세 성기(High Medieval Age)에 성취한 이슬람권과의 문화적 대등함을 넘어섰다. 사실상 대변동은 르네상스의 혁신적 활기의 어떤 측면들을 영속화시키는 데 성공한 열정과 지성으로부터 야기된 것이었다. 그러면 그 다음 의문은 서구의 무엇이 그렇게 특출했기에 다른 사회들이 아닌 서구에서 대변동을 이루어냈는가 하는 것이다.

우선, 우리는 어쨌든 그런 일이 일어나려면 여러 곳에서가 아니라 어떤 한 곳에서 일어나야 했다는 것을 상기할 필요가 있다. 농경단계의 문명이 하나의 혹은 많아야 두어 곳에서 일어나 그로부터 지구의 대부분 지역으로 퍼진 것처럼, 새로운 기술주의적 삶의 방식 역시 동시에 도시문명 단계의 모든 종족들 사이에서 여기저기 일어날 수는 없었다. 그 역시 서유럽이라는 제한된 지역에서 일어나 다른 모든 곳으로 퍼졌다.

이것은 그 새로운 문화가 한 지역에 전적으로 국한된 조건들로부터 기인했다는 의미가 아니다. 최초의 도시적·문자적 문화가 여러 종족들 사이의 축적 없이는 불가능했던 것처럼, 위대한 근대 문화의 대변동도 동반구의 도시문명을 가진 모든 종족들로부터 유래하는 많은 발명과 발견을 전제로 하는 것이었다. 그러한 발견의 초기적 형태의 대부분은 유럽에서 만들어지지 않았다. 특히 대변동에 직결된 물질적이고 윤리적인 직접적 형성요소들의 대부분은 다른 지역들로부터 어느 시대엔가 서구에 도래한 것들이었다. 일부 핵심적 발명들, 특히 서구에서 발전의 길을 연 초기의 3대 발명(화약, 나침반, 인쇄술)은 궁극적으로는 중국에서 온 것이었고, 18세기에 도입된 공직자 선발시험의 개념도 명백히 중국에서 왔다. 그런 점에서 서구는 부지불식간에 송대 중국의 유산된 산업혁명의 후계자가 된 것처럼 보인다. 눈에 덜 띄더라도 더 넓은 영향을 주었던 것은 물론 다른 지중해 사회들, 특히 중세 전성기 이래 서구의 과학과 철학에 측량할 수 없는 자극을 준 이슬람권의 요소였을 것이다.

또한 적어도 그와 똑같이 중요했던 것은 두 번째 천년기(1001~2000 AD)의 중반에 이르기까지 대체로 무슬림들의 비호 아래 점차로 생겨나고 있던, 아프로-유라시아의 상업 네트워크에 의해 이루어진 거대한 세계시장의 존재 자체였다. 서구의 활기찬 내적 진화는 세계시장을 만든, 상대적으로 조밀하고 도시에 의해 지배되는 아주 다양한 인구집단들에 다가갈 수 있었다는 점에 의해 완성되었다. 거기에서 유럽의 재산이 모였고, 유럽의 상상력이 동원되었다. 특히 초기에 주요한 자본축적의 직접적 기회가 된 아프로-유라시아 오이쿠메네 전체의 축적된 금융업의 역사가 없었다면 서구의 대변동은 거의 상상할 수도 없었을 것이다.

그러나 대변동은 사실 오이쿠메네 전체에서 한꺼번에 일어날 수는 없었다. 오이쿠메네의 어느 부분에서나 모든 문화적 발전은 그 지역의 문화적 맥락에서 시작되어 다른 지역으로 아주 천천히 전파되었다. 대변동을 구성한 변화들도 마찬가지다. 시기가 무르익었을 때, 문화변동은 주어진 문화 내에서만 그리고 그 문화의 배경적 측면에서만 일어날 수 있었다. 서구에서 그랬던 것처럼 말이다.

대변동이 왜 거기에서, 그때 일어났어야 했는가에 대해서는 아직 정설이 없다. 대체로 대변동은 두 번째 천년기 이전에는 일어나기 어려웠을 것이다. 그때 가서야 특히 발명의 축적에서 팽창과 연결이 변동을 시작하기에 적절한 수준에 이르렀다. 그리고 나서는 어느 지역이 먼저 지역 내 전통을 충분히 조합해내느냐의 문제였을 것이다. 아마도 여러 가지 다른 조합이 모두 대변동을 이루어내는 데 효과적이었을지도 모른다. 단순히 유럽에서 있었던 조합을 보고 오직 이것만이 실제로 일어난 대변동에서와 같은 정도의 생산과 발명의 대단한 가속으로 이어질 수 있었다고 할 수는 없다.

그러나 대변동에는 구체적으로 산업적 투자를 육성하는 사회적 전통과 경제적 자원이 꼭 필요했을 것이라고 가정할 수 있다. 중국인들과 서구인들 사이에서 그런 투자의 역할이 증가했고 가시적으로 이슬람 문명의 중간 시기에 그들에게 점점 지역간적 역할을 주는 데 공헌했음을 보았다. 그러나 그러한 투자를 향한 변화의 효과를 보강하기 위해서 그리고 그런 투자의 단절을 막기 위해서 다른 조건들이 물론 요구되었을 것이다.

서구인들은 실제로 특수한 이점을 갖고 있었다. 첫째는 그들 토양의 상대적인 미활용과 광대함이었다. 유럽은 오래된 도시문명 지역에 가까우면서도 물이 풍부한 가장 크고도 연속적인 지역이었고, 북방의 추위 때문에 종전의 토지 이용형태에는 적합한 것으로 밝혀지지 않은 상태였다. 그러나 유럽인들이 그들의 토양에서 농사를 잘 짓는 법을 배우자 그것은 많은 팽창의 여지를 제공했고 그에 따라 팽창하는 경제의 패턴에도 여지를 주었다. 이 모든 것은 세계사에서 훨씬 이전에는 불가능했을—북유럽의 숲들이 훨씬 이전에 개간되었다면—것들이 비로소 가능하게 된 시점에 일어났다. (남중국의 새로운 농법에 의해 제공된 자극은 송대 중국경제를 강화시켰지만 북유럽 평원보다는 훨씬 작은 지역에 영향을 미쳤고 지역적인 악조건에 훨씬 취약했을 것이다.) 물론 다른 도시문명 사회들에 대한 접근성(유럽은 히말라야 같은 산맥으로 막혀 있지 않았다)이나 대서양 횡단 등에 의해 상상력에 자극을 받는 것 같은 좀 더 미묘한 요인들도 거의 비슷하게 중요했을 것이다. (콜럼버스가 긴 중간노선을 항해하지 않았더라도 대서양 횡단은 북부의 섬들이나 혹은 브라질을 통해서 이루어졌을 것이다. 그러나 중국인들의 태평양 항해는 결코 성공으로 이어질 수 없었다.) (좀 더 불분명한 문제지만) 아마도 오랜 세월 동안 대대적인 파괴나 특히 외부인의 정복(예를 들면 몽골인들에 의한 것)이 상대적으로 적었다는 사실도 들 수 있을 것이다.

아마도 충분한 시간이 주어졌다면 (그 말은 서구의 발전에 뭔가 중단이 있었다면) 비슷한 대변동이 다른 농경단계의 사회들에서 조만간에 각각의 배경에서 형성된 그 자체의 고유한 형태로 일어났을지도 모른다. 중국인들이 송대의 성취 — 철과 강철 생산의 거대하고 갑작스런 증가, 새로운 기술적 발전의 증가, 전반적인 문화적 활력 — 를 더욱 성공적으로 반복했을 가능성도 배제할 수 없다. 비록 이것이 몽골의 정복 아래 단절되고 중국이 농경 단계로 돌아갔지만, 문화적 패턴은 유기체들과는 달리 그런 사건들에 의해 영원히 고정될 수는 없는 것이다. 또한 이슬람권이 인도에 궁극적으로 대단한 역동성을 줄 수 있었을 조건들도 상상해 볼 수 있다. 그러나 일단 그런 대변동이 어느 한 지역에서 완성되면, 그 비슷한 것이 다른 지역에서 일어나기를 기다릴 시간은 없다. 그 자체의 속성상, 그러한 문화적 변화는 일단 완성되면 전세계를 끌어들였고, 대변동이 한 특정 지역에서 일어났다는 사실은 다른 지역에서 그것이 다시 일어날 가능성을 배제하였다.

이런 결과를 이해하려면, 우리는 농경단계 사회들 사이에 유지되었던 대등함을 기억해야 한다. 아프로-유라시아 역사 복합체의 도처에서 일어난 사회적 역량 수준의 제고는 오랜 시간에 걸쳐 누적되면서 매우 두드러졌다. 16세기의 스페인제국, 오스만제국, 인도제국, 중화제국 중 어느 나라든 최전성기의 고대 수메르인들을 쉽게 쳐부술 수 있었다. 그리고 그들 중 하나가 수메르인과 비견할 만한 수준의 아즈텍인들을 실제로 멸망시켰다. 그러나 이러한 상승은 아주 점진적인 것이었다. 어떤 시대에서든 오이쿠메네의 각 사회들은 그 중 하나가 일시적으로 우월성을 갖는다고 해도 기본적으로 다른 사회들과 대등한 수준으로 간주해야 했다. 예를 들면 8~9세기 아랍인이 포르투갈인에 대해 갖고 있던 우월성과 16세기 포르투갈인이 아랍인에게 갖고 있던 우월성은 모두 비교적 표면적인 지역적 이점에 기반했던 것이고, 양측 가운데 누구도 농경단계 사회에 암시되어 있는 제한을 넘어서지 못했다. 각각의 경우 그들 사이의 우위는 곧 역전되었고 그것은 어렵게 제압된 집단이 급격하게 변했기 때문이 아니라 일반적 상황의 변동 때문이었다. 여러 시대에서 그리스인, 인도인, 무슬림들은 빛나는 전성기를 누렸지만, 장기적으로는 모두 대체로 대등하게 유지되었다. 이것은 수천 년이 지나면서 진실로 기본적인 어떠한 새로운 발전이든지 4~5세기 이내에 다른 모든 지역에서 점차적으로 채택되었기 때문이다.

그러나 아프로-유라시아의 도시문명 사회들 사이에 대등함을 유지했던 그러한 점진적인 확산이라는 측면에서의 역사적 전제를 파괴한 것은 새로운 변화의 대변동적인 성격에서 일부 기인하였다. 역사적 변화의 새로운 속도 때문에 종전에 수백 년이 걸렸을 변화가 이제 수십 년이면 충분하게 되었을 때, 400~500년의 낙후는 더 이상 괜찮은 일이 아니었다. 이전의 점진적 확산과 적응은 더 이상 가능하지 않았다. 얼마 지나지 않아, 아무리 늦어도 17세기 말부터는 모든 비서구인들이 외부인으로서 서구에서 나타나고 있던 문명적 삶의 새로운 질서를 외부인으로서 따라가야 한다는 문제에 봉착했다. 아주 이상한 우연의 일치로 그들이 자기 나름대로의 비견될 만한 대변동을 서구와 비슷한 시기에 시작하지 않았다면, 그들이 아무리 좋은 전망을 가졌다 해도 나름의 독자적 발전 경로를 따라갈 시간이 없었다. 그러나 문화적으로 농경단계의 속도로 여전히 움직이면서, 서구사회가 해마다 계속 발전해 나가는 것에 따라(서구문화의 채택이 효율적으로 이루어지려면 이상적으로는 그런 방법이 요구되었을 것이다) 서구의 발전방식을 그냥 채택할 수도 없었다. 서구의 문화적 전제들을 공유하지 않는 대변동 이전의 농경단계 사회들은 자신들의 속도로 자체의 전통을 어쩔 수 없이 계속 발전시켜야 했고, 그 기반 위에 동화될 수 있는 것만을 외래의 전통들로부터 취하였다. 그러므로 서구의 대변동이 일단 궤도에 오른 후에는, 독립적으로 그에 평행하게 발전하거나 이를 완전하게 전부 차용하는 것은 있을 수 없는 일이었다. 그러나 대부분의 경우 이러한 변화의 거대한 물결은 피할 수도 없는 일이었다. 수천 년간의 대등한 사회적 역량은 무너졌고, 거의 모든 지역들은 아주 큰 난관에 봉착하게 되었다.

5장

문명 연구의 역사학적 방법론

역사학적 휴머니즘

어떤 학자가 현존하는 여러 경향들의 우연한 조우에 의해 만들어진 자신의 범주를 (따라서 또한 그가 제기하는 문제들과 도달한 결론을) 받아들이는 데 만족하지 않는다면, 그는 자신의 연구 단위를 정당한 것으로 설명해내야 하는 의무를 피할 수 없다. 그것은 또한 자신의 관점을 정당화해야 한다는 의미이기도 하다. 그러한 정당화는 당연히 그의 학자로서의 역할에 대한 태도를 암시할 수밖에 없다. 이러한 문제들에 합의가 되어 있다면, 적어도 앞에서 말한 학자가 다른 학자들에게 동의한다면 그런 문제들은 암묵적으로 그냥 두게 된다. 다행히도 현재 세계에서 역사학을 일반적으로 공부하는 데 서로 상당히 다른 몇몇 관점들이 존재하고, 특히 이슬람학에서는 더욱 그러하다.

역사학은 시간과 공간적으로 특정한 것을 다룬다는 점에서 지질학이나 천문학의 여러 단계와 마찬가지로 '개별기술적인'(idiographic) 것으로 불리어 왔다. 이는 날짜와는 전혀 상관없이 적용되는 물리나 화학과 같은 '보편법칙적'(nomothetic) 학문과 대조되는 것이다. 이러한 구별은 종종 잊혀지곤 하는 몇 가지 고려사항을 명심해 두는 한 유용하다. 우선, 의문의 대상이 연대가 정해져 있건 없건, 그 의문들 자체가 (공공적으로 축적되는 지식 분야라는 사실에 걸맞게) 어느 정도는 사람들에게 영원한 중요성을 지녀야 한다. 그런 의문의 추구는 간혹 남을 조종하는 권력으로 이어질 수도 있지만 인간적으로 중요한 문제들을 좀 더 잘 이해하는 것으로 항상 이어진다.[1] 더욱이, 어느 분야건 이상적으로는 그 분야에서 공부하는 대상의 범주에 의해서, 사용되는 방법론에 의해서 혹은 그것이 내는 결과물의 형태로 규정되어서는 안 된다. 비록 경험적으로는 위와 같은 항목들이 상당부분 역사적 우연에 의해서 만들어진, 학문적으로 인정된 분야들을 해석하는데 있어서는 유용한 좌표가 되겠지만 말이다. 이상적으로 하나의 분야는 적어도 어떤 관점에서는 다른 문제들의 집합으로부터 상대적으로 자율적으로 논의될 수 있는 독립적인 의문의 집합체가 있는 정도에 따라 구별되어야 한다. 그렇게 구별된 분야에서, 어떤 형태의 의문이 필요할 것인지 혹은 어떤 방법들이 그러한 의문에 답하는 데 효과적일지는 미리 재단할 수 없다. 이러한 관점에서, 내가 믿는 것처럼 여러 개의 역사학 분야 대신 하나의 역사학 분야가 존재한다면 그것은 인간의 문화적 발전에 대한, 인간의 문화와 그것의 시간적 연속성에 대한 모든 의문의 총합과 같은 것이 되리라. 즉 여기서 우리는 상대적으로 연대를 무시하는 일반화를 해야 할 잠재적 필요성을 배제할 수 없다. 예를 들면 문화적 변화 가운데에서 무엇이 가능한가 하는 문제는 다른 어떤 분야에서도 자체적으로 간단히 도출될 수 없는 성질의 것이지만, 무엇이 인간 문화의 시간적 · 공간적으로 구체적인

---

1) 역사의 '교훈'으로부터 나오는 예측 가능성의 제고와 그에 따라 이를 조종하는 권력이 증가하는 것이 역사 연구를 통해 간혹 가능할 수도 있다. 하지만 그것은 물론 역사학의 진정한 목적이 아니다. 다른 한편, 증명 방법으로서의 예측은 역사학의 문제들을 추구하는 데 가끔 핵심적인 역할을 한다. 물론 이것은 '미래'를 예견한다는 것이 아니다―그런 것은 어떤 학문적 혹은 과학적인 분야의 제대로 된 목적이 될 수 없다. 그러나 실험이나 현장 조사, 혹은 역사의 경우에서는 새로 발견된 문서 같은 미래의 증거를 예견하는 것은 가능하다.

사건들에 있어 지속적으로 중요한가를 공부하는 데는 반드시 필요한 의문이다.

이러한 고려사항을 이해하고 나면, 인간 문화의 역사적 탐구는 자연을 대상으로 하는 다른 학문들이나 혹은 인간 문화의 사회적 탐구를 하는 다른 분야들과는 달리 가장 광범위한 일반화에서도 대체로 연대가 정해져 있고, 특정한 시대의 특정한 사회에 대한 분석을 세련화하도록 고안되어 있다는 점에서 압도적으로 개별기술적이라고 할 수 있다. 더욱이 어떤 경우에나 역사가의 의문은 궁극적으로는 연대와 장소가 정해진 사항에 관련되는 것이며, 역사적인 맥락 안에서 불가피하게 연대를 비정(批正)할 수 없는 의문을 가진다 해도 그것은 아무리 광범위한 범위라도 연대와 장소가 비정된 특수한 사실들을 제대로 조명하기 위해서이지 그 역은 성립하지 않는다. 이처럼 시간과 장소가 정해진 사건들은 단지 예에 불과한 것이 아니라, 연대를 떠난 일반화를 위한 일차 자료들이다.

그러나 나는 여기에서 좀 더 진전된 구별에 관심이 있다. 관심의 초점이 시간적으로 공간적으로 규정된 것에 있다는 사실을 일단 인정하더라도 시간적 연속성 속에서 문화에 대한 일련의 의문들 가운데서 역사적 관점은 연대에 의해 규정되는 어떠한 의문을 일차적인 ─ 즉 그 의문에 답하는 것이 추구하는 목표인 ─ 것으로 보고, 어떠한 종류의 의문을 주된 의문에 답하는 데 도움이 되는 정보를 만드는 보조적 의문으로 보느냐 하는 점에 의해 더 구체적으로 구별될 수 있다. 이러한 기반 위에서 우리는 두 종류의 역사가들, 즉 정형화를 좋아하는 '유형론자'(typicalizers)와 특수한 것에 관심을 갖는 '예외론자'(exceptionalizers)를 구별할 수 있다. 사실 이 구별은 강조점의 차이다. '예외론자'는 유형론자의 관심을 모두 공유하고 있거나 적어도 관심을 가져야 한다. '유형론자'는 자신의 원칙에도 불구하고 일반적으로 특수한 것을 다루는 사람들에게만 유용할 것 같은 문제에 자신도 관여하게 되는 것을 발견한다. 그러나 이 두 관점은 연구의 영역을 정의하는 데 있어 서로 다른 단위와 범주의 사용을 초래할 수 있다. 어쨌든 나는 전근대 문명을 연구하는 데 있어서 인간적으로 가장 중요한 의문들에 도달하려면 내가 '예외론'이라고 부르는 좀 더 포괄적인 관점을 배제할 수 없다고 생각한다. 내가 이 글을 구성한 것은 바로 그런 원칙에 입각해서다.

상대적으로 '유형론적인' 일부 역사가들은 여러 가지 서로 작용하는 사건들에 따라 만들어진 현재 인간의 관심에 기반하여 문화적 발전 전체에서 그들이 선택한 부분을 알기 쉽게 설명하는 것을 일차적인 목표로 한다. 그들은 시간과 공간 속에서 만들어진 환경을 (기본적으로 어떻게 사물들이 지금과 같이 만들어졌는지를 물으며) 마치 천문학자가 시공간 속의 특정 구조를 연구하듯이 제시한다. 어떤 이들은 심지어 그들의 저작이 궁극적으로는 어떤 시간이나 공간에 묶이지 않은 문화변동의 몰연대적인 규칙성을 보여주는 데 주로 기여할 것을 바랄지도 모른다. (적어도 인간 문화 전체가 전제로 삼는 특정 시공간 범위 내에서는 말이다.) 그런 역사가들이 만약 완전히 일관적이라면 처음에는 전형적인 것에 관심을, 그리고 나서 현재 전형적인 혹은 과거에 전형적인 것이었던 것을 명확하게 해주거나 설명해 주는 한에서 예외적인 것에 관심을 갖는다. 만약 그들이 어떤 국가, 어떤 소설, 어떤 종파를 연구한다면 그들은 그것을 어떤 일반적 성격을 드러내는 것으로 혹은 적어도 해당 시대의 (아니면 더 좋게는 시대를 막론하고) 일반적인 정치적, 미학적, 종교적 패턴을 불러일으키는 것으로서 공부하는 것이다.

한편 좀 더 인간중심적이라고 할 수 있는 관점에서 보면, 전형적인 것을 연구하는 이유는 이를 통해 우리가 어떤 면에서 그것이 예외적인지를 더 완전히 알아 예외적인 것을 더 잘 이해하기 위해서다. 우리는 훌륭하고 탁월한 사람들을 더 잘 위치지우기 위해서 한 시대에 일반적이었던 예술가들의 작품이나 정치가들의 활동을 알 필요가 있다.[2] 우리는 이슬람권을 구성하는 소규모의 사건들만이 아니라 이슬람권 전체를 하나의 대단히 복합적인 역사적 사건으로 연구해야 하고, 일차적으로 비교적 일반적인 무엇으로서가 아니라 다시 반복되지 않는 일회적인 것으로서, 그러나 바로 그렇기 때문에 중요성을 갖는 것으로 봐야 한다. 결과적으로 우리는 대단한 성공만큼이나 엄청난 실패에 관심을 갖게 되고, 직접적인 결과만큼이나 잠재적인 도덕적 함의에 관심을 갖게 된다. 그 예외적인 사건들이 어떤 의미에서든 특정 개인들이나 집단만이 아니라 인류 일반의 맥락에서 대단한 것이라면, 그러한 의문은 개인적인 골동품 취미가 아니라 정당한 공적 의문으로 남는다. 한 시대의 인간의 일상생활의 맥락을 바꾸어 놓은 사건들은, 인류의 어떤 지역이나 시대가 장기적으로 나머지 사람들에게 영향을 미치지 않을 정도로 고립되어 있지 않은 한, 분명히 이러한 시험을 통과하게 된다. 이런 측면에서 예외론자들은 유형론자들과 비슷한 입장이다. 그러나 그들은 여기에 또 다른 차원을 더하고 싶어한다.

사건들이 자연의 혹은 사회문화적인 맥락을 바꿀 때에만 특별한 중요성을 갖는 것은 아니다. 인간 존재들 사이에 도덕적인 혹은 영적인 통합성이 있는 한, 특정한 시기의 물리적 충돌의 발생을 예외로 하면, 각 종족의 운명은 그것이 겉으로 드러나는 영구적인 결과를 동반하든 안 하든 모든 인간과 관련이 있다. 아마도 사건들과 행위들이 보편적으로 중요한 것은 그것들이 인간의 삶의 도덕적 맥락을 바꾸고, 확고한 기준과 규범을 세우고, 우리가 인간으로서 감히 무시할 수 없는 분명한 도전을 제기하고 도덕적 주장을 성립시켜 왔기 때문일 것이다. 헤로도토스는 그가 그리스인과 페르

---

2) 이것은 도덕적 판단은 고사하고 미학적 비평으로도 환원시킬 수 없다. 미술사가와 미술평론가의 차이, 그리고 미술 이외의 분야에서 그에 상응하는 차이들은 시간적인 지속성의 차원에 있어서 문화에 대한 역사가의 관심의 문제다. 그러나 그러한 관심은 위대함에 대한 감각을 없애는 것이 아니라, 그러한 감각에 좀 더 긴 안목을 더한다.

시아인의 위대한 행적을 보존하기 위해 역사를 서술했다고 하였다. 그런 일회적인 행적들은 지속적으로 우리의 존경을 자아낸다. 그와 같은 행적들을 본받거나 혹은 어떤 의미에서는 능가할 수도 있지만 모방할 수는 없다. 그러나 지금에 와서도 우리는 헤로도토스의 역사에 나오는 인물들의 행적에 비견될 만한 업적이 없는 어떤 사람도 감히 위대하다고 일컫지 못한다. 우리가 그와 같은 행적들을 일단 알게 되면 세상은 더 이상 전과 같은 세상이 아니다. 우리가 무엇인지 알게 해주어서, 우리 인간이라는 종의 잠재력을 통계적으로 알려주어서가 아니다. 그보다는 우리가 누구인지, 우리가 무엇에 구속되어 있는지, 인간으로서 우리의 경탄과 눈물을 바칠 가치가 있는 것이 무엇인지에 대한 우리의 이해를 돕기 때문이다.

우리는 여기서 공적인 행위의 차원에서 인간의 문화제도를 구성하는 사건과 행동을 말하고 있는 것이다. 우리는 민족들 혹은 더 정확히 말하자면 적어도 문화에 있어서는 상대적으로 자율적인 남녀의 집단들을 다루고 있다. 완전히 개인적인 업적들도 어느 정도 비슷한 성질을 가지겠지만 그런 것은 다른 차원에서 의미가 있는데, 그런 걸 공부하는 사람은 전기작가지 역사가가 아니다. 그러나 사람들의 이상적인 규범과 기대 혹은 개인들의 특수한 비전이 핵심적으로 중요한 역할을 하는 것은 이 '예외론적인' 관점 안에서다. 왜냐하면 예외적인 상황이 발생해서 뭔가 새로운 일을 해야만할 때 일상적인 패턴의 막간에서 창조성이 샘솟는 원천이 바로 그것들이라는 점이 증명되었기 때문이다. 사실 바로 이렇게 해서 '유형론자'가 되고자하는 사람이 '예외론자'의 더 적절한 문제들에 빠져 들어가게 되는 것이다.

학술적인 이야기꾼들의 의심스러운 사례들에도 불구하고 진지한 '예외론자'는 '유형론자'들 중 가장 '사회과학적'인 부류가 공부하고 싶어하는 것까지도 다 이해할 필요가 확실히 있다. 물론 비전과 이상은 관념에는 별로 관심이 없는 사람들의 물질적이고 관념적인 이해관계가 허락해 주는 여지 속에서만 작용할 수 있다. 궁극적으로 모든 역사적 의문(종종 "어떻게 그 게 효과적이었을까" 하는 형태의 의문들)은 인간의 자연적, 문화적 생태의 상 황으로 돌아가야 한다. 역사를 구성하는 개별적이고 임의적인 '우연'이 서 로를 상쇄하지 않고 보강하고 누적적으로 한 방향으로 몰고 나가는 상황들 말이다.[3] 인간이 아무리 비이성적이라고 해도 장기적으로 보면 그들의 비 이성적 성격은 대개 일관성이 없다. 인간 집단들이 계속하여 서로를 보강 하고 지속적인 방향성과 발전을 보일 수 있는 것은 인간의 합리적 계산 때 문이다. 그런 계산들이 잘못된 전제에 기반한 것일지라도 말이다.[4] 그러므 로 집단의 이익은 자기주장을 하는 경향이 있다. 집단의 이익은 궁극적으 로는 일반적으로 생태적 환경에 기반하고, 구체적으로는 문화전통의 본질 적인 내부적 불안정성이 보증하는 문화적 자원의 누적적인 발전에 기반한 다. 그래서 그것은 장기적으로 더욱 정교해지고 계속 새로운 적응을 필요 로 한다.

그러나 그러한 생태학적 환경은 단지 무엇이 가능한지에 대한 한계를 설정할 따름이다. 그러한 한계 내에서 인간의 비전은 기회를 가진다. 관습 적이고 일상적인 사고가 더 이상 통하지 않을 때 새로운 대안을 만들어내 는 것은 상상력 있는 남녀들이다. 바로 이 시점에서 생각하는 양심이 작용 할 수 있게 된다. 그것은 도전을 감당할 수 있을 수도 있고, 없을 수도 있 다. 그러나 어느 쪽이든 간에 인간의 역사에서 가장 인간적인 부분은 그러 한 개인적 비전이다.

---

3) 바로 이런 이유 때문에 어떤 역사가의 "왜 이것인가?"라는 의문에는 분명하든 아니든 적어도 하 나의 "저것은 왜 아닌가?", "이랬을지도 모른다"는 생각이 개재되어 있으니, 이는 다른 어떤 분 야의 학자나 과학자의 의문과 마찬가지다.
4) '맹목적인 전통의 묵수'와 상반되는 매 세대마다의 자체적 결정에 대해서는 이 장의 맨 끝에서 논할「전통은 확정적인 것인가?」를 참고할 수 있다.

그러므로 휴머니즘적인 역사가는 인간들이 품었던 위대한 신념과 충정, 즉 그로부터 온갖 규범과 이상이 표출된 그러한 신념과 충정에 관심을 기울여야 한다. 그는 또 이러한 신념이 표현되었던 대화와 상호교류에도 관심을 가져야 한다. 그러므로 그런 의도를 가진 예외론적 역사가에게 중요한 것은 도덕적·인간적으로 중요한, 독자적이면서 되돌릴 수 없는 전통들의 복합체로서의 이슬람권이다. 그것이 근대에 어떤 것으로 명백히 '이어졌는가'의 문제는 그것이 인간의 중요한 대응으로서, 대체할 수 없는 인간적 노력으로서 우수했다는 점보다 훨씬 덜 중요한 것이다. 그런 점에서 인간의 문화적 연결을 명확히 표현하는 데, 또 지금의 세계를 만드는 데 그것이 실제로 한 노력보다 훨씬 작은 역할만 했다고 해도 우리는 그것을 인정하고 존중해야 한다.

학자들의 선험적 신념에 대하여

역사학에서 인간의 충정과 신념이 중심적인 역할을 하기 때문에 학자들의 개인적인 신념은 다른 학문에서보다 훨씬 큰 역할을 하며, 이는 특히 이슬람학에서 두드러지게 나타난다.

종교, 예술, 법 혹은 통치전통 또는 한 문명 전체와 같은 주요 문화전통들의 중요성이 문제가 되는 역사학의 가장 진지한 차원에서는 역사학적 판단은 그 문제를 제기하는 사람의 기본적인 입장과 분리될 수 없다. 사실상 그 두가지가 분리되는 게 꼭 좋은 것은 아니다. 왜냐하면 우리가 깊은 인간적 관심을 기울여야만 문제 자체가 제대로 제기될 수 있기 때문이다. 인간적인 관심을 통해 큰 주제들을 논한 위대한 학자가 거론한 이런저런 세부적 문제들을 확증하려고만 하는 순수 전문가들의 문제제기는 나름대로 유용한 설명을 하겠지만 정작 중요한 점을 놓치곤 한다. 선험적 신념은 부주의한 사람들을 그리고 가장 조심스러운 학자들마저도 종종 편파적인 판단으로 이끈다. 편파성은 그가 제기하는 문제들과 그가 사용하는 범주의 유형에서 특히 잘 나타나는데, 자기가 사용하는 중립적으로 보이는 용어들을 의심하기 어렵기 때문에 특히 알아보기 어렵다. 그러나 선험적 신념에서 나오는 편파성은 방지할 수 있다. 그 해답은 모든 구속에서 우리 자신을 벗어나게 하는 것이 아니라, 신념이 주는 관심과 통찰력을 얻는 한편 그 함정을 피하는 법을 배우는 데 있다.

정말 진지한 학자들의 기본적인 선험적 신념은 항상 독자적이다. 그러나 선험적 신념이 깊을수록 궁극적이고 전체적인 신념의 주요한 문화적 전통 중 하나에 뿌리를 박고 있을 가능성이 높다. 사실상, 이러한 전통들의 일부는 이슬람학을 연구하는 학자들이 연구하는 문제들과 학문적 틀을 만드는 데 가장 많은 역할을 한 이슬람학의 거장들의 관점을 결정하는 데 특히 큰 비중을 차지했다. 나는 세 가지 오래된 전통과 두 가지 새로운 전통을 언급하겠다. 가톨릭이나 청교도주의적인 기독교 전통은 많은 서구 학자들에게 깊은 영향을 주었고, 또 다른 학자들에게는 유대교가 그러하였다. 근자에는 샤리아적이거나 수피적인 이슬람 전통에 귀속감을 느끼는 학자들이 이 분야의 학술에 점점 더 많이 기여하고 있다. 이러한 전통에 귀속되는 학자들이 빠지기 쉬운 함정은 그들의 저작에서, 적어도 그와 상반되는 전통에 귀속감을 갖는 학자들에게는 명확하게 드러난다. 무슬림이냐 아니냐 하는 것은 균형 있는 통찰력이나 공정함을 보장하지 못한다. 이러한 오래된 전통들과 나란히, 기독교와 이슬람에 대한 신념에 잠재되어 있는 함정과 똑같은 종류의 함정으로 이어지는 신념을 대표하는 것으로, 한편에는 마르크시즘이, 다른 한편에는 확신에 찬 서구중심주의가 있다. 나는 이른바 서구문화에, 즉 자유와 진리라는 초월적인 이상의 독자적인 혹은 가장 적절한 체현이라면서 가장 큰 애착을 느끼는 사람들을 '서구중심주의자들'이라고 부른다. 그들은 스스로 개인적으로는 기독교에 충성을 바치는 주장들을 거부할지 모르지만, 기독교 전통이 서구문화에서 너무나 중심적이었기 때문에 이슬람에 대한 기독교적인 관점도 어느 정도 공유한다. 모든 이슬람 학자들이 이러한 주요 충성관계에 구속되어 있는 것은 아니다. 그러나 그런 관계가 없는 많은 사람들이 이러한 경향에 대한 진정한 대안으로 확실한 독립적 태도나 객관성을 갖고 있는 것은 아니다. 대부분 일반적으로 그 대신 좁은 지평과 얕은 의식, 그리고 무의식적이고 따라서 분석되지 않은 당파적 관점에 대한 속좁은 귀속감만 가득할 뿐이다. 이런 것을 넘어서려는 의식적 신념을 가진 사람들에게는 이런 자의식이야말로 검토와 통제의 대상이 된다.

따라서 다른 전통에 대한 신념 속에 있으면서 이슬람을 어떻게 제대로 공부할 것인가, 특히 기독교적 신념을 가지고 그것을 어떻게 공부할 것인가 하는 문제는 특별히 종교적인 경향을 가진 몇몇 사람들에게 국한되는 문제가 결코 아니다. 학문의 문제 전체에서 볼 때 그것은 아주 핵심적인 것이다. 장 자크 바덴부르(Jean-Jacques Waardenburg)는 자신의 『서양의 거울에 비친 이슬람: 어떻게 서양의 몇몇 동양학자들이 이슬람을 연구했고 이 종교에 대한 이미지를 갖게 되었는가』(L' islam dans le miroir de l' Occident: comment Quelques orientalistes occidentaux se sont penches sur l' Islam et se sont formes une image de cette religion)에서 이그나쯔 골드찌어, 스나우크 휘르흐로녜, 칼 베커, 던컨 맥도날드, 루이 마시뇽 같은 초기 이슬람 학자들의 저작이 그들의 기본적인 신념에 의해 직접적이고 광범위하게 영향을 받았다는 사실을 보여주었다. (그러나 그는 '서구중심주의자'라는 개념은 쓰지 않는다.) 진지한 학자의 문화적 소속감은 그의 저작에서 매우 중요하다. 이것은 사람들이 간혹 생각하는 것처럼 하나의 종교를 다른 종교적 전통으로부터 공정하게 연구하는 게 불가능하다는 말이 아니다. 궁극적으로 모든 신앙은 개인적인 것이다. 동일한 종교를 믿고 같은 신앙고백을 하지만 전혀 성향이 다른 사람들보다는 다른 종교적, 문화적 전통에 속하지만 성향이 서로 비슷한 사람들끼리 서로를 이해하기가 훨씬 쉽다. 우리는 일차적으로 인간이며 오직 부차적으로 이런저런 전통에 참여하는 것이다. 그럼에도 불구하고, 학자들의 문화적 환경만이 아니라 대부분의 경우 애초에 학자들을 의문 추구로 이끌었던 그들의 명확한 신념들은 그들이 연구를 하는 데 이용하는 범주들을 결정하였다. 이러한 신념의 한계와 그 한계 안팎에서 무엇이 가능한지에 대한 의식적이고 잘 검토된 이해를 통해서만이 우리와 관계없는 주요 문화전통들을 직접 인식하기 위해, 그리고 아마도 우리와 깊이 관계가 있는 전통을 이해하기 위해 우리의 일차적인 인간성을 이용하는 것을 바랄 수 있게 될 것이다. 우리가 서양과 이슬람권을 전체적으로 비교하거나 좀 더 구체적으로 기독교와 이슬람을 비교할 때 그러한 인식은 특히 중요해진다. 이슬람에 종교적인 가치가 있다고 인정하는 기독교인들 가운데서도 이슬람을 어떤 식으로든 기독교의 불완전한 변형이라고 보는 경향이 있어 왔다. 이슬람 안에 있는 모든 진실은 기독교 안에 있으며, 기독교는 무슬림이 이해할 수 없는 최고의 핵심적인 진리로 이끌어 준다는 것이다. 마찬가지로 무슬림들은 역사적으로 기독교는 불완전한 혹은 왜곡된 이슬람이라고 생각해 왔다. 그러나 그와 같은 비교는 표면적으로만 보아도 적어도 역사적인 목적을 위해서는 불건전하다. 이와 같은 생각을 가진 기독교인이나 무슬림은 일단 두 종교에의 부름에 노출된 지적이고 세심하며 정직한 사람들이 어떻게 이슬람을 기독교보다 선호할 수 있는지 혹은 기독교를 이슬람보다 선호할 수 있는지 그 이유를 결코 이해할 수 없다.

　보다 세심한 사람들에 의한 그러한 접근법은 시사적인 결과를 낳았다. 이슬람에 대한 기독교 측의 해석 중에서 가장 매력적인 것은 루이 마시농

(Louis Massignon)의 「살만 팍과 이란적 이슬람의 영적 시초(Salman Pak et les premices spirituelles de l'Islam iranien)」(*Societé des Etudes Iraniennes*, vol. 7, 1934)과 일곱 명의 잠자는 성자들에 대한 여러 논문들에서 암시적으로 나타나는 그의 해석이다. 그는 이슬람을 신의 존재를 찾을 수 없도록 영적으로 유배당한, 그러나 바로 그 유배생활 때문에 특별한 간증으로 가득찬 공동체로 보았다(줄리오 바세티 사니는 마시뇽의 생각 일부를 학술적이지는 않지만 아름답고 박학한, 근대 신화학에 시사적인 공헌을 한 자신의 책에서 더 발전시켰다: Giulio Basetti-Sani, *Mohammed et Saint Francois* [Commissariat de Terre-Sainte, Ottawa, 1959] 참조). 기독교 측에서 이슬람에 대한 좀 덜 시적이지만 역시 세심한 접근으로 에릭 베스만(Eric Bethmann)의 『이슬람에의 교량』(*Bridge to Islam*, Nashville, Tenn., 1950)와 케네스 크랙(Kenneth Cragg)의 저작들을 들 수 있다. 그러나 이와 같은 접근이 전제하는 궁극적인 판단이 의심스럽다는 것도 여전한 사실이다. 하나의 종교 전통을 여러 차원에서 탐구하는 일도 한평생을 다 바쳐도 모자랄 텐데, 두 개의 전통을 진정으로 탐구하는 작업을 많은 사람에게 바란다는 것은 무리다. 이 사실은 왜 많은 지식인들이 특정 종교 옹호론자가 진실이라고 간주하는 것을 인정하지 않는지를 설명해 주는 한편, 그러한 옹호론자가 자신이 다른 종교의 전통을 재단할 자격이 있다고 스스로 생각한다면 그도 자신을 속이고 있는 것이라는 점을 시사해 준다. 이슬람을 거짓된 기독교로 보는 관점 혹은 그 반대 관점은 아무리 세련되게 표출되었더라도 의심해 보아야 한다.

그러나 상대방의 전통에 일말의 진실을 인정해 주려는 사람들 사이에서 도출된 가장 잘 준비된 대안들도 비교를 하기 위해서는 똑같이 불만족스럽다. 마치 두 개의 전통에 각각 존재하는 표면적으로 비슷한 요소들이 동일시될 수 있는 것처럼 절충적인 동화를 시도해 볼 수는 있겠지만, 이는 각각의 핵심에 있는 배타적인 역사적 신념에 대한 요구를 인정하지 않기 때문에 둘 중의 한 전통을 혹은 둘 다를 왜곡시키지 않을 수 없다. 예를 들자면 각각의 전통에서는 자의적인 인간의 관습에 기반한 것이 아니라 신의 계시에 의한 도덕적 행동에 대한 요구가 존재한다. 그리고 적어도 넓게 보았을 때는 두 계시에 의해 암시된 도덕적 규범은 상당히 비슷하다. 그러나 기독교인들에게 계시에 기반한다는 것은 신적이며 인간적인 삶의 존재(예수)를 통해 주어진 구원의 사랑과 그로부터 나온 성도들의 교제에 부응함을 의미한다. 무슬림들에게는 계시에 기반한다는 것이 충성스러운 인간들의 공동체에 의해 전해 내려온 신의 명확한 메시지에서 주어진 전체적인 도덕적 요구에 응답하는 것이다. 이러한 계시의 두 가지 의미는 서로 대조될 뿐만 아니라 서로 완전히 양립불가능한 것이다. 그러나 만약 그러한 계시들로부터 추상적인 것만을 추출한다면 인간의 관습 위에 계시에 의한 도덕을 세우려는 기독교와 이슬람의 요구의 핵심을 놓치는 것이다.

절충주의에서 나온 지나친 동일시를 피하려면 솔직하게 두 전통을 가장 하위의 공통점—형태없는 신비주의나 혹은 인류에 대한 호의에의 희미한 호소력 같은 것—으로 환원시키는 데 의존할 수밖에 없다. 그러나 이는 사실상 매우 사적인 개인의 관점에서 무능하고 진부한 태도의 수준을 넘어올라갈 수 있는 어떤 것을 대표하며 위대한 전통에 의해 전해지는 권위에 다가서려는 어떤 태도를 의미한다.

이 두 전통들은 그 자체로는 각각의 요구상 서로 양립불가능하고 우리가 아직 얻을 수 없는 진실로 숭고한 종합에 이르지 못한다고 인정되어야 한다. 우리는 한 종교를 다른 종교의 기준으로 해석하지 말고 그들 사이의 긴장감을 그냥 인정해야 한다. 이는 두 전통의 구조를 비교함으로써, 어떤 것이 덜 강조되고 어떤 것이 더 강조되는지를 비교함으로써 어느 정도 성취될 수 있으리라. 그러한 관점에서 각자가 모든 시점에서 인간적인 어떤 것이 걸려 있는지에 대해 세심한 주의를 기울인다면 신념을 가진 사람들과 그렇지 않은 사람들이 함께 할 수 있을 것이다. 그러나 이는 오직 비교하기 위해 선택된 요소들이 독립적으로 평가될 수 있는 한에서만 가능할 것이다. 이것은 기껏해야 가까이 접근할 수 있는 이상일 뿐이다. 따라서 가장 비교를 잘한 경우라고 하더라도 그런 작업이 전통들 사이에 궁극적인 판단을 위한 객관적 기반을 제공했다고 볼 수 없다. 그러나 그런 작업을 통해 이슬람의 특별한 강점과 약점을 주어진 역사적 상황 안에서 더 잘 이해되도록 만들 수는 있다.

나는 어느 두 종교 사이에서든 존재하는, 과소평가해서는 안 되는 양립불가능성이라는 논점을 나의 「종교생활의 틀로서 이슬람과 기독교의 비교」라는 글에서 좀 더 자세히 이야기했지만 거기에서는 종교전통 사이의 상호 이해가 바탕으로 해야 한다고 생각되는 것, 즉 지속적인 대화를 통한 긴장 속의 성장을 제대로 논하지 못했다.

문명을 정의하는 것에 대하여

문명학 — 위대한 문화 유산, 특히 전근대 도시문명 시대로부터 내려오는 문화유산의 연구는 이른바 문명이라는 것을 일차적인 준거의 단위로 한다. 그러나 그런 단위의 구체적 규정은 자료 자체에서는 아주 부분적으로만 주어질 뿐이다. 다른 한편으로 보자면 그것은 연구자의 목적에 의해서도 규정된다.

사회가 상당히 복합적으로 발전하고 나면, 모든 민족 혹은 민족이라 부를 수 있는 집단 내의 모든 인구집단들이 어느 정도의 문화적 자급자족성을 지니게 된다. 동시에 우리가 아는 가장 큰 인간집단도 완전히 문화적으로 자급자족을 한 적은 없다. 그처럼 큰 집단이 공유하는 문화 패턴도 멀리 있는 종족들의 문화패턴과 상호관계를 보인다. 사회집단들은 이슬람 시대 훨씬 이전, 거의 무한한 옛날부터 동반구 전체에 걸쳐 서로 연관되고 중첩되어 왔다. 만일 우리가 사회들을 그들의 문화적 관념, 제도, 기술에 따라서만 배열해 본다면 전근대 문명사회들 사이에 아주 많은 분계선이 있는 게 당연하지만, 동반구에서의 어떤 분계선도 궁극적인 의미를 갖지 못한다. 문화적 기술과 자원이라는 측면에서 보면 갈리아에서 이란까지의 지역은 적어도 고전고대부터 계속 하나의 문화세계를 이루어 왔다고 설득력 있게 논의되었다. 비슷한 종류의 주장을 통해 우리는 더 광범위한 인도-지중해 지역의 통일성 혹은 아프로-유라시아 도시 문명 지대의 (약간 덜한 정도의) 통일성마저도 볼 수 있다. 이러한 상황에서, 그보다 작은 범위에서 '문명'을 규정하려면 하나의 인간집단을 다른 집단들로부터 하나의 문명으로 구별시키는 명백한 근거를 취하지 않으면 안 된다. 그러나 그런 문명으로의 분류는 희박한 근거에도 불구하고 너무나도 자주 그냥 주어진 것으로 받아들여졌고, 그런 분류를 만들게 된 근거의 타당성에 상관없이 문명으로서의 성격이 부여되곤 했다.

우리는 아직 전근대 도시문명 단계의 사회들을 연구하기 위해 필요한 적절한 문화형태 분석을 발전시키지 못했다. 인류학자들은 도시 이전단계 사회를 연구하는 데는 어느 정도 세련되었고, 그들 중 몇몇은 그들의 방법론을 도시단계의 사회에 응용하였다. 사회학자들은 근대 기술사회를, 그리고 기술시대를 있는 그 자체의 관점에서 연구하는 법을 배웠다. 그러나 막스 베버 이래 수메르에서 프랑스혁명까지의 시기와 지역을 체계적으로 포괄하려는 시도는 너무 적었다. 이는 부분적으로는 세계사 분야의 비율과 상호관계에 대한 초보적 감각을 제공해 줄 실감나게 틀이 잡힌 세계사가 부족해서 그 안에서의 비교연구를 방해했기 때문이다. 어떤 것이나 다른 것과 비교될 수 있지만 생산적인 비교는 서로 관련되고 비교가능한 비교단위를 요구하는데, 그것은 전체적 맥락에 대한 건전한 감각을 통해서만 가능하다. 따라서 전근대 문명에 대한 질문들, 특히 이슬람권 문명에 대한 질문들은 종종 엉뚱하거나 오해를 불러일으키는 것이었고, 그들이 얻게 되는 해답도 요점을 벗어난 것이거나 확실히 잘못된 것이었다.

여기서 적절한 세계사적 틀의 부재는 아마도 제대로 된 학문적 협동의 부족에서 비롯되었다는 점을 지적할 만하다. 일반적으로 '동양학'(Oriental Studies)이라고 불리는 것은 대체로 다른 문화와 함께 유럽의 문화유산까지 포함하여 '문명학'이라고 불리는 편이 더 낫다. 왜냐하면 기본적으로 모든 사례에 같은 방법들이 적용되고 모든 역사학의 문제들은 마찬가지로 관련되어 있기 때문이다. (이슬람을 다루는 학자들이 중세유럽을 공부하는 학자들보다 중국학을 하는 학자들과 같은 학회를 공유하곤 한다는 사실은 우스운 일이다.)

'문명'의 범주들을 결정한 것은 대체로 언어전문가들이었다. 하나의 문명이란 한 언어로 된 저작에 의해 혹은 문화적으로 관련된 하나의 언어군(群)에 의해 담지되는 것이라고 생각되었다. 이런 인식은 예컨대 칼 베커(Carl Becker: 1878~1933, 독일의 이슬람사학자이자 이슬람문화 연구가), 구스타브 폰 그루네바움(Gustave von Grunebaum: 1909~1972, 오스트리아 출신으로 미국에서 활동한 오리엔탈리스트-옮긴이), 외르크 크래머(Jörg Kraemer: 독일의 아랍어 학자·이슬람 사학자-옮긴이) 등이 기본 전제로 삼은 것이었다. 사실 문명을 문자화된 전통의 측면에서 정의하는 것이 건전하다면, 이것도 나쁜 인식은 아니다. 그러나 그것은 내가 제시하는 것과 다르다. 그 인식은 더 세련되어야 한다. 그런 인식은 예를 들면 아랍어로 된 모든 것, 즉 이슬람 이전의 베두인의 이교적 풍습들 같은 것이 나중에 대부분 아랍어로 표출된 이슬람문명에 선구가 된다는 등의 세련되지 못한 형태로 이어졌다. 반면 시리아의 문화는 초기 무슬림 군주들 아래에서 문화발전의 주류를 형성하였고 이슬람문명의 도시생활의 중심적 특징들로 이어졌지만, 이슬람문명에 '외래적'인 것으로, 시리아어를 쓰는 사람들이 아랍어를 쓰게 된 시점에서야 그들의 관념이 차용되어 비로소 '영향'을 주게 되었다는 식으로 이해되었다. 나는 그 결과 나타나는 문화발전의 상이 잘못된 것이라 생각한다. 원칙적으로 '아랍어 문서에서 발견되는 모든 문화'라는 식으로 규정된 학문분야는 정당하게 존재할 자격이 있다. 그러나 그것의 중요성은 제한되어야 한다. 만일 우리가 이슬람이 아닌 아랍어를 출발점으로 삼고 이란인들을 외부인으로 본다면, 우리는 베두인들의 관념은 '연속'된 것으로보고 이란인들의 관념은 '영향', 즉 외부로부터 나중에 들어온 문화로 보게된다. 그런 경우 칼리프조들의 융성기에 아랍문화는 두 가지 특징, 즉 (a)갑작스러운 출현 (b) 대체로 '차용'된 파생적인 성격을 띠는 것으로 보이게 된다. 만약 그 대신에 우리가 이란과 시리아 문명의 '연속' 위에 아랍으로부터의 '차용'이 덧씌워져서 문제들이 만들어졌다고 본다면 얼마나 느낌이 다르겠는가! 따라서 우리는 내적인 문화적 발전의 기준에 따라 문명을정의하는 토인비 같은 사람에 의해 제기되는 도전을 진지하게 보아야 한다. 종래 '이슬람' 문명이라고 불리어 왔던 것을 그가 세 개의 문명으로 나눈 것에 대해서 나는 그가 오류를 범했다고 생각하지만, 어쨌든 그는 우리가 그것을 하나의 문명으로 여긴다면 그 이유를 설명해야 한다는 점을 상기시켜 주었다.

그러나 어떤 '문명'을 구별해내는 이유가 보편적인 한 가지일 수는 없다. 거의 대부분 각각의 경우에 따라 특별한 이유가 있게 될 것이다. 왜냐하면 언어 이외의 다른 어떤 기준도 대규모 문화로서 공부할 만한 단위를 반드시 결정해 주는 것은 아니기 때문이다. 지방적 차원에서의 문화마저도 적어도 도시가 있고 문자를 쓰는 수준에서는 그 문화를 이루는 특질에 의해서 혹은 그 안에 포함되는 가문들에 의해서 단순하게 정의될 수 없다. (횡적으로 보면, 하나의 문화는 서로 인정하는 가족 집단들 사이에서 승인되는 삶의 방식의 패턴인 것처럼 보인다.) 긴 시간에 걸쳐 보면, 문화는 상호의존적이고 누적되는 전통들의 비교적 자율적인 복합체로 더욱 온전하게 이해될 수 있고, 그 안에 포함되는 가족집단들은 예측할 수 없을 정도로 바뀌어 나갈 수 있다. 문화는 각각의 특수한 전통이 발전할 수 있는 전체적인 배경이 된다. 그러나 비교적 지방적 차원의 문화 안에서도 어떤 전통들, 예를 들면 회화의 특정한 유파, 혹은 종교의 특정한 종파 등은 소멸할 수도 있고 새롭게 등장할 수도 있다. 하나의 문화 속에서 진실한 것이나 생존능력이 있는 것을 그렇지 않은 것들로부터 구분한다는 것 혹은 진정한 전통을 그렇지 않은 전통으로부터 구분해낸다는 것은 불가능하다. 문화는 일종의 종합적 성격을 지니고 있다. 물려받은 혹은 새로 생긴 어떤 특성의 의미와 중요성은 어느 시점에서나 그때그때 계속되고 있는 상호작용, 즉 그 특성이 들어맞는 (혹은 혼동되는) 대화 속에서 어떤 함의를 가지는가에 달려 있다. 어떤 한 전통의 중요성과 궁극적인 의미도 역시 마찬가지로 전체적인 문화 환경에 대해 어떤 함의를 가지는가에 달려 있다. 그 전통의 함의는 그것이 해당 문화의 가장 지속적이고 널리 확산된 특징들과 관련될수록 더욱 결정적인 것이 된다. 장기적으로, 포괄적인 단위로서 하나의 문화를 어느 정도 구별시켜 주는 것은 무엇이든지 그 문화 안에서 문화의 지속성을 구성하는 것이다.

상대적으로 넓고 다듬어진 수준에서 문화적 정체성이라는 것은 더욱 문제가 되며, 무엇이 지속성에 이바지할 것인지를 예측가능하게 공식화하기란 더욱 어렵다. 하긴 가장 개연성 있는 상황을 일반적 용어로 묘사하면 문제가 해결되는 것처럼 보이기는 할 것이다. 만일 우리가 광범위한 문화들의 묶음을 거기에 속한 문화들이 상호의존적이고 누적적인 전통들을 공유하는 한(아마도 '상층 문화' ─도시가 있고 문자가 있는 정도의 복잡성과 세련됨의 수준에서 비교적 널리 공유된 문화형태들─의 수준에서는) 하나의 '문명'이라고 일반적으로 부른다면 그렇게 공유된 전통들은 그러한 문화들이 공통으로 구속되어 있는 '상층'문화적 경험의 어떤 범위에 집중될 것이다. 이것은 주어진 종교 공동체에의 분명한 소속감이 있든 없든, 문자화된 전통에 의해 담지되는 정치적이고 법적인 가치만이 아니라 문학적이고 철학적인 것의 문제이기도 하다. (대개 문자화된 전통이란 문자언어의 연속성과 뗄 수 없는 관계에 있다. 그러나 같은 언어를 쓰는 두 집단 사이에, 특히 시대가 다른 경우 지엽적인 것을 제외한 문화적 동질성이 반드시 있어야 된다는 법은 없다. 똑같이 그리스어를 사용하고 호메로스를 읽었다고 해서 고대의 아테네와 기독교적이었던 비잔티움을 같은 문명이라고 부르는 데는 많은 사람들이 반대할 것이다. 더 중요한 것은 어떤 언어로 되어 있든지 주도적인 문자화된 전통—거기에 딸린 신념들과 함께—이 무엇인가 하는 점이다.) 그러한 주된 문자 전통들이 공유되어 내려갈 때는 종종 사회와 경제제도에도 그에 상응하는 지속성이 있게 마련이다. 모든 문화적 전통들은 긴밀하게 서로 의존하는 경향이 있다. 종종 한 지역에서 문화적 전통들의 통합이 아주 두드러지고 그 지역과 다른 지역과의 대조가 매우 분명해지면 어느 시점에선가 분계선이 뚜렷해지고, 그렇게 생긴 분계선은 그대로 지속되곤 한다. 그리하여 우리는 특히 횡단면으로 보면 분명한 경계가 그어진 문명들로 동반구가 나누어진다는 느낌을 받는다.

그러나 이처럼 겉보기에 명확하다고 해서 역사가가 자신이 사용하는 범주들을 당연한 것으로 받아들여서는 안 된다. 주요한 문화집단들 외에도 항상 '경계'에 있거나 예외적인 경우들이 존재한다. 그루지야인이나 아르메니아인 같은 종족들을 명확하게 어떤 주요 '문명'으로 분류하는 것은 상당히 어려운 일이다. 어쨌든 이른바 하나의 '문명'을 이루는 종족들 간에 어떤 종류의 삶의 패턴들이 진실로 공유될 것인지를 미리 알 수는 없다. 모든 문명은 마치 각 종교가 자신의 범위를 정하는 것과 마찬가지로 자기 범위를 규정한다. 심지어는 범위가 겹칠 수도 있는 몇 가지 기본적인 연속성도 있을 수 있다. 그래서 관점에 따라 비잔티움 문화는 고대 헬레니즘 전통의 지속으로 볼 수도 있고, 시간적으로는 더 짧아도 지역적으로는 더 넓은 기독교권의 일부로 볼 수도 있다. 그리고 각각의 경우에 모두 '상층문화'와 그 신념의 차원에서 진정으로 유효한 연속성이 있다. 그러므로 장기적으로 이것은—우리가 어떤 종류의 문자화된 전통을 공부하고 싶은지에 따라— 여러 가지 가능한 범위 가운데서 무엇이 가장 적절한가 하는 선택의 문제 가 된다. 이렇게 본다면 '문명'에 대한 학문적 접근은 그것을 규정하는 근 거에 따라서 달라져야 할 것이다.

전통은 확정적인 것인가?

문명을 어떻게 정의하든 간에 그것이 그 자체로 마치 문명을 담지하는 인 간들로부터 독립적인 생명이 있는 실체처럼 인식되서는 안 된다. 이전부터 내려온 문화적 관념들은 어떤 시점에서나 한 사회의 성원들이 고려해야 하 는 현실의 일부를 구성한다. 문화적 관념들은 가장 깨인 사람들조차 자신 들의 환경에서 미처 발견하지 못하는 문제들이 존재하게 만든다. 그러나 그런 관념들은 실제 환경과 모든 관련자들의 직접적인 이해관계와 상호작 용 속에서만 효력을 발휘한다. 그러므로 장기적으로 보면 전통의 확정성이 란 그것이 항상 현재의 상황에 상응해야 하는 필요 때문에 한계가 생기는 것이다.

이같은 전통의 계속되는 적절성의 문제는 문화들을 비교할 때 특히 염 두에 두어야 하는 문제다. 예를 들면 궁극적으로 기술화된 사회가 생겨난 것이 왜 서구에서였나를 이해하려는 시도에서 학자들은 그 대변동 이전의 여러 세기 동안의 서구 상태를 관찰하였다. 이는 두 가지 방식으로 가능했 다. 즉 대변동이 시작된 그 당시의 특수 상황과 그때 서구에 열려 있던 특 수한 기회들을 살핌으로써, 혹은 서구 문화와 다른 문화의 내재적인 차이를 살핌으로써 말이다. 후자의 경우, 서구의 중세 성기와 그 동시대 문명들에 대한 연구가 매우 중요하다.

종전에는 후자가 더 쉬운 것처럼 보였다. 대변동시대 자체의 특수한 성격들을 연구하는 바탕이 될 세계사 전반에 대한 적절한 이해의 틀은 부재했던 반면, 다른 사회들에 대한 지식은 그들 사회의 문화적 특성에 대한 허울좋은 전 지구적 일반화를 만들어내는 데 딱 좋을 만큼 알려져 있었다. 다른 사회들의 특성들은 좀 더 밀접하게 알려져 있는 서구에서 나타나는 정교한 특징들과 대조되었다. 더욱이 서구의 내재적 특성을 연구하는 것은 왜 근대성이 시작된 것이 서구에서였는지 하는 문제와 부정할 수 없을 정도로 깊이 연관되어 있었다. 근대의 기술화가 취한 특수한 형태는 그것이 서구에서 시작되었기 때문에 시발지인 서구의 특성들에서 많이 기인한다. 적절한 세계사적 의문들을 전제로 하지 않고서는 기술적인 근대성에서 무엇이 핵심이고 무엇이 우연인지를 구별해내기 어렵기 때문에 서구 문화 자체에서 무엇이 특별했는지에 대한 연구는 적어도 실제로 나타난 근대성의 형태를 설명하는 데는 어느 정도 성공을 보장받았지만, 그것이 일어난 시기와 장소를 설명하는 데는 성공했다고 잘못 알려졌을 뿐이다. 따라서 학자들은 근대성의 도래를 설명하는 데 운 좋게도 전근대 서구에서의 전통적인 정신적 태도 혹은 여러 태도들의 결정적인 효과에서 그 답을 찾고 싶어했다. 여기에 보조적으로, 그들은 종종 이슬람권 등의 다른 사회들의 '실패'를 설명하기 위해 '전통의 억압'을 들먹였고 그것을 다른 사회들에게는 불리하도록 전근대 서구와 비교했다. 근대성이 시작될 당시의 상황은 상대적으로 소홀히 다루어졌다.

전근대부터 서구의 맹아적 특성을 살펴보려는 시도들은 다른 사회들이 서구처럼 자세히 알려지기 시작하면서 모두 잘못되었다는 점이 증명될 것이다. 이는 서구가 합리성과 능동성의 독특한 조합을 물려받았다는 것을 증명하려 했던 대학자 막스 베버의 경우에도 적용된다. 이 책의 여기저기에서 볼 수 있듯이 합리성이든 능동성이든 그가 서구를 다른 지역으로부터 구분하려 했던 특성들은 다른 지역에도 존재했다. 혹은 설령 그것들이 독특하다고 해도 (모든 문화적 특성은 어느 정도는 독특하다) 그것들은 그가 원했던 만큼 그렇게 독보적으로 '합리적'이었다는 명성의 무게를 견디지 못한다. 이것은 그가 일정한 종류의 형식주의를 합리성으로 착각하였던 서구 법이나 서구신학의 영역에 다 적용되는 것이며, 부분적으로는 그가 이를테면 무슬림들 사이에서의 합리적인 탐구의 추진력에 대해서는 전혀 알지 못했던 것에서 기인한다. 그가 주장한 몇몇 특성들이 그다지 예외적이지 않았던 것으로 판명될 때, 그가 거론한 특성들의 특수한 조합은 설득력을 잃고 만다.

그의 방법론 자체도 경우에 따라서는 그다지 멀리까지 추구되지 않았다는 점을 기억해야 한다. 그는 자신이 찾아낸 태도들이 그대로 남아 있지 않고 계속 변화하는 과정이라기보다는 마치 자동적인 중요성을 가진 항상적인 사실인 것처럼 묘사하였다. 따라서 그는 어떤 태도가 생긴 뒤에 지속되는 이유는 뭘까 하는 역사학적 의문을 소홀히 할 수 있었고 그래서 하나의 태도가 갖게 되는 그 자체의 결과를 포함하는 다른 것들과의 상호작용의 전 영역을 보는 데 실패하였다.

전근대 서구의 문화와 근대성의 관계에 대한 의문은 전통적 문화와 현재의 이해관계의 작용이라는 양자가 역사적 변화에서 갖는 상대적 역할에 대한 더 광범위한 의문의 특별히 흥미로운 한 부분이다. 장기간의 역사적 변화가 위인들의 주도나 직접적인 지리적 · 종족적 인과 등에 의해 설명될 수 없을 때, 지도층의 가시적인 도덕적 수준이나 직접적인 경제적 이해관계 등에 의한 해석들이 더 나아가 왜 도덕적 수준이나 경제적 이해관계가 그렇게 되었는지에 대한 더 깊은 설명을 요구할 때, 불분명하지만 핵심적인 문화적 특징에 의한 설명에 의존할 수 있다. 이러한 핵심적 특징들은 잠재적 함의를 갖는 것으로서, 사회의 초기단계에서보다는 사회발전의 후기단계에 가서 주로 그 결과가 나타난다고 간주된다. (사회가 결정된 발전과정을 따른다고 가정한다면 말이다.) 거론되는 핵심적 특징의 여러 종류 가운데 가장 흔히 이야기되는 것은 물려받은 정신적 태도, 즉 무엇이 좋고 무엇이 나쁜지에 대한 판단이다. 그리하여 서구의 합리화와 재투자의 경향은 도를 추구하고 사대부가 되려는 중국의 영속적인 경향과 대조되는 것으로 가정되었다. 그리하여 중국인들이 산업혁명을 이루는 데 실패한 것은 성공적인 가족들이 산업에 계속 종사하지 않고 좀 더 명예로운 다른 이력을 추구했기 때문이라고 생각되었다. (만일 중국인들이 완전한 산업화를 처음으로 이루었다면, 그들의 성공은 부유한 가족들이 사대부가 되려는 경향과 자신들의 산업을 새로운 혁신을 이루려는 다른 사람들에게 기꺼이 팔아버리는 경향에 의해 설명했을지도 모른다.)

나는 비록 꼭 집어내기는 어렵지만 핵심적인 특징들이 존재할 수 있다는 점에 대해서 확신한다. 그러나 그런 핵심적 특징들이 가져온 역사적 효과에 대한 평가는 어떤 한 세대의 모든 생태적 조건을 전부 고려해야 한다. 즉 당시의 다른 집단들과의 관계는 물론 지리적·사회적으로 주어진 자원들까지, 여러 가지 가능한 행동방향과 취할 수 있는 태도들의 실제적인 유리함을 결정할 수 있는 모든 조건들까지 말이다. 이상적으로 보자면 인간은 일정 조건하에서 금전적·시간적·지적 노력을 더 이상 투자하면 성과가 줄어드는 시점을 알아챌 수 있다. 그러한 계산은 자연적·인공적·인구적 자원들, 동원가능한 기술적이고 과학적인 대안들, 관념의 패턴을 포함하여 그 세대에게 주어진 사회적 제도들, 그리고 당시 그러한 관념들이 기반하고 있던 것들(즉 당시 그런 관념들을 바꿀 수도 있었던 것들)까지 모두 고려해야 한다. 이런 요소들 가운데 조상들의 태도가 준 결과도 들어가야 할 것이다. 그러나 어떤 세대가 처한 상황에서라도 옛날의 태도의 결과는 (당시의) 태도 자체와 같은 것이 되지는 않는다. 하나의 주어진 환경에서 가장 무의식적으로 과거의 영향을 많이 받는 부문이라는 자녀양육 방법의 결과만 해도 아주 다양하게 나타날 수 있다. '개인주의', '개인적 직업의식' 혹은 '이 세상의 부정' 같은 태도들은 그런 목적으로 충분히 잘 정의하기 어렵다. 오히려 그런 태도의 특정한 발현을 추적하는 것이 더 쉽다. 그리고 이런 증거들은 새로운 환경에서는 반대되는 함의를 가질 수도 있다. 그러므로 각각의 핵가족마다 잔디에 둘러싸인 집이 있어야 된다는 관념은 의심할 나위 없이 개인적 독립의 어떤 측면을 보호하기 위한 것이었을 텐데 일종의 '조직사회에 속한 인간들'의 교외지역 같은 곳에서는 사회적 참여와 순종으로 이어질 수도 있다. 유대교와 기독교의 신앙 간증을 거부하는 쿠란(Quran)의 배타성은(쿠란 주석에 필요한 모든 것을 완비하고 있으므로) 특수한 보편주의와 여러 다른 전통에의 (그리고 단지 경전민[ahl al-kitab: 무슬림의 입장에서 그들 이전에 신으로부터 계시된 경전을 갖고 있었던 종교의 신도들, 즉 유대인과 기독교인을 지칭]들에 대해서만이 아닌) 관용을 제고하는 방향으로 나타날 수 있는데, 그것은 수피즘의 일부 조류를 특징짓는 것이다.

사실 문자가 없는 사회들에서의 상황이 어떻든 간에 모든 복합적인 사회에서 가장 중요한 태도들은 여러 실제 상황들이 겹치는 가운데서 혹은 가장 큰 권위를 가진 문자화된 전통 안에서 나타나게 된다. 어떤 주요 전통에서 나타나는 대부분의 성향과 대부분의 가능한 여러 경험적 측면들은 다른 지역의 상응하는 전통에서도 찾아볼 수 있다. 따라서 전통은 거의 무엇이든 설명할 수 있다. 그러므로 한동안은 기본적으로 종족주의적인 태도가 중국인들이 공산주의자가 되는 것을 막아주리라는 주장을 증명하려는 시도가 있었다. 이제는 중국의 관료적 유산 때문에 중국인들이 공산주의에 특히 기울어지도록 만들었다는 주장이 나오는 형편이다.

따라서 모든 세대가 자기 나름대로의 결정을 내린다는 것을 기본 법칙으로 삼고 거기서 벗어나는 것에는 증명의 의무가 부과되어야 한다고 주장하는 편이 현명하리라. (아마도 이것은 모든 세대가 신으로부터 같은 거리에 있다는 랑케의 주장의 부분적 적용일 것이다.) 한 세대는 그 조상들의 태도의 결과를 고려해야 하고 그런 결과들에 의해 선택의 여지가 지나치게 한정되어 있다고 느낄지도 모르지만 조상들의 태도 그 자체에 의해 구속되지는 않는다.

여러 주요 전통들의 차이는 그들 안에 존재하는 개별적 요소들에서 나오는 것이 아니고 전체적인 맥락 안에서 개별적인 요소들의 상대적 비중의 차이와 그러한 요소들 사이의 상호작용의 구성에서 나온다. 만일 이러한 구성이 비교적 항상적으로 유지된다면(전통의 속성상 완전히 똑같이 계속될 수는 없다), 그것은 기본적 경향을 만든 조건들이 비교적 항상적으로 존재하고 그런 조건들에 맞는 태도들이 제도화됨으로써 더욱 보강될 것이기 때문이다. 이와 같은 제도화는 기본적 경향을 만드는 조건들이 그 효력을 충분히 발휘하도록 하는 데 아주 중요한 역할을 한다. 예를 들면 이란-셈계 문화적 전통의 상업적 경향은 유일신교의 발전 속에서도 이미 상당히 가시적이었는데 이슬람 아래에서 비로소 완전히 자유롭게 발전할 수 있었다. 이슬람의 승리는 그것이 이러한 상업적 경향에 특별히 적응하였기 때문이기도 하지만, 또한 이슬람의 득세가 그러한 상업적 경향으로 하여금 이란-셈계 역사의 나아갈 길을 결정하도록 허락해 준 것이다. 그러나 이같은 제도화는 기본적 경향을 만드는 조건들로부터 외따로 떨어져서는 그다지 멀리 나아갈 수 없다. 제도들은 이미 그 지역에서 가장 강한 경향을 완전히 실효성 있게 만들어주고, 그리고 기반이 되는 조건들의 변화에 따르는 기복을 감소시켜 전체적인 전범(norm)으로부터의 일시적인 혹은 지역적인 일탈이 전체적인 문화의 교란을 야기하지 않도록 막아준다. 그러나 기본적 경향의 변화가 오래 계속되면, 그에 상응하는 태도와 그 제도화 역시 변화에 대응하기 위해 바뀔 것이다.

역사적 변화는 계속되고 모든 전통은 그들이 항상 내부적으로 불균형하다는 필연적 사실 때문에 열려 있고 변화한다. 인간의 생각은 항상 현재 가능한 것의 가장자리를 찔러 보고 있다. 그러나 그것을 차치하고라도 우리는 일차적으로 개인적인 이해관계를 추구하며 부차적으로만 이런저런 전통에 참여하고 있다. 어떤 전통이든지 현재의 이해관계에 부응할 수 있으려면 현재의 조건들에 의해서 강화되어야 한다. 그렇지 않으면 그 전통은 고갈되어 없어지거나 혹은 무언가 상황에 적절한 것으로 변할 것이다. 주요한 지향들이나 조직을 이루는 원칙을 유효하게 만드는 데 있어서 우리가 어떠한 패턴의 통일성을 발견하든지, 즉 문화에서 어떤 공통된 스타일의 감각을 발견하든지 간에 그것은 널리 퍼지고 지속적일 수 있지만 본질적으로는 깨어질 수 있는 것이다. 새로운 긍정적인 가능성이 열리자마자 패턴의 통일성은 취약해진다. 균질적이고 저항하기 어려운 스타일이 만들어지는 정도에서 그것은 섬약한 꽃으로 간주되어야지 굵은 뿌리로 간주되어서는 안 된다. 비록 잠재성의 범위가 그렇게 주어졌을 수는 있지만, 그것은 문화적 필연성에 의해 강요된 것이 아니라 창의적인 노력에 의해 성취된 것이다.

하나의 문화를, 아니 이 경우에는 일련의 문화들을 실체로 보는 가장 조악한 방식 중의 하나지만 매우 눈에 띄게 확산된 형태에 대해 짚고 넘어가야겠다. '동방'이 나중에 가서야 '천년의 잠'에서 깨어났다는 잘못된 인상은 아직도 대단히 널리 퍼져 있다. 그런 오류는 (동방이라는 용어 자체처럼) 근대 서구인들의 세계사에 대한 뿌리깊은 몰이해만이 아니라, 다른 집단에 속하는 사람들의 세계사에 대한 이해부족에서도 기인하는 것이다. 그들이 자신들 제도의 고대적 성격을 열심히 선전한 것은 서양인들에게 액면 그대로 받아들여졌다.

우리는 이러한 잘못된 인상을 강화한 두 유형의 학자들을 들 수 있다. 학술적인 면에서도 서구의 여행객들의 기분이 큰 역할을 했는데, 그들은 이국적인 것을 옛날부터 변치않는 것으로 오인하였고 미묘한 제도적 변화를 볼 수 없었다. 그들의 이런 인상은 자신들의 눈부신 진보성에 도취한 서구의 학자들에 의해 다시 간혹 인종주의적 색채가 있기도 한 학술적 논문들로 격상되었다. 그들은 최근의 서구의 활동 속도를 거리가 짧아 보이는 착시현상을 통해 서구의 과거에 적용하였고 세계의 다른 지역들도 비교할 만한 능동적인 과거가 있다는 점을 간과하였다. (서구 학자들은 19세기에 그들이 해외에서 볼 수 있었던 느린 속도의 기술적 · 지적 변화들을 발전이 전혀 없는 거나 마찬가지라고 간주하였고, 그것은 시대적 차이라기보다는 종족과 장소의 문제라고 보았다.)

그러나 '지역학' 분야에 많은 다른 부류의 서구 학자들은 위에서 말한 잘못된 인상을 정반대의 오류의 근거로 받아들였다. 전근대의 서구와 비서구 사회들을 문화활동의 정도에서 다소간 비교할 수 있다는 점을 받아들이면서도 그들은 모든 전근대지역들을, 이미 오해의 소지가 있는 용어라고 설명한, '전통적'이라는 공통의 용어로 뭉뚱그림으로써 마치 모든 전근대 사회가 같이 깨어 있었다기보다는 (부인할 수 없는 번영기들을 제외하면) 함께 잠들어 있었던 것 같은 인상을 준다. 앞에서 언급한 바와 같이, 기술화 이전 시대 혹은 문자해독 이전의 사람들이 '전통의 억압'에 묶여 있던 정도는 크게 과장된 것이다. 적어도 무슬림들 사이에서는 각 시대의 주요 제도들이 그 시대에서 특유한 기능적 정당성을 갖고 있었다고 증명할 수 있다. 무슬림들의 사회적 결정은 보수적인 정신에 따른 것일지라도 일차적으로 과거에 대한 경외 때문이 아니라 주요 사회 집단들의 구체적이고 실제적인 이해관계를 만족시키기 위해 이루어진 것이었다. 잘못 인식되고 있는 것이 '동방'이든 '전근대'든 간에, 본질적인 불변성이라는 명제는 대변동시대에 여러 민족들이 취하고 있었던 구체적 자세들이 대변동의 충격 아래에서 어떻게 그들의 운명에 영향을 미쳤는가 하는 중요한 의문을 가려버린다. 왜 '개혁'적 노력들이 그리도 자주 실패했는가에 대해서는 너무나도 즉각적인 대답이 기다리고 있다. 즉 '전통에 얽매인' 나라들이 맹목적인 보수주의자들에 의해 통치되었다는 것이다. 그래서 어떤 학자들은 '훌륭한 모방자'라는 딱지가 붙은 일본인들의 경우를 제외하고는, 그 '전통에 얽매인' 사람들이 종종 얼마나 실질적이고 개명한 정치가들이었는지를 발견하지 못하고 지나치곤 한다.

6장

세계사를 연구한다는 것에 대하여

세계사에 대한 나의 관심은 여러 가지다. 세계사가 어떠한 점에서 중요하다고 생각되는지에 대해 개략적으로 설명할 수 있다면, 바로 여기에서 다른 모든 것으로 논의가 이어지므로 무엇보다도 유용할 것이다. 애초에 모든 역사 연구라는 것은 사람들이 이미 갖고 있는 어떤 역사 감각이나 역사에 대한 이미지에서 비롯되는데, 이러한 역사에 대한 통념들은 정제되고 교정되어야 한다. 이러한 점은 세계사의 경우에는 더욱 절실하다. 인간세계 전체의 물질적이고 시간적인 패턴에 대한 우리의 이미지는 우리가 누구인가라는 자의식을 형성하는 데 매우 중요하다. 아무리 조잡하더라도 그런 이미지가 없는 사람은 아무도 없다. 세계사를 가르치려는 사람의 과제는 그의 학생들이 처음 갖고 있는 이미지들(그것들이 어떠한 것이든)로부터 좀 더 완성도 있는 이미지로 옮겨 가는 것에 있다. 물론 이것은 학생들에게 어떤 이미지들이 현존하는지에 대한 조사를 한 뒤에 선생님이 그것들을 하나씩 고쳐 준다는 것을 의미하지는 않는다. 이것은 교육 방법론으로 보자면 너무 세련되지 못한 방식이다. 그러나 그의 가장 중요한 역할 중 하나는 그러한 결과를 이끌어내는 것이다.

미국인 대중들이 흔히 갖기 쉬운 세계에 대한 여러 이미지들이 있다. 그 중 하나는 기독교적 혹은 유대-기독교적 이미지다. 이는 물론 대학생 수준에서는 주일학교 수준보다 훨씬 더 세련되어져 있지만, 단순히 B. C.와 A. D. 사이의 구분점을 세우는 것 이상으로 세계사에 대한 이미지에 깊은 영향을 주었다. 그리고 간혹 나타나는 두 번째 이미지는 마르크스주의적인 것으로 구체적인 사례에 있어서보다 일반론적으로 중요하다. 이 또한 여러 가지 형태로 나타나는데, 예를 들어 '아시아적 생산양식'이라는 개념을 들 수 있다. 우리(서구인) 사이에 존재하는 세계사의 이미지 가운데 가장 중요한 기반이 되는 것은 서구중심적 이미지다. 이것은 아주 세련되고 설득력 있으며, 적어도 직접적인 기원이 헤겔에까지 올라간다. 이에 따르면 세계사는 세 개의 범주로 나누어지는데 미개, 동양(Oriental), 그리고 서구(Western)다. 미개는 역사로 생각되지도 않으며, 그러한 사회는 신기하게도 주변적인 의미에서만 인간사회로 겨우 승인된다. 동양은 헤겔의 경우처럼 하나의 준비단계든지, 아니면 서구에 대해 어떤 면에서든 보완적인 존재다. 어떤 경우에는 '동양'은 '일면적으로' 정신적이고, 어떤 경우에는 다른 측면에서도 높이 평가된다. 그러나 그것의 패턴은 항상 어떤 옛 시대에서 본질적으로 형성되었고 그 이래로 쇠퇴해 가는 것이었다.

주지하다시피 서구를 중심에 놓고 다른 것보다 큰 척도로 그리는 우리의 일반적 세계지도에 의해 강화된 세계사의 서구중심적 이미지는 고의적이든 무의식적이든 수천 개의 교묘한 방법으로 역사학 내부에서 강화된다. 누군가가 '기술의 역사'를 읽으면 그것은 서구 기술의 역사고, 서구 안에서의 발명, 그리고 서구 바깥으로부터의 기술 도입은 같은 종류의 진보로 다루어지고, 제한적인 서구지역의 바깥에 있는 시간과 공간을 구별하려는 노력은 거의 없다. 우리가 생각하는 인간의 범위가 무엇인가 하는 질문에 대한 대답은 자명하다. 나는 바로 얼마 전에 고대 그리스의 종교, 특히 오르페우스교에 대한 저작들을 읽고 있었다. 여기서도 원시, 동양, 서구의 삼분법은 놀랍게도 여전히 계속된다. 이 경우 '그리스적'인 것은 '원시적'이지도 '동양적'

이지도 않은 것을 의미한다. 그리스적인 것은 언제나 투명하게 이성적인 것이다. 그렇지 않은 모든 것들은 그리스적이지 않은 것으로 간주되고, 역사는 이상하게도 이러한 범주에 맞추어진다. 오르페우스교 자료들은 어느 시대에 해당되든지 마즈다교(조로아스터교)에 비견되었고, 마즈다적인 전통에서 시간이라는 관념에 높은 지위를 부여하는 것은 마즈다의 교리가 철학적 개념이 아니라 '동양적' 개념이라는 증거로 이용되었다. 인용된 바와 같은 마즈다교의 추상적인 개념들이 특정한 시기에 대두되었을 것이고 그리스에서 진행되고 있었던 것에 비견될 만한 과정을 거쳐서 그랬을지도 모른다는 가능성에 대해서는 전혀 고려가 없었다. '페르시아적'인 모든 것들은 정태적이고 그리스 이전, 오르페우스 이전의 단계라는 것이 당연시되었다. 비록 지금 어떤 경우에는 이러한 관념의 일부가 극복되기도 하지만 이러한 관념은 극도로 널리 퍼져 있고, 대부분의 이슬람학 저작의 바탕에 깔려 있다. 제도적인 자유, 합리성, 그리고 순수한 도덕성, 문학적이고 예술적인 형태가 이른바 '서구적'이라는 것의 일정한 부분들과 동일시되었고, 거기에서 파생되는 규범에 의해서 인류의 다른 경험들이 평가되었다. 더욱이 역사적 중요성도 서구에 끼친 영향이라는 척도에 의해서 재어졌고, 따라서 이슬람권의 중요성은 이슬람이 지중해로부터 뒷걸음질한 것과 동시에 줄어들어갔다.

　최근 세계사를 향한 새로운 시도가 있었는데, 이것은 4지역형이라고 부를 수 있을 것이다. 그것은 윌리엄 맥닐의 『서구의 부상』, 즉 최초로 쓰여진 본격적 의미의 세계사 속에서 처음으로 이루어졌다. 이러한 경향은 기본적으로 인류학자들, 더 정확히 말하면 선사 역사가에 의해 발전되었다. 그것은 서구중심적 시도를 일정 수준에서(특히 토인비에 의해 주어진 형태로) 상당히 진지하게 떨쳐내었다. (이러한 점에서 토인비는 여전히 헤겔적인 틀 속에서 움직였던 슈펭글러와는 많이 다른 형태의 세계사를 대표한다고 할 수 있다.) 그러나 이러한 4지역형이 제대로 발전했다고는 할 수 없다. 그것은 인류학적인 전통으로부터 전파주의(diffusionism)에 대한 강조를 물려받았다. 더욱이 그것은 기독교적, 마르크스주의적, 서구중심주의적 이미지들이 가지고 있던 것과 같은 기본적인 철학적 기초를 갖고 있지 않다. 그것은 단지 경험적 관찰에 뿌리박고 있으며, 역사적으로 무슨 일이 일어났는지에 대한 기본적 감각에 의해 이끌어지지도 않다. 결과적으로 이 시도는 본질적으로 서구중심주의적인 접근법에 대한 면역력이 없었다. 맥닐의 책에는 전파주의와 서구중심주의가 많이 엿보인다.

내가 그 책을 좋아하지 않는 이유는, 부분적으로는 그가 제시하는 헬레니즘과 이슬람풍의(Islamicate) 문명들에 대한 분석에 동의하지 않기 때문이지만 더 중요한 이유는 그 책의 비철학적인 구조 때문이다. 문화속성에 대한 전파주의는 전파의 성격을 결정하는 전체적 맥락에 대한 대단한 강조 없이는 제대로 이해할 수 없다. 맥닐은 특정한 사건들의 맥락으로서 세계사적 구성의 변천에 대해 전혀 제대로 추적하지 못하고 있다. 게다가 맥닐은 서구적 편견을 극복하려고 진지하게 노력하였음에도 불구하고 그런 편견을 지속적으로 보여주고 있는데, 이것은 그가 서구중심적인 이데올로기와 그 철학적인 전제들을 충분히 분석하지 않아서 그로부터 완전히 해방되지 못했기 때문이다. 이러한 결핍은 '그리스 과학', '유럽의 영원한 호전성' 등의 이상한 관념에서도 나타나지만, 특히 근대와 전근대를 가르는 분기점으로 어느 시기를 택했는지에서 잘 드러난다. 대략적인 시점으로 1600년이 아니라 1500년을 택한 것은 크게 잘못된 것이다. 예를 들면, 이러한 시대구분 때문에 그는 포르투갈의 탐험을 기본적으로 농경사회 수준의 역사체가 도모한 모험으로서 16세기가 지나는 동안 인도양에서 다른 경쟁자들에게 쉽게 제어당했다고 보지 않고, 근대의 기술주의적 진보의 일부로서 다루게 되었다. 이는 근대적 진보의 성격이 무엇인지를 불분명하게 만들고 르네상스로부터 단순히 이어지는 것으로 만들어 버렸으며, 서구와 그 밖의 도시 문명 단계의 역사복합체들 양쪽 모두에 대해 근대가 갖는 혁신적인 성격을 호도해 버린다. 요컨대 종래에 특정 이데올로기적으로 결정되어 버린 입장들에 입각한 낡은 기반을 넘어서는, 세계사 연구를 위한 적절한 기반은 아직 만들어지지 않았다.

내가 세계사를 공부하는 주요한 이유 중의 하나는 유대-기독교적인 것과 서구중심주의 등 몇몇의 집단적 당파성을 바로잡기 위해서다. 나는 그러한 당파성의 기반을 잠식하거나 파괴하는 것을 원치 않는다. 그러나 나는 그들 사이에 대화의 기초가 만들어지길 원한다. 세계사의 서구중심적 이미지는 좀 더 적절한 관점에 의해 교정되지 않으면 대단한 해를 끼칠 수 있고, 현재 크나큰 해를 끼치고 있다. 바로 그래서 내가 확실한 증거 없이 18세기 이전의 이슬람 사회가 '쇠퇴'했다고 생각하지 말아달라고 그렇게 강조하는 것이다. 서구인들이 아랍어 저작을 번역하는 작업을 중단한 이래로 이슬람권에서 이루어진 자연과학이 어떠했는지에 대해 아무도 연구하지 않는 한, 그것의 수준에 대해서 아주 드물게 엿본 것만 가지고 이슬람권의 과학이 쇠퇴했다고 말할 권리는 어느 누구에게도 없다. 십 년이 지날 때마다 이른바 이슬람권의 쇠퇴가 시작되었다는 시기가 점점 더 근대에 가깝게 내려왔다. 학자들이 — 사실상 그럴 수밖에 없지만 — 낡은 자료들을 일차적으로 참고하기 때문에 그들이 더 근래의 연구를 아직 참조하지 못했다는 점은 놀랄 일이 아니다. 그러나 우리는 그들이 어떤 것을 찾아낼지에 대해 근거없는 속단을 해서는 안 된다. 어쨌든 자연과학은 한 문명의 합리성을 재는 척도로 반드시 적합한 것은 아니다. 우리에게 16세기와 17세기 철학자들의 중요성을 일깨워 주는 앙리 코르뱅(Henry Corbin: 1903~1978, 프랑스의 오리엔탈리스트. 철학자·신비주의자-옮긴이) 같은 사람의 저작이 중요한 이유가 바로 여기에 있다. 사실 나는 후대의 철학적 전통, 특히 이슬람 권역의 중심지(즉 이집트보다는 근자에 대부분 시아파였던 이라크와 이란)의 철학적 전통을 이해하지 않고는 19세기 이슬람권의 모더니즘 형성을 이해할 수 없으리라는 점을 깨달았다. 예를 들면, 나는 자말 앗 딘알 아프가니 (Jamal al-Din al-Afghani: 1839~1897, 이슬람적 근대주의의 대표적 사상가이자 운동가-옮긴이)가 나자프(이라크에 있는 시아파의 성지-옮긴이)에서 교육받고 이란에서 (아마도 이집트에서보다도 더) 큰 호응을 얻었다는 점을 발견한 것이 매우 중요하다고 생각한다. 또한 이 때문에 나는 우리의 사고방식에서 이슬람지역의 경계를 2차 세계대전 때 영국의 중동 사령부의 관할지역 —이란의 가운데를 지나며 호라산을 둘로 가르는 영국의 경계선을 영속화시키기 때문에—과 일치시키는 것은 정말 잘못되었다고 생각한다(원래 근동이라 불리던 지중해 근방의 지역들이 영국의 2차대전 중의 작전지휘범위의 이름을 따서 '중동' 안으로 편입되었다-옮긴이). 현재의 정치적 경계선을 역사적 자료를 논하는 데 사용하는 것은 종종 서구중심적 편향성을 강화하는 결과를 초래한다. 세계사 연구의 가장 중요한 과제 중 하나는 사람들에게 다면적인 서구중심적 전제들을 떠나서 시대와 지역의 패턴에 대한 감각을 돌려주는 것이라고 본다.

2부: 세계사적 맥락에서 본 이슬람

세계사 속에서 이슬람의 역할

17세기에 이르기까지 이슬람교와 연관된 이슬람권 사회는 아프로-유라시아 반구에서 가장 광대한 사회였고 따라서 다른 사회들에게 가장 영향력 있는 사회였다. 이는 부분적으로는 그 사회의 중심적 위치 때문이지만 또한 그 안에 이 사회의 비교적 오래되고 중심적인 지역에서 탄생했던 일종의 문화적 압력 ― 세계시민적이고 평등주의적인(그리고 전통에 반발하는) ― 이 효과적으로 표현되어 있었기 때문이다. 이슬람지역 문화는 반구적 규모의 상업적 관계에 통합되어 가고 있던 많은 사람들에게 국제적인 세련화의 기준을 제공하였다. 또한 이 이슬람권의 문화는 오래도록 문명화되어 있던 사람들에게도 점점 더 넓은 범위에서 유연한 정치적 틀을 제공하였다. 이러한 세계적인 역할을 하는 데 이슬람권의 사회와 문화는 물론 시대에 따른 기복이 있었지만 상당히 최근에 이르기까지도 지속적인 창의성과 성장을 보여 왔다. 그리고 나서, 내부적 쇠퇴에 의해서가 아니라 전대미문의 외부적 사건들에 의해 그러한 발전은 교란되었다. 이런 점들이 이슬람권 문명의 전반적 역사를 서술하려고 시도하는 과정에서 내가 필연적으로 갖게 된 관점들이다. 이러한 관점들은 내가 취한 개괄적인 접근에서뿐만 아니라 여러 세부 분야들에 대한 최근의 연구성과에서도 점차적으로 나타나고 있다. 비록 이러한 관점들은 여기서 완벽하게 논증되거나 그 정확한 함의 혹은 한계를 보여줄 수 있는 성질의 것은 아니지만 역사가들, 특히 그 중에서 이슬람학의 경계 밖에 있는 사람들까지도 이 관점들을 인식하는 것이 매우 중요하다.

16세기에 화성으로부터 온 방문객이 있었다면 인간 세상을 둘러보고 머지않아 모두 이슬람으로 개종할 것이라고 생각했을지도 모른다. 그는 무슬림들의 전략적·정치적 우세에 기반하여 그런 판단을 내렸겠지만 아마도 부분적으로는 그들의 일반적 문화가 갖고 있는 생명력에 근거했을 것이다.

그들의 사회적·정치적인 탁월함은 단번에 눈에 띈다. 인류의 10분의 9가 살았던 동반구에서 이슬람에 대한 충성은 다른 어떤 것에 대한 충성보다 훨씬 더 널리 퍼졌다. 아라비아의 무함마드와 그가 가지고 온 쿠란을 따라 신을 숭배하기로 한 무슬림은 모로코에서 수마트라까지, 동아프리카의 스와힐리 해안에서 모스크바와 비슷한 위도인 볼가 강 유역의 카잔 부근 평원까지 인구의 다수를 점하였다. 그 가운데 있는 여러 지역에서, 무슬림이 다수를 점하고 있지 않은 곳에서도, 무슬림들은 사회적·정치적으로 주도적인 위치를 차지하였다. 동방 기독교지역과 힌두교 및 불교지역들은 비록 (인도의 대부분 지역과 동남유럽에서처럼) 무슬림들에 의해 직접적으로 지배받지 않는 경우에도 주변 무슬림 국가들의 문화적 심지어는 정치적 흡인력에 영향을 받고 있었다. 대부분의 경우 무슬림 상인들, 혹은 무슬림이 지배하는 나라에서 온 여타 상인들이 그들에게 외부세계와의 가장 역동적이고도 지속적인 연결고리를 만들어 주었다. 특히 반구상의 역사적으로 중요한 도시문화 지역의 핵심적 부분들은, 아테네에서 인도의 바라나시에 걸친 무슬림의 지배하에 있었다. 아프로-유라시아의 땅덩어리와 거기 속한 섬들을 포함한 모든 도시문명화된 지역에서 두 개의 문화권만이 무슬림의 잠재적 주도권에 진실로 저항하였다. 그것은 바로 중국과 일본의 극동과 가장 북서쪽에 있던 기독교세계였다.

어떤 서구인들은 732년 무슬림들이 갈리아 북부에서 프랑크인들로부터 격퇴당했을 때 그들의 세력이 이미 정점에 달했다고 생각한다. 그러나 이는 지엽적인 몽상에 불과하다. 세계적 범위에서 보면 무슬림들은 16세기에 정치 권력의 정점에 도달하였고, 그때 이슬람권의 대부분은 세 개의 거대한 제국들에 의해 통치되었는데 이들 제국의 훌륭한 조직과 번영은 서양인들의 감탄을 자아내고 있었다. 오스만인들은 아나톨리아와 발칸에 중심을 두고, 사파비는 비옥한 초승달 지대와 이란의 고원에, 무굴 즉 티무르계 제국은 북인도를 중심으로 하였다. 서구인들은 그들에게 가장 가까운 제국인 오스만제국에 관심을 집중했다. 그러나 오스만이 아마도 약간의 차이로 셋 중에서 가장 강력한 제국이었을지는 몰라도, 지리적으로 이슬람권의 중앙에 위치한 것도 아니었고, 사파비나 심지어는 인도의 제국만큼도 문화적 중심이 되지도 못했다. 이 세 제국들은 외교적으로 상대방을 동등하게 대우했다. 그들 가운데 하나인 오스만제국은 단독으로 유럽의 기독교 연합군을 격파할 수 있었고, 16세기 동안에는 여전히 북서쪽으로 진격을 계속하고 있었다.

그러나 무슬림 세력은 이 주요 제국들에 국한된 것이 아니었다. 그 세기 초에 인도양에서는 많은 군소 무슬림국가들이 심각한 도전에 직면했다. 우리는 모두 포르투갈인들의 영광을 알고 있다. 그들이 희망봉을 돌았을 때, 비범한 항해가였던 무슬림 항해사를 동아프리카에서 만난 것은 대단한 행운이었다. 그는 인도양 항해에 관한 직업상의 비밀들을 펴내는 일을 옹호했고, 그 자신이 이 주제에 관련한 책을 썼다. 그는 자신의 원칙에 충실하게 새로 온 기독교인들을 인도까지 안내했다. 그의 개방적인 방침은 보답을 받지 못했다. 더 많은 폭풍이 몰아치는 대서양을 항해해 본 포르투갈인들은 무슬림에 비해서 일정 정도의 기술적 우월성을 지녔다. 오직 태평양에서 오는 중국 선박만이 그들보다 더 크고 더 강력할 뿐이었다. 포르투갈인들은 또한 서아프리카에 무슬림들이 접근하기 어려운 기지들을 가지고 있었고, 그런 점은 그들이 정치적인 우세를 차지할 수 있도록 만들어 주었다. 그들은 더 나아가 인도양 향료무역의 일부분을 독점하려고 하였고, 홍해와 페르시아 만을 통해 지중해까지 올라가는 제한된 물량의 향료무역로를 끊으려고 특히 노력하였다. 그것은 유럽에서 그들의 경쟁자였던 베네치아의 주된 공급로였다.

포르투갈인들이 유럽의 헤게모니의 시작으로부터 얼마나 거리가 멀었는지 요즘에야 겨우 인식되고 있는 중이다. 처음에 그들은 어느 정도의 성공을 거두었고, 그 성공은 부분적으로 무슬림 세력들 사이의 경쟁관계를 이용하여 얻은 것이었다. 남중국해와는 전혀 다른 방향을 바라보았던 오스만제국이나 티무르계의 무굴 세력은 포르투갈인에 대항하는 데 별로 도움이 되지 않았다. 비록 오스만인들은 수마트라같이 먼 곳까지 원정대를 보내기도 했고, 한때는 홍해와 지중해 사이에 배를 통과시킬 수 있는 운하를 계획하기도 했지만 말이다. 그러나 같은 세기의 후반부가 되면, 인도양의 무슬림들은 포르투갈인들의 기술적 우위를 따라잡았고, 포르투갈인들을 어느 정도 선에서 제어하는 데 성공하여, 남중국해의 다국적 무역세계의 여러 구성요소 중 하나로 그들을 축소시켰다. 무슬림 정치세력은 말레이 군도에서 팽창을 계속하여 확산되었고 홍해와 페르시아 만에 이르는 향료무역은 이전과 마찬가지로 흥성했다.[1]

또한 먼 북방에서 무슬림들은 기독교 유럽인들의 도전에 직면하고 있었

---

[1] 인도양의 16세기에 대한 오래된 고정관념을 수정하는 데 가장 많은 공을 세운 것은 Jacob C. van Leur, *Indonesian Trade and Society* (The Hague: van Hoeve, 1955)이다. 그의 설에 수정을 가한 M. A. P. Meilink-Roelofsz, *Asian Trade and European Influence in the Indonesian Archipelago between 1500 and about 1630* (The Hague: Nijhoff, 1962)는 그의 결론을 뒤엎지는 못했다.

다. 바로 그 전 세기에 무슬림들의 통치로부터 독립한 모스크바 공국 사람들은 거대하고 강력한 영역을 건설하고 있었고, 실제로 그 세기가 지나는 동안 볼가 강변의 무슬림 국가들을 압도하는 데 성공했다. 오스만인들은 흑해와 카스피 해 지역 사이에 정기적인 연결을 확보할 수 있도록 돈 강과 볼가 강 사이에 운하를 팜으로써 전세를 역전시켜 보려고 했다. (소련은 결국 스탈린그라드에서 그러한 운하를 건설하였다.) 오스만인들은 실패했는데, 그것은 부분적으로 다른 북방 무슬림세력들의 질시 때문이었다. 그러나 한동안 북방세력들은 러시아의 접근을 능동적으로 방어해낼 수 있었다. 부하라의 외즈벡(Ögbeg, 우즈벡[Uzbek]이라고도 하며, 몽골제국의 한 지파인 금장칸국으로부터, 16세기에 중앙아시아로 이주해 온 투르크인들이다-옮긴이)들은 농업 정착민들을 북방의 이르티슈 강 분지(원래의 시베리아)에 보냄으로써 러시아인들의 지속적인 쇄입에 대항하여 그곳의 인구밀도가 낮았던 무슬림 칸국을 강화시키려고 했다.[2]

르네상스 시대의 유럽은 아직도 무슬림 세력의 거대한 덩어리에 이빨자국을 내는 것 이상을 할 수 없었고, 기독교 유럽인들도 (우리가 아는 바와 같이) '투르크인'이 자신들을 모두 정복해 버릴지도 모른다는 일말의 불안감 속에서 살고 있었다. 프랑스인들이 오스만인들에게 프랑스 남부 해변에 일시적으로 해군 기지를 주었을 때 프랑스인들은 가장 절박한 유럽 공통의 문제에 있어서 배신자로 간주되었다. 그러나 화성으로부터 온 아주 예민한 관찰자가 있었다면 적어도 그 세기의 말에는 어떤 변화를 감지할 수 있었을 것이다. 이미 16세기 말에는 서구의 경제와 과학부문에서 기본적인 변동들이 시작되고 있었고, 그러한 변동들은 그 후 2세기 안에 전세계를 통

---

2) 16세기 오스만조과 다른 무슬림 세력의 정치·경제활동에 대한 새롭고 계몽적인 개설서를 보려면 W. E. D. Allen, *Problems of Turkish Power in the Sixteenth Century* (London: central Asian Research Centre, 1963)를 참조하라.

틀어 기독교 유럽의 부인할 수 없는 우위를 만들어냈다. 그 2세기 동안 대체로 서구의 변화 때문에 무슬림 인구의 경제와 문화는 그 본질을 잃어버리고 기반을 잠식당했다.

그러나 16세기, 그리고 17세기 들어서도 한참 동안 무슬림들은 정치적 힘뿐만 아니라 문화적 창조성에 있어서도 절정에 있다고 느꼈다. 이것은 특히 무슬림 문화의 오랜 중심지역, 즉 비옥한 초승달 지대와 이란 고원에서 그러했다. 그러나 인도의 무슬림들 역시 그러한 현상의 일부분이었고, 어느 정도는 오스만제국 사람들도 그러했다. 여기에 이어지는 쇠퇴기는 이 시대의 위대함에 그림자를 드리웠고, 더 이상 그 위대함은 눈에 띄지 않는다. 그러나 화성에서 온 방문객이 이슬람이 인류를 지배하게 될 것이라고 믿게 만들었을지도 모르는 게 있다면, 그것은 무슬림 정권의 세력 때문이 아니라 그에 못지않은 무슬림 문화의 광휘 때문이었을 것이다. 그리고 그런 기념비적 성취의 일부는 상대적으로 무관심한 근대 서구인들에게까지 알려져 있다.

시각예술 가운데는, 새로운 회화의 전통(우리가 일반적으로 페르시아 세밀화라고 부르는 것)이 있었다. 이것은 14세기에 시작되어 15세기에 베흐자드와 더불어 최초의 정점에 이르고, 16세기에는 여러 방향으로 더욱 발전되었다. 그 중에는 단지 공식적인 삽화만 있는 것이 아니라 펜과 잉크로 그리는 풍속화와 풍경화, 그리고 세련된 초상화도 있었다. 그와 동시에 건축의 전통도 발전하고 있었는데, 그 중 가장 유명한 정수는 1653년에 완성된 인도의 타지마할이다. 비록 이 시기에 수많은 군소 언어들이 문예적 형태를 발전시켜 가고 있었지만 문학 분야에서 대표적인 무슬림 언어는 페르시아어, 아랍어, 투르크어였다. 시문학은 중요한 표현 방식으로 유지되었다. 16세기는 '인도 양식'의 시대였는데, 이것은 시문학이 번성하지 않은 18세기에는 페르시아의 비평가들에게 지나치게 멋을 부린 표현이라고 해서 거부당했지만, 최근에 와서는 풍부한 페르시아 시문학 전통이 그 이전의 5세기 동안 쌓아올린 모든 비유의 원천을 미묘하고 창조적인 방식으로 구사했다는 점에서 다시 인정받고 있다. 투르크와 페르시아의 산문에서는 특히 전통적으로 탄탄한 역사, 지리, 전기문학의 장르에 새롭게 자서전의 유행이 가미되었다. 여기에서는 사적이고 개인적인 것에 대한 관심이 당시 시대상의 묘사와 어우러져 있었다. 특히 티무르계통으로 북인도의 정복자였던 바부르의 투르크어로 된 회고록이 특기할 만하다.[3]

우리는 자연과학에서 무슨 연구가 진행되었는지 거의 아는 바가 없다. 사마르칸트의 거대한 천문대가 있던 15세기의 무슬림 천문학자들은 여전히 첨단 조류와 어깨를 나란히 하고 있었고, 중국이나 서구보다 여전히 앞서 있었을 가능성이 있다. 서구의 과학연구는 무슬림의 영향을 받아 13세기에 정점에 오른 이후, 14세기에는 덜 활발하게 진행되었다. 그러나 지금까지 전해지는 엄청나게 많은 아랍과 페르시아의 각종 과학저작들은 거의 목록화되지 않았으며 18세기 말 이후에는 거의 읽혀지지도 않았다.[4] 그러나 철학에서는 16세기와 17세기 초에 활력 있는 많은 새로운 의문들이 제기되었고, 가장 두드러지는 인물은 몰라 사드라(Molla Sadra)였다. 그의 '본질의 변화가능성'이라는 원칙은 일련의 철학운동에 영감을 주었고, 20세기 무슬림들 사이에서도 반향이 있었다.[5]

---

3) 현재 페르시아 문학에 대한 가장 중요한 연구는 A. Pagliaro and A. Bausani, *Storia della letteratura Persiana* (Milan: Nuova Academia Editrice, 1960)에 들어 있는 알렉산드로 바사니 (Alessandro Bausani)의 연구이며, 그것은 16세기 시문학에 대한 새로운 통찰을 보여준다. 비록 별로 출판된 저작은 없지만, 많은 사람들에게 이 시대의 문화적 생명력과 다양성을 인지하도록 도와 온 프린스턴 대학교의 마틴 딕슨(Martin Dickson)도 여기에 덧붙일 수 있을 것이다.

4) C. A. Storey, *Persian Literature: a bio-bibliographical survey* (London: Luzac, 1927~1984). 이 시리즈에 연속되는 책들이 아직도 출판되고 있다. 과학에 관련된 부분들은 앞으로 연구되어야 할 점이 많다는 것을 암시해 주고 있다.

5) 16~17세기 이슬람철학의 중요성을 명료하게 보여주는 가장 중요한 최근의 저자는 앙리 코르

현대 학자들은 이슬람권 문화가 칼리프국의 융성이 끝난 후 혹은 늦어도 13세기 몽골의 침입 이후에 쇠퇴하거나 붕괴했다고 보는 시각이 일반적이었다. 그러므로 그 이후의 시대에서, 특히 16세기에 어떤 활력이나 위대함의 증거가 보이면 무언가 예외적인 것처럼, 마치 그것이 이슬람권 문화의 일부가 아니라 그와는 무관한 일련의 우연한 사건인 것처럼 보는 것이 보통이었다. 나는 이것은 명백한 오류라고 본다. 그 이유는 지금까지 이슬람권의 문화 전체에 대한 어떤 진정한 개관도 없었기 때문이다. 어찌되었든 무슬림들의 쇠퇴라는 관념은, 정말로 쇠퇴가 있었든 없었든, 상대적으로 이른 쇠퇴의 환상을 만들어낼 수밖에 없었던 불균형적인 의문추구의 과정과 여러 가지 전제조건들이 제거되지 않고서는 진지하게 계속될 수 없다. 나는 여기서 이러한 몇몇 경우를 언급하는 것 이상은 할 수 없다. 포괄적인 분석에는 이슬람권의 역사 연구 그 자체에 접근하는 특수한 방식만이 아니라, 서구의 역사 자체에 대한 지배적인 오해들과 어떤 역사적 비교에나 내재된 특정 문제들과 이슬람 연구가 갖는 관련성 역시 다루어져야 할 것이다.

이슬람권에 대한 우리의 인식을 사실상 형성해 온 자연스럽지만 바람직하지 못한 경향 중 하나는 서양에 가장 가까운 지역이기 때문에 우리가 지중해의 무슬림지역에 집중해 왔다는 것이다. 옛날에는 오스만인들이 유럽의 외교사에 들어가므로 오스만조에 초점을 맞추었다. 좀 더 최근의 경향은 아랍어를 쓰는 사람들이 각광받는 것인데, 이는 부분적으로는 아랍어와 고전적 '기원들'에 대한 역사언어학적 관심에 따른 것이다. 무슬림을 아랍

뱅(Henry Corbin)이다. 몰라 사드라를 직접적으로 다룬 그의 다른 저작보다 더 명쾌하게 서술된 것은 그의 *Histoire de la philosophie islamique* (Paris: Gallimard, 1964)의 1권일 것이다. 그러나 이미 인도의 시인이자 파키스탄의 성립에 영감을 준 무함마드 이크발은 그의 *The Development of Metaphysics in Persia* (London: Luzac, 1908)에서 특히 몰라 사드라에게 어떤 활력 있는 씨앗이 들어 있었는지 지적으로 예민한 독자들에게 보여준 바 있다.

인들과 등치시키는 대중적인 관념은 특히 광범위한 일련의 오해를 낳았다. 사실 이슬람권의 가장 창조적인 중심지는 모든 시대에 걸쳐서, 대개 지중해로부터 동쪽, 시리아에서 옥수스 강 분지에(즉 대체로 비아랍지역에) 놓여 있었다. 이들 지역에서 이슬람 전체의 규모에서 영향력을 끼친 사람들이 태어났으며, 그 반면 예컨대 이집트에서는 주요인물들이 적게 태어났다. 마드라사(Madrasah)로 불리는 학교들, 수피 형제회들, 이슬람의 필수적인 요소로 칼람 신학을 수용한 것 등 많은 기본적인 제도들이 이 지역보다 더 동쪽에 있던 호라산(이란 북단의 산악지대)에서 기원한 것으로 보인다. 오해의 또 다른 원천은 무슬림들 자신의 경향이었는데, 그것은 19세기 이래로 자신들의 가까운 과거를 실패라면서 거부하고, 근대 서구의 침탈에 대항할 자원을 제공할 수 있다고 본 과거 유산 속에서도 좀 더 이른 시기의 '고전적' 흐름들을 바라보았다. 그리하여 서구 학자들은 이슬람의 문화적 쇠퇴를 논하며 예술과 종교, 철학과 과학의 쇠퇴 시기와 방식을 구체적으로 밝히려고 노력한다. 그러한 쇠퇴가 정말로 일어났는지에 대해서, 그리고 고전 시대 이후 시기의 위대한 작품들을 제대로 평가하려고 노력도 하지 않고서 말이다. 그렇게 이루어지는 주마간산 격의 평가는 그 기준이 아주 주관적인 경향이 있다.[6] 그렇게 사용되어 온 미학적·철학적 기준들이 이제는 최근의 서구의 취향에 비추어 도전받고 있다.

이슬람권의 경제와 자연과학에 대한 연구만이 합리적이고 객관적인 의문 추구가 가능한 형편이다. 9세기와 17세기 사이 무슬림권의 중심지 대부분에서 경제의 수축이 있었다는 점은 분명해 보인다(오늘날의 역사학자들은 이러한 일반화에 대해 훨씬 더 조심스러운 태도를 취하고 있다-옮긴이). 그러나 그렇다고 해도 우리는 전반적인 흐름에 대한 진정한 지식을 전혀 갖추고

6) R. Brunschvig and G. F. von Grunebaum, *Classicisme et declin culturel dans l' histoire de l' Islam* (Paris: G. P. Maisonneuve, 1957).

있지 못하다. 어떤 경우에는, 그러한 경제 수축이 그 당시 인간의 힘으로는 어쩔 수 없는 조건들 때문이었다. 그래서 이라크의 일부 지역에서는 대단한 공학적 작업이 이루어졌지만 부분적으로는 지질학적 변화의 결과였던 관개시설의 낙후를 역전시키지는 못했다.[7] 쇠퇴가 단순하게 문화적 활력의 감소에 전적으로 기인했다고는 볼 수 없다. 그리고 어떤 의미에서건 경제적 수축이 일어났다는 것을 볼 수 있는 지역에서도 어느 특정 시기의 과정이었던 경제 수축의 문화적 결과와 일단 수축이 생긴 지 오래된 상황에서 낮아졌지만 안정된 수준의 경제적 자원들이 빚어낸 결과 사이에는 거의 구별이 이루어지지 못했다. 그리고 (18세기 이전의) 비경제적 문화활동들에 대한 후원에 필요한 자원의 한계(이 결과로 문화활동은 쇠퇴할 수 있다)와 어떤 경우에도 증명하기 어려운 경제적 기술과 세련성의 수준 저하 사이에도 거의 구별이 두어지지 않았다. 요컨대 우리가 경제 수축을 이야기할 수 있는 범위 내에서도, 그것이 경제적이든 비경제적이든 어떤 문화적 상관성도 명확히 밝혀진 것이 없다.

자연과학도 역시 서구인들에 의해 논의되었는데, 그들은 그 가운데 가장 좋은 것의 품질조차도 15세기 혹은 아마 16세기 이후에는 더 이상 발전되지 않은 채 정체했을 것이라는 설을 제시했다. 1300년 이후에는 위대한 저작들이 줄어들었고 대중적인 안내서들은 1500년 이후 쇠퇴했다. 그러나 자세히 살펴보면, 그런 연구들이 입각한 통계자료는 거의 대부분 지중해지역에서 나온 것이고 좀 더 이슬람권 중앙에 있던 지역에서 나온 것은 거의 없다. 즉 정확히 말하자면 그 연구들은 대체로 주변적인 지역들의 모습을 대표할 뿐이다. 우리는 예컨대 1300년에서 1450년 사이에 이슬람권이 상대적으로 덜 창조적이던 시기가 있었다고 가정할 수 있다. 그러나 이것은

---

7) Robert McC. Adams, *Land Behind Baghdad* (Chicago: University of Chicago Press, 1965)는 적어도 한 소규모 지역에서 어떤 일이 일어났는지를 보여주고 있다.

몇 가지 측면에서 세계의 다른 지역들과 비슷하다고 볼 수 있으며, 심지어 서유럽마저도 그랬다고 볼 수 있다. 우리는 전반적인 전통의 창조성이 확연히 막혀 버린 것은 새로이 변모한 서구와 경쟁한 결과 1650년 혹은 1700년이 지난 후에야 일어난 일이었다는 것을 알게 된다. 이 경우, 1700년 바로 직전 세기들의 위대한 인물들은 그다지 평가받지 못한 채 남아있으리라는 짐작을 할 수 있다. 왜냐하면 근대적 연구가 시작되었을 때는 초창기 이후 시대의 저작 중 읽을 만한 것이 있더라도 그것은 제대로 인정받지 못한 채 이류의 모방작으로 간주되어버리기 때문이다. 물론 이전 시대의 유명한 인물들 이름은 이미 알려졌겠지만, 가장 우수한 인재들마저 주의가 분산되었던 시대이므로 아직 뛰어난 명성을 얻지 못했던, 좀 더 근접한 시기의 인물들에 대해서는 적절한 판단이 되지 못했다. 이상과 같은 일은 특히 덜 중심적인 지역에서는 자연스럽게 일어날 것이다. 있는 바 그대로의 증거는 이 가설과 일치할 것이다. 따라서 우리는 자연과학이라는 특수 분야에서마저 과연 실제로 쇠퇴가 있었는지를 판단하려면 더 많은 연구를 기다려야 할 것이다.

이전 시대의 쇠퇴에 대한 가정이 깊이 뿌리박게 된 원인 중 하나는 근대의 시작에 다루는 세계사의 일반적인 관념을 고려할 때 자연히 떠오르는 의문 때문이다. 서구인들은 한때 강성했던 무슬림지역이 무엇이 잘못되었길래 17~18세기 서구의 대변동을 공유하면서 서양과 동등하게 근대로 넘어가지 못했을까 하고 종종 의문을 제기한다. 우리는 조금 있다가 이 의문을 아주 간략히 다루게 될 것이다. 그러나 그 이전의 무슬림 사회의 내적 실패에 그 해답이 있지 않다는 점은 명백하다. 그리고 이슬람교의 어떤 특수한 몽매주의에 의한 것도 물론 아니다. 그와 반대로, 18세기에 무슨 일이 일어났는가 하는 문제를 올바로 제기하기 위해서 우리는 먼저 이슬람이 1000년 동안 어떻게 해서 그렇게 대단한 성공을 거두게 되었는지를 이해해야 한다. 이를 위해서 우리가 이슬람의 기원과 이슬람의 역사로 거슬러 올라가야 한다. 그리고 또 우리는 무슬림들이 계승한 그 이전의 이란-셈계 문화의 전통들을 이해해야 한다. 그러고 나서야 우리는 16세기까지 나아가는 길을 찾을 수 있을 것이다.

아라비아의 히자즈(Hijaz)라는 이슬람의 직접적인 배경은 기독교의 팔레스타인처럼 중요한 것이다. 그러나 두 경우 모두, 종교의 실질적인 형성은 더욱 넓은 무대에서 이루어졌고, 그것은 적어도 창시자의 지역적 환경만큼이나 중요한 것이었다. 초창기에 이슬람은 나일 강과 옥수스 강 사이의 셈족과 이란인들의 영토들에서 주요 공동체의 충성을 받는 종교로 창건되었다. 이슬람은 종종 아랍적 환경에 의해서 해석되었고, 아라비아 이외의 지역으로 기원을 추적할 수 있는 요소들은 모두 문화적 차용이라고 생각되었다. 그러나 애초부터 이슬람의 발전이 그 넓은 지역 전체의 문화자원을 전제로 그 토대 위에서 이루어졌다고 인정하는 편이 사건들의 역동관계에 더 가깝다고 생각된다.

메카는 비옥한 초승달 지대와의 상업적 연결에 그 생존을 걸고 있었고 그 전체 지역의 정치 세력들의 변화를 예의 주시하고 있었다. 무함마드의 정치정책은 지역 내의 세력균형을 점점 더 고려했던 것으로 보인다.[8] 비록 지역 인구의 대부분은 유일신교를 믿지 않았지만, 몇몇 아랍 집단들은 유대교 혹은 기독교를 신봉하고 있었다. 메카에서의 무함마드의 설교는 유일신 신앙의 전통에 대한 개괄적인 지식을 전제로 하는 것이었고, 무함마드는 그가 그러한 전통을 재확인하고 교정하기 위해 신이 보낸 사람이라고

---

8) 메카 초기의 역사와 비잔티움, 사산조 페르시아의 성쇠를 살핀 관점에서 무함마드의 시리아 원정의 의미를 검토하는 작업은 아직 완전히 이루어지지 않았다. Wm. Montgomery Watt, *Muhammad at Medina* (Oxford: Clarendon Press, 1956)는 이에 대한 시사점이 있는 자료들을 많이 모아놓았다.

주장했다. 유대교 신도들은 특히 메디나에서 강력했고, 무함마드는 622년 거기에서 자신의 이상을 실천할 독립적인 공동체를 이끌게 되었다. 그 지역 전체에서 많은 종교 분쟁들이 기독교인과 유대교인들 사이에서 벌어졌는데, 메카와 메디나에서도 이런 분쟁이 있었다. 쿠란의 많은 부분들을 그러한 논란의 이면으로 들어가 공통의 기본적인 토대에 도달하려는 시도, 즉 유대교인과 기독교인이 존재하기 이전의 아브라함 신앙으로의 회귀로 해석할 수 있다. 무함마드가 632년 죽고 나서 아주 짧은 시간 내에, 그의 공동체는 나일 강에서 옥수스 강에 이르는 전 지역의 주인이 되었다. 그 과정 속에서 기본적으로 이 공동체는 전혀 낯선 땅에 들어간 것이 아니었다. 이슬람이 거기에 선포되었을 때, 이 새로운 교리는 그다지 이상하게 보이지 않았고, 점점 더 많은 사람들이 그것이 자신들의 종교적 발전에 있어서 상당히 논리적인 다음 단계라고 느꼈다.

피정복민들은 그들의 이전부터의 신앙을 유지하면서 예부터의 생활방식을 그대로 계속할 것으로 예상되었다. 그러나 머지않아서 도시인구의 대다수가 이슬람을 받아들이겠다고 주장했고, 이슬람으로 개종하지 않은 사람들까지도 아랍어를 공통의 문화어로 사용하는 경향이 생겼다. 무슬림 제국은 유목 군사력에 기반했지만, 그 군사력은 정복된 지역의 상업 인구들의 사고방식과 공존 가능한 관념을 가진 도시 상인들에 의해 이끌어졌다. 어쨌든 다른 유목제국들과 큰 대조를 이루는 점은 아랍인들에 의해 창건된 이 제국이 하나로 통일되고 오래 지속되었다는 점이다. 그리고 아랍인들은 그 지역인구에 동화되어 가면서도 지역의 언어와 종교 체계를 받아들이지 않았고, 반대로 정복한 여러 집단 사람들에게 자신들의 언어와 신앙을 받아들이게 할 수 있었다.

한 세기가 지나서, 이 제국은 엄격한 의미에서의 아랍 국가라고 할 수 없어졌다. 비록 얼마 동안 공통의 문화어는 아랍어로 남았지만 제국은 민족을 초월한 이슬람의 이름으로 개종자 집단들에 의해 주도되었다. 처음에는 지배층의 코드이자 강력하지만 잘 정의되지 않은 영적인 충동에 불과했던 이슬람교도 나일 강에서 옥수스 강에 이르는 여러 종족들의 공헌으로 더 깊어지고 넓어졌다. 이들의 공헌에는 간혹 이슬람의 핵심이라고 간주되는 샤리아 법의 많은 전제조건들도 포함되는데, 샤리아는 상대적으로 나중에 살았던 천재(820년에 죽은 알 샤피이)의 손길에 의해서 겨우 쿠란에 효과적으로 결부되었다.[9] 지배자였던 아랍인들이 이슬람교를 중심으로 건설하고 있던 이러한 제도들은 이란-셈계의 모든 문화전통들을 새롭고 좀 더 통합적인 기반 위에서 재구성하는 데 도움이 되었다. 그리하여 우리가 이슬람풍의 문화라고 부를 만한, 나름대로의 독특한 예술과 문학, 과학과 전통, 예의범절과 도덕을 갖춘 국제적이고 번창하는 페르시아-아랍적 문명이 발전하게 된 것이다. 우리가 이미 본 것과 같이 이 문명은 그 종교적인 핵심을 포함하여 나일 강에서 옥수스 강에 이르는 원래의 중심지를 훨씬 더 멀리 벗어나 퍼져나갔고, 헬레니즘과 산스크리트 문화의 중심지에서까지 받아들여질 정도로 대단한 매력을 가졌다는 것을 입증했다. 이 문명은 그 후로 계속 무슬림 상인과 전도자들의 발자취를 따라 전 지구를 가로질러 퍼져나갔는데, 이는 근대 기독교 선교사들의 발길을 따라 서구식 삶이 퍼져나간 것과 어느 정도 비슷하다.

이슬람이 이란-셈계 유산에 대체 무엇을 더 첨가했길래 그렇게 강력한

---

9) 조셉 샤흐트(Joseph Schacht)의 *The Origins of Muhammadan Jurisprudence* (Oxford: Oxford University Press, 1950)는 알 샤피이의 특기할 만한 역할을 보여주고 있으나, 우리는 아직도 어떻게 해서 샤리아를 지배한 종교에 대한 기본 관념들이 유대의 할라카 법(halakha)을 지배하는 관념들과 그렇게 가까워질 수 있었는지 정확히 알지 못한다. 샤리아와 할라카 법의 공통점을 세부적으로 파고드는 연구들은 이런 깊은 문제를 거의 건드리지 않는다. 이러한 공통점은 그냥 단순히 원시이슬람의 원칙들로부터 유래했을 리가 없는데, 왜냐하면 원시이슬람의 원칙들로부터는 매우 다양한 결과들이 도출될 수 있었고, 실제로 도출되었기 때문이다.

힘을 발휘할 수 있었을까? 부분적으로 그것은 바로 좁은 의미에서의 종교였다. 즉 인간이 신과의 관계에서 느끼는 특별히 만족스러운 느낌이었다. 그러나 이와 관련하여 특이하게 유연한 사회질서가 있었다. 무슬림이 되는 누구에게나 전근대적 기준으로는 상대적으로 제한이 없는 규모로 자신의 재능을 계발할 수 있는 기회를 주었다. 나는 이 사회질서가 나일 강에서 옥수스 강에 이르는 지역의 특수한 지리적이고 문화적인 상황들에서 유래되었다고 생각한다. 그러나 그것은 이슬람의 보호 아래에서 강화되고 꽃피었다. 나는 이슬람의 종교적 매력에 대해서 이미 다른 지면에서 이야기한 바 있다.[10] 따라서 여기서는 이슬람이 갖는 힘의 사회적인 측면에 대해 좀 더 이야기해 보자.

그런 목적 때문에 나는 상인이라는 요소의 역할을 강조하게 될 것이다. 그러나 이슬람이 근본적으로 상인의 종교라고 가정해서는 안 된다. 다른 부류의 사람들도 이슬람을 형성하는 데 똑같이 중요한 역할을 했다. 상인들의 이익과 결부된 유형의 제도들이 갖는 힘마저도 간접적으로 혹은 직접적으로는 유목민 집단의 역할에 의해서 비로소 가능하게 된 것이다. 그리고 대중적인 수피 신비주의와 그와 연계된 남성 조직들 같은 핵심적인 현상들은—비록 여러 가지 형태의 조직이 서로 상이한 계층의 수준에서 나타났지만—다른 어떤 부류보다도 수공업자들과 더욱 많은 관련이 있다. 그러나 나는 상인계층의 전략적인 위치와 그 구성원들의 활동이 이슬람권에 힘을 실어준 제도적 패턴의 상당부분을 설명한다고 생각한다. 그리고 사회적 압력의 특정한 방향들을 지적해내는 것 이상의 일을 하기에는

---

10) 특히 "A Comparison of Islam and Christianity as Frameworks for Religious Life," *Diogenes* (1960), pp. 49~74. (이 논문은 편집되면서 너무 심하게 난도질당했다.) 그리고 "Islam and Image," *History of Religions*, vol. 3 (1964), pp. 220~260에서도 나는 여기에서 제기된 나의 주장 중 일부를 좀 더 자세하게 설명하였다.

여러 시대와 지역의 실제 사회구조에 대해서 우리가 아는 바가 너무 적다는 말도 덧붙여야겠다.

칼 야스퍼스는 구세계의 모든 핵심적인 문화지역을 지배한 전근대의 주요한 문자화된 전통들의 가장 위대한 모티프들이 만들어진 기원전 800년에서 200년 사이의 대단한 시대를 부를 명칭을 마련해 주었다. 즉 극동의 중국의 전통, 히말라야 남부의 인도적 전통, 아나톨리아, 그리스, 이탈리아 반도의 헬레니즘적 혹은 유럽적 전통, 그리고 나일에서 옥수스, 시리아에서 호라산에 이르는 쐐기문자 이후의 이란-셈계의 전통들을 보라. 그는 그 시대를 '추축 시대'(Axial Age)라고 불렀는데, 그것은 공자, 붓다, 소크라테스, 조로아스터, 이사야의 시대였다. 그것은 나중에 이슬람에서 하나의 절정에 이르게 될 도덕적인 유일신론의 예언자적 전통이 기원한 시대였다.

그때부터 산업화된 근대가 시작될 때까지, 동반구의 도시문명 지역은 네 개의 문자화된 전통들에 의해 구별되는 핵심지역들에 의해 명확하게 연결되었다.[11] 그러나 이들 네 개의 전통들은 대단히 많이 변했다. 한동안 쐐기문자 이후의 이란-셈계 전통은 다른 셋에 비하면 상대적으로 약한 것처럼 보였고, 그것은 그리스문명 아래 혹은 인도문명 아래에 거의 편입되었다. 이런 현상은 그 지역에 대한 외래인들의 강박에 의한 것이라기보다는 이란-셈계의 영토 자체 내에서 일어나고 있던 변화의 한 측면으로 보아야 한다. 추축 시대의 끝무렵부터 나일에서 옥수스 지역에서는 거대한 쐐기문자의 전통이 새로이 아람어 같은 지역 내의 이란계 혹은 셈계 언어들에 의해 대체되지 않고 그리스어로 대체되었는데, 이것은 쐐기문자의 위세에 눌려 빛을 잃은 언어가 아니었으며, 비그리스적 문화배경을 가진 많은 지역

---

11) 나는 세계사적인 현상을 이루는 이들 문자화된 전통들 사이의 관계를 "The Interrelations of Societies in History," *Comparative Studies in Society and History*, vol. 5 (1963), pp. 227~250 에서 확실하게 보여주려고 했다.

민들에 의해서 상대적으로 세계시민적인 목적으로 사용되던 언어였다. 이러한 변화는 특히 쐐기문자의 전통 속에서 추축 시대의 중요한 성과들을 이루어낸 자연과학의 전통에서 두드러졌다. 그리스어는 이란의 왕궁에서조차 지배적인 문화어가 되었다. 나중에 (특히 불교에 의해서 전해진) 인도적 전통이 동반구에서 그다지도 널리 영향력을 미치게 되었을 때, 나일에서 옥수스 강 사이의 지역 대부분에서 산스크리트 문화는 그리스어에 필적하였다.

그러나 그리스어의 범람 속에서도, 이란-셈계의 전통은 추축 시대의 유일신 신앙의 예언자들이 이루어낸 성과에 기반하여 독특한 발전의 길을 좇았다. 그리스어의 문자화된 전통이 나일에서 옥수스에 이르는 문화의 많은 부분의 매개수단이 된 한편, 다양한 경로로 발전하고 있던 이란-셈계에 기원을 둔 새로운 전통들이 이 지역 도시민들의 마음을 사로잡았다. 그러나 이란과 셈족 지역의 중심지에서는 유일신 신앙이 특히 형성기적인 사회적 역할을 했다. 점점 더 이 지역의 문화적 삶은 일련의 자치적인 종교공동체들에 의해 분절되었고, 이들은 상대적으로 영역 국가의 구성에서 독립적이었고, 이들 중 다수는(예를 들면 상대적으로 대중적인 기독교 종파들) 어떠한 농경 귀족들에도 반대하며 평범한 도시민들과 공감했다. 우리는 이슬람이 이러한 공동체적 분절이라는 분열성을 극복하면서도 그것을 유지했음을 보게 될 것이다.

이와 같은 공동체적 분절은 당시 그 지역의 모든 문자화된 전통들에 영향을 주었다. 그리스어는 아나톨리아에서 이탈리아에 이르는 유럽 반도들에서 독보적이었다. 라틴어는 거기에서 수 세기 동안 문화적으로 부차적이고 모방적인 역할만을 담당했다. 산스크리트어는 북인도 평원에서 독보적인 존재였고, 산스크리트어의 여러 경쟁언어 중에서 일부 불교도에 의해 사용된 팔리어만이 제한적으로나마 독자적인 생명력을 가졌다. 중국어는 한 제국의 영토 전역에서 독보적이었다. 그러나 나일과 옥수스 사이에서는 어떤 언어도 그러한 지위를 갖지 못했다. 그리스어마저도 그러하였다. 비옥한 초승달 지대의 대표적인 셈계 언어인 아람어는 야곱파 기독교인들, 네스토리우스파 기독교인들, 그리고 유대인들과 서로 다른 문예언어를 형성했다. 기원후 처음의 수 세기 동안 이 지역 문화의 모든 측면들은 이러한 여러 문예언어 안에서 구체화되었는데, 이들 언어들은 단지 종교적 소속만 다른 것이 아니라 일반적인 문화적 지향에서도 달랐다. 그리하여 네스토리우스교적 형태의 아람어는 한 부류의 철학적 · 천문학적 전통을 유지하였고, 야곱파의 아람어는 또 다른 부류를 유지하였다. 그리고 사산제국시대의 페르시아어(Middle Persian)에서는 공식적인 종교였던 조로아스터교와 연결된 또 다른 철학적 종합이 분명히 시도되고 있었다.[12] 이러한 모든 전통들은 공통의 문화적 뿌리를 갖고 있었지만, 사람들은 "똑같은 언어를 사용하지는 않았다." 각각의 범위 안에서 가능한 문화적 통합을 이루어낸 유일신교의 신앙들은 서로 적대적으로 분리되어 있었으며, 그것은 동일한 정치적 우호관계 안에서도 그러했다. 비록 유일신교 전통의 하나인 기독교를 택하기는 했지만 그리스와 라틴 반도들의 일반인들 사이에서는 그와 비슷한 분열이 나타나지 않았다.

동시에 기원후 최초의 세기들이 지나는 가운데, 이와 같은 이란과 셈계 사람들의 역할은 동반구에서 상업적으로 그리고 정치적으로도 점점 중요해졌다. 단지 나일과 옥수스 사이에서만 그리스어가 (과학의 언어로서마저도) 여러 다른 공동체의 언어들에게 지위를 내주고 있는 것이 아니었다. 인

---

12) 이러한 다양한 조류들이 어떻게 아랍어에서 종합되었는가를 왈처(R. Walzer)가 요약한 글이 "Islamic Philosophy" *History of Philosophy East and West*, ed. Sarvepalli Radhakrishnan, vol. II, pp. 120~148 (London: Allen and Unwin, 1953)이며, 이것은 그의 *Greek into Arabic: Essays in Islamic Philosophy*(Cambridge: Harvard University Press, 1962)에 재수록되었다.

도와 지중해 분지를 잇는 광역의 상업 네트워크 속에서 그리스어는 상업적 중요성을 잃어가고 있었고 이란계와 특히 셈계 집단들이 전면에 등장하고 있었다. 동시에 이때는 서인도에서 그리스어의 사용이 중단되고 있던 시기고 나중에 무슬림들이 합류하게 된 역사적으로 유명한 유대와 기독교 공동체가 인도 남서 해변에서 형성되고 있던 시기다. 반대방향으로는 그리스가 지중해 분지의 본토에서 쫓겨난 것은 아니지만, 서지중해의 무역상들은 '시리아인들'과 유대인들로 간주되기 시작했다. 중앙 유라시아에서는 또한 인도의 영향력과 아람어 집단의 영향력이 백중세를 이루었다. 동아프리카 무역은 시리아와 연결된 셈계 사람들에 의해 지배되었다. 이란-셈계 문화의 팽창은 그렇게 무함마드보다 얼마쯤 전에 시작되었다.

이란-셈계 전통들과 그들의 드넓은 인도-지중해 지역들에서의 동시적 팽창은 부분적으로는 나일과 옥수스 사이 지역의 두 가지 특징에 의해 설명될 수 있는데, 이러한 특징들은 이슬람 시대에 더 두드러진다. 지중해의 반도들과 북인도의 평원과 비교하면 이 지역은 시간이 지남에 따라 어떠한 농경 귀족체제도 불안에 떨 만큼 충분히 메말랐다. 주변의 농토는 쉽게 경작되거나 혹은 경작이 중지될 수 있었고, 절망적인 농민들은 좀 더 유리한 조건을 찾아 여기저기 기웃거릴 수밖에 없었다. 아무튼, 나일에서 옥수스 사이의 대부분 지역에서는 유럽이나 인도 대부분 지역에서처럼 농민을 땅에 묶어 두기가 결코 쉽지 않았다. 이란-셈계 (그리고 그 후에는 이슬람권의) 사회는 그러므로 상대적으로 자유로운 농민에 입각한 것이었고, 이 농민들은 장원에도 카스트에도 얽매이지 않았다. (이 지역의 정치서들은 농민을 지나치게 착취하면 그들이 토지를 버리고 떠날 것이라는 경고로 가득하다.) 이에 상응하여, 농업에 기반한 향촌 지주들의 지위도 필연적으로 불안정해지기 쉬웠다. 이런 경향은 수천 년을 지나면서 북방의 말 유목민들 사이에서, 나중에는 남방의 낙타 유목민들 사이에서 독립적인 유목생활의 가능성이 개발

되면서 더욱 가속화되었다. 토지의 유목적 이용은 농경적 이용에 대해 항상 존재하는 대안이다. 사실 농민 일부는 최종적으로는 스스로 정주 목축민들이 되었다. 그들은 유목생활과의 연결을 유지하였고, 필요에 따라서는 유목으로 회귀할 준비가 되어 있었다. 그리고 궁극적으로 목축민 특권층은 기존의 농경 지배계층에 대해 항상적인 대안을 이루게 되었다.

농업에 기반한 향촌 지주의 지위는 일반적으로 다른 문화적 핵심지역들보다 덜 안정된 데 비해, 역시 일반적으로 말하자면 상업계층의 지위는 경제적으로 더욱 안정적이었다. 이는 그들이 특수한 힘의 원천을 갖고 있었기 때문이다. 다른 어떤 지역도 이곳처럼 동서남북의 여러 다양하고 광활한 지역과의 장거리무역의 결절지로 집중되어 있는 지역은 없었다. 이란 동북부 호라산의 니샤푸르와 발흐 같은 도시들을 통해 인도지역에서 외부로 나가는 교역의 대부분이 지나갔다. 그것은 카이베르 고개를 통해 서쪽으로 지중해에, 북쪽으로 볼가와 이르티슈 평원에, 동쪽으로 중국에 연결되었다. 이들을 통해 중국과 지중해 사이의 가장 많이 사용되는 육로가 지나갔다. 마찬가지로 이란 서부의 중심적인 도시들도 한편으로는 지중해, 다른 한편으로는 인도나 중국을 연결하는 무역을 수행했다. 그리고 남중국해와 카스피 지역 사이에서 이루어지는 무역의 대부분을 장악했고, 북방으로 볼가-돈 강 사이의 물길을 유지했다. 끝으로 비옥한 초승달 지역에서는 혹은 이집트의 바로 옆자리에서는, 먼 남중국해와 지중해 지역 사이의 그리고 북방의(유럽) 배후지와 남방의 수단에 이르는 여러 길들과 함께 위에 언급된 많은 육로가 한데 모이는 것이었다. 하나의 지역으로서 셈-이란계 영역은 광대한 변방지역만이 아니라 다른 거대한 핵심 문명권들—유럽의 충적 평원, 수단의 땅, 먼 동남아시아까지—하나하나와 직접적으로 접촉하는 단 하나의 핵심 문화지역이었다.

장거리무역은 도시민의 소득의 주된 원천이 되었던 적이 없다. 그리고 이런 모든 무역로가 전 시대를 통틀어서 동등한 중요성을 가졌던 것도 아니다. 그러나 수 세기 동안 이 지역 주요 도시의 지도급 상인들은 강력한 세계시민적 지향을 가질 수 있게 되었고, 종종 어느 시기의 지역적 농경조건에도 상대적으로 구애받지 않으면서 비교적 의지할 만한 부의 원천을 쌓아올릴 수 있는 기회를 갖게 되었다. 동시에 그들은 정치적으로 독립적이지 않았다. 농업에 기반한 전근대의 다른 사회들처럼 토지를 장악한 계층은 사회 전체에서, 넓은 영토에서 지배적인 지위를 가지고 있었다. 지중해의 해안에서 혹은 인도양의 해안에서처럼 여기저기서 상업도시들이 자치를 하곤 했지만 말이다. 대부분의 도시가 농경 배후지로부터의 대규모 군사작전에 상대적으로 노출되어 있었기 때문에 대개의 지역에서 독립적인 도시국가의 성립을 방해했고, 각 도시는 주변의 광역지역과 긴밀한 통합을 만드는 속에서 문화적 패턴을 만들어 나가지 않으면 안 되었다.

상업계층의 이와 같은 독립에의 제약이라는 경향은, 농경지 보유의 상대적 불안정성과 함께 시간이 지남에 따라 증가하였다. 아프로-유라시아의 도시문명 지역들을 관통하는 상업 네트워크는 수천 년에 걸쳐 꾸준히 — 여기서 '꾸준히'라는 것은 500년을 단위로 측정해 보았을 때의 이야기다 — 상대적으로 직접적인 접촉의 범위, 즉 무역의 다양성과 잠재적 중요성의 양면에서 모두 팽창해 갔다. 바빌로니아 시대에 비옥한 초승달 지역을 통한 장거리무역은 이라크와 시리아 사이의 무역과 거의 구별하기 어려웠다. 그리고 나서 좀 더 큰 상업 네트워크가 성립된 후에 그 네트워크 자체가 지속적으로 성장했다. 말레이시아의 섬들을 예로 들자면, 그들은 서력기원의 초기에 처음으로 동남해양 루트의 중계지점으로 열리게 된 후, 점차 다양한 산물의 중요한 산지로 발전하였고, 그 지역에서 도시문명이 발전하고 난 후에는 복합적인 시장으로 진화하였다. 시간이 지남에 따라 장거리무역에서 다루어지는 상품의 다양성이 증가했고, 그리하여 어떤 지역에서나 장거리무역의 중요성이 확고해졌다. 한편 장거리상업이 발전할수록 전체 무역망에서 어느 한 지역에 의존하는 정도는 줄어들었다.

물론 이러한 고려들은 부차적인 것이다. 나일에서 옥수스에 이르는 지역도 다른 지역들과 마찬가지로 일차적으로 농업에 기반한 사회를 유지하고 있었고, 따라서 농경사회라는 조건이 역사적 발전에 주는 모든 제약을 동반하고 있었다. 그럼에도 불구하고 앞에 설명한 이러한 조건들은 일반적으로 사회에서 농경의 역할을 줄이고 상업의 역할을 격상시키는 경향이 있었으며, 실제로 그러한 영향력이 있었던 것으로 보인다. 인도-지중해 지역들에서 지중해의 상업언어로 일찍이 두드러졌던 그리스어가 좀 더 중앙에 위치한 사람들의 언어들에게 자리를 내주게 된 것은 도시문화의 지역적 범위가 반구 전체로 확산되면서 점점 더 상업화로 기울어지는 세속적인 경향 때문이었다.

상업으로 치우치는 현상에 대한 더 재미있는 지표는 이란-셈계 유일신교들의 역사에서 추적할 수 있다. 시간이 지남에 따라 이러한 전통들 속에서 평등주의적이고 세계시민적인 경향이 점차 두드러졌다. 그들에게는 위계적이거나 귀족적인 유대관계를 거부하고, 지역의 자연에 얽매이는 상징들을 격하하며, 종교적 경험의 미적 혹은 감정적인 측면 대신에 도덕적인 규범을 강조하고, 다른 어떤 사회구조보다도 신도들의 구원의 공동체를 드높이는 경향 등이 있었다.

종종 그렇듯이 이러한 변화의 좀 더 민감한 지표는 예술에 자리하고 있었는데, 거기서 우상혐오의 대두가 명백한 윤곽을 드러낸다. 나는 유대인들과 많은 기독교인들(특히 단성론자들)의 경향만을 말하는 것이 아니다. 그밖에도 마즈다교인들 사이에서도 불 같은 추상적인 상징들을 사용하는 경향, 그리고 더 오래된 자연숭배와 결부된 이미지의 사용을 귀족들 집단에서 제한하게 된 것도 들 수 있다. 그랬기 때문에 사산왕조 정권의 붕괴와 함께 그러한 요소들은 조로아스터교도들 사이에서 거의 자취를 감추게 되었다. 우리가 보게 될 것처럼, 이러한 컬트 이미지들은 간혹 귀족적 사치와 결부되거나, 유일하고 도덕적인 신보다는 자연신들의 숭배와 결부되어 있었던 것으로 보인다. 그러나 어찌되었든 그들은 점점 더 여러 종교 집단들에게 거부되었고, 마즈다교와 관련해서도 그러했다. 그리고 신의 좀 더 추상적인 상징화에 대한 강조와 함께 인간의 사회적·문화적 노력의 단 하나의 정당한 통로로서 종교공동체의 충만함도 강조되었다. 이는 모든 문화적 삶이 이러한 공동체와 그들 공동체의 언어로 흘러 들어가게 되었다는 것을 의미한다.

기원후 첫 천년기의 중반에는 나일과 옥수스 사이의 지역에서 이란-셈계의 사람들이 팽창하는 아프로-유라시아 도시문명 복합군 속에서 점점 더 두드러진 존재가 되고 있었다. 내부적으로 그들의 문화는 모든 핵심지역들에 공통되는 종교적 지향에 영향력 있는 변수가 되었다. 그들은 추축시대의 예언자적 충동을 점점 더 종교공동체와 연관된 경로를 통해 구체화하고 있었고, 거기에는 점증하는 평등주의적, 세계시민적 편향성이 개재되어 있었다. 그 편향성은 상대적으로 뿌리없는 존재인 상인들에게 특히 잘 들어맞았는데, 그들은 자연과 자연신들과는 별로 관계가 없었고, 귀족적 우월성과 미묘함을 불신했고, 향촌 지주들로부터 자율적인 사회조직을 선호했고, 평등주의적인 시장윤리를 강력히 필요로 하고 있었다. 이 지역의 주된 제국인 (비옥한 초승달 지역의 시리아 쪽을 제외한 모든 이란-셈계 중심지역을 통치하고 있던) 사산제국은 사실상 귀족적이고 농경적인 형태의 유일신교 전통 위에 입각해 있었다. 조로아스터의 사제집단은 높은 귀족계급을 형성하고 있었다. 그러나 이 제국은 도시에서의 덜 귀족적인 공동체들의 존재를 인정하는 것은 물론이고 더 나아가서는 우위마저도 용인해야 했다. 그리고 마지막 세기에 제국은 심각한 종교적·정치적 격변을 겪었는데, 이

로 인해 제국의 기반이 되었던 향촌 지주계층의 지위는 크게 잠식당하고 만다.[13]

이때 등장한 이슬람은 단지 새로운 공통의 신앙을 만들어냈을 뿐 아니라 사산왕조를 대신할 새로운 정치체를 만들어내었다. 이 새로운 종교와 정치체는 둘 다 상당부분 세계시민적인 관념을 가지고 있던 상인들의 작품이었다. 장거리무역에 연계된 독립적인 상업도시의 한 상인(메카의 예언자 무함마드-옮긴이)으로부터 시작한 이슬람은 상당히 복합적인 정치적 운동의 구심점이 되었다. 이 운동의 한 조류는 메카인들이 시리아와 예멘 사이의 무역로를 장악하기 위해서 이미 건설해 놓은 정치 경제 체제의 확장이었다.[14] 메카의 번영은 무함마드 당시 로마의 영향권 안에 있었던 시리아 무역로의 부족민들의 도움으로 이루어진 것으로 보인다. 그러나 메카는 베두인족의 아라비아를 둘러싼 세 농경 세력의 중심지들—이라크, 시리아, 예멘—로부터 공들인 중립성을 유지함으로써 번영하고 있었다. 무함마드가 부족들의 접촉으로 이루어진 메카 체제를 접수했을 때 그는 서아라비아 무역로의 시리아 쪽 끝에 있던 부족들을 그 안으로 흡수하려고 노력하는 데 특히 주의를 기울였다. 그들은 우연히도 로마 군사력의 공급원이었다. 무함마드의 후계자들이 마침내 그 부족민들을 복속시켰을 때 전 시리아가 항복했고 그 후로는 이슬람의 충실한 협조자가 되었다. 이를 기반으로 다른 정

---

13) 이러한 사건들을 세계사적 관점으로 분석하려는 가장 야심적인 시도는 알트하임(Franz Altheim)의 *Utopie und Wirtschaft* (Frankfurt am Main: Klostermann, 1957)인데 그것은 본 논문과는 매우 다른 결론에 도달했다. 그 책은 세부 사항을 자의적으로 해석하였을 뿐 아니라 지나치게 도식적이다. 예컨대 무함마드에 대한 분석은 이상하리만치 시대착오적이다. 그러나 시사적인 자료들이 제공되어 있다.

14) 라멘스(H. Lammens)의 여러 저작들, 특히 *La Mecque a la veille de l' begire* (Beirut: Imprimerie catholique, 1924)는 메카 체제의 포괄적인 측면들을 지적하였는데, 지나치게 과감한 추론으로 가득하여 당연히 비판받았다. 그러나 그의 저서들의 주요한 결론들은 여전히 유효하며 그 이후의 동일한 맥락의 연구들에 의해 완전히 대체되지도 않았다.

복들이 이루어질 수 있었던 것이다. 결과적으로 초기 무슬림제국은 메카의 제일가는 상인 가문(우마이야 가문)에 의해 시리아로부터 통치되었고, 그들은 특히 시리아 무역에 종사했던 가문이었다.

그러나 나는 주로 이슬람의 성립이 검은 눈의 처녀들 이야기로 자극받아 순교의 길을 걷는 유목민에 의한 여러 차례의 전쟁의 물결에 의한 것이라고 단순하게 단정지을 수 없다는 것을 상기시키려고 위의 논점들을 언급한 것이다. 그런 생각은 생태학적으로나 심리학적으로 극히 개연성이 적다. 사실 정복의 순간에 어떤 형태를 띠었더라도 무슬림제국의 첫 번째 세기는 사산왕조와 비슷한 이란-셈계 농경제국으로의 점진적인 재구성의 역사였다. 그러나 이슬람의 도래는 여러 가지 지속적인 차이를 만들어냈다. 정복이라는 특수한 상황 때문에 평균 이상으로 큰 폭의 신분이동이 도입되었다. 동시에 옛 사산제국의 지역적 범위는 좀 더 확대되었다. 부분적으로는 이것 때문에, 그러나 또 다른 한편으로는 다른 사회적 요소들의 압력 때문에 옛 사산왕조의 지주들은 비록 이슬람으로 개종했지만 우위를 잃고 말았다. 사실 효과적인 농경적 관료제 질서를 유지하려는 노력은 부분적으로는 아랍의 정복이 초래한 높은 신분이동성이라는 조건 아래에서는 행정부문의 세계시민적인 상업적 요소를 배제하는 것이 불가능했기 때문에 완전히 실패하고 만다. 장기적으로 (945년까지를 염두에 두고 보면〔호지슨은 칼리프 제국의 전성기가 945년에 끝나고 그 후에는 분열적인 중간시기가 시작되었다고 보았다-옮긴이〕) 이것은 이란-셈계 제국의 전통, 그 자체가 붕괴함을 의미했다.

그러나 이런 일은 아마도 종교로서 이슬람 자체의 좀 더 긍정적인 효과들로 인한 정치적 유동성의 강화 없이는 일어나지 않았을 것이다. 이슬람은 이란-셈계 유일신 신앙 안에서 자라나고 있던 도덕주의적, 평등주의적, 공동체적 경향들을 훌륭하게 완성해냈다. 사실 베두인 아라비아는 여러 유일신교 전통들의 선교의 장 같은 곳이었고, 나일 강에서 옥수스 강까지의 지역을 다양한 문자화된 전통들로 분열시키게 되는 공동체적 다원성을 가장 직접적으로 보여주었다. 민감한 관찰자라면 어떻게 여러 예언자적 전통들이 서로 모순되게 되었는지 곧 알게 될 것이다. 앞서 지적한 바와 같이 쿠란의 상당부분은 여러 공동체적 전통들을 거부하고 오직 하나의 신, 아브라함의 신에게만 귀를 기울이라는 권유로 읽을 수 있다. 그러나 이슬람은 그 자체 내에 효과적인 공동체주의를 갖고 있었다. 이미 무함마드의 시기에 발전해 있었듯이, 이슬람은 신성한 도덕적 규범에 봉헌된 전적으로 평등한 공동체의 이상을 비할 바 없이 완벽하게 완성한 것처럼 보였다.

위와 같은 정복의 특수한 상황 속에서 이슬람은 자율적이고 전체적인 공동체로서 더욱 발전해 나갔다. 일련의 사회적 이상들로 이슬람을 발전시키려던 사람들은 곧 자신들이 무함마드의 정치적 유산을 발전시키던 사람들, 특히 이슬람사회를 농경적인 절대주의 제국으로 조직하려는 경향의 사람들과 심각한 대립 속에 있음을 깨달았다. 이슬람적 이상주의의 대표자들이 외견상 성공적인 혁명(749~750)에도 불구하고 이슬람적 권력의 대표자들을 자신들의 방향으로 이끌어올 수 없다는 점을 알게 되자, 그들은 적어도 상대편을 해롭지 않도록 만드는 데 착수했다. 이슬람의 샤리아 법은 대체로 자신의 사적인 삶만이 아니라, 사회의 전체적 질서 부과를 위한 개인적 책임의 표현이다. 공공기관 같은 것은 완전히 배제되었다. 모든 것은 공동체 전체의 책임이었고 따라서 그것은 그 공동체를 구성하는 개인들의 책임이었다. 칼리프의 역할이 있을 수도 있지만, 그것은 원칙적으로 최소한에 그치는 것이었다. 충분한 인원의 무슬림들이 있는 곳이라면 어디든지 샤리아는 그들이 필요한 모든 측면에서 완전히 정당한 그들만의 사회구조를 이루는 것을 허락할 것이다. 그리고 샤리아 법의 권위는 (비록 다른 여러 종류의 법이 그것과 동시에 사용되었지만) 대단한 것이었기 때문에 그것의 효과를 중화시킬 수 있었을지도 모르는 다른 어떤 대안적 제도도 정통성을 얻지 못했고 따라서 장기적으로 유지될 수 없었다.

샤리아 법이 사적인 개인들의 사적인 주도권에 의해 형성되고 유지되었기 때문에 통일성과 예측가능성을 보장하기 위해서는 특별한 조건을 달아놓아야 했다. 어느 법률가나 그 자신이 한 줌도 안 되는 기성의 법학파들 중 어디에 속하는지를 밝혀야 했고, 어떤 특수한 쟁점에 대해 그가 속한 유파의 다수인원이 과거에 합의를 했을 경우 그는 그 합의를 따라야 했다. 그와 같은 의무는 지나친 엄격성을 강제하는 것으로 생각되어 왔다. 그러나 기본적인 교재를 보지 않고 법적 결정들의 권위 있는 선집들을 보면, 각각의 주요한 법학파들이 전근대의 필요를 따르기 위해서는 변화하는 상황에 충분히 빠른 속도로 적응하기 위한 길들을 찾았음이 드러난다.

샤리아 법의 이러한 자율성과 배타성은 칼리프국 자체를 포함하여 어떤 농경적 절대주의 권위의 정당성이라도 잠식했다. 그러나 또 다른 결과가 대체로 이것을 보상해 주었다. 종교 공동체 자체에 사회의 기반으로서 생명력 있고 전체적인 정치적 역할을 준 것이다. 이는 이란-셈계 사람들에게 마침내 그들의 여러 종교공동체들이 시작한 지 오래된, 농경에 기반한 어떤 정부에라도 대항할 수 있는 인민주의적 도시의 이상을 대변하는 자신들의 전통들을 실을 수 있는 공통의 수단을 제공하였다. 이슬람적 틀과 아랍어 안으로 이란-셈계 유산의 상대적으로 활력 있는 요소들의 대부분이 도입되었고 종종 직접 번역되었다. 이 중에는 물론 유일신교의 요소들(오래된 민담들과 훨씬 더 엘리트적인 지혜의 대부분이 이슬람적인 겉포장을 입게 되었다)도 있었다. 그러나 그 밖에도 문학, 역사, 과학, 철학이 있었다. 네스토리우스교도들과 단성론자들은 무슬림으로 개종하지 않은 경우에도 아랍어로 의학논문을 썼다. 궁극적으로 나일에서 옥수스까지의 지역은 다른 지역들과 마찬가지로 공통의 문어(文語)를 가지게 되었다. 이 언어는 바로 예언자적 유산에 입각한 것이었다. 그리고 이제 이전에 그 지역을 분열시켰던 그 공동체주의가 지역을 통합하였다.

무슬림의 샤리아 법은 오래된 경향들 중에서 가장 급진적인 것을 대표한다. 이 법은 매우 평등주의적이었고 아마도 그렇기 때문에 계약주의적이라고 불릴 수 있을 만한 것이다. 아주 넓은 범위의 관계들이 책임 있는 개인들 사이의 계약에 맡겨졌고, 이론적으로는 모든 정치적 범위마저 포함하였다. 원칙적으로 어떤 사람도 그가 무슬림공동체 대표자들의 협약을 통해 받아들여지기 전까지는 본격적인 의미에서 통치자가 될 수 없었다. 그리고 그때도—역시 원칙적으로는—공적인 의무들을 다하지 못할 경우에 그 의무는 잠재적으로 모든 무슬림들의 의무가 되었다. 좀 더 일반적으로 요점을 말하자면, 사회의 지배 기관들은 고정된 상속에 입각해서 채워지는 일이 절대 없었고, 특정 집안에서 배출되는 경우에도 보통 지명이나 협의를 통해 이루어졌다. 나일과 옥수스 사이 지역의 양쪽에 접해 있던 두 개의 거대한 '우상숭배' 지역이었던 유럽과 인도에서 그다지도 중요했던 태생에 의해 얻어지는 지위는 샤리아 법에서는 놀랄 정도로 미미하였다.

태생에 의한 지위가 상대적으로 중요한 역할을 했던 혼인법에 있어서도 이러한 평등주의적 계약주의가 반영되어 있다. 결혼은 신성한 일이 아니었으며 단순한 계약에 불과했다. 무슬림과 서구법은 공통의 규범이라고 부를 만한 것에서부터 서로 반대 방향으로 멀어져 갔다. 전근대 사회에서 부유한 남성들은 종종 여러 명의 여성 배우자들을 유지했는데 그들 중의 하나는 일반적으로 안주인으로서 특별한 지위를 가졌고 나머지는 부차적인 지위를 가졌다. 서구인들에게 이 부차적인 배우자들(이들은 물론 서구에서 "정부"라는 존재로 계속되었다)은 천한 창녀들과 다를 바 없는 것으로 간주되었다. 원칙적으로 (비록 항상 현실이 그랬던 것은 아니지만) 그녀들의 자식들은 아무런 권리를 가질 수 없었다. 모든 권리는 집안의 이혼 불가능한 안주인과 그녀의 자식들 차지였고, 특히 그녀의 장남이 많은 권리를 가졌다. 무슬림들에게는 집안의 이혼 불가능한 안주인이라는 특수한 지위가 제거되었다. 원칙적으로 어떠한 배우자도 차별을 받지 않았다. 그들 모두와 그들의 자식들은 서로 완벽하게 평등했고, 결혼 계약상 서로 다른 합의가 있었을 경우에 한해서만 그들에 대한 대우가 법에 어긋나지 않고도 차이가 있을 수 있었다.

그러한 평등적 지향은 지주 귀족의 물려받은 권위를 거의 남겨 두지 않았고, 넓게 말하자면 그런 결과 중 하나는 여전히 공통의 지휘관을 요구한다고 인정되던 정부의 업무들을 군사부문에 내던지듯 맡겨 버린 것이다. 무슬림들 사이에서는 "군인들이 땅을 갖는다"고 하지 "지주들이 군사계층을 형성한다"고 하지 않는 것이 오래된 특징이다. 그러나 이러한 점은 무슬림공동체 전체와 특히 상인계층에게 주어진 엄청난 유연성에 의해 보상되고도 남았다. 이슬람의 초창기에 샤리아 법을 처음 만들어낸 사람들이 대부분 상인들이었다는 점은 명백하다. 샤리아 법을 연구한 학자들, 즉 울라마는 종종 상인 집안 출신이거나 그 자신이 상인이었다. 이 법의 가장 충실한 지지자들은 상인계층이었다. (사실 이들은 종종 다른 종류의 법과 혼용되지 않고 일차적으로 혹은 배타적으로 샤리아로 다스려진 단 하나의 집단이었다.) 모든 무슬림 영역에서 샤리아가 오래도록 누렸던 정통성의 단 하나의 원천으로서 (이해하기 어려운) 지위는 사실 상업성의 승리였다. 당시는 농경에 기반한 시대였고, 소수의 도시국가를 제외하면 주된 권력은 항상 토지를 장악한 사람들의 손안에 있었다. 그러나 이러한 사람들도 샤리아 법을 단 하나의 유효한 규범으로 인정하도록 강요받았고, 그들 자신의 여러 군사법은 기껏해야 부차적이고 임시적인 것이었다. 대부분의 지역들에서 상인계층은 국지적인 독립을 얻은 것은 아니지만 사회 전체 안에서 일종의 거부권을 갖고 있었다.

그러한 결과, 무슬림 시대의 대부분 기간 동안 이란-셈계 사회는 모든 '정치적' 경계선을 넘어 하나의 유기체적 단일성을 유지하였다. 무슬림사회가 원래의 이란-셈계 사람들의 경계를 훌쩍 뛰어넘은 16세기경이 되면 새로운 종류의 제도들이 등장한다. 그러나 적어도 그때까지는 인도에서와 같은 카스트나 서구에서와 같은 도시자치체 등 그 어떠한 좁은 법인적 실체도 영속적인 지위를 인정받지 못했고, 길드마저도 상대적으로 취약했다. 비잔티움이나 중국에서와 같이 어떤 관료적인 국가 행정기구가 지나치게 큰 지배력을 갖지도 못했다. 계약과 후원으로 이루어진 개인적 유대관계를 통해 움직이고 어디에서든 모든 무슬림들이 지키도록 되어 있는 공통의 보편적인 법에 의해 지배되면서, 도시사회는 독자적으로 자기의 길을 갔다. 물론 그들은 궁극적인 권력을 갖고 있는 도시 주둔군에게 어느 정도 의존할 수밖에 없었지만, 주둔군의 핵심적 기능은 도시 내에서 경쟁 파벌들 사이의 유혈사태를 예방하는 것이었다.[15] 모든 무슬림에게 그가 어디에 가든지 즉각적인 법적 지위를 보장하였던 샤리아 법에 의한 외적 결속은 수피즘의 내적인 결속을 통해 보완되었다. 즉 의식의 영적인 훈련에 따른 결속이었다. 수피즘의 설파자들은 보편적으로 존경받았을 뿐만 아니라 조직적인 패턴—수피 교단—을 만들어내기도 하였는데, 그것은 샤리아 법의 계약주의에 완벽하게 부응하는 것이었다. 교회나 단단히 조직된 수도원 교단의 혜택 없이도 그들은 경건한 마음을 가진 보통의 무슬림들에게 일종의 영적인 모험의 느낌을 보편적으로 전파시킬 수 있었다.

무슬림사회는 다른 모든 농경에 기반한 사회들처럼 계층화되어 있었다.

---

15) 이라 라피두스(Ira Lapidus)는 *Muslim Cities in the Later Middle Ages* (Cambridge, Mass.: Harvard University Press, 1967)에서 맘루크 시리아에서 도시 주둔군들이 어떻게 계약과 후원으로 이루어진 도시 구조 안으로 끌려 들어갔는지를 연구하여, 깁(H. A. R. Gibb)에 의해 연구된 점령 주둔군의 민간 생활과의 분리에 대한 기본적인 분석을 보충하였다.

그러나 상대적으로 말하자면, 특히 16세기 이전에는 놀라울 정도의 사회적 신분이동이 있었고 또한 지리적 이동도 있었다. 무슬림 역사에서 거의 모든 유명한 사람들은 멀리까지 여행을 했다. 군사 지휘관 같은 사람들도 한 곳에서 패배하면 그들의 군대를 이끌고 먼 지역으로 가서 대신 거기에 주둔하기도 하였다. 따라서 무슬림이 정착하는 모든 곳에서 무슬림 사회의 기틀과 문화가 세워졌는데, 그것은 한편으로는 이민에 의해 한편으로는 지역주민들의 개종에 의해 이루어졌다. 일단 비무슬림 영토에서 샤리아 법에 의해 자동적으로 다스려지고 수피즘을 통해 내적인 응집력을 부여받는 핵심집단이 만들어지고 나면, 무슬림의 단결이 정치적인 힘으로 등장할 때까지 기다리기만 하면 되었다. 그러고 나서 무슬림들이 한 지역에서 지배적인 엘리트가 되고 나면 모험심이 강한 사람이나 야심가들의 개종이 자연스럽게 뒤따랐다. 대체로 이슬람의 원칙에 반대되는 데도 일어난 폭력에 의한 개종도 있었지만, 그것은 이슬람의 팽창에서 아주 미미한 부분이었고 불필요한 일이었다.

셈과 이란계통의 사람들은 이슬람의 도래 이전에도 아프로-유라시아에 자신들의 존재를 증명했다. 그리고 우리는 이제 아프로-유라시아 역사복합체 전체에서 이슬람이 했던 역할을 어렴풋이 볼 수 있다. 이슬람은 그 종교적인 이상의 측면과 사회적인 패턴에 대한 영향력이라는 측면에서 평등적인 계약주의와 사회적 신분상승을 장려하는 이란-셈계의 특성을 강화시켰다. 이슬람은 하나의 전체를 이루는 도덕적 사회로서 종교공동체가 갖는 초지역적인 자율성을 매개로 그렇게 하였다. 그 이외의 사회규범에 대해서는 정통성을 부정함으로써, 이슬람은 이란-셈계의 문화적 전통이 반구 안에서 널리 받아들여지는 데 도움이 되는 제도들을 발전시키는 것을 장려했다. 무슬림들은 어떤 정치체제에도 구애받지 않고 지역적인 혹은 국제적인 단합을 이룰 수 있었고, 나일에서 옥수스에 이르는 지역으로부터 여러 이

주민들의 기술과 관습을 배울 수 있었을 뿐 아니라 도처에 있는 개종자들의 재능과 지역적 전문지식으로부터도 배울 게 있었다. 그리하여 무슬림들은 초기 칼리프제국이 그 제국의 내부에서 형성된 새로운 사회적 틀에 의해 잠식당해 붕괴할 때였던 10세기, 바로 그때 대단한 팽창을 시작할 준비가 되어 있었다. 그러한 팽창은 곧 반구의 거의 모든 부분에 도달하였고, 원래 칼리프제국의 경계를 훨씬 넘어서서 이슬람권의 영역을 세 배로 넓혀 놓았다.

이러한 사회적 유연성은 세련되고도 무엇보다도 세계시민적인 상층문화에 의해 강화되었다. 아랍어로 (나중에는 페르시아어로) 옮겨지는 과정에서 창조적으로 재구성되어 펼쳐진 이란-셈계 상층문화의 전통들은 쉴새없이 변화하는 사람들에게 인문과 자연의 방대한 문화유산을 제공했다. 이는 단지 여러 종류의 이란-셈계의 유산―그 속에는 원래 그리스적인 구성요소들까지 포함되어 있었다―자체에만 입각한 것이 아니라, 인도와 중국의 전통 중에서 가장 쉽게 유출할 수 있어 보이는 것들에도 기반하였다. 그리하여 한동안 무슬림 천문학자들은 그들 자신의 바빌론과 그리스 유산만이 아니라 산스크리트 문화의 발전도 참고하여 그 위에 자신들의 업적을 더했으므로, 라틴 서구에서 중국에 이르기까지 모든 지역 천문학자들의 스승이 되었다. 그리고 무슬림 수피들(혹은 신비주의자들)은 아마도 우주 안에서 인간 의식의 위치에 관한 한 아마도 가장 세련된, 그리고 확실히 가장 보편적으로 사고하는 탐구자들이었다. 또한 페르시아 시문학의 풍부한 전통과 추상적인 미술도 보편적인 흡인력이 있다는 점이 드러났다.

이 중 어떠한 것도 엘리트 성직자 층이나 다른 특수한 지위의 집단에 묶여 있지 않았다. 교회나 카스트에 얽매이지 않았지만 이러한 유산의 담지자들은 스스로를 대단히 잘 훈련시켰기 때문에(절도를 지켰기 때문에) 모든 사람에게 열려 있다는 것이 지적인 무질서로 이어지지는 않았다. 샤리아 법의 보호자들은 샤리아와 함께 공식적이고 일반적으로 받아들여지는 지적 유형들을 제시했고, 가문의 배경이 전제로 요구되지 않은 상태에서 공부를 시작하게 되는 평범한 사람들은 그런 유형들에 의해 계도되었다. 이런 것들은 그 성격상 매우 실제적인 것이었고 무미건조하게까지 느껴지는 것이었다. 미묘하거나 역설적인 것은—생각의 미묘하고 상징적인 영역은 더더욱—확연히 밀의적으로 유지되었고, 공개석상으로부터 숨겨졌다. 어떠한 배경을 가진 사람이나 그러한 공부를 할 수 있었지만, 그것은 그가 스승으로부터 능력이 있다고 인정받았을 때에 한하였다. 물론 이러한 특성 때문에 우리 같은 현대 학자가 그 문화를 재발견하는 일은 쉽지가 않다.

이슬람과 그에 관련된 사회적·문화적 패턴들이 셈과 이란계통의 사람들 사이에서만 역동적인 경향들을 강화한 것은 아니다. 원래의 체제 안에서는 상대적으로 미약했던 다른 지역의 비슷한 문화조류들에도 직접적으로 그리고 선택적으로 영향을 미쳤다는 증거가 있다. 불교는 일찍부터 인도의 전통 속에서 대중적이고 평등주의적이며 아마도 상업적인 측면에서 대중에게 다가갔던 것으로 보이며, 그것은 아마도 어느 정도 이란-셈계의 전통 속에서 덜 귀족적인 유일신교의 매력에 상응하는 것이었으리라. 신드, 벵골, 그리고 아마 옥수스 분지에서 자바에 이르는 다른 지역들에서도 지역 주민들의 많은 불교적 요소들을 이슬람이 물려받았다는 인상을 받는다. 불교가 그 자체의 교리에도 불구하고 비교적 귀족적인 산스크리트 자연신들과 사회적 형태에 여전히 종종 관련되어 있던 것에 비해, 아마도 이슬람은 지역 주민들의 영적이고 사회적인 필요를 더 완전하게 채워주었을 가능성이 높다.

그러고 나서 이슬람의 팽창은 세 가지 유형의 지역으로 전개되었다. 이슬람은 대부분 주요 장거리무역로를 따라갔다. 특히 인도양 분지를 돌아서, 중앙 유라시아를 건너서, 그리고 사하라 사막을 넘어갔다. 이러한 무역로 주변에서 상인들은 문화적으로 특별한 중요성을 지녔고, 대부분의 상인들은 무슬림이었다. 이러한 종류의 지역에서 그들의 강력한 경쟁자는 오직 서유럽인과 중국인밖에 없었고, 그들도 제한된 지역에서만 경쟁할 수 있다는 점이 증명되었다. 또한 이슬람은 도시문명적 삶에 개방된 지 얼마 안 되는 변방지역에서 채택되는 경향이 있었는데, 그런 지역에서는 종전에 편협하고 부족적인 신앙이 지배적이었고 좀 더 넓은 지평선이 열리는 것을 이해하기 위해서 종교적인 각성이 요구되고 있었다. (그런 지역들은 무역로의 배후지와 종종 일치하였다.) 사하라 남부의 아프리카에서, 볼가와 이르티슈 강 유역에서, 말레이시아 섬들에서, 벵골과 심지어 중국의 운남 같은 주변적 지역에서도 그런 일들이 일어났다. 끝으로, 이슬람은 가장 오래된 문명의 땅들을 정치적·사회적으로 지배하게 되었다. 산스크리트 문화의 오랜 핵심지역인 북인도, 헬레니즘 문화의 오랜 핵심지역의 대부분을 차지하는 아나톨리아와 발칸 반도들을 지배하게 된 것이다. 그 지역이 정복된 후에 그 정복을 강화하고 돌이킬 수 없는 것으로 만들기 위해 무슬림적인 틀이 나중에 도입되었다. 16세기가 되면 대부분의 동방 기독교인, 힌두교인, 테라바다(Theravada) 불교도들은 그들이 대체로 이슬람풍의 세계에 둘러싸여 있음을 느끼게 되었다. 이 이슬람풍의 세계는 무슬림의 취향과 기준이 힌두의 비자야나가르나 노르만의 시칠리아 같은 독립 왕국들에게까지 흔히 영향을 미쳤다.

확실하게 역동적인 점만 참조하여 아주 넓게 말하자면, 아프로-유라시아의 역사에서 이슬람의 역할은 상업의 우세와 관련된 도시적이고 공동체적인 관념들에게 (비록 가장 주된 역할은 아니더라도) 핵심적인 역할을 부여하면서, 이란-셈계 문화의 비교적 평등주의적이고 세계시민적인 경향들을 제도화하였다고 할 수 있다. 이는 이란-셈계의 전통들이 반구 전체에 걸쳐 공통의 신앙으로 결속된 하나의 질서 아래 퍼져나갈 수 있도록 해주었다.

이 사회질서는 마침내 반구의 다른 사회들 위에 입각한 넓은 세계사적 맥락의 주요한 일부를 구성했다. 아프로 - 유라시아 땅덩어리의 가장 서북쪽 끝과 가장 동북쪽 끝에 있는 반구의 다른 사회들만이 이슬람에 대한 적절한 대안을 제공할 수 있었다. 그렇다면 우리는 이슬람권 역사의 중간시기, 즉 945년(칼리프국의 파탄)과 1500년(크고 새로운 관료적 제국들의 등장) 사이의 세기들을 그들의 분권화와 군사화에도 불구하고 쇠퇴기였다고 볼 수 없다. 당시 이슬람권 사회가 갖고 있었던 대단한 팽창의 힘은 이 분권화된 체제가 정치적으로도 비범하게 성공적이었음을 보여준다. 그것은 이 체제가 점점 더 세계시민적이 되어가는 세계의 필요에 부응했기 때문이다. 이슬람 자체와 그 칼리프국을 만들어낸 것은 바로 문화적 조류들의 강력하고도 효과적인 발전이었다. 이슬람 이전에 나일과 옥수스 사이에서 일어난 공동체적 발전을 놓고 보면, 칼리프국의 융성기는 (어떻게 보면) 거의 하나의 간주곡이었다고 볼 수 있다. 즉 사산제국의 농경 왕정으로부터 이 지역에 오래전부터 점점 알맞게 되어가고 있던 좀 더 분권화된 사회적 질서와 그것이 갖는 특별히 팽창적인 힘과 창조성으로의 이행이었다고도 볼 수 있다.

문화적으로도 마찬가지로, 초창기 이후의 이슬람권의 예술 혹은 문학의 형태들을(특히 당시 아랍어 문학보다 더 널리 영향력 있던 페르시아 문학을) 혹은 종교 사상이나 관행을 단순히 그것들이 우리가 높이 평가하는 익숙한 평가 잣대와는 다른 필요에 부응했다는 이유만으로 쇠퇴기의 유산이라고 평가하며 지워버리는 일 앞에서 우리는 망설여야 한다. 비록 그 전 시기보다 덜 신나게 혁신적일지라도 초창기 이후의 이슬람권 문화가 좀 더 내실 있고 성숙했으며, 아마 더욱 지속적으로 가치가 있었을 것이라고 주장할 수도 있다.

예를 들면, 우리는 그 이후 2세기 동안 그렇게 많은 사상의 출발점이 되었던 이븐 알 아라비(1240년 사망)의 사상은 기존에 우리가 생각했던 수동적인 일원론이 아니라, 무한히 의미 있는 우주 안에서 소우주로서의 인간 개인이 활동의 모든 영역에서 방대한 잠재력을 부여받았다는 내용이 들어 있는 강력하고 고무적인 종합이었던 것이다. 그의 팽창적이고 낙관적인 무드는 라몬 룰(Ramon Lull: 1232~1315, 스페인 카탈로니아의 시인, 철학자, 소설가-옮긴이)에게 알려졌고 그것은 룰의 찬미자였던 브루노(Giordano Bruno)를 통해 베이컨과 서구의 근대인들의 팽창적인 사고에 간접적으로 공헌했을지도 모른다고 상상해 볼 수도 있다. 물론 그것은 14세기 후반에서 15세기에 걸친 무슬림 자신들의 개혁과 혁명을 향한 낙관적 노력의 놀라운 물결에 공헌했다. 당시에는 귀족적인 요소들이 티무르라는 잔혹한 보호자를 얻었고, 예술적으로 재능 있는 티무르의 후손들은 전부 다 비실제적이지는 않았던 천년왕국적인 혹은 도덕폐기론자적인 이상주의자들의 일련의 과감한 반란과 싸워야 했다.[16] 15세기 후반에 볼 수 있는 페르시아풍 문화의 찬란함은 지금 아프가니스탄의 유명한 궁정에서 집약적으로 볼 수 있는데(이것은 우리에게 동시대 이탈리아 르네상스기의 피렌체를 상기시킨다), 이는 그 문화의 '마지막으로 몰아쉬는 숨결'이 아니라 다른 방면에서도 역시 활력에 넘치는, 16세기의 위대함 속에서 자연스럽게 발전된 문화의 한 중심적 표현이었다.

칼리프국으로부터 등장한 무슬림 사회질서는 상업적인 사회에 특별히 잘 맞는 것이었다. 그러나 다른 건강한 체제와 마찬가지로 이 체제도 고질적인 약점이 있었다. 지역 내의 어떤 동업조직이나 일반적인 정부조직의 설립이 불안정했다는 점이다. 그 조직들은 무슬림의 관점으로 볼 때 샤리

---

16) 장 오뱅(Jean Aubin)은 "Comment Tamerlan prenait les villes," *Studia Islamica*, vol. 19(1963), pp. 83~122에서 티무르가 의존했던 정치적 구조를 설명해 준다. 그리고 중앙 지역들에서의 천년왕국적 운동을 향한 수피즘 조직들의 점진적인 경도의 많은 예 중 하나가 몰(J. Mole)의 "Les Kubrawiya entre Sunnisme et Shiisme aux huitieme et neuvieme siecles de l' hegire," *Revue des Etudes Islamiques* (1961), pp. 61~142에 나와 있다.

아 안에서의 비정통성 때문에 기반을 잠식당했다. 중국이나 비잔티움 혹은 심지어 서구 유럽과 비교를 통해 보아도, 이 지역의 군사화된 정부들은 자의적이고 예측 불가능한 경향을 띠었다. 단지 투자가 일반적으로 분산되고 이동이 가능하기만 하면 상인들이 했던 투자들은 그러한 환경을 비교적 잘 견뎌낼 수 있었다. 산업에 대한 투자는 한 지점에 고정되게 되고 지속적이고 개명한 정부의 보호를 요구하므로 덜 선호되었다. 농경시대의 후기가 되면 이 특별한 약점을 더욱 중요하게 만드는 새로운 조건들이 피부로 느껴지기 시작하였다. 아프로-유라시아의 상업복합체가 그 최대한의 범위와 복합성에 도달하고 있었고 반구 전체에서 개발된 기술들의 지속적인 축적이 그 안에서 점진적으로 확산되었을 때, (아마도 그 결과로) 모든 지역들의 기술적 자원이 수메르 시대와 비교해서 대단하게 바뀌었다. 적어도 송대 중국과 좀 더 늦은 시기의 서유럽에서는 산업투자의 새로운 방식이 개발되기 시작하였다. 제한된 지역과 분야 내에서 산업투자는 상업같이 경제적으로 결정적인 사회적 패턴만큼 중요해지기 시작했다.[17] 중국과 서구는 모두 유례가 없을 정도로 인도-지중해 지역에 의지하게 되었다. 서구(우리의 목적을 위해서 그 지역은 상징적으로 아말피와 피렌체의 중간 어딘가에서 시작되었다)는 그렇게 함으로써 특히 두드러지는 효과를 보았는데, 그 이유는 서구가 그곳이 이전에는 별로 중요했던 적이 없지만, 좀 더 오래된 지역들을 향하는 초입에 위치하고 있었던 새로운 영토였기 때문이다. 프랑크인들은 무슬림들이 거의 다른 모든 지역에서 아직도 강력하고 팽창적이었을 때 무슬림의 상업과 해군력을 지중해에 제한시켰다.

그러나 오래도록 이것은 단지 부차적으로만 중요했다. 16세기가 되어서

---

17) 로버트 하트웰(Robert M. Hartwell)은 1963년 시카고 대학교 박사논문에서 송대 중국의 실현되지 못한 산업혁명의 종합성의 정도를 규명하였고, 그럼으로써 당·송대 중국의 특기할 만한 문화적 번영의 배경을 해명해 주었다.

도 무슬림 세력들은 전체적으로 보면 여전히 팽창하고 있었다. 1500년경에 이슬람권에서의 분권화 경향이 역전되는 것을 보고 이것이 당시 나타나던 새로운 세력 균형의 초기적 결과라고 가정해 볼 수 있을지도 모른다. 1500년을 전후하여 번창하던 관료제적 군주정들이 동남유럽지역(오스만제국은 이전에 그리스인들이 영유하였던 아나톨리아와 발칸에 중심을 두고 있었다)과 북인도지역(인도-티무르계 제국)만이 아니라 이란–셈계 중심지에서마저 (처음 그리고 얼마 지난 후에 이라크를 포함하기도 했던 사파비제국) 회복되었다. 그러나 이런 제국들의 견고함은 다른 측면을 고려할 때 더 즉각적으로 설명될 수 있는데, 특히 화약무기의 사용을 들 수 있다. 화약무기는 비용이 많이 드는 전문가 집단과 지속적인 기술개발을 필요로 했다. 이런 무기들은 이슬람권과 기독교권에서 같은 속도로 13세기부터 발전해 나간 것으로 보인다.[18] (서구의 훨씬 잘 갖춰진 문헌 기록은 종종 서구에서 20년쯤 더 빨랐던 경우들을 보여주지만 그 전체적인 발전은 이슬람권 내부의 자료들로도 증명될 수 있다.)

어쨌든 우리가 본 것처럼, 이 제국들은 쇠퇴를 대표한다고 보기 어렵다. 그보다는 이 제국들이 그 이전 수 세기 동안의 적극적인 문화적 성과들을 취하여 그것들을 진일보시켰다고 해야 옳을 것이다. 특히 이란의 압바스 대제의 이스파한과 인도의 악바르 대제의 아그라에서 그러하였다. 비록 악바르의 만년에는 이미 서구의 대변동이 본격적인 궤도에 진입하고 있었지만 악바르의 제국은 서구의 방문객들에게 그 번영과 세련됨으로 경이로운 인상을 주었다. 그러나 이 제국의 대단함을 단지 악바르의 특이함만으로 설명할 수는 없을 것이다. 그가 제국의 기틀로 삼았고 그의 후계자들이 오

---

18) 이슬람권에서 상대적으로 후진지역이었던 이집트에서의 발전에 대해서는 David Ayalon, *Gunpowder and Firearms in the Mamluk Kingdom* (London: Valentine, Mitchell, 1956)을 참조하라.

래도록 유지했던 모든 특기할 만한 개념들, 예컨대 '보편적 화해'(sulh e-kull) 같은 개념들은 그 이전의 두 세기 동안 무슬림들 사이에서 이미 조짐을 보이고 있었다. 비록 악바르 시대의 파이지(Fayzi)나 아불 파즐(Abul fazl: 무굴제국의 악바르 대제 시대에 활동한 궁정시인으로, 역사가 겸 신학자로 각각 이름난 형제-옮긴이) 같은 사람들에 의해서처럼 온전하게 완성된 적은 없었지만 말이다.

그러나 더욱 산업적인 서구사회는 그때도 진일보한 내부적 변동을 시작하고 있었으니, 18세기 말까지 아프로-유라시아 복합체의 역사적 삶의 더 오래된 중심지들을 파괴하게 되었다. 그때까지 아프로-유라시아의 도시문명이 있는 영토들의 사회적 힘은 동반구 전체에 걸쳐 상당히 균일한 속도로 발전하고 있다. 16세기 스페인인, 오스만인, 중국인의 기술적 자원과 사회적 복합성은 고대 수메르인들의 — 혹은 아즈텍인들의 — 수준을 기준으로 보자면 거의 동일한 거리만큼 떨어져 있었고, 그들 중 어느 집단이라도 그러한 기술적 자원과 사회적 복합성을 가지고 덜 발전한 사회를 압도할 수 있었을 것이다. 왜냐하면 비록 발전이란 항상 불균형하게 일어나지만, 농경시대의 조건 속에서는 어떤 문화권이 다른 문화권을 4~5세기 안에 따라잡으면 대강의 세력 균형은 유지될 수 있었기 때문이다. 기독교 유럽에서 17~18세기에 일어난 일들은 물론 그 이전에 시작되었던 산업적 투자의 점증하는 역할로부터 초래된 것이었다. 그리고 그런 일의 전제로 르네상스와 종교개혁 시대의 특수한 번영이 있었다. 그러나 그러한 번영도 추축 시대, 아니 수메르 시대 이래로 지배적이었던, 농경에 기반한 역사적 과정의 한계를 넘어서지는 못했다. 이 시대의 번영은 그 이전의 번영 —추축 시대의 도처에서 등장한 번영, 굽타조 인도의 번영, 칼리프국의 이슬람권의 번영, 당-송대 중국의 번영 — 보다 더 혁신적이지는 않았다. 따라서 기본적으로 이 시대의 번영은 서구인들에게 다른 문화권의 사람들이 이미 성취했던 사회적 힘보다 더 높은 수준의 사회적 힘을 가져다주지는 못했다. 비록 여기저기서 서구인들이 그 이전에 무슬림들이 가졌던 것 같은 일시적 우위를 점했다고는 할 수 있겠지만 말이다.

그러나 16세기 말과 17세기 초에는 상호의존적이고 대규모적인 기술적 전문화 속에서 새로운 (시간과 자본의) 투자 형태가 나타나게 된다. 이런 방식들은 처음에는 과학과 산업의 핵심적인 부문들을 지배하였지만 곧 서구 사회 전반의 기조를 만들게 되었다. 이전에는 (다른 지역과 마찬가지로 유럽에서도) 산발적이었던 기관들의 전문화는 이로써 자체 추진력을 갖게 되었고, 그와 같은 상호의존적인 대규모 전문적 특화에 의해 이익을 얻을 수 있는 사회의 모든 분야에서 변화의 속도를 엄청나게 가속시켰다. 일단 이 전문화가 궤도에 오르자, 그것은 서구인들이 가질 수 있었던 사회적 힘의 수준을 결정적으로 제고시켰다. 그리고 그러한 힘의 증가는 그후 더욱더 빨라졌다.[19]

1500년경이 아니라 1600년경에 시작된 바로 이 현상이야말로, 마치 도시문명이 있는 사회들이 노예 상태의 부족민들과 구별되는 것만큼이나 서구를 다른 도시문명화된 인류로부터 실질적으로 차별화시킨 것이다. 그리고 서구에서 그것이 효과적으로 작동되자마자 서구가 속해 있던 아프로-유라시아 도시문명 지역의 상업적·역사적 복합체의 나머지 부분들에게 그에 상응하는 영향을 미쳤다. 처음에 그 영향이란 상대적인 세력의 문제였다. 다른 지역들이 똑같은 변동을 정확하게 똑같은 순간에 겪지 않았다면, 그들은 필연적으로 급속히 절망적으로 낙후될 것이었다. 왜냐하면 그 자신들이 변동을 겪지 않고서는 필요한 정도의 속도로 혁신을 빌려올 수조

---

19) 나는 이 전문화를 "The Great Western Transmutation," *Chicago Today* (Autumn, 1967) pp. 40~50에서 좀 더 자세히 논하였다.

차 없기 때문이었다. 그러나 그들은 단순히 낙후된 것만이 아니었다.

전문적으로 생산된 서구 상품과의 경쟁은 지역 내의 수공업자들에게 더욱 어려운 것이 되었고, 상업적 이해가 그렇게 중요한 역할을 해왔던 사회에게 이것은 그 자체로 아주 불길한 징조였다.[20] 부르주아 계급의 최상층이 가장 먼저 타격을 받은 사람들 축에 들며, 그들과 함께 사회구조의 균형도 파괴되었다. 사회의 지적 측면에 끼친 영향은 더욱 미묘했지만 똑같이 확연한 것이었다. 18세기가 되면 기본적인 진보를 좌우하는 소수의 가장 명석한 사람들은 서구의 의학, 천문학, 과학이 일반적으로 이슬람권의 전통이 제공할 수 있었던 것보다 이미 훨씬 더 앞서나갔다는 사실을 발견하였다. 그리고 그들은 이러한 새로운 진보가 아직 비서구인이 접근할 수 없는 다양한 전문분야에 대한 대규모의 투자—특히 '기계-제작자들'과 그들이 의존하는 기술—에 기반한 것임을 알게 되었다. 오랜 전통 안에서의 진보라는 것은 더 이상 쓸모없는 것이 되었고 새로운 전통들을 채택하는 것도 불가능했다. 경제적인 창의성만이 아니라 지적 창의성마저도 거의 보이지 않을 정도로 질식당했다.

바로 이때 16세기 말의 이란-셈계 문화의 이슬람풍 버전이 가진 위대성과 창의성의 오랜 생태적·역사적 기반이 사라졌다. 왜냐하면 이제 그것은 더 이상 상업적 기반에서 벗어나 점점 더 세계시민적으로 되어가는 세계의 사회적·지적 요구에 부응할 수 없을 뿐만 아니라, 전혀 다른 기반을 가진 세계시민주의가 존재하는 완전히 달라진 세계와 직면했기 때문이다.

대부분의 비서구사회들은 서구를 따라잡을 수도, 자신들을 고립시킬 수도 없었으므로 잠식당하고 압도당했다. 16세기에 무슬림 인구들은 전체적

---

20) 거너 미르달(Gunner Myrdal)이 어떤 한 지역 내에서의 증가한 투자의 '역류'와 '확장' 효과에 대해 쓴 글들은 비서구 사회들이 산업혁명 이후로 겪게 된 고통에 대한 매우 가치 있는 토론문이다.

으로 힘의 전성기에 있었지만, 18세기 말이 되자 그들은 무릎을 꿇었다. 사파비제국과 인도의 티무르계 제국은 실질적으로 파괴되었고 오스만제국은 절망적으로 약화되었다. 그러한 약체성은 더 이상 종전과 같은 속도의 내적 발전으로는 벌충할 수 없었고 서구의 개입이 초래되었다. 19세기 초에 이르면 직간접적인 서구의 개입이 거대한 규모로 일어난다. 다음과 같은 사실이 위로가 될지 모르겠지만, 비할 데 없던 중국의 힘과 부와 문화마저도 똑같은 운명에 처했다.[21]

그렇다고 이슬람권 문명의 운명이 모든 유기체가 번성한 뒤에는 노쇠한다는 생물학적 법칙의 한 예시가 될 수는 없다. 그 운명이 보여주는 법칙이 있다면 하나의 성공적인 조직이 한 종류의 우수성에 너무 지나친 투자를 하고 한 종류의 기회에 지나치게 적응되어 버리면 새로운 상황이 다른 종류의 기회를 전면에 부상시킬 때 파괴되고 만다는 경제적인 법칙일 것이다. 아마도 그런 결과는 부분적으로는 최초의 기회를 너무나도 잘 이용했던 바로 그 우수성 때문이리라.

---

21) 나는 근대 무슬림들의 세계사적 상황에 대하여 "Modernity and the Islamic Heritage : Dilemmas of the Concerned Individual in the Modern Acceleration of History," *Islamic Sudies*, Journal of the Central Institute of Islamic Research, Karachi, vol. 1 (1962), pp. 89~129에서 좀 더 자세히 논했다.

이슬람권과 서구에서의
문화적 패턴 비교

서구인 독자들이 서구인들이 무슬림에게서 배우거나 차용한 것을 고려하면서 동시대의 이슬람과 서구의 제도들을 함께 비교해 본다면 이슬람권의 제도가 제대로 조명될 수 있을 것이다. 이러한 비교는 왜 역사상의 특정한 시기에 가능해 보이는 선택이 고려되지 않았는지를 이해하는 데 도움이 되므로 두 문명권에서의 장기적인 변화의 방향을 보여줄 뿐만 아니라 양 문명권의 잠재력을 평가하는 데 시사점을 줄 수 있다. 그러나 지금의 연구로서는 그러한 비교의 대상이 되는 확연한 문화적 신념에서 생태적인 상황에 속하는 요소를 구분해내기가 어렵다. 좀 더 특정한 종족적 집단들 — 지방의 지배층들, 이집트같이 상대적으로 작은 나라들, 그리고 이란인들 같은 어족(語族) 전체마저도 — 이 사회적 패턴을 만드는 데 기여한 문화적 경향을 구별해내는 것은 더욱 어려울 것이다. 학자들은 마치 그러한 요소가 다 추출되는 것이 가능할 것처럼 여러 가지 비교를 시도해 왔다. 이제 우리가 시도할 비교의 가장 중요한 기능은 대개 피상적이고 어느 한쪽에 불공평하거나 자화자찬적인 성격의 현존하는 여러 비교론들을 보완하고 더 나아가 수정할 수 있는 대안을 제시하는 것이다.

이슬람권의 중간시기 전반(前半), 특히 12~13세기는 대강 서구의 중세 성기에 해당하는 시기로, 서구와 이슬람권을 비교하기에 특히 유용한 첫 번째 시대다. 그 시기까지도 서구는 대체로 주요 문명중심지 중 하나와 비교되기에는 너무나 낙후되어 있었다. 이 시기는 비교가 가능한 첫 시대일 뿐 아니라 비교하기에 가장 좋은 시대이기도 하다. 예를 들어 더 나중의 16세기를 대상으로 하는 비교는 근대성의 배경을 이해하는 데는 흥미롭겠지만 양 문화권의 전통을 있는 그대로 조명하는 데는 별로 가치가 없다. 서구는 상당히 드문 농경시대의 번영기에 들어섰고 이슬람권은 더욱 정상적인 역사적 상황을 보여주기 때문이다. 약 1600년경 이후에 서양에서는 농경적 역사문화의 기본적 조건들 자체가 변동하게 되기 때문에 그 이후 시대를 비교하는 것은 두 문화 자체의 직접적 비교에 이질적인 부분을 도입하지 않을 수 없게 된다.

13세기의 이슬람권과 서구

로마제국 후기와 사산제국 시대에 종교적 전통들이 일어난 후 아프로-유라시아의 '오이쿠메네'는 사회생활의 가장 기본적 조건에서는 별로 변하지 않았다. 문명화된 문화는 각지에서 주로 도시의 특권층에 의해 담지되었고, 궁극적으로 대부분 문맹인 시골 농민들의 노동에 의존하여 살고 있었다. 어디에서나 문화적이고 지적인 혁신들은 문화생활의 부차적인 측면에 지나지 않았다. 모든 제도의 주 목적은 무언가 새로운 것을 발전시키기보다는 기왕에 성취된 것을 보존하는 것이었다. 예술과 공예만이 아니라 삶의 지침에 대한 사상이나 과학사상도, 더 이상 (도시 문명 시대 이전처럼) 구전되는 부족적 전승이거나 ('추축 시대'의 대발전 이전의 도시 문명 시대처럼) 특별한 사제계급만의 특권이 아니었지만, 한정된 수의 고전 텍스트를 가지고 소수의 사람들 속에서 개인적인 도제 교육으로 한 세대에서 다른 세대로 전해지는 것이었다. 어떠한 분야의 어떠한 역사적 행동이라도 여전히 농경사회 수준의 기대치를 벗어날 수 없었다.

그러나 이러한 제약 속에서도 13세기에 이르기까지 앞서 언급된 것보다 조금 덜 기본적인 것들의 대부분이 변했다. 이러한 변화 속에서 무슬림들은 대단히 중요한 역할을 했다. 많은 변화가 이슬람의 힘 자체의 결과였고, 그것은 나일 강에서 옥수스 강 사이의 지역만이 아니라 인도에서 지중해까지의 넓은 지역에 중요한 영향을 미쳤다. 변화의 대부분은 여러 힘 가운데 하나에 불과했던 이슬람과 그에 결부된 문화의 과정이 누적된 결과였다. 그러나 여기에서조차 무슬림들의 존재는 결정적으로 중요했던 경우가 많다. 가장 확연한 변화는 도시문명을 가진 오이쿠메네적 복합체 전체의 누적된 발전에서 이어진 것들이었다. 1000년 이전과 비교해 볼 때 기원 1300년경의 문명화된 상호작용의 영역은 모든 방향으로 팽창해 있었다. 수단 지역, 북유럽, 중국의 옛 땅에서 남쪽에 있던 지역, 말레이시아 등에서 도시들이 발생하였고, 그들은 원거리무역에 종사했을 뿐 아니라 자신들의 생산품과 종종 자신들의 관념마저도 그러한 무역에 덧붙였다. 초원의 한가운데서는 몽골인들이 불교도가 되어 가고 있었고 몇 세기 후에는 중국 상인과 왕공들에게 극심하게 종속되는 길로 들어서게 되었다. 인도양 분지에서는 더 이상 무역이 몇몇 북방 시장에 의존하는 것이 아니라 해안선 전체를 따라 활성화되었다.

똑같은 1000년 동안 아프로-유라시아 문명지대에서 인간의 기술적 능력은 대단히 발전하였다. '그리스인의 불'(비잔티움에서 처음 발명되어 중동권에서 쓰인 화공〔火功〕무기-옮긴이)이 발명되었고 화약도 발명되었다. 모든 바다에서 나침반이 쓰여졌다. 종이는 중국에서 모든 지역으로 전해졌고, 극동에서는 인쇄술이 사용되었으며 적어도 인쇄술의 일부 요소들이 다른 곳에도 알려졌다. 이보다 덜 중요한 셀 수 없이 많은 발명과 발견이 실용적이고 예술적인 기술, 동식물의 사육, 추상적 과학지식 분야에서 이루어졌다. 그 중 일부는 지역 내에서 적용되었고 일부는 일반적으로 이용되었다. 가장 두드러지는 발명과 발견은 중국에서 기원했지만 모든 지역이 약간씩은 공헌했다고 할 수 있으며, 그 모든 발전이 (다른 곳에서 학습되었든 단순히 지역 내의 복합성에 기여했든) 축적적으로 오이쿠메네 모든 곳에서 인간에게 필요한 자원을 더욱 쉽게 구하는 데 공헌했다. 문명적 교류 지역의 팽창을 직간접적으로 가능하게 한 것은 부분적으로는 새로운 발견들이었다. 그리고 이러한 팽창은 다시 새로운 발견의 잠재적 원천을 증가시켰다. 밀레니엄을 하나씩 지날 때마다 역사의 발걸음은 빨라졌다. (인류가 진보했느냐는 별개의 문제다.) 여기에서 또다시 이슬람권은 다른 어느 사회 못지 않게 전체적 변화에 동참하고 있었다.

지난 1000년기 동안에는 지리적이고 기술적인 증대보다는 좀 더 추상적인 세 번째 변화의 장이 있었다. 이것은 철학과 종교 생활에서 더욱 넓어지고 깊어진 경험이었다. 나일 강에서 옥수스 강 지역만이 아니라 모든 도시가 있는 지역들에서 고전적인 추축 시대의 풍부한 창조물들이 깊이 동화되었고, 경이롭게 다양화되었으며, 그들의 무수한 잠재적 가능성이 구체적으로 발현되었다. 가잘리와 이븐 알 아라비가 그들의 시대에 발전시킨 이란-셈계의 삶의 지침에 대한 전통들의 평가와 통합은 (세계사 속에서) 동시대 다른 지역 인물들의 업적과 비견될 수 있는데, 인도의 샹카라와 라마누자 (Ramanuja: 1017~1137, 힌두 철학자로 일원론을 주장하였다-옮긴이), 중국의 주희, 유럽의 미카엘 프셀루스(9세기 후반 비잔티움의 신학자-옮긴이)와 토마스 아퀴나스 등이 그들이다. 또한 지적 공식화 못지 않게 중요한 것이 신비적 수행을 통해 여러 측면에서 개인적 경험의 전통이 숙성하는 것과 그러한 전통들을 구체화하는 제도들(대개의 경우 수도원적인 제도)이었다. 이러한 전통의 성숙은 또한 오이쿠메네의 모든 주요 지역에서 일어났다.

이렇게 더욱 넓고 세련된 세계에서, 이슬람권은 점점 더 중요하고 거의 주도적인 위치를 이미 차지하게 되었다. 그러나 이 주도적 성격은 오해되어 왔다. 현대 서구 저작자들 중 일부가 가지고 있는, 16세기 이전의 이슬람권 등 다른 사회들은 고립되어 있다가 포르투갈인들의 인도양 침투 등의 사건으로 인해 비로소 역사의 '주류'에 편입되었다는 생각은 물론 말도 안된다. 만일 '주류'라는 것이 있었다면, 무슬림들이 거기에 새로 들어간 것이 아니라 포르투갈인들이 새로 들어가게 된 것이다. 무슬림들은 이미 그 안에 있었다. 그러나 그와 동시에 서구의 저작자들 가운데 존재하는 정반대의 인식, 즉 칼리프 시대의 융성기에 아랍 혹은 이슬람권의 문화가 세계에서 가장 뛰어난 것이었고 코르도바나 바그다드가 다른 도시와 견줄 수도 없는 독보적인 부와 지식의 중심지였다는 인식도 거의 비슷한 정도로 근거가 박약하다. 그러한 인식도 똑같이 서구가 세계사와 세계문화의 '주류'였다는 무의식적인 가정에서 나온 것이다. 서구와 비교하면, 서구가 아직 후진지역이었던 때의 칼리프 시대 융성기의 이슬람권은 대단하게 보인다. 그러나 그러한 비교는 세계 전체 속에서 이슬람권의 위치에 대한 적절한 평가를 해주지는 못한다. 칼리프들의 바그다드는 단지 동유럽의 비잔티움이나 인도와 중국의 대도시들과 상대적으로 비슷한 수준에 있었을 뿐이다. (서구가 좀 더 발전한 시기인 이슬람권의 중간시기 전반에 이슬람권은 비교적 덜 대단해 보인다. 그러나 그러한 외관상의 차이는 이슬람권의 변화 때문이 아니라 서구의 수준이 변했기 때문이다.) 그렇다면 이슬람권의 유명한 문화적 우월성은 세계 전체에서 보았을 때 절대적인 것이 아니었다. (중간시기 전반에 가장 큰 경제적·문화적 번영을 보인 곳을 꼽는다면 그것은 물론 중국이었다.) 발전도상에 있던 서구에 비교했을 때 상대적으로 이슬람권이 우월해 보인 것은 당연하다.

그러나 어떤 부분에서는 과연 이슬람권이 오이쿠메네에서 독보적이기도 하였다. 왜냐하면 지역 내의 문자화된 전통들의 구성은 다른 변화와 함께 그 자체에서 미묘하게 바뀌었기 때문이다. 추축 시대에는 인도-지중해 지역에 세 개의 주요 문자화된 전통들이 만들어졌는데, 그들은 산스크리트, 이란-셈계, 헬레니즘 전통들이었고 이들은 상대적으로 서로 가까운 관계에 있었으나, 또 다른 문자화된 전통인 중국의 전통과는 다소 먼 관계에 있었다. 이 네 전통들은 모든 고급 문화의 모체를 이루었다. 그러나 그들의 패턴은 이제 세 가지 측면에서 바뀌었다. 첫째, 이란-셈계의 전통들은 이슬람 치하에서 훨씬 더 확대되어 보였다. 추축 시대가 지난 후 얼마 되지 않았을 때는 이란-셈계의 문자적 전통들은 마치 헬레니즘화, 혹은 인도화의 물결에 휩쓸려 버릴 것같이 보였다. 그러다가 사산왕조 후기가 되면 이 전통들은 완전히 독립적이 되었고, 이슬람 아래에서 이란-셈계의 유산은 분명히 다른 문화들과 동등한 자리를 차지하거나 혹은 동등한 것 이상의 수준에 올라가게 되었다. 왜냐하면 1300년경이 되면 이미 헬레니즘과 산스크리트 문화는 적어도 그들 본래의 핵심지역에서는 이슬람화된 형태의 이란-셈계 문화에 뒤덮여 버리고 말기 때문이다. 그 당시 이미 산스크리트적 문화의 핵심지역 전체가 무슬림들에 의해 지배되고 있었고, 그 다음의 수백 년 동안에는 그 지역의 독립적인 힌두 국가들마저 점점 이슬람적인 세계에서 살아가는 데 익숙해져서 심지어는 적어도 표면적인 수준에서는 이슬람적 패턴의 일부를 취하기도 하였다. 1300년 당시에는 아나톨리아도 무슬림에 의해 지배되었고, 발칸 반도도 그로부터 100년 이내에 같은 길을 걸었다. 헬레니즘적 문화의 발원지 중에서 오직 남이탈리아와 시칠리아만이 이슬람에 의해 재정복되지 않았다. 그리고 이 시점에서 시칠리아는 비록 북방으로부터 온 (노르만) 정복자들 치하에서도 종전의 무슬림 시대의 역사와 이슬람적 주변환경의 흔적을 강하게 유지하고 있었다. 요컨대 이슬람을 통해서 추축 시대 이래 인도-지중해 지역의 도시문명 지역과 넓은 배후지가 하나의 사회형태로 이미 통합되거나 통합되려는 참이었다. 지방적 차원에서는 헬레니즘적이거나 산스크리트적인 전통들이 일부 제한적인 활력(특히 종교적인 면에서 두드러지는 활력)을 갖고 있기는 했지만 말이다. (이러한 활력은 이슬람보다 덜 광범위했던 헬레니즘의 영향력이 극에 달했을 때 이란-셈계의 전통들이 국지적으로 유지되었던 것과 비슷한 현상이었다.)

그러나 이란-셈계 전통의 주도권을 향한 이러한 상승에 더해지는 두 개의 다른 조류들이 있었는데, 중국의 힘찬 융성과 서양의 독립적인 성숙이었다. 이슬람적 세력이 최고조에 달한 16세기, 즉 오이쿠메네의 대부분이 무슬림 아니면, 적어도 무슬림으로 둘러싸인 사회가 된 시기에도 두 개의 도시문명 사회, 즉 중국과 그 주변국들로 이루어진 극동과 헬레니즘에 뿌리박은 유럽의 일부 지역은 상대적으로 이슬람이 침투하기 어려운 곳으로 두드러졌다. 그러나 이들 사회 중 어느 곳도 추축 시대에 했던 것과 같은 역할을 하지는 못했다. 극동은 물론 다른 사회들이 했던 것처럼 팽창하고 있었고, 그것의 문자화된 전통들은 황하와 양자강을 중심으로 하는 상대적으로 작은 지역에서부터 퍼져나가 일본에서 베트남에 이르는 광활한 지역을 주도했다. 그러나 더욱 중요한 것은, 당송시대(7세기부터 시작되는)에 극동지역으로부터의 움직임이 오이쿠메네의 다른 지역으로 점차 더 깊숙하게 흘러 들어갔다는 것이다. 우리는 이슬람이 형성된 바로 그 순간부터 몽골의 정복에 이르기까지 중국의 예술과 무역이 나일 강에서 옥수스 강 사이에서 상대적으로 상승세를 탔다는 것을 살펴보았다. 사산제국 시대에는 그러한 중국의 영향은 아주 제한적으로만 나타났다.

서양은 처음에는 훨씬 덜 부유하고, 덜 세련되었으며, 인도-지중해 지역 사람들의 상상력을 중국보다 훨씬 덜 자극하였다. 그러나 서양의 성장은 오이쿠메네의 오래된 구성에 있어서 더욱 큰 변화를 의미하였다. 라틴어를 쓰고 교황 아래에 있는, 비잔티움 세력과는 별개의 독립적인 사람들로 구성된 복합체가 서구의 주요 부분이라고 본다면, 그것은 로마의 남동부에 있는 옛 헬레니즘의 전통이 남아 있던 땅이 아니라 로마의 북서부에 놓여 있던 본질적으로 새로운 땅에서 시작되었다는 것을 이해할 수 있다. 이것은 그 자체로서는 하나도 새로울 것이 없다. 반구 전체에 걸쳐서 새로운 지역들이 핵심부의 문화를 어느 정도 수정시켜 그로부터 자신들의 문자화된 전통을 만들어내곤 하였다. 그러므로 무슬림들이 갠지스 평원을 휩쓴 후에도 인도의 변경 지역에서는 인도적 전통들이 다른 형태로나마 독립적으로 유지되었는데, 이것은 헬레니즘의 전통들이 북유럽과 서유럽에서 유지된 것과 마찬가지다. 그러나 서구는 다른 오지들보다 훨씬 더 활발한 문화적 삶을 이루어냈으며, 결국 지속적이고 종합적인 문화적 혁신의 다섯 번째 중심지역으로 기능하게 되었다. 8세기에서 9세기 사이에 확연히 독립성을 이룬 후(물론 서구는 언제나 기독교화된 헬레니즘 전통의 전반적 문화틀 안에 있었지만), 12세기와 13세기에는 북의 슬라브족과 남의 그리스인들을 포함하는 동방 기독교권에 경제적·정치적, 심지어는 문화적으로까지 영향을 미치고 있었다.

극동과 서구의 전통들은 비록 이슬람권으로부터 무언가를 배웠지만 모두 이슬람의 팽창에 저항하였다. 그러나 서구는 이슬람권에 훨씬 가까웠고 몇몇 고립된 이슬람지역의 경우에는 오래도록 점령한 지역에서조차 이슬람세력을 몰아낼 정도로 강력하였다. 그러므로, 네 개의 대체로 동등한 핵심지역들이 공존하였던 약 1000여 년 전과는 대조적으로 이제는 세 개의 가장 활발한 문화전통들이 삼각 갈등을 빚고 있었다고 할 수 있다. 즉 옛 인도-지중해 지역의 전체를 차지한 이슬람적 문명권, 외부에 새로운 영향을 미치고 있던 극동, 그리고 헬레니즘 전통의 새로운 서구적 변형이 그들이었다. 그들 사이의 갈등이 표면화된 적은 거의 없었다. 서구는 외부인들과의 관계에 있어서 연합된 정치적 세력으로서 기껏해야 간헐적으로만 협동하려는 시도(십자군)를 하였다. 중화제국에 대해 일본인들과 베트남인들은 저항하였다. 광범위한 한가운데서 무슬림들은 그들의 감정적인 단합에도 불구하고 다른 지역보다 더 합심해서 움직이는 일이 적었다. 몽골의 수도 카라코룸에는 이 세 지역의 대표들이 존재했으며 서로에 대해 음모를 꾸몄다. 만일 일시적으로 티베트인들이나 러시아인들이 사회적 세력이나 문화적 영향력의 이차적이지만 독립적인 원천을 구성하는 것처럼 보였다면, 이는 지나가는 것이었거나 아주 제한된 범위 내에서의 일이라는 것이 드러났다. 물론 처음에는 서구의 문화복합체가 셋 중에서 가장 약했다. 그러나 그것은 꾸준히 강해져서 16세기가 되면 다른 둘과 완전히 똑같은 수준에서 경쟁하고 있었다.

(사실상 경쟁이, 특히 의식적인 경쟁이 있었던 것이 아니라는 점을 차치하면) 1300년에 서구는 경마에서의 다크호스에 비유될 수 있었다. 그러한 경쟁에서 가정할 수 있는 목표인 세계지배권이라는 것은 종교적 충성의 수준에서조차도 의식적으로 추구된 적이 거의 없다. 세계지배권이 내가 언급한 문화적 갈등에서 반드시 혹은 개연적으로 나오게 되는 결과인지는 불분명하다. 17~18세기의 구조변동이 그러한 모든 갈등의 기반을 바꾸어 버리기 전에 존재하면서 작용하던 그 어떤 역사적 힘에 의해서 세계지배권이 나올 수 있었는지도 불분명하다. 유럽 반도의 라틴어를 쓰는 서쪽 부분으로 구성된 서구는 매우 제한된 영토를 가졌으며, 그 오지로서의 성격 때문에 다른 문화들과는 제한된 접촉밖에 없었다. 그들은 동방 기독교권의 옛 스승들과 무슬림들하고만 가까운 접촉을 할 수 있었다. 서구는 이러한 한계 속에서 자기 스스로 매우 큰 성과를 냈다. 도시생활의 관점에서 보면 유럽의 대부분은 새로 개간된 변방의 땅이었다. 유럽의 지적 자원의 대부분은 그리스어(그리고 히브리어), 나중에 가서는 아랍어로부터 번역한 것들로 이루어졌다. 그러나 중세 성기부터는 경제생활만이 아니라 고급문화가 서구에서 대단히 융성하였다. 이러한 융성은 동시대 이슬람권에 있어서의 중간시기 전반의 문화적 융성과 비견할 만하고, 서구의 문화적 발전이 훨씬

낮은 수준에서 시작되었다는 점에서 더욱 놀라운 성취였다. 오이쿠메네의 역사 속에서 처음으로, 이전부터 있었던 문화적 핵심지역 중 하나가 아니라 광대하고 새로운 지역의 문화가 독립적으로 충만한 문화적 세련됨과 독창성을 가지고 옛 핵심지역들을 끌어당기게 되었다.

그렇다고는 해도, 지리적으로만 보아도 서구의 문화적 지평은 이슬람권의 그것에 비해 더 제한적인 것으로 남아 있었다. 십자군의 궁극적 패배 후에 (대부분의 다른 지역 사람들이 했던 것처럼) 몽골 시대에 대단한 거리를 여행한 상인들과 선교사들이 간혹 있기는 했지만, 서구문화는 그 자체의 작은 반도 속에 제한되어 있었다. 토마스 아퀴나스는 스페인에서 헝가리까지, 그리고 시칠리아부터 노르웨이에 이르기까지 읽혀졌다. 이븐 알 아라비는 스페인에서 수마트라까지, 그리고 스와힐리 해안에서 볼가 강 유역의 카잔에까지 읽혀졌다. 16세기까지도 이슬람권의 중앙적 위치와 거대한 영역은 이슬람권이 1300년경부터 얻기 시작한 가시적인 중대성을 여전히 보장해 주었다. 다른 주요한 문화적 핵심지역과 대조되는 점은, 이슬람권이 다른 모든 오이쿠메네의 주요 지역들과 직접적이고 활발한 접촉을 하고 있었다는 것이다. 그리고 이웃하는 핵심지역만이 아니라 몇몇 변경지역에서도 이슬람은 정치적으로, 심지어는 문화적으로 주도적인 역할을 갖게 되었다. 중국인들보다 산업적으로 덜 발달했다고는 해도, 무슬림들은 다른 어떤 집단보다도 오이쿠메네 전체의 문화적 교류와 정치적 삶을 이루는 데 널리 영향을 미쳤다. 그러나 그들이 중요한 비중을 차지하게 된 것은 무슬림의 본거지가 갖는 지리적 중앙성에서만 기원하는 것이 아니었다. 그들의 지리적인 중앙의 위치를 충분히 활용할 수 있도록 해준 것은 무슬림들의 문화적이고 사회적인 유동성, 즉 그들의 국제적 성격이었다. 농경 수준의 오이쿠메네적 사회라는 배경에서 이슬람적 문화는 팽창적이고 주도적인 역할에 최대한 적응하였다. 이슬람적 문화는 서구인들의 손에 의해 오이쿠메네의 역사적 상황이 완전히 바뀔 때까지 오이쿠메네 안에서 점점 더 주도적이 되었다.

서구의 힘과 성장의 원천은 세계사의 가장 흥미로운 의문 중 하나다. 이슬람적 힘과 지속적인 생명력의 원천도 그와 거의 마찬가지로 커다란 세계사적 문제를 제기하며, 아마도 똑같은 정도로 이해하기 어려운 것이리라. 이 두 사회를 그들이 가장 가까이 비교될 만한 단계에서 비교해 보는 것은 어느 정도로 각 사회의 힘이 각각의 특수한 문화적 구성에서 연유하였는지, 그리고 어느 정도로 그 사회의 사람들이 처해 있던 환경에서 기인하는 것이었는지 판단하는 데 도움이 될 것이다.

이슬람과 기독교의 종교적 비교

이슬람적 문화의 매력과 이슬람적 제도들의 권위는 대부분 중간시기 전반까지 만들어져 온 이슬람의 종교적 목표의 특징적인 구조들로부터 유래한다. 일부 사람들 사이에서 통용되었던, 이슬람은 광활한 하늘과 땅 그리고 그 예측불가능성에 대한 베두인들의 외경으로부터 나온 '사막의 유일신교'라는 식의 인식은 몰역사적인 것이다. 이슬람은 도시 종교의 긴 전통에서 나온 것이고, 그 전통의 다른 어떤 변형과 마찬가지로 도시지향적인 것이었다. 가장 세련된 형태의 이슬람도 물론 다른 전근대적 종교전통들과 마찬가지로 그 의식(儀式)과 신화 속에 상당수의 문화적으로 원시적인 속성들을 담고 있다. 그러나 이슬람은 그러한 전통들 중에서 상대적으로 좀 더 세련되었으며, 예로부터 내려온 자연숭배의 복잡미묘함으로부터 벗어나 있다는 점에서 두드러진다.

만약 종교의 구조가 '단순하다'고 일컬어질 수 있다면, 이슬람의 구조야말로 단순하다고 할 수 있다. 이슬람의 중심적 어구들은 독보적으로 간단하고 직설적이며, 그 의식은 금욕적이라고 할 정도로 간명하다. 이슬람의 영적 경험의 중심적 요구는 눈이 멀게 할 정도로 기본적인 직접성과 함께 다가온다. 이것은 순박한 원시성에서 나오는 단순함(하긴 문자가 없거나 좁은 범위에 제한된 체계들이 단순한 경우는 별로 없지만)이 아니라 경험의 모든 다양성을 몇 가지 힘차고 종합적인 개념들을 통해 포괄하려는 외곬의 세련화에서 나오는 단순함이다. 그리고 이슬람은 우회적이고 관계없는 모든 것을 깨끗하게 포기하고, 인식이 그다지 널리 일반화될 수 없었던 시대로부터의 모든 유산들을 과감히 버린다. 이러한 이슬람의 상대적 세련됨을 특정한 지역적 배경과 자연과의 관계로부터 떨어져 나간 상대적인 자유로움으로 해석할 수도 있다. 이러한 점은 이슬람의 상업적 지향으로까지 거슬러 올라갈 수도 있는데, 이 지향은 그러한 지향을 만들어낸 사회의 국제주의를 더욱 강화시키기도 했다. 또한 이것은 이슬람이 사회적·문화적 힘을 갖는 데 유리한 상황을 만든 것과 동시에 불리한 상황을 만들어내기도 하였다. 그러나 그러한 유리함과 불리함, 강점이나 약점은 모두 농경적 사회 발전이 고도로 진전된 단계에 적절한 것이었다.

이슬람의 주요 주장들의 극명한 단순성은 그것의 전체적 세련됨의 한 표현일 뿐이다. 이것은 이슬람 전통의 어느 한 측면에만 국한된 것이 아니라 그 전체 구조에 존재하는 것이다. 즉 전체로서의 이슬람을 구성하는 여러 하위 전통들의 상호관계 말이다. 한 종교의 전통 속에 존재하는 거의 모든 특성들은 다른 종교적 전통들 안에서도 찾아볼 수 있다. 그 종교의 주류가 아니면 끈질기게 존재하는 비주류에서라도 찾아볼 수 있다. 이러한 현상은 종교적 전통들이 대규모의 인구집단 가운데서 고도로 발전한 경우에 특히 두드러진다. 그러므로 사회의식과 내면 수양, 도덕적 엄격성과 종교적 숭배의 화려함, 그리고 신의 초월성을 강조하는 경향과 신의 내재성을 강조하는 경향이 모두 공존할 수 있는 것이다. 그러나 이러한 여러 가지 경험들과 인식들이 어떠한 형태를 띠는지, 그리고 그 중 무엇이 가장 권위 있는 자리를 차지할 것인지에 대해서 종교적 전통들은 각각 다르다. 어떠한 감성이 종교공동체 안에서 상대적으로 중립적인 사람들에 의해서 장려되고, 어떠한 감성이 겨우 용인될 것인지에 대해서도 마찬가지다. 한 종교적 전통의 구조를 형성하고 그것에 전체로서의 특징적 인상을 부여하는 것이 바로 이러한 여러 요소들의 상호관계와 종속이다. 비록 이러한 상호관계가 역사의 흐름 속에서 내부의 지속적인 대화를 통해 나타나는 새로운 통찰과 가능성들에 대응하여 변화하겠지만, 최초의 창조적인 사건들과 그에 이어지는 담론에 대한 공통적인 믿음은 크게 달라지는 상황 속에서도 그 구성에 있어서 대단한 연속성을 보장해 준다.

기독교와 이슬람이 공통의 뿌리에서 나왔고, 비슷한 상징을 공유하기도 하므로 이렇게 공통되는 요소들이 두 종교의 전통 안에서 그토록 대조적으로 배열되었다는 점은 그와 같은 두 가지 맥락에서 그들(공통되는 요소들)의 의미를 부각시킨다. 특히 이슬람과 기독교의 구조를 비교하면서 이슬람 안에서 개인의 도덕적 책임감이 갖는 지속적 중요성을 부각시킬 수 있다. 그러나 그러한 비교는 아무리 잘해도 함정들로 가득한 것이다. 궁극적인 지향의 한 패턴을 어떤 식으로든 평가한다는 것은 하나의 궁극적 기준을 또 다른 궁극적 (혹은 덜 궁극적인) 기준으로 재단하는 것을 의미하는 것처럼 보인다. 우리의 경우, 두 종교전통 중 하나를 다른 하나의 관점에서 본다는 것(즉 가장 흔한 형태)은 필연적으로 하나의 전통이 다른 하나가 강점을 보이는 항목에서 약하다는 것을 보여주는 것에 지나지 않는다. 이 두 전통을 모두 그들과는 전혀 다른 기준에서 재단한다는 것(이런 작업은 반작용으로 시도되기도 한다)은 가장 특징적이고 그렇기 때문에 좀 더 보편적인 인간의 규범과 상응하지 않는 부분들을 놓치는 것이 될 수도 있다. 그러나 다행히도 인간의 삶은 물샐 틈 없이 칸막이된 부분들로 나뉘어질 수 있는 것이 아니다. 색맹처럼 분명한 생리적 결함들을 제외하고는, 한 사람이 할 수 있는 경험은 적어도 어느 정도는 일반적으로 다른 사람들도 체험할 수 있고, 그러므로 여러 가지 문화적 준거의 틀 사이에 상호이해가 이루어지는 데 궁극적인 장벽은 없다. 적어도 그러한 준거의 틀이 자체의 배열을 하는 데 있어 다양한 감성에 개방되어 있다면 말이다. 그러므로 현상학적 접근이라 불리는 것, 즉 두 전통에 포함된 비슷한 요소들의 구성 비교 같은 것은, 적어도 진정한 이해의 기회를 제공해 주고, 질문자의 불가피한 신념에서 나오는 효과들로부터 최대한의 방어를 해줄 수 있을 것이다.[1]

　기독교 전통 속에서 나타난 여러 분파와 교단들 속에서 생겨난 종교적 지향의 엄청난 다양성에도 불구하고, 어떤 상황에서나 기독교적 상상을 지배해 온 중심적 주제는 특히 바울과 요한의 저작에서 항상 새롭게 다가왔던 것이다. 그것은 곧 타락한 이 세상에서의 구원의 사랑에 대한 개인적 응답에의 요구였다. 무슬림 종파와 교단들 사이에서도 비슷하게 다양한 종교적 지향들이 일어났는데, 여기서도 또한 쿠란이 진지하게 받아들여졌다면 아무리 다양한 상황에서라도 힘을 유지한 중심적인 주제가 있었다. 그것은 자연적 세계의 도덕적 질서에 대한 개인의 책임이었다.

　이러한 테마들은 대조되는 우주론 속에서 발현하였다. 기독교인들은 세계가 아담과 함께 처음으로 타락한 것으로 보았고, 그 이후 그들이 신의 은총에 응답하기만 하면 언제나 곧 그들을 용서하고 마침내 그들 사이에서 고통받는 완전한 사랑의 화신으로 신의 모습을 드러낸다고 보았다. 즉 타락에서 건져져 온전하게 만들어지기 위해서는 그들이 신에게 사랑으로 응답하기만 하면 된다는 식으로 사랑이 넘치는 신이 끈기 있게 세상을 구원

---

1) 이것은 사람이 그러한 신념을 실제로 버릴 수 있다고 말하는 것이 아니다. 특히 이슬람학에 있어서 기독교, 서구중심주의, 그리고 다른 높은 신념들의 불가피성과 더 나아가 창조적 가치에 대해서는 앞의 5장 중 '주관의 함정, 학자적 신념'을 참조하라.

하리라고 보았다. 무슬림들은 세상을 아담의 대리통치 영역이라고 보았다. 아담이 실수를 범하고 방황했을 때, 그는 신에게 인도해 주실 것을 간청했고 그리하여 인도를 받았다. 그는 후손들에게 오점을 남긴 사람이라기보다 그들에게 하나의 모범이었다. 그 이후 신은 일련의 예언자적 계시들을 통해 삶의 총체적 패턴을 향한 인도를 계속하였다. 그는 마침내 그의 초월적 단일성을 완전한 책(쿠란)을 통해 가장 분명하게 드러냈다. 사람들이 쿠란을 통해 그들에게 가장 근본적인 무엇인가를 상기할 수 있다면 그들은 신에게로 향할 것이며, 신의 인도는 그들로 하여금 올바로 살고 세상을 정의롭게 다스릴 수 있도록 해줄 것이다. 기독교인들에게 역사의 중심적 사건은 그리스도의 십자가형과 부활이며, 이것은 그 사건들에 대해 마음을 여는 사람에 대한 신의 사랑을 결정적으로 환기시키며 다른 사람들에게도 이와 똑같은 마음으로 대하도록 유도한다. 무슬림들에게 역사의 중심이 되는 사건은 쿠란이 내려왔고 설해졌다는 것이며, 이것은 신의 위업과 쿠란의 영향에 스스로를 열어 놓아야 하는 인간 자신의 상황을 환기시켜 그로 하여금 쿠란의 규범을 깊이 생각하고 거기에 복종하도록 만든다.

기독교인들에게 사회적 삶의 필요 때문에 만들어진 법은 사람들이 사랑에 찬 응답으로 신이 부여한 자유로운 정신의 내적 힘을 따라 행동함으로써 해방되고 초극된다. 산상수훈은 진정한 삶의 기준을 제시한다. 무슬림들에게 인간들 사이의 법과 관습은 우주적 정의를 향한 방향이 재설정된 것이다. 인간들은 신의 말씀에 직면하여 자신들의 속좁은 태만에서 벗어나 모든 창조에 있어서 신의 대리인으로 행동하게 된다. 사회적 정의를 세우기 위한 분투, 즉 지하드는 진실한 삶의 기준을 제시한다. 기독교인들에게 가장 명예로운 종교적 경험은 구원의 은총을 받아들이는 것이며 이는 새로운 탄생의 과정, 내면적인 변화를 의미한다. 무슬림들에게는 가장 명예로운 종교적 경험은 예언자적 비전을 받아들이는 것, 즉 자기 절제와 자기 집중 같은 내면적 중심의 재정립 과정이다. 기독교인들은 그들의 경험을 구원의 친교, 특별한 영성체적 사회, 즉 교회에서 나누게 되는데, 교회는 세상 속에 있으면서 세상을 구원하지만 세상에 속하지 않는 것으로 되어 있다. 교회에서는 일반적으로 반복되는 그리스도의 희생의 재연에서 신의 사랑의 징표를 일부 사람들이 나머지 사람들에게 나눠주도록 서품을 받았다. 무슬림들은 그들의 경험을 예언자적 비전에서 나온 기준에 따라 만들어진, 인간의 삶 전체를 (원칙적으로) 포괄하는 사회 전체, 즉 움마에서 공유한다. 움마는 공통의 신앙을 고백하는 균질적인 형제집단을 구성하며, 그것은 매일 있는 기도예배와 메카 순례를 통해 집단적으로 그리고 인상적으로 확인한다.

이같은 삶의 해석들 중 어떤 것에 일차적 중요성을 부여하느냐에 따라 인간 의식의 어떤 심오한 성격이 고양되는가를 직접적으로 비교한다는 것은 불가능하다. 각각의 종교가 집요하게 추구하도록 격려하여 힘쓴 분야는 서로 다르다. 기독교 저술가들은 악의 부인할 수 없는 실재에 직면하여 고통과 죽음의 여러 층으로 된 의미를 찾아냈다. 기독교인들이 고통이라는 논리적 문제를 자명한 공식의 수준으로 해결하지 못했다는 것은 널리 알려진 일이다. 물론 이것은 그들이 피상적인 답에 만족하지 않고 너무 깊이 탐구했기 때문이다. 그러나 성숙한 기독교인의 징표가 고통이 아니라 그(기독교인)의 생생한 기쁨이었다는 점은 부인할 수 없다. 무슬림 저술가들은 창조에 있어서의 목적성(purposefulness)의 결과들을 받아들이면서, 엄숙한 책임에 직면해 있음을 느끼는 개인을 대상으로 여러 수준에서 — 한 가족의 아버지로서, 도시의 재판관으로서, 전 사회를 위한 예언자로서 — 저술하였다. 무슬림들이 자유의지라는 논리적 문제에 대해 많은 논쟁을 벌였는데도 불구하고 확정된 공식의 수준으로 해결하지 못했다는 것도 역시 유명한 일이다. 그러나 성숙한 무슬림의 징표는 역시 항상 그의 인간적 존엄이었다.

기독교 전통에 비해 이슬람 전통은 오래된 이란-셈계 예언자적 전통의 중심 계보, 그 중에서도 특히 인간의 직접적인 도덕적 책임을 강조한 히브리 예언자들에 의해 대표되는 형태에 더욱 가까웠던 것으로 보인다. 경시할 수 없는 악에 초점을 맞추는 그리스 고전극의 비극적 감각이 인생의 가장 극적 의문을 제기하는 것으로 생각하는 사람들에게는 그러한 문제들이 구석으로 밀려나 있는 이슬람적 전통이 기독교 전통에서 찾아볼 수 있는 핵심적 심오함을 결여하는 것처럼 보일지도 모른다. 또 다른 사람들은 슬프고 가슴이 아픈 혹은 애매한 것에 대해 너무나 지나치게 집착하면 오히려 인간이 당면한 직접적이고 명확한 문제들을 소홀히 여기게 하는 경향이 있다면서 좋지 않게 생각할 것이다. 이런 사람들은 이슬람적 전통이 더욱 씩씩하고 균형잡힌 것이라고, 더 나아가 그것이 어떠한 심오함을 추구하는 데 건전한 출발점이 된다고 여길지도 모른다. 그들은 무슬림들이 극단을 피하는 중도의 공동체라는 쿠란의 표현에 동의할지도 모른다.

두 문화적 패턴의 영속적인 종교적 신념

한 사회의 주요한 규범은 그 사회의 문화적 삶 속에 실제로 나타나는 여러 기준들이나 기대의 다양함과 혼동되어서는 안 된다. 일상적인 행동의 필요를 충족시키는 세부적 상징의 명백한 차이에 의해 판단하거나, 상층문화에서 중요성을 부여받아 문학 및 공식적인 법률 행사, 그리고 특권 계층의 사회적 교류에서 구체적으로 나타나는 기준들에 의해서 판단할 때 느껴지는 것 만큼 사람들이 실제로 그렇게 서로 많이 다르지는 않다. 지속적으로 이어지는 문화적 패턴이라면 무엇이나 그 속에 실제로 살아가는 사람들의 추론 가능한 이해관계에서도 의미를 가질 가능성이 높다. 그러므로 과연 어떤 거대한 사회에 대해서 그것이 이러이러한 바뀔 수 없는 문화적 속성 때문에 이러이러한 실질적인 대안을 채택하는 것이 불가능했다고 이야기하는 것이 옳은지 (비록 종종 이러한 이야기들을 하지만) 의심스럽다. 만약 한 사회가 장기적인 안목으로 보았을 때 유리하다고 할 수 있는 궤도를 따라 발전하는 데 실패했다면 이것은 일반적으로 그 사회의 성원들에게 열려 있었던 실질적인 선택들을 가지고 설명할 수 있다. 이렇게 전체적 상황을 놓고 보면 그러한 발전을 위해 필요한 조치들을 취할 가치가 있을 만큼 어느 한 세대에서도 충분한 수의 사람들에게 전적으로 유리하지 않았다는 점을 추측할 수 있다. 종교적이든 아니든 전통적으로 물려받은 태도를 통해 일반적으로 행사되었다고 할 수 있는 과거의 압박을 떠올릴 필요는 없다. 그러므로 이런 종류의 역사에서 특정 집단의 이해관계와 특정 시기의 문제들은 특히 부각된다.

그럼에도 불구하고, 특권층 사이의 고급문화 수준에서 우선적인 권위를 갖는 표준들은 광범위하고 지속적인 효과를 지닌다. 위기 상황에서 그런 표준들은 상상력 있는 인간들이 새로운 행동 방식을 고안해내기 위해 견지하는 이상의 기반이 된다. 그들은 그 사회 내에서 신분 상승을 꿈꾸는 집단들이 특권층의 문화에 접근하려는 데 이용할 수 있는 지침을 제공한다. 무엇보다도 이러한 기준들은 정통성을 부여한다. 다른 조건들이 동일하다고 할 때, 일반적으로 정통성이 있다고 인정되는 관념과 관행, 혹은 권위는 일시적으로 그들의 표현이나 실행이 약화되는 시기들을 넘어서 지속될 수 있다. 왜냐하면 각 개인들은 다른 사람들도 그것들을 지지할 것이라고 생각하기 때문에 그러한 권위의 단기적인 취약함보다는 장기적인 강인함에 이끌릴 것이기 때문이다. 어떤 직위에 개를 세워 놓아도 그 개의 권위는 통할 것이다. 정통성 있는 군주로 인정받았다면 바보라도 한동안은 떠받들릴 것이다. 그러므로 문화적 지배권을 부여받아 다른 형태들을 배제하면서 문화의 어떤 형태를 정통성 있는 것으로 만드는 기준들은 그들을 지탱하는 전통이 장기적인 중요성을 잃지 않는 한 광범위한 영향력을 지닌다. 이 장에서처럼 두 개의 문화를 세계적으로 비교하는 작업은 이런 종류의 인식할 수 있는 어떠한 끈질긴 상존요소들이든 간에 그들 모두를 필연적으로 드러내기 마련이다.

궁극적 신념의 영역에 있는 기준들만이 아니라 예술적, 지적, 사회적, 법적 영역 등 다른 영역에서의 기준들도 사회 분위기를 형성한다. 이슬람 종교 전통의 단도직입적인 도덕적 매력은 중간시기 이슬람권 내에서 사회 조직의 정통성을 결정하는 '계약주의적' 형태에 의해 사회적 수준에서 보완되었다. 아얀-아미르체제(ayan-amir system: 아얀은 민간 사회의 명사들을 의미하고 아미르는 군 장교를 의미하는데 이슬람사의 중간시기에 도시사회의 지배구조가 이런 이원적 구성으로 되어있었음을 나타내는 호지슨의 용어-옮긴이) 전체가 이와 같은 비교적 추상적인 원칙 아래에 포함되는 것으로 볼 수 있다. 이슬람이 기독교에 극명하게 대조되는 것처럼 이 패턴은 서구의 '법인단체주의'라고 할 수 있는 것과 대조된다. 사회 조직의 기준은 양쪽 모두에서 종교적 지향 그 자체에서 직접 유래하는 것이 아니며, 그 역도 성립하지 않는다. 그러나 그들은 서로 관련이 없는 것이 아니다. 그들 사이의 관계가 어떻게 이루어져 있는지 그 자체도 두 사회 사이의 대조되는 점 중 하나다.

이 글이 다루는 시대의 이슬람에서 삶에 지침을 주는 규범들과 사회적 원칙들은 서로 직접적으로 조응하는 것이었다. 사회적 원칙들과 종교적 원칙들은 모두 똑같은 이란-셈계 핵심지역의 장기적인 상황에서부터 유래하는 것으로 보였고, 이슬람이 취한 발전의 방향은 그에 상응하는 사회적 기대에 의해 더욱 강화되었다. 어찌되었든 이란-셈계 문화 속의 유일신적인 공동체의 경향은, 종교가 완전히 고립되고 중립적인 것으로 만들어지지 않는 한 필연적으로 사회를 종교적인 형태로 만든다. 그러나 이슬람은 중간시기의 이란-셈계 핵심지역의 사회적 형태나 기준들과는 전혀 다른 사회

환경에도 잘 조화되었다. 따라서 우리는 이슬람풍의 계약주의를—물론 아마도 이슬람의 지지 없이 그것이 실현되기는 어려웠겠지만—이슬람의 결과로 보지 말고 단순히 이슬람적 도덕주의와 조화되는 하나의 조류로 보아야 할 것이다.

기독교에서는 사회적 패턴과 종교적 이상의 경향들이 서로 의존하는 정도가 덜했다. 서양은 기독교 전통이 영적이고 지적인 기반을 만들어 준 여러 사회 중 하나에 불과했으며, 기독교 전통에 기반한 다른 사회들은 서양과는 매우 다르게 조직되었다. 어쨌든 초기 기독교는 이슬람만큼 사회적 고려사항들을 우선시하지 않았다. 그러므로 종교적인 관점에서도 각각의 사회가 자체에 맞는 형태의 기독교 사회를 만드는 것이 가능했던 것이다. 그와 동시에 사회적 목표의 서구적 패턴들은 적어도 세계에 대한 기독교적인 접근—여기서 기독교라는 것은 서구적 형태로 제한된 기독교라는 뜻이 아니라 일반적인 의미의 기독교다—과 합치하는 것이었다. 아마도 우리는 여기서 더 나아가 그러한 서구적 패턴들을 온전히 이해하려면 앞에서 개관하였던 끈질긴 기독교적인 요구를 참고해야 한다고 할 수 있을 것이다. 따라서 이슬람권과 서양 두 지역 모두에서, 그저 탐구하는 양심이 안심하고 쉴 수 있을 정도의 수준에서만이라도, 문화적 상수들을 밝혀내고 두 전통 사이의 대조를 그러한 문화적 상수의 측면에서 볼 수 있을 것이다. 그리고 이러한 상수들은 문화의 많은 차원들에 널리 확장될 수 있고 고도로 추상적인 수준에서 표현될 수 있다.

우리가 비교를 하는 목적은, 성급한 평가들을 완전히 배제해 버릴 수 없다면 적어도 그들을 중화시키는 데 있다. 그렇게 하려면 우리는 두 사회의 전제조건으로 몇 가지를 염두에 두어야 한다. 우리는 각각의 지역들이 여러 다양한 형태를 발전시키는 데 기반이 되는 공통의 패턴을 만들어낸 어떠한 공통의 필요나 신념을 배경으로 두 사회를 대조해야 한다. 여기서 이것은 단지 공통의 농경적 토대의 문제가 아니라 적극적인 역사적 차원에서 공통되는 역동적 상황의 문제다.

농경지 보유권과 도시에 기반한 정부를 최소한으로 구별해 주는, 가능한 한 가장 광범위한 윤곽들 외에는 모든 농경적 수준의 사회에 확실히 공통되는 사회조직의 규범은 전혀 없었다. 그러나 만약 완전히 자유롭게 작용하도록 놓아 둔다면 넓은 영역에서 정통성을 결정지을 수 있는, 자체의 규범을 가진 하나의 널리 확산된 경향이 있었다. 그것은 바로 모든 것을 거대한 영토적 관료제 아래에 복속시키는 경향이었다. 그러한 경향은 적어도 추축 시대의 말기에, 혹은 그 후 곧 각각의 핵심지역에서 나타났던 대제국들의 시대부터 존재했던 것이다. 그런 경향이 지배했던 곳에서 농업 관계는 적어도 제국 중앙정부의 관료적 감독에 의해 통제되었고, 도시들 또한 그로부터 관리되었으며, 수공업 길드나 수도원마저도 위로부터 규칙이나 감독자를 부여받게 되곤 하였다. 이는 강자의 전제에 대항하여 평화와 동등한 정의의 이름으로 야기된 절대주의적 이상의 조직적인 측면이다. 그러한 패턴은 추축 시대 후의 고대제국들이 붕괴하고 나서도 오랫동안 비잔티움과 중국 사회의 많은 부분들을 상당한 정도로 지배하고 있었다.

그러나 영토적 관료제는 비록 일정 정도 보편적으로 존재하고는 있었지만 같은 정도로 힘 있는 대안적인 일련의 사회적 목표들에 의해 전체적인 사회적 효과가 일반적으로 제한되었다. 서양에서 그리고 힌두 인도에서 영토적 관료제의 지배를 향한 어떤 경향도 뿌리깊은 개별주의(particularism) 체제에 의해 철저하게 제약되었다. 이 두 개의 풍요로운 농경 지역들은 양쪽에서 이슬람권과 이웃하고 있었고 단순히 (무슬림들이 우상숭배라고 불렀던) 성상(聖像)에 대한 숭배만이 공통되었던 것이 아니라, 좀 더 덜 명확하지만 어느 정도 비교될 만한 사회조직도 갖고 있었다. 두 사회 모두에서 라지푸트족(Rajput: 스스로를 크샤트리아와 동일시하는 힌두교 전사 집단으로, 이들이 북인도에 많은 소왕국들을 세워 무슬림의 침입에 대항했던 8세기에서 13세기 사이를 라지푸트의 시대라고 한다-옮긴이)의 시대와 봉건제 시대 때부터 수 없이 많은 사회집단들이 그들의 사적인 (카스트 혹은 법인과 신분에 대한) 법과 관습들을 유지하고 발전시켰다. 그들 사이에서의 통합은 어떤 공통적으로 인정되는 권위에 의해서라기보다는 상호 의무의 복잡한 위계질서 체제에 의해 이루어졌고, 그 안에서 모든 사회적 단위는 파기될 수 없는 자율권을 유지했다.

서구의 법인단체주의와 이슬람풍의 계약주의

칼리프조의 융성기가 끝나면서 종전에 이슬람권을 지배하던 관료적 권위가 거의 사라지자, 그것은 특수성(들)로 이루어진 체제에 의해서가 아니라 이슬람권을 주요 문명들 가운데서 독보적인 존재로 만든 일원적 —혹은 일원주의적 —정당화의 패턴으로 대체되었다. 이것은 일원적 계약주의라고 부를 만하다. 이 부분에서는 이슬람 사회의 개방적 구조를 좀 더 형식적이고 추상적인 측면에서 고려하게 될 것이고, 사회질서를 다루는 장에서는 그 실제적인 측면을 좀 더 집중적으로 분석하였다. 이 계약주의라는 것의 의미는 서구 사회의 '계서적 법인단체주의'라고 불릴 만한 것과 비교해 보면 더 명백해질 수 있다. 이슬람풍의 사회 패턴이나 서구 사회의 패턴은 둘다 중세 전기에는 정교하게 완성된 것이 아니라 아직 형성 과정에 있었다. 사회조직의 가장 창조적인 움직임이 그러한 방향으로 향하고 있었다. 즉이 패턴들은 격식을 갖춘 위세에서가 아니라 역사적 생명력이라는 측면에서 절정에 있었다.

'계약주의'와 '법인단체주의'의 대조는 어떤 면에서는 사회와 공동체, 혹은 공동사회(게마인샤프트)와 이익사회(게젤샤프트)의 유명한 대조를 상기시킬 것이다. 특히 '계약주의'는 부여된 지위가 아니라 성취에 의해 얻는 지위를 암시한다. 대부분의 문자 이전의 삶과 이후 농경단계 농민의 삶을 비교해 보면, 여기 묘사되는 '법인단체주의'와 '계약주의'는 모두 이익사회 (게젤샤프트)의 방향을 향하고 있다. 양자는 모두 비인격적이고 공식적으로 정의된 공동체 안에서 비인격적이고 공식적인 규범에 의해 제약되며, 계약적 원칙이 중요한 역할을 한다. 그러나 그들 사이를 비교해 본다면, 이슬람풍의 계약주의는 개인의 성취가 크게 중시되는 방향에서 정통성 부여가 강조되고, 관계가 관습보다는 계약에 의해 규정된다는 것을 암시하는 특색이 많다. 그러나 역사적으로 보면 이슬람풍의 패턴도 농경수준 사회의 기본전제들을 한 번도 벗어나지 못했다. 그 사회는 현대의 기술사회가 하는 식의 비인격적인 성취 위주의 평가를 하는 데 근접한 적이 없다. 공동사회와 이익사회, 부여된 지위와 성취된 지위, 관습에 의거한 결정과 합리적 계산에 의거한 결정 사이의 대조는 항상 정도의 문제다. 이익사회를 향한 가장 철저한 변화의 최종 결과마저도 언제나 관습의 귀속과 인격적 공동체의 요소들을 새로운 형태로 보전하는 것으로 귀결된다. 그래서 새로운 역사적 상황에서는 그것마저도 또다시 (대중적이지만 오도하기 쉬운 용어를 쓰자면) '이성적'이기보다는 '전통적'으로 보일 수 있다. 여기에서 중요한 것은 '합리성'의 정도라기보다는 한 사회의 특징적인 기능방식이다.

서구에서 궁극적인 사회적 정통성과 권위는 인격적 관계나 기존의 권력구조에 주어지는 것이 아니라, 자율적이고 법인적인 직책과 그것을 가진 사람들에게 주어졌다. 그것은 정당한 권위가 일차적으로 왕위, 가신으로서의 지위, 승정의 지위, 도시민으로서의 신분, 선거권자의 지위, 길드회원의 지위 등에 귀속되었다는 뜻이다. 이러한 직책들은 고정된 권리와 의무가 (관습이나 헌장에 의해) 원칙적으로는 다른 어떤 기관의 개입 없이 그 직책에 고유한 것으로 되어 있다는 점에서 자율적으로 정통성 있는 것이었다.

그리고 그들은 회원과 영토가 확정된 사회적 실체들을 전제로 하였다는 점에서 법인단체적인 것이었고, 이 사회적 실체들은 그 안에서 직책을 맡은 사람이 그 직책에 해당하는 의무를 다한다는 점에서 역시 자율적이다. 그예로 왕국, 도성, 교구, 공국 등이 있다. 이러한 자율적인 공식 직책들은 어디서나 발생하였는데, 의례적인 기능에서 특히 그랬지만 다른 부분에서도 그랬고, 일반적으로는 다소 초보적인 형태로 나타났다. 예를 들면 무슬림 재판관, 촌장, 수석 재상 등이다. 서구에서 특기할 만한 점은 이러한 직책들이 사회적 정통성의 관념에 있어서 전체를 관통하는 테마가 된다는 점이다. 그리고 이러한 기관들은 그들이 구조가 고정된 사회적 실체 전체 속에서의 계서적인 상호관계 속에 들어맞는 한 권위를 갖는 것으로 간주되었다. 즉 그들은 봉건적 권리, 교회 내의 복종 혹은 사회계층의 특권 같은 기존의 규범에 따라 만들어지고 효력을 발휘했다. 이러한 규범들은 다시 상급자와 하급자들을 모두 구속하였고―아마도 교황과 황제의 영도하에―교황권이 미치는 기독교권 전체를 연결하는 상호 간에 인정된 개별적 권리와 의무의 폐쇄된 체제를 전제로 하는 것이었다.

　서구 법인단체주의의 트레이드 마크는 정통주의다. 모든 직위에 대해서 예정된 '정통성 있는' 임자가 있고, 정통주의자들의 입장에서 나머지는 아무리 오래 확고하게 그 자리를 차지한 사람이라도 '정통성 없는' 것이었다. 군주가 아무리 능력이 없어도―예컨대 어린아이거나 정신이상자라도―그 직위에 적용된 특정한 고정된 원칙에 따라 집권하면 그는 '정통성이 있는' 군주였다. 그 이외의 경우라면 군주가 건실하든, 인기가 많든 상관없이 그는 '찬탈자'였다. 누군가에게 아들들이 있는 경우에도, 비록 아버지가 그들을 똑같이 대우하더라도 그들의 기원이 체제의 규범을 만족시키는지에 따라 그들은 '적자'와 '서자'(사생아)로 구분되었다. 물론 하나의 직위를 얻고자 애쓰는 여러 후보들 가운데 과연 누가 진실로 '정통성 있는' 자인가를 놓고 많은 분쟁이 있었지만, 원칙적으로 한 사람만 '정통성이 있고' 나머지는 그렇지 못하다는 관념은 아무런 의심 없이 받아들여졌던 것이다. 얼핏 보기에 이것은 서구가 아주 비합리적이고 이상한 관행을 가지고 있는 것처럼 보이지만 이러한 접근법은 좀 더 온건한 형태로 여러 사회에 널리 퍼져 있었다. 그러나 서구인들은 그것을 논리적인 극한까지 밀고 나갔고, 무슬림들은 그것을 거의 완전히 체계적으로 배제하였다.

이 법인단체주의는 사회관계를 기획하는 감탄스러운 방법으로 세련되게 진화하였고 실제로 적용되는 데에도 상당히 효과적이었다. 법인단체주의는 역시 중세 성기에 나타난 고딕 양식의 성당에 비견되어 왔다. 통치에 있어서 '법인단체적' 성격과 고딕 성당을 만드는 기술은, 동시대의 다른 여러 예술적 혹은 지적 작품들과 마찬가지로 형태에 대한 적합성이라는 공유된 감각을 반영하였던 것으로 보인다. 우리가 앞서 묘사한 계서적 법인단체주의를 조금 더 일반적인 용어로 재규정하자면, 당시의 규범들을 명확하게 만든 사람들은 폐쇄적이고 고정적으로 만들어진 전체 속에서 계서적 상호관계 내에 배열된 자율적이고 고정적 단위들의 패턴으로 질서를 맞추고 있었던 것이라고 할 수 있다. 저술가들은 중의적인 시, 그리고 심지어는 스콜라 철학의 논문마저 그러한 형식에 맞추었다. 이와 비슷한 느낌은 모범 학문으로서 기하학이 누렸던 영예와 내용이 삼단논법과 잘 맞지 않아도 생각을 거기에 우겨넣을 정도로 그것이 차지했던 중요성을 통해서도 드러난다.

기독교 사상에서는 신이 역사하는 전 과정 안에서 영적으로 중요한 역사적 사건들이 기적적이고 독특한 지위를 가지며 평범한 역사에서 자기완결적으로 떨어져 나와 있는 것으로 생각되었다. 이것은 교회의 성스러운 의례에 따르는 조직과 교회의 구원이라는 초자연적인 역할에 잘 부응하였다. 서구인들은 이제 다른 기독교인들보다 훨씬 더 교회와 아담 이래 교회 역사의 자율적 법인단체적 통일성과 계서적 구조를 강조하게 되었다.

적합성(fitness)의 관념이 필요한 데는 어디나, 특히 승인과 정당화가 의식적으로 요구되는 곳이면 어디나, 예술, 신학, 통치, 예절, 심지어 과학에서조차 그와 같은 방식의 관념이 작용할 수 있었다. 그것은 비록 항상 실질적으로 큰 차이를 빚어내지는 않더라도 적어도 정당화가 이루어지는 형식을 결정하였다. 그리고 이러한 방식의 관념은 정당화에 대한 요구가 덜한 관련 활동에 영향을 줄 정도로 실제적인 효과를 낼 수 있었다. 왜냐하면 어떤 유형의 기대는 서로 양립가능한 것이 되는 경향이 있어 서로를 강화시켜 주기 때문이다. 그리하여 적어도 서북유럽의 일부에서 수십 년간 공적인 기대 차원에서 비교적 동질적인 스타일이 광범위한 종류의 활동에서 이루어질 수 있었다. 이 스타일은 어떤 면에서는 수 세기에 걸쳐 준비되고 형성되어 온 것이다. 그리고 그 구성 요소들은 그 후로 오랫동안 서구문화의 큰 부분을 특징지을 정도로 매력있는 것이었음이 밝혀졌다. 그러나 그것은 중세 성기 서구의 독특한 특징으로 생각될 수도 있다.

우리가 하려는 비교에 있어서 서구 쪽은 앞에서 소묘된 밑그림이 독자 스스로 서구에 대해 아는 바에 의해 보충될 것이다. 이제 이슬람권 쪽은 이 글에서 이야기된 모든 것을 전제로 해야 한다. 우리의 서구사회에 대한 스케치가 정점에 이르는 고딕 전성기에 부합하는 전체적인 스타일을 도식적으로 특징지우는 것에서 시작하자. 그러고 나서 종교적 · 사회적 질서를 전체 스타일의 측면에서 특별히 살펴보겠다.

이슬람권에서 대응하는 스타일을 만드는 요소들은 고딕 전성기 시대의 북프랑스에서처럼 집중적으로 초점이 맞춰지지는 않았지만 거기에도 특징적인 스타일이 있었다. 그것은 부분적으로는 이전부터 준비되었고 대체로 그 이후 시기에 존속하였으며 특별히 중간시기 전반(前半)에 특징적인 것이었다. 비록 (서구에서처럼) 배타적으로 지배적인 것은 아니었지만 말이다. 사회적 영역에서의 이슬람풍 '계약주의'에 가장 적절히 비유될 수 있는 것을 시각예술에서 찾는다면 그것은 의심할 나위 없이 기하학적, 식물적 문양을 섞어 짠 것에서 본격 아라베스크까지 포함하는 아라베스크 문양일 것이다. 이것은 셀주크 치하에서 가장 완숙한 경지에 이르렀는데, 고딕 성당과 대체로 동시대의 현상이라 할 수 있다. 이 전반적인 스타일을 우리가 서구에 대해 쓴 것에 대응되는 공식으로 만들자면, 올바른 질서의 관념이 요구한 패턴은 여러 차원에 관통될 수 있고 보편적으로 연장할 수 있는 영역 속에서 단일한 일련의 고정된 기준을 만족시키는 동등하고 이동 가능한 단위들의 패턴이다. 강렬하고 명확한 패턴이 첫눈에는 거의 인식하기 어려운 은은한 패턴 위에 덧씌워지는 경우가 많은 아라베스크의 무제한적으로 반복되는 리듬은 그러한 형식의 감각에 부합되는 것이다. 그리고 산문에서의 마카마트(maqamat)와 여러 장르의 운문들, 특히 상징적인 마스나비(masnavi)도 그러하다. 이와 비슷한 느낌을 역사 지식에 대한 존경과 하디스 전승과정이나 수피 계보를 밝히는 것에 대한 열정에서도 감지할 수 있다. 서구에서 그토록 사랑받은 기하학은 최소한의 전제들로부터 시작하여 위계질서가 있는 일정한 추론을 거쳐 확정적인 결론에 도달하고 자율적인 자기충족 속에서 논의를 마치는 것이다. 이와는 대조적으로 무제한적으로 늘릴 수 있는 역사적 전승의 집성은, 서로 동등한 가치를 갖고 기록되고 인정된 보고서들로 이루어져 있고 일견 혼란스러워 보이는 삶의 진실한 다양성에 그 범위나 의미의 깊이에 자의적인 제한을 가하지 않고도 우리가 감당할 수 있을 정도의 질서를 부여할 수 있게 축소시켜 준다.

자연 그대로의 세계에서 도덕적 기준을 유지하는 데에는 모든 가능한 개인들에게 동등하고 조화로운 책임이 있다는 이슬람의 종교적 감각은 아마도 애초에 이같은 이슬람풍의 스타일 감각이 자라나온 원천이 되었던 지향과 무관하지 않을 것이다. 그러나 이러한 이슬람의 원자론적 차원이 특히 명확해진 것은 칼리프 국가의 원형이 무너지고 난 후와 순니 무슬림 사이에서였다. 그것은 무슬림 신학 논쟁에서 정당화되었고 타리카(교단) 수피즘의 일반적 확산에 의해 좀 더 내면적 차원으로 깊어졌다. 수피 교단들에는 각 개인을 그의 능력에 따라 영적 진실로 이끄는 독립적인 수피 성인들의 계보가 있었다.

이슬람이 자체의 평등주의와 도덕주의를 희생하지 않고도 모든 성격의 사람들에게 다가갈 수 있도록 만든 것은 이와 같은 기반에서 이 시기에 발전한 샤리아적 사고방식과 수피즘 사이의 지속적인 균형이었다. 기독교에서는 교회와 그 위계질서를 유지하기 위해 기독교인들이 예언자적 비전과 신비주의적 자유를 모두 어느 정도 제한했다고 할 수 있다. 기독교에서는 예언자들이 대체로 그리스도를 예비하는 선지자들에 불과한 것으로 재해석되었으므로 기독교인들이 옛날의 예언자적 주제와 직접 대면하는 데에는 제약을 받았다. 또한 신비주의도 교회의 성스러운 규율 속에 제한되어야 했으므로 독립적으로 신비적 경험을 기르는 데에는 모두 제약을 받았다.[2] 반면에 무슬림들은 이슬람의 종교적 편제 안에서 특정 부문이나 지역 집단에 대해서조차 자의적이고 일시적으로 주어진 것 이외에는 단일하게 조직된 권위를 갖고 있지 않았다. 그들은 교회에 의해 지도되는 다양성에서가 아니라 개개인이 능력에 따라 이루어지는 직접적인 인격적 심화에서, 민감한 사람들이 요구하는 오묘함을 구하였다. 그러므로 울라마와 수피들은 서로를 암묵적으로 용인하였다. 그러나 일원적인 일련의 고정된 기준에 대한 고집이 너무도 강력했기 때문에 예를 들면 불교의 승려나 브라만과는

---

2) 이같은 대조는 앙리 코르뱅(Henry Corbin)에 의해 *Histoire de la philosophie islamique* (Paris: Gallimard, 1964) 등 여러 저작에서 강조되었다. 이 점은 덜 학술적인 집단에서도 암시되었는데 올더스 헉슬리(Aldous Huxley)의 *Grey Eminence* (New York and London: Chatto & Windus, 1941) 등에서 볼 수 있다. 이들 저술가들은 모두가 동의하기 어려운 개인적인 입장을 취하였다. 그러나 이것이 기독교의 특수한 구조에 의해 생겨난 문제였고 (결과가 성공적이든 아니든) 특수한 해결책을 필요로 한다는 점에는 더 많은 사람들이 공감할 것이다.

달리 울라마는 독립적인 기준을 자유로이 발전시키지는 못했고 공동체적 통일성을 최대화시키려는 강한 압력 아래 있었다. 이 시기 사회질서의 계약적 관념의 전반적 발전은 그와 같은 전체적 스타일을 표현하는 것이었고, 종교에 있어서 상응하는 발전에 의해 가능하게 된 것이었다. 그리고 종교와 같이 사회적 질서에서도 일견 단순해 보이지만 그렇게 강력하게 작용하기 위해서는 상당한 사회적 성숙을 요구했다. 그것은 결코 원시적 성격을 드러내 주는 지표가 될 수 없었다.

아얀-아미르 체제 속에 구체화된 이슬람풍의 사회질서를 특징적으로 말해주는 것은 서구의 정통주의에 대비하여 '상황주의'(occasionalism)라고 불릴 만한 것인데, 즉 모든 일이 상황이 벌어지는 데 따라 즉흥적으로 대응되었고 일단 직접적인 효력이 사라진 후에는 기존의 직책이나 우선권은 거의 중요성을 갖지 못한다. 이것은 어떤 고정적 지위 대신에 개인의 자유를 고양하려는 일반적 경향의 제도적 표현이었다. 예술의 영역에서처럼 그러한 원칙은 어떠한 재질에나 적용될 수 있는 정교한 표면적 형식주의와 무관하지 않았다. 서구의 정통주의가 종종 자명한 불합리성을 초래했다면 이 이슬람풍의 '상황주의'는 자의적인 폭력의 지배로 영락할 수 있었다. 그러나 무슬림들은 통례적으로 어떤 직위에 대한 후보가 적어도 이론적으로는 그에 상응하는 자격을 갖출 것을 요구하였다. 서구의 왕과는 달리 폐위된 칼리프를 장님으로 만들면 그는 효과적으로 자격을 상실하는 것이었다. 그리고 어쨌든 그러한 원칙들은 단지 정복하는 것만이 아니라 정복한 거의 모든 지역을 유지할 수 있게끔 이슬람권 자체의 대단한 팽창적 활력을 강건하게 만들어 주었다. 여기에서도 마치 무질서하게 보이지만 그 속에 합리적 체계가 있는 것이다.

서구의 계서적 법인단체주의와는 대조적으로 내가 이슬람권의 '일원적 계약주의'라고 부른 것에서는 자율적인 법인 직위에 정통성이 깃들어 있는 것이 아니라, 평등주의적이고 계약적인 책임에 정통성이 부여되는 것이었다. 그것은 곧 정통성 있는 권위가 한 도시의 아미르(영주) 혹은 기도하는 이맘, 변방의 가지(성전사) 혹은 한 가정의 가장 등의 역할 속에서 개인적으로 떠맡은 책임으로부터 나오는 행동에 주어진다는 것이다. 이와 같이 개인적인 책임의 형태로 공적인 의무를 정의한 모델은 모든 사회적 기능을 '파르드 아이니'(fard ayni), 즉 모든 사람에게 똑같이 적용되는 의무와 '파르드 키파야'(fard kifayah) 즉 그 기능을 충족시키는 데 필요한 수의 사람에게만 주어지는—비록 그 기능이 충족될 때까지는 잠재적으로 누구에게나 주어질 수 있지만—의무로 환원시켜 버리는 샤리아의 교묘한 원칙이었다. 그러므로 공적 의무는 개인적 의무의 특별한 사례로서 다른 개인적 의무에 적용되는 것과 같은 규칙의 지배를 받았다. 만일 그러한 임무를 수행하는 사람들이 일을 하는 과정에서 어떤 합의를 보았다면 그것은 샤리아 율법에 있어서 다른 어떤 개인적 계약과 마찬가지의 지위를 가졌다. (우리는 압바스조의 칼리프 하룬 알 라시드가 칼리프 국가를 양분하면서 시도했던 계승 문제의 결정에서 그러한 예를 볼 수 있다.)

이러한 개인적이고 계약적인 원칙은 이에 대응하는 서구의 공적이고 법인적인 직책의 원칙과 극히 상반되는 방향에 있었다. 주요 문명권에서 국가와 같은 어떤 사회적 조직체에 귀속되는 행위나 재산에 대해서는 특수한 지위가 아주 흔하게 허락되어 있었다고 생각할지도 모르지만, 그러한 지위는 있는 그대로의 개인들에게 적용되는 더욱 보편적인 도덕률의 특수한 사례라고 간주되는 경향이 있었다. 왕족으로서의 지위는—비록 그가 통치에 적합하다고 신에 의해 평가될 동안뿐이지만 — 왕의 초자연적이고 신성한 광휘(khvarnah)가 군주로부터 다른 사람에게로 발산하는 것으로 되어 있음으로 볼 때, 사산제국인들에게 대단히 중요한 것이었던 듯하다. 서구인들은 한 직위의 고정된 자율성을 강조하는 점에서 공적 행위의 특수한 지위를 극한까지 밀고 나가는 경향이 있다. 그 극한에서는 공과 사의 영역 사이에 엄격한 구분이 있어서 국가는 사적 행위에 적용되는 윤리적 고려의 지배를 받지 않는다는 결론이 궁극적으로 도출될 수 있다. 무슬림의 원칙은 이와는 대조적으로 공적 행위에 어떠한 특수한 지위도 인정하지 않았고, 평등주의적이고 도덕주의적인 고려를 강조한 나머지 모든 법인적 지위를 배제하고 모든 행위를 개인적으로 책임있는 사람들의 행위로 환원시켰다.

위와 같은 관점에서 보면 이들을 '사적인 행위'로 간주하는 것은 부정확하다. 왜냐하면 서구인들이 사회적 활동을 하는데 공-사의 대조를 극한으로 끌고 나간 것에 반해 바로 그것이야말로 무슬림들이 부정하고자 한 것이었기 때문이다. 물론 내가 여기서 논하는 것은 대단히 도식적인 관점이고 그것이 미치는 범위에도 한계가 있다. 서구나 이슬람세계 양쪽에서 모두 그러한 대조가 중간시기 전반에 완성된 것은 아니다. 더욱이 어떤 관점에서 보면 서구와 이슬람권의 차이는 어쩌다 그럴 수도 있는 우연적인 것 정도로 축소된다.

양자 모두에서, 공적인 직위의 사적 소유로서의 관료제적 절대주의가 사라졌을 때 무슨 일이 일어났는가를 묘사해 볼 수는 있을 것이다. 예를 들면 칼리프의 지위는 다른 통치자들을 정당하다고 승인하는 주체로서 칼리프국가의 융성기에 유지된 관료제적 공적 질서 관념의 흔적을 계속 지녔다. 이러한 중앙집권지향적인 관점에서 보면 아미르(군 장교-옮긴이)나 이크타(군인이나 관료에게 봉급 대신으로 세금을 걷을 수 있는 권리가 주어진 일종의 봉토-옮긴이) 보유자의 권리는 사적인 개인의 손에 들어간 공적인 권리였다. 어떤 경우에나 왕은 자신의 안전 같은 공적인 이유를 위해서는 본격적인 윤리에 어긋나는 방법으로라도 이를 지켜야 한다는 것이 언제나 현실적으로 인정되어 있었다. 그러나 이크타 보유자나 아미르는 모두 다른 사람들과 직접적으로 관련을 맺고 있는 개인들이라고 생각되었고, 이 사실은 그들이 소득을 높이는 방법, 그들과 다른 공직자들과의 관계, 그리고 그들과 직책을 계승할 후임자들의 결정에마저 영향을 미쳤다.

서구인들 사이에서는 다수의 자율적인 직위의 병립으로 권위가 와해되는 것은 이전 시대부터 내려온 공과 사의 구분마저 지워 버릴 정도로 위협이 되었고, 열성적인 법률가들은 새로운 환경에서 공-사의 구분에 광범위한 효력을 부여하려 하고 있었다. 예를 들면 봉건적 관계들은 한동안 상당히 계약주의적인 의미로 해석될 수 있었다. 그러나 가장 특징적인 조류는 공적인 직책들과 봉건 체제 전체의 와해를 법인적인 의미로 재해석하려는 것이었는데, 그러한 조류 속에서 보면 자율적인 것(자체로서 중요한 것)은 사람이 아니라 직위였다. 그리하여 이슬람권에는 전혀 낯선 원칙들에 의해, 예루살렘의 왕이 될 권리마저도 매매의 대상이 되었다. 우리가 대조해 본 두 원칙들은 한편으로 비현실적일지라도 이 시기의 두 사회에서 독보적으로 기본 구성을 이루는 태도들을 명확하게 보여준다.

이슬람권에서의 이와 같은 공직의 개인적 책임은 평등주의적인 기반 위에서 개념화된 것이다. 원칙적으로 그러한 책임은 일단 무슬림이 되면 그의 조상이 누구든 간에 자격을 갖추기만 하면 떠맡을 수 있었다. 원칙론적으로 엄격히 말하자면 직위들은 상속할 수 있는 것이 아니었다. 샤리아와 관습 속에는 모두 불평등의 흔적이 있었다. 무함마드의 후손들은 지엽적인 사례에서 특수한 지위를 인정받았다. 그들은 어떤 종류의 자선 기부금은 받을 수 없었지만 모든 무슬림으로부터 특별히 호의적인 대접을 받았고 그들 사이에서만 통혼할 것이 요망되었다. 더욱 더 혼란스러운 결과를 초래했던 것으로는 여러 군사집단들이 할 수 있는 한 자신들을 폐쇄적인 특혜 집단으로 만들기를 즐겼다는 점이다. 그러나 사회 내의 다른 어떤 구성요소도 장기적으로는 그들의 자만에 찬 정통성을 진지하게 인정하지 않았기 때문에 그러한 폐쇄된 집단을 깨뜨리거나 타도하려는 사회적인 압력이 가해졌다.

무엇보다도, 이러한 개인적인 책임들은 정확하게 계약 자체는 아니더라도 계약적이었다. 샤리아는 많은 관계들을 계약적인 것으로 보았고, 당시의 사회 분위기는 샤리아보다 한술 더 뜨는 것이었다. 어떤 독립적인 지위가 개인적 카리스마 때문에 혹은 명백한 법률이나 관습 때문에 합법화되든 간에, 그것은 상호 합의에 의해 성립되고 한 개인과 다른 사람들 사이에 상호 간의 의무를 지는 것으로 개념화되었다.[3] 상대적으로 사적인 차원에서 이것은 가끔 개인적인 후원의 관계로 발전했다. 이 유형의 관계는 그러한 사회에서 중요한 역할을 했다. 간혹 그것은 본격적인 법률 계약에 포함되기도 하였다. 특히 결혼은 귀속적 지위를 주는 성스러운 일이 아니라, 만족스럽게 이행되지 않으면 무효화되는 계약일 뿐이었다. 그러고 바로 그러한 관점이 공적인 차원에서도 지배적이었다.

칼리프국가의 사례를 봐도 순니 이론에 따르면 후임 칼리프는 움마의 핵심 인사들에 의해 지명되거나 혹은 일반적으로 공동체 전체를 대표하여 원로들이 취하는 수용의 행위인 바야(Baya)라는 일종의 충성 맹세에 의해 결정된다. 즉 무슨 일이 있을 때 기성의 통치자에게 단순히 복종하는 것으로는 충분치 않았다. 무슬림 개인은 관계에 있어서 그에게 주어지는 책임을 져야 했다. (시아 이론에 따르면 이맘의 지명이 신의 행위에서 유래한다고 보았고, 신자들이 그를 직접 인정하는 행위를 이맘에게 해야 한다고 보았다. 이것이 "자기 시대의 이맘이 누구인지 모르고 죽는 자는 불신자"라는 말이 뜻하는 바의 일부분이다. 이 전승은 순니들도 역시 받아들일 수 있는 것이었다.) 한 아미르에 대한 그의 군인들과 명망 있는 개인들로 대표되는 공동체 전반에 의한 승인

---

3) J. Schacht, "Notes sur la sociologie du droit musulman," *Revue africaine*, vol. 96, nos. pp. 432~433(1952)는 계약적 정신이 샤리아와 다른 종류의 무슬림 법들까지 뒤덮고 있는 정도를 잘 표현하였다.

도, 또 영적 가르침을 찾는 사람들에 의한 수피 성인에 대한 승인 등도 모두 같은 모델에 기반한 것이다. 그것은 항상 권위를 새로 차지한 사람과 개인적으로 연장되어야 하는 계약의 설정이었고 오직 그것을 개인적으로 받아들인 사람들에게만 구속력이 있었다. (너무나도 빈번히 서구 학자들은 이슬람풍의 이와 같은 거래들을 서구의 정통주의적 범주로 환원시키려 헛되이 노력하다가 당혹하곤 하였다. 바야는 서구의 충성 서약에 해당하는 것이지만 형태나 기능에서 그와 같지 않았다.)

이와 같은 공직의 책임은 최소한의 무슬림들만 있어도 보편적으로 적용될 수 있는 단일한 일련의 고정된 법적 기준들에 따라 실행되었고, 적어도 수피들은 그것이 자명하고 기계적인 수준에서, 동시에 관련된 사람들의 영적 자질에 따라 끝없이 심오해지는 차원에서 의미가 있다고 할 것이다. 비록 샤리아가 실제 적용의 면에서는 법률학파와 시대에 따라 차이가 있었지만, 잦은 의견교환으로 법률학파들은 점점 더 가까워졌고—아주 심한 차이를 빚는 것은 피하려는 의식적인 노력이 있었다—법적 기준은 점차적으로 이슬람권을 통틀어 다소 공통적으로 되어 갔다. 적어도 어떤 수준에서는 전근대사회에서 전대미문의 법적 통일성이 이슬람권의 광대함에도 불구하고 그 영토 안에서 이루어졌다. 샤리아 율법은 무슬림이 충분한 숫자에 달하는 곳이면 어디에서나 적용 가능하였고 어떠한 영토체제나 구성원의 공식적 지속성 같은 것에 구애받지 않았다. 단지 샤리아에 구속받는 사람들 가운데 샤리아의 적용을 담당할 수 있도록 적어도 최소한의 지식을 가진 사람이 있느냐에 달려 있을 뿐이었다. 새로 무슬림이 된 어느 사회에서 샤리아가 처음에 불완전하게 적용되면 다른 무슬림 지역에서 방문한 샤리아 학자들이 그 적용에 만전을 기하고 순전히 지방의 관습법이 되어 버리는 것을 막는 데 도움을 주었다. 이를 통해 새로 법률이 제정되지 않고도 이 체제는 궁극적으로 전 인류를 포함하도록 퍼져 나갈 수 있었다.

법률에 있어서 공동체적 도덕주의와 법인적 형식주의

이슬람사의 중간시기 당시의 계약주의는 아마도 나일 강에서 옥수스 강에 이르는 지역의 상업지향적인 공동체적 전통에서 유래했을 것이고, 우리의 시점에서는 그 전통이 정점에 다다른 것이라고 볼 수 있을 것이다. 이 상업적인 경향은 우리가 샤리아의 중심적인 집단들을 논할 때 이미 분석한 것처럼 지적인 차원에서는 도덕주의적, 인민주의적, 사실 위주의 성격을 가지고 있었다. 요컨대, 그 전통의 가장 극단적으로 인민주의적이고 도덕주의적인 경향에서 나온 샤리아 중심적 이슬람의 강력한 결정화가 이루어지면서, 이 유일신교 공동체는 단순히 하부적 사회형태에 머무르기를 거부하고 사회적 정당화가 표출되는 주요한 사회형태가 되었다. 이 종교 공동체는 거의―비록 완전히 그런 것은 아니지만―농경에 기반한 국가에 대한 의존에서 벗어났다. 그리하여 그 공동체적 법은 공동체의 기본 전제들 위에 기반하였고 어떤 영역을 가진 국가를 전제로 하는 것이 아니었으며, 배타적인 정통성을 가지는 모든 것에게 부여되는 영속적 중요성을 가지게 되었다. 이 공동체는 완전히 국가로부터 자유로운 것은 아니었다. 힘에 의한 승인이 궁극적으로 결정적인 요인으로 남았으며, 그것은 국가권력의 손안에 있었다. 그러나 국가권력의 역할은 특히 법률이라는 기본적 영역에서, 도시문명단계의 고도의 문화라는 측면에서 보면 전례가 없을 정도로 축소된 상태였다.

그러나 이것은 적어도 사회의 활성적 부문에 대해서는 유일신적 전통이 하나의 공동체적 충성으로 모아졌기 때문에 가능한 것이었다. 이슬람권의 핵심지역 안에서 찾아볼 수 있는 다른 유일신교 공동체들은 이미 이슬람 이전에 시작된 진화를 계속하고 있었고 이슬람 공동체와 마찬가지로 법률적으로 완비되어있었다. 그러나 지역 전체를 통틀어 이슬람 공동체가 갖고 있던 압도적인 우위가 없었기 때문에 주교나 랍비들의 법률적 자율성은 부차적으로 남을 수밖에 없었다. 이슬람의 법적 자율성을 제국적 관료제보다 더 중요하게 만든 것은 무슬림 공동체의 광범위성이었다. 개인적 책임의 환기를 동반하는 이슬람의 강력한 매력이 없었더라면, 이슬람권의 계약주의적 패턴은 나일에서 옥수스 사이의 우수한 지역적 조건에도 불구하고 성공하기 어려웠을 것이다.

서구의 계서적 법인주의와 이슬람의 일원적 계약주의라는 두 개의 패턴의 정당화는 각각 여기에 소묘된 전체적 윤곽으로는 금세 드러나지 않는 결과들을 가져왔다. 물론 서구와 이슬람의 관행은 그들의 대조가 암시하는 것보다는 좀 더 서로 비슷하다. 그들이 서로 차이를 보였던 점들도 반드시 모든 대조되는 것과 관련 있는 것도 아니다. 그러나 각각의 패턴은 어떤 종류의 사회관계는 북돋우고, 어떤 종류의 사회관계는 제약하였다. 보통 이러한 결과는 각 문화의 핵심지역의 생태적 환경으로부터 유래하여 애초에 특정한 정당화의 패턴을 만들어낸 바로 그 경향들을 더욱 강화시켰다. 그러나 적어도 부차적이고 세부적인 것에서는, 다른 상황에서라면 불필요했을 결과를 정당화의 패턴 그 자체가 초래할 수도 있었다.

자의적 통치가 아닌 법치에 대한 요구가 서구에서 형식주의적으로 흐른 것에 비해 이슬람권에서는 도덕주의적으로 나타났다. 흔히 그렇듯이, 각각의 체제는 극단적인 대조로 나아갔다. 형식주의는 거의 모든 법률체계 속에서 나타나며, 특히 예배의식과 관련된 부분에서 많이 나타난다. 이것은 서구에서 인기없는 견해를 방어했을 때 간혹 법정을 영광스럽게 했던, 그러나 더욱 빈번하게 법정의 수치가 되었던 재판들을 기술적으로 허용하는 정도에 이르렀다. (일부 서구인들은 형식주의적인 경향을 가진 로마법의 유산에 대해 마치 그것만이 '법률'이라는 지위를 가져야 마땅한 듯이 생각하면서, 법의 형식주의적인 패턴을 법에 있어서 독립적인 객관성과 예측가능성이라는 문제와 혼동해 왔다. 비록 서구인들 스스로가 지나친 형식주의와 문구에 얽매이는 것을 인정하면서 비판하고 있지만 말이다.) 샤리아는 일부 사람들에게는 그 반대 방향으로 지나치게 나아간 것으로 보이리라. 법은 다른 종류의 가장 실질적 고려 사항마저도 버리면서 도덕을 강조하게 되는 것이 자연스러운 분야지만, 샤리아 법은 다른 대부분의 법체계보다 이러한 방향으로 더 많이 나아갔다. 샤리아의 계약법에서 당사자들의 진정한 의도는 (원칙적으로) 언어적 형태보다도 더 중시되었다. 아마도 마르완 가문 시대(692~750, 우마이야조 후기-옮긴이)에는 서면으로 된 어떤 계약에 대해서든 살아 있는 증인들을 보증인으로 세워야 한다는 주장은 부분적으로는 동기의 일차적 중요성을 확인하는 방법이 되기 때문에 생명력을 갖는 것이었으리라. 더 일반적으로, 어떤 사람이 기꺼이 그 자신의 권리를 포기하려는 것처럼 보일 때에도 그 윤리와 형평성의 관점에서 본 정의를 주장하려는 경향이 있었다.

법에 부수하는 제도들은 서구와 이슬람권 각각의 법적 패턴에 따라 형성되었다. 서구의 변호인은 분쟁이 벌어지면 한쪽 편을 들고 다른 쪽에 대항하여 변론을 하도록 되어 있었고, 도덕적으로 의심스러운 주장이라도 종종 기술적인 부분에 대한 지식에 기반하여 최대한으로 자신의 입장을 전개해 나갔다. 그러한 태도는 도덕적으로 불건전한 것으로 보이겠지만 각각의 입장이 처한 특수한 상황들이 간과되지 않도록 보장하는 기능이 있었다. 무슬림의 법률상담가는 실제 상황에서의 애매함에 대해 서양의 변호사만큼 신경을 썼을지도 모른다. 그러나 그는 그러한 상황에서 도덕적 문제가 발생하는 경우, 그 결정적인 도덕적 문제를 치우침 없이 객관적으로 설명하고 해결하는 데 중점을 두도록 되어 있었다. 그러므로 그는 분쟁의 당사자 중 어느 한쪽을 편들기보다는 재판관에게 조언을 해주었다. 원칙적으로 재판관은 누가 어떤 쪽 입장에 서 있는지를 알아서는 안 되었다. 서구에서는 법적 의제(legal fiction)의 풍성한 발전이 있었다. 특히 법인적인 부분,

즉 법인적인 단체가 인간과 동등한 법적 실체로 인정되어, 직위가 어떤 집단 그 자체와 명확히 결부되어 있을 때는 그 직위에 귀속된 자율적 권리를 행사할 수 있었다. 샤리아가 조장한 법적 의제(특히 상업에서 쓰여진 힐라〔hila: 이슬람법에 형식적으로 부합하면서도 법이 금하는 것을 사실상 취할 수 있게 해 주는 방법들로, 예컨대 이자를 취하는 것이 쿠란에 의해 금지되어 있지만 복수의 상업거래 속에서 오가는 금액에 이자를 숨기는 것을 들 수 있다-옮긴이〕라는 편법은)는 법에 있어 필요불가결한 것이 아니라, 법 적용의 상황에 맞게 가변적인 것이었다. 그것의 기능은 규정적인 것이었고 기회와 호의만 있으면 진실이 다가올 수 있도록 기준점을 지키는 것이었다.

근대 서구인들은 무슬림 법에 내재하는 윤리주의를 큰 결함으로 간주하는 경향이 있었다. 무슬림 법이 개인의 책임을 강조하면서 사법(私法)에서부터 독립적인 공법(公法)의 영역을 전혀 인정하지 않는 한, 서구인들은 이 법체계가 공적 세계의 현실성을 정당화할 방법도 길들일 방법도 없다고 느꼈다. 적어도 전근대에서는, 어떠한 진지한 도덕률에도 적용시킬 수 있는 무조건적인 보편성 때문에 윤리주의적 법률은 상대적으로 엄격하며, 시공간 속의 다양한 조건들에 적응하기가 어렵다. 끝으로 (모든 측면에서 그렇다는 것은 결코 아니지만) 몇몇 측면들에서 형식주의를 거부함으로써 무슬림 법은 서구에서 여론이나 국가권력의 개입으로부터 개인들의 권리를 (현명하게 혹은 우매하게) 보호하는 데 유용한 것으로 판명된 기술을 잃었다.

그러나 여러 사회 환경들과 지리적·정치적 경계 사이에서 무슬림들이 널리 오갈 수 있었던 것은 바로 그 샤리아에 의해서 가능했으며, 샤리아는 (샤리아에 대한 내부적 해석의 자유와 함께) 나름대로 광범위한 개인적 자유를 보장해 주었다. 또한 이 법률에 상당한 정도의 법적 안정성이 없었다면 이와 같은 사람들의 이동성을 보장해 주지 못했을 것이다. 이 안정성이라는 것은 물론 어느 한 지역에 있어서 무슬림이 채택한 법 전체가 샤리아는 아니라는 사실에 의해 항상 위협받고 있었다. 그러나 샤리아는 성공적으로 그 중심적 위치를 지켰고, 이슬람권에서 널리 존경받는 법률가들에 의한 율법적 결정을 통한 후세의 법적 승인에 의해 변화하는 조건 속에서도 적절히 통합되어 갈 수 있었다. 법률의 상대적 안정성이 해석자들에게 부여하는 독립적 지위 때문에 울라마와 수피들은 현세의 정치권력에 어느 정도 제한을 가할 수 있는 입장에 있었다. 그들은 결코 바라는 만큼 이상적인 위치에 있지는 못했지만, 또 항상 상당한 위력을 가지고 있었다.

근대에 들어와서 두 개의 법률적 패턴은 모두 수정되어야 했다. 서구의 형식주의는 후에 법률적 개념이 사회적 현실 속에서 무엇을 의미하는지에 대한 사회학적 고려 앞에 물러나야 했고, 무슬림의 윤리주의는 국가의 새로이 조직된 힘과 국가 기구의 비인격적 요구 앞에 후퇴해야 했다.

서구의 형식주의적 법률은 의심할 여지 없이, 법인적인 서구에 적합했다. 거기서 한 사람의 지위는 그 개인과 사회 전체 사이를 매개해 주는 여러 실체들 속에서의 그의 위치에 의해 결정되었다. 그와 같은 실체들—도시 자치체, 신분 혹은 교회—의 구성원으로서 그는 그 특정한 실체의 상황에 따라 역사적으로 규정된 특수한 자유를 누린다. 그는 사람으로서 내지는 영국인으로서의 권리를 가진 것이라기보다 런던 시민으로서의 권리를 누린다. 마치 로마법이 보편적으로 적용될 수 있는 규범을 만들 수 있다는 듯이 고대 로마법을 원용해 보려는 시도에도 불구하고, 그러한 특수성에 기반한 권리들은 보편적 원칙에 의해 규정될 수 없었고 그 대신 도시의 헌장 수여와 같이 그런 권리들을 형성시켜 준 역사적 사건들에 달려 있는 것이었다. 이와 같은 권리들을 형식주의적으로 해석할수록, 원래의 힘의 관계가 바뀌었을 때도 외부의 개입으로부터 권리를 안전하게 지켜낼 수 있었다. 그와 같은 정도로 무슬림의 윤리주의적 법률은 이슬람풍의 계약주의에 적합하였는데, 거기서는 적어도 원칙상으로 귀속지위는 최소화되었고, 가장 중요한 유대관계는 계약과 개인적 후원관계였다. 무슬림들에게 중요했던 것은 특정한 범위에서의 자유가 아니라, 무슬림 자유민으로서의 지위에 따른 더 일반화된 자신의 자유였다. 그와 같은 입장은 앞서 존재했던 합의나 특수한 역사적 연고 없이도 언제 어디서나 적용될 수 있는 원칙에 의해 가장 잘 뒷받침될 수 있었다.[4]

공인(公人)과 개인의 역할에서 계약적 지위와 형식적 지위의 비교

서구의 시스템에서는 자율적인 법인 속의 직위라는 것이 아주 핵심적으로 중요하기 때문에, 그러한 직위의 계승이라는 것도 역시 형식적으로 고정되어 있다. 서구에서 누가 자기지속적인 (외부로부터 임명되지 않는) 직책을 계승할 것인가 하는 문제는 그 직책의 고유한 원칙에 의해 결정되었고, 그것은 일반적인 법률과 마찬가지로 형식주의적이었다. 어떤 자리들은 세습되었다. 여기서는 보통 단일 계통의 계승이라는 고정된 원칙이 유지되었기 때문에 관련된 가문에서 아기가 태어나자마자 그 아기가 어떤 상황에서 그 지위를 계승할 수 있는지 금방 계산할 수 있었다. 일반적으로는 장자상속의 원칙에 따르게 되었고, 중세 성기에는 아들들 사이에서의 계승 이외에 친족 내의 어떠한 우발적 상황에도 장자상속을 적용하게 되었다. 선출에 의해 결정되는 자리도 있었다. 이 경우에 선거는 동료들이 평등한 권리를 갖는 단체조직에 의한 것이었다. 즉 고정된 선거인들의 집단이 선거권을 갖게 되었고, 그 선거권이 유효하려면 특정한 방식으로 행사되어야 했다.

---

4) 샤리아 법에서 자유는 인간의 자연스러운 상태라는 개념적 전제에 기반하고 있다. 그리고 그 자유는 불합리하게 침해되어서는 안 된다는 원칙에 기반하고 있었다는 점은 David de Santillana, "Law and Society," *The Legacy of Islam*, ed. Thomas Arnold and Alfred Guillaume (Oxford: Oxford University Press, 1931) pp. 284~310에 잘 설명되어 있다.

이처럼 세습으로 계승이 이루어지지 않는 경우에도 형식적이고 고정된 요소가 있었다. (이 단체조직 선거〔collegial voting〕가 근대의 대중선거와 아주 다른 종류의 과정임을 상기할 필요가 있다. 후자는 이슬람권의 권위 경쟁과 비슷한 점이 있을지도 모른다.) 중세 성기에도 규칙들은 여전히 완성되고 있는 중이었고 두 가지 형태의 계승에서 아직도 분쟁이 있었다. 그러나 대개의 경우 양측의 분쟁당사자들의 주장은 적법성에 근거하는 것이었다. 다시 말해서 그들의 후보가 반드시 가장 훌륭하지 않을지도 모르지만 적통의 후보라는 것이었고, 반대편의 후보는 아무리 개인적으로 뛰어나더라도 찬탈자라는 것이었다.

서구인들은 그러한 유형의 계승에 너무나도 익숙해져서 그들은 다른 지역에서도 임명직이 아닌 지위에서 그 비슷한 성격을 찾을 수 있을 것이라고 예상하였다. 학자들마저도 큰아들이 아버지의 자리를 차지하기에 가장 적합한 것으로 종종 판명된다는 사실을 장자상속제로 오해해 버리곤 했다. 아마도 맏형에 대한 어느 정도의 존중은 거의 모든 문화에서 공통적으로 나타나는 것이리라. 서구에서는 이것이 규칙으로 굳어진 것이지만, 이슬람권에서는 비록 그러한 존경의 느낌은 힘 있게 존재하지만 그것이 어떤 형식적인 승인을 받지는 못했다. 좀 더 세련된 방식으로, 어떤 서구인들은 연장자에 의한 고정적인 계승과 같은 대안적 틀을 제시했고, 그것은 간혹 사실에 좀 더 부합하였다. 그들은 가끔 반란을 일으켜 권력을 잡은 후보를 '찬탈자'라고 분류했다. 그리고 (이른바 '규칙'에 예외가 되는 경우가 정신없이 많은 게 드러나므로) 그들은 무슬림들의 계승의 불규칙성과, 계승분쟁을 피할 수 있을 거라고 생각되는 고정된 규칙을 따르지 못하는 데 대한 불평을 늘어놓았다. 그러나 이슬람권에서는 단일 계통의 상속이나 단체조직의 투표에 의한 형식주의적 계승이란 아무리 찾아보려 해도 드문 것이었으니, 이는 무슬림들이 자신들의 사회구성을 합리적으로 만들려는 경향이 적어서가 아니라 그들의 계약적 정신이 계승에 있어서 다른 종류의 정통성을 요구했기 때문이다. 계승은 약간의 선택이나 심지어 협상을 통해서도 가능했다. 형식주의적이고 고정된 서양의 계승에 대하여 계약주의적인 이슬람권의 경쟁에 의한 계승을 대비시킬 수 있을 것이다.

전임자에 의한 지명으로 경쟁을 미리 막았을 경우, 반드시 이 원칙에 위배된 것은 아니었다. 이는 마치 어떤 책임을 지고 있는 사람이 그의 책임이 적절한 사람에 의해 계속 수행될 것을 보장하는 책임을 동시에 지는 것처럼 여겨졌다. 물론 그 이외의 경쟁은 그 해당 사회조직의 대표라고 생각되는 명사들 사이의 협의에 의해 결정되기도 했다. 여러 집단의 이해관계를 현재적 상황에 따라 조정한다는 것은 경쟁에 의한 계승의 가장 중요한 요체였다. 그리고 이것은 어느 정도의 협상에 의해서만 이루어질 수 있었다. 그리고 만일 공식적인 계약이 이루어진다면 그것은 물론 마지막 단계에 가서 하는 사후 승인에 불과했다. 협상은 무력 분쟁을 피하고자 하는 것이었지만, 그렇게 되지 않았을 경우에 야기되는 무력 분쟁은 불운이라고 느꼈을 뿐 사회적 과정의 진정한 파탄이라고 생각하지는 않은 것으로 보인다.

이런 접근법에서 파생되는—그러나 중요한—결과는 (일반적으로) 무능한 후보를 완전히 배제하게 된다는 점이었다. 후보가 적어도 최소한의 자격요건을 갖추어야 한다는 것은 법적 요구조건이기도 했다. 적어도 종교적인 맥락에서는 간혹 이러한 요구가 명사들이 공식적이고 공개적으로 시험을 거치자는 정도까지 나아갔다. (비록 그런 일이 전혀 없었던 것은 아니지만) 어린이, 여성 혹은 신체적인 결함이 있는 남자가 유력한 보호자 없이 오랫동안 받아들여진 일은 거의 없다. 왜냐하면 정치적인 지배자는 기본적으로 아미르(amir), 즉 군사 지휘자였기 때문이다. 여성은 그녀가 무사로서 자격을 갖추고 있지 않은 한 완전히 배제되었다. 여기에 준하는 배려가 다른 활동 영역에서도 지배적이었다.

협의하는 과정에서는 이슬람적인 보편주의의 원칙이 우세하였다. 대체로 대단한 개인적 책임이 따르는 직위에 오르고 다수의 사람들과 호혜적인 의무가 있는 유대관계를 맺은 사람들이 명사로 인정받았다. 그리하여 무엇이 지위를 부여해 주는가에 대한 일련의 상당히 공통적인 기준이 이슬람권 전체에서 받아들여졌고, 그러한 기준은 이슬람이 침투하는 곳이라면 어디서나 즉각적으로 적용될 수 있었다. 결정이란 산술적 다수 자체를 필요로 하기보다는 좀 더 실질적인 합의를 필요로 하고, 투표가 시행되는 것도 아니기 때문에 결정에 포함되는 사람과 거기서 배제되는 사람들 사이에 명확한 선은 존재하지 않았다. 고정된 선거권자들의 집단이 없었기 때문에 이슬람권의 권위 경쟁은 일부 외부인들에게는 신비하게 보였다. 그러나 그것의 주요한 기제('대세 몰이'의 기제)는 대중투표에 의해 결정되는 많은 경쟁에서 이용되는 것이다. 이슬람권에서는 그러한 경쟁이 자연적으로 소멸하기 전에 중간에서 끊어 버리는 투표의 절차가 존재하지 않았기 때문에 경쟁은 무력에 호소하거나 어떤 아미르에게 도움을 요청하는 일이 없다면 결정되기까지 상당한 시간이 걸렸다.

가족법의 차원에서도 서구에서는 형식주의적으로 정의된, 고정되고 자율적인 지위를 찾아볼 수 있다. 물론 어떤 종류의 직위가 세습되는 가문에서 가족 구성원들의 지위는 장자상속의 원칙이 지켜질 수 있는 방식으로 정의되어야 했다. 이것은 한 남성의 주요 배우자가 그의 단 하나의 정실 부인으로 특별한 지위를 갖고 그리하여 그녀의 아이들이 그의 다른 아이들을 배제하고 독보적인 후계자들로 인정받을 것을 요구했다. 우리가 이미 살펴본 것처럼 샤리아는 이와는 정반대되는 쪽을 지향하는 것이었다. 즉, 한 남성의 모든 자유민 배우자들을 똑같은 선에 놓고 그들 누구에게도 이혼할 수 없는 정실부인으로서의 무효화될 수 없는 지위를 주지 않았다. (단체조직 투표와 마찬가지로 일부일처제에서도 서구의 옛 패턴은 어떤 면에서 보면 이슬람권보다도 근대의 국제적 패턴에서 더 거리가 멀었다.)

그러나 이슬람권과 서구의 결혼 패턴을 대조하면 샤리아와 교회법에 있어서 부인들의 지위에서 연역될 수 있는 것 이상의 의미가 있다. 무슬림과 서구인들의 상류층 가정생활의 극명한 대조는 격리된 하렘 시스템의 노예로 이루어진 가구와 서구의 부인 중심의 하인들에 의해 이루어진 가구 사이의 대조다. 각각의 사회에서 남편이자 아버지인 가장은 지배적인 인물이고, 이론적으로는 최종 결정권을 가진 전제군주 같은 인물이기도 하다. 그리고 각각의 경우 아내는 사실상 남편에 의해 지배된다. 그러나 예측가능한 규범에서의 차이는 실제관습에서의 차이를 만들어냈다.

서구에서는 '정실' 부인이 지배할 수 있는 나름의 권리가 있었다. 그녀는 남편의 손님들을 접대하는 안주인이었고 그에게 만약 다른 배우자들이 있다면 안주인이 참지 않을 것이므로 그녀들은 분리된 거주지에서 '정부'로 존재했다. 집안에서 시중드는 사람들은 적어도 자유민 하인들이었고 봉건시대의 왕정에서는 종종 그 자신들도 지체 높은 사람들이었다. 농민들은 예속적으로 땅에 묶여 있고 법적인 상전들로부터 아주 심한 모욕을 받기도 했지만 실질적으로 가내노예제는 소멸되었다. 그리하여 가정생활에서도 계서적인 원칙이 지켜졌다. 꼭대기에 가까울수록 지위가 높았고, 지위가 낮은 다수의 사람들마저 그들 자신의 고정된 규칙에 따라 움직였다.

이슬람권에서는 이와 정반대의 상황이었는데 평등의 원칙이 적어도 이 상황을 부분적으로 설명해 준다. 그 자신들의 출신이 대단치 않은 성공한 남자들은 완전한 복종을 기대할 수 있는 오직 한 종류의 사람들, 즉 노예들을 주위에 두었다. 그리고 사회적으로는 모든 계층의 사람들이 같이 어울렸으므로 그들의 아내들은 스스로의 불가침성을 나타내기 위해 계서적 지위의 우월성 여부가 아니라, 엄격한 격리를 통해서 이를 드러냈다. 만일 한 명 이상의 배우자가 있는 경우, 그들은 모두 같은 집에 살았고 오직 자신의 친구들에게만 접대하는 안주인 노릇을 했으며, 그런 친구들은 그녀의 마음에 들기만 하면 어느 계층 출신이든 상관없었다. 농민들은 법적으로, 그리고 사실상 자유민이었다. 비록 부유한 사람들이 반드시 더 나쁜 대우를 했던 것도 아니고 꾸준히 노예 해방이 이루어졌지만 노예들이 자유민인 하인들보다 선호되었다. 우리는 (보다 현지에서 유지되는 농노제가 아니라) 노예 수입이 이슬람권에서 계속된 것은 부유한 무슬림 도시들이 포로들을 구할 수 있는 오이쿠메네의 변방지역과 상대적으로 연결가능성이 높았기 때문이라고 볼 수 있다. 그러나 무엇보다도, 농경시대의 평등주의적이고 사회적으로 이동이 많은 사회는 금세 정상에 오른 사람들을 두드러지게 만들어 주는 계층을 필요로 했기 때문이다.

서구와 이슬람권 모두에서 일어난 많은 자의적이고 파괴적인 군사행동은 사회구조와 상관이 있었다. 군사력은 두 사회에서 상당히 다른 양상으로 효력을 제한받았다. 서구에서 군사부문은 토지에 기반하고 있었는데, 그들의 활동은 점점 더 형식화되고 심지어는 이상화되고 있었다. 영주들은 지속적으로 소규모 전투와 방종에 제멋대로 탐닉하며 꾸준히 이어지는 싸움으로 농민과 도시민을 괴롭혔고, 그런 싸움들은 주말에 지역 내에서 벌어지는 전투를 중지하는 규칙으로 겨우 완화할 수 있었다. 그러나 한 사람에게 권력을 집중시키기 위해 한 우두머리 밑에 많은 병사를 모아서 무차별적으로 살육을 하는 것은 어려운 일이었다. 왕조간의 결혼이나 혹은 계승권의 구입 등으로 조정된 고정된 계승의 가능성은 직접적인 정치적·군사적 기술만큼 중요했다. 어떤 통치자도 그가 상속받은 토지보다 훨씬 넓은 범위에서 권력을 휘두르지 못했고, 상속지 이상의 영토는 대개 조금밖에 없었다. 15세기에 부르고뉴 공이 리에주(Liège) 성과 도시민 전체를 파괴하고, 화염을 피해 숲으로 도망친 소수의 사람들을 모두 죽일 때까지 추적할 정도로 많은 힘을 갖게 된 것은 이미 새로운 시대가 도래했다는 신호였다. 그러나 그마저도 관습 때문에 왕의 칭호를 얻으려는 시도에서는 좌절할 수밖에 없었다.

이와는 대조적으로 이슬람권에서 병사들은 도시민으로 이루어졌고 편협한 규정들에 얽매이는 일도 별로 없었다. 가장 높은 사회계층에도 오를 수 있었고, 서구의 기준에서 보면 믿을 수 없을 정도로 먼 곳까지 원정을 할 수 있었던 군인들 가운데 신분상승이 가장 두드러졌다. 이러한 기반 위에 지역 내 군지휘자들은 그들의 사적 다툼이 즉각 전쟁으로 비화하지 않도록 일정 정도의 통제를 했던 것으로 보인다. 지방 차원에서는 상당히 오랜 평화가 지속되었고, 기껏해야 도적들이 경계의 대상이 되곤 하였다. (그러나 좀 더 변방에 있는 지역에서는 유목 부족장들이 '도적 두목(robber baron)'의 역할을 하기도 했다.) 그러나 부르고뉴 공과 같은 공격적인 힘의 집적은 상당히 흔한 일이었고 도시의 약탈과 살육은 더 쉽게 찾아볼 수 있었다. 그것은 몽골 시대 이후, 중간시기 후반에는 상대적으로 자주 일어났다.

종교적이고 지적인 삶에 있어서 두 사회의 차이점은 정치적 권위의 역할이 보이는 차이를 보충해 주는 것이었다. 서구에서 귀족은 정치 지도자고 모든 사회 생활의 초점이었다. 성직자는 그의 형제나 사촌이었다. 학술 활동은 대부분 교회를 통해 이뤄졌고, 그것은 세속 체제와 평행하는 서로 맞물리는 계통을 따라 고도로 조직화되었다. 이러한 계서적인 맥락에서 모든 지적인 문제는 형식적인 이단의 문제, 즉 제도적 충성의 문제로 귀결된다. 이단은 죽느냐 사느냐 하는 문제였는데, 만일 이슬람권에서라면 그런 문제가 생기더라도 그토록 심각한 문제가 되지는 않을 것이었다. 그러나 동시에 철학적 전통은 그렇게 계서적인 구조 안에서 좀 더 통합적인 역할을 하였고 추상적이고 규범적인 철학적 전통들은 성직자들의 공식 교육의 핵심을 이루었다. 이는 부분적으로는 라틴 지역이 고급문화의 영감을 헬레니즘의 전통에서 얻으려 했기 때문이기도 하지만, 또 다른 한편 그것이 비교적 폐쇄적이고 고정적인 교회의 구조에 맞았고, 이와 비슷한 형태의 계서적 비전으로 이러한 사회구조를 정당화할 수 있기 때문에 그와 같은 교육패턴이 지속되었다는 점도 확연하다. 밀의(密議)적인 학습도 물론 있었지만, 그들은 상대적으로 주변적 역할을 하는 데 그쳤다. 신비주의자였던 에크하르트가 보통 사람들에게 미묘한 문제들에 대해 지나치게 자유롭게 이야기한 것 때문에 비판받았을 때, 그의 죄목은 일반적인 분별을 어긴 것이었지 확립된 비밀주의 원칙을 깬 것이 아니었다. 연금술 같은 분야는 물론 직접적으로 밀의적인 대우를 받았다.

이슬람권에서 울라마와 아미르들은 서로 멀리 떨어져 있었다. 그리고 마드라사에서 교육이 제도화되었을 때도 울라마들 자신은 광범위한 독립성을 갖고 있었다. 이슬람권과 서구에서 공식적 교육은 대부분 경험적이기보다는 규범적인 분야들에 할애되었다. 그러나 가장 권위 있는 무슬림 교육은 분명한 문화적 규범을 지향하는 경향이 있었다. 이것은 아브라함적 전통의 역사적·공동체적 강조점과 일맥상통하는 것이다. 그러나 또한 울라마는 어떠한 공통의 명령계통이라기보다는 공통의 법적 규범에 의해 그들의 공통 기강을 유지하는 기반임을 분명히 반영하였다. 서구의 교육과정은 트리비움(trivium: 본질적으로 언어적 규범의 학습)에서 시작하여 바로 콰드리비움(quadrivium: 본질적으로 수학의 학습)으로 이어졌고 그 내용은 역사의 학습이기보다는 천문학이나 음악 같은 자연학습으로 귀착되었다(트리비움은 문법, 논리학, 수사학의 세 과목을 말하고 콰드리비움은 산수, 기하, 음악, 천문학의 네 과목을 일컫는다-옮긴이). 한편 끝으로 법학과 신학은 의학과 함께 전문화된 직업으로서 중심적 학문 분야의 일부를 이루는 것이었다. 이와 대조적으로 마드라사들은 모든 사람에게 중요한 것을 처음에 강조했는데, 의례, 법, 신학 등 모두 역사적인 분과들이다. 문예비평 같은 것은 부차적인 것이었고 수학과 논리는 가장 나중에서야 고려의 대상이었다.

의학과 천문학은 마드라사에서 상당히 독립적으로 학습되었고 아미르들의 궁정에서 후원되었으며, 수피들의 철학과 심리학은 하네가(khaniqah: 수피 회관-옮긴이) 같은 또 다른 중심지에서 학습되었다. 그리고 이러한 좀 더 엘리트적 중심부는 체계적이고 비밀스런 경향이 있었다.

훨씬 나중에, 오스만제국을 여행하였던 어느 프랑스인 외교관 겸 학자는 유럽인들에 비해 무슬림들이 개인적으로 훨씬 더 상냥하고 분별력 있는 것에 큰 감명을 받았다. 동물들마저도 상대적으로 더 존중받았다.[5] 이 학자는 그의 동포들을 좀 바꾸어 보려는 동기에서 그렇게 말했을지도 모른다. 어쨌든 대개의 기준에서 중간시기 전반의 이슬람권 사회가 지적 활동과 일상적인 안전에서 더 도회적이고 세련되었다는 점은 매우 확연하다. 그러나 그 사회는 자의적인 간섭이나 재난에 더 취약하기도 하였다.

역사적 행동의 바탕이 되는 자원

인간의 훌륭함은 한편으로는 그의 사려, 즉 우주 전체의 맥락 속에서 그리고 자신의 내면에서 실재와 그 의미를 최대한 인식하려는 데 있고, 다른 한편으로는 행동, 즉 관습에 의하기보다는 행동의 결과에 대한 이성적 판단에 기반하여 새로운 일련의 사건을 자유롭게 시작하는 데 있다고 간주되어 왔다. 우리가 알게 된 것과 같이 우리의 세계는 사실 지속적으로 변화하고 있어서, 진실로 자유로운 행동은 가장 높은 정도의 명상 없이는 이루어질 수 없는 것처럼 진정으로 참된 명상은 가장 기민한 행동이 없으면 존재할 수 없다. 만약 그렇다면 이 두 가지 형태의 탁월함을 구분한다는 것은 인위

---

5) 유명한 *Turkish Letters of Ogier Ghiselin de Busbecq*, tr. by E. S. Forster (Oxford: The Clarendon Press, 1927)을 이야기한 것이다.

적인 일일 수도 있다. 그러나 근대 서구인들은 적어도 회고적으로는 서구 유산의 위대함이 인간의 주도권과 행동에 최대한의 자유를 주었던 것에 있다고 생각하면서도 종종 다른 문화에 명상적 탁월함이 있다고 주저없이 인정하였다. 동시에 전근대의 위대한 유산 중에서 이슬람의 유산은 가장 행동주의적인 것으로 볼 수 있다. 이슬람은 운명론적으로 무슨 일이 일어나든 반드시 신의 뜻으로 받아들이게 만든다는 주장을 하는 가장 피상적인 관찰자들조차 특히 성전의 인정사정없는 추구에서 나타나는 무슬림들의 자존심과 열광을 강조해 왔다. 두 사회는 모두 행동으로 나서는 경향이 있다는 평판이 있다. 그렇다면 각각의 사회에서 인간의 자유로운 행동이 개시되는 경로는 무엇이었을까?

어떤 면에서 이슬람권에서의 자유는 서양에서보다 더 큰 것이었다. 이슬람은 상대적으로 관용적이다. 이는 다른 종교적 실체들을 기꺼이 받아들인다는 점보다 (물론 이 점에서도 이슬람은 기독교보다 훨씬 월등했지만, 유일신교적이지 않은 기준에서 보면 그리 관용적이지 않은 편에 속한다) 개인적인 수준에서 더 관용적이었다. 통 속에 든 디오게네스는 서구보다 이슬람권의 사회에서 더 수월하게 용인될 수 있었다. 서구에서 그가 그런 자유를 누리고자 한다면 아마 단순히 개인으로서가 아니라 어떤 종교교단이나 법인체의 성원으로서 적절한 지위를 보여주어야 했을 것이다. 만약 그가 도덕적인 사명을 띠었다고 주장했다면 그는 성직자들의 위계질서의 관할하에 있게 되었을 것이다. 만일 그가 공공 장소에서 벌거벗고 다녔다면 그는 교회당국에 의해 징계되었을 것이다. 이슬람권의 사회에서라면 (그가 개종하지 않으려는 비무슬림이 아니라면) 그는 무슬림이라는 단 하나의 법적 신분을 가질 뿐이다. 사실 그는 시장 감독관인 무흐타십의 징계를 받을 수도 있다. 그러나 만일 그가 도덕적 사명을 주장한다면 그는 아마 십중팔구는 미친 탁발승으로 자유롭게 다니면서 그가 선택한 스승 이외의 어떤 권위로부터도 아무런 간섭을 받지 않을 것이다. (만일 그가 비무슬림이라면 그의 종교공동체 지도자들로부터 훨씬 더 많은 제재를 받았을지도 모른다.) 서구는 전체적으로 사회적 지속성을 목표로 하였지만 이동성은 제한하였다. 즉 모든 중요한 직위는 특정한 지역과 관계되어 있었기 때문에 지리적 이동성을 제한하였고, 길드들은 체계적으로 개인의 주도권을 제한하였다. 이슬람권에서처럼 발전이 있었지만, 그것은 사회체제를 통해서 그랬던 것만큼이나 기존의 사회체제에서 받는 제약에도 불구하고 일어난 것이었다.

이슬람권에서 인간 개인이 사회 전체에 대해 갖는 직접성은 중요한 자유를 초래하였다. 그러나 그것은 법인체의 권리가 인정된 서구에서라면 좀 더 확실하게 방어할 수 있었던 위험에 개인들을 노출시켰다. 이슬람권에서조차도, 모험가 개인이 상대적으로 자유롭다고 해도 어떤 인정받는 집단, 즉 일종의 수피 교단이나 마드라사의 울라마나 어떤 업종의 상인들이나 혹은 비록 존경을 덜 받더라도 거의 동등하게 보호받는 수준에서 푸투와 형제회(종교적 친교 혹은 자체 방위를 목적으로 하는 도시 상공인들의 결사-옮긴이) 혹은 동네의 거지들이나 도둑들의 집단에 소속되는 편이 현명한 전략이었다. 그러한 집단들에 회원으로 들어가는 것은 대개 자발적으로 이루어졌고, 그들에게 주어지는 규율은 상당히 느슨한 것이었다. 그러나 아미르의 자의적인 간섭에 대한 그러한 집단들의 방어력은 역시 상당히 약한 수준이었다. 그리고 뭔가 새로운 종류의 시도를 하는 사람은, 예를 들어 어떤 새로운 프로젝트에 투자하려는 사람이 전제군주의 철권에 대항해 줄 수 있는 어떤 단체 안에서 자리를 잡으려면 굉장히 고생을 하게 될 수도 있었다. 그러한 시도들은 독점욕이 가득한 길드 규칙의 엄격성에 질식되지 않고 시작될 수도 있었고, 실제로 그렇게 시작되기도 하였다. 그러나 그런 경우 그들이 눈길을 끌 만큼 번영하기 시작하자마자 지나치게 많은 세금으로 망하거나 혹은 근시안적인 아미르들에게 약탈될 가능성이 있었고, 실제로 그런 일들이 일어났다.

그러나 이슬람권에서는 농경 수준의 사회적 조건들을 고려하면 상당히 예측가능한 틀 속에서 그리고 상대적으로 넓은 범위 안에서 자신이 선택할 수 있는 개인적 자유가 존재하였다. 그리고 그는 남들 대부분과는 크게 다른 선택을 할 수 있는 자유마저 있었다. 그러한 자유는 좀 더 나아간 형태의 자유, 즉 역사적 행동을 할 자유―새로운 사상을 시작하고 가르칠 자유, 새로운 정책과 사회생활의 패턴을 제안하고 그것을 실행하는 데 도움이 될 자유, 그리고 더 일반적으로는 삶이 지속되고 있는 조건을 더욱 의식적으로 수정하는 데 착수할 자유―를 위한 필수적인 것이었다. 그러나 이를 위해서는 단순한 개인의 자유에 더하여 사회적 수준에서의 개인의 주도권을 위한 적절한 통로가 필요했다. 그러한 통로들의 성격은 정당화의 패턴에 따라서 단순히 개인적인 수준에서와 매우 크게 달랐다.

중세 성기의 서구에서 인간의 자기 인식과 스스로의 의사결정이라는 관점에서 볼 때 가장 흥미로운 장면 중 하나는 십자군이 실패하는 것으로 보이자 교황이 전 기독교권에 의견의 제안을 구했다는 것이다. 진지한 사람들이 여기에 응답했고, 전통적인 권고 중에는 이슬람에 반기를 드는 행동을 더욱 효과적으로 한다는 명목하에 교회 자체를 개혁하자는 안과 같이 상대적으로 장기적 안목의 것들도 있었다. 이러한 계획에서 실질적으로 이루어진 것은 별로 없었지만, 그런 계획들에는 의도가 실려 있었고 진지하게 받아들여졌다. 역사적 문제들에 대한 그러한 접근법은 일회적이고 우연한 일이 아니라 서구적인 패턴에 뿌리박은 것이다. 계서적으로 한정된 수의 성직에 임명된 자율적인 사람들이 논쟁의 대상이 되는 문제를 상의하고 거기에 대해 투표하도록 되어 있는 교회의 큰 협의회들은 그러한 협의의 본보기를 형성했다. 그러나 그와 같은 정신은 더욱 일반화되어 있었다. 만일 각각의 기관들이 자체의 규범을 갖고 있다면 그러한 규범들이 한 번 정해지고 나서 다시 개정될 수 있었다. 더욱이 관할구역에서 모든 일이 잘 이루어지도록 하는 것이 승정과 교황, 왕과 황제의 직무였으므로 관련자들은 좋은 조언을 하면 그들에게서 호의를 입을 수 있을 거라는 기대를 할 수도 있었다.

세계에서 가장 강력하고 가장 합리적이라고 간주된 관료적 정부라는 맥락에서 보자면 중국은 공적인 문제에 대한 개인의 사적인 논설의 전통이 서구에서보다 더 크게 발전되었고 더 효과적이었다. 이슬람권에서는 주도권을 갖고 개혁을 하는 데 필요한 통로가 그다지 흔치 않았다. 칼리프국의 파탄 이후에는 개혁이 진행될 것이라고 기대할 수 있는 중앙기구가 존재하지 않았고, 아미르들에게 중요한 제도적 주도권을 준다는 것은 무슬림의 계약주의가 기반하고 있던 전 이슬람권의 통일적인 패턴을 교란시키는 것이었으리라. 말리크 샤가 그의 궁정 신료들에게 조언을 구했을 때 그가 원했고 받은 것은 특정한 제도적 문제를 해결하기 위한 기획이 아니라, 절대군주로서 그의 행동에 대한 일반적인 지침들로 별로 고치지 않고도 어떤 군주에게나 적용될 수 있을 만한 것들이었다. 칼리프에게 그렇게 적은 주도권의 범위를 준 자기완결적 샤리아를 만든 사람들은 마치 자유로운 정치적 행동의 영역을 축소시키려 했던 것처럼 보인다. 그 어떤 귀족제의 모험보다도 상업의 안전성을 목표로 하면서 말이다. 어찌되었든 혈통에 의한 지위가 보장되지 않고 군주와의 개인적 관계에 의해 지위가 결정되는 궁정에서 항시 기득권을 위협하게 되는 진지한 개혁운동은 군주의 개인적 지지가 없으면 결코 논의될 수가 없었다. 그렇지 않은 경우 군주는 잡음 없이 개혁가를 제거하도록 개혁가의 경쟁자들에게 설득될 가능성이 높았다.

그럼에도 불구하고 이슬람적 정신이 요구한 사회적 행동주의는 이슬람권의 중간시기에 무엇보다도 샤리아적 개혁을 위한 반복적이고도 다면적인 움직임으로 표현되었다. 특히 과감한 경우에는 아미르들마저도 포함하는 모든 계층의 예법과 도덕을 공격하는 것에서부터 이전에 세상이 정의로 넘쳤던 것같이 다시 이 세상을 정의로 가득 채울 마흐디(구세주)를 기다리는 희망을 실천하려는 전면적인 반란에 이르기까지 다양한 것이었다. 이븐 투마르트의 행적은 양 극단을 모두 잘 보여준다. 비록 그러한 개혁운동은 천년왕국을 실현하지는 못했지만 샤리아와 그 보호 아래 있는 제도들의 독립성과 효율성을 강화하는 방향으로 연속적인 큰 진전을 이루었다. 더 개별적인 개혁프로그램들은 그 이후 시대에 이슬람권에서 더욱 중요해졌지만, 전면적인 반란을 통한 군사적 모험은 계속 개혁가들에게 하나의 이상으로 남았다. 가장 열성적인 사람들은 가능한 거기에 다가가려고 했으며 그러한 현상은 실제로 반복하여 이루어졌다.

두 사회의 상반되는 차이점을 정확하게 지적할 수 있도록 비교할 만한 인물들을 선택하는 것은 쉬운 일이 아니다. 왜냐하면 한 사람이 영향력 있는 지위에 이르게 되는 과정은 종종 두 사회의 기본조건들 속에서 매우 다른 단계들을 거치는 것을 전제로 하기 때문이다. 그러나 우마르 수흐라바르디(Umar Suhravardi: 1145~1234, 페르시아 출신으로 바그다드에서 활동한 유명한 수피-옮긴이)와 클레르보의 베르나르(Bernard: 1090~1153, 프랑스의 신학자이며 수도원장-옮긴이)는 모두 신비적 경향을 갖고 있지만 그래도 보수적인 경건성을 띠는 인물들이었다. 그리고 자신들의 영적 조언자로서의 지위 때문에 그들은 당대의 주요한 정치적 모험 속에 휘말렸고, 그 안에서 비록 영향력 있는 역할을 했지만 항상 성공적이지는 못했다. 그들은 모두 농경적 생활 속에 오래도록 지속되고 있던 불의, 특히 중앙의 관료적 권위가 없어지고 나서 고삐가 풀려 버린 수많은 군사 세력들의 자의적 압제에 직면하였다. 그들은 둘 다 그러한 상황에 대한 유일신론적 양심에 의한 대응을 대표하였다. 서양에서 정교한 규율과 특별 법정에 의해 강요된 '신의 평화'는 베르나르의 고안물은 아니었지만 그는 그것을 더욱 효과적으로 만드는 데 기여했다. 이것은 수흐라바르디가 푸투와 형제회를 규제하는 데 기여한 것, 그리고 거기에 개인적으로 관여함으로써 아미르들을 통제하는 데 기여한 것과 비교할 만하다. 각각의 접근법은 물론 관련된 사람들의 가장 지고한 동기의 지지를 받은 것이지만, 두 사회의 사회질서와 형태감각에 알맞는 방식에 따라 그렇게 한 것이다. 신의 평화는 전투로부터 특별히 보호받아야 할 날들과 민간인들의 편에 서서 교회의 위계질서에 호소하였다. 푸투와 개혁은 개인적으로 당연하다고 생각하는 의무의 네트워크를 통해 무슬림들의 샤리아적 의무에 호소하였다.

나는 여기에서 고급문화 수준과 또 그 고급문화 수준에서 가능한 가장 추상적인 패턴화의 수준에서 두 사회를 비교해 왔는데 우리는 그러한 패턴화는 실제 역사의 진행과 제한적인 관련만 있다는 사실을 기억해야 한다. 사실 우리는 인공적으로 정지된 역사의 교차로에서 한 문화의 여러 측면 밑에 깔려 있는 것처럼 보이는 넓은 형식적 전제들을 지나치게 현실성 있는 것으로 생각해서는 안 된다. 사람들의 관념이라는 것은 꼭 그렇게 다르게 만들어진 것이 아니다. 각각의 문화 전통의 복합체들에서 여러 특정한 전통들이 서로 맞물리게 되어 있기 때문에 일치하는 부분이 생겨날 수밖에 없다. 어느 때든지 간에 예술, 과학, 정치 등에서 자율적으로 그러나 상호 의존적으로 발전하는 여러 기질적 경향들과 문화적 전통들이 있게 마련인데, 그들 사이에서 적어도 일시적인 균형은 이루어지게 된다. 일치에 대한 이러한 필요는 더욱이, 주요한 상층문화의 향유자 집단들 안에서 지배력을 갖곤 하는 인간의 이상적인 이미지들 속에서 구체화된다. 그러나 이 이미지에 부응할지도 모르는 균형은, 비록 특정한 문화적 · 역사적 사실들을 형성하는 데 기여할지도 모르지만, 그 아래 깔려 있는 원동력으로 간주될 필요까지는 없다.

이러한 추상화된 패턴에 의한 비교는 나름대로 쓸모가 있지만, 역사적 발전을 한 사회에 존재하는 고급문화의 사고방식 속에 미리 전제되어 있는 것처럼 보이는 개념들의 폐쇄된 순환의 논리적 결과라고 보는 것으로 귀결될 수 있다. (고급문화의 수준에서) 전체로서의 문명은 이런 방식을 통해 (자신의 고유한 민속문화를 가진) 특정 종족 집단에 사회적 · 역사적 가능성을 형성하는 집단적 기대 패턴을 갖는다는 점에서 유사성을 갖게 된다. 비록 그러한 패턴들을 단순한 종족적 수준에서 추적한다는 것도 대개는 섣부른 일이지만 말이다. 문명화된 역사에 대한 그러한 개념중심적인 해석들은 단순히 주어진 텍스트에 대한 인지를 깊게 함으로써, 역사 과정의 전체를 보게 해 주는 것처럼 보이기 때문에 일부 철학자들과 많은 언어학자들의 구미에 맞는 것이다. 그러나 그들은 일반적인 역사 과정만이 아니라 그런 공식화를 뒷받침하는 다양한 수준의 이해관계의 역동성을 파악하지 못한다. 그러므로 그들은 새로운 기회가 열렸을 때 종종 일어나곤 하는 급속한 문화적 변화 같은 것을 거의 고려하지 못한다. 특히 그들은 근대성의 여러 찬양받는 특성들을 법률, 과학, 미학적 조형 등에서 이른바 핵심적인 개념적 특성들이라고 가정하는 인위적인 개념으로 서양의 과거 역사를 다시 읽어 보라고 사람들에게 권한다. 이리하여, 어떤 저술가들은 서구의 천재성이라는 것에 대한 과장된 인식을 만들어냈고, 서구의 유산과 다른 문화유산들의 근대성의 도래에 대한 관계를 날조하였다.[6]

---

6) 이슬람권의 문화가 개념들의 폐쇄적 순환이라는 해석 가운데 가장 완성도가 높은 것은 그루네바움이 그의 다수의 저서와 논문에서 전개한 해석이며, 그러한 저작들은 읽어 볼 가치가 있다. 내가 서구중심주의적 신념 혹은 관점 — 이것은 서구문화를 흔히 이러한 한 가지 방식으로만 이해한다 — 이라고 부르는(*Venture of Islam*, vol. 1 서문) 것의 가장 나은 형태의 예를 그가 보여주고 있다는 것은 결코 우연이 아니다. 그의 논문인 "Parallelism, Convergence, and Influence in the relations of Arab and Byzantine Philosophy, Literature, and Piety," *Dumbarton Oaks Papers*, 18 (1964), pp. 89~111의 특히 끝부분에 가서 그의 분석을 살펴보면 이슬람권(과 비잔티움)을 파악하는 기본적 전제들이 그가 서구와 근대성에 동시에 (서구중심주의적인 방식으로) 갖다 붙이는 기본 전제들과의 대조(즉 이슬람에 무엇이 결여되었는가)를 통해 도출되었다

이슬람권이 서구에 끼친 영향

중세 성기의 이슬람권과 서구 사이의 문화교류는 철저하게 일방적인 것이었다. 물론 무슬림들이 서구인에게서 뭔가를 배운 사례도 있다. 예를 들면, 십자군 당시 시리아에서의 요새 축성술 같은 것이다. (비록 바로 이 분야에서 십자군들도 무슬림들에게 배운 점이 있기도 하지만 말이다.) 그러나 대부분의 경우, 무슬림들은 서구인들에게서 그들이 배운다고 생각할 만한 것이 거의 없었다. 비록 멀리 떨어져 있는 중국으로부터도 그들은 중간시기 전반에 이미 기술을 받아들이고 있었고, 더욱 추상적인 관념들도 받아들이고 있었다. 이와는 대조적으로, 서구인들은 이슬람권으로부터 문화적 관행들과 여러 종류의 다양한 개념들을 흡수하고 있었고, 이러한 문화 수입이야말로 그들의 문화가 성장하는 데 매우 중요한 일이었다. 이는 물론 적어도 그 시

___

는 것이 분명해진다. 이러한 방법론에 따르면 '동양적' 문화들은 그가 서양에서 찾아낸 특별한 무언가를 결여하고 있기 때문에 필연적으로 비슷비슷해 보일 수밖에 없다. 그러나 동양문화들은 그들이 공통적으로 가지고 있는 특성에 의해 서로 분리되는 것이니, 그에 의하면 그것은 서구적 유형의, 혹은 (더 좋게는) 서구에 의해 영감을 받은, 이성적으로 개방적인 휴머니즘에 대한 산발적인 눈뜸을 억압해 온, 완전성에 대한 교조적인 권리주장이었다. 이와는 대조적으로, 서구의 경우 그가 상정하는 기본 전제들은 가장 특징적으로 인간적인 것의 핵심 사항들이었다. 예를 들면, 그는 이러한 전제들을 "인간이 르네상스 시기에 성장하여 들어가게 된 세계를 향하는 태도"라고 했다. 여기서 '인간'이란 (인간은 32개의 치아를 가지고 있다는 식의) 생물학적 종으로서의 인간을 가리키는 것이 아니며 ('인간의 공통성'을 이야기할 때의) 인류 전체를 집합적으로 가리키는 것도 아니다. 그러나 (서구중심주의적 저작들에서 종종 보이는 것처럼) 오래된 신화적 존재인 '인간', 즉 연속된 역사적 시대들을 지나면서 일련의 핵심적인 경험을 직접 겪었으며, 서구중심적 신화의 주인공이자, 궁극적으로 전개된 문화적 특성이 지금까지 성취된 것 중에서 가장 고도화되었으면서도 가장 인간적이라고 간주되는 서구인과 일치하는 인간이라는 의미에서만 뜻이 통한다.

이 모든 것은 각 문화 전통의 유기적인 고정성을 전제하는 것인데, 그것은 단순히 시간 속에서 내재된 잠재력을 펼쳐 보이는, 육신으로 화한 이상적인 인간의 이미지로 대표되는 것이다. 그러한 전통들의 결정성의 한계와 근본적인 문화적 특성을 가지고 서구와 이슬람권의 발전을 비교하는 것의 어려움에 대해서는 5장을 참조하라.

대의 초기에 이슬람권이 갖고 있던 문화적 경쟁력의 우월성에서 기인하는 것이었다. 이러한 대조는 이슬람권이 오이쿠메네의 구성 속에서 갖는 독보적 위치 때문에 더욱 과장되게 나타났다. 서구와의 접촉은 이슬람권에서는 주변적인 일이었고, 동유럽, 인도 혹은 무슬림들이 가까이 접촉하는 여러 지역들 중 다른 어느 곳과의 접촉보다 중요하지 않은, 혹은 그들보다 덜 중요한 것이었다. 서구인들에게는 동유럽과 이슬람권만이 그들이 접촉할 수 있는 단 두 개의 외부세계였다. 그리고 무슬림들의 서부변방의 두 세력이었던 시칠리아와 스페인의 무슬림들은 이슬람권 전체를 놓고 보면 그다지 중요하지 않지만, 서구에서는 아주 가깝고 큰 세력으로 느껴졌다.

무슬림들이 서구인에게 가까이 존재했다는 사실이 끼친 영향은 두 가지였는데, 무슬림들은 개념의 원천이기도 하였고, 도전을 제기하는 존재기도 했다. 첫째로, 그것은 어떤 일정한 문화적 관행을 습득하도록 만들었다. 어떤 경우에는 아부 바크르 알 라지(Abu-Bakr al-Razi)의 저작들이 라틴어로 번역되어 의료행위에 상용되는 것처럼 직접적이었다. 어떤 경우에는 더 간접적으로, '자극의 확산'이라고 불리던 경로를 통해 영향을 주었다. 이 시기의 초기에 더 동쪽으로부터 지중해의 이슬람권으로 전래된 이슬람권의 풍차들에 대한 묘사를 통해, 이 시기의 끝 무렵 서구에서 풍차가 나타났을 가능성이 농후하다. 그러나 무슬림들의 풍차날개가 수평으로 펼쳐져 있던 것에 반해 서구에서는 풍차날개가 수직으로 세워져 있었으니, 전달된 것은 기본적인 개념이었을 뿐 구체적으로 풍차를 만드는 복잡한 방법은 아니었던 것이다. 서구에 끼친 이슬람권의 영향 상당부분은 어느 정도 이렇게 간접적이었다.

사실, 문화적 세부사항의 확산은 다양한 조건에 좌우되는 것이다. 새로운 사회에서 안주할 곳을 찾지 못한 것들은 전에 있었던 사회에서 아무리 효과적이고 유용했더라도 그 사회에서 받아들여지지 못한다. 낙타에 의한 운송은 매우 효과적이지만 서구에서는 채택되지 않았는데, 그것은 부분적으로는 기후 때문이었고, 다른 한편으로는 남부지역에서는 이미 소가 낙타의 자리를 차지하고 있었고 그렇다고 낙타로 바꾸는 것이 충분한 이득이 되지 못했기 때문이었다. 직접적 접촉이 있었거나 그 방법이 직접 모방되는 경우에도, 실제로 채택된 것에는 변용이 생겼을 가능성이 높았다. 기술적인 세부사항들도 전수받았을 당시 새로운 사회의 기술적 맥락에 맞도록 종종 다시 재고되고 조정되어야 했다. 만약 우리에게 보이는 대로 고딕 아치가 이슬람권의 건물들에 의해 영감을 받았더라도 그것이 성당 건축에서 사용된 방식과 세부적인 구성은 모스크에서와는 매우 달랐다. 아치의 전체적 효과와 의미는 전적으로 새로운 것이었다.

이러한 강도 높은 선택과 재고는 미적·지적인 수준으로 본격적으로 들어가면 더욱 중요해진다. 즉 서구가 이슬람권의 소재를 모방하고 변용한 것은 서구가 이미 대체로 공유하던 전통에 뿌리를 두고 있던 것에 국한되었다. 그래서 트루바두르의 낭만적 시의 전통은 이슬람권에 속했던 스페인의 전통에서 직접 나온 것으로 보이지만, 헬레니즘의 전통에 궁극적으로 닿아 있었고, 오래도록 부분적으로는 라틴 전통 안에서의 반향도 있었으며, 스페인과 갈리아 지방에 공통되었던 로망스 계통의 지역적 경향에서 그 직접적인 형태를 이어받은 것으로 보인다. 이 전통의 일부 요소들은 오래된 아라비아의 모티프까지 거슬러 올라갈 수 있겠지만, 분명히 그 대부분은 이미 서구에서 찾아볼 수 있는 분위기와 형태에 근접한 것이었다.[7]
가끔 서구에서의 이슬람적인 '영향'을 고유의 발전으로부터 구별하는 것이

---

7) S. M. Stern, *History and Culture in the Medieval Muslim World* (London: Variorum Reports, 1984)는 스페인과 갈리아에서 모두 발전 과정 가운데 있던 로망스 운문에 구체적으로 아랍어가 게재되었을 가능성이 있고, 그러한 개연성이 있을지도 모르지만 아직은 증명되지 않았다는 점을 보여주었다.

더 어려웠던 이유는 이미 반쯤은 알려져 있는 것만을 외부로부터 받아들이는 이러한 경향이었다.[8] (이러한 현상은 이슬람권의 지식 문화가 원래 그리스에서 나온 개념들을 아마도 약간은 더 발전시켰겠지만 그 밖에는 제공한 게 없었다는 근대 서구의 관념이 형성되는 데 일조했다.)

아마도 서구인들이 무슬림들(혹은 이슬람권의 문화에 속하는 유대인들)에게서 배운 실제의 기술적 방법들, 정보, 서적들보다 더 중요한 것은 이슬람권과의 대치라는 역사적 사실이었다. 이슬람권에서 서구인들이 얻은 책들은 그리스인들로부터 구할 수 있었고, 나중에는 실제로 그렇게 하였다. 그러나 그리스의 전통으로부터 얻을 수 없었던 통찰은 서구인들에 의해 대체로 간과되었다. 가장 중요한 점은 서구인들이 점증하는 경제적 풍요를 만끽하며 그에 상응하여 문화적 수준이 높아 가고 있었지만, 그들의 기본 전제를 전혀 공유하지 않으면서도—적어도 처음에는—분명히 문화적·정치적으로 우월한 한 사회에 의해 멸시당하고 포위당했다는 느낌에 서구인들의 상상력이 자극되고 독창성이 도전받게 되었다는 점이리라. 오래도록 존경받았지만 근자에 패배당하여 거의 경멸의 대상이 된 그리스인들은 결코 야기할 수 없었던 도전을 무슬림들은 해왔던 것이다.

십자군의 결과로 나타난 시리아에서의 원거리 접촉은 직접적인 문화적 차용이라는 차원에서는 별로 큰 영향이 없었던 것으로 보인다. 그러나 십자군 원정이 일어났다는 사실 자체가 무슬림의 존재가 가져다 준 엄청난 자극을 보여주는 것이고, 십자군의 과정 자체—서구인들의 가장 큰 합동

---

8) H. A. R. Gibb, "The Influence of Islamic Culture on Medieval Europe," *Bulletin of the John Rylands Library*, 38 (1955), pp. 82~98은 어떻게 해서 전근대의 상층 문화의 전통이 외부로부터의 거대한 영향에도 불구하고 그 자체의 진수를 보존하는 경향이 있었는지에 대해 시사하는 바가 있는 연구를 제공한다. 그는 단지 전파에 대해서만 말하고 있고 외부 문화와 그 도전의 강력한 존재에서 오는, 더 전후 관계 속에 있는 효과들에 대해서는 이야기하지 않고 있다.

작전―가 아마도 서구인들에게 그들을 달갑게 여기지 않았던 시리아 주민들에게서 배울 수 있었던 그 어떤 것보다도 더 그들을 세련되게 만들었을 것이다. 교황의 정치적 세력은 십자군 전쟁에서의 지도적 위치에서 기인한 바가 컸다. 고도의 문화를 가지고 있던 무슬림과 그리스인 백성들을 서구인들이 통치하였던 시칠리아에서는 많은 것이 구체적인 수준에서 학습되었다. 그러나 서구의 문화와 정치에 가장 큰 영향을 준 것은 아마 그 섬의 라틴계 통치자들, 특히 프레데릭 2세였을 것이다. 그곳에서 라틴인들의 통치는 관료제적 확고함이라는 측면에서 독특한 것이었고, 그것은 지역 주민들의 높은 문화수준과 그리스인뿐만 아니라 무슬림과의 밀접한 관계 때문에 필요하게 된 것이었다. 그리고 이것은 또한 다른 라틴계 왕공들을 혼란시키고 궁극적으로는 그들에게 영감을 준 사람으로서 프레데릭 2세의 특별한 역할을 가능하게 했다. 무슬림―서구 관계의 세 번째 무대는 이베리아 반도였는데, 거기에서는 이슬람권의 문화가 모방되고 변용되는 것이 크게 성행하여 이슬람권의 문화가 가장 항상적으로 유럽에 퍼져나갔다. 비록 라틴인들이 1204년 정도가 되면 그리스어로 된 책들을 찾을 수 있는 그리스어 사용 국가들에도 매우 익숙해지지만, 서구인들이 원래의 그리스어로는 공부하려고 하지 않던 저작들을 아랍어로 읽도록 설득당한 것은 아마도 다른 어느 지역보다도 이곳에서 두드러진 무슬림 학문의 지대한 권위 때문이었다.

　비록 서구에 대한 무슬림들의 가장 중요한 영향은 그들의 상상력을 넓히는 것을 고무시켜 주었다는 것이었지만, 문화적 차용의 구체적인 사항들도 사실상 서구의 성장에 핵심적인 역할을 했다. 그리스인들마저도 아랍어와 페르시아어 저작을 번역하였는데, 이들 언어들은 당시 중국보다 서쪽에 있는 지역에서 가장 활력 있는 언어들이었다. 수공업과 제조업의 방법들, 상업에서의 조직 방법, 그리고 (시칠리아에서의) 정치 수단, 농업 기술 등은 상당히 직접적으로 받아들일 수 있었다. 대체로 이슬람권은, 특히 중간시기 전반의 시작 단계에서는 서구의 대부분에 비해 기술적으로 더 선진화되어 있었다. 그러나 12, 13세기가 되면 이 두 사회는 대체로 같은 수준에서 성장했다. 그래서 가끔은 어느 사회에서 처음 새로운 발전을 이루어냈는지 알기 어려운 경우도 있다. 예를 들면 화약의 사용에 대한 지속적인 개선과 같이, 두 지역에서 모두 기술적 수준이 갖추어짐에 따라 서로 비슷한 발명들이 대체로 동시에 서로 영향받지 않은 상태에서 일어났을 가능성도 많다. 지금까지는 이러한 문제들에 대해서는 서구가 더 많은 문서자료를 가지고 있기 때문에 새로운 발명들은 종종 서구에서 약간 더 일찍 증명되었다. 일부 복잡한 증류기나 나침반의 사용 같은 문제에 대해서는 이것이 사실일지도 모른다. 그러나 다른 많은 경우, 예를 들면 우리 주변에서 아직도 아랍어에서 나온 이름을 가진 알코올 같은 사물들의 제조와 이용 같은 경우에는 어느 쪽이 우선했는지가 명확하다. 서구가 이슬람권에 얼마나 광범위하게 의존하고 있었는지는 영어의 명사 중에서 아랍어에서 나온 이름들의 임의적이고 매우 부분적인 리스트를 만드는 작업을 통해 살펴볼 수 있다. 비록 이 단어들 중에서도 여러 개가 페르시아어나 그리스어에서 아랍어로 전래된 것이기도 하지만 말이다. 오렌지, 레몬, 알팔파(alfalfa), 사프론(saffron), 설탕(sugar), 시럽(syrup), 마스크(mask), 머슬린(muslin), 반침(alcove), 기타(guitar), 류트(lute), 아말감(amalgam), 증류기(alembic), 연금술(alchemy), 알칼리(alkali), 소다(soda), 대수(algebra), 연감(almanac), 천정(zenith), 천저(nadir), 관세(tariff), 제독(admiral), 체크메이트(check - mate) 등이 그러한 예다.

자연과학, 특히 수학, 천문학, 의학, 화학에서 그리고 당시 존재하던 모든 분야에서 일정 정도까지 서구인들은 그들이 중세 성기의 대부분에 걸쳐 열심히 번역한 아랍어로 된 책들에게 진 빚을 솔직히 인정했다. 그 과정에서 고전 그리스의 텍스트들은 아랍어의 옷을 입었고(프톨레마이오스의 『알마게스트』는 라틴어로 번역되었을 때조차 아랍어의 정관사 'al'이 붙어 있었다) 수많은 무슬림 저자들, 이븐 시나(Ibn-Sina)와 알 라지(al-Razi)같이 유명한 사람들 말고 훨씬 덜 중요한 사람들마저도 라틴 지역에서 흔히 인용하는 권위자들이 되었다. 무슬림 관측소에서 만들어진 천문학 표들은 권위가 있었다. (우리는 아직도 많은 별들을 아랍어 이름으로 부르고 있다.) 12세기 초까지 완성된 저작들만이 번역되었는데, 라틴어로 번역하는 작업이 중단된 것은 당시 가장 최신 저작들이 아직 번역가의 주의를 끌 정도로 충분히 잘 알려져 있지 않았기 때문이다. 그 시점 이후 이슬람권에서 이루어진 발견들은 나중에 서구에서 독립적으로 다시 이루어져야 했다.

물론 이것은 한동안 아랍인들에 의해 '보존된' 서구 자체의 유산을 '서구에게 되돌려주기'라고 할 만한 일이 아니었다. 서구는 로마시대의 힘의 절정기에서도 헬레니즘의 과학적 성취를 이루는 데 거의 한 역할이 없었고, 자신들의 지역에서 그 과학적 성취의 대부분이 이루어졌던 무슬림들과 비교해 볼 때 서구인들은 헬레니즘의 본격적인 후예라고 말하기 어렵다. 그리고 그 과학적 유산이 마침내 서북쪽의 새로운 땅으로 전해졌을 때, (일부 서구인들이 생각했던 것처럼) 동지중해 지역에서, 나일 강과 옥수스 강 사이에서 그 유산이 죽어 버린 것은 아니었다. 적어도 처음에는 서구의 과학적 생산성은 이슬람권의 과학적 생산성을 크게 개선하지 못했고, 중세 성기 이후에는 이슬람권보다 낮은 수준으로 일시적으로 후퇴했을지도 모른다. 그럼에도 불구하고 서구인들은 재능 있는 학자들로서의 능력을 입증했고, 중세 성기 말에 가서는 더 이상 아랍어나 페르시아어로 쓰인 저작들을 보지 않고도 그들 스스로 과학적 전통을 지속할 수 있었다. 비록 한동안 라틴 지역의 과학 저작에는 부분적인 침체기가 있었지만 그 전통은 지속되어 나중에는 17세기의 거대한 과학혁명으로 이어진다.

철학적 형이상학의 문제는 이슬람권에서와 마찬가지로 서구에서도 사회적으로 조직화된 관심을 상당히 지속적으로 끌었다. 여기서도 가장 중요한 텍스트는 처음에 아랍어를 통해서 들어왔다. 번역은 아리스토텔레스적 학풍의 재흥을 초래했다. 그러나 아리스토텔레스적 전통이나 플라톤적 전통은 비록 주로 원전이 아닌 2차적인 문건을 통해서였지만 모두 제국 시대를 통하여 라틴 문화 안에 확고한 뿌리를 내리고 있었기 때문에 아랍어를 통해 들어온 자극은 근본적으로 전혀 새로운 것이 아니었다. 새로운 저작들은 그것들이 소개되기 이전에 이미 부상하고 있던 대화에 봉사하도록 만들어졌다. 그리하여 이븐 루쉬드(Ibn-Rushd)의 입장은 이슬람권에서 본격적인 신학적 사색을 희생시키면서 샤리아의 사회적 패권에 파일라수프(Faylasfs: 헬레니즘의 유산을 계승한 철학자-옮긴이)의 개인적 지혜를 수용하는 것을 정당화했다. 이와는 달리 기독교권에서는 그의 태도가 '아베로이즘'(Averroism)이라는 이름 아래 합리주의적인 철학과 기독교 신학 자체를 서로 조화시키는 것을 극단적으로 정당화하는 데 쓰였다. 아랍어로부터 번역의 가장 중요한 결과는 서구의 사고를 더 높은 수준으로 세련화시켰다는 것이다. 여기서도 특정한 텍스트의 분명한 전파에도 불구하고, 이슬람권의 영향력은 문화 전파라는 형태 자체로도 대단했지만 이슬람권의 수준 높은 문화가 그렇게 가까이 존재함으로써 상상력에 자극을 주는 형태로서의 영향력이 더욱 대단했다. 만일 그러한 특정 텍스트들이 완전히 이해를 못할 정도로 이질적인 것이 아니었다면 ─ 즉 이슬람권의 유산이 서구의 유산과 상당부분 같은 뿌리에서 나왔다면 ─ 아마 서구인들이 어떤 특정한 텍스트들을 얻게 되었는지는 고도로 세련된 텍스트들이 지배적인 사회에 서구인들이 정서적으로 노출되었다는 사실에 비교하면 상대적으로 덜 중요했을 것이다.

아브라함적 전통과 신비주의의 영역에서, 언뜻 보기에는 이슬람적 영향은 거의 없는 것처럼 보인다. ('Alghazel'이라고 일컬어진) 가잘리(Ghazali)는 팔사파(falsafah: 헬레니즘적 철학을 일컫는 아랍어-옮긴이)에 대한 그의 이슬람적 반박보다는 팔사파 형이상학에 대한 주석을 통해 알려졌다. 아마도 종교적 경험 자체는 공유되지 않았을 것이다. 이슬람에 대해 충분히 진지한 지식을 가진 서구인이 드물었기 때문에 그런 영향은 상상하기조차 어려웠다. 이슬람에 대해 저술한 대부분의 서구인들은 독실한 신앙인들로 하여금 경멸받아야 마땅할 정도로 비이성적이라고 간주해야 할 적에 대항하도록 부추길 목적으로 고안된 가장 기괴하고 잘못된 정보들을 계속 되풀이했다. 그러나 형이상학의 차원에서는 소수의 사람들 사이에서 접촉이 가능하였다. 일부 기독교 신비주의자들, 특히 스페인의 라몬 룰은 이슬람에 대해 뭔가 알고 있었던 소수의 사람들 중 하나였고, 무슬림 신비주의자들에게서 특히 이븐 루쉬드 이후의 무슬림 형이상학으로부터 무언가 배웠을지도 모른다는 점이 시사되었다. 비록 그들이 이런 일을 의식하고 있었다고 해도 인정할 수 없었을 테지만 말이다. 룰의 사상은 이븐 알 아라비(Ibn al-Arabi) 같은 사람의 사상과 비슷한 거침없음과 광활한 시야로 특징지어진다. 그리고 특히 지오르다노 브루노(Giordano Bruno: 1548~1600, 이탈리아의 철학자이자 천문학자로 지동설을 굽히지 않고 종교 재판을 받아 화형에 처해졌다)를 통해서 룰은 나중에 근대를 초래한 상상력의 격발에 일종의 영감을 주었다.

미적 문화의 측면에서 이슬람권의 주제와 방법의 침투를 추적하는 것은 기술적이고 지성적인 측면보다 훨씬 어렵다. 일부 산문소설은 직접 번역되었다. 그러나 예술은 무엇이든 간에 그것이 먹고사는 것을 변형시킨다. 전문가들이 건축에 있어서, 그리고 서구에서 '주변 예술'이라 불리는 부문에서 이슬람권으로부터 도입된 수많은 작은 모티프들을 추적했다. 악기들의 정교화에는 이슬람권의 모델들이 큰 자극을 주었고, 시를 짓는 것도 중세

트루바두르의 전성기에는 아마도 옛 아랍어의 전통을 이용했을 것이다. 그러나 무엇보다도 가장 훌륭한 산문의 저류를 형성한 상당수의 대중적인 이야기나 종교적 전설은 부분적으로 이슬람권의 자료에서 자양분을 얻었다. 단테의 저작 일부는 당시 이탈리아와 스페인에서 들어온 번역에 기반하여 구할 수 있었던 이슬람권의 자료들—특히 무함마드의 승천에 대한 묘사의 몇 가지 요점들에서—과 눈에 띄는 유사점이 있다는 점이 증명된 바 있다. 그러나 여기서도 단테의 시나 서구의 미적 문화 일반의 핵심은 외부의 세부사항들에 의해 크게 영향을 입은 것은 아니었다. 아마도 이 영역에 있어서도 이슬람권의 존재가 남겨준 가장 중요한 결과는 상상력에 자극을 준 점이었을 것이다.

중간시기 전반이 끝날 때 서구는 이미 이슬람권의 삶에 있어서 중요한 세력이 되어 있었다. 서구의 동지중해 정복 노력은 대체로 잠잠해졌고, 그들의 영역은 지브롤터 해협보다 좀 더 북쪽을 지나는 선에서 서지중해에 한정되었으며, 바다를 건너려는 노력은 실패했다. 그 후 200년 동안 서구는 다시 진격하지 않았다. 그러나 서구의 문화는 이슬람권의 자원으로부터 독립하였고 세련화의 측면에서 이슬람권에 가까워졌다. 이탈리아와 스페인의 서구인들은 그들이 중간시기 전반에 차지한 지중해 해로와 상업의 지배권을 유지하였다. 그리하여 그들은 다른 모든 곳에서 이슬람권을 특징지우고 이슬람권의 사회 질서의 탁월함을 표현하고 강화했던 팽창을 서지중해에서 저지하였다.[9]

---

9) 서구에 끼친 이슬람권의 영향에 대한 가장 이해하기 쉬운 연구는 토마스 아놀드(Thomas Arnold)와 아서 기욤(Arthur Guillaume)이 편집한 *The Legacy of Islam* (Oxford: Oxford University Press, 1931)이다. 문제의 '유산'이라는 것은 근대 무슬림들에 남겨진 유산이 아니라 서구에 남겨진 유산이라는 것이니, 여기서는 서구를 쇠퇴해 가던 이슬람권의 후계자로 성급하게 상정한 것이다. 이 책의 모든 부분이 주제에 관련된 것은 아니지만 많은 부분이 관련되어 있다. 가장 좋은 부분은 깁의 '문학'(pp. 180~209) 분야로, 서구 문학에서 어떤 영향을 찾아볼

수 있는지 탁월하게 추적하였다. 시각예술에 대한 장인 토마스 아놀드의 '유럽 회화에서 나타
난 이슬람 예술과 그 영향'(pp. 151 ~ 154)도 유용하지만 '영향'이라는 것이 진실로 의미하는
것이 무엇인지에 대해서는 식별하는 측면이 덜하다. 파머의 '음악'(pp. 356 ~ 375)도 유용하다.
자연과학에 대한 부분, 예를 들면 맥스 메이어호프의 '과학과 의학'(pp. 311 ~ 355) 등은 모두
라틴 문화 안에서 추적할 수 있는 것이 실질적으로 이슬람권의 과학 전체였다는 오해로 점철되
었다. 이는 그들이 서구인들의 선택적 수용이라는 중요한 문제를 전혀 건드리지도 않았다는 것
을 의미하지만, 그들이 다루는 범위 내에서는 좋은 연구다.

9장

후기 이슬람사의 통일성

연구 대상으로서의 이슬람 문명

'인류의 역사'에서 이슬람문명은 단지 그것이 번영했던 몇몇 지역에 관련해서만이 아니라 전 인류의 운명을 만드는 주요 요소의 하나로서 역사적 전체로 이해되어야 한다.[1] 거대한 이슬람 사회는 실제로 그러한 존재로 계속되어 왔다. 초창기의 수 세기 동안만이 아니라 이후에도 이슬람의 행로는 세계적인 중요성을 띠었다. 이렇게 볼 수 있는 이유는 첫째, 경건한 세

---

[1] 근세의 이슬람문명의 발전에 대한 드물게 보이는 진지한 분석 중의 하나는 깁의 *Mohammedanism: A Historical Survey* (Oxford: Oxford University Press, 1962)의 첫 장의 근세에 관한 부분이다. 또한 그의 "An Interpretation of Islamic History," *Cahiers d'histoire mondiale*, vol. 1, pp. 30~62 (1953년 7월)를 참조하라. 나의 이 글은 사실상 앞의 논문에 상당히 못미치는 속편이라 할 수 있다. 같은 잡지의 4권에 실릴 이 글(1957)에서 제시된 접근법이 아직 완전히 구체화되지 않았는데, 왜냐하면 서구의 지역사적 관점에서 나온 전체적 윤곽에 맞추어야 했기 때문이다. 그루네바움이 엮은 *Unity and Variety in Muslim Civilization* (Chicago: University of Chicago Press, 1955)에 수록된 브룬슈빅의 글(56~59쪽)은 여기에 관련된 일부 문제들을 다루고 있다. 나는 만일 우리가, 브룬슈빅이 하려고 했던 것으로 보이는 것처럼, 어떤 단독의 카테고리를 주는 원칙에 의해 생각하지 않고 역사복합체의 관점에서 생각한다면 이슬람문명의 범위를 정하는 문제는 덜 중요해질 것이라고 본다. 이 시점에서, 영어에서의 '이슬람'과 '무슬림'이라는 두 단어의 용법이 두 단어에 서로 다른 의미를 부여함으로써 이른바 이슬람문명이라는 것이 '무슬림' 종교의 신봉자들과 다른 종교의 신봉자들을 모두 포함해 왔다는 것을 점점 더 인정하는 방향으로 가고 있다는 점을 지적해 두어야겠다.

계질서에 대한 이슬람의 희망이 역사상 가장 두드러지는 기획 중 하나를 대표하기 때문이고, 둘째로 좀 더 의식되지 않는 차원에서 이슬람의 전반적인 문화유산이 인간적 가치로 가득하기 때문이다. 그러나 근세 이슬람 역사는 현재 세계가 처한 상황이 어떻게 초래되었나를 이해하기 위해서도 매우 중요하다. 서구의 새로운 삶이 우리가 살고 있는 지구를 변모시키고 있는 이 마당에도 전체로서의 이슬람이 처해 있는 상황들은 인류의 절반의 문제를 조건지우며, 새로운 서구에 대응함에 있어 그들에게 열려 있는 가능성을 빚어낸다. 그러므로 근동이나 인도 같은 곳에 있는 이슬람 지역사회들이 갖는 중요성의 대부분은 그들이 이슬람 전체의 여로를 결정하는 데 한 역할에 있는 것이다. 근세에 들어와서 이슬람문명은 엄청나게 복잡하고 다양해졌다. 그러나 우리의 문제는―물론 이것도 중요하지만―단순히 그 다양성 밑에 도사리고 있는 공통된 성격을 찾는 것이 아니다. 우리의 문제는 공통성 혹은 다양성의 요소들이 세계사 속에서 이슬람문명의 운명과 관련하여 어떠한 역할을 했는지 추적하는 것이다.

이슬람의 초창기 수백 년간에 대해서는 이슬람문명을 전체로서 연구하기가 어렵지 않지만, 그 후의 시대에 대해서는 그 작업이 점점 더 어려워진다. 더욱 엄격하게 '종교'의 영역인 법률학와 수피즘에 대해 보더라도 세부적인 차이는, 예를 들자면 인도, 아랍, 투르크의 무슬림 학문 중심지들 사이에서 분명히 드러난다. 일반적인 문화의 영역, 즉 제도, 예술, 저술의 면에서 보면 그 다양성이 더욱 크게 두드러진다. 그러나 공통의 문화유산과 아랍어와 (대부분의 지역에서) 페르시아어의 공통된 학습은 사회와 종교의 관계에 대한 공통의 태도와 더불어 여러 이슬람 지역 사이에 최소한의 상호교류와 연속성을 보장해 주었다. 따라서 이들 지역 모두에서 간혹 서로 비슷한 일들이, 혹은 서로 대조되기 때문에 서로 관련되는 일들이 일어나는 것을 볼 수 있다. 하나의 신앙으로서 이슬람에 대한 공감은 지구상의 점점 더 넓은 지역에서 문화적 관행의 거대한 체계를 대체로 전반적으로 받아들이는 것을 동반하였고, 문화적 관행은 지역에 따라 달랐지만 다양성 속에서도 어느 정도 그 자체로 하나로 통합된 이야기를 갖춘 문명을 이루었다.

나는 이 문명을 전체로서 바라보는 데 가장 크게 장애가 되는 것이 이른바 아랍주의적 편향성이라고 본다. 이것은 이슬람학을 망치는 일련의 편향성 중에서 가장 큰 문제다. 이슬람 학자들은 물론 항상 그들의 학문을 어떤 종류의 특별한 관점에서 접근했고, 그리하여 이슬람사는 어떤 관점을 선택하느냐에 따라 극단적으로 다르게 개념화되었다. 각각의 관점은 모두 한계를 만드는 결과를 초래한다. 서유럽과의 관계라는 관점에서 접근한 사람들은 그들 자신의 방향으로 밀려온 두 번의 정복의 물결을 상기했고, 이슬람사를 아랍과 투르크의 두 시대로 나누는 경향이 있었다. 혹은 오스만 문화에 대한 더 가까운 지식이 무언가 내재적 발전 같은 것을 드러냈기 때문에 아랍, 페르시아, 오스만의 시기들로 나누기도 했다. 그러한 접근은 브로켈만의 『이슬람 민족들의 역사』(Geschichte der islamischen Völker)에서의 자료 선택에 영향을 주었다. 러시아적 관점은 바르톨드의 이슬람문화에 대한 소책자에서 설명되어 있는데, 그것은 아랍에서 페르시아로 그리고 오스만보다는 중앙 유라시아의 투르크로 이어지는 관점이었다.[2] 영국인이든 무슬림이든 인도에 있었던 학자들은 이와는 달리 아랍, 페르시아, 인도-무슬림으로 단계를 구분하였다. 아랍주의적 편향성은 서로 다른 이 세 관점들과 유사하다. 아랍인들, 그리고 셈족에 대한 연구를 하거나 혹은 다른 이유로 이슬람의 원래 중심지들에 집중했던 서구 학자들은 종종 아랍 단계에서 딱 멈춰 서곤 했다. 그들은 이슬람문명 전체가 아랍인들의 영광이 담긴 처음 몇 세기 이후에는 쇠미해졌다고 보는 경향이 있었다. 그러한 당파적인 관

---

2) V. Barthold, *Musulman Culture* (Tr. S. Suhrawardy, Calcutta: University of Calcutta, 1934), 특히 pp. 117ff.

점들이 이슬람학의 광범위한 문제를 다루는 데 실질적으로 매번 암묵적으로 들어갔기 때문에 그 결과 일종의 악순환이 생겼다. 즉 만족스러울 만한 전체적인 관점이 결여되었기 때문에 이슬람의 역사적 위치가 흐려졌고, 역사적 위치에 대한 감각이 없기 때문에 좁은 관점들로 흐르는 경향을 강화시켰다.

이러한 서로 다른 관점들은 종종 무의식적으로 당연한 것으로 받아들여져서 신기한 오류로 이어지기도 했다. 그런 일환으로, 나는 인도 사람의 저작에서 이란이 몽골에 정복된 이래 무슬림 학자들이 정복되지 않은 단 하나의 왕정이자 이슬람문명의 마지막 피난처인 델리 술탄국에 몰려들었다는 이야기를 읽은 적이 있다.[3] 다른 한편, 우리는 종종 아랍주의자들의 저술에서 몽골의 정복 후에 남은 단 하나의 피난처는 이집트였다는 기술을 읽게 된다.[4]

물론 어느 정도의 왜곡은 불가피하다. 그러나 이처럼 좀 더 동쪽에 사는 무슬림들을 무시하는 후자의 아랍주의적 곡해는 정도 이상으로 독소를 내포한 것이다. 여기에 나오는 사소한 사실의 오류는 불쾌할 정도로 많다.[5] 더 중요한 것은 이것이 깊이 뿌리박은 태도에서 나오는 것이라서 쉽게 고

---

3) A. B. M. Habibullah, *Foundation of Muslim Rule in India* (Lahore: Muhammad Ashraf, 1945), p. 155.

4) 예를 들면, *Unity and Variety in Muslim Civilization*, pp. 153~154. "당시 몽골의 대재앙 이후 모든 정통성은 이집트로 다시 흘러들어갔고" 이집트의 정치구조는 알무와히둔 왕조 이후의 '무슬림 서부지역'에 대조되는 당시의 무슬림 동부지역을 대표하는 것으로 묘사되었다. 이와 같은 두 개의 예외적인 경우, 즉 중앙집권화된 이집트와 후진적인 북아프리카만 연구되는 경우, 몽골의 침입 이후의 이슬람 사회가 실망스러울 정도로 거의 제대로 분석되지 못하는 것은 별로 놀라운 일이 아니다. C. Brockelmann, *History of the Islamic Peoples*, tr. Carmichael and Perlmann (London: Routledge and Kegan Paul, 1949), p. 234를 보면 일부 아랍 국가들 역시 무시되어 있다.

5) 위의 주에서 *Unity and Variety* 에서 인용된 저자는 적어도 어느 정도의 일관성을 가지고 셀주크인들은 아라비아의 구석들 빼고는 '모든 무슬림 아시아'와 힘을 합쳤다고 말하기도 하였는데, 이것은 파키스탄의 가즈나조와 신드와 물탄을 간과한 것이다(152쪽). 또 다른 저자는 같은

쳐지지 않을 것이라는 점이다. 서구인으로서 우리는 서구의 발전과 가장 깊이 관련되었을 때에만 (프랑크인들의 갈라아와 그 이후의 중세 스페인) 이슬람을 '세계사' 속에 편입시키곤 했다. 이러한 초창기의 아랍에 대한 관심 집중은 최초의 무슬림들의 '순수한' 이슬람에 대한 자연스런 관심과 결합되어 이슬람 학자들이 아랍어가 문화어로서 독보적인 지위를 갖고 있던 초기의 3~4세기밖에 안 되는 영광스러운 시기의 역사적 조류들만을 진실로 이슬람적인 것으로 여기는 경향을 만들었다. 그리하여, 기독교나 유대교를 믿는 아랍인들이나 대다수를 점하는 비아랍 무슬림들에게 불공평하게도 '아랍적인'이라는 말과 '이슬람적인'이라는 용어들을 암묵적으로 동일시하게 되었다. 『이슬람 백과사전』(Encyclopaedia of Islam)의 항목들에서는 마치 해당 제도, 축제, 건축형태, 심지어 이슬람 미술에 대한 어떤 책에서마저도 그 주제가 마치 이슬람의 초창기 이후에도 사실상 아랍 지역에만 국한되어 있었던 것처럼 서술되는 경우가 적지 않다.[6] 다른 한편, 이슬람 이

책 안에서 아랍 서부지역을 다른 어느 이슬람 지역보다도 자세하게 다루면서 신기하게도 "그리스어도 파흘라비어도, 아랍어도 콥트어도 아랍어에 대항하여 버텨내지 못했다. 단지 베르베르어와 라틴어 그리고 어떤 의미에서는 페르시아어가 지속되었을 뿐이었다"고 하였다. 이 말은 우리에게 단번에 쿠르드어, 아르메니아어, 그리고 그루지야에서 신드 사이에 있는 다른 많은 대중 언어 혹은 학술적 언어들을 상기시켜 준다. 이들은 적어도 베르베르어와는 같은 급으로 간주되어야 한다.

6) Encyclopaedia of Islam 1판의 "maristan", "mawlid", "madrasa", "masdjid" 등의 항목을 참조하라. 물론 많은 경우에 저자는 이집트와 북아프리카 이외 지역으로부터의 정보를 기꺼이 포함시켰다. 간혹 우리는 신 우마이야식이라고 불릴 수 있을 만한 태도, 즉 '무슬림'이란 아랍인들에게 나중에 와서 붙여진 명예로운 칭호이며 비아랍계 무슬림들은 단지 사바의 왕들(Sabaean Kings)에까지 면면히 거슬러 올라가는 전통에 마지막 순간 합류한 속민들인 것처럼 바라보는 태도의 흔적들이 보인다. 그래서 아랍인들만이 진정한 '무슬림들'이고 다른 사람들은 '이슬람화된 자들'이라는 것이다. Encyclopaedia of Islam 1판의 말레이인들에 대한 항목을 보면 이슬람이 페르시아적 형태로 도래하였음에도 불구하고, 아랍의 영향이 이슬람적이었다고 간주되고 있다. 일반인들은 이슬람의 역사에 대해 알고 싶을 때, 파키스탄을 이해하기 위해서도 서가에서 '아랍들의 역사'를 뽑을 것이다. 물론 수피즘과 페르시아의 문화 전통에 대한 반발 때문에 근대의 많은 무슬림들도 이러한 태도의 공범자가 된다.

전의 아랍 역사는 언어 연구의 경로를 통해 이슬람의 영역 안으로 들어오게 되었다. 여기에서 비롯된 계속되는 왜곡의 누적은 의도된 바는 아니지만 큰 영향력을 지닌다.[7]

세계사적 현상인 이슬람의 팽창

이렇게 아랍적인 요소를 강조하는 것은 초창기 이후 이슬람사의 문제들이라는 관점에서 볼 때 특히 유감스러운 관념 중 하나를 만드는 데 기여했다. 이른바 '이슬람의 팽창'이라는 말은 일반적으로 아랍인들이 아라비아 반도로부터 엄청나게 팽창했던 것, 즉 7~8세기 아랍제국의 건설과 등치된다. 동로마 혹은 페르시아제국의 통치하에서 이미 서로 연결되어 있던 혹은 그 전에 연결되었던 경험이 있고 어느 정도 두 제국에 문화적으로 동화되어 있던 지역들을 향해 이제 막 시작된 이슬람의 기치하에 아랍인들이 신속하게 이루어냈던 정복을 말한다. 이 두 제국의 쇠퇴는 아랍인들에게 그런 기회를 주었다. 문명의 관점에서 볼 때 이것은 이슬람의 팽창이라기보다는

---

7) 이제 동부지역에서 대다수의 무슬림이 살고 있음에도 불구하고 이란 고원보다 동쪽 지역의 이슬람을 무시하는 것에 대한 변명이 소바제(Sauvaget)의 *Introduction a l' histoire de l' orient musulman* (Paris: masionneuve 1946) pp. 13 ~ 14에서 제시되었다. 즉 '외곽' 영토(그는 여기에 인도도 포함시켰다)의 문화는 배타적으로 이슬람만으로 형성되지 않았다는 점, 적어도 그들은 단순히 수동적이었고 능동적으로 창조적이지는 못했다는 점이다. 그러한 입장은 역사학의 본격적인 대상으로서의 문명의 정의에 문제를 제기하며, 그가 요구하는 방식의 문화적 동질성이 신선한 창의성과 조합되는 조건을 충족시키는 이슬람 지역이 매우 적을 뿐 아니라 그러한 시대도 매우 적다는 점을 지적할 수 있다. 아무튼 그가 이야기한 구별은 말이 되지 않는다. 비록 말레이시아의 국가들이 혹은 벵골이 그의 기준에 의해 배제된다 해도 특징적으로 이슬람적인 사상과 행동이 기원하였던 펀자브나 갠지스 평원마저도 빼버리는 것은 순전히 자의적이다. 이집트와 터키가 '동부'에 속한다는 식으로 이슬람의 동서 지역구분을 했을 때 그가 정말 동쪽에 있던 이슬람의 영토를 배제한 실제 이유를 드러낸다. 이집트는 비록 메카의 서쪽에 자리하였지만 동부 아랍인들 가운데 속한 것으로 간주될 수 있다. 그러나 이슬람과 아랍인들이 동일시되었을 때만 이집트가 이슬람의 '동부'에 속할 수 있다.

이슬람의 초기 영역 확보라고 할 수 있다. 종교로서의 이슬람은 어떨지 몰라도 아직 본격적 의미에서 이슬람문명의 팽창은 시작되지 않은 상태였다. 아랍 제국의 초기에 주도적인 문명은 헬레니즘-기독교 문명과 사산문명이었고 지배층의 이슬람 이전부터의 아랍 문화는 아라비아에서든 다른 지역에서든 이슬람적인 것으로 바뀌어 가는 데 시간이 걸렸다. 이슬람 최초의 변방들이 2~3세대가 지나는 동안 상당히 고정화되었을 때, 그 뒤로는 3세기 동안 사실상 전혀 영역팽창 없이 그 경계 안에서 여러 집단의 사람들이 함께 역사 속에 나오는 무슬림의 종교와 이슬람문명을 건설하였다. 이제 이슬람은 지배층의 코드로부터, 모든 사람이 공유하는 다면적인 것이 되었으며 새롭고 특색 있는 문명의 핵심이 되었다.

그러나 완성된 문명으로서의 '이슬람의 팽창'을 논할 수 있는 시대가 있었다. 서기 1000년경부터 무슬림 신앙과 그에 부수적인 문화의 영역은 거의 모든 방향으로 쉴새없이 팽창하였고 (구세계에서만이 아니라 신세계에서도 그 신앙은 계속 팽창하고 있었다), 16세기가 되면 이슬람의 영역은 거의 세배로 늘어난다. 이것은 적어도 세계사 안에서의 상호작용이라는 측면에서 볼 때, 이슬람사의 초창기 이후 시대에서 이슬람 사회에 대한 가장 중요한 사실이다.[8]

---

8) 지도에서 볼 수 있는 것처럼 트란스옥시아나에서 시리아와 이집트까지의 주요 지역과 함께 그에 대체로 상응하는 크기의 지역들을 열거할 수 있다. 서북쪽으로는 아나톨리아와 유럽, 동쪽과 남쪽으로 투르키스탄과 인도가 있다. 스페인과 마그리브에 상응하는 것으로 동아프리카와 말레이시아 지역이 있고, 아라비아에 상응하는 것으로 사하라와 수단이 있었다.무슬림들 자신들에 의해서 그리 된 것이지만, 이슬람권이라는 관념은 최근에 이슬람화된 지역이나, 이슬람 통치에서 벗어났지만 여전히 이슬람적 색채를 가지고 있는 지역을 포함하느라고 느슨하게 해석되었다. 이슬람이 세계 속에서 갖는 핵심적인 위치를 잘 보여주도록 만든 이 지도는 물론 동일 면적을 보여주는 투영법에 의한 것이다. 메르카토르 도법이 사용되면 비례감각은 크게 손상될 것이다. 메르카토르 도법은 서구의 편견을 강화하는 데 안성맞춤이지만 불행히도 여전히 많은 학자들의 책에 등장할 뿐만 아니라 그들의 생각 속에도 여전히 존재한다.

특히 1800년 이전에 이러한 팽창은 두 가지 세계사적인 주요 특징을 지니고 있었다. 우선 11세기부터 18세기까지 이슬람은 구세계의 문명화 정도가 낮은 사람들이 도시문명의 지평 안으로 들어오면서 개종하게 된 가장 대표적인 종교였는데, 사하라 이남의 아프리카, 말레이시아, 중앙 유라시아, 중국과 인도의 국경 오지에서까지도 그러했다. 불교, 기독교, 힌두교가 비교적 한정된 지역에서만 이슬람에 필적할 수 있었다. 그렇게 이슬람의 종교적 매력이 다른 종교와 달리 강력했기 때문에 이슬람은 다른 주요 종교가 지배적인 지역까지 대규모로 침투해 들어갈 수 있었다. 이슬람 최초의 영토는 물론 기독교, 유대교, 조로아스터교의 영역으로부터 얻어진 것이었다. 그러나 나중에도 이 종교는, 예를 들자면 유럽에서 아나톨리아와 발칸의 기독교인들 속으로, 힌두교를 믿는 인도의 여러 지역들로, 그리고 인도네시아와 인도차이나의 불교도들과 힌두교도들 속으로도 침투했다.[9] 이른바 '미개한' 사람들 사이에서는—특히 19세기에 기독교가 새로운 문화적 우위를 가지고 들어오기 전까지는— 이슬람의 독보적인 지위가 도전받지 않았다. 그리고 그때도 시베리아, 아프리카, 말레이시아 등에서 이슬람은 아직 종교적으로 소속이 결정되지 않은 사람들에 대한 선교에서 기독교의 가장 강력한 라이벌이었다.

이슬람의 거대한 팽창의 두 번째 세계사적 특징은 동반구 전체—유럽, 아프리카, 인도, 중국, 중앙 유라시아, 동남아시아—에 걸친 전례없는 팽창에도 불구하고 이슬람은 여러 지역에 산재한 공동체들 사이의 단지 종교적인 연대만이 아니라 어느 정도 사회적 연대도 유지했다는 것이다. 이렇게 해서 다른 어떤 중세사회보다도 이슬람은 어떤 점에서는 19세기 유럽의

---

9) 이것은 인도 이외 지역에서의 힌두교를 거의 말살시켰다. 인도차이나에서의 고대 힌두교도 참 (Cham)족의 운명에 대해서는 P. Rondot, "Note sur les Chams Bani du Binh Thuan," *Revue des Etudes Islamiques*, 1949, p. 18 참조.

세계제패 이후에나 이루어진 것과 같은 하나의 사회적 · 문화적 기준이 공통된 세계질서를 이루는 데 가장 근접했다. 그리고 비록 이슬람이 세계 전체에서 그러한 헤게모니를 구축하는 데는 실패했지만 세계의 매우 중요한 부분에서 성공했다—인도 아대륙을 포함하는 인도양 해안 전체에서 많은 힌두 인구가 무슬림의 통치를 받아들였고, 마라타들이 힌두 왕국들을 재건했을 때도 그들은 일반적으로 무슬림 무굴 황제들의 종주권을 인정하고 무굴 왕정을 중심으로 하는 인도-무슬림 문화의 탁월성을 인정했다.[10]

그러므로 유럽인들이 '인도 교역권'을, 그리고 마침내는 구세계의 통제권을 넘겨받았을 때 그들은 대체로 이슬람 세력과 다투었던 것이다. 그리고 이 사실의 흔적은 근대 세계정치의 도처에서 어떤 경우는 직접적으로, 어떤 경우에는 희미하게 가시적으로 존재하고 있다. 예를 들면, 인도 무슬림과 그들의 자리를 빼앗은 영국인들 사이의 미묘한 관계는 파키스탄의 성립 과정의 상당 부분을 설명해 준다.[11] 소비에트제국 시대에 이슬람의 예측불가능한 역할, 그리고 아프리카 흑인들이 넓은 세계 속에서 방향을 찾을 때 서구 이외에 지속적 대안으로서 이슬람의 존재가 모두 그러한 예들이다. 무엇보다도 비서구 비공산권의 '비동맹' 아프리카-아시아 지역, 즉 이슬람이 이전에 거의 주도권을 가지고 있던 바로 그 지역에는 희미하지만 저력 있는

---

10) 무슬림-힌두 공생관계는 비자야나가르(Vijayanagar)에까지 확산되었다. 예컨대 H. K. Sherwani, "Culture and Administrative Set-up Under Ibrahim Qutb-Shah," *Islamic Culture*, XXXI (1957), p. 127~141. 인도에서 영국인들이 페르시아어를 썼던 점과 그들 이전 시대를 인도사에서 '무함마드교 시대'라고 규정한 것을 보아도, 무슬림이 다수를 차지하는 지역만이 아니라 기독교 유럽과 유교의 극동 사이의 모든 지역이 (즉 역사의 주요 무대가 되는 지역 전체가) 사실상 '무어인의' 땅이라고 유럽인들이 느끼는 경향을 알 수 있다. 이는 무슬림들이 가장 중요한 지점들, 즉 해안과 대도시들을 지배하는 경향이 있었기 때문이다. 힌두교와 소승불교는 한동안 거의 고립된 종교같이 기능했다.

11) 예를 들면 이 사실은 윌프레드 캔트웰 스미스의 *Modern Islam in India* (London: V. Gollancz, 1946)에서 명료하게 제시되었다.

범이슬람적 정서의 독특한 역할이 있다. 이 지역에서 가장 큰 비무슬림 국가인 인도마저도 그 안에 존재하는 상당히 크고 잘 자리잡은 무슬림 소수집단의 정서를 고려할 수밖에 없다.

이렇게 보면 이슬람의 팽창은 반구 전체의 역사적 발전에 있어서 일급의 중요성을 지니며, 어떤 식의 인류의 역사에서나 특별히 생각해 볼 만한 가치가 있다. 또한 이슬람사 자체의 관점에서도 그것은 대단한 위업이었고 대단히 멀리까지 이데올로기적 함의를 가지는 것이었다. 그러므로 그러한 팽창과 그에 따라 생겨난 원심적 경향들에 의해 이슬람 내에서 제기된 문제들을 연구하는 것은 우리가 이슬람사를 하나의 전체로서 바라볼 때 꼭 필요한 주요 관심사 중 하나다. 깁(Gibb)이 지적하였듯이[12] 이 팽창은 사회구조의 한 요소로서 수피즘의 역할과도 깊은 관련이 있으며 따라서 지적인 삶의 통합으로도 이어졌다. 그보다 정도는 덜하지만, 이 팽창은 심미적인 또한 어느 정도까지는 정치적 기준의 틀에서 매우 두드러졌던 페르시아적 영향을 초래했는데, 결국에 이것은 이슬람의 영향을 받은 모든 변방의 중심지에까지 적용되지는 못했다.

초기와 후기의 역사적 성격 사이의 대조

초창기 이후 이슬람문명의 성격에 대해 더 깊이 들어가기 전에 우리는 이 분야를 살펴보는 데 도움이 되고, 가장 중요한 대조적 시대들을 회고하는 데도 유용한 시대구분을 시도해 보아야 한다. 이슬람이 팽창하는 과정에서 직면한 조건들의 변화를 기준으로 보면, 팽창이 시작된 1000년경, 이슬람의 중앙 지역이 비무슬림의 통치를 견디어야 했던 몽골 침입 위기의 1250

---

12) *Modern Trends in Islam* (Chicago, 1947) p. 25.

년경, 인도양의 상업적 통제권이 무슬림에서 서구인의 손으로 넘어간 1500년경, 그리고 서구의 세계 지배가 확립된 1800년경이다. 이러한 시대구분은, 말할 필요도 없이 꼭 정확하게 맞추려고 의도한 것은 아니다. 그렇다고 어떤 형이상학적인 중요성을 가진 것도 아니다. 모든 분석은 원칙상 그 자체로서 어떤 시대를 전제로 해야 한다. 관련된 사회적 · 문화적 패턴의 변화만이 아니라 연구에 쓰인 사료들의 성격, 즉 사용된 언어나 구할 수 있는 문서의 종류 같은 것들도 고려해야 하는 것이다. 그럼에도 불구하고 이러한 모든 시대적 단절들이 세계사적 함의를 가지며 이런 측면에서 볼 때 시대구분은 일반적인 방향설정의 목적에 특히 적절한 것이 된다.

이러한 시대적 연속 속에서, 1000년경 이후는 이슬람이 하나의 문명을 이룬다고 할 수 있는 방식에서 그리고 그 시기를 다루는 데 있어서 필요한 방법의 종류가 크게 다르다. 이러한 대조는 우리가 초창기 이후 시대의 역사적 통일성을 적절하게 유념한다면 명확해질 것이다.

물론, 어떤 새로운 문명이 등장하는 특정한 순간―이 경우에는 무슬림 신앙을 중심으로 형성된 새로운 문화적 패턴이 처음으로 이슬람교가 자라난 환경을 제공한 주요 문명들과 확연한 대조를 이루며 성립된 시기―을 딱히 꼬집어서 정하려고 하는 것은 쓸데없는 짓이다. 그러나 이 경우에는 이 문명이 등장한 시간적 경계가 가까운 곳에 그려졌다. 간단히 말하자면, 이 새로운 문화적 패턴은 물론 무함마드가 맨 처음 개종자를 얻기 이전에는 존재하지 않았다. 그보다는 아마도 히즈라 당시에 만들어진, 특색 있는 행동양식을 갖춘 온전한 정치적 실체가 성립되었을 때가 더 적절할 것이다. 이 시점도 너무 이르다. 모든 문명 안에는 셀 수 없이 많은 지역적 하위문화들이 있다. 새로운 독립적 문명이라는 주장을 하려면, 중동문화의 주도적인 측면들이 이슬람적으로 재구성될 때까지 기다리는 편이 낫다. 이것은 이미 우마이야조의 말기에 가서는 그러했고, 아마도 압드 알 말리크의 세대에서부터 그랬을 것이다.[13] 이렇게 보면, 우리는 대강 기원후 700년경을 (항상 그런 것처럼, 한 세대 정도는 가감이 가능하다) 이슬람문명 최초의 주요 시대로 잡을 수 있다.

물론 우리는 회고적으로 아랍과 중동 일반의 이슬람 이전의 과거를 향해 멀리 거슬러 올라가는 태동기를 구성할 수도 있다. 어떤 목적을 위해서는 이 시기가 아주 중요하다. 그러나 온전히 갖추어진 이슬람문명의 최초의 시기를 이루는 것은 700년에서 1000년에 이르는 3세기 동안이다. 그것은 당시의 특징적인 문화생활이 압바스조의 수도와 연관되어 있었기 때문에 (비록 이 시기의 처음과 끝에는 압바스조가 통치하지 않았지만) 압바스조의 고전문명이라고 부를 수 있는 것이다. 이 시기는 그 이후의 모든 시기와 두 가지 점에서 달랐다. 우선 이 시기의 이슬람은 거의 하나의 국가, 칼리프국의 문화였고 아랍어에 기반한 단일 언어문화였으며, 지리적으로 비교적 확연하게 제한되어 있었다. 즉 그것은 대체로 중동 안에 있었고 일정 정도 거기에 이어진 지역들이 있었다. 이 문명은 이라크에 문화형성의 두드러진 중심지를 갖고 있었는데, 그것은 적어도 우마이야 시기의 시리아만큼 창조적이었으며, 10세기 들어서까지도 문화적으로뿐만 아니라 정치적으로도 중심지의 역할을 계속했다. 부분적으로는 이러한 사실 때문에 이 문명은 상대적으로 전 지역에서 균질적이었고, 직설적인 경향이 있는 특별한 통일성을 가지고 있었다. 그 이후 시기들의 발전을 추적해 보면 그러한 통일성의 존재를 이 시기만큼 강하게 느낄 수 없다.

두 번째의 대조는 위의 것과는 다른 의미에서 거의 비슷한 중요성을 갖는다. 압바스조의 고전문명의 배경은 결코 단일한 것이 아니었으며, 거기

---

13) R. Blanchère, "Regards sur l'acculturation des Arabo-Musulmans jusque vers 40/661," *Arabica*, III (1956) pp. 247~265; Nabia Abbott, *Sutdies in Arabic Literary Papyri*, I, (Chicago: University of Chicago Press), 1957, p. 20ff.

서 가장 두드러지는 문화적 활동은 아주 다양한 문화유산들—즉 헬레니즘과 기독교, 유대문화, 이란문화, 그리고 이슬람 이전의 아랍문화—안으로 넘나드는 것이었다. 이 당시는 활발한 통합의 시기였고 이러한 문화적 복합체 안의 다양한 갈래들에 대한 연구는 그들 각각의 전례들에 대한 배경지식을 필요로 한다. 초창기 이후 시대에 물려받은 유산의 대부분은 이미 하나의 전체로서 주어진 것이었고, 문화적 활동은 (새로운) 통합이라기보다는 양적 확대와 다변화라는 차원의 것이었다. 연구자는 압바스 고전시대에서 유래하는 공통의 배경과 친숙해지는 데부터 공부를 시작해야 했고, 여러 가지 상황에서 그 유산이 어떤 다양한 함의를 가졌는지 이해할 준비가 되어 있어야 했다.

여기에 세 번째로 관련되는 대조를 하나 덧붙여 말하는 것도 가능할 것이다. 이것은 시대구분의 역사적 짜임새의 문제라기보다는 그들의 인간적 중요성의 문제이지만, 연구에 영향을 주는 것이 사실이다. 그것은 압바스 고전시대에는 새로운 사고와 문화적 실험이 풍부했는 데 비해 그 이후 시대의 작품들은 종종 이미 성립된 전통의 심화라는 형태를 띠게 된다는 것이다. 아직은 이러한 이후의 시대들에 대해서 우리가 갖고 있는 '쇠퇴'의 이미지가 어느 정도나 현재 우리의 취향의 결과인지 가늠하기 매우 어렵다. 그러나 어쨌든 우리는 빛을 발하는 시대를 공부하기를 제일 좋아하고, 빛이 덜 나는 시대를 소홀히 대한다. 어쩌면 빛이 덜 나는 시대가 우리의 운명에는 더 중요할지도 모르는데 말이다.

10세기 압바스조의 세력 약화 이후 13세기 몽골 패권기에 이르기까지의 시대는 피르도시, 가잘리, 살라딘, 이븐 알 아라비, 사디의 시대로서 유럽의 이른바 중세 성기와 대략 일치하며, 이슬람에서 같은 이름으로 불리어질 만하다. 그 역사적 성격은 압바스조의 고전시대와 완전한 대조를 이룬다. 이 시기에는 이슬람의 팽창이 비잔티움 영토와 북인도, 그리고 사하라 너머의 덜 유명한 지역에까지 본격적으로 시작되었다. 그와 동시에 특히 스페인과 호라산 같은 지역을 포함하여, 창조적인 문화의 중심지들이 많아졌다. 두 번째 문화어로서 페르시아어가 무르익었다. 하나의 정치적 혹은 지리적 중심지에 초점을 두고 이슬람의 역사를 추적하는 것은 이미 불가능한 일이 되었다. 셀주크제국이 비록 짧은 융성기 동안 군사부문과 울라마의 관계의 패턴을 발전시키는 데 중요한 역할을 수행했지만 이 제국마저도 더 동쪽 지역이나, 이집트 혹은 더 서쪽에 있던 지역에 대해서는 제한된 중요성을 가질 뿐이었다. 1100년경 이후에는 문화의 모든 측면에서 가차없이 다중심적으로 이야기가 전개되었다. 더욱이 가장 중요한 문화적 발전은 살아 있는 전통의 공통된 틀을 전제로 한다. 예를 들면 수피 타리카들은 문화에 대한 영적 관점 전체에 있어서는 혁명적이지만 샤리아에 의해 보장된 사회적 응집력을 전제로 한다. 이와 같이 페르시아 시문학의 발전도 모든 이슬람에 공통되는 하나의 미학적 기반 위에서 이루어진 것이다. 여기에서 볼 수 있는 통일성의 종류—다양한 유산에 기반한 공통적인 활동이라는 측면의 통일성이 아니라, 공통의 문화유산과 서로 연관된 문제들을 가졌다는 점에서의 통일성 ─ 는 이미 압바스 시대와 상반되는 것이다.

이것은 초창기 이후 이슬람의 모든 시대를 통틀어 계속되는 현상이었다. 만약 1000년에서 1250년을 중간시기 전반이라고 한다면, 1250년에서 1500년까지는 중간시기 후반이 될 것이고, (호지슨이 이 논문을 쓸 때는 아직 '중간시기'라는 별도의 개념을 이슬람사에 적용하지 않고 '중세 성기', '중세 후기'라는 용어를 사용했으나, 번역상의 통일성을 기하기 위해 '중간시기 전반'과 '중간시기 후반'으로 고쳤다-옮긴이) 이 시대에는 바로 전 시대에 발전된 대부분의 문화적 조류들이 계속되지만 그만큼 광채를 발하지는 못했다. 그러고 나서는 눈에 띄게 다른 시대, 약 1500년에서 1800년까지의 오스만, 사파비, 무굴

세 거대제국들의 시대가 이어졌다. 이들 두 시기는 4권의 범위에 해당한다.[14] 이들 시기에는 중간시기 전반의 경우와 마찬가지로 이슬람의 변화는 이미 성립되어 있는 문화적 기반을 전제로 하였고, 많은 중심지들이 그 위에서 다양하게 그러나 서로 연관성을 갖고 이슬람 사회의 통일성에서 완전히 떨어져 나가는 일 없이 발전하고 있었다. 초창기 이후의 이슬람 시대들은 한 문명의 새로운 등장을 연구하듯이 연구될 수 없으며, 잘 정리된 단선적인 역사로 축소될 수도 없다. 그러나 다른 대규모의 역사부문들과 마찬가지로, 그들은 넓은 관점에서 적절하게 연구될 수 있고 연구되어야만 하는 측면들을 갖고 있다. (물론 이것은 이슬람사에서 그 여정의 대부분은 전형적인 문명사라는 이야기에 불과하다. 어떤 사람들은 '통합된' 사회들을 연구하는 것만 좋아한다. 그러나 새로운 문명의 탄생은 드문 일이고, 장기간에 걸쳐 상당히 안정적인 제도적 전체를 유지하였던 고대 이집트나 고전시대 이후의 중국과 같이 상대적으로 자족적이고 지속적인 문화패턴의 성립은 더욱 드물다. 이슬람문명은 그러한 것을 성취하기에는 충분히 고립되어 있지 못했다. 이슬람문화는 세계사의 한가운데에 위치하였으므로 세계가 이것을 가만히 내버려 둘 리가 없었다.)

---

14) 여기서 감행해 본 시대구분은 다음과 같다.
  700년 이전: 초창기
  700~1000년 : 압바스 고전시대
  1000~1250년 : 중간시기 전반
  1250~1500년 : 중간시기 후반
  1500~1800년 : 3대 제국의 시대
  1800년 이후 : 근대
  이와 같은 시대구분은 메디나 시대, 우마이야 시대, 압바스 시대, 몽골 시대로 이어지는 시대구분과는 명백히 다른 목적을 가진다.

초창기 이후의 몰정치적 성격

세계 전체에서 이슬람의 역할이라는 관점에서 보면 특히 두 가지 경향이 두드러진다. 한편으로는 문명세계의 상당 부분을 차지하는 지역에 국제적인 이슬람 질서를 지향하는 패턴이 마련되고 있었다. 이 과정의 가장 중요한 측면은 이슬람의 팽창이었다. 이런 경향은 중간시기 전반부터 명확히 발전하고 있었고, 적어도 1500년까지 이어진 중간시기 후반에 가서는 주도적인 것이 되었다. 다른 한편 하나의 국제적인 이슬람 질서 속에서 이슬람문화의 많은 측면들이 점점 더 일관성이 없어지거나, 적어도 일관성이 없어지는 것처럼 보이고 있었다. 그리고 후자는 1500년경 이후의 삼대 제국의 시대에는 두 조류 중에서 더 강한 것이 되었다.

중간시기 후반은 이슬람지역의 중요한 부분들에서의 이교도들의 통치와 함께 시작되었다. 이 사실은 이 시대를 통틀어 이슬람지역이 계속 가지게 되었던 성격을 상징해 주는 것이었다. 바그다드 칼리프좌의 전반적인 군주권에 대한 주장마저 종말을 맞은 상황에서 이슬람은 사실상 이전부터 이루어져 왔던 분권화가 이론적으로까지 이루어지게 되었다. 더욱이 이 분권화된 사회는 살아남으려면 지방의 정치세력에 의존할 수도 없었고, 스스로 길을 찾아야만 했다.

중간시기 전반에는 정치 세력들—멀리 서쪽의 개혁적인 알무라비툰이나 알무와히둔, 순나를 지지하는 셀주크와 아이유브 왕조들, 투르크적이고 이슬람적인 위엄이 바라니에 의해 묘사된 초기 델리 술탄국,[15] 그리고 마치 돈키호테 같은 무함마드 화레즘샤에 이르기까지—이 일반적으로 일종

---

15) Diya-al-Din Barani, *Tarikh-e Firuz shahi* (Lahore: Sind Sagor Academy, 1974) pp. 36~38, 43~45.

의 이슬람적 정치사상을 표방하곤 했다. 물론 민간과 군사부문의 분리가 시작되었지만 정치는 여전히 살아 있었다. 그런데 특히 오래된 이슬람 영토에서는 일부 변방을 제외하면 이러한 정치적 활력의 지속은 예외적인 현상이었다. 비록 몽골인들은 머지 않아 개종했지만 그들의 국가 권위는 이교도적인 과거사에 기반하고 있었다. 다른 왕조들은 자랑할 만한 정치 사상이 더욱 결여되었다. 이븐 할둔이 관계하였던 마린조(Marinical: 13~15세기 모로코의 베르베르 왕조-옮긴이)와 하프스조(Hafsids: 10~16세기 튀니지아의 왕조-옮긴이)는 정치적인 생명력이 없었다. 이집트의 맘루크는 단지 이집트의 형태가 그들을 그렇게 하지 않으면 안 되도록 만들었기 때문에 중앙집권화된 국가를 유지한 것같이 보인다. 흑양부(Qaraqoynlu)와 백양부(Aqqoyunlu)의 투르크멘들은 유목민에서 전화한 군사지도자들의 전형적인 예이며, 그들은 니잠 알 물크(Nizam-al-Mulk: 11세기 셀주크의 명재상-옮긴이) 같은 사람의 보좌를 받지 못했다.[16] 티무르는 무책임한 무슬림 정복자의 고전적인 유형이다. 투글룩과 바흐마니 시대(14~16세기 사이 델리와 데칸의 무슬림 왕조들-옮긴이) 이후에, 인도마저도 독립적인 지방 세력의 집합이었고 그 중 두드러지는 것은 거의 없었다. 물론 이들 국가들의 대다수의 구조는(예를 들면 이집트와 시리아의 맘루크들) 상당히 흥미로운 것이다. 그러나 진정한 역사적 정책의 측면에서 보면, 이란의 사브자와르(호라산 서부의 도시-옮긴이)에 있었던 사르바다르인들의 대중적 국가가 거의 독보적인 예외였다. 이 국가는 독특하게도 시아계 수피 셰이흐(스승, 지도자)들에 의해 주도되었다. 이슬람권에서는 한 번도 핵심적인 성격을 갖지 못했던 정치적 경계선들이 거의 모든 곳에서 그 이전과 이후의 어느 시기보다도

---

16) 발터 힌츠(Walter Hinz)의 *Irans Aufstieg zum Nationalstaat* (Berlin, 1936) p. 115에 나오는 *Akhlaq-e Jalali*의 저자 다와니의 비정치적 역할을 니잠 알 물크의 역할과 대조해 보라.

이 시기에서 그 중요성이 더욱 줄어들었다. 미래의 연구들이 전혀 예상 밖의 결과를 내지 않는다면, 우리는 바로 이 중간시기 후기에서 정치는 어떤 문명사회의 경우보다 더 무의미한 것이 되었다고 느낄 수밖에 없다. 그러한 상황은 이 시대의 정치사상에 반영되어 있는데, 자체의 원칙에 따라 정치적 삶을 이루는 것에 대한 모든 희망을 버린 것으로 보인다.[17]

그러나 하나의 사회질서로서 이슬람은 계속 영토를 확장해 갔고, 또한 이미 얻은 영토 내에서 더욱 완전한 귀속을 이루었다. 이 종교는 그 자체의 문화와 함께 가장 다양한 수단을 쓸 수 있었다. 어떤 경우에 이슬람의 약진은 통치자들의 개종으로 이루어졌다. 그리하여 이란과 트란스옥시아나(옥수스 강 동쪽의 중앙아시아지역 ─ 옮긴이)의 몽골인들은 그들 백성 대다수의 종교를 채택하게 되었고, 그에 반하여 킵착 칸국(몽골제국의 한 지파로 남러시아 지역에 있었음 ─ 옮긴이)의 몽골인들은 기껏해야 피지배민의 일부분만이 무슬림인데도 개종을 했다. 혹은 이슬람의 성장은 강한 변방세력들의 팽창으로 이루어졌다. 델리 술탄국에 의해 인도의 갠지스 강 남부 지역이 거의 점령되었던 14세기 이후로 데칸 고원은 무슬림 통치자들의 손아귀에 들어 있었다. 동시에 발칸 지역은 오스만인들에 의해 정복되고 유지되었다. 각각의 지역에서 개종자들은 이 새로운 신앙의 위세와 그것이 동반하는 특권에 매료되었다. 간혹 이슬람의 팽창은 상인과 신비주의자들에 의한 개별적 침투에 의해서 혹은 이슬람이 사람들에게 퍼지기 이전에 무슬림이 되었던 카시미르 왕가와 같이 무슬림 모험가의 부상에 의해서 이루어졌다. 이같은 여러 방법으로 이슬람은 수단에서 계속 진전을 보였고 동아프리카

---

17) 이맘의 권리에 대한 가장 절망적인 원칙들이 형성된 것은 바로 이 시기였다. 이런 부분이 아랍 지역에서도 최종 산물이라기보다는 한 특정 단계에 특수한 것으로 생각해야 한다는 점은 깁과 보웬의 *Islamic Society and the West* (Oxford: Oxford University Press, 1950) vol. 1, Part 1, p. 34에서 지적되었다.

해안과 말레이시아에서 모두 확산되었으며, 그리하여 중동과의 (따라서 유럽과의) 인도양 무역은 대부분 무슬림에 의해 장악되었다. 운남과 중국의 다른 지방에서 이슬람이 강고한 입지를 굳히게 된 것은 분명히 이 때부터였다. 이 시기에 무슬림의 통치는 인도의 최남단과 지중해의 서쪽 끝에서만 심각하게 후퇴하였다. 그 이외에는 15세기가 끝날 때까지 계속 증가하였고, 그 무렵 이슬람은 다른 주요 종교들을 멀리 제치고 가장 널리 확산된 종교가 되어 있었다. 더욱이 이렇게 널리 확장되었는데도 이슬람은 사회적 응집력을 잃지 않았다. 무슬림은 모로코에서 중국까지 도처에서 동등한 시민으로 받아들여졌고, 그 증거로 이븐 바투타의 여행이 늘 이야기되곤 한다.

이슬람은 정복된 사람이든 정복자든, 이렇게 명백히 몰정치적인 시기에 압바스의 원래의 영토들에서 먼 지역에서조차도 일관적으로 자기 지위를 상승시키고 있었다. 북아프리카, 중동, 남유라시아와 동남 유라시아에서, 이슬람은 비무슬림들이 대다수인 지역에서도 가장 활력 있는 사회적 질서였음을 과시했다. 무함마드 하비브 교수에 의해 제시된 것처럼,[18] 적어도 인도에서 이것은 무슬림들의 원칙에 의해 장려된 상대적인 신분상승을 반영한다. 물론 그것은 중세의 상업적 · 정치적 조건들에 적합한 상당한 정도의 사회적 · 문화적 유연성을 반영한다. 거의 예외없이 새로운 지역의 이슬람화는 도시로부터, 비교적 세계시민적 정신을 가진 사람들 사이에서 시작되었다. 농촌으로는 아주 점진적으로 전파되었을 뿐이다.[19]

---

18) Introduction to the new edition of Elliot and Dowson, *History of India*, vol. II (Aligarh: Cosmopolitan Publishers, 1952).

19) 예를 들면 수단에서는 상당한 수준의 문명 ─ 가나의 이교도들이 세웠던 제국에서처럼 ─ 이 이슬람화에 선행했던 것으로 보인다. 그리고 하나의 이슬람화된 지역 안에서, 가장 먼저 이슬람을 받아들인 것은 통치자들과 중심도시들이었다. 이와 비슷한 예로 아나톨리아의 이슬람화에서 도시의 혼합된 인구의 역할에 대해서는 C. Cahen, "Le problème ethnique en Anatolie," *Cahiers d'histoire mondiale*, vol. II, No. 2 (1954) p. 355 참조.

중간시기 후반의 중심적인 제도, 타리카

어떤 경우에나 공식적인 정치와 문화로부터 독립적인 종교지향의 단체들―즉 다른 무엇보다도 수피 타리카(tariqa: 수피 신비주의 교단-옮긴이)와 형제회들―은 그들이 속한 사회를 표현해 내는 데 중요한 역할을 한다. 타리카들은 몽골의 침입 이전에 형성되고 있었지만, 아마 중간시기 후반이 되어서야 일반적으로 채택되는 종교제도의 형태로서 종교생활을 주도하는 정도에 이르렀을 것이다. 수피들이 역사적으로 중요한 타리카들의 형태를 띠기 전에 수피들의 존중받을 만한 측면을 개척자적으로 탐구했던 가잘리(Ghazali)와 그보다 2세기 후 수피 반대론을 부르짖었지만 그것이 마치 광야에서 외치는 소리처럼 외롭게 들린 이븐 타이미야(Ibn Taymiyya) 사이에는 큰 거리가 있다. 물론, 타리카들은 모든 지역에서 승리를 거두지는 못했다. 예를 들면, 14세기의 몇몇 시기에는 주요한 교단들조차도 델리에서 고개를 들지 못할 정도로 탄압받았다.[20] 그러나 그런 시대에도 그들은 지방에서 자신들의 세력을 유지했다. 그러한 조직들의 생명력은 유럽의 비잔티움에서 오스만국의 건설, 즉 그 당시에 가장 효율적인 정치적 구조물의 건설에 대한 그들의 역할에서 잘 드러난다. 비록 일반적인 타리카는 아닐지 몰라도, 분명히 초기 오스만 국가의 사회적 기반 대부분을 제공해 준 가지(ghazi: 이슬람 권역의 확장을 위해 노력하는 성전사들-옮긴이) 혹은 아히(akhi: 푸투와와 비슷한 도시민의 종교적 · 도덕적 결사로 아나톨리아에서 활약했다-옮긴이) 조직들은 국가나 울라마로부터 독립적이었고 그들 자체에 속한 광범위한 구성원들을 갖고 있었던 대중적 종교집단으로서 비슷한 성질을 갖고 있었다. 시간이 지남에 따라 이들은 당시 가장 보편적인 조직형태

---

20) 이러한 일들은 하산(Sayyid Nurul-Hasan)의 출판되지 않은 논문 "Chishti and Suhrawardi Movements in Medieval India," (1948)에서 연구되었다.

였던 타리카들 속으로 편입된 것으로 보인다. 역시 나중에 하나의 국가를 만들어냈던 아제르바이잔의 사파비야 타리카도 비슷한 '가지'적 성격을 갖는다.

물론 외형적으로 거대한 이슬람 사회는 샤리아라는 신성한 법을 공동으로 인정한다는 점에서 통합되어 있었다. 이것은 샤리아의 규정들에 기반하여, 좁은 의미의 법의 관점과 예절을 포함하는 더욱 넓은 범위의 사회관계 속에서 모든 무슬림들이 자신의 지위를 보장받고 남에게 무엇을 기대할 것인지 알 수 있었다는 데 입각한 것이었다. 이러한 법과 윤리의 체계는 압바스 고전시대 말기에 이르기까지 세부적으로 확립되었고, 무슬림들에게 보편적으로 구속력을 갖는다고 간주되었다. 샤리아는 무제한 계속되는 것이었고, 샤리아 전문가들(울라마)은 공식적 임명을 필요로 하지 않았다. 샤리아 이외의 법과 관습의 지속 때문에 생기는 샤리아 적용의 변이는 거의 모든 곳에서 샤리아의 효율성을 제한하였지만, 그래도 샤리아는 이슬람권 전역에서 상당한 정도의 유동성과 교류를 가능하게 하는 데 충분한 통일성을 확보하였다.

그러나 우마이야와 압바스 칼리프조들의 통일적 맥락이 제거된 후, 샤리아는 대부분의 사람들에게 적절한 영적 비전을 제공하지는 못했던 것으로 보인다. 개인적인 경건성에 공통의 틀을 제공한 것은 타리카로 구체화된 수피였다. 물론 신비주의적인 경향의 사람들은 어느 특정 타리카의 추종자들로 한 스승의 지도하에서 영적 수행을 위해 모여들거나 혹은 정규 수행자로서 가서 살기까지 했던 하네가(khanaqah: 수피 회관-옮긴이)의 공통된 훈련 속에서 힘과 가르침을 얻었다. 금욕주의자들도 일부 타리카에서 지지를 얻을 수 있었고, 우주론적 공상의 경향이 있는 사람들은 타리카의 이름이 완고한 편견으로부터 자신을 방어할 수 있는 거의 확실한 기제임을 알게 되었다. 신을 강력한 개인들을 통해 찾으려는 사람들은 살아 있는 경건한 셰이흐를 숭앙하거나 혹은 죽은 유명한 셰이흐의 묘를 경배했다. 하네가들은 흔히 그러한 성인의 묘와 결부되어 있었다. 끝으로, 종교에 대해 별로 깊은 관심이 없는 단순한 시골 사람들은 그들의 조상 대대로 내려온 미신적인 혹은 신앙적인 관습을 살아 있는 혹은 죽은 무슬림 셰이흐들에 대한 숭배로 전이시킬 수 있는 길이 열려 있다는 사실을 볼 수 있었다.

타리카들은 어떤 상황에서나 적응을 했다. 도시에서 타리카들은 수공업자들의 사회생활을 채워 주었고, 궁극적으로 길드들은 그들의 수호성인과 결부되는 것만큼 자연스럽게 타리카들과 결부되었다. 도시민에게나 농민들에게나 마찬가지로 그들의 묘들은 성소로서 순례와 상업의 중심지가 되었다. 무엇보다도 새롭게 무슬림의 영향에 개방된 지역에 가장 효과적인 선교사들은 수피들이었다.[21] 중간시기 후기 타리카의 형태를 띤 수피즘은 샤리아가 그랬던 것처럼 조직면에서 유연하면서도 풍부하게 다양하고 널리 관용적인 영적 분위기를 형성하였고 광대해진 이슬람 사회를 하나로 묶는 데 샤리아의 보조역할을 효과적으로 수행하였다.

따라서, 이 당시의 거대한 이슈들은 고전 압바스 시기의 주요 문제들과는 큰 거리가 있었다. 이즈티하드(ijtihad: 독립적인 법률적 사고-옮긴이)의 종말이 일반적으로 인정된 것은 새로운 샤리아 법학파가 더 나오지 않을 것이고 기존의 공인된 학파들은 더 이상 기본적인 변화를 겪지 않을 것이라는 점을 암시했다. 이즈티하드의 종말은 여러 학파의 울라마들 사이에서 대체로 유지되고 있던 우호적인 평화를 신성한 것으로 만들었다. 중간시기 전반에 부분적으로만 시행되던 한 지붕 아래서 여러 법학파를 다 가르치는 일이 이제는 흔한 관행이 되었다. 이 때는 마드라사의 융성기였으며, 마드

---

21) 이런 설에 가장 큰 뒷받침이 되는 것은 세부에 천착하는 형식을 취했지만 이슬람의 팽창을 분석하는 데 가장 많은 공헌을 한 책인 토마스 아놀드의 *The Preaching of Islam* (London: Constable, 1913)이다.

라사의 표준화된 성격은 거기서 이루어지는 교육의 상대적으로 논란없는 성격을 반영하는 것이었다.

시아와 순니 사이의 구별은 더 중요한 것이었다. 시아파는 거의 모든 곳에서 소수파였고, 몇몇 제한된 지역에서만 다수를 점했다. 그러나 시아의 사상은 수피 전통 속으로 널리 스며들었다. 예를 들면 여러 타리카들은 자신들의 기원을 알리에게까지 거슬러 올라가는 것으로 보았다. 적어도 12대 이맘파(시아파 가운데 다수를 점하고 이란의 공식적 종교를 이루는 것으로, 제 12대 이맘이 죽지 않고 모습을 감추었다고 믿는다-옮긴이) 시아 울라마는 대부분의 순니 울라마처럼 일반적으로 수피즘의 유효성을 인정하지 않았지만, 명백한 시아 집단들은 타리카의 형태를 취하는 것이 편리하다고 느꼈다. 오스만 영토 내에서 유명했던 벡타시야 교단이 그러한 일례다. 이스마일리 시아 운동의 잔존 세력들은 몽골 침입의 결과로 이스마일리 국가가 붕괴한 후 박해를 피하기 위해 수피 타리카의 외형을 취하고 이맘은 셰이흐로 위장했다. 이것은 단지 외형적인 적응일 뿐만 아니라 중간시기 후반 수피즘에 대한 내적인 공감에 상응하는 것이었다.

이제 타리카들 안에서 그리고 타리카들 사이에서 논쟁이 벌어졌다. 타리카들은 수는 많고 그 종류도 다양했다. 가장 중요한 타리카들은 13세기 말에 이미 성립되어 있었다. 중간시기 후기 전 기간을 거쳐 교단의 수는 꾸준히 증가했고, 그것은 새로운 독립적인 타리카의 설립에 의해서라기보다는 기존의 것에 새로운 가지가 생겨나서 이루어지는 증가였다. 교단들 사이에는 큰 차이가 존재했고, 그들은 종종 당대의 문제들에 대한 매우 다양한 접근법들을 상징했다. '도시'와 '시골'의 교단들 사이에서 전자가 더욱 세련되고 샤리아에 따른다는 점에서 차이가 있었을 뿐 아니라, '도시'의 교단들 사이에서도 차이가 있었다. 그러므로 이 시기의 인도에서 가장 큰 두 타리카들 중에서 수흐라와르디야(Suhrawardiyya)는 샤리아를 다루는 데 더 정통에 따르고 더 금욕적인 치시티야(Chishitiyya)보다 관직 임명을 더 쉽게 받아들이곤 했다.[22] 어떤 교단들, 특히 벡타시 교단(Bektashiyya)은 그들의 신앙 속에서 새로 이슬람으로 개종한 사람들의 비이슬람적 관습을 잘 받아주었던 것으로 보인다. 어떤 교단들은 이집트의 사디야(Sadiyya)처럼 대중들의 기적을 향한 열망에 맞춰주기도 했다. 그들은 또한 신비적인 사색에 대한 호의성의 측면에서도 서로 달랐다. 그리고 구성원들의 삶의 방식, 즉 독신생활을 권장할 것인가, 정규 수행자들이 주로 방랑을 해야 할 것인가 혹은 주로 교단 집회소에 모여 있어야 할 것인가에 대한 교단들의 태도도 모두 달랐다. 터키의 할베티야(Khalwatiyya)는 각 구성원들이 매년 단독으로 긴 은둔생활을 하도록 한다. 칼란다르(Qalandars) 교단은 타리카로 간주되었으나, 수피즘의 제도화마저 거부하고 거의 모든 제도를 거부하는 반율법적인 수행자들이었다. 타리카에서의 생활은 대개 남자에 한정되었지만, 이 시기에는 여성을 위해 건립된 일부 수도회들도 있었다.[23]

이러한 타리카들은 팽창 중에 있던 이슬람에 대단한 사회적 유연성을 제공했음에 틀림없다. 대부분의 타리카들은 특정한 지역과 관련되어 있었다. 샤딜리야(Shadhiliyya)는 서아프리카와 이집트에, 리파이야(Rifaiyya)는 이라크와 동부 아랍 지역에 그리고 쿠브라위야(Kubrawiyya)는 이란과 결부되었다. 아마디야(Ahmadiyya) 같은 교단은 거의 이집트에만 국한되는 정도로 더 지방화되었지만 이집트에서는 아주 중요한 위치를 차지했다. 그러나 어떤 타리카의 하네가(회관)라도 본거지에서 아주 멀리 떨어져서 존재할 수 있었고 개인들은 멀리까지 여행하는 경향이 있었다. 낙쉬반디야(Naqshbandiyya) 같은 교단은 이란과 투르크의 지역들에 아주 널리 퍼졌

---

22) Yusuf Husain, *L'Inde mystique au moyen âge* (Paris, 1929) p. 147ff. 그는 치시티 수피들이 특히 힌두-무슬림 화해를 위해 노력했다는 것을 보여주고자 했다.

23) L. Massignon, *Encyclopaedia of Islam*에 수록된 'tariqa' 항목.

고, 카디리야(Qadiriyya)는 여러 교단 중에서 가장 널리 퍼졌는데 그래도 바그다드에 있는 시조의 묘소에 교단의 중심이 있었다. 그 가운데서, 중간 시기 전반 끝무렵이 되기까지 이슬람권 전역을 망라하는 네트워크를 형성 하게 된 타리카들은 대단히 많은 수의 이슬람문화 전문가들에게 동료애와 친절을 베풀었다. 더욱이 수많은 수피들의 다른 종교에 대한 악명높은 관용 은 모든 집단들 사이에서 무슬림 통치의 수용을 쉽게 만들 수밖에 없었다.

그들이 이슬람 사회의 응집력을 향하여 이보다 더 많은 것을 제공했다 고 제시할 수도 있다. 이슬람은 탁월한 사회적 혹은 더 나아가 정치적 종교 다. 메디나의 칼리프국 시대부터 종교적인 측면과 정치적인 측면이 하나로 통합되는 사회질서를 건설한다는 목표를 이루려는 노력은 수포로 돌아갔 다. 그러나 그러한 열망은 진지하고 경건한 무슬림들이 포기할 수 없는 것 이었다. 그러나 그러한 열망은 변형될 수 있을지도 모른다. 울라마는 이슬 람의 이상적 통일성을 할리파(khalifa), 즉 인간의 제국을 다스리는 하나의 칼리프라는 개념을 통해 생각하는 것을 중단한 적이 없었다. 수피들은 아 주 다른 종류의 할리파를 중요하게 보았는데, 그것은 자연계와 인간을 모 두 합한 완벽한 소우주이자, 이 두 세계에 대한 무제한적인 힘을 가진 사람 이었다. 그는 무슬림이고, 그의 힘을 대체로 무슬림에게, 그리고 무슬림을 통해 행사한다. 그러나 그의 보호 아래에는 아무리 조잡한 신앙의 신봉자 라도 모든 종교의 신자를 위한 자리가 있었으니, 역사상의 칼리프국에서처 럼 경전민(이슬람 외의 유일신교를 믿는 사람들)만이 아니라 명백한 다신교도 들도 포함되었다. 많은 사랑받는 일화들이 천명하는 바와 같이, 세속의 부 침하는 군주들은 그러한 성인의 하수인일 뿐이었다. 어떠한 칼리프도 수피 셰이흐들, 특히 한 시대의 최고의 셰이흐, 즉 쿠트브(Qutb)가 세속의 지배 자들에 대해 갖는 것과 같은 힘으로 자기 지방장관들을 장악할 수 없었다. (어떤 사람도 자기 시대의 쿠트브가 누구인지 실제로 알지 못한다는 점은 그의 힘을 더욱 위대하게 만드는 데 보탬이 될 뿐이었다.)

모든 셰이흐를 자신의 조수로 쓰면서 전세계의 질서를 지속적으로 유지하는 쿠트브라는 개념은 단순한 대중적인 미신 이상의 것이었다. 그것은 또한 미묘한 우주론에서의 추론 이상의 것이었다. 그것은 진지한 사회적 함의를 지니고 있었다. 모든 다른 성인들의 목 위에 발을 올려놓았다는 압드 알 카다르의 이야기들은 카디리야 셰이흐들의 자신들의 타리카에 대한 열렬한 충성의 결과이기도 하다. 인도 수흐라와르디야의 지도자가 '모든 세계인이 섬기는 분'(마흐둠 에 자하니얀, Makhdum-e Jahaniyan)이라고 불렸다는 것은 물론 그 사람의 거만한 성격을 부분적으로는 반영하는 것이다. 온화하고 자비로웠던 니잠 앗 딘 아울리야(Nizam al-Din Awliya)가 날아가고 있던 도중에 자신보다 더 위대한 성인의 하네가에 경의를 표하지 못하고 그 성인의 힘에 의해 땅에 내던져졌다는 이야기를 했을 때 그는 자신의 이야기를 듣고 있던 사람들에게 부분적으로는 겸손을 가르치려고 했다.[24] 그러나 셰이흐들의 보이지 않는 위계질서라든가 그들의 보이지 않는 세계 지배 등 이 모든 이야기가 구체적으로 체현하고 있는 관념들은 불가피하게 정치적인 것이었다. 이전부터 있던 단독의 정부가 이슬람 전체에 통일성을 주는 것이 더 이상 불가능해진 시대에, 마치 수피 타리카들이 사회질서의 한 유연한 요소만이 아니라 시대에 맞게 탄력적인 의미에서 전 이슬람적 정치적 통일성을 제공해 준 셈이다.

아랍과 페르시아 지역: 중간시기 후반의 지식문화

중간시기 후반의 사회적 개방성은 대부분의 문화 생활 영역에서 전범과 전

---

24) *Fawaid al-Fuad*, lith. 1302 H., Lucknow, p. 3.

통의 고정화 경향과 공존했다. 이 문제에 대해서도, 우리는 왜 그랬는지 모른다. (이것을 마드라사들의 존재 때문이라고 치부할 수는 없다. 왜냐하면 마드라사들은 따지고 보면 넓은 범위의 훈련을 제공할 수 있었고 종종 그렇게 했기 때문이다.) 그러나 이러한 사실이 타리카들로 하여금 이슬람 사회를 통합하는 데 그들이 했던 기능을 수행하는 것을 쉽게 만들어 주었다는 가설은 그럴듯하게 보인다. 한편으로는 깁이 지적한 것처럼, 수피들의 방종과 많은 신규 개종자들의 물활론(物活論)과 균형을 맞추려면 종교의 영역에서 엄격한 정통을 고수하는 것이 요구되었다.[25] 왜냐하면, 궁극적으로는 모든 타리카는 정통 샤리아를 전제로 하고 그것을 보완하는 것이기 때문이다. (반율법적인 칼란다르 교단마저도 널리 확산된 공통의 사회적 맥락을 논외로 하고는 상상하기 어려운데, 이들은 자신들이 반발하는 문자 그대로의 샤리아를 빼고는 생각할 수 없다.) 더욱이 창조성의 다른 일부 원천들이 상대적으로 말라 버렸다는 것은 수피교단들이 사회의 가장 힘있고 창조적인 정신을 가진 사람들로부터 자양분을 섭취할 수 있었다는 뜻이 된다.

중간시기 전반에 이슬람의 문화생활은 대체로 두 개의 지리적 지역으로 명확하게 나눠지고 이 구분은 몽골의 정복 이후 더욱 두드러졌다. 아라비아, 비옥한 초승달 지대, 이집트, 북아프리카, 수단 지역에서 아랍어는 구어로 사용되지 않더라도 계속 문화어로서 우월한 지위를 누렸다. 비록 남아라비아나 스페인 같은 곳에 하위 중심지들이 있었지만 카이로는 이 지대의 지적인 수도였다. 발칸에서 동으로 투르키스탄과 중국, 남으로 남인도와 말레이시아까지 무슬림들에게 페르시아어는 표준적 문화어가 되었고, 페르시아어와 함께 문화와 예술적 취향의 전통 전체가 전래되었다. 그리고 이 지역에서 문화적 삶의 장은 군대였고, 특히 이란에서는 이 점이 두드러

---

25) Gibb, *Mohammedanism, a Historical Survery*, p. 145.

졌다. 이것이 바로 토인비로 하여금 중세 후기의 이슬람문명을 이란적이고 아랍적인 두 개의 이슬람 '문명들'로 구별하게 만들었던 그 현상이었다.[26] 그러나 이러한 구분은 완전했던 적이 없다. 예를 들면 말레이시아 같은 지역은 아랍적인 영향과 페르시아적인 영향이 모두 존재했다. 아랍어는 이슬람권 전역에 걸쳐서 특정한 종교적 목적으로 사용되고, 이러한 부문에서 한 지역 저술가의 저작들은 다른 지역에서도 읽혀졌다. 동시에 페르시아적인 지역은 수적으로 더 많은 무슬림들을 포함하고 있었고, 이라크, 이집트, 그 밖의 아랍적인 지역에 영향을 주는 페르시아적 문화의 경향은 매우 오래된 것이었고 중간시기 후반에도 계속되었다. 천일야화에 나오는 이슬람세계는 하나의 세계다.

페르시아적 지역은 인구가 더 많을 뿐만 아니라 대체로 문화적으로 더 창조적이었다. 그러나 두 지역 모두에서 활동의 경향은 똑같은 커브를 틀었다. 이 시기는 정통 종교와 법률학의 결정적인 집대성과 교과서 편찬이 이루어진 시기였다. 예를 들면, 아랍어 사전의 결정판이었던 카무스(Qamus)를 편찬한 사람은 14세기의 페르시아인이었다. 이전의 학자들이 주의를 기울이지 못한 여러 부차적 의문들이 같은 분야에서 탐구되었고, 그것은 소논문이나 이전의 저작들에 대한 주석의 형태를 띠었다. 자연과학에서는 정통 종교에 대한 학문보다도 중요한 발전이 적었다. 아랍화된 헬레니즘의 전통 속에서 자연과학은 지적인 사치로서 특히 페르시아적 지역에서 계속되었다. 자연과학은 1300년경의 쿠트브 웃 딘 시라지(Qutb-al-Din Shirazi)의 세대에 아직도 창조적 정신을 가진 사람들을 매료시켰는데, 그들은 지구의 회전 가능성을 고려했다. 그러나 이 당시가 되면 이슬람의 자연과학은 이미 중국이든 서양이든 외부에 적극적으로 새로운 결과를 잉

---

26) *A Study of History*, vol. I (Oxford: Oxford University Press, 1935), p. 70.

태하는 요소가 되지 못했고, 그들도 외부에서 빛을 찾지 않았다. 하나의 과학적 문화가 이슬람 영토 안에서 유지되었지만, 그것을 더욱 진보시키기 위한 노력은 거의 없었다. 따라서 이 시대의 이슬람권의 지적 생활은 미래 서구의 과학적 폭발의 독무대를 위한 배경을 만들어 주었다.

이 시기의 큰 특징 중 하나는 지적 창조성의 침묵과도 통하는 것으로, 특히 페르시아적 영향이 있었던 지역에서 화려하지만 종종 부적절한 수식구의 발전으로 문학적 산문이 점점 더 쇠퇴되는 경향이었는데, 이러한 경향은 쉽사리 없어지지 않았다. 역사 분야의 대가로 공정한 정신을 가진 라시드 웃딘은 14세기 초에 유럽에서 중국에 걸쳐 광범위한 사료들에 기초한 방대한 세계사를 쓰면서 학자적 조심성과 직설적인 작문의 높은 기준을 세웠다. 그러나 그보다는 동시대인이자 기술적으로 현란한 장황함 속에 많은 관련 사실들을 질식시켜 버린 와사프(Wassaf)의 우아함이 훨씬 더 많이 모방되었다. 그래도 역사와 전기문학은 끊임없이 추구되었다. (무슬림 아비세나[Avicenna]에 의해 재해석된) 아리스토텔레스적인 전통은 15세기경의 이란에서 결정적으로 이슬람적인 형태를 띠게 된 체계적인 윤리학과 마찬가지로 여전히 추구되었다. 특히 이집트에서는 과거에 대한 정보와 통찰을 백과사전적으로 체계화하려는 상대적으로 새로운 작업이 수유티(Suyuti)와 마크리지(Maqrizi) 같은 사람들에 의해서 이루어졌고, 이것은 그 나름대로 진실로 창조적인 것이다. 그리고 이러한 사람들의 어깨 위에 튀니지의 이븐 할둔이 14세기 말에 올라서게 되는 것이다. 그의 귀중한 역사연구의 서론 역할을 하는 긴 저작에서 그는 위와 같은 백과사전적 접근법 ─ 철학과 종교적 지식을 모두 동원하는 ─ 을 써서 역사 일반과 특히 그가 쇠퇴기라고 보았던 자신이 살고 있는 시대의 이슬람사에 대한 날카로운 분석을 이루어냈다. 그러나 그의 새로운 시도는 더 이상 계승되지 않았다.[27] 아마도 우리의 예상대로 당시에 가장 생명력 있는 지적 노력의 계열은 수피즘의 신지학(神智學)의 발전과 그에 대한 비평이었다. 이 시기의 초입에 시리아 학파의 이븐 타이미야는 전면적인 수피즘 반대주의자로 유명했다. 대부분의 유명한 저작은 이란에서 이루어졌는데, 이는 빛의 이쉬라크('밝게 비추어주는 지혜'라는 뜻으로 수피 신비주의의 개념-옮긴이)적 형이상학과 이븐 알 아라비(Ibn al-Arabi)와 관련된 우주적 일원론을 모두 발전시켰다.

페르시아적 전통의 탁월성: 예술

신비적인 일원론의 가장 대표적인 표현은 15세기의 자미(Jami) 같은 시인들의 저작이었는데, 그는 그러한 사상을 그의 운문에서 구체화했을 뿐만 아니라 신비주의 텍스트에 대한 주석을 산문으로 쓰기도 하였다. 이 유파의 가장 체계적인 저술가였던 이븐 알 카리 알 질릴리(Ibn al-Kari al-Jilili)마저도 자신을 시인으로 간주했다. 시각예술을 제외한다면 당대의 가장 위대한 문화적 매체는 의심할 나위 없이 시문학이었다. 여기에서 아랍 지역은 완전히 뒤떨어졌다. 아랍어 시문학은 비록 풍부했지만 적어도 14세기 이후에는 신선하거나 돋보이는 것을 별로 이루어내지 못했다. 그러나 페르시아어로 된 시문학은 중간시기 전반에 비할 수 없을 정도로 대단한 성취를 이루었고, 중간시기 후반에도 지속적으로 번성했다. 그러나 그 전통은 이제 이슬람의 많은 변방 지역으로까지 국제화되었다. 이란의 14세기는 페르시아의 가장 위대한 서정시인이었던 시라즈의 하피즈(Hafiz)의 시대였다. 그와 동시대인들 가운데에는 샛별 같은 풍자가, 서정 작가, 찬양문 작가, 신비주의자들이 있었다. 그와 동시에 14세기 초 델리의 아미르 후스라

---

27) 이븐 할둔의 방법론과 그보다 시대적으로 앞선 사람들의 방법론 사이의 대조는 Muhsin Mahdi의 *Ibn Khaldun's Philosophy of History* (London: G. Allen and Unwin, 1957)에서 분석되었다.

우(Amir Khusraw)는 주목할 만한 인도 유파의 거두였다. 15세기는 이란의 자미(Jami)의 시대였다. 그리고 이 때는 페르시아어 시문학을 모델로 하는 투르크 시문학의 완성이 특기할 만한 일이었다. 이것은 세 가지 갈래로 일어났는데, 가장 중요한 것은 네바이(Nawai)를 대표로 하는 차가타이 투르크어로 이루어졌지만, 아제르바이잔 투르크어와 오스만 투르크어로도 이루어졌다.

당연하게도 이러한 페르시아적 시문학 전통의 국제화는 수피즘의 후원 하에 전개되었다. 거의 보편적으로 모든 시문학 종류에는 어느 정도의 신비주의가 침투해 있었다. 아우하디(Awhadi)는 신비주의적 윤리를 되풀이하여 강조했고 이븐 야민(Ibn-i Yamin)은 윤리철학적 교훈시를 지었지만 그것 역시 신비주의적 색채를 띠고 있었다. 시적 전통 안에서 더 미묘한 뉘앙스를 살렸다는 것으로 평가받은 하주(Khwaju)는 낭만적이고 신비적인 서사시의 저자였다. 찬양문 작가 카티비(Katibi)는 은퇴 후 수피가 되었다. 마그리비(Maghribi)는 신과의 합일에 대한 순수한 찬미를 썼다. 니아마툴라(Niamatulla)는 그 자신이 셰이흐였으며 더욱 전통적인 신비적 시와 번갈아 쓴 종말론적 예언들로 유명했다. 어떤 패러디 작가는 그의 신비적 상징들을 음식의 찬미에 응용하기도 했다. 무엇보다도 반쯤은 황홀경을 묘사하고 반쯤은 현세적이었던 하피즈의 소네트 형식의 시, 가잘(ghazal)을 보면 가장 세속적인 이미지들이 신비적인 뉘앙스로 흠뻑 젖는 상태를 나타내고 있다. 이렇게 모든 행동 하나하나에서 여러 층위의 의미를 상상하는 시대에 피르도시 같은 직설적인 시인의 존재를 기대하기는 어렵다.

중간시기 후반의 문화에서 이슬람의 팽창과 제도적·사회적 유연성의 타리카-샤리아적인 패턴 이외에도 고도로 창의적인 요소가 있었다는 사실을 우리에게 가장 인상적으로 알려주는 것은 시각예술의 발전이다. 이러한 예술은 시문학보다도 당시에 존재하던 궁정들에 더 의존하고 있었다. 왜냐하면 시각예술은 그 실행에 많은 시간 뿐만 아니라 비싼 재료들을 필요로 했기 때문이다. 어쨌든 중간시기 후반에 그들의 발전은 우리로 하여금 어떤 면에서는 그 다음의 세 대제국의 시대를 예견하게 해준다. 비록 이러한 예술은 여전히 공통의 이슬람적 외양을 갖추고 예술가들은 여러 이슬람 국가들 사이에서 널리 통용되고 있었지만, 이전과 비교하면 더 넓고 다양한 지역적 차이가 있었다.

아랍어 지역은 그 자체의 독특한 건축양식을 유지하였다. 이 시기는 일반적으로 십자형이고 창건자의 무덤이 같이 있던 마드라사, 즉 신학을 가르치는 학교들을 짓는 일이 크게 융성한 시대였다. 이러한 패턴은 이 시기의 끝무렵에 사회적 필요가 변화하면서 와해되었다.[28] 이 당시는 카이로의 미묘한 실루엣을 지닌 맘루크 미나렛(이슬람교 성원의 첨탑-옮긴이)의 시기였다. 더 서쪽의 건축양식은 더 단순했고, 견고한 사각형의 미나렛이 유지되었다. 그러나 이 당시는 14세기의 왕궁인 알함브라가 보여준 풍부한 표현력의 시대이기도 했다. 페르시아적 지역에서 건축은 적어도 아랍적 지역만큼 발전했고, 더 다양한 변형이 있었다. 이란과 투르키스탄에서 몽골 지배자들은 곧 이전의 이슬람 양식으로 건축물을 짓는 데 착수했고, 이전의 것보다 더 장엄한 건축물을 만들었다. 특히 통치자들의 무덤은 대단히 웅장하게 지어졌고, 그 웅장함은 대개 높이 솟은 돔으로 절정을 이루었다. 이러한 예로는 술타니야에 있는 14세기 초 울제이투(14세기 초 일칸국의 군주-옮긴이)의 무덤이나 한 세기 후 사마르칸트에 지어진 티무르의 청색과 황금색의 무덤을 들 수 있다. 이러한 돔 형식의 지붕을 갖춘 묘들은 인도에서도 인기가 있었지만, 수도 델리와 지방의 건축물은 모두 힌두적 요소들과

---

28) G. Marçais, *L'Art de l'Islam* (Paris: Larousse, 1946) p. 126. 이 책은 매우 유용하지만 나로서는 이름을 잘못 붙였다고 생각한다. 이 책은 주로 아랍 미술을 다루고 있으며, 아랍주의적 편향성을 여실히 보여주고 있다.

그 기술을 응용하면서 여러 가지 실험을 해보았고, 그런 점이 독특한 매력이 되었다. 예를 들자면, 쿠트브 미나르(Qutb Minar: 델리에 있는 붉은 미나렛-옮긴이) 주변의 폐허들이 그렇다. 아제르바이잔과 오스만제국에서는 아마도 비잔티움의 본을 따서 새로운 형태의 모스크가 나타났는데, 거기에서는 타브리즈의 푸른 모스크에서처럼 주된 예배실이 돔 아래 있고 대부분의 경우와는 달리 열린 뜰을 만들지 않았다. (나는 물론 당시 건축의 많은 위대한 업적들 중 몇몇만을 언급하는 것이다.)

그러나 어찌 보면, 가장 재미있는 발전은 장식예술 분야에서 있었다. 비록 아랍적 지역에도 모티프들이 확산되기는 했지만 이 분야의 주도권과 가장 대단한 발전은 페르시아적 지역에 국한되어 있었다. 몽골인들과 함께 이란에도 강력한 중국의 영향력이 도래했고, 그것은 무엇보다도 여러 가지의 장식예술에 영향을 미쳤다. 그리고 그것은 벽화와 세밀화에 가장 큰 결과를 낳았다. 회화는 중간시기 전반에 아랍어 지역과 페르시아어 지역에서 모두 활발하게 추구되었지만, 중간시기 후반의 변형은 대체로 페르시아어 지역의 성과였다. 14세기에는 중국미술의 특정한 측면이나 유형을 직접 모방하는 일이 흔했다. 15세기가 되면 사마르칸드나 헤라트 같은 왕궁의 후원을 받을 수 있는 지역에서 중국으로부터의 자극이 받아들여져 일련의 특징적인 양식들이 나타났다. 15세기 말까지 세밀화가인 비흐자드(Bihzad)가 완전히 독립적인 예술의 탄생을 완성시켰다.

1500년 이후 다시 나타난 정치적 지향: 세 거대제국

이제 우리는 불가피하게 세 제국의 시대로 넘어가게 된다. 1500년 이후—동반구 전체에 확산되었고 샤리아와 타리카에 의해 결속된—단일하면서도 분권화되고 본질적으로 비정치적인 이슬람사회는 그에 반대되는 여러 가지 힘에 의해 무너졌다. 물론 크게 후퇴하는 일이 없지는 않았지만 이슬람은 대체로 계속하여 팽창하였다. 더욱이 어느 한도 안에서 이슬람은 하나의 거대한 사회를 계속해서 형성하였다. 여행하는 수피와 상인들에 의해 그리고 사회적·정치적 상호관계에 의해서 공통의 유산은 지속적으로 보강되었다. 예를 들자면 이란의 통치자이자 한편으로는 델리를 폐허로 만들고 오스만제국과는 종교적 협약을 원했던 나디르 샤(Nadir Shah: 사파비 왕조말의 혼란기에 페르시아의 통치자로 부상한 투르크멘 군인-옮긴이)의 여러 활동들을 볼 수 있다. (물론 이슬람 인구의 역사적 통일성 같은 것이 아직도 남아 있었고, 19세기 유럽의 헤게모니에 대한 반작용으로 오히려 이 점이 강화되기도 한 것이 사실이다. 그러므로 우리는 델리에서 볼 수 있는 것과 매우 비슷한, 여러 가지 종교적인 주제와 비종교적인 주제를 섭렵하는 봄베이에 있는 출판사의 출판물 목록이 오만에서 유통되는 것을 볼 수 있다. 다른 점이라고는 오만에서는 인도 럭나우 시에서 찍은 재판본이 더 적고 현대 이집트 변호사들의 저작들이 더 많이 올라간다는 것뿐이다.) 그럼에도 불구하고, 여러 가지의 힘이 합쳐져서 중간시기 후반에 발전하고 있던 그러한 종류의 단일성을 저해하고 있었다. 그러한 힘의 하나는 서구의 도래였다. 그러나 아마도 훨씬 더 중요한 것은 이슬람문명 내부에서 나타나고 있던 힘이었다. 미술의 발전에서 나타나는 새로운 문화적 취향은 국제적 사회질서와 연결된 것이 아니었다. 그리고 무엇보다도 새로이 나타난 정치단위 속에서 상대적인 문화적 자급성이 있었다.

16세기 초에는 비록 이전과 형태는 다르지만 이슬람 내부에서 정부가 사회에 대해서 갖는 종합적인 역할을 회복시킨 일련의 중요한 정치적 변화들이 있었다. 대부분의 이슬람권 지역에서 지배권력은 이제 중요한 정치사상을 대표하게 되었다. 특히 이슬람의 중심 지역은 세 개의 거대하고 상대적으로 안정된 제국들에 의해 주도되었다. 이들 각각은 자체의 특징적인 사회적 삶을 건설했고, 이슬람 안에서 미증유의 솔직함을 갖고 각각의 문화적 개성을 긍정했다. 이러한 몇몇 사회들은 기껏해야 서로간에 형제 같은 친선관계를 유지할 뿐이었다. 최악의 경우에는 오스만과 사파비 사회들처럼 (나디르 샤가 나중에 발견하게 되었지만) 단순한 왕조간의 분쟁이 아니라 신민들 사이의 감정적 문제이기도 했던 결연한 적개심이 있었다. 이슬람사회 전체는, 공통의 비정치적인 샤리아 아래 극히 다양하지만 매끈하게 서로 짜여진 수피 형제회들과 무슬림 집단들의 분권화된 네트워크였던 상태에서 거대하고 내부적으로 통합된 블록들의 연합이 되어 가는 것처럼 보였다.

우선 정치적 변화는 이슬람의 종교적 진화에 지대한 영향을 미쳤다. 적어도 몽골의 침략 이후부터 종교로서의 이슬람은 많은 무슬림 인구들에게 주된 결속력의 원천이 되었으며, 명멸하던 국지적 군사국가들은 귀찮지만 필요한 것이라고 간주될 수 있을 만한 것이었다. 경건한 사람들은 군사국가와는 가능한 한 적은 관계를 가지라고 권고했고, 정부도 종교의 발전에 대해 아주 간헐적으로만 그리고 특정 개인에 대해서만 개입했다. 세 거대제국의 시대에 종교는 다시 한 번 제도적으로, 그리고 지적으로 국가와 국가 사이의 운명에 연관되었다. 16세기 중반이 되면 무슬림 신앙의 중심지는 거대제국들에 의해 그려진 각각의 길을 따라 움직이고 있었고, 좀 더 먼 지역들에서는 문화적으로 고립될 위기에 처해 있었다.

시아의 사파비야(Safawiyya) 타리카 — 이것은 중간시기 후반의 분권화된 형식에 그 힘의 뿌리가 있었고 그 당시의 가장 특징적인 군사력이었던 투르크 부족민들에게 군사적 힘의 기반을 두었다 — 수장이었던 이스마일은 그러한 많은 사건들을 촉발시킨 것으로 보인다. 그는 16세기의 초반에 정복을 시작하여 가능한 한 넓은 이슬람 지역을 복속시켰고 순니 신도들이 시아 교리를 받아들이도록 강제했다. 그는 모든 이슬람을 시아로 바꾸지는 못했지만 이란에서 영속적인 제국, 즉 사파비제국을 마련할 수는 있었다. 그는 우마르(제 2대 정통 칼리프, 재위 634~644)나 아부 바크르(제 1대 정통 칼리프, 재위 632~634) 같은 이슬람 초기의 영웅들을 공개석상에서 저주하고 모든 사람들이 시아적 형태의 샤리아를 따라야 한다고 주장했다. 순니 타리카들은 탄압당했고 많은 피가 흘렸다. 시아 서적과 스승들은 시아가 강했던 이슬람의 어떤 지역에서든 — 주로 아랍 지역에서였지만 — 서둘러 영입되었고,[29] 시아 무즈타히드들의 자율적인 집단 — 샤리아의 공인된 최고 해석가들 — 은 아무도 이의를 제기할 수 없는 높은 지위를 얻었다. 비록 이 운동 본연의 시아 신앙은 어느 투르크 타리카의 약간은 밀의적인 신앙이었지만, 점진적으로 무즈타히드들은 수피 의식들보다는 순교한 이맘들에 대한 집단적 애도를 중심으로 강렬한 감정을 동반하는 12대 이맘파의 정통 신앙을 강요할 수 있게 되었다. 그리고 그것은 제국의 국경으로 인해 그 너머의 적대적인 세계와 분리되어 있었다. 17세기에 무함마드 바키르 알 마즐리시(Muhammad Baqir al-Majlisi)는 정치적 권위의 도움을 얻어 교리에 결정적인 형태를 부여하는 데 특히 공이 컸다. 사파비제국에 통합된 지역들은 페르시아어, 투르크어, 아랍어 사용지역을 불문하고 그 후 모두 일관적으로 시아로 남았다. 그리고 근대 이란 왕정 지배하에 있었던 사람들은 (그리고 그들 외에 대부분의 이라크 사람들은) 자신들의 서쪽, 북쪽, 동쪽의 순니 이웃들과 크나큰 불신의 벽에 의해 갈라져 있었다. 각각은 상대방을 이교도라고까지 생각했다.

---

29) 그러한 사실들은 이미 E. G. Browne, *Literary History of Persia*, vol. IV (Cambridge: Cambridge University Press, 1929) p. 360에서 지적되었다. 이란에서의 종교적 변화가 사회생활에 혁명적 의미를 가졌던 점은 강조되어 마땅하다. 아마도 그것은 그 자체로 사파비 시대에 위대한 시작품이 부재했음을 설명하기에 충분한 것이며, 이것은 브라운과 서신교환을 한 사람이 지적한 바대로 브라운을 당혹시켰다(p. 24ff). 또한 그루네바움이 펴낸 *Unity and Variety in Muslim Civilization*에 수록된 미노스키(V. Minorsky)의 논문 196쪽을 보라.

그리고 나서 도처에서 시아의 운명은 일관성 있게 시아 사파비 왕정과 관련되었다. 오스만 영토에서는 이란이 승리한 대가로 시아파들의 대량 학살이 있었으며, 이것은 시아 집단들을 지하로 숨게 했다. 압도적으로, 의식적으로 순니적이었던 오스만조의 공식적 일상에서 시아 집단들을 떠나게 만든 것이다. 인도에서는 남부에 위치한, 그리고 나중에는 북부에 위치한 것들도 포함하여 여러 시아 왕정들이 이란에서 영감을 얻고 직접적인 도움도 얻을 수 있었다. 이란은 사실 인도가 속한 페르시아어 지역 문화의 거대한 원천이었다. 순니파와 시아파 사이의 긴장은 국제정치의 골칫거리가 되었다.

　오스만은 사파비의 이스마일이 시작한 전쟁들 속에서, 대부분의 아랍지역에까지 영토를 팽창시켰고, 발칸과 아나톨리아의 역동적인 변방국가에서 시아 제국에 의식적으로 반대하는 거대한 순니제국으로 바뀌었다. 오스만제국의 구성에서 가장 특기할 만한 점들 중 하나는 샤리아와 그 수호자들인 울라마를 정치적 유기체 안으로 통합시킨 방식이다. 샤리아는 비록 세속법에 의해 항상 보충되고 침범당해도 국가체제 안에서 실질적인 상석을 차지하고 있었다. 그리고 그 둘의 상호보완을 위해서 울라마는 어느 정도 위계적으로 조직되었다. 무프티는 대단히 중요한 국가 관료가 되었고, 울라마의 수장인 셰이흐 알 이슬람(shaykh al-Islam)은 16세기를 지나는 동안 거의 술탄에 맞먹는 헌법적 지위를 갖게 되었지만, 술탄은 그에 대한 임명권을 갖고 있었다. 술탄 자신은 정통 무슬림들 모두의 수장으로서, 그리고 이교도에 대항하여 그들을 대표하는 자로서 술탄의 성격을 강조했다. 그리고 오스만제국의 팽창과 이 시대 말기에서의 역전은 마치 이슬람 자체의 팽창과 수축인 것처럼 생각되었다.

　북인도에서는 오스만과 사파비에 뒤지지 않는 빛을 발했던 세 번째의 거대제국, 무굴제국이 등장했다.[30] 일정 정도 델리 술탄국의 전통에 기반하면서도 효과적이고 지속적인 중앙행정을 발전시킴으로써 무굴제국은 무슬림의 통치하에 무슬림과 힌두인들이 주요 분야에서 함께 만들어낸 공통의 정치적 · 문화적 삶을 공유하는 사회를 키워 나갔다.[31] 악바르 대제는 무굴 황제 중에서 효과적으로 긴 재위기간을 누린 첫 번째 인물이었다. 그는 자신의 제국 내의 이슬람에 독립성을 부여하려고 애썼고, 국내에서 이슬람의 수장이 되고자 했다.[32] 사실상 이 시도는 실패로 돌아갔지만, 비무슬림들이 법으로 규정된 인두세마저 내지 않는 인도의 이슬람은 그 자체로서 하나의 독특한 별세계로 남게 되었다. 이는 역시 많은 수의 비무슬림 인구를 갖고 있었지만 집단적으로 비무슬림들을 정치적 특권들로부터 엄격하게 배제한 오스만제국의 관행과 크게 대조되는 것이었다. 인도의 이슬람은 힌두교와의 특별한 관계뿐만 아니라 (모든 수준에서) 그 자체의 감정적인 색채―특히 하산과 후세인을 기려서 순니파들 사이에서 벌어진 시아적 축제에서의―로 특징지어졌다. 아우랑제브 황제가 인도 무슬림 사회의 성격을 좀 더 정통 무슬림적으로 바꾸려 했던 것은 오히려 무굴제국의 파탄에 기여했다.

세 제국은 모두 자연스럽게 그들 지역의 사회적 패턴을 수정했고 그런 사회적 패턴은 제국들의 성격이 바뀜에 따라 복잡한 변화를 겪었다. 나는 제국들의 구조가 미쳤던 대규모의 영향을 잘 보여주는 예를 두 가지만 들겠

---

30) 비록 바부르의 모험은 사파비의 이스마일의 위업과 긴밀한 관계가 있지만 본격적인 무굴제국은 반세기 후에야 영구적으로 시작됐다. 그러나 후마윤의 망명에 뒤이은 아프가니스탄의 막간 희극이라고 표현할 수 있는 정치적 측면들은 행정과 마찬가지로 아직은 불안정했지만 발전되어 나갔으며 우리는 이것을 같은 움직임으로 간주할 수 있다.

31) K. M. Panikkar, *Survey of Indian History* (Bombay: Asia Publishing House, 1954)의 중간시기와 무굴 시대에 대한 부분들을 참조하라.

32) 바로 이것이 무굴제국의 이슬람에 대한 그의 종교적인 법령 가운데 가장 중요한 것이었던 이른바 '무오류성 칙령'의 취지였다.

다. 인도에서 무슬림들의 집단적인 존재는 계급에 의해 유동적으로 구별되는 집단으로서의 카스트 제도와 직접적인 대조를 이루었고, 힌두인들뿐만 아니라 무슬림들에게도 영향을 주었다. 힌두의 낮은 카스트의 많은 사람들이 드러내 놓고 무슬림으로 개종한 것으로 보이고 무슬림 촌락에서도 카스트가 발견되는 한편, 이슬람적인 성격의 카야스타 브라흐민(Kayastha Brahmin: 크샤트리아와 브라흐만 계급에서 떨어져 나온 별개의 카스트로, 무슬림 군주에게 서기, 징세관 등으로 봉사했고 상당수가 무슬림으로 개종했다-옮긴이)들이 증언하듯이 카스트 제도의 상층부는 포용력 있는 통치자와 중재자로서의 무슬림들의 역할 및 그들과의 협조에 익숙해졌다. 무슬림 상류층은 지역 고유의 번창하는 전통과 자신들을 구별짓기 위해 성스러운 혹은 외래의 기원에 따른 지위 ─ 셰이흐, 사이드, 무굴, 아프간, 투르크 등 ─ 를 주장하게 되었다. 오스만제국의 구조가 6세기에 걸쳐 지속될 수 있었다는 점을 고려한다면, 그것이 사회적 · 정치적으로 여러 방면에서 독특했다는 점을 충분히 인식할 수 있다. 사회 전체는 활동이 정부에 의해서 효과적으로 통제되는 길드같이 기능적으로 분화된 사회 ─ 종교적인 실체로 나뉘어 있었다. 조심스럽게 수집된 통계에 기반하여 인구이동은 제국의 한 부분에서 다른 부분으로 경제적 혹은 정치적 이유로 체계적으로 수행되었고,[33] 제국의 융성기에는 경제의 통제가 매우 효과적이었다. 그러한 패턴 속에서, '데브시르메'(devshirme: 발칸반도의 기독교 농민의 아들늘 가운데서 일부를 선발하여 군사 · 행정 인력으로 발탁했던 제도-옮긴이)는 단순히 가장 호기심을 끄는 현상이었을 뿐이다. 그것은 무슬림으로 태어난 사람들을 배제하고 반쯤 자발적인 이슬람화와 엄격한 훈련을 거친 가장 훌륭한 비무슬림 소년을 군사와

---

33) Omer Lutfi Barkan, "Les Déportations comme méthode de peuplement et decolonisation dans l'empire ottoman," *Revue de la Faculté des Sciences Economique de l'Universite d'Istanbul*, 11th year, 1953.

행정 복무에 징발하는 정교한 체계였다. 궁극적으로 무슬림 상층부는 이러한 제약을 뛰어넘는 방법을 배워 공직에 들어갔었는데, 이는 결과적으로 국가에 큰 누를 끼쳤다.

국제적 통합체제의 붕괴

그 직전 시기와 비교할 때 극명한 대조를 이루는 이런 거대하고 비교적 안정적인 제국들이 왜 이때 성립하게 되었는지는 불분명하다. 그러나 화약의 발명과 이를 통한 대포의 사용—그것은 중국에서 발전된 지 얼마 안 되었고, 당시 유럽에 중요한 영향을 미치고 있었다—이 군소 권력에 비해 많은 자원을 가지고 있던 중앙 권력에 강력한 우위를 갖게 해줌으로써 그러한 제국을 만드는 데 기여했으리라는 추론은 타당해 보인다. 어찌되었든, 그들의 존재는 이슬람권의 나머지 지역에 커다란 충격파였다. 우선 이들 제국들은 모두 인도양의 반대쪽을 바라보고 있었다. 독립적인 이집트, 그리고 이어서 독립적인 구자라트(인도의 서북해안지역—옮긴이)와 같이 인도양 무역에 직접적인 관심을 가진 무슬림 세력들은 오스만제국과 무굴제국에 합병되었고, 그 후 머지 않아서 서구 기독교인, 특히 포르투갈인들이 이 지역에 도달하였다. 무엇이 초반에 포르투갈인들의 승리를 가능하게 해주었든 간에, 육상 제국으로 남아 있던 정권들의 지배가 서구인들의 해상 제패를 비교적 쉽게 유지할 수 있도록 도와 주었을 가능성이 높다. 오스만 정부는 무슬림측의 우위를 되찾기 위해 노력을 기울였지만, 그것은 지중해의 제해권을 유지하기 위한 성공적인 노력과는 거리가 있었고, 결국 포기할 수밖에 없었다. 무굴인들은 거의 아무 일도 하지 않았다.

궁극적으로 오만과 하드라마우트의 남아라비아인들이 포르투갈인들에 대항하여 상당한 성과를 냈지만, 장거리 대양무역이 이미 서구인들의 손아귀로 넘어간 대세를 역전시킬 수는 없었다. 비록 무슬림들이 포르투갈인의 항구들과는 별개 지역인 인도네시아에서 세력을 확장하고 있었지만 아라비아, 동아프리카, 말레이시아에서 무슬림들은 기본적으로 수세에 몰렸다. 동시에 그들에게는 이슬람권의 영적 중심지역으로부터 더욱 독립적으로 나아가게 된 계기가 있었다. 오스만제국에서 샤리아 전통을 국가 조직에 통합시킴으로써 하나피 학파는 제국 전역에서 역사적으로 유명한 샤피이들을 누르고 우위를 얻게 되었다. 그와 동시에 샤피이는 시아 이란에서도 탄압받게 되었다. 비록 카이로는 중요한 중심지로 남게 되었지만, 샤피이 전통의 구심점은 인도양 해안 쪽으로 옮겨 갔다.

북방의 무슬림들도 같은 시기에 심각한 패전을 경험하고 있었고, 또한 상대적으로 고립되었다. 볼가 유역의 무슬림들도 러시아의 지배하에 들어가게 되었다. (비록 터키와 동맹을 맺었지만 크리미아의 무슬림들도 궁극적으로는 그렇게 되었다.) 투르키스탄은 오래도록 이교도로 남아 있었던 카자크와 그들보다 덜 활기차고 문화적으로 시아파 이란과 처절한 전쟁을 벌인 우즈벡 통치자들 사이에서 나뉘어 있었다. 중앙 유라시아 고원의 무슬림들은 궁극적으로는 만주족의 제국(청)에 의해 정복되었으며, 중국 본토의 무슬림들처럼 무슬림 문화의 핵심적인 중심지들과 접촉할 기회가 거의 없었다.

서쪽에서 오스만 세력은 알제리까지 이르렀다. 그러나 예언자 무함마드까지 거슬러 올라가는 족보를 갖고 있다고 주장하는 한 샤리프 왕가에 의해 통치되다가 이제 중간시기 후반에 별로 중요하지 않은 베르베르 왕조에 넘어간 모로코는 단지 정치적으로만이 아니라 종교적으로도 독립을 유지했다. 샤리프는 신성한 인물로 존경받았고, 그에 대한 충성이 곧 신앙의 시금석인 것처럼 간주되었다. 16세기 말이 되면 서아프리카의 많은 무슬림들은 그에게 충성을 바치고 있었고, 서아프리카 일부 지역은 모로코를 그 이후에도 계속 하나의 종교적인 모범으로 삼았다. 궁극적으로 수단의 서부와 중부에서는 모로코의 종교적인 리더십을 모방하고 경쟁하는 술탄국들이 흥기하게 되었지만 말이다. 다른 지역의 이슬람을 떨어져 나간 것으로 보는 이전의 경향은 더욱 확고해졌다. 극서지방은 거의 자급자족적이었다. 모로코는 문화적으로 침체되었다. 그리고 비록 수단에서는 아직도 이슬람으로의 개종이 계속 일어나고 있는 상태였지만, 모로코인들의 정복 이전에 팀북투에서 이미 성취되었던 수준은 거기에 능가되었던 것으로 보인다.

이 혼란스러운 사회에서 타리카들은 거의 모든 곳에 (비록 사파비 영토에서는 아주 빈곤한 환경에서만 그러했지만) 있었고, 그들은 지역사회에서 점점 더 많은 역할을 하였다. 그러나 그들은 이전과 같은 국제적인 역할은 할 수 없었다. 오스만 영토에서 투르크인들에게 인기 있던 타리카는 일종의 공식적인 지위 같은 것을 얻었고 대단한 위용을 자랑했다. 벡타시야마저도 이 의심스러운 특권을 얻었다.[34] 북아프리카 교단들의 지도자들은 비록 조금 다른 기반 위에서지만 적어도 이와 비슷한 역할을 했다. 그런 지도자들은 —샤리프와 마찬가지로— 사람들에 의해 숭앙을 받았다. 카디리야같은 외부 교단은 인도에 자유롭게 도입되어 전통적인 교단들을 보완하고 아마도 희석시켰을 것이다. 대부분의 큰 교단들은 지속적으로 영역권을 넓혀갔고, 이슬람세계의 구석구석까지 교단들 중 하나가 침투하였다. 그리하여 17세기에 성자 압드 알 라우프(Abd- al- Rauf)와 함께 샤타리아(Shattariyya)는 새로 개종한 말레이시아의 강력한 신비주의에 자신감을 주었다.

그러나 이러한 교단들은 점점 독창성을 잃어가고 있었다. 교단들 중 다수가 많은 재산을 가지고 있었고, 대중적인 미신이 만연해 있었다. 타리카의 새로운 부류 가운데 가장 흥미로운 것들은 이제 개혁을 주장하는 사람

---

34) 그럼에도 불구하고 버즈(J. K. Birge)가 *The Bektashi Order of Dervishes* (Hartford: Hartford Seminary Press, 1937) p. 159에서 보여준 바와 같이 벡타시야는 독립적인 정신을 유지했다.

들 사이에서 만들어지는 것들이었다. 개혁은 수피적인 틀 안에서 작업하는 정통 울라마에 의해서 이루어지기도 하였다. 그러한 예로 17세기 초 인도의 아흐마드 시르힌디를 들 수 있는데, 그의 주된 목표는 중세 후기의 교단들에 만연했던 자유로운 사고에 대한 관용을 정통 이슬람의 입장에서 교정하고자 하는 것이었다. 그러나 그는 자신이 경쟁자들보다 더 강도 높은 신비적 경험들을 했다고 주장함으로써 이 목표를 달성했다.[35] 간혹 개혁은 단순하고 경건한 신비주의자들에 의해 이루어지기도 했다. 그러나 18세기 아라비아에서 와하비(Wahabbi: 18세기 후반에서 19세기 초까지 아라비아 반도를 휩쓴 경건주의 종교운동-옮긴이)의 과격하고 솔직한 개혁운동이 일어났고, 그것은 다음 세기에 널리 영향을 미쳤다.

개별 지역 문화의 연관된 발전

세 거대제국에서 시각예술은 높은 수준에 있었고 대단히 생산적이었으며 분명히 이슬람적인 성격을 가지고 있었다. 그러나 그러한 예술의 함양은 그 이전에 발전하고 있던 국제적인 이슬람 질서를 유지하는 데는 도움이 되지 않았다. 그런 목적에서 본다면 예술은 아주 부차적인 것이었다. 인도 케랄라에 있는 마을 모스크는 그 자체로는 장엄하지만 그것의 경사진 지붕 등의 외양은 데칸이나 북인도나 터키의 위대한 모스크 건축의 전통과 전혀 닮은 데가 없다. 예술은 국제사회를 통합하기보다는 여러 큰 지역사회를 구별하고 미화하는 데 쓰였다.

사파비제국에서 건축은 정원이 있는 큰 길과 넓고 조경이 잘된 궁전들

---

35) Burhan Ahmad Faruqi, *The Mujaddid's Conception of Tawhid* (Lahore: Shah Muhammad Ashraf, 1943) p.18f., 64ff.를 참조하라. 이 연구는 그와 같은 사상가들이 파키스탄의 옹호자들에게 미쳤던 영향의 한 예이다.

이 있고 기둥들이 인상적으로 사용된 제국의 수도 이스파한의 장엄함에서 가장 완벽하게 드러났다. 식물 장식문양은 유럽과 중국에서 임의적으로 들여온 모티프를 포함해서 모든 종류의 형태를 장식했다. 17세기 말까지는 높은 수준의 고아함이 유지되었는데, 그 다음에는 정치적 대재난이 왕조와 수도의 운명과 마찬가지로 위대한 건축의 시대에 종지부를 찍었다. 오스만 제국에서 푸른색 타일의 이용과 같은 이란적 요소들은 계속 중요한 위치를 차지했다. 그러나 16세기에 모스크 건축이라는 큰 분야에서 투르크인들은 전적으로 새로운 유형을 완성했다. 이전에도 투르크인들의 영토 가운데 서부에서는 돔 지붕이 있는 예배당이 발전했었다. 그것은 사실상 성 소피아 대성당의 그림자 아래서 완성된 것이었다. (그러나 이때의 효과는 비잔티움 시대 와는 전혀 다른 것이었다. 공간감은 기념비적인 부피감이 아니라 질서 있는 확장감이었다.) 이러한 발전은 공병 기술자였던 시난(16세기 오스만 제국의 걸출한 건축가-옮긴이)에 의해 이끌려졌고, 그는 모스크뿐만 아니라 목욕탕, 궁전, 분수, 묘소 그리고 모든 종류의 건물들을 지었고 손대는 것마다 걸작이 나왔다. 이 새로운 방식의 모스크는 투르크-유럽지역만이 아니라 아랍지역까지 제국 전역에 걸쳐 지어졌고 이런 모스크에 일반적으로 동반된 뾰족한 형태의 미나렛(첨탑)은 제국의 상징이 되었다. 끝으로 북인도의 무굴제국에서 인도 – 무슬림 스타일의 건축은 파테흐푸르 시크리 (Fatehpur Sikri : 아그라 근방에 악바르 대제 시대에 의례 거행을 위해 새로 건설한 도시-옮긴이)의 웅대한 작품들과, 다른 크고 작은 일군의 보석들과 함께 빛나는 타지마할로 그 완성에 이르렀다.

이슬람에서 건축은 항상 최고의 시각예술이었고 이 시기의 어디서나 여전히 그러하였다. 그러나 회화와 벽화, 세밀화 모두가 이 세 제국에서 다 장려되었고 사파비와 무굴제국에서 매우 높은 수준으로 발전하였다. 사파비 최초의 수도였던 타브리즈의 중요한 유파는 비흐자드(Bihzad)의 선도를 따랐다. 17세기 초의 이스파한 유파는 가장 탁월한 대가인 리자 압바시(Riza Abbasi)를 갖고 있었고, 그는 초상화와 풍경화에서 특히 뛰어났으며 거기에서 아주 미묘한 유머 감각을 보였다. 그에게는 서구의 영향이 없지 않아 있었다. 오스만제국에서는 세밀화가들이 페르시아의 모델을 따르려고 시도하여 많은 성공을 거두었지만 그만큼 높은 평판을 얻지는 못했는데, 아마도 그것은 회화가 제국의 구조에서 중요한 역할을 하던 울라마의 눈살을 찌푸리게 했기 때문일 것이다. 무굴제국에서는 그와는 대조적으로 이란에서 도입된 미술이 독자적으로 활력 있는 형태를 띠었다. 모든 전설적이고 인도적인 테마의 묘사뿐만 아니라 초상화도 매우 고도로 발전하였다. 미술은 무슬림만이 아니라 힌두인들 사이에서도 함양되었는데, 특히 라지푸트인들(Rajputs) 사이에서 그러하였다.

이 세 제국에서 거의 모든 형태의 미술과 공예가 대단히 기술적으로 이루어지고 있었다는 이야기를 여기에 덧붙여야 할 것이다. 서예는—이전처럼—가장 수준 높은 예술 중 하나로 간주되었고, 서예의 대가들은 크게 존경받았다. 북인도에서는 성악과 기악(그리고 물론 음악마저도)의 이슬람적 전통이 힌두의 취향과 어우러져 무슬림과 힌두인들이 함께 애호한 전 인도적이면서 미묘한 북인도 음악이라는 유파가 탄생하였다.

아놀드가 지적한 바와 같이 시각예술, 특히 회화는 이 시기에 단지 극도로 세련되었을 뿐만 아니라 점차로 화가가 역사가나 전기작가 같은 대중의 대변인처럼 전대미문의 존경을 받게 되었다.[36] 오스만제국에서의 예술가, 적어도 건축가는[37] 울라마와 같은 지위는 아니더라도 간혹 시인이나 성악

---

36) Thomas Arnold, *Painting in Islam* (Oxford: Oxford University Press, 1928) pp. 32~37은 특히 마그리지와 한다미르의 시대 이래로 있어 온 평판에 대해서 논하고 있다.

37) Leo A. Mayer, *Islmaic Architects and Thier Works* (Geneva: A. Kundig, 1956) p. 28은 1500년 이후 일부 건축가들의 높은 지위에 대해 언급하고 있다.

가에 해당하는 지위를 갖게 되었다. 그러나 이런 예술들은 궁정에 속한 것이거나 적어도 대단히 지체높은 가문들과 연관된 것이었다. 세 개의 제국이외에서는 아랍어 영향권이든 페르시아어 영향권이든 이런 예술들은 훨씬 드물게 함양되었다.

　시문학은 국제적 수피즘만큼이나 지역문화들의 표현방법이 되었다. 이란 자체에서도 장엄하기도 하고 달콤하기도 한 다양한 시풍의 시인들이 비록 방대한 양의 시를 계속 지었지만 과거의 대가들에 필적할 수는 없었다. 페르시아 시인들 가운데 가장 위대한 몇몇은 본국보다 인도와 터키에서 더욱 높게 평가되었다. (그리고 많은 페르시아 시인들은 사실상 무굴 조정에 가서 살았다.) 북인도에서 이슬람적 시문학의 주요 수단은 계속 페르시아어였다. 그러나 데칸에서는 북인도와 중부 인도의 무슬림들에게 공용어였던 우르두어(Urdu)로 된 수피 시문학이 16세기부터 흥성했다. 이 시문학은 단지 전통적인 페르시아적 주제만이 아니라 힌두적 배경에서 따온 테마들도 발전시켰다. 오스만제국에서 가장 많이 함양된 것이 투르크어였다. 왜냐하면 아랍어의 방언들은 제국의 많은 지역에서 사용되고 있었지만 이미 죽은 언어가 되어 버린 고전 언어처럼 취급되어 고급문화에서는 확연히 부차적인 역할만을 하였다. 우즈벡인들이 투르키스탄에 도래함과 함께 네바이(Nevai: 15세기 중앙아시아의 시인—옮긴이)시대에 제일가는 지위를 차지하고 있던 차가타이 투르크어는 북방 전체에서 여전히 쓰이고 있었지만 침체의 길을 걷게 되었다. 그러나 16세기 바그다드의 푸줄리(Fuzuli)는 페르시아어와 아랍어로도 시를 지었지만 자신의 가장 훌륭한 작품들은 아제르바이잔 투르크어로 지었고, 모든 시대를 통틀어 가장 위대한 투르크 시인이라고 일컬어져 왔다.[38] 끝으로 16세기의 대시인 바키(Baqi)를 전범으로 하는 오스만 문학은 세 가지 형태의 투르크어 중에서 가장 중요한 것이었다. 각각의 타리카는 그 자체의 시적 전통이 있었고 투르크어로 된 저작은 동시대의 페르시아 시보다 더 가치 있는 것으로 간주되었다.

거대제국의 외부에서는 새로운 이슬람 문예 언어들이 등장하기도 했다. 동아프리카 해안의 스와힐리어는 무슬림 반투족의 언어로서 발전되었고, 그 지역에서 아랍어에 필적하는 세련된 시적 전통을 갖게 되었다. 인도양의 다른 쪽 끝에서는 말레이 문학이 페르시아의 영향하에서 성장하였고, 대부분 페르시아어와 우르두어에서 온 구문들로 이루어져 있었다. 이 언어는 또한 시적 형태에서는 부분적으로만 페르시아화되었고, 종래의 말레이시아의 전통도 많이 넘겨받았다. 이러한 모든 지역 문학들, 즉 아랍어, 페르시아어, (세 가지 형태의) 투르크어, 우르두어, 스와힐리어, 말레이어 문학은 당시 함양되기 시작한 좀 더 소규모의 무슬림 언어들과 마찬가지로 아랍어 알파벳을 썼고, 아랍어와 (대부분의 경우에는) 페르시아어 어휘들이 침투해 있었고, 전통적인 아랍적·페르시아적 테마를 그들의 시에서 다루었다. 그러나 그 당시 창작된 문학 가운데 다른 집단들의 다수를 청중으로 얻을 수 있었던 것은 페르시아어뿐이었다. 그리고 그것마저도 아랍 지역에서는 투르크의 정권이 그것을 수입해 오는 정도에 한해서 매우 드물게 접할 수 있었다.

세 제국의 지적인 삶도 역시 공통의 유산에 입각한 것이었지만, 각 제국에서 생겨난 특수한 문제들에 대응하는 것이었다. 이슬람 권역 전체를 통틀어 역사가 서술되었고, 그것은 국지적 혹은 광대한 지역의 무슬림 공동체와 그곳의 지식인, 통치자들의 역사였다. 오스만 시대의 투르크 역사가들은 특히 특기할 만한데, 그 중에서 가장 높은 평가를 받는 것은 16세기 말의 알리 첼레비이며 그는 중세 후기 화려체의 유산에도 불구하고 다른 많은 학자들처럼 지나친 허식 없이 산문을 쓸 수 있었다. 여행문학과 다른

---

38) *Encyclopaedia of Islam* 가운데 Mehmed Fuad Koprula-Zade의 'Turkish Literature' 항목을 참조하라.

종류의 묘사문들도 높은 수준이었다.

이란은 철학사상의 영향력 있는 중심지였는데, 그것은 특히 수피 계열에서 이전에 제기된 주제들을 다루는 것이었다. 17세기에는 신비주의적 신학파가 등장했는데, 이들은 물라 사드라(Mulla Sadra)의 스승과 제자들이었다. 그들의 사상체계에서는 인간의 의식이 우주적 구조와 어떤 관계를 갖는지 탐구하는 데 있어서 일원론이 미묘한 극한에까지 이르렀다. 이 철학사상은 시아파의 이란에 적합하게, 특히 적어도 샤이히(Shaykhi)의 경우에는 시아적인 특수한 문제와 관련되었다. 사실 시아가 대다수를 차지하게되자 종교생활의 전체적인 기반이 시아적으로 재입안되지 않으면 안 되었다. 새로운 정통의 한계 안에서 활력 있는 지적 독립을 유지한 일군의 무즈타히드가 점차로 등장했다.

무굴제국의 인도는 힌두교와의 공존의 문제에 일생을 바친 일련의 사상가들을 배출했는데, 그들 가운데는 간혹 다라 시코(Darah Shikoh: 17세기 무굴 황제 샤 자한의 장남-옮긴이) 왕자처럼 힌두교에 호감을 가지는 경우도 있었다. 더욱 흔한 것은 샤 왈리 알라(Shah Wali-Allah: 18세기 인도의 무슬림 신학자로 이슬람적 근대주의의 선구자-옮긴이)에 이르는 전통처럼 역사적 혹은 심리적 측면에서 주류로서 이슬람의 우월한 사회적 가치를 강조하고자 하는 시도가 많았다. 그들은 인도 아대륙의 이슬람 공동체에서 무슬림들을 서로 결속시키는 문화적 · 지적 전통을 만들어 나가려고 했다. 이러한 전통이 없었다면 파키스탄이라는 비정상적인 지리적 실체의 존재를 이해할 수 없을 것이고, 많은 파키스탄 지도자들이 우르두어를 중요한 무슬림 언어로 옹호하는 것이 우스꽝스럽게 여겨질 것이다.[39]

자연과학은 대부분 단순히 전통에 의존하였고, 그 실질적인 기준은 아마 모든 곳에서 쇠락하였던 것 같다는 점을 덧붙여야 할 것이다. 오스만 지리학자들이 인도양에 대한 아랍의 경험적인 지식을 이용해 그들의 현학적인 지식을 개선하고, 16세기에 서구인들의 탐험을 비슷한 용도로 사용하였던 것은 당시의 전통에서 벗어나는 희귀한 예다.

　세 대제국에서 모두 학문은 다면적이었고 일반적으로 아주 창의적이지는 않더라도 매우 활기찬 경우가 많았다. 세 제국 바깥에서 이슬람적 학술은 종종 상대적으로 초보적인 것이었다. 투르크인들이 지배한 북방에서는 비록 정통적인 무슬림 학술이 유지되었지만, 남하하여 무굴제국을 세운 바부르의 탁월한 회고록이 산문 전통의 정점을 기록했다. 오스만제국 내에서 아랍의 일부 재능 있는 사람들이 일반적인 오스만 사회의 삶 속으로 끌려들어갔다. 그러나 오스만제국 안이든, 그 밖의 여러 아랍 지역들이든 간에 아랍어 전통 안에서 통상적인 것 이상의 성과는 없었다. 16세기의 신비주의 사상가이자 이전의 패턴에 따뜻한 인간적 숨결을 불어넣은 샤라니 (Sharani: 16세기 이집트의 수피―옮긴이) 같은 사람은 예외적인 경우였다. 수단지역에서는 아랍어로 샤리아를 가르쳤고 역사를 서술했다. 이 당시 거기서는 어떤 지역언어도 아랍어를 대체할 수 없었다. 말레이시아에서는 수피 일원론의 성격에 대한 논쟁이 있었다. 이는 대체로 해묵은 것이었지만 지역민들의 사고습관에서 발생하는 상황들에 적용되었다. 비록 위와 같은 여러 지역들에서 이슬람 전통에 참여하는 모든 사람들에게 공통되는 문제들이 대두되었지만, 전 이슬람적인 지적 운동 같은 것은 일어나지 않았던 것으로 보인다.

---

39) 따지고 보면 우르두어는 주로 인도의 영토 안에 들어가 있는 지역들에서 모국어로 쓰이는 언어이므로, 파키스탄에서의 우르두어 사용은 시대적 조류에 역행해서 강요된 것처럼 보일 수도 있다. 특히 벵골에서 우르두어는 아주 낯선 것이었다. 그러나 파키스탄 건설자들이 희미한 전 이슬람적 연대의식보다 더 그리워하고 있던 전 인도의 이슬람문화의 최종적인 매개수단이 되었던 것은 우르두어였다. 그러한 전 인도적 이슬람 문화의 활발한 중심지들은 (라호레를 제외하면) 지금 인도 국경 내의 북부 혹은 남부의 우르두 언어 지역들 안에 있었다. 파키스탄의 실제 국경 내의 지역언어들을 받아들인다는 것은 만들어진 그대로의 파키스탄이 옛날의 영광스러운 전 인도적 이슬람 사회를 궁극적으로 재현할 수 없다고 인정하는 셈이 되었을 것이다.

1700년대 이후의 쇠퇴

1500년에서 1700년 사이의 두 세기는 대체로 비교적 강력한 제도와 자신감 있는 학문, 무엇보다도 위압적인 미적 창조의 시대였다. 1700년경에 세 거대제국 모두에서 사회적·제도적 구조가 약화되었고, 1700년 이후 곧 이 모두가 명백한 쇠퇴의 징후를 보이게 되었다. 오스만제국은 유럽의 적들이 분열한 탓에 겨우 자기 영토의 통합성을 유지했다. 사파비제국은 아프간 부족들의 반란으로 붕괴되었고, 훨씬 덜 세련된 통치자들 치하에서 어정쩡한 모습으로 재건되었다. 무굴제국은 명목상 수장의 종주권을 인정하면서도 완전히 쪼개져서 무슬림만이 아니라 힌두 세력도 그 조각들을 차지하려고 싸우게 되었다. 18세기 서유럽인들의 활동이 점점 더 증가하게 된 것은 종전에 이루어진 지역간 무역의 패턴을 교란시켜 일부 지역의 경제를 파탄시키는 데 일조했을 것으로 보인다.[40] 그러나 이슬람 자체 내의 모순도 완전히 비난을 면할 수는 없다.

이 재앙의 세기에 지역적으로 독립적인 진화의 경향은 더욱 두드러지는 한편, 전반적으로 모든 이슬람 집단들의 문화적 활력은 쇠퇴하였다. 인도에서 우르두어가 사실상 페르시아어를 대체한 것이 이 시기고, 오스만투르크어가 더 실질적으로 페르시아적 전통에서 이탈한 것도 이 시기 튤립의 시대(1718-1730년에 걸쳐 튤립 재배와 같은 과시적 소비 문화가 엘리트 사이에서 팽배했던 시기-옮긴이)에서다. 그러나 18세기 말이 되면(혹은 그 다음의 19세기 초가 되면), 투르크어와 우르두어가 모두 바닥으로 가라앉았다는 점이

---

40) Gibb and Bowen, *Islamic Society and the West*, vol. I, part 1, pp. 296, 307ff를 참조하라. 새로이 등장한 서구로부터의 나쁜 영향은 어쩌면 16세기까지 거슬러 올라갈지도 모른다. 또한 W. H. Moreland, *India at the Death of Akbar, an Economic Study* (London: Macmillan, 1920)는 당시 일본, 중국, 페르시아, 아랍, 유럽인과 그들의 상품을 좋아했던 무굴제국 궁정의 개방성 때문에 토착 산업이 고전하고 있었다고 주장한다.

인정되고 있다. 이란 자체에서도 18세기 전체가 문예의 침체기를 대표하는 시대가 되었다. 이란의 세밀화 예술도 18세기에 쇠퇴하였고, 인도 미술과 서구 미술의 모방은 그 전통에 새로운 활력을 불어넣지 못했다. 이란의 건축은 아프가니스탄인들이 이스파한을 점령한 후에 새로이 회복되지 못했다. 오스만제국의 유럽과 아나톨리아 지역에서는 서구 르네상스 건축을 모델로 하되, 그로부터 그다지 영감을 얻지 못한 이탈리아풍의 타일이 궁전과 일반주택 건축에서 선호되었다. 일부 좋은 시문학이 있었지만, 아마 이 18세기는 이슬람사 전체에서 가장 덜 창의적인 세기였을 것이다. 바로 이때 이 시기 전체를 통해 확연하였던 순수주의적인 경향이 아라비아 중앙의 와하비들 사이에서 급진적인 형태를 띠게 된 것이다.

후기 이슬람 사회와 서구의 발흥

세 거대제국들로 대표되는 이 시기의 이슬람 역사는 세계사에 거의 맞먹는다. 적어도 그것은 세계사의 상대적으로 정상적인 부분을 대표한다. 그것의 서북쪽에는 앞으로 우리가 다시 이야기하게 될, 상대적으로 그 지역에 국한된 기독교 유럽의 영토가 있었다. 동북쪽으로는 상대적으로 고립된 유교제국들이 있었다. 이 둘 사이에, 가장 인구가 많거나 가장 문화수준이 높은 영토들은 적어도 이슬람의 영향권 안에 있었다. 그 밖에 남아프리카, 오스트랄라시아(Australasia), 남북 아메리카, 북극 근방의 시베리아 등은 인구밀도가 아주 낮았고, 아직은 그 중요성이 별로 드러나지 않은 상태였다. 이슬람은 그렇게 많은 영토를 빨아들인 후 나머지 지역도 병합하려고 하는 것처럼 보였고(왜냐하면 이것은 의식적으로 계획된 프로그램이었기 때문이다), 강한 결속은 없었지만 무슬림들 사이의 단합과 공통의 문화유산으로 미래의 전세계에 적용될 패턴에 따라 이슬람이 각 지역사회로 분절된 것처럼 생각할 수도 있다. 그러나 사실은 이슬람 사회들이 갖는 공통점들이 무엇이든 간에 그들 서로의 역사적인 상호관계는 동반구의 다른 지역들과의 관계보다 단 한 단계 더 가까웠을 뿐이다. 각각의 제국들은 중국에서 발명된 대포와 그 후에 유럽이나 터키에서 개선된 형태의 것을 함께 사용했다. 인도의 무굴 부유층은 페르시아의 사치품뿐만 아니라 유럽과 중국의 특산품도 수입했다. 침체된 페르시아 미술은 일종의 천박한 자극을 얻기 위해 인도와 유럽에 눈을 돌렸다. 이슬람세계 — 그리고 극동의 여러 나라들도(이들을 더하면 세계의 대부분이 된다) — 는 종전에 문명의 역사를 5000년간 지배해 온 것과 거의 같은 역사적 속도로 살고 있었다. 그리고 이러한 속도로 문명은 점차로 그것의 문화적 자원을 증가시키고 있었고, 서로 느슨하게 연결된 세련된 사회들을 만들어내고 있었다.

이러한 상호연결은 이 당시 유럽 무역인들의 전세계적인 활동으로 인해 어느 정도 강화되었다. 그러나 비록 18세기에는 유럽인들이 점점 더 눈에 띄는 영향력을 가지게 되지만, 이 시기 유럽의 역할은 대부분 해양무역에 국한되어 있었다. 서유럽인들은 오래도록, 그것도 18세기까지는 육상에서 열세를 면치 못했다. 이것은 그들이 섬조차 별로 장악한 곳이 없었던 인도양 지역에서만이 아니라, 17세기 말까지도 오스만인들이 공세를 점했던 유럽에서도 마찬가지였다. 중간시기 말 이슬람이 세계적으로 차지하는 위치와 삼대제국 시대에서 주된 경향들을 대조하도록 만드는 변화에 있어서 우리는 주변적이고 간접적인 역할을 했을 뿐이다. 반면에, 이러한 이슬람권의 발전은 서구의 팽창을 준비하는 데 중요한 역할을 했다. 예컨대 무슬림 상인들의 광범위한 활동은 (기존에 만들어진 항로를 그냥 넘겨받기만 하면 되었으므로) 유럽인들이 항로를 개척하는 데, 그리고 전통적인 힌두교와 불교 세력을 수마트라와 자바 같은 곳에서 약화시키는 데 중요한 역할을 했다. 서구세력이 밀려들어올 수 있는 문화적·경제적 공백을 남긴 것은 이슬람의 내적 쇠약이 있었기 때문이다.

서구인들의 외견상 별로 중요하지 않게 보이는 활동 뒤에는 유럽 자체의 아주 중요한 내적 변화들이 존재하고 있었는데, 그런 변화들은 유럽에서 역사적 사건들의 속도를 엄청나게 가속시켰다. 이는 서구의 사회적·경제적 구조의 중대한 우위를 향한 전주곡으로 이런 변화의 결과들이 조만간 모습을 드러내게 될 터였다. 1800년 전후의 세대에서 프랑스혁명이 일어났고, 영국에서는 산업혁명의 결정적인 국면이 이루어졌다. 이와 똑같은 세대에 영국은 (18세기 후반에 그들이 일 개 주 정도만을 장악하였던) 인도에서 패권을 장악하였고, 프랑스는 이집트에 상륙하여 아랍인들을 긴장시켰다. 영국과 네덜란드인들은 인도네시아를 재조직했다. 투르크인들은 서구적 개혁 방식을 배워 나갔다. 대부분의 무슬림들은 이제 자신들이 서구의 정치적 지배는 아니더라도 경제적 패권에 적응해 나가야 한다는 점을 깨닫게 되었다. 서구는 이제 특별나게 강한 상인집단일 뿐만 아니라 이전까지 알려지지 않았지만 활력 있는 새로운 삶의 방식의 담지자였다.

나는 이 글에서 인류의 반을 차지하는 인간 집단과 다른 어느 역사 시대에나 맞먹는 복잡성을 가진 시대를 다루면서, 어쩔 수 없이 어떤 문화 전체를 빼놓기도 하고 어떤 부분에 대해서는 말도 안 되게 소략하게 다룰 수밖에 없었다. 이 점에 대한 나의 변명은 초창기 이후의 이슬람을 세계사적 틀 안에 위치시키려는 시도라는 것이다. 나는 초창기 이후의 이슬람문명이 활력 있는 문화 유산으로 전개되어 나가는 과정을 분석하는 데 있어서 몇 가지 방향, 특히 무엇이 그 역사의 통일성을 이루는가를 추구하는 방향을 제시했다. 동시에 나는 이 문명의 여정이 인류 전체의 역사 속에서 차지해야 하는 중요한 위치를 강조하려고 노력했다.

10장

근대성과 이슬람의 유산

개인에게 있어서 역사의 진행 과정들은 어떠한 의미를 가지는가?[1] 특히 현대 사회에서 급가속된 역사적 변화의 속도는 어떤 도덕적 함의를 갖는가? 여기서 나는 이러한 문제들의 극히 제한된 측면만을 다룰 것이고 그 중에서도 고민하는 무슬림이 직면하게 된 역사의 가속화 현상을 다룰 것이다. 그러나 나는 무슬림들을 하나의 종교 신자들로 보기보다는 현대 세계의 넓은 부분에 퍼져 있는 위대한 문화 유산에의 참여자들로 본다. 나는 지금 내가 무슬림들의 경우에 대해서 말하려고 하는 것이 우리 시대의 모든 도덕적 개인들에게도 관련되는 것이라고 생각한다.

여기서 논하는 바는 고뇌하는 개인, 즉 의식적으로 고귀한 문화적 관념들을 자신의 삶 속에서만이 아니고 자신이 속한 사회 속에서 실현하고자 하는 사람이다. 역사는 간혹 그러한 사람들의 희망과 고통과는 전혀 상관없이 진행되는 것처럼 보인다. 그러나 결국 그들만이 진지하게 역사를 함께 논의할 가치가 있는 사람들이다. 왜냐하면 그들은 적어도 역사에 도덕적으로 책임 있는 태도로 주의를 기울이고 있기 때문이다. 그 이유 하나만으로도 그

---

1) 이 글은 1960년 4월 20일, 시카고 대학교 사회사상 협동과정의 '도덕적 개인에게 있어서 역사 진행과정의 의미'라는 주제로 열린 일련의 세미나 중 하나에서 발표된 것이다. 원고는 출판을 위해 약간 수정되었다.

들의 고난은 역사가에게 중요한 것이다. 그러나 사실 그러한 사람들은, 종종 맹목적인 몸부림만 있기 쉬운 위기 상황에서 실제로 긍정적인 발전을 유도할 수 있는 유연한 상상력과 정신적 풍성함을 제공한다. 그러므로 역사의 진행에서 그들의 위치는 경우에 따라서 결정적인 것이 될 수 있다. 그들의 정신적·문화적 문제의식들, 일관성 있는 문화유산에 뿌리박을 필요성에 대한 그들의 고민, 그들 시대의 다양한 요구에 이상적인 형태를 제공하려는 시도들은 실제 사건들의 향방에 분명한—어느 경우에는 비극적인, 어느 경우에는 아주 훌륭한—영향을 미친다.

전세계적 사건이었던 역사의 가속화

앞서 제기되었던 도덕적 문제들에 들어가기 전에, 전세계적 규모로 일어난 현대에 있어서 역사의 가속화라는 것의 성격을 간단히 설명해야 할 것이다. 왜냐하면 세계사에서 이 가속화, 즉 우리가 모두 신이 나서 혹은 절망적으로 의식하고 있는, 이 사건들의 속도가 빨라지는 현상은 너무나 흔히 오해되고 있기 때문이다. 어떤 경우에 그것은 단지 모든 민족들이 각각 자기 속도대로 지나가는 하나의 과정 속에 있는 한 단계에 불과하다고 주장한다. 앞으로 보게 될 것이지만, 이것은 너무나 지나친 단순화다.[2] 어떤 경우에 그것은 단지 서양사의 특징일 뿐이고 다른 곳에서는 단지 부차적인 영향만 주었다고 한다.[3] 이러한 접근은 앞서의 것보다 세련된 경향이 있으

---

2) 우리는 이러한 접근법의 여러 변형을 콩도르세에서 마르크시즘, 로스토우에 이르는 여러 저작들에서 볼 수 있다. 로스토우는 그의 핵심적인 '비약 단계'에서 지역에 따른 부차적인 변이만을 인정할 뿐이다. 이러한 약점을 가진 채 얼마나 건전할 수 있는가는 Bert F. Hoselitz (ed.), *The Progress of Under - developed Areas* (The University of Chicago Press, 1952)와 *Annals: American Academy of Political and Social science*, vol. 305 (1956)에 실린 *Agrarian Societies in Transition*과 같은 유용한 책들에 잘 설명되어 있다.

므로 각별히 주의를 기울여야 한다. 그러나 결국에는 아마도 후자가 더욱 큰 오류를 범하고 있는지도 모른다. 이 글을 이해하기 위해서 독자들은 이러한 근대사의 추진력이 얼마나 독특하고 비할 바 없이 세계적인 사건이었는가를 기억하는 것이 중요하다.

불행하게도 위에서 언급된 잘못된 관념들은 비록 서구에서 비롯되었지만 서구인들에게만 한정된 것이 아니다. 현대의 무슬림들은 지리적 · 역사적 개념틀을 대체로 서구의 저술가들로부터 가져왔다. 그들은 대체로 서양의 역사적 이미지를 피상적으로만 수정하고, 서구에게 주어진 주인공으로서의 역할 일부를 — 가능한 만큼 — 이슬람에 부여한 것이다. 서구의 역사 이미지가 결론만이 아니라 그것이 사용하는 범주와 용어에 있어서도 종족 중심적이기 때문에 무슬림들도 그 영향을 피하지 못했다.[4]

역사의 가속을 순전히 서구적 관점에서 볼 때, 서유럽에서는 중세 초까지 소급하곤 한다. 거의 샤를마뉴의 시대에서부터, 즉 서유럽 사회로 구분될 수 있는 것의 시초에서부터, 문화적 변화, 혁신 그리고 특히 기술력과 인지력이 증가하는 속도가 점차적으로 더 빨라져서 전에 볼 수 없이 신나는 — 혹은 겁나는 — 최근의 수 세기에 이르렀다고 인식되곤 한다. 19세기

---

3) 미국 학자 중에서 예를 들자면 헨리 애덤스가 있다. 최근의 예들은 지나치게 많은데, 예컨대 Daniel Halévy, *Essair sur l'accélération de l'histoire* (Paris: Iles d'or, 1943); J. G. De Beus, *The Future of the West* (London: Eyre and Spottiswoode, 1953), 혹은 아주 탁월한 책으로 Christopher Dawson, *Dynamics of World History* (New York: Sheed and Ward, 1956)가 있다. 근대의 가속화를 서구 문화의 특이함의 함수로 생각한 가장 유명한 최근의 저자는 물론 토인비다. 물론 여기에서 두 접근법 사이에 그은 경계선은 상당히 도식적이다. 더 뛰어난 작가들은 그러한 분류를 기피한다. 그러므로 안드레 바라냑(Andre Varagnac)의 *De la préhistoire au monde moderne: essai d'une anthropodynamique* (Paris: Plon, 1954)는 매력적인 보편적 단계의 도식을 보이지만 구체적인 분석에서는 설득력 있는 유럽중심주의적 관점을 보여준다.
4) 중세 서구의 세계관이 근대에 이르기까지 과학의 탈을 쓰고 어떻게 이어져 왔는지에 대한 간략한 제언을 보려면 필자의 "In the Center of the Map," *Unesco Courier* (1956년 3월 혹은 5월)을 참조하라. (거기 실린 삽화들은 텍스트 내용과 연관성이 없으며 텍스트와 전혀 관련이 없다.)

에 유럽은 이전의 여러 세기들을 다 합친 것보다도 많은 변화를 겪었으며, 20세기에는 십 년 단위가 19세기 전체의 기술적 지식이 증가한 양만큼의 기술혁명을 겪는 듯하다. 이 모든 것은 지금까지 서구-유럽 문명의 본질적인 성격으로 간주되곤 했다. 즉 그것은 샤를마뉴, 사자왕 리처드, 카를 5세(합스부르크), 나폴레옹, 처칠을 낳은 사회를 본질적으로 변화하지 않는다고 간주되는 다른 모든 사회들로부터 구별되게 만드는 중요한 특징이라는 것이다. 어느 영국 시인은 '중국에서의 한 시대'보다는 '유럽에서의 50년'을 택하겠노라고 하였다.

따라서, 이 과정이 제기하는—경제적·사회적 그리고 무엇보다도 도덕적—문제들은 '서구문명'의 문제들로 간주되고, 많은 사람들이 걱정하고 있는 미래는 기본적으로 '서구문명'의 미래다. 다른 사회의 문제들은 근본적으로 다른 것으로 간주되고, 그것들은 일차적으로 관점에 따라 더 정태적이라든가 더 정신적이라고 간주되는 그들 자신의 과거 전통의 측면에서 해석될 것이다. 그렇지 않으면, 그런 사회들이 (이른바 '서구적' 방식이라는) 현대의 행동양식을 채택한 정도만큼 이 사회들은 적어도 피상적으로 '서구화되었다'고, 장구한 서양의 유산 속으로 흡수되었다고 간주되었다. 이 경우 이들 사회들은 그들이 서구의 연장선상에 실질적으로 있게 된 정도까지만, 시간 지체와 사소한 지역적 변이를 고려하면 서구와 마찬가지로 역사의 가속화가 야기한 문제들을 공유하는 것으로 간주되었다. 이러한 분석을 받아들이면서도 서구의 특성을 긍정적이라기보다 부정적으로 해석하면서 일부 무슬림들은 그들이 서구화와 서구의 지배를 모두 기피할 수 있다면 근대 '서구의' 문제들을 피해갈 수 있다고 스스로를 설득하였다.

그러나 이러한 관점은 일반적으로 인간의 역사 전체를 기본적으로 바빌로니아와 이집트, 고전 그리스와 그 다음의 로마, 중세 서유럽에서 근대 서구로 이어지는 하나의 선으로 보고 다른 지역들은 그들이 서구에 영향을 줄 때가 아니면 단지 삽입구처럼 그리고 서구에 대조하여 보기만 하면 된다는 서양의 고등학교 교과서에서 등장하는 관념에서 나온 것이다. 이러한 관점은 문명세계를 '서구'(자기 자신)와 '동방'(다른 모든 사회들)으로 나누는 서구적 종족주의에 입각한 구분을 전제로 하고 있다. 이 관념에 따르면 서구는 더 작을지 모르지만, 적어도 다른 모든 것을 다 합친 것만큼의 중요성을 가지고 있었다. (일부 무슬림들 역시 이러한 이분법을 받아들인 것은 얼마나 그들이 서구의 개념적 틀을 맹목적으로 따랐는지 보여주는 것이다.)

보다 넓은 범위에서 보면, 서유럽인들의 역사적 경력은 특이하지만 근대가 본격적으로 시작되기 전까지는 그다지 특별히 탁월하지 않았다. 무엇보다도, 서구는 훨씬 더 넓은 아프로-유라시아의 역사적 삶의 일부였다. 수천 년에 걸쳐 아프로-유라시아의 문명지대 대부분에서는 지속적인 기술과 지식의 축적이 있었고, 도시화되고 문자를 아는 사회의 지리적 경계들이 지속적으로 팽창하고 있었다.[5] 이는 서유럽에만 국한되는 현상이 아니었고, 사실상 얼마 전까지만 해도 성장의 주요 중심지들은 다른 곳에 있었다. 즉 중국, 인도, 중동, 동유럽이었던 것이다. 더욱이 전체적으로 보면 도처에서 있었던 이러한 지속적인 성장은 가속화되고 있었다. 아프로-유라시아의 문명화된 지역 전체에서 최근의 밀레니엄에서 역사적 변화의 속도, 특히 기술과 지식의 축적률은 더 이른 밀레니엄보다 확연히 훨씬 더 빨라졌다. 여기에 덧붙여, 지속적인 교류와 상호작용의 결과로 성장의 수준은 문명지역 전체를 통틀어서 거의 비슷하게 유지되었다는 점을 짚고 넘어가야 한다. 500년의 오차를 감안하면 여러 문명들은 대체로 서로 막상막하였다. 중세 중국인과 중세 비잔티움인들은 고대 수메르인들의 수준을 기준으

---

5) 반구적 역사의 넓은 배경에 대한 더욱 세밀한 분석을 보려면 *Comparative Studies in Society and History*에 실릴 필자의 논문 "Interelations of Societies in History"를 참조하라.

로 볼 때 대략 떨어져 있는 거리가 같았다. 이러한 점에서 보자면, 서유럽은 더욱 넓은 역사적 복합체의 부분을 형성했으며 그 안의 일반적인 특징을 공유했을 뿐이다.

약 1600년경 이전의 서유럽이 특이하게 보이는 두 가지 측면이 있다. 문화적 성장과 영토적 확장은 더 중심적인 지역들보다 훨씬 급속하게 진행되었다. 특히 이탈리아의 르네상스에서는 아프로-유라시아의 역사에서 드물게 보이는 고도의 문화적 창조력의 폭발이 있었다. 그러나 자세히 보면 이러한 두 가지 특징이 아프로-유라시아 역사복합체의 나머지 부분들의 역사적 발전의 간선으로부터 서유럽을 분리시키는 것은 아니다. 한편으로는 상대적으로 급속한 성장이라는 것은 대개 변방에서 있는 것이다. 유럽은 사실상 아프로-유라시아 복합체 변방의 성장 지역 중 하나였다. 이것은 몇 개의 주요 거점 중 하나였던 같은 시대의 수단이나 말레이시아의 문명화된 문화의 급속한 성장과 비견될 만하다. 혹은 좀 더 재미있게 말하자면, 한국과 일본에 비교할 만하다. 각각의 경우에서 상대적으로 늦지만 상대적으로 급속한 도시화가 있었고, 동시에 문화활동의 세련화도 급속한 진행이 동반되었다. 각각의 경우, 새로운 문화적 아이디어들은 대개 종전의 문화적 중심지로부터 빌려온 것이었고, 그 지역의 창의성은 종종 인간의 삶에 대한 대단한 공헌이라기보다는 지역적 조건에의 적용이나 종래 있던 지역적 전통과의 동화 같은 것이었다. (불행히도 지금으로서는 이런 모든 것의 근거를 대는 것은 이 논문의 범위를 넘는 일이다. 중세 서유럽의 성장이 아랍과 그리스의 중심지들로부터, 심지어는 멀리 떨어진 중국으로부터도 간접적으로 얼마나 빌려왔는지는 최근 가장 흥미로운 연구 분야 중 하나다.[6] 수단과 말레이시아에 대

---

6) 조셉 니담(Joseph Needham)의 『중국의 과학과 문명』(*Science and Civilization in China*, Cambridge: Cambridge University Press, 1954)은 가장 탁월한 저작이지만, 그다지 조심스럽게 쓰여진 책은 아니다.

해서는 연구가 훨씬 덜 되어 있다.)

다른 한편, 비록 중세 후기와 르네상스 시대에 서유럽의 문화적 창조성의 폭발이 흔치 않은 일이기는 하지만, 그것은 또한 아프로-유라시아의 역사에서 유례없는 일은 아니었다. 공자, 붓다, 이사야, 소크라테스의 시대에 고전문화가 꽃피었던 것을 차치하고라도, 간혹 대단한 문화적 재창조가 있었던 것으로 보인다. 예컨대 먼 지역에까지 파급된 굽타 인도의 문화나 궁극적으로 인류의 반의 운명을 바꾼 고전 이슬람문화가 그런 예다. 16세기 서유럽이 부분적으로는 이슬람세력의 해상패권을 뒤엎으며 차지했던 대양무역로의 지배권마저도, 중간시기 후반 이슬람의 영역이 유럽의 절반(호지슨이 이 책에 수록된 다른 에세이에서 밝히고 있지만, 그의 유럽개념은 보통의 정의보다 넓고 아나톨리아 지역을 포함하는 것이다-옮긴이)과 인도의 대부분과 남중국해 전역을 아우르게 된 것보다 더 대단한 성취는 아니었다. 16세기 서유럽인들은 기본적으로 아프로-유라시아 역사복합체의 다른 사람들과 기본적으로 대등한 관계에서 교류하였다. 서유럽 역사의 특이한 성질은 바로 서유럽 지역에서 일어난 근대의 대변동에 직접적인 영향을 미쳤다. 그러나 그 자체로 보면 그러한 특징들은 전근대에서 역사의 속도 가속을 특별히 서유럽적인 혹은 서양적인 특징으로 만들기에는 역부족이다. 서유럽 내에서의 가속화는 분명히 너 넓은 그림의 한 부분이었고, 이는 그러한 넓은 맥락 이외에서는 제대로 이해될 수 없다.

그때까지 아프로-유라시아의 넓고 느린 움직임의 조류들을 공유해 왔던 서양인들은 그들의 이웃들과 아주 근본적으로 다른 역사적 기반 위에 올려놓은 대변동이 서유럽에서 일어난 것은 17세기와 18세기, 즉 약 1600년에서 1800년 사이다. 1800년이 되면 유럽인들과 그들의 해외 정착민들은 거의 아무런 문제 없이 세계의 나머지 부분을 지배하는 입장에 놓였었다. 200년 전만 해도 그들은 대등한 입장에서 교류하였다. 종종 오스만 투르크와 그랬던 것처럼 최악의 경우도 있고 간혹 더 좋은 결과도 있었지만, 그러한 조우는 다른 아프로-유라시아 문화의 여기저기에서 이미 오래도록 존재해 왔던 수준의 사회적 힘의 차이 이상의 편차를 가지고 이루어지지는 않았다. 서유럽인들에게 1800년경까지 일어났던 일은 근대의 대변동이라고 부를 만하다. 왜냐하면 대변동은 또한 우리가 앞으로 보게 되겠지만 전세계적으로 일어난 것이기 때문이다. 기본적으로 유럽에서 완료되었을 때부터 대변동의 효과들은 전세계적인 것이었고, 유럽에서뿐만 아니라 다른 문명지역들에서도 전격적으로 느껴지기 시작하였다. 전근대에 이미 일어나고 있던 점진적인 속도의 증가와는 대조적으로, 역사적 과정인 근대의 특유한 가속화는 이 대변동의 한 측면이었다. 더욱이 이러한 가속화는 앞으로 우리가 보게 될 것같이 대변동의 중심적이고 본질적인 측면이었으며 서구와 세계 전체를 통틀어 대변동을 특징짓는 것이었다.

근대의 대변동을 서구에 특유한 천재성의 함수로 간주하는 사람들의 주장에는 진보에 대한 욕구가 넘치는 비서구인들이 인정하고자 하는 것 이상의 진실이 들어 있다. 그러나 우리가 근대의 역사적 가속을 단순히 서양 지역의 역사가 아니라 전체적인 세계사의 관점에서 볼 때, 적어도 근대성의 이 핵심적인 측면은 더 이상 하나의 지역사회가 갖는 주요한 특성으로 보이지 않는다. 지역적으로 속도의 변화가 무엇을 의미하였든 간에 그것은 애초부터 하나의 지역간적인 사건이었다. 그것은 이전의 좀 더 완만한 가속보다 더 지역적으로 한정될 수가 없었다. 왜냐하면 적어도 3000년 동안 아프로-유라시아의 역사는 하나의 거대한 역사 복합체를 이루었고, 그 안에서 모든 지역들은 항상적으로 상호작용을 하고 공통의 역사적 전제조건들이 도입되었기 때문이다. 이 근대의 대변동이라는 격변은 그 폭발의 무대가 된 아프로-유라시아의 역사적 삶만큼이나 널리 확산되었다. 세계적인 관점에서 보면, 단지 유럽 안에서 나타났던 표면만이 아니라 바로 이 전체로서의 사건이 근대성을 형성하는 것이다. 이것은 바로 역사의 속도 자체가 달라졌다는 사실에서 가장 분명히 드러난다.

이것이 제기하는 문제들은 순수한 서구중심주의자들이 보아온 것보다 좀 더 종합적인 방식으로 바라보아야 한다. 그러나 이러한 가속을 모두가 거쳐야 하는 하나의 보편적인 '단계'로 보는 것은 불충분하다. 우선, 우리는 근대의 가속이 서양에서 갖는 의미와는 확연히 다른 일련의 경제적·사회적·도덕적 함의를 세계의 다른 지역들에서 갖게 된다는 점을 살펴볼 것이다. 그리고 나서 우리는 더 나아가 이것이 서구적인 차원이나 혹은 다른 어떤 지역적 차원 이외에 전 지구적인 차원을 갖는다는 점을 인식해야 한다고 나는 믿는다. 그리고 이런 관점에서 보자면 역사적 가속에 의해 제기되는 문제들은, 단순히 '서구적인' 문명의 기반보다 훨씬 넓은 기반 위에서 궁극적으로 서양과 다른 모든 사회에서 공통된 것이다. 이것을 이해하려면 우리는 대변동 전체를 더욱 면밀히 살펴보아야 한다.

근대 대변동의 중핵적이고 진화적인 측면들

대변동은 그것을 서양의 천부적 재능의 고유한 특질로 생각하지 않는 사람들에 의해서 간혹 서구인들이 도달한 사회 발전의 한 특정 단계이고, 다른 모든 사람들도 나중에 그들 자신의 발전이 같은 단계로 나아감에 따라 서구인들의 뒤를 따르게 될지도 모른다고 간주된다. 이것은 순수하게 서구중심적 접근법보다는 진실에 가깝게 들린다. 그러나 이러한 논리의 옹호자들은 한편으로는 서구의 배경이 수행한 특별한 역할을, 그리고 다른 한편으로는 전세계적 사건으로서 대변동의 특수한 역사적 성격을 너무나 쉽게 간과해 버린다. 그러나 그러한 연구들은 대변동의 한 측면을 부각시킨다. 즉 대변동이 내부로부터 제도를 형성한 부분을, 대변동이 종종 그러한 것처럼 단지 새로운 상황만이 아니라 특징적으로 새로운 정신을 도입한 측면을 부각시키는 것이다. 서유럽 안에서의 진화는 그 사건 전체의 중핵을 이루었다.

이 대변동의 주요 측면 중 하나는 기술적 혁신의 제도화였다. 우리는 이 것을 특정한 정신의 존재에 의해 특징지어지는, 대변동의 '진화적' 측면이 라고 불리는 존재를 나타내는 하나의 지표로 편리하게 쓸 수 있다. 이는 여러 가지 형태를 띠었다. 그것은 우선 네프(Nef) 교수가 지적한 바와 같이[7] 양을 측정하는 새로운 감각을 동반하였는데, 사람들은 그들의 일상적인 교류에서 시간 속의 분(分)을 헤아리게 되었고, 수년 간의 경제성장의 비율을 계산하였고, 과학적 계산에서 극미한 증가량을 산출하였다. 더 일반적으로 광범위한 생각과 행동에 대한 모든 기술적 측면들에 전례없는 중요성이 부여되었다. 미학적, 전통적, 초자연적, 개인적인 다른 모든 고려 사항들은 상대적으로 숨을 죽였다. 이것은 무엇보다도 태도의 문제였다. 과학에 있어서 사람들은 아름다운 철학적 비전을 버리더라도 서로 상대방이 기술적 계산을 최우선시할 것을 기대하게 되었다. (이러한 기조는 자세한 기계적 측량을 적용한 결과로 타원이 조화로운 원형을 대체하게 되었을 때 확립되었다.) 그리고 사람들은 시장이나 수공업적 기준에 대한 전통적인 믿음을 버리더라도 기술적 계산들을 경제적 결정에서 최우선시하도록, 그리고 사회 조직에 있어 개인적 유대관계와 전통적 금기를 버리더라도 역시 비슷한 고려사항을 우선시하도록 기대하게 되었다.

더욱이 그러한 기술적 계산들로 인해 기술적 개선이 지속적인 변화를 유발할 것이라는 기대는 제도적인 형태를 갖추게 되었다. 17, 18세기에는 학술이 과거의 생각들을 보전하는 것이라기보다는 과거의 생각을 바꾸고

---

7) John. U. Nef, *Cultural Foundations of Industrial Civilizations* (Cambridge: Cambridge University Press, 1958).

과거의 생각에 뭔가를 덧붙이는 것이라는 생각이 지배적이었다. 새로운 학회들은 바로 그러한 항상적인 혁신을 체현하기 위해 만들어진 것이었다. 사람들은 부(富)가 옛것을 지혜롭게 사용하는 것보다는 새로운 기계들을 만들어내거나 새로운 시장을 찾아내는 데 더 많이 달려 있다고 기대하도록 길들여졌다. 그들은 최고의 발명에 상을 주었고, 이러한 가정하에 그들의 투자를 계획하게 되었다. 그리고 정치방면에서는 (단지 행정적인 조치에 불과한 것과는 구별되는 차원에서) 종래 한 특정한 집단의 사람들에게 그들을 구성하는 하나의 특질로, 그리고 이상적으로는 영구한 특질로 간주되어왔던 '법률'이 입법부라고 하는 상존하는 특수 기관의 손아귀에서 그때 그때의 필요에 따라 만들어지고 폐지되게 되었던 것이다.

1800년경에 번영하였던 세대가 살던 시대에는 서유럽의 특정한 지역들에서, 과학과 경제적 생산의 특정 분야들에서, 그리고 (1789년부터는 특히) 사회 질서에서도 이러한 새로운 원칙들이 이미 온전하게 확립되었다. 이러한 중핵적이고 '진화적인' 측면들은 그 당시에는 유럽인들에게 국한되었다. 그러나 전세계적 범위에서 예상치 못한 효과들이 동반되었다.

대변동의 폭발적이고 상호작용적인 측면들

대변동의 또 하나의 측면은 '상호작용적인' 것이라고 할 수 있는데, 진화의 직접적인 결과였으며, 유럽과 다른 지역에서 모두 존재하였다. 이 측면에서 보면 대변동은 서로 교차하는 역사적 사건들의 진행에 새로운 상황을 발생시켰는데, 반드시 대변동에 특유한 정신을 동반하지는 않았다. (그러한 새로운 상황들은 그들만의 정신적 변화를 불러일으켰다.) 이슬람권의 사람들이 처음으로 맞닥뜨린 것은 바로 이 측면이었다. 서유럽과 다른 문명들간의 관계라는 관점에서 보면 세 가지의 핵심적인 변화가 1800년 경에 이미 효력을 발휘하고 있었다. 우선, 새로운 유럽 사회들은 다른 어떤 사회들보다도 훨씬 더 높은 정도의 사회적 힘을 가지게 되었다. 특정 사회 단위를 지배하는 사람들은 훨씬 더 많은 경제적 · 군사적 혹은 지적인 힘을 통제하는 입장에 놓였다. 이것은 유럽인들과 다른 모든 사람들 사이에 급격하게 엄청난 정치적 · 사회적 차이를 만들어내는 결과를 가져왔다. 모든 비유럽인들은 유럽인들이 어떤 공동의 노력을 하건 실질적으로 거기에 좌우될 수밖에 없게 되었다. (그들 사이의 간극은 어떤 점에서는 사실상 최초의 도시 사회들과 원시 부족들 사이의 간극에 견줄 만하다. 문명의 시작단계에서는 대변동의 시대와 마찬가지로 거기에 동반되는 역사적 속도의 가속화가 있었다.)

둘째로, 대단한 기술적 변화의 자연적 속성 때문에 이 간극은 비유럽인들의 삶에서 가장 중요한 단 하나의 사실이 되었다. 새로운 기술적 가능성들을 항상 탐구하는 것은 말 그대로 아무런 한계가 없었다. 유럽인들은 상품과 자원과 시장을 찾는 과정에서 급속도로 지구의 가장 먼 구석구석의 조건들에 의존하게 되었다. 결과적으로 유럽인들은 모든 곳의 문제에 중요한 이해관계를 갖게 되었고, 그런 관심과 힘을 둘 다 가진 상태에서 1800년의 세대가 지나는 동안 (거의 그럴 의도가 없이) 실질적으로 문명 세계의 대부분을 주도하게 되었다. 인도와 말레이시아는 드러내놓고 정복되었고 (그 이전에 유럽인들은 기껏해야 주로 항구도시들을 지배했을 뿐이다), 중동의 통치자들은 그들의 모든 정책을 새로운 서구의 존재와 성격에 맞추어야 하는 처지가 되고 말았다. 곧 서구와 비서구 사이의 간극을 메우는 일은 도처에서 온 정신을 쏟게 만드는 목표가 되었다.

끝으로, 새로운 유럽 사회들은 변화하고 있었고, 아프로-유라시아 문명지대의 다른 사회들에게 익숙한 변화 속도보다 엄청나게 더 빠른 속도로 이 핵심적인 사회적 힘을 키우고 있었으며, 그러면서도 계속 변화하고 있었다. 간극은 더욱 넓어져 갔다. 이는 전 세계에 엄혹한 조건들을 제시했으나, 정치적 간극을 메우려면 그런 조건 속에서 노력하지 않으면 안되었다. 발전은 더 이상 옛날 속도로 진행되어서는 안 되었다. 즉 머지않은 장래에, 500년 후라면 일어났을지도 모르는 종류의 어떤 독립적인 지역적 변동을 기다릴 수 없게 되었다. 만일 점점 더 넓어지는 사회적 간극이 좁혀지려면 이 대변동은 유럽에서 나타난 것과 같은 형태를 띠어야만 했고, 더욱이 그 것은 더 빠른 속도로, 그러니까 아주 다른 방식으로 일어나야만 했다. 세계 의 대부분에서 근대의 역사가 가속화되었다는 것의 첫 번째 의미는 바로 이 것이었다. 즉 변화된 서구에 직면하여 느끼는 무서운 시간적 압박감이었다.

서구의 대변동과 그에 동반하는 근대의 역사적 가속을 모든 인간 집단 들이 자연적으로 거치는 한 단계로 보는 해석은 어떤 면에서는 순전히 서 구중심주의적 해석에 비해 어느 정도 개선된 것이었다. 하지만 그것은 여 전히 매우 불충분한 해석이다. 대변동을 그 '진화적' 측면에 국한시킬 때 에만 우리는 대변동이란 많은 인간 집단들이 준비가 되도록 진화함에 따라 때가 되면 실현될 것을 기다리는 자연스러운 운명이라고 생각할 수 있다. 그러나 역사적 진실 속에서, 그리고 세계의 비서구 지역만이 아니라 서구 자체에서의 실제 역사적 영향이라는 면에서 '진화적' 측면과 '상호작용 적' 측면을 분리하는 것은 아주 인공적으로만 가능하고, 그 두 측면들은 극히 복잡하게 얽혀 있다. 예컨대 인도의 벵골과 영국의 랭커셔의 '상호작 용적' 측면은 양자 모두에게 산업혁명이 시작되었을 때부터 매우 중요하 였다. 증기기관의 발명은 단지 일부 산업도시에서의 사건이 아니라 훨씬 남쪽에 있던 런던, (인구가 감소하게 된) 스코틀랜드 고원, (농업이 궁극적으 로 변모하게 된) 덴마크, 그리고 (동시에) 벵골과 이집트에서도 중요한 사건 이었다. 그 후의 모든 주요 발명이 있을 때마다 똑같은 형태의 일이 계속되 었다. 어떤 도시에서 그런 일이 일어나든지, 그것은 도처에서 중요한 사건 이 되었다. 대변동은 단순히 하나의 단계가 아니라 정확히 말하자면 (발생하는 데 200년이 걸린 일을 사건이라 부를 수 있다면) 하나의 사건이었다. 그 사건은 딱 한 번 일어나면 그것으로 그만이고, 어떤 경우에는 좀 늦더라도 전 세계가 그 영향을 받게 되는 사건이었다. 그리고 그 사건의 영향은 한 사회가 그 사건과 어떤 관계에 있었느냐에 따라 아주 다르게 나타났다.

비록 대변동이 특히 1800년대 세대에게는 엄청난 파괴를 겪게 하였지만 이것은 그때 당시에 순화되었고, 다른 지역에서는 처음에 없었던 건설적인 결과들로 인해 대부분 상쇄되었다. 서구인들에게 대변동의 최종 효과는 적어도 기술적으로 유리한 것이었던 반면에, 다른 지역들에서는 종종 그 반대였다. 서구에서는 일반적으로 정치적 자유의 정도가 향상되는 결과가 빚어진 한편, 똑같은 사건들이 다른 지역에서는 서구에 의한 직접적인 군사적 점령이 없었던 경우에도 미증유의 전제정치를 생산해냈다. 유럽에서는 그 전체 과정이 종종 생산적인 문화적 창조성을 자극하였던 반면 다른 지역에서는 서구가 정복했든 안 했든, 대개는 문화적으로 파괴적이기만 한 기나긴 과정이었다.

1800년경 근대성의 도래가 갖는 전세계적인 성격(과 그것이 동반한 속도의 전환)은 근대의 세계적 '인구 폭발'이 많은 비서구지역에서 대략 그 당시로 거슬러 올라간다는 점에서 잘 증명되고 있다. 이것은 의심할 나위 없이 지역간 무역에 열려 있었던 지역들에서 —즉 모든 '문명화된 지역들'에서— 전쟁, 질병, 나중에는 기근마저도 서구의 직간접적인 개입에 의해 통제되는 상황이 당시에 시작되었기 때문이다. 더욱이 그러한 인구증가는 매우 일찍부터 심각한 결과들을 초래하기 시작하였다. 그것은 예컨대 힌두의 카스트 제도를 더욱 고착화시키는 데 일조하였으며 다른 지역에서는 농업의 조밀화와 유연성 감소를 야기시킨 것으로 보인다. 그리고 전형적으로 서구에서는 인구 증가의 결과가 산업 안으로 흡수되어 여러 가지로 바람직했지만, 다른 지역에서는 일반적으로 그렇지 못했다.

나는 이 글에서 그 이전의 모든 아프로-유라시아 역사와 대조되는 전 세계적인 사건으로서의 1600년에서 1800년 사이 대변동의 극단적인 성격을 인식하는 것의 모든 함의를 다 상세히 기록할 수는 없다. 그러나 그 함의 중 몇 가지는 반드시 열거되어야 한다. 우리가 근대성의 속도라는 것이 단순히 서양의 삶의 한 단계가 아니라는 점을 이해한다면, 근자의 비서구 사회들이 최근에 '다시 깨어나기' 전에 갖고 있던 주요 특성이 '침체'라고 이야기하는 것은 오해의 소지가 있다는 것을 깨닫게 된다. 서유럽에서도 마찬가지였던 수 세기에 걸친 상대적으로 느린 정상적인 발전 혹은 심지어는 도처에서 보이는 어느 정도의 침체가 탁월한 창조성의 드물게 보는 폭발들과 뒤섞여 있었다. 근세에서 정상적이었던 것은 비서구사회의 조건들이었다. 5000년에 걸친 일반적인 패턴으로부터 벗어나고 있던 것은 서유럽이었다. 여기에 적절한 의문은 '왜 무슬림들이 뒤떨어졌나?'가 아니라 '왜 서양이 갑자기 그렇게 달라졌나?'다.

그러나 마찬가지로 비서구인들의 불행을 전적으로 일부 서구 열강들의 식민주의적 악의로만 돌릴 수는 없다. 그것은 전세계적인 역사적 상황에서 나온 결과이며, 거기서 서구의 정권들이 한 역할은 독자적으로 생겨나는 필요에 따르는 부차적이고 파생적인 것이었다. (그리고 그들의 역할은 그 상황에서는 우리가 인정하고 싶어하는 것 이상으로 종종 상대적으로 건설적이었을지도 모른다.) 우리는 인간 집단들 그 자체의 차이를 다루는 것이 아니라, 두개의 역사적 조건들 사이의 차이를 다루는 것이다. 근대 서구의 팽창은 그 이전의─중세 십자군 혹은 고대 그리스인들 혹은 이슬람 초기의 아랍인들이나 그 이후의 무슬림들의─지역적 팽창에 아주 부분적으로밖에 비유할 수 없다. 그러한 이전의 움직임들은 하나의 동일한 반구 규모의 역사적 맥락 안에서 일어났다. 그것들은 일시적인 세력의 변화를 대변하는 것이었고, 전반적인 역사적 변화의 속도와 장기적으로 파악되는 사회적 힘의 수준은 대략 어느 쪽이나 비슷했다. 이처럼 힘이 비슷했기 때문에 그들 사이의 우위는 운에 따라 상당히 자주 바뀔 수 있었다. 사실상, 근대 서구의 지위의 기원을 콜럼버스와 바스코 다 가마의 공으로부터 찾는 것은 오해의 소지가 매우 크다. 왜냐하면 적어도 동반구에서 그런 것들은 여전히 하나의 인간 집단이 다른 집단을 대체하는 것으로 단순히 해석될 수 있기 때문이다. 최초의 대양으로의 팽창은 물론 대단히 눈길을 끄는 일이지만, 지속되고 있던 아프로-유라시아의 역사적 패턴을 파괴하지는 못했다. 페르시아인들, 로마인들, 아랍인들, 영국인들, 미국인들, 그리고 나서 중국인들의 흥망을 추적하려고 하는 사람들은 핵심을 간과하고 있는 것이다.

만일 대변동, 혹은 적어도 그것의 한 핵심적 측면이 중세 서유럽이 포함되어 있던 아프로-유라시아의 역사적 과정의 패턴으로부터 하나의 일탈이라고 간주하는 것이 정확하다면, 서양의 전통은 근대성에 의해 제기된 문제들에 대한 모든, 혹은 대부분의 해답을 갖고 있을 리가 없다. 이것은 사건의 정확한 전개를 역사적으로 이해하는 데 엄청난 중요성을 갖는다. 그러나 근본적으로 근대의 역사적 조건은 모든 전근대적 역사적 형태들과는 확연한 불연속성을 보이며, 그것은 서구나 비서구에서나 마찬가지다. (정통 마르크스주의적 분석의 약점 중 하나는 그것이 특수한 서양의 경험을 너무 자유롭게 일반화시킨다는 것이다.[8]) 따라서, 비서구인들이 그들의 발전에 대한 희망을 서구 발전의 초기단계에 지나치게 가깝게 상정하는 것은 위험하다. 근대의 자본주의를 아프로-유라시아의 역사에서 진실로 전례가 없었던 것은 아니었던 서양 중세 말의 자본주의적 발전에 지나치게 근접시켜 추적하는 것도 위험하다. 이와 비슷하게, 나로서는 가장 드물게 보는 비유적 의미

---

8) 필자의 "Hemispheric Interregional History as an Approach to World History," *Journal of World History*, vol. 1, 1953~1954, pp. 715~723은 서구의 전통적인 세계사 왜곡이 대부분의 역사 이론들에 미친 영향을 논하였다.

로 이야기한다면, 무슬림들이 일반적으로 가지고 있는 생각, 즉 이슬람은 그 자체에서 루터와 종교개혁이 필요했다는 생각도 오해의 소지가 있다고 생각한다. 15~16세기 서구의 프로테스탄트 운동들은 그들 시대에서 역사적 충격의 정도로 본다면 이란의 종교적 구성을 변형시킨 15~16세기의 시아 운동에 비견할 만하다. 만일 프로테스탄트 운동이 근대적 조건과 더 큰 관련이 있다면 이것은 부분적으로는 우연한 역사적 인연 때문이다. 가톨릭 지역에서 근대성이 덜 준비되어 있었다고 보기는 어렵다. 그러나 성말로 신교와 구교가 모두 (유대교와 마찬가지로) 근대성의 '진화적인' 정신의 영향하에 파스칼의 시대에서 키에르케고르의 시대, 부버의 시대를 거치면서 집중적인 혁신 과정을 거친 것은 사실이다. 만일 무슬림들이 서구에서 어떤 유추의 대상을 찾는다면, 바로 이런 인물들을 참고해야 할 것이다.[9]

끝으로, 근대의 모든 지역에서 약간씩의 변이를 인정하더라도 하나의 일반적인 발전의 경로를 추적해 보기는 너무 이르다. 압둘 하미드(압둘하미드 2세, 오스만 제국의 술탄, 재위 1876~1908-옮긴이)의 전제주의, 영국의 자유주의, 근대 민주주의와 전체주의, 근대 자본주의와 사회주의는 모두 그 이전의 어떤 시대에 있는 그들의 모습을 상상할 수 없게 만드는 공통점들을 갖고 있다. 그 모든 것들은 1600년대에서 1800년대에 걸친 대변동에 대한 반응으로 나온 것이며, 우리는 그 새로운 속도의 역사에 대한 궁극적인

---

9) "A comparison of Islam and Christianity as Frameworks for Religious Life," *Diogenes*, no. 32, 1960년 겨울, pp. 49~74에서, 필자는 이 두 종교 사이의 근본적으로 대조되는 성격, 그리고 그에 따라 이 종교들이 근대성에 반응하는 데 매우 다른 문제들에 봉착한다는 점을 지적하려고 하였다. 만일 그 분석이 옳다면, 무슬림들은 근대 기독교인들이 심각하게 직면하지 않아도 되었던, 그러나 보는 것만큼 단순하지만은 않은 법률주의와 신비주의 사이의 관계, 정의로운 사회질서에 대한 요구와 다양한 신앙의 유효성에 대한 인정 사이의 관계 등의 문제들과 타협을 해야 했다. 여기에 실린 논문은 축약된 형태이고, 거기에는 불행히도 약간의 실수가 있었다는 점을 양지해 주기 바란다. 수정이 가해진 더욱 완전한 형태의 글은 시카고 대학교의 The Committee on Southern Asian Studies 시리즈의 reprint no. 10에 실리게 될 것이다.

대응을 보지 못했다. 적어도 처음의 두 세기 동안 비서구인들은 앞으로 우리가 보게 될 것과 같이, 그 사건을—단지 그 사건의 마지막 부분만이 아니라 전체를—서구와는 다른 식으로 직면해야 했다. 그러나 마침내는 서구마저도 근대성으로 인해 근본적으로 변모하게 되어 서구가 직면해야 하는 변화도 다른 지역에서의 변화와 비슷한 정도의 것이 되어 버렸다. 그러므로 궁극적으로 서구를 포함하여 모든 지역들은 모두 똑같은 일련의 문제에 직면하게 된 것이다. 미래는 모두에게 대단히 미지의 영역이며, 그것이 우리 앞에 열려 있다. 미래에 대한 몇몇 가장 핵심적인 결정을 하게 될 사람들은 바로 고뇌하는 개인들이다.

비서구 사회는 왜 대변동으로 진화하지 못했는가?

우리는 위에서 거론된 요점들을 좀 더 상세히 살펴봐야 한다. 현재 세계의 위기를 2차 세계대전 이래 시작된 것으로 보거나 혹은 (미국에서는) 근자에 먼 지역들에서 미국인들이 무분별한 행동을 한 탓이라고도 보는 '기대상승의 혁명'의 측면에서 논하는 것이 유행이다. 여기서 이야기하는 특정한 기대라는 것은 충분히 사실성이 있으며, 그것의 현재적 형태는 어떤 면에서는 매우 최근에 나타난 것이다. 그러나 이러한 인식에만 기반한 정책은 위험스러울 정도로 천박한 것이 될 것이다. 문제가 생기는 것은, 너무나 자주 있는 일이지만 서구인들이 현재의 '혁명'을 '전통적' 혹은 '잠자고 있던' 수 세기라는 상상된 배경에 갖다 붙일 때다.

우리가 앞에서 언급했듯이, 서구의 종족중심주의는 문명세계의 극서의 구석지역이 거대하고 희미한 '동양'에 짝이 되는 전체의 반을, 더구나 더 '활동적인' 반을 차지하는 세계사를 상상하였다. 그렇게 하면 곧바로 세계에서 서구의 주요한 역할이 굉장히 오랜 역사를 가진 것으로 느껴진다. 적어도 이론상으로는 카이사르의 시대에서부터, 그리고 실제로는 콜럼버스의 시대에서부터 말이다. (불행히도 많은 무슬림들 또한 이러한 전제들과 비슷한 것을 받아들여왔다. 그리하여 무슬림 변명가들은 중세 이슬람이 이러저러한 점에서 중세 서양보다 얼마나 뛰어났는가를 증명하느라고 많은 노력을 기울였고, 거기서부터 그러므로 이슬람은 전세계에서 가장 뛰어났다고 하는 전적으로 비합리적인 결론을 도출했다!) 이렇게 되면 전제된 서구의 세계지배가 시작된 것과 그 현재 단계를 우리 머릿속에서 연결시키기가 어려워진다. 그 두 사건은 '동양'이라는 신화적인 용이 잠만 자고 있었던 아주 길고 조용한 막간으로 분리되어 있다. 사실상, 본격적으로는 근대의 역사 가속과 관련되어야 할 서구의 세계지배는 1세기 반 이상을 거슬러 올라가지 못한다. 그리고 그 1세기 반은 어디에서나 아주 특별히 변화가 많은 시기였다. 지금의 이른바 '혁명'이라고 부르는 것은 프랑스혁명 그 자체와 더불어 시작되었고 이집트, 터키, 구자라트, 벵골, 자바에서 진행되어 왔던 과정의 최근 단계에 지나지 않는다.

　이집트의 경우는 좋은 예를 제공하는 동시에 상대적으로 잘 연구된 분야다.[10] 비록 1798년 나폴레옹이 상륙하기 전 약 3세기 동안 이집트가 이슬람권에서 가장 문화적으로 번성한 곳이 아니었다고 해도—그것은 터키, 이란, 북인도에 비하면 당시에는 약간 침체지역이었다—이집트는 아랍 전역과 아프리카에서 학생들을 끌어모으는 대학이 있는 나름대로 중요한 지적 중심지였고 조용하지만 생산적인 경제부문을 갖고 있었다. 그곳에서의

---

10) 비교적 오래되었지만 아주 잘 서술되었고 중요한 참고문헌을 제공하는 것은 콘(Kohn)이 쓴 *Geschichte der Nationalen Bewegung im Orient* (Berlin: K. Vowinckel, 1928)의 이집트에 대한 부분이다. 이는 마가렛 그린(Margaret Green)에 의해 *A History of Nationalism in the East* (New York: Harcourt Brace, 1929)로 번역되었다. 이 책은 영국이 완전히 통치하였던 상대적으로 짧은 시기만을 다루고 있다.

삶은 더 활발한 이슬람권의 중심지보다는 서구의 새로운 경제적, 정치적, 지적 활동에 의해 아마 덜 교란되었을 것이다. 서구의 그러한 활동들은 18세기가 경과하면서 점점 더 개입적으로 변해갔다. 그러나 18세기의 절정에서, 즉 프랑스혁명과 산업혁명의 세대에서 이집트는 새로운 서구의 근대성으로부터 받는 충격을 다른 어느 지역만큼이나 뼈저리게 느꼈다.

나폴레옹은 이집트에서 (그 시대의 다른 많은 서구열강의 정복군들과는 대조적으로) 잠시 동안 머물렀지만, 그가 거기 있었다는 사실 자체가 구질서, 특히 구체제의 군사 지도자들의 권위를 파괴하고, 그 지역을 해결되지 않는 소요상태로 몰아넣었다. 그러한 혼란 속에서 알바니아 출신의 오스만군 장교 메흐메트 알리(19세기 초 이집트의 총독이자 실질적인 군주로서 근대화 개혁을 강력히 추진했다-옮긴이)가 권력을 탈취할 수 있었고, 구 군사지배층을 노골적으로 파괴하고 나폴레옹의 강력한 제국이라는 매력적인 모델을 따라 그 자신이 국가를 건설하는 데 착수하였다. 그러나 서구의 새로운 열강들이 세계 여러 곳에서 빚어낸 충돌과 혼란이 그에게 많은 것을 파괴할 수 있도록 해주었지만, 그는 서유럽이 200년 동안 쉬지 않고 꾸준히 해온 사회적이고 지적인 변동의 배경이 완전히 결여되었음을 느끼게 되었고, 이러한 결여는 그의 건설 능력에 일정한 한계를 가져왔다. 그런 한계는 그당시에는 낯선 것이었지만, 곧 흔한 일이 되어 버렸다.

그는 구식 군대를 파괴한 후 지역 내에서 징집된 병사로 구성된, 유럽의 장비를 갖추고 유럽인들에 의해 훈련된 새로운 군대를 건설할 수 있었고, 그 군대는 그로 하여금 거대하고 '독립적인' 제국을 아라비아, 시리아, 수단에서 만들어낼 수 있도록 해주었다. 그러나 유럽인들이 그가 퇴각해야 한다고 회담에서 결정하자, 그는 즉각 퇴각해야만 했다. 다만 그는 좀 더 기본적인 다른 일을 할 수 있었다. 그는 구식의 농촌 경제를 파괴했고 재산들을 몰수하고 전통적인 지주 관계를 국가의 직접 개입으로 대체했다. 그리고 구식 경제 대신 그는 유럽의 공장들에 원료를 대는 단일 작물에 대규모로 의존하기 시작했다. 새로운 면화 작물은 일부 사람들에게는 엄청난 수입이 되었지만, 어떤 때는 유럽의 수도들에서 일어난 금융공황이 영향을 미쳐 그들의 이윤을 가져가기도 하고, 그럴 때면 이집트 농민의 생계도 역시 타격을 받았다. 즉 메흐메트 알리가 창조한 군사정부는 서구를 물리칠수는 없었지만, 모든 지역 내 전통들을 효과적으로 파괴하고, 새로운 효율성을 가지고 모든 서민의 가구 안으로 침투하여 전횡을 일삼았다. 그리고 그는 국가의 경제를 유럽의 세계시장과 연결하였고 오랜 명문가들을 그들의 특권적 지위로부터 쫓아내고, 새롭고 근본없는 계층에게 많은 부를 안겨 주었다. 그러나 그것은 하나의 종속된 경제로서, 서구 자본에 좌지우지되는 원자재 생산자로서였다.

메흐메트 알리는 몇 가지 다른 일들도 하려고 했다. 그는 기계화된 산업을 도입하려 했지만, (이를 위한 어떤 기술적 자원들도 부족했기 때문에) 기계를 소의 축력으로 움직이려는 시도 정도에 그쳤고, 그것도 금방 포기했다. 지역 시장은 곧 서구의 기계로 생산된 상품으로 가득 찼고, 이로 인해 숙련된 수공업자들은 직업을 잃었으며 도시에서의 길드적 삶의 사회적 응집력은 파괴되었다. 다른 어떤 건설적인 대안도 없었기 때문에 대체로 경제적 · 사회적 퇴락이 남았다.

이러한 퇴락은 메흐메트 알리가 새로 생긴 전제적 힘을 가지고 오래된 종교 기금(와크프)들을 몰수하게 되자, 지역 내의 사회적이고 지적인 많은 문화시설과 더 나아가 필수적인 서비스마저 그 기금에 의존하고 있던 상황을 악화시켜 쇠락은 더욱 가속화되었다. 학교들은 국가에 직접적으로 의존하게 되었고, 그의 계획이 더 많은 자원을 요구하게 됨에 따라 대학의 교과과정은 빈곤화되었고, 19세기 내내 유지되었던 더욱 편협한 신학적 부분에만 국한되었다.[11] 그는 사실상 서구의 모델에 따른 새로운 지식부문을 건설하려고 하였다. 그러나 여기서도 그의 성공이란 완전하지 못한 것이었다. 그는 많은 학교들을 열었지만 거기에 공부하러 간 학생들은 중세적 학문으로 훈련되어 왔기 때문에 근대 화학과 공학을 배우라는 요구 앞에 당황할 수밖에 없었다. 결국 이러한 학교들이 자리를 잡아 가자 한 세대 동안 많은 시간과 지적 능력을 낭비한 후에야 적어도 근대 저작들을 어느 정도 수준으로 읽어낼 수 있는 사람들을 배출해냈다. 비록 그들은 자신들만의 성과를 내기에는 아직 국제적 수준을 따라잡는 것만으로도 너무 바빴지만 말이다.

그러나 이러한 성공은 또한 파괴적인 측면을 갖고 있었다. 새로운 서구식 학교의 학생들은 이집트의 이슬람적 과거에 대한 진지한 지식을 전혀 갖지 못했고, 자신들의 가족 대다수에게 거의 아무런 공감을 하지 못했다. 마찬가지로 대다수의 사람들도 그들과 공감하지 못했다. 그러나 가장 뛰어난 학생들이 새로운 학교들로 몰리고, 전반적으로 보면 덜 똑똑한 학생들은 전통적인 학교에 가는 것처럼 보였다. 이 전통적인 학교들은 그 범위와 지적 수준 면에서 크게 뒤떨어지게 되었지만 이 학교들만이 지역 내의 문화적 연속성을 유지하였다. 그 결과 두 개의 교육받은 식자층이 갈라지게 되었다. 하나는 자기 나라 사람들로부터 멀어지게 만든 근대적 지식을 갖추었으되, 자기들의 종교에 대해서는 거의 아무것도 모르는 사람들이었다. 또 다른 집단은 근대적 부문의 지적 원천에 대해서는 아무것도 모르며 점점 더 능력을 상실해 가고 있던, 자기 종교의 무능한 보호자들이었다.

나폴레옹이 독일을 침략했을 때 일어난 일과 대조하면 명확하다. 역사적 변화의 속도에서 이집트는 독일보다 결코 느리지 않았다. 그러나 독일이 더욱 활력 있는 경제 · 사회 · 지식부문을 새롭게 건설했지만, 동일한 세

---

11) J. Heyworth-Dunne, *An Introduction to the History of Education in Egypt* (London: Luzac, 1938) 참조.

계사적 사건들이 이집트에서는 전체적으로 반대되는 결과를 가져왔다. 독일에서는 행정 기술상의 혁신, 기계에 의한 생산 등이 프랑스나 영국만큼 발달하지는 않았지만, 종전의 여러 세대에 걸친 중세의 서기들과 수공업자들의 점진적인 훈련을 통해 점점 더 기술적으로 진보된 방식으로 준비되어 왔다. 그런 점은 영국이나 프랑스와 마찬가지였다. 왜냐하면 독일은 근본적으로 영국과 프랑스가 속하는 넓은 사회의 일부였기 때문이다. 이집트에서는 그와 반대로 똑같은 사건들이 수공업자의 기술과 18세기에 그 지역에 존재하던 지적 건전성을 파괴하였다.

시간이 흘러 재건사업, 산업화, 민주화를 해야 할 때가 되었을 때 이집트 같은 곳에서는 인적 자원이 한 세기 전에 준비되었던 수준보다도 더 취약해져 있었다. 그래서 잘 갖추어진 나라에는 더 많은 것이 주어지고, 빈약한 나라는 종전에 가졌던 것마저 빼앗겼다. 이슬람권의 사람들은 대변동의 '진화적' 측면을 기르는 것이 얼마나 중요한지 깨닫게 되었다. 그들은 이 측면이야말로 번영의 열쇠라는 점을 깨달았고, 강제적으로라도 그것을 이루어야 한다고 느꼈다. 그러나 이제 그것은 그러한 측면을 그냥 새로 받아들이는―인류학적인 의미에서의 단순한 전파―문제가 아니었다. 근대성은 이미 진정한 의미에서 도래해 있었다. 이 상황에서의 시도는 근대성의 덜 유리한 결과를 더 유리한 것으로 바꾸려고 하는 것이었다. 이것은 그냥 받아들이는 것보다 훨씬 더 어려운 일이다. 유럽의 근대성이 세계를 중심 지역과 다소간 (경제적으로) 식민지적인 지역으로 나누는 것을 전제한 만큼, 그것은 유럽에서 근대성의 본질 자체의 변화를 수반하게 될지도 모르는 일이었다. 적어도 그것은 근대의 주요한 역사적 결정 중 하나를 역전시키는 것을 수반하였다. 더 나쁜 것은 그것이 하나의 자체지속적인 세력관계를 변화시키는 일을 수반한다는 점이었다. 그리하여 이집트인들이 두 세대 동안의 경험을 하고 난 후 메흐메트 알리 왕조의 사치스럽고 전제적인 통치를 종식시키려 했을 때, 영국인들은 포함을 동원하여 문제를 그들 나름의 방식으로 해결했다. 그들은 헌법 대신 외국의 감독을 강요했고, 이집트의 무절제한 재정운영에 대한 대응으로 외채의 지불을 유지할 수 있도록 교육예산을 삭감하였다. 그러나 다른 나라들의 경우를 보면 영국에 의한 점령이 그러한 결과들을 보장하기 위해 정말로 필요했는지에 대해서 의심이 간다. 경제력과 지적인 힘만으로도 예컨대 압둘 하미드 시대의 터키에서 비슷한 결과를 초래할 수 있었다.

이집트의 이야기는 ─ 대개 거기서보다는 덜 체계적으로, 그리고 아주 다양한 상황하에서 ─ 동반구 대부분의 도시와 문자를 갖춘 문명이 있는 지역에서 되풀이되었다. '식민' 통치는 유럽인 자신들도 통제하기 어려운 역사적 발전에 부수적으로 따르는 일이었다. 동유럽 ─ 즉 러시아, 발칸 반도, 터키 ─ 은 물론 정도의 차이는 있지만 원래의 제도들과 지속적인 교류의 양 측면 모두에서 서유럽의 문화에 상대적으로 가깝게 연결되어 있었다. 근대적 방식들을 채택하는 과정은 그곳에서 더 일찍 시작되었고, 문화적 배경이 더욱 결정적으로 다른 세계의 여타 지역들에서보다 덜 확연한 불연속성을 가지고 진행되었다. 일본은 거의 유일하게, 서구의 대변동의 초기에 의도적으로 고립정책을 채택했다. (이것은 직접적인 정복이나 간섭의 심각한 위험이 있기 훨씬 전의 일이다.) 한편 일본은 여러 섬으로 된 그 영토 안에서 마침내 고립을 포기해야 했을 때, 그 충격의 상대적으로 파괴적인 측면들의 일부를 벗어날 수 있게 해주었던 제도들 ─ 그리고 지적인 자각 ─ 을 건설하였다. 다른 곳에서 근대를 시작하였던, 원래의 문화적 변동을 공유하지 않았던 대부분의 사회들은 19세기에 치욕과 강등을 맛보았다.

대변동의 중요한 두 세기 동안 그러한 사회들의 상당 부분은 이슬람권에 속했다. 이러한 사실은 그 수치를 더 큰 것으로 만들었다. 7세기 아랍인들의 정복으로 이루어진 이슬람의 원래 영토는 셈-이란 계통의 중동과 거기에서 좀 더 나아간 지역, 특히 서지중해에 있었다. 그러나 기원 1000년 경 이후에, 이슬람사회는 거대하고 지속적인 팽창을 시작하여 결국 아프리카, 동유럽, 중앙 유라시아, 인도, 말레이시아 대부분에 전파되어 이슬람이 주도적인 문화의 층을 형성하는 지역을 약 세 배로 늘렸다. 이런 사실은 전통적으로 역사에 관심이 많던 무슬림들도 알고 있었다. 그들은 모든 인간 사회에 대한 창조주의 의지가 역사적으로 체현된 것이 바로 무슬림 공동체이며 이 공동체는 신의 보호를 받는 운명이라고 여겼다. 이슬람은 종교적인 부르심을 특별히 사회적이고 역사적인 감각으로 이해하여, 신앙인으로서의 인간의 역할이 모든 생명을 정의롭게 질서지우며 지상에서의 신의 대리인으로 봉사하는 것이라고 생각하였다. 이슬람은 더 좁은 신앙들의 긴 행렬 속에서 궁극적이고 가장 완전한 종교가 될 것이고, 그 사명은 보편적이고 믿음이 깊은 사회를 건설하는 것이었다.

무슬림들에게 있어서 대변동의 주요한 결과 중 하나는 이러한 역사적인 관념이 반박되고, 무슬림의 자기 이미지가 심각하게 훼손되었다는 점이다. 교양없는 십자군 이상의 지적인 어떠한 것도 생산해내기에는 너무 춥고 안개가 많다고 옛날에 이미 제쳐 둔 저 먼 북방의 기독교인들이 이제는 갑자기 세상의 모든 일을 좌우하는 실력자가 되어 버린 것이다. 서구의 세계 지배는, 예컨대 이미 오래도록 무슬림이 지배하는 세계에서 반쯤은 피지배 상태에 놓여 있던 힌두인들보다 무슬림에게 훨씬 더 충격적인 것이었다. 따라서 무슬림의 경우에 서구의 대변동의 파괴적인 효과들은 근본적인 영적 패배감과 함께 복합된 것이었다. 이러한 패배감은 19세기를 특징지었던 유럽의 역사적 자신감과 정반대의 것이었다.

그렇다면 근대의 역사적 가속은 서구인들에게 주어진 것과는 완전히 다른 문제들을 무슬림들에게 제시했음이 분명하다. 이는 부분적으로는, 바로 대변동이 애초부터 전세계적인 측면을 가지고 있었고 단순하게 서양의 변화과정 속의 한 단계가 아니었기 때문이다. 그리고 그럼에도 불구하고 대변동이 단지 모든 인간 집단에게 모두 있는 하나의 단계가 아니라, 하나의 단일하고 확산되는 사건이기 때문이기도 했다. 그러나 우리가 무슬림의 곤경을 생각하기 이전에, 먼저 그러한 문제들을 좀 더 일반적으로 다루고 그런 문제에 대한 서구의 경험을 특별히 살펴보아야 한다.

역사의 가속화 속에서 대두되는 개인

내 책상 위에는 만족스러워 보이는 거북이 한 무리 가운데 하나가 "생각해봐, 우린 이제 무서운 속도의 원자력 시대에 살고 있는 거야!" 하고 기쁜 듯이 소리치는 모습을 보여주는 1947년도의 만화가 있다. 사람들은 그들이 직면하는 역사적 사건들 때문에 어떤 식으로든 달라진다는 것을 믿기 어려울 때가 있다. 그러나 뉴욕 시의 주민과 옛 마야문명의 마을 주민 사이에는 부정할 수 없는 차이가 있고, 그 차이의 일부는 역사에 대한 서로 다른 관계에서 나오는 것이다. 그가 실제로 생각하고 행동하는 방식의 차이가 아무리 적을지라도, 당사자에게 잠재적인 차이는 도덕적으로 아주 중요한 것이다.

궁극적으로, 도덕적인 개인에게 역사적 가속화의 의미는 어떤 경우에나 그 개인의 수명과 역사적 사건들의 속도 사이의 변화된 관계 속에 존재한다고 가정할 수 있다. 우리는 인간의 역사가 정치적인 면에서 혹은 다른 분야에서의 일상생활의 전제들을 바꾸는 활동으로 이루어져 있다고도 볼 수 있다. 도시문명의 초입에서 이러한 의미의 역사는 강하게 인식되었다. 그 당시의 역사적 속도의 급격한 증가는 일부 개인들을 거의 비역사적 존재에서 명백한 역사적 삶으로 끌어올렸다. 원시 부족들의 결정이라는 기본적인 맥락을 수정하는 데 한 개인의 행동이 끼치는 영향력은 일반적으로 거의 보이지 않는다. 부족사는 가족의 전기와 거의 구별되지 않는다. 문명단계에서는 기본적인 사회적 · 문화적 맥락이 매 세대마다 점점 더 가시적으로 변화한다. 고대와 중세에는 이후 세대의 사회적 · 문화적 전제들이 철학자, 정복자, 예언자, 심지어는 발명가에 의해 운명적으로 변화되어 인간들에게 가능한 결정의 유형 자체가 변화하였다. 그러나 그런 위치에 오른 사람들은 극히 드물었고, 그들이 한 행동의 결과는 대개 느리게 발현되었다. 근대의 대변동과 함께 훨씬 더 많은 사람들이, 점점 더 넓은 범위의 활동으로 정상적인 결정의 맥락을 바꾸는 결과를 초래하는, 즉 역사를 만드는 행동을 취하게 되는 위치에 서게 되었다. 그리고 역사의 지속적인 가속화 때문에 이제는 후속 세대의 기본 전제만이 아니라, 그들 자신의 세대의 전제들마저도 영향을 받는 경우가 생겨났다. 점점 더, 매 20년마다, 매 10년마다, 거의 매년 모든 관련된 사람들은 자신이 어떤 환경 속에서 중요한 결정을 내려야 하는지 재평가해야 한다. 비록 그것이 그가 운명적인 결정을 해야 하는 빈도를 증가시킨다고 해도 말이다.

대변동의 '진화적' 측면은 역사의 속도 자체가 그토록 대단한 잠재적 중요성을 부여했던 개인의 역할을 강조하는 데 일조했다. 단순히 생활방식의 다양성과 풍부함이 개인들에게 열렸다는 것만이 아니다. 물론 그 사실도 아주 중요하지만 말이다. 경제적 생산에서 기술 혁신의 지배는 즉각적으로 전문 상품과 발명적 상상력의 다양성에 이바지했다. 그러나 그것은 대량소비를 위한 대량생산의 측면에서만 멀리 진행될 수 있었다. 따라서 대변동의 특징 중 하나는 경제적 과정뿐만 아니라 심지어 사회적 · 지적 과정에도 많은 인구가 참여하게 됐다는 점이었다. 이제 일반 서민들은 더 이상 도시문화의 주변에 있는 문맹의 농민이 아니었다. 심지어 가장 낮은 계층의 일상생활마저도 점점 더 소비자, 생산자, 투표자, 학생, 독자로서 도시의 경제적 · 정치적 · 지적 삶에 적극적이고도 복합적으로 참여함으로써 결정되었다. 프랑스혁명에서 농민들은 이미 그 이전의 어떤 쟈케리(Jacquerie, 농민 반란군)도 바랄 수 없었을 결정적인 역할을 해냈다. 이러한 대중 행동은 어떤 의미에서는 개인성의 적이다. 그러나 그것은 또한 현대의 광범위한 다양성이 자기 앞에 열려 있다는 것을 발견한 사람들의 수를 엄청나게 증가시켰다.

문화적 활동의 모든 측면에서 대중이 참여하게 된 것과 함께, 적어도 특정한 방향에서는 개인이 능력을 발휘할 것에 대한 기대수준도 높아졌다. 물론 초기에는 노동자에게는 비록 종류는 다르더라도 일부 수공업자들이 체득했던 정도와 거의 맞먹을 정도의 정확성과 한 곳에 머물러 일하는 규율을 배울 것이 요구되었을 것이다. 개인은 또한 이전의 도시생활과는 전혀 달라진, 삶이라는 게임의 지속적으로 변화하는 법칙에 대한 적응력을 길러 나가야만 했다. 그리고 이 과정의 어려움은 그 후에 개인들이 이 시대의 의미를 이해하도록 도와주기 위해서 다수의 사회사업, 법률 상담 등의 기관들이 만들어질 수밖에 없었다는 사실을 보면 알 수 있다.

그러나 다수 대중의 문화 참여와 함께 민주적 덕목을 보장하기 위해 더 높은 수준의 사회적 책임이 점점 더 요구되었다. 인간은 단지 추상적이고 조금은 비인격적인 정직성을 배워야 할 뿐만 아니라―일부 서구 국가들 사이에서 이것은 아주 잘 학습되어 있다―평등주의적 협력과 창의성의 모범이 되어야 했다. 결혼생활에서 남편은 아내 위에 군림하지 말아야 했다. 아내는 이혼을 할 수도 있지만, 그것보다는 서로의 심리적 의식을 심층화함으로써 그와 함께 '결혼을 유지'할 것이 기대되었다. 그는 또한 자식들의 운명을 미리 결정해서는 안 되었고, 그들을 결혼, 도덕적 기준, 종교에 대해 자기 나름대로의 현명한 결정을 내릴 수 있도록 키워야 했다. 그는 또한 종족적 배타성이라는 자연스러운 감정을 억누르고 그의 사회에 속하는 모든 사람들과 통합될 준비를 갖추어야 했다. 그리고 만일 그가 실수를 하면 그는 단지 벌을 받고 풀려나는 것이 아니라 '그의 인성을 복구'하도록 노력해야만 했다. 그는 심지어 최후 중재자에게 의존하지 않고 타협과 논의를 통해 집단적인 의사결정에 이르는 기술마저도 길러야 했다. 이 모든 것이 성공하려면 그는 궁극적으로 자기의 모든 신경증을 제거하고, 인식과 객관성에 장애가 되는 모든 것을 제거하고, 지적이고 책임 있는 시민으로 거듭나야 하는 것이다. 이러한 목표를 향해 최선진국들의 교육자와 심리치료사들은 헌신적으로 일해 왔다. (이와 같은 행동지침은 아마 미국과 소련 사이에서 기본적으로는 그다지 큰 차이가 없을 것이다.) 이 모든 것은 물론 지금으로서는 요원한 이야기다. 그러나 루소와 페스탈로치의 시대 이래 서구에서의 도덕적 담론의 전체적인 기조를 바꾸는 데 충분할 만큼은 실현되어 있다.

불가피하게 스트레스를 받고 오래된 규범 대신 민주적인 덕목이 요구되는 대중사회적 차원의 삶은 이미 충분한지도 모른다. 그것은 일상생활에서 인간이 마주치는 선택의 문제의 성질이 너무나도 빠른 속도로 변한다는 점에서 악화일로를 걸어 왔다. 그는 더 이상 한 공동체 안의 사회적 전통에서 고정된 규범에 따라 자신의 이미지를 간직할 수 없다. 그러나 고뇌하는 사색가에게 이 도덕적 불확실성은 개인의 증가된 역사적 책임에 의해 몇 곱절로 늘어난다. 어떤 사람이 그에게 열려 있는 많은 길 중 하나를 택해 움직이기로 한다면, 그는 이전 시대에는 들어본 적도 없는 역사적 힘을 발휘할 수 있었다. 상황이 매년 더 빨리 변함에 따라 단 한 가지 확실한 것은 옛날 식은 오래가지 못할 (적어도 옛날 기준에 비추어서는 오래 못 갈) 것이라는 점이었다. 한편 모든 새로운 제안들은 채택될 기회가 주어졌다. 더욱이, 혁신의 홍수 속에서 경쟁력 있는 새로운 방식들은 단지 그 존재 자체만으로도 더 나아가는 일련의 변화를 낳을 것이었다. 어떤 학자가 작업 중인 어떤 저작의 두 번째 판이 나오기도 전에 그의 연구성과는 이미 다른 사람들이 쓴 다수의 새롭고 유용한 논문들의 기반이 되었다. 지금 미국 남부 흑인들의 한 세대 전체가 쓰고 있는 저항의 기술들은 몇 년 전 극소수의 젊은 평화운동가들이 시카고에서 시작한 것이었다.

이러한 상황은 책임 있는 개인의 성질에 대해 몇 가지 함의를 갖는다. 지식인, 독서인들의 수가 급속히 불어나고 그들이 가능한 역사적으로 중요한 행동이 더 급속히 증가하는 데 따라 인간의 위대함에 대한 관념은 의문스러운 것이 되었다. 만일 위대함이라는 것이 역사적으로 효과적인 창조성이라는 측면에서 정의된다면, 그것이 흔해빠진 것은 아니더라도 적어도 전통적으로 그런 관념에 결부되었던 속성들과는 별개의 것이 될 수 있다. (생물학적으로 보면 5만의 인구를 가진 모든 도시들은 기원전 5세기의 아테네가 될 수 있는 가능성을 갖고 있다. 지금까지 이런 생각을 우스운 것으로 만들어 온 것은 역사적 이유들일 뿐이다.) 이미 모든 예술가들은 그가 예술가로 꼽히려면 그 자신이 아주 새로운 스타일을 창조해야 한다고 생각하는 것 같다. 그러나 우리의 현재 목적에 그보다 더 가까운 것은 도덕성에 대한 함의다. 어떤 극한 상황에서는, 물론 역사적 현실의 압박감은 헌신적인 사람들이 그들의 전 생애를 이전에는 군주와 그들의 관료들에게만 결부되어왔던 원칙들에 따라 살도록 유도하였다. 그러나 헌신적인 혁명가가 되지 않는 사람도 도덕성이 더 이상 순수하게 사람들 사이의 문제가 아니고 거의 동등한 정도로 역사적인 책임의 문제가 된다는 것을 느낄 정도로 사회 질서의 패턴을 결정하는 데 있어서 자신들의 역할에 관심을 갖게 되었다. 사회 복음화에 관심을 갖는 기독교인, 역사적인 지향을 갖는 실존주의자, 인도의 간디주의자, 그리고 사회적으로 의식이 있는 무슬림은 모두 공산주의자와 같은 정도로, 자신들의 삶의 도덕적 적합성을 그들이 대인관계의 일정한 기준을 맞추는 것이나 어떤 집단에 대한 충성을 고수하는 것만큼이나 그들이 역사적 과정에서 그들의 위치에서 긍정적인 영향력을 발하는 정도에 의해 평가하게 된 것이다.

이슬람권의 근대적 개인

근대성의 도래에 의해 무슬림의 개인적 책임은 특별하게 복합적인 영향을 받았다. 근대의 다른 모든 측면과 마찬가지로 맨 처음의 결과는 가장 비건설적인 것들이었고, 이들은 또한 근대적 충격의 더 건설적인 측면의 발전에 장애가 되었다. 서구에서와 마찬가지로 개인은 일생 동안 거대하고 파괴적이기까지 한 역사적 변화들을 겪었고, 그는 어떻게든 이것과 직면해야 했다. 그러나 변화는 처음에는 서구와 똑같이 풍부하고 다양한 기회를 가져다 주지 않았다. 광범위한 경제적·정치적 과정 속에 대중이 농민이나 징집병으로 참여하는 것은 대개 그들에게는 파괴적인 일이 될 뿐이었다. 그들의 구식 기술은 종종 소용없는 것이 되었고 그들의 일은 이전부터의 자연적 변수뿐만 아니라, 세계시장의 미지의 새 변수들로부터도 좌우되었다. 그러나 그들은 광범위한 새로운 기술들이나 생활을 향상시킬 새로운 통로들을 얻지 못했다. 그들의 전통적인 도덕적 관계들은 점차로 파탄에 이르렀다. 그러나 더 내적인 '민주적' 미덕의 가능성은 가장 늦게, 가장 어렵게 만들어지는 것이었다.

이러한 상황은 문학이라는 섬세한 계측기에 반영되어 있다. 프로이트 이전에 적어도 서구에서 인간 상호관계의 새로운 인식은 대부분 소설가들이 이뤄낸 일이었다. 소설가들은 독자들에게 개인들이 흑백으로만 구분되는 인물들이 아니라 죄라기보다는 약점을 가진, 그리고 각각의 독특한 강점을 가진 무한히 다양한 인간 본성을 갖고 있는 존재라는 점을, 그리고 인생이 행복한 혹은 불행한 사건들의 연속이라기보다는 성숙하게 자라는 것과 붕괴 같은 것으로 이루어져 있다고 가르쳤다. 이러한 인물묘사가 도덕적 힘으로서 근대 소설의 핵심이라고 한다면, 이슬람권에서 소설의 진화는 밖으로부터 내면으로 들어가는 것이었다. 이슬람권의 소설은 19세기에 역사소설로 시작되었는데, 그것은 심리적 내용으로 보자면 종종 멜로드라마적인 것이었고 어찌되었든 낭만적이었다. 그리고 나서 사회비판과 풍자소설이 발전하였다. 나중에 가서야 미약하나마 개인을 좀 더 가까이서 그리는 흐름이 시작되었다.[12]

간단히 말해서, 개인의 사회적 관계를 단절시키고 도덕적 책임을 문제시하는 것은 일찌감치 무서운 기세로, 점점 더 넓은 범위에서 이루어졌는데 비해서 거기에 상응하는 넓은 개인적 기회들과 도덕적 세련화는 지체되고 왜곡되었다. 맨 처음 단계에, 근대성의 '진화적인' 측면이 아직 크게 발전하기 전에, 사실상 역사적 책임은 새로운 변화의 속도가 주는 충격을 느낀 사람들보다 훨씬 소수의 집단들에게 국한되어 있었다. 즉 대부분의 경우 정치권력의 정상에 오른 소수인들에게 국한된 것이었다. 이슬람권에서 기회의 범위라는 것은 더욱 제한되어 있었는데, 그 기회란 것은 대체로 서구가 그들에게 만들어 주는 상황에 대한 대응 조치들 안에만 있었다. 지역내에서 대변동의 '진화적인' 측면을 육성하는 데 주안점이 두어진 이후 단계에서도 급속한 역사적 변화와 제한된 역사적 기회라는 똑같은 한 쌍의 조건 때문에 똑같은 좌절이 생기는 경향이 있었다. 무엇을 할 것인가 하는 문제는 대개 세상에서 무언가 신선하고 새로운 것을 창조해내는 것의 문제가 아니었다. 할 수 있는 것은 고작해야 여전히 불안스러운 군사적 독립과 최신식의 멋진 관청 본부를 유지하는 것일 때가 너무 많았다. 진정한 창조 대신에 적응이나 심지어는 모방이 필요했다. 개인적 새로움을 창조할 시간은 거의 없었다. 더 성공적으로 모방하는 새로운 방법을 찾아내는 것이 아니라면 말이다. 예컨대 일반적인 화학자는 지속적으로 들어오는 기존에 이

---

12) Hamilton A. R. Gibb, "Studies in Contemporary Arabic Literature," in *Bulletin of the School of Oriental Studies*, vol. IV (1926~28), pp. 745~760 ; vol. V (1928~1930), pp. 311~322, 445 ~466 ; vol. VII(1933~1935), pp. 1~22.

미 알려진 지식을 자신의 문화에 소개하거나 번역하고, 관료들에게 그것의 중요성을 납득시키는 데 분주할 것이다. 그에게는 새로운 화학 원리를 발견할 시간이 전혀 없었다.

개인적인 책임감은 대체로 이러한 분위기 속에서 형성되었다. 서구인들에게 그러한 책임감은 종종 한편으로는 영웅적이고 심지어는 거창하게, 다른 한편으로는 비실제적이고 무엇보다도 구체성을 결여한 것으로 느껴진다. 즉 개개인들은 자신들의 특수한 재능을 바칠 수 있는 여러 특수한 목표보다는 종종 자유와 진보 같은 것에 헌신한다.[13] 오래도록 지연되었던 대중의 적극적 참여가 마침내 나타난 것은, 많이 배웠지만 실업률이 높았던 '지식인'들의 이러한 좌절된 민족주의 아래에서였다. 서구에서와 마찬가지로 생각 있는 무슬림들 사이에서도 역사적 도덕성에 대한 근대적 감각은 끈질기게 자라났다. 그러나 무슬림들 사이에서 그 배경은 18세기의 합리적 열의와 호레이쇼 앨저(Horatio Alger: 19세기 후반 미국의 작가로 누구나 근면, 성실하고 강한 의지가 있으면 가난한 환경을 딛고 부유해질 수 있다는 아메리칸 드림을 설파하는 소설을 썼다-옮긴이)의 성공 이야기에 나오는 경건한 꿈 같은 것이 아니었다. 그들에게 다가온 그것은 근대성이 처음으로 취한 형태가 필연적으로 이끌어낸 좌절스럽고 강렬한 감정이었다.

이슬람적 유산과 근대성 사이의 불연속성이라는 딜레마

이제 이런 모든 것들은 정치, 종교, 교육, 예술 같은 분야에 중요한 함의를 가진다. 그러나 나는 여기에서 논의를 하나의 주제에, 비록 그 주제가 아주

---

13) 구스타프 그루네바움은 그것의 여러 기원을 "Das geistige Problem der Verwestlichung in der Selbstsicht der arabischen Welt," *Saeculum* vol. X, pp. 289~327에서 분석하였다.

큰 것이지만, 집중하고자 한다. 그것은 개인과 그가 물려받는 것으로 되어 있는 고전문명의 문화유산과의 관계다. 이것은 고뇌하는 개인이 활동하게 되는 기반이므로 그에게 매우 중요하다. 그러나 그러한 점은 역사적으로도 아주 중요하다. 근대의 대변동이 지난 5000년간의 역사 속도와 역사적 기본 전제들을 바꾸는 거대한 사건이었고 우리가 아직도 거기에 여러 가지로 반응하고 있는 것이라면, 지금까지 이루어진 어떤 대응방식도 최종적인 것이라고 단정지을 필요가 없다. 미래는 여전히 열려 있다. 그리고 어떤 대응에서도 핵심적인 것은 대변동에 의해 의문을 제기당한 자신의 전근대적 유산에 대한 태도다.

역사적 변화의 속도가 빨라질수록 어떤 특정하고 구체적인 유산의 존속이 어려워진다는 점은 명확하다. 그것은 점점 더 학교 교과과정의 기획, 의식적인 대중매체의 기획 등에 의존하게 된다. 그러나 이 문제의 전체적인 잠재 범위는 서구에서는 기술적 근대성이 서구의 문화적 형태 안에서 성장했다는 사실에 의해 가려져 있다. 서구에서는 프랑스혁명을 포함해서 어떤 뚜렷한 단절도 없었다. 그리고 근대성이 취하는 많은 형태들이 여전히 중세 서구의 생활양식에 기원을 갖고 있다는 것도 사실이다. 이 문제가 무슬림의 경우에서 분석될 때는 이러한 완화 조건들은 없어지고 훨씬 혹독한 분위기가 된다.

초보적인 일련의 미신, 어린이들의 놀이(어린이의 상상력은 사실 그 사회 발전의 과거 단계들을 재생하는 것처럼 보인다), 그리고 적어도 관광객을 끌기 위한 명절의 특별한 행사들 같은 일종의 지방색이라는 형태가 아니면 이슬람적 유산이 과연 존속이나 할 수 있을 것인가 하는 의문이 제기되어 왔다. 이는 종교적 의례를 떠나서 이젠 이슬람사회 자체에 특징적인 것이 별로 없다는 뜻이 아니다. 많은 지역에서 농민들은 그들의 생활방식이 근대성의 경제적 부분의 도래에 의해 비참하게 파탄난 반면, 버스 타기나 영화 보기 이외에는 대변동의 더욱 긍정적인 '진화적' 측면들을 별로 채택하지 않았다. 그러나 그들이 채택한 이 두 가지는—그것이 더 만족스러운 전통적인 패턴들을 교란시킨다는 것 이외에도—더 많은 변화를 불러일으키는 것으로 악명 높다. 어떤 영화들이 고대 아랍이나 무굴 황제들의 영광을 강조한다고 해도, 기껏해야 그것은 할리우드 영화들이 성경이나 십자군을 기리는 장면을 다루는 것과 똑같은 분위기로 제작된 것이다. 내적으로는 그런 영화들이 진실한 문화적 연속성을 보전한 예가 거의 없다. 다시 한 번 전통적인 방식들은 사라지고, 종종 이런저런 이슬람권의 인간 집단에 특징적으로 자라난 새로운 방식들—근대적 정신의 부정할 수 없는 일부—이 자리잡았다. 예컨대 코카 콜라가 이집트의 사무실에서 손님접대에 쓰이는 방식은 확실히 근대적이며 이집트적이다. 그러나 이런 것들은 위대한 이슬람문명의 유산과 진정한 연속성의 관계에 있는 것이 아니다.

고뇌하는 개인에게 정말 중요한 것은 우리 시대의 모든 변화에도 불구하고 주요한 민족적 특질들이 지속될 것인가가 아니라, 미술, 문학, 종교, 법률 등의 '상층 문화'의 전통이 살아남을 수 있느냐의 문제다. 어떻게 진화되었는지를 불문하고 이슬람적 상층 문화의 어떤 형태라도, 그것이 1800년 이전에 쌓아올려진 것과 같이 세계의 다른 비견할 만한 문화유산들과 나란히 진정한 창조적 힘으로 살아남을 것인가의 문제라는 말이다. 전세계가 '서구화'되고 있다고들 하며, 서유럽의 유산만이 종국에는 진실로 경쟁력 있는 것으로 증명될 것이라고들 한다. 만약 우리 중 누군가가 살아남게 된다면 말이다. 무슬림들은 약간 아류 같은 식으로 서구인이 되어 가고 있는가? 어찌되었든 근대성의 충격 때문에 이슬람 사회가 치명상을 입었고 죽어가고 있다는 게 사실인가? 아니면 좀 더 현실에 가까운 문제로, 현실적인 무슬림은 이슬람적 과거에 대해 어떤 관계를 함양하는 것이 가능하며 그것이 그에게 중요할까? 이러한 관계는 그의 서구의 과거에 대한 관계와 어떻게 비교할 수 있는가? 만일 역사가 멈추어 설 수 있거나 혹은 중세와 같은 속도로 움직일 수 있다면 근대 기술의 낯설음에도 불구하고 대답은 더욱 단순하고 긍정적인 것이 되리라. 그러나 근대성의 핵심에는, 기술적 효율성이 항상 일부를 차지하는 관점에서 계속 새롭게 행해지는 재검토를 통과하지 않는 한 모든 과거를 거부하고 마는 변화의 법칙이 자리잡고 있다.

사실 무슬림의 전통과의 단절은 근대 유럽과는 달리 근본적인 것이었다. 이는 단순히 종전 제도들과의 단절이 급격했다는 문제만은 아니었다. 중동에서 단절의 갑작스러움은 유럽에서의 프랑스혁명에서 요구되었던 급격함보다 훨씬 더한 것이었다. 그것은 근대성이 진행됨에 따라 여러 번 되풀이되어야 하는 급격함이었다. (터키 모자의 고전적인 사례를 상기해 보자. 마흐무드 2세[1808~1839년에 재위한 오스만제국의 군주-옮긴이]는 19세기 초에 페즈[챙이 없는 모자]를 종교에 상관없이 모든 오스만 신민들을 나타내는 근대적 머리 덮개로 강요하였고, 이 때문에 강력한 반발을 샀다. 한 세기 후, 아타투르크[20세기 초 터키 공화국의 건국에 지대한 공헌을 한 무스타파 케말. 그는 터키의 초대 대통령이기도 했다-옮긴이]는 공화국의 승리를 확고히 하기 위해 이제 익숙해진 페즈를 챙이 있는 모자로 대체하면서 더 큰 반발에 봉착했다.) 그것은 더 나아가 새로운 방식의 문화적 경향 문제였다.

종종 변화는 단순히 근대화, 즉 서구 자체를 변모시킨 그런 종류의 변화를 의미하는 것이 아니라, 지역-문화적인 의미에서의 사실상의 서구화를 의미하는 것이었다. 이것은 피상적으로 단순한 편리함의 문제처럼 보일지도 모르지만, 언제나 결코 그런 문제가 아니었다. 출판인쇄의 능률화를 위해 (아랍문자의 개혁이 아닌) 라틴 문자를 채택한 것, 개인적 과시를 줄이기 위한 남성의 양복 — 이는 물론 시간과 움직임을 연구하는 심성에서 나온 산물은 아니다—이용 같은 것들은 근대적인 운용 방식을 손쉽게 반영하는 것이었다. 그러나 이런 것들은 원래는 기술적 고려나 본격적인 근대성의 다른 측면들과 단지 우연하게 관련되었을 뿐인 서구의 전통적인 요소들을 이용하는 것이었다. 조심하면 그런 피상적인 서구화는 피할 수 있었다.

그러나 아무리 서양 사회와의 직접적인 연관을 열심히 배제한다고 해도, 좀 더 미묘한 차원에서 가장 기본적인 근대화 노력을 하더라도 전통적인 서구적 요소가 들어오게 되었다. 왜냐하면 근대성의 주요 제도들은 자연히 근대성이 처음으로 발현하게 된 사회의 문화적 형태에 의해 깊이 윤색되었기 때문이다. 우리는 근대성의 제도들이 만약 서구가 아니라 이슬람 사회에서 예컨대 23~24세기에 발전하게 되었다면 어떠했을지 상상을 통해 짐작해 볼 수 있다. 우선, 산업사회는 아마도 국민국가라는 형태로 만들어지지 않았을 것이다. 국민국가와 입헌주의, 권리와 의무에 대한 개별주의적 계약 같은 것들은 중세 서양 사회의 법인주의적 개념으로부터 유래하는 것이다. 중세 이슬람사회의 추상적이고 평등주의적 보편주의를 동반하는 매우 다른 법적 관념으로부터는 아마도 국민국가가 아니라 일종의 초울라마적 국제 집단이 일종의 초샤리아 법에 기초하여 하나의 산업사회를 다스리는 형태가 되었을 가능성이 높다. 그러한 제도들은 서구가 근대화하면서 겪었던 것 같은 근본적인 단절을 이슬람에게 요구하면서도 여전히 기본적 전제들의 연속성을 어느 정도 보전했을 것이다. 사실 이와는 달리 이슬람권의 사람들이 진입해야 했던 것은 서구적 형태의 근대성이었으며, 그들은 아무리 근대적이라 해도 동시에 불가피하게 전통적인 서양의 태도들을 구체화하고 있는 국민국가의 모습으로 자신들을 분절시키지 않으면 안 되었다. 우리가 상상한 산업화된 초샤리아 질서에 대조되는 산업화된 국민국가들의 기본 전제는 중세 서양 안에 깊이 뿌리박힌 것이었다.

고뇌하는 개인에게는, 그가 적어도 가장 기본적인 근대 서구사상을 체화해야 된다는 요구 속에서 근대성의 서양적 요소가 구체화되었다. 근대성의 내부로 들어가기 위해서는 그가 대변동 시대의 대가들, 적어도 데카르트와 케플러에서 칸트와 괴테에 이르는 대가들의 사상 안으로 들어가야 한다고 할 수 있다. 그러나 이들을 이해하려면 그는 그 이전 서양의 배경을 알아야 한다. 사실 그는 서양의 배경에 입각해서 움직일 수 있어야 한다. 비록 이론적으로는 각각의 문화적 배경들이 근대성으로 넘어갈 때 그 자체 내에서의 대가들을 배출해낼 것이라고 예상하겠지만, 실제로 이런 일은 거의 나타나지 않았다. 우리가 앞서 살펴본 조건들에 따르면, 진실로 서구의 근대에 비견할 만한 창의성의 발현은 거의 불가능했다.

이슬람의 유산을 근대적으로 발전시키려는 시도

그런데도 대부분의 생각 있는 무슬림들은 서양인이 되거나, 자신들의 고전 대신 서유럽의 대가들을 선택하거나, 서유럽의 역사를 자기 역사로 받아들이거나, 카이사르와 키케로, 샤를마뉴와 콜럼버스와 레오나르도 다 빈치를 자신들의 영웅으로 간주할 준비가 되어 있지 않았다. 그들이 가톨릭이나 프로테스탄트 기독교인이 될 리는 더더욱 없었다. 19세기 중반, 신질서의 새로운 충격이 지나고 나서, 일부 선각자적인 무슬림들은 새롭고 번영하는 미래를 위한 가장 좋은 방법으로 서구와의 건전한 협동에 기대를 걸었다. 그러한 희망은 여러 지역에서 특히 오스만제국의 구 영역을 통틀어 지난 세기의 마지막 3분의 1 동안의 정치적 실망 속에서 점점 더 가늘어졌고, 1차 세계대전 당시의 환멸 이후 진보적인 정신을 가진 사람들 사이에서 확연히 인기없는 것이 되었다. 그 당시 이래로, 교육받은 무슬림들은 점점 더 강렬하게, 거의 고통스러울 정도로 완전한 서구화의 위협과 그것을 피하고 싶다는 그들 자신의 욕망 사이에서 방황하게 되었다.

　민족주의는 좁은 경계들을 타파하고 근대의 도전에 대응하는 데 필요한 사회적 부문들의 '진화적' 변동을 가능하게 만드는 가장 분명한 이데올로

기적 도구였다. 예부터 내려오는 비서구적인 유산을 보전하거나 혹은 많은 경우에서처럼 재생시키려는 시도들은 민족주의의 중요한 구성요소다. 그러나 이집트의 작가 동호회가 그들의 회의실에 옛날식 순회 인형극단을 불러 한때는 모든 계층을 즐겁게 해주었지만 이제는 라디오와 영화가 아직 보급되지 않은 오지 이외에서는 거의 사라져 버린 예술의 조금 조악한 버전을 보여주는 것은 단순한 민족주의가 아니라, 좀 더 깊은 뿌리를 찾고자 하는 시도다. 그들은 인형극단의 공연 자체에는 그다지 관심이 없지만, 그들 중 일부는 어떤 새로운 시도의 원천을 열 수 있기를 바라는 것이다.

비록 이슬람적 과거와의 연속성은 심각하게 가로막혀 있었지만, 서양의 과거를 선택하는 데도 똑같이 심각한 장애가 있다. 이들 중 하나는 순전히 심적 고통의 문제인데, 경우에 따라서는 가벼이 볼 수 없는 것이다. 이슬람에게 과거와의 단절에 따르는 심적 고통은 그것을 그다지도 좌절스럽게 만드는 모든 요소에서 기인한다. 그러한 단절이 있었을 때, 그 결과는 유럽인들보다 훨씬 충격적이었다. 그러고 나서도 그 결과들은 덜 만족스러웠고, 진전하는 경우는 드물었으며, 기껏해야 너무 멀리 뒤떨어지지 않는 정도였을 뿐이다. 그러나 어떤 면에서 고질적인 모방의 필요성은 더욱 나쁜 것이었다. 왜냐하면 그것은 적을 모방하는 것이었기 때문이다. 즉 신앙이 깊은 무슬림이라면 신이 만드신 세계 질서를 왜곡하는 불경한 자로 간주해야할, 그리고 어찌되었든 무슬림인 그가 제거하고자 하는 외부적 지배의 원천이라고 느낄 수밖에 없는 불신자를 모방하는 것을 의미하기 때문이다.

그의 심적 고통보다도 더 근본적인 것이 서양의 전통에 대해 그가 지속적으로 느끼는 이질감이다. 아랍 청년에게—근대 기술과 근대적 문학형태에 접근하기 위한 열쇠로—영어와 불어를 배운다는 것은 물론 유용하다. 라틴어까지 배우려고 한다면, 자신의 고전 아랍어를 배워야 하기 때문에 가장 생각 있는 청년마저도 시간이 없을 것은 당연하다. 그에게는 무슬림의 직선적인 신앙고백보다 수수께끼 같은 기독교의 신화를 선호할 이유가 없다. 채택되는 것은 서구적 방식의 가장 현대적인 특성들이며, 한 세기만 뒤떨어진 것이라도 선택하지 않는다. 이것은 기술과 과학에서만이 아니라 예술과 문학에서도 마찬가지다. 그리고 최근의 것은 형태와 정신에서 모두 매 십년마다 서양의 과거 속으로 멀어져 간다. 결국 그가 원하는 것은 근대성이지 서양적인 것이 아니다. 그의 선조들은 오래 전에 전근대의 서양을 경멸했고, 거기에는 그럴 만한 이유가 있었다.

이런 이유와 다른 여러 가지 이유들로 근대 무슬림들의 큰 관심사 중 하나는 그들의 문화적 뿌리를 유지하는 것이었다. 이것은 다양한 방식으로 시도되었다. 이 문제들에 대응하는 방식들은 물론 무슬림 종교를 근대적 삶에 맞추어 재생하려고 시도하는 것이었다. 이슬람이 항상 사회질서의 이상과 그 세부마저도 너무나 강조했으므로, 진지하게 종교적인 사람은 다른 종교의 경우보다도 더 사회의 제도적 구조에 관심을 가질 수밖에 없다. 그리하여 종교적 부흥은 개인적인 변화 이상으로 나아가 근대성이 생산한 모든 변화 전체를 다루게 되는 것이 당연하다. 그러나 그러한 시도는 매번 역사의 가속에 직면해서는 그 자체의 어려움이 있다는 것이 증명되었고, 그 최종 결과가 어찌 될지는 아직 알 수 없다.

이에 대한 지각 있고 명백한 해결책이 있었는데 바로 이집트의 무함마드 압두(1849~1905, 이슬람 근대주의 신학자-옮긴이)에 의해 대표되는 것이었다. 그는 이슬람적 정통의 틀 안에 근대 과학과 자연에 대한 지식 수준에서의 모든 근대적 방법들을 수용해서, 그것들을 신앙의 버팀목으로 삼고자 했다. 그는 개명화되고 재조직된 이슬람이 근본적으로 이전과 같은 이슬람이되, 더욱 순수하고 강력해질 것이라는 전제 하에서 그렇게 한 것이다. 그는 이러한 취지에서 많은 저항에도 불구하고 아즈하르 신학대학에 중요한 개혁들을 도입하였다. 그의 업적은 위대하고 지속적인 영향을 남겼다. 그러나 역사적 변화의 빠른 속도는 단순히 계속 적응하는 데 대한 노력만을 요구하는 것이 아니다. 그것은 관련된 세력들 사이의 균형 자체를 교란시킨다. 지금까지 중요했던 부문들이 갑자기 부차적인 것이 된다. 근대성의 원칙 이외에는 달리 도입할 새로운 기본 원칙이 없었으므로, 이슬람은 사실상 이미 만들어진 일련의 관점과 관행일 뿐이었다. 매번 변화가 있을 때마다, 점점 더 많은 변화가 암시되는 것처럼 보였다. 그러나 수많은 새로운 문물이 그 범위와 미래에 대한 전망의 근본적 성격에 있어서 이슬람적인 옛 것을 크게 압도하게 되자, 무함마드 압두의 작업에서 나온 것이 사실은 새로운 생활방식을 옛날의 상투적인 문구로 정당화시키는 것이 아닌지 판단하기가 점점 더 어려워졌다. 지속성이 있으면서도 개혁된 종교 이슬람이 새로운 과학의 틀을 제공해 주는 것이 아니라, 새로운 과학과 연관된 방식들이 지속성이 있으면서도 개혁된 종교 이슬람에게 점점 더 제한된 자리를 허락해 주는 것처럼 보였다.[14]

궁극적으로, 많은 중요한 문제들이 새로운 세속적 영역으로 옮겨졌고, 무함마드 압두의 작업은 그의 의도에도 불구하고 이슬람을 근본적으로 사적인 취향의 문제로 국한시키는 논리적 결과를 초래할지도 모른다. 이슬람은 그 본성을 잃고 사회조직의 한 형태가 될 것이며, 개인의 삶 속에서도 근대성에 의해 함양되는 미덕을 지탱하는 일반적인 도덕적 구속으로까지 약화될 것이다. 이것은 무슬림 교과서의 윤리적 가르침의 적절성을 검토하는 데 기독교 선교사의 자문마저 구할 수 있다는 터키에서의 공식적 형태의 이슬람에 가까운 것이다. 그러한 이슬람은 다른 곳에도 널리 퍼져 있다.

---

14) 무함마드 압두의 찬미자인 타하 후세인(Taha Husayn)의 매우 지각 있는 저작에서 그러한 결과가 예견되었다. *Mustaqbal al-thaqafah fi Misr* 인데, 이 책은 시드니 글레이저(Sidney Glazer)에 의해 *The Future of Culture in Egypt* (Washington, American Council of Learned Societies, 1954)로 영역되었다.

파키스탄의 학파에서는 이슬람이 경우에 따라서는 '박애, 관용, 정의' 정도로 축소된 것으로 보인다. 이 표어는 매우 훌륭한 것이지만, 오해될 경우에는 너무나도 애매해진다. 그것은 이슬람을 다른 종교와 확연히 구별짓지만 순전히 세속적인 다른 철학적 지향들로부터 구별해 주지는 않는다.

많은 사람들은 그 차이가 중요하다고 생각하지 않을 것이다. 그러나 문화적으로 고뇌하는 사람이러면 그것은 문화유산과의 실질적인 연결을 모두 버리는 것이 될 수 있다. 그것은 세상 일들을 장기적인 안목으로 이해하고 싶어하는 그의 노력을 사실상 허사로 만들어 버리는 도덕적 영역에서의 빈곤상태로 그를 몰아넣을 것같이 위협한다. 이렇게 말하는 것은 종교에 대한 도덕적 해석이나, 종교의 구분을 떠난 공통된 이해를 비난하고자 하는 것이 아니다. 나는 단지 하나의 문화적 딜레마를 지적하려고 하는 것이다.

아마도 무함마드 압두의 노력보다 더 심오하고 확연히 개념적으로 더 급진적인 것은 파키스탄의 무함마드 이크발(1873~1938, 인도로부터 무슬림 국가의 독립을 주장한 사상가-옮긴이)의 노력이다. 그는 근대 이슬람주의자들의 연구를 이용하여 바로 근대의 대변동으로 가능한 결과들의 관점에서 역사적인 이슬람이 중심적 역할을 하는 세계사의 이론을 발전시켰다. 그는 이슬람의 긍정적인 유산들이 역동적인 근대적 형태로 재창조되어 근대성을 근대성 안에서부터 휘어잡을 수 있게 되기를 희망했다.[15]

그는 문명화된 역사를 두 개의 시기로 나누었다. 하나는 종교적 계시의 시기로, 매우 원시적인 인류에서 시작하여 예수와 사도 바울의 시대에 이르기까지 점점 더 세련되어 가는 것이었다. 이 시기에 인간의 사상은 마술과 상징의 영역에서 플라톤과 아리스토텔레스의 이성적 철학으로 발전해 갔

---

15) 이크발을 다루는 데 있어서 나는 아마도 그의 생각의 함의를 설명하면서 약간의 추측을 집어넣었을지도 모른다.

다. 그러나 그러한 이성적 철학에서도 사상은 아직 근대적 의미로 과학적이지 못했다. 그것은 추상적이기 때문에 진화적이고 역사적인 실재의 구체성을 제어할 수 없었다. 이성적 사고를 보완하고, 실제의 사회적·실용적인 부문이 한 단계에서 다음 단계로 전개됨에도 불구하고 적절한 권위, 즉 궁극적인 상징적 규범을 제공하기 위해서 계시는 여전히 필요했다. 이러한 필요를 메꾸기 위해 많은 비이성적인 종교들이—비록 시간이 갈수록 더 나은 것이 나오기는 했지만 여전히 불완전한 종교들이—등장하였다. 그러나 플라톤과 아리스토텔레스에서 구체적이지 않고 상징적인 합리주의가 정점에 달한 이후에, 인간의 정신은 마침내 전적으로 적절하고 과학적인 사고방식을 향한 거대한 도약을 할 준비가 되었다. 그렇지만 이것은 종래의 합리주의 그 자체만으로는 이루어질 수 없는 일이었다. 여기에는 새로운 역사적 동력이 필요했고, 그것은 그 당시로서는 또 하나의 계시일 수밖에 없었다. 이는 최후의 계시, 즉 무함마드에게 주어진 계시로 등장했다.

왜냐하면 이크발이 생각하기에는 무함마드의 계시 안에는 종전의 합리주의에 의해 주어진 한계를 넘어서는 새로운 원칙이 등장했기 때문이다. 그것은 귀납적 과학을 가능하게 한 실증적이고 열려 있으면서도 역시 논리적이고 체계적인 관찰의 태도였다. 이제 인간의 정신이 역사적인 성장을 도와줄 더 이상의 계시가 필요하지 않을 정도로 성숙할 수 있었기 때문에 무함마드의 계시가 최종적인 것이 되었다는 것이다. 이크발은 이것을 부분적으로 쿠란 그 자체를 가지고 보여주려고 했다. 쿠란은 자연의 관찰을 호소하며, 신화, 의례, 초자연성은 상대적으로 적다. 그러나 그는 그의 논리를 주로 여러 무슬림 철학자와 과학자들에게서 관찰되는 사고의 새로운 형태에서, 즉 고대 그리스인들의 사고의 기조와 무슬림 아랍인들로부터 라틴 서구가 배워서 근대과학을 발전시킨 생각의 기조 사이에 두드러지는 차이를 설명해낼 수 있는 새로운 형태로 보여주려고 했다. 무함마드의 계시에 내재하고 있던 새로운 원칙의 과학적 함의가 인간의 정신 안에서 발전하는 데는 시간이 걸렸다. 그러므로 무슬림들 자신도 그것을 점진적으로만 깨달을 수 있었다. 그러나 그들은 그 기본적인 특성을 신학과 실용적 과학 두 방면에서 모두 발전시켰고, 서양에서는 그것이 아랍어에서 번역되어 배양된 후에 그들로부터 그 작업을 넘겨받아 엄청난 속도로 발전한 것이다. 근대성의 전체, 기술적 합리성의 감각마저도 모두 그 발전의 결실이라는 것이다.

그러나 이크발은 이와 같은 이슬람의 맹아적 원칙을 가장 급속히 발전시킨 것이 비무슬림들이었다는 사실은 결코 우연이 아니라고 주장할 수 있었다. 왜냐하면 서양이 받아들이지 않았던 무함마드의 계시의 또 다른 측면 역시 똑같이 중요했기 때문이다. 이것은 새롭게 신에 의해 건설되었고 세계를 포용하는 공동체, 즉 강한 평등주의적인 정의감 위에 입각한 사회제도들의 초민족적인 네트워크를 만들어냈고, 처음으로 근대과학에 근접하는 것을 만들어냈을 뿐 아니라 동반구상에 미증유의 규모로 팽창한 그 공동체의 원칙이었다. 예언의 최종적인 성격은 역사적 실제에 기반하여 미래 인간의 삶의 모든 측면에서 영구적인 초석으로 남을 것이다. 즉 이슬람은—서구가 떼어내어 근대 과학을 만들어낸—역동성의 원칙과 지속성의 원칙을 모두 가지고 있었다. 이런 두 원칙들은 이상적으로는 서로 조화를 이루어야 한다. 역동성의 원칙이 발전하는 과정의 어떤 단계에서는 아마도 이 하나의 원칙이 다른 원칙에 의해 제동이 걸리지 않은 상태에서 전 속력으로 발전하기 위해 공동체가 신의 궁극성에 좀 불완전하게 뿌리내리는 것이 필요할지도 모른다. 그러나 궁극적으로는 진정으로 신성한 것에 뿌리내린 공동체가 다시 인수인계를 받아 발전의 균형을 회복해야 한다. (1차 세계대전 후에 이런 글을 쓰고 있던) 그는 일면적으로 물질주의적이고 근본 없는 서구가 그 자체와 전세계를 파괴하기 전에 그러한 균형단계가 때맞춰 도래하기를 희망할 수 있었다.

그렇다면 이크발에게는 이슬람은 단순히 계속 중요성이 축소되어 가는 하나의 코드가 아니라, 항상 세부적으로는 새로 구성되고 있지만 풍부한 역사 속에서 통일성을 유지하고 있는, 하나의 진화하는 역사적 공동체의 지속적인 원천이었다. 이 공동체는 궁극적으로는 서구의 도덕적인 파탄 후에는 그것이 시작했던 근대성을 포함하여 전세계를 물려받을 것이었다.

이것은 아름답고도 설득력 있기까지 한 이론이며 근대 서구인들이 큰 포부를 가지고 한 역사적 행동들에 영감을 주었던 주요 이론들보다 더 역사에 맞지 않는 것도 아니었다. 그러나 이 이론은 결국 서구의 많은 이론들이 그랬던 것처럼 역사적으로 실현되지 못했다. (서구의 이론가들처럼) 역사를 주로 지중해 지역의 입장에서 (비록 서유럽보다는 중동을 강조하고 있기는 하지만) 보고, 다른 주요한 문화의 중심지들을 무시하고 그들 모두를 감싸는 광범위한 역사적 과정을 무시하는 것은 서구에서 훈련받은 이크발만이 아니었다. 이슬람의 역사적 역할 (그리고 서구의 '뿌리 없음'에 대응하는 이슬람의 잠재력)에 대한 그의 평가가 세부적 사실에 기반을 둔 비판을 견디지 못할 것이라는 점이 결정적인 것이다. 그는 사실상 이슬람이 서구보다 더 지속력 있는 도덕의 역사적 전통을 지니고 있다는 점을 보여주지 못했다.

중세에는 이것이 별로 큰 문제가 되지 않았을 것이다. 그러나 창조적인 문화 부흥은 지적인 부실함에 기반할 수 없다. 역사적 변화의 속도 자체가 그런 어떤 이론이 기반으로 삼는 표현되지 않은 관행이나 겨우 균형이 잡힌 타협 같은 것들을 시대에 뒤떨어진 것으로 만들어 버릴 것이다. 따라서 이크발이 시도한 해결책의 제시는 너무나도 빠른 역사의 파도 앞에서 무함마드 압두의 경우와 똑같은 시험에 직면하여 실패하고 마는 것이다. 그의 추종자들은 자신들의 의도와는 반대로 좀 더 근본 정신에 가까운 이슬람 안으로 근대성을 통합하는 것이 아니라, 대부분의 경우 근대성에 의해 만들어진 세계 속에서 이슬람을 위한 한 구석을 마련하는 데 그치게 될 것이다. 시간이 흐르고 이슬람 전통에 관련된 세부사항들이 점점 더 많이 없어지면서, 이것은 다시 선(善)을 희미하게 상징하는 것으로 이슬람을 축소시키고 위협하게 될 것이다.

일부 집단들은 이크발에 의해 틀이 잡힌 접근법을 보통 이상으로 진지하게 받아들였는데, 특히 인도와 파키스탄에 있는 마우두디(1903~1979, 국민국가 아닌 이슬람적 정치체를 추구한 파키스탄의 이슬람 운동가, 사상가-옮긴이)의 추종자들이 그러했다. 그들은 근대 산업부문의 체제를 중세 서양의 제도에 입각해서가 아니라 만일 중간시기의 무슬림 도덕에 영향을 받았더라면 이루어졌을 그런 유형으로 구성하려고 노력했다. 그들은 중간시기의 자선기금인 와크프(사유재산으로부터 일부를 자선이나 공공목적으로 별도 선정한 것으로, 이슬람권의 공공 서비스에 큰 기여를 했고 때로는 금융기관의 역할도 했음-옮긴이)와 동업계약(Shirkat: 이슬람권의 동업계약은 다양하고 유서깊은 것이었다-옮긴이)의 원칙을 출발점으로 삼아 착취적인 이자 없이 자본투자를 이루어내기를 바랐다. 그들은 판사에게 한쪽에 치우치지 않는 법적 자문역이 되는 중세의 무프티를 출발점으로 삼아 고용된 변호사들의 편향적인 호소 없이 근대의 법적 구조의 섬세함을 이용해 보고자 했다.

마우두디가 그의 개혁을 그다지도 급진적인 입장에서 주장하도록 고무한 것은 개인의 역사적 잠재능력에 대한 고양된 의식이었다. 인도의 이슬람 전통 안에서 그는 이상과는 거리가 먼 현실 속에서 이슬람적 사회의 이상을 건설하기 위해 노력한 많은 선학들의 계통을 이었고, 그들을 깊이 의식하고 있었다. 예컨대 아흐마드 시르힌디(1564~1624, 인도의 무슬림 신비주의자-옮긴이)는 특히 이슬람국가의 이상에 대해서 말로만이라도 맞춰 주려는 노력조차 하지 않았던 화려한 무슬림 군주 악바르 대제에게서 자극을 받았다. 그러나 그의 기본적인 걱정은—다른 수피들과 마찬가지로 (그들 중 다수는 탁한 것에 물들까봐 어떤 무슬림 통치자와의 어떤 거래도 거부했다) 모든 무슬림 군사통치자들이 샤리아가 강조하는 평등의 원칙과 인간적인 정의를 크게 벗어나고 있다는 점이었다. 샤 왈리 알라(1703~1762, 인도의 무슬림 신학자로 이슬람 근대주의의 개척자-옮긴이)는 18세기 말 인도에서 무슬림 세력이 겉으로 보기에도 쇠퇴하고 있는 것을 특히 우려하였고, 이상적으로 이슬람이 가져올 것으로 되어 있는 건전한 사회질서가—무슬림의 통치를 통해—확고히 세워지는 것을 보고자 했다. 각각의 경우, 그들의 완벽한 정의라는 관념은 그들 주변의 현실과는 극단적으로 거리가 멀었다. 따져보면 마우두디의 시대 당시만큼이나 거리가 멀었다.

그러나 그들이 제시했던 구체적인 개혁은 각각의 경우 마우두디의 제안보다 훨씬 덜 효과적이고 덜 야심적이었다. 현실적으로 그들이 바랄 수 있는 최대의 것은 전통적으로 무슬림 법의 영역이었던 부문에 무슬림 법을 복권시키는 것, 그리고 여전히 자의적인 통치자의 권력행사에서 좀 더 순수한 부분이 늘어나는 것 정도였다. 마우두디의 시대에는, 역사의 속도가 모든 것을 첨예하게 의문시하게 만들었다. 파키스탄이라는 새로운 실체는 기본 법들을 계속 바꾸었다. 생각 있는 개인은 엄청난 변화를 만들어내려고 시도하는 데서 분명한 영향력을 가지게 되었다. 역사의 가속 때문에 마우두디는 그의 선학들보다 훨씬 높은 곳에 목표를 둘 수 있었고, 그래야만 했다.

그러나 동시에 지금까지 마우두디의 구체적인 성과는 아흐마드 시르힌디나 샤 왈리 알라에 의해 성취된 것보다 더 부적절했다. 새로운 국가 헌법을 제안하는 것을 중요하게 만드는 역사적 변화의 압력 자체가 그 새로운 국가를 이슬람에 입각하고자 하려는 시도를 부질없는 것으로 만들 수도 있는 것이다. 마우두디와 그의 동료들은 이슬람을 잘 알고 있었지만, 근대 세계의 진실들에 대해서는 일반적으로 높은 수준의 인식을 결여하고 있었다. 아마도 그들의 새로운 창안은 무슬림 법과의 유기적인 연속성을 보여주는 것이겠지만, 실질적으로 전세계적인 근대적 제도들의 네트워크 밖에서 그것이 어떻게 발전할 수 있는지를 제시하지는 못했다. 더 정확하게 말하자면, 전통적 이슬람과의 어떤 역사적 연속성마저도 완전히 파괴하는 (공산주의에서의 혁명처럼), 철저한 혁명 없이 마우두디 류의 새로운 제도들을 제대로 적용하기란 거의 상상하기 어렵다. 왜냐하면 중세 이슬람의 윤리는 근대의 제도적 발전 과정에서 명확히 거부당한 중세 기독교 윤리와 그다지 큰 차이가 없기 때문이다. 그것이 어떻게 해서 기독교 윤리보다 더 생명력이 있을 수 있을까? 지금까지 가장 명확한 실질적 결과는 이단이라고 간주되는 사람들에 반대하는 폭동에서 나타났다. 이것은 마우두디의 잘못이라기보다는 그의 높은 목표를 가능하게 만든 역사적 긴박함 자체의 책임일 것이다.

고뇌하는 무슬림의 좌절

한편 이슬람은 미래의 급속하게 진화하는 사회들에 대한 완전한 영적 뿌리를 제공하기 위한 생명력 있는 분명한 기반을 발견하지 못한 채, 과거의 관점에서 상상력을 발휘하여 자기 정체성을 확립하는 데 있어서 하나의 구심점으로 활력 있게 지속되고 있다. 이슬람은 사회적 충성과 역사의식의 집결점으로서 강하게 존재하며, 폭력적으로 강하기까지 하다. 그것은 윤리적 원칙의 근거로서의 역할을 한다. 그리고 동시에 이슬람은 당연히도 성차별, 피임 혹은 비무슬림의 지위 등의 문제에 대한 논쟁의 풍부한 원천이 되기도 한다. '이슬람문명'은 심각하게 문제가 있지만, '서구문명'이 그것을 대체하고 있지는 못하다. 대부분의 이슬람국가에서 이슬람과 그에 연관된 문화유산들은 고뇌하는 개인의 출발점 ─ 만일 그에게 출발점이라는 게 있다면 ─ 으로 여전히 남게 된다.

그러나 이슬람적 유산과 근대성의 요구 그리고 희망 사이의 긴장관계는 여전히 해결되지 못했다. 서구와 비교하면 (메흐메트 알리의 시대에까지 거슬러 올라가는) 문화적 지향들—하나는 종종 답보적이거나 광신적인 경향을 갖는 전통적 이슬람의 지향이고, 다른 하나는 종종 모방적이고 불안한 근대적 지향이다—사이의 긴장은 확연히 견디기 어려운 것이고, 어찌되었든 별로 많은 희망으로 연결되지 않는 것처럼 보인다. 역사적 변화가 더 많은 압박을 할수록 (그리고 그러한 압력이 한번 시작되기만 하면 전세계적으로 확산된다), 그 결과는 더 폭발적이다. 만일 새로운 유형의 문화적 표준이 진화하고 있지 않다면 말이다.

사실 고뇌하는 개인에게 가장 즉각적으로 요긴한 기대수준, 즉 역사적 자기 정체성의 형태는 옛날 식으로 보면 아무런 문화유산도 갖고 있지 않은 것처럼 보이기도 한다. 그러한 기준은 그 어떤 중세문명이나 중세 종교에도 구속되지 않을 것이다. 그 대신 그 표어는 진보가 될 것이며, 기술적 혁신의 속도가 그 자체의 규범을 제공할 것이다. 이는 올더스 헉슬리의 공포스러우면서도 너무나도 가능한 비전인 '멋진 신세계'로 이어질지도 모른다. 그것은 모든 문명의 배경을 가치 있지만 생명이 없는 박물관 소장품으로 바꾸어 버리는 공산주의의 경향 속에서 이루어질 수도 있다. 어쩌면 그것은 아직 완전히 탐구되지 않은 다른 전제들을 갖고 있을지도 모른다.

역사의 가속은 의식적으로 고뇌하는 무슬림들에게 이중의 영향을 미쳤다. 그것은 그들을 매우 힘들고 여러 가지로 좌절스러운 상황에 처하게 하였는데, 그들은 서구인들보다 훨씬 더 심한 뿌리뽑힘을 당하면서도 역사적 실험과 성취에서 오는 보상감은 훨씬 적게 느꼈다. 이는 그들이 미래를 창의적으로 구상하기 위해서 꼭 필요한 현재의 자기정체성을 확립하는 수단으로 자신들의 이슬람적 유산의 숭고함을 현대적으로 주장하고 재해석할 필요성을 두드러지게 만들어 왔다. 그러나 바로 그러한 역사적 상황이 이슬람적 유산의 어떠한 근대적 발전에도 심각한 장애가 되었다. 기술적 고려의 지속적이고 일차적인 주도성 때문에 항상 변화하고, 삶의 어떤 정해진 요소들의 중요성도 흐려지게 만드는 근대성의 일반적인 경향은 모든 전통적인 것들을 평가절하하게 만든다. 그러나 이러한 경향에 맞서려는 무슬림들의 노력은 거기에 더해진 불연속성 — 처음에는 근대성의 파괴적인 측면으로부터, 그리고 그 후에는 사건들의 속도가 더 크게 만들어 버린 서구와 무슬림들 사이의 지속적인 격차로부터 유래한 불연속성 — 에 의해 좌절되었다. 풍부한 전통 속에서 많은 자양분을 빨아들이고 관련된 가치를 유지해 나갈 수 있는 가능성은 적어 보인다.

유산을 보전하는 데 있어서 이슬람과 서구의 문제들 사이의 유사성

어떤 사람들은 근대적 삶(적어도 그 안에서 좋은 점들)이 반드시 서구의 유구한 유산, 심지어 기독교의 문화유산마저도 전제로 한다고 생각한다. 그들은 다른 사람들이 (아마도 서구의 유대인들도) 여기에 동참하는 것을 좋아할 것이다. 그러나 세계적인 관점에서 보면, 그러한 견해는 근본적인 의문을 불러일으킨다. 그다지도 많은 무슬림들이 의식적으로 어떠한 지역-문화적인 의미에서의 서구화도 피하게 만들었던 것은 단순히 서구의 이질성과 적으로서의 역할만이 아니다. 적어도 똑같은 정도의 장벽이 되었던 것이 서양 안에서 서구의 과거가 근대성에 대해 갖는 애매한 관련성이다. 사실상 서구에서의 문화적 불연속성은 실제적인 측면에서 이슬람의 그것과 매우 비슷하다. 과연 종전의 어떤 문명이 (고대 수메르와 같이 역사적으로 공헌한 배경의 일부만이 아니라) 살아 있는 힘으로 남을 조짐을 보이겠는가가 문제가 된다.[16] 무엇보다도 많은 사람들이 '서구 문명의 미래'에 대해 되풀이하여 표현된 걱정이 거만하다고 느끼겠지만, 사실은 그것 자체가 환상이 아닌가 생각해 보아야 한다.

여기서 우리는 그러한 의문을 길게 다룰 수는 없지만, 무슬림에 대하여 이야기되어 온 것들이 잘못된 조명을 받으며 남아 있지 않도록 짚고 넘어가야 한다. 서구와 이슬람 지역에서 놀랄 정도로 기본적으로 닮은 꼴의 구체적인 문제들이 점점 더 증가하고 있다. 이것은 대변동이 전세계적인 사건으로서 진행됨에 따른 것이기도 하지만, 특히 그것이 만들어낸 거대한 격차에 의해 모든 사람들에게 똑같이 살아남는 것에 대한 큰 위협이 가해진다는 점에서 나타나는 문제다. 그런 점이 강조될수록 더 많은 비서구 지역이 더욱 '진화적인' 측면, 즉 (적어도 겉보기에는) 대변동의 더 유리한 측면을 취하는 데 성공하게 된다.

예컨대 학교에서 이집트와 미국의 문제는 두드러지게 비슷해진다. 기술 시대의 요구에 맞추는 것과 동시에 중요한 유산—무엇보다도, 두 경우 모두에서 위대한 고전들—을 국민으로서 완전한 책임을 가진 다수의 고객들에게 어떻게 전달할 것인가? 왜냐하면 기술적 요구라는 것은 단순히 수학과 자연과학을 충분히 배우는 것만이 아니기 때문이다. 그것은 아주 넓은 범위에서 계속 새로워지는 정보를 소화하는 능력에 대한 요구다. 그것은 일련의 사실에 대한 지식 이외에도, 거대하고 다양한 분야들에서 권위 있는 주장을 하는 많은 사람들 가운데에서 판단을 내릴 수 있는 능력을 요구한다. 그러한 교육은 어디에서나 기본적으로 비슷하게 되기 쉬우며, 교육자의 능력을 쥐어짠다. 예술 각각의 분야에서도 우리가 어떻게 스타일 감각의 진실성을 유지하느냐가 문제다. 20세기의 기하학적이고 추상적인 스타일들은 각각의 옛 전통들과는 거의 똑같이 관계가 없으며, 도처에서 '민

---

16) 이러한 의문의 몇 가지 측면은 데니스 롱(Dennis Wrong)이 막스 러너(Max Lerner)의 "America as a Civilization"을 *American Journal of Sociology* (March, 1960)에서 평하면서 지적한 바 있다.

족주의적' 회고의 기반으로 똑같이 쉽게 쓰여지고 있다. 어떻게 미국 어린이가 거실 벽에 똑같은 비중으로 걸려 있는 이탈리아 르네상스 그림의 복사품이 '자기 문화'의 것이고 일본 도쿠가와 시대의 복사품은 '남의 문화'에 속하는 것이라고 알 수 있겠는가?

교회에서는 의지할 만한 것들이 모두 무너져 가는 시대에 '마음의 평화'를 이루는 기술로서의 종교와 20억 개의 텔레비전으로 상징되는 익명성에서 벗어나기 위한 분파적인 피난처로서의 종교 사이에 위협적인 양극화를 어떻게 극복할 것인가를 놓고 기독교인들이 고민하고 있다. 그러나 이슬람도 이슬람을 애매하게 규정하기는 했지만, 정의의 보장으로 보는 사람들과 근대성과 서구의 침입에 대한 방어의 도구로 보는 사람들 사이에서 비슷한 딜레마에 직면해 있다. 여러 종교들이 '물질주의와 무신론에 대항해 싸우는 데' 힘을 합쳐야 한다는 주장이 나온 지 한참 되었다. 각각의 종교들은 모두 그들이 물려받은 종교적 가르침을 가지고 어떤 창의적인 방식으로 근대적 인간에게 다가갈 것인가 하는 좀 더 근본적인 문제들을 안고 있다. 이 점에서도 어느 정도까지는 그들 모두가 비슷한 방법을 사용해야 할 것이다.

이러한 문제들에 구체적으로 대응하는 데 있어서 가톨릭이든 프로테스탄트든 혹은 유대교인이든 서구-유럽적 문화배경을 가진 생각 있는 사람들이 삶의 모든 측면에서 점점 더 빠른 속도로 닥쳐오는 무자비한 기술적 합리화에 맞서 이기려고 할 때, 무함마드 합두나 이크발 같은 사람들이 이슬람 안에서 했던 것보다 더 건실한 원칙을 찾아냈다고 주장할 수 있을 것인지 의문이 든다. 바로 그런 이유 때문에 서구에서 전환의 상대적 용이함이 우리의 연속성 문제를 가렸을 뿐이며, 문제를 완전히 없앤 것이 아니라 상대적으로 덜 고통스럽게 만들었을 뿐이라고 말할 수 있다. 그리고 서구인들이 이슬람의 연속성 문제를 바라볼 때 그들 자신의 문제를 더 명확하고 극명한, 그러므로 어떤 면에서는 더욱 진실한 형태로 볼 수 있다고도 할 수 있다. 역사가 더 빨리 움직일수록, 서구인들이 그 문제들을 스스로 인식하게 될 가능성도 높아진다.

결국 우리 서구인들은 우리가 겪고 있는 여러 가지 과거와의 단절이 다른 사람들과 동떨어져 풀 수 없는 공통의 문제라는 점을 분명히 인식해야 한다. 이제는 무장화와 그것이 동반하는 각국의 지나친 군사화에 대해서도 이런 원리가 적용된다는 것이 확연하다. 어떤 사람들은 이런 원리가 청소년 범죄나 대중사회에서 일종의 책임감을 계발하는 문제 등에도 적용된다는 게 증명되지 않을까 추측하고 있다. 이것은 궁극적으로는 신학의 수준에서도 똑같이 적용된다는 것이 증명될지도 모른다. 우리가 유럽인들, 무슬림들, 힌두인들, 중국인들 모두와 함께 그런 문제들을 힘을 합해 풀어 나가야 하는 것이 옳다면, 생각 있는 서구인들은 근대의 대변동이 만들어낸 거대한 간극의 문제가 그들 자신의 문제이기도 하다는 점을 배워야 할 것이다. 또한 근대성이 그 간극의 양쪽에서 가졌던 다방향적인 효과들을 고려하는 가운데 우리의 공통 문제들을 그려보면서 그 간극을 뛰어넘어 소통하는 법을 배워야 한다. 그리고 다른 전통에 속하는 생각 있는 대표자들도 역시 서구의 죄를 용서하고 공통의 딜레마를 푸는 데 필요한 파트너로서 서구를 받아들여야 한다. 왜냐하면 근대성은 단순히 서구적인 특성들의 결과물만도 아니고, 모든 지역이 나름대로의 방식으로 지나게 되는 하나의 단계도 아니기 때문이다. 근대성은 우리가 함께 직면해야 하는 공통된 세계사 속의 한 사건인 것이다.

3부: 세계사라는 분야

대규모 역사문제 탐구의 필요성

지금까지 우리는 여러 가지 비교적 특수한 역사적 조류들을 세계사적인 관점에서 분석하였다. 그러나 이런 종류의 탐구는 우리를 역사적 의문 추구의 성질 자체에 일반적으로 관련되는 문제와 반복적으로 맞닥뜨리게 한다. 사실 진정으로 세계사적인 관점을 도입하는 것이 역사학적 사고의 거의 모든 측면에서 반향을 일으키리라는 것은 전혀 놀라운 일이 아니다. 이 장의 마지막 부분에서 우리는 지역간사(interregional history)가 그 나름의 역사적 사고를 요구한다는 것을 보게 될 것이며 거기서 더 나아갈 것이다. 그렇게 요구되는 사고유형은 단지 역사학의 연구에만 적용되는 것이 아니라, 공적인 탐구의 한 자율적 분야로서의 역사학문 전반에 핵심적인 것이라고 할 수 있다. 어떤 관점에서 보면, 지역간사로 이해되는 세계사가 역사학계를 지적으로 조직하는 데 중심이 되어야 한다고도 볼 수 있다.

우리가 인류에 대한 우리의 비전을 형성하고 비판하려고 노력할 때 지금까지 이루어진 엄청난 양의 연구성과에도 불구하고 역사학적 지식은 우리의 요구를 충족시켜 주는 데 한참 못 미친다. 우리가 우리의 직접적인 배경과 그것이 어떻게 우리를 형성했는가를 알고 싶다는 것과, 우리가 공감할 수 있는 부분을 넓히고자 아주 다양한 종족들의 과거를 알고 싶다는 것은 벌써 굉장히 큰 주문이다. 이러한 작은 관심들은 벌써 우리가 지구를 한 바퀴 돌아오게 만든다. 그리고 어떻게 기존의 전형적인 교과서나 개설서와는 달리 범위가 넓으면서도 세부적으로는 인간적으로 의미가 있는 통찰을 제공할 수 있겠는가 하는 문제는 역사학적 창의성과 상상력에 큰 부담이 되어 왔다. 더욱이 모든 각성한 개인, 그리고 특히 자각이 있는 모든 사회적으로 활동하는 종교 혹은 정치집단들은 각각 자기 나름대로 전체로서의 역사관을 가지려고 하며, 그 자체의 지향에 시공간을 넘어서는 깊이 있는 조망을 제공하고 싶어한다. 이러한 전체로서의 역사관들을 이해하거나 비평하려면 우리는 내실 있는 역사학에 기대를 걸 수밖에 없다. 그러한 학문의 기능은 역사의 진행경로에 대한 우리의 생각을 바로잡는 것이기 때문이다. 그렇게 되면 적어도 우리가 저지르는 오류의 수가 줄어들 것이다. 그러나 이를 위한 사실적·이론적 기초공사의 대부분은 아직 이루어지지 않았다. 서로 다른 역사적 배경을 가진 사람들―유럽인과 인도인, 무슬림과 중국인―이 같이 살아가야 하며 하나의 공통된 인류로서 일체감을 만들어가야 하는 현재 세계에서 우리가 가진 지식의 부적절함은 해가 갈수록 우리를 더욱 고통스럽게 만든다. 우리는 서로를 거의 알지 못하며, 역사학의 연구가 우리 자신과 이웃들에 대해 적절한 관점을 제공하는 데 점점 더 제 구실을 할 수 있기를 바라야 한다.

그러므로 역사연구가 아직 유아기에 있다는 것은 당연한 일이다. 우리는 단순히 과거의 방법들을 약간 더 확장시키는 것으로 학술의 임무가 완전히 이루어질 것이라고 기대해서는 안 된다. 역사가들의 책임은 훨씬 더 광범위한 것이고 여러 가지 넓고 굴절된 주제들을 탐구하고 그것들을 건전히 다룰 수 있는 도구를 고안하지 않고서는 그 책임을 다할 수 없다. 그러한 과제들은 물론 쉽지 않지만, 역사가들이 짊어져야 할 몫이다.

역사학적 의문추구의 보편적 중요성

어떤 의미로는, 아무리 희미하더라도 전체로서의 세계사에 대한 약간의 관념은 적어도 암묵적으로는 항상 역사학의 핵심을 이루어 왔다. 하나의 지적인 전체로서 역사 연구가 통일성을 가지려면 보편사가 어떻게든 시도되어야 한다는 인식은 랑케 같은 역사가들 사이에서 끈질기게 이어졌다. 물론 적어도 일반적인 서구의 이미지가 대부분의 일상적인 근대 서양의 역사 저작—다른 사람의 저작에 좀 더 수정을 가한 정도가 아니라 독립적이고 광범위한 것들에 한해서 하는 이야기다—의 기본 전제와 방향을 설정해 주었다. 그러한 세계의 이미지가 없다면 역사가들은 일련의 신기한 의문을 가질 수는 있겠지만, 그런 의문들을 예전에 가능했던 만큼도 서로 연결시킬 수 없을 것이다.

그러나 보편사의 중요성은 격렬하게 공격을 받았고, 사실 보편사는 역사학에서 한 번도 제대로 인정받고 명확하게 체계화된 기반이 되지 못했다. 보편사에 대한 공격의 일부는 본질적으로 부정적인 것이었다. 헤겔에 의해 상징되는 '역사철학' 유형은 많은 사람들로 하여금 '큰 의문'에 근접하는 모든 것에 건전한 불신을 갖도록 만들었다. 그들은 당연히도 전체적인 역사적 발전의 체계를 만들기 위해 실제의 자료들이 왜곡되어 들어가야만 하는 상상의 구조물을 피하고자 한 것이다.

이러한 맥락에서 어떤 사람들은 인류가 생물학적인 차원 이외에는 어떤 전체를 형성하지 않기 때문에 보편사라는 것이 있을 수 없다고 주장해 왔다. 세계사란 있을 수 없고, 단지 세계들의 역사—즉 서양은 하나의 세계이고, 인도는 또 하나의 세계이고, 그 이외 지역도 마찬가지라는 것—만이 있을 수 있다는 것이다. 이러한 접근법은 사실상 서구 이외의 다른 지역들의 중요성에 대한 인식의 결과일 때도 있다. 이것은 오직 '서구 세계'만의 역사였던 종래의 세계사에 대한 하나의 반란이다. 그리고 더욱 긍정적인 지향의 부족으로 인하여 그것은 부정적인 형태를 띠게 되었다. 그러나 우리가 보아온 것처럼 적어도 오이쿠메네 안에서는 그러한 폐쇄된 세계들이란 존재하지 않았다. 그런 식으로 일련의 서로 분리된 역사분야들을 구조화하려는 시도는 너무나 많고도 핵심적인 약점들을 갖게 된다. 여기서 해결책은 종전에 있었던 우리 서구 세계사의 모델에 따라 일련의 '세계사들'을 새로 세우는 것이 아니라, 이 모델과 방법론들을 전적으로 거부하고 새로운 종류의 세계사를 새로운 전제 위에서 구성하는 것이다. 만일 오이쿠메네적 역사와 세계사 전체에서 오이쿠메네의 위치가 제대로 이해되기 시작한다면 진실로 세계를 포괄하면서도 부적절한 '역사철학'과 연관된 선험적인 체계와 구성이 배제된 세계사를 개발할 수 있을 것이다.

보편사에 대한 공격의 두 번째 흐름은 역사적 과정의 역학에 대한 일반적 법칙을 만들라는 역사가들에 대한 요구에서 비롯되었다. 특정한 어떤 혁명의 원인이 아니라, 일반적으로 혁명을 일으키는 원인은 무엇인가? 어떤 특정한 예에서가 아니라, 일반적으로 무엇이 왕조들, 국가들, 문화들, 종교들의 흥망을 가져오는가? 무엇이 한 민족의 팽창을, 어떤 경제의 수축을, 어떤 예술 혹은 어떤 문학의 개화를 초래하는가? 역사가 과학적이려면 그것은 단순히 (19세기 이래의 정통 입장에서 그러했던 것처럼) 특정 사실들을 비판하고 정정하는 데 정밀하게 객관적인 방법들을 쓰는 것만으로는 부족하다고 느껴졌다. 역사도 물리학에서와 마찬가지로 보편적이고 시대를 초월하는 일반적 이론을 만들어야 한다고 생각되었다. 역사는 사회학이나 인류학처럼 하나의 '사회과학'이되, 그들과 거의 똑같은 보편적이고 궁극적인 영역을 갖더라도 다른 출발점을 가진 것이 되어야 했다. 이러한 관심을 일관되게 가진 사람에게 헤겔적인 의미에서의 역사철학은 상대적으로 정통에 가까운, 세부적인 것을 추구하는 역사가들에게나 마찬가지로 아주 싫은 것이었다. 비록 토인비 같은 사람은 그런 두 가지 접근법, 즉 과학주의와 선험적인 보편적 구성을 모두 적용한 것처럼 보이지만, 이는 그가 방법론적 명확성을 전적으로 결여하고 있기 때문에 그런 것이다. 사실상, 전통적인 '역사철학'은 항상 역사적 발전에 있어서 특이성을 찾아볼 만큼, 그리고 역사적 발전이 하나의 전체로 조합되는 독특한 방식을 찾을 만큼 충분히 역사학적인 자세를 가졌다. 그것은 사실 일반 법칙들을 만들어내지는 않았지만, 하나의 반복되지 않는 과정들을 분석해냈다. (비코 이래의 상대적으로 일관적인 순환론자들마저도, 비록 일종의 반복되는 유형을 인정하고 있지만, 일군의 일반 법칙을 원하는 사람들에게 제공하는 것은 거의 없다. 왜냐하면 주어진 전체적 역사발전이라는 특정한 맥락으로부터 여러 유형의 역사적 역학관계를 추상화해내는 것과는 거리가 멀었고, 그들의 분석 전체는 그러한 전반적인 발전과정에 더욱 불가분하게 기반하고 있었기 때문이다.)

　이러한 역사적 역학에 대한 관심은 그 자체로 가치가 있다. 더욱이 우리가 지금까지 형성해 온 것 같은 적절한 지역간적인 역사적 배경 없이는 그것이 제대로 구성될 수 없다는 것은 명확하다. 즉 세계의 잘못된 역사적 이미지에 기반한 잘못된 세계사 이론화가 장애가 되어 온 만큼이나 진정한 세계사는 그와 같은 관심에 큰 도움이 될 수 있다. 그러나 역사적 역학에 대한 추상적 연구는 비록 그것이 중요하다고 해도 본격적인 의미의 역사가 아니다. 지역간적 역사는 그것이 역사적 역학의 연구에 대한 관심에 봉사하기 이전에 본격적인 역사로 자리잡아야 한다. 그리고 지역간적 역사가 —가장 중요한 초석은 아닐지 몰라도—하나의 주요 초석이 되는 것도 역시 본격적인 역사에 대해서다. 그리고 지역간적 역사의 결여는—혹은 무의식적으로 가정된 세계의 이미지라는 형태를 띠는 부적절하고 명확하지 않게 체계화된 대체물들의 존재는—모든 역사연구에 아주 나쁜 영향을 주었고, 역사가들에 대해 약간 순진한 표현으로 역사가 '과학'이 되지 못하는 것에 대한 비판이 수없이 제기되는 데 큰 기여를 했다.

　아마도 정말로 바람직한 것은 '과학'이라는 말로 잘 표현되지 못하는 것 같다. 학술적 탐구를 서로 배타적인 '과학들'로 나누는 것은 지식의 통일성 —모든 종류의 존재들에 대한 의문들의 궁극적인 상호의존성 —을 부정하는 느낌을 준다. 그러나 우리는 사실 역사가들에게서 다른 어떠한 인정받는 학문적 분야와 마찬가지로 단순히 지엽적인 관심에서 나오는—논점들의 공은 많이 들었지만 일시적인 혼합물이 아니라 —영구적이고 축적되는 공적 재산인 하나의 지식체계를 바란다. 이러한 의미에서, 세부적으로 아무리 많은 과학적 객관성이 있어도 그것이 역사에게 과학적이라는 말과 결부된 위엄을 주지는 못한다.

　단순한 사사로운 골동품 취미와 대조적으로, 역사라는 학문은 공공대중이 여러 세대에 걸쳐 일반적으로 지원해야 마땅한 활동으로서, 반드시 보편적인 인간에 관련되는 문제들에 답하는 데 관심을 기울여야 한다. 역사학은 사실 그러한 의문의 측면에서 그 자료들을 특정한 사건들로 파악한다. 즉 추상화의 정도가 어떻든—예컨대 한 사람이 어떤 날에 처형되었다든지, 수 세기에 걸친 움직임 속에서 생활방식이 전체적으로 교란되는 것 등 여러 수준에서 추상화가 가능하다—역사는 대체로 좀 더 광범위한 일반적인 어떤 것의 예로서가 아니라, 그것이 다루는 주제 그 자체에 관심이 있다. (우리는 곧 이와 같은 근본적이고 지속적이지만 간혹 감이 잘 잡히지 않는 역사가와 사회과학자의 태도 차이에 대해 다시 이야기하게 될 것이다.) 그러나 특정한 사건들에 대한 의문들은 보편적 중요성을 띨 수 있다. 모든 사람들은 물이 어디에서건 항상 수소와 산소로 이루어져 있다는 일반적 원칙에 대해서와 마찬가지로, 인간이라는 종이 동물적인 배경으로부터 구별되어 나오게 된 일련의 독특한 과정에도 진지하게 관심을 가질 필요가 있다. 비록 후자가 돌이킬 수 없는 일회성의 특정한 사건이고 전자는 항상 다시 반복되는 유형이지만, 각각은 인간에게 보편적인 중요성을 지닌다.

그렇다면, 역사학은 그 안에서 연구되는 의문들이 공공대중의 관심이라는 측면에서 가치가 있기 때문에 하나의 공공적인 분야다. 그러나 그러한 공공의 관심사가 어떻게 결정될 것인가? 겉으로 보기에 절대적으로 두드러지는 형태로 공공적 관심의 기준이 만들어질 수 있는 소수의 분야들과는 대조적으로, 역사분야의 기준은 역사학을 연구하는 것 자체를 통해서만 발견할 수 있다. 순수 물리학이나 화학에서는 좀 더 명확하겠지만, 모든 물리적·생물학적 혹은 사회과학적 연구에서마저도 어떤 측면에서는 특정 시간이나 장소에 구애받지 않고 적용되도록 만들어진 법칙들과 특정한 시간과 공간의 맥락 속에서만 유효한 일반화로서 정말 절대적으로 일반적이지는 않은 것 사이의 구별도 가능하다. 어떤 일반화는 적어도 그것이 유지되는 맥락 안에서는 미래의 잠재적 가능성을 정의한다. 미래의 잠재적 가능성은 선택의 기로에 선 모든 사람들에게 분명히 중요성을 띤다. 무한의 맥락에서의 일반화(우주의 궁극적인 진화에 있어서 그런 것이 정말로 존재하겠느냐는 것이 철학적으로 논의될 수 있다. 실질적인 목적으로는 물론 그런 것이 가능하다)는 필연적으로 (원칙적으로는) 모든 사람들의 미래의 잠재적 가능성을 규정한다. 그리하여 그와 같은 일반화들은 대체로 그 사실 자체로 보편적인 중요성을 띤다고 생각되었다. 그런 의문에 자신의 범주를 한정시키려 하는 분야들(내가 보기에는 물리학과 화학의 범주에 속하는 것들에게만)은 이런 부정할 수 없는 논점과 입장을 갖게 됨으로써 대중적이고 심지어 철학적인 권위를 갖게 되었다. 그런 권위는 다른 학자들, 특히 역사학자들의 부러움을 사기도 한다.

다른 경우는 제쳐두고라도 역사분야에 있어서 정당한 공공적 관심의 기준은 그리 간단하지 않고, 사실상 거기에 대해 합의된 것도 별로 없다. (비록 실제로는 간혹 그러한 기준에 대한 인간적 요구가 '교회와 국가의 문제'에 은연

중에 자리하고 있는 것처럼 보이기는 하지만 말이다.) 즉 물질에 대한 과학 중 지질학이나 천문학이 특정한 해변의 자갈을 열거하는 (그 자체로는 기껏해야 개인적 관심에 불과한) 일이나 달에 있는 산들을 열거하는 (공공 대중의 관심사로 인정받는) 일과의 구분선이 명확하지 않은 것처럼, 골동품 취미와 역사 사이에 확연한 경계선은 없다. 교회와 국가의 계승이라는 오래된 기준의 설득력이 덜해 감에 따라 철학적으로는 부적절하지만 완전히 정당성이 결여되지는 않은 경험법칙, 즉 일단의 독서하는 공공대중이 실제로 관심을 가지는 모든 의문들과 그에 관련되어 있는 의문들은 역사학 내에서 정통성 있고 지속적인 공공의 관심사로 추구된다는 경험법칙에 맡겨질 수 있다.

그러나 역사가들이 스스로 무엇이 진정으로 공공대중에게 이로운 것이며 역사가로서의 직업에 정당하게 관련되는가를 식별해내는 문제를 고민하는 만큼, 이것은 역사를 하나의 공적인 분야로 만드는 것과 밀접하게 연결되어 있었다. 역사학이 추구하는 의문들이 서로 관련되어 있기 때문에 ―한 의문에 대한 답은 다른 의문들에 대한 답 없이는 잘 해명되지 않는다 ―역사분야의 한 부분을 온전히 발전시키는 것은 다른 이웃하는 부분들― 거기에는 또 더 먼 부분들이 연결되어 있다―을 직접적인 관련성은 줄어들지만 간접적인 관련성은 유지되는 형태로 끌어들인다. 물론 바로 이런 것이 하나의 학문 분야에 논리적 통일성을 부여하는 것이다. 어떤 학문이 '조직된 지식의 체계'라고 하는 것은 행정적으로나 분과적 하위 전공들로 조직된 지식을 말하는 것이 아니다. 역동적으로 체계화되었을 때, 어떤 지적 탐구의 분야는 서로 관련된 일련의 의문들의 추구이며, 그러므로 한 의문을 푸는 것에서의 성공은 전체로서의 한 무리를 이루는 그런 의문들 모두에 대해 함의를 갖는 것이다. 물론 모든 진지한 탐구는 어느 정도 서로 관련되어 있다. 모든 규정 가능한 분야들은 궁극적으로는 단지 전공들과 하위 전공들, 더 나아가 하위 전공의 하위 전공들인 것이다. 그러나 일련의 의문들이 적어도 상대적으로 자기완결적으로 되는 중요한 층위들을 식별해내는 것은 유익하다. 예컨대 인간의 사회사는 그러한 인정을 할 만한 분야다. 비록 서구의 역사가들이 그 분야에 대해 명확하게 인정하려고 했을 때, 그들은 일반적으로 잘못된 세계 이미지 때문에 서구 지향적인 왜곡에 입각하여 그 분야를 상정하게 되고 말았지만 말이다.

어떤 부분에서는 역사분야의 특성이 의문을 추구하는 '공통의 방법'에만 있다고 하는 것은 오해의 소지가 있다는 점을 지적해 둘 필요가 있을지도 모른다. 역사학의 '과학적' 성격이 그것의 세밀한 객관성에 존재한다고 하는 사람들은 종종 역사학의 분야로서의 통일성이 그 특징적인 방법론에 존재한다고 주장한다. 그러나 화학적인 방법이, 하나의 지속되는 인간의 탐구로서의 화학과는 전혀 관련이 없는 특정한 응용 과제에 이용될 수 있는 것처럼, 역사학적 방법들도 골동품 애호가의 작업에 상당히 치밀하게 적용될 수 있는 것이다. 역사가들이 서로를 필요로 하는 것은 새로운 학문 방법들이 필요해서가 아니라, 그들이 탐구하고 있는 분야들의 상당한 상호관련성 때문이다. 한 사람이 역사의 모든 것을 알아야 한다는 원래의 기대가 다른 분야들과 마찬가지로 하위 분과들의 양산을 초래했지만, 역사학이 여전히 하나의 전문적 분야로 남는 것은 바로 이 상호관련성 때문이다. 이 분야를 구성하는 것은 거기서 탐구되는 의문들의 상호관련성이다. 그 분야의 통일성을—의식적으로보다는 무의식적으로 좀 더 자주 이루어지고 있는 바와 같이—적용되는 방법들에서 찾는다는 것은 오해를 불러일으키는 데서 그치지 않는다. 그것은 실제로 하나의 공적인 학문분야를 입각시킬 정당한 기반을 찾으려는 탐색을 포기하는 것이다. 왜냐하면 방법 그 자체는 단지 도구에 지나지 않고 그 방법들을 써서 나온 결과들에 대한 관심이나 그 결과들의 중요성을 전혀 보장해 줄 수 없기 때문이다.

인간 사회의 역사(우리는 여기에 전형적인 '역사'라는 명칭을 부여하곤 한다)

는 근본적으로는 그 방법들 때문이 아니라(역사가들은 사실 다른 사람들의 방법들로부터도 많은 것을 배웠다), 제기되는 의문들의 유형에 의해 인간 사회에 대한 다른 분야들로부터 구분되는 것이다. (인간의) 역사와 (인간에 대한) 여러 사회과학들은 거의 같은 현상들을 연구한다. 경험적으로 그들은 다른 방법들과 다른 전통적 관점들에 의해 분리되어 있다. 역사가들은 공식적 행위에 대한 연대기들을 갖고 작업해 왔고, 공문서 보관소의 문서들을 아주 중요시한다. 사회학자들은 근대적 발전 단계들에 대한 이론들을 가지고 시작했고, 통계를 높이 산다. 인류학자들은 인간의 원래 본성을 알고 싶어 하는 데서 출발하였고, 그들의 특징은 혈연관계의 패턴에 대한 연구다. 그러나 이 세 집단은 각각의 독특한 방식으로 인간 사회 전체를 자기 영역으로 주장했고, 정해진 주제에 가장 적절하다고 생각되는 방법은 무엇이든지 사용하게 되었다. 역사가들에게 적어도 특징적인 공통의 관심을 갖게 만드는 것은 인식되었을 때 확연해지는 하나의 특별한 태도다. 사회학자는 멕시코의 혁명을 한 유형, 즉 장소를 막론하고 혁명에 속하는 하나의 사례로 연구할 것이다. 역사가는 같은 혁명을 주어진 시공간 안에서 인간의 성취와 실패의 특정한 조합으로 연구할 것이다. 사회학자와 역사가가 그 혁명을 설명하기 위해 어떤 특정한 사람의 경력을 그 혁명 안에서 중요한 유형의 예로서 연구한다고 해도 여전히 목적의 차이는 남는다. 모든 역사적 명제는 개인들에 대한 경우인데도 어찌 보면 특정한 것들의 어떤 범위로부터의 일반화다. 그러나 역사가가 그 혁명에 대해서 하려는 일반화는 그 일반적 특징 자체를 위해서가 아니라, 그 특정한 혁명에 직접적으로 관련되는 특징을 알아내기 위해서인 것이다. 그리고 철저한 역사가는 그 개인 자체에 대해서도 관심을 갖고, 그 개인이 혁명에 한 공헌 가운데 전형적인 것 말고도 독특하고 대체될 수 없는 부분에 대해 가능한 한 규명해 보고자 할 것이다. 이에 비해 사회학자는 일반적으로 혁명들의 진로에 대한 보충적인 일반화에 도움이 되는 경우를 제외하면 관심을 갖지 않는다. 역사가는 미국혁명을 미국의 정신의 특질을 정의하는 데 그것이 갖는 의미를 찾기 위해, 혹은 적어도 미국의 정신적 전통을 찾기 위해 연구할 것이다. 그는 또 기독교적 체험에서 갖는 십자가형의 독특한 위치를 찾기 위해 십자가형에 대해 연구할 것이다.

역사가들이 연구하는 의문은 물론 여러 사회과학에서 연구하는 것들과 밀접히 관련되어 있다. 어떤 의미로는, 인간 사회라는 전체 영역이 나눌 수 없는 의문의 장이고, 그 안에서의 몇몇 분야들 사이의 구분이라는 것은 전체적 이해에 장벽을 만들어 버리기가 쉽다. 사회 '과학'들과 역사 사이의 구분은 특히 바람직하지 않은 것이 되기 쉽다. 그러나 어찌되었든 인간의 역사는, 그것이 추구하는 유형의 의문들이 계속 자체적으로 상호의존적일 수밖에 없으므로 그 나름의 자율성을 지속적으로 가질 것이다. 이는 부분적으로는 역사적 판단의 도덕적 성격에 대한 문제다. 이 점에 대해서는 앞으로 더 논할 자리가 있을 것이다. 그것은 또한 역사적이라고 할 만한 행위들의 직접적인 상호관련의 문제이기도 하다.

또한 역사가 그 자료에서는 사회과학들과 공통되지만 제기하는 의문의 유형에서 구별되는 것과 마찬가지로, 역사는 '인문학'의 비역사적 측면들, 즉 체계적이거나 비평적인 측면들과도 자료에서는 공통되지만 제기하는 의문의 유형에서 구별된다. 물론 어떤 경제제도의 역사를 다루는 일반적인 역사가와 경제사를 깊게 파들어가는 경제학자 사이에 차이가 있을 수 있고, 르네상스 미술을 논하는 일반적 역사가와 미술비평가였다가 미술사가가 된 사람의 저작 사이에도 그에 상응하는 차이가 있을 수 있다. 그러나 이러한 차이들은 특별한 능력과 배경의 차이인 것이다. 경제사와 미술사는 여전히 역사다. (그리고 아마도 동시에 경제학일 수도, 미술비평일 수도 있다.) 사회과학에서나 마찬가지로 인문학에서도 특별히 역사적인 접근법과는 분리되어 있는 영역이 있고, 그 분야의 의문들은 역사가들이 덜 직접적으로 관심을 갖는 것들이다.

그런데 역사학의 영역은 그것이 인문학적이고 사회과학적인 모든 곁가지들을 포함하지만 역시 그 자체로 통일성을 가진다. 이것은 무엇보다도 역사가들이 모든 거대한 행위들을 그 자체로 연구한다는 사실에 입각해 있다. 애초에 헤로도토스가 맞는 말을 했지만, 우리는 그러한 위대함을 철저하게 다시 정의하지 않으면 안 된다. 인간의 행동이 역사적 중요성을 띠게 되는 인간사의 역사적 차원은, 인간이 더 이상 직접적인 의미의 자연에 의해 제약되지 않고 그들의 행동을 통해 일상적 삶의 조건들을 바꾸는, 즉 그들이 살고 있는 (물질적이고 사회적인) 자연적 틀을 바꿀 수 있는 차원이다. 아마도 각각의 사람들이 자신들의 가장 높은 영적 잠재력을 발휘한다면 이 것을 혼자 해낼 수 있을 것이다. 인간 사회의 역사는 사람들이 그들의 집단을 위해, 궁극적으로는 그들의 종(種) 전체를 위해 이것을 성취해 온 것을 연구한다. 이것은 어떤 행위를 그 궁극적인 결과에 따라 재단하는 것이 아니며, 우리 시대에서의 결과에 따라 재단하는 것도 결코 아니다. 진정한 역사적 행위는 그 공동체가 뒤에 소멸하여 아무에게도 직접적인 영향을 미치지 못하더라도 한 공동체의 생활조건을 바꾸는 것일지도 모른다. 그런 경우에라도 그것은 역사적 행위로서 도덕적 유효성을 갖는다. 그러나 사실 가장 중요한 역사적 행위의 중요성의 상당부분이 상대적으로 거리가 먼 곳에서의 결과들 때문이었을 정도로 인간의 역사는 서로 충분히 관련되어 있었다. 일상적인 삶의 지역적 조건들을 바꾸는 것은 오이쿠메네 전체를 통해 반향을 불러일으켰다. 그리고 우리가 보아 온 것처럼, 오이쿠메네의 역사적 역할의 측면에서 전세계에 영향을 미친 것이다. 역사적 의문들이 그다지도 운명적으로 상호관련되어 있어서 모든 역사적 의문에 답하지 않으면서 어떤 한 역사적 의문에 적절히 답하는 것이 불가능해지는 것은 바로 특정한 장소와 시간에서의 변화가 다른 곳에서 일어나는 변화들에 미치는 영향 때문이다.

큰 문제의 기본적 위상

그러므로 우리는 이제 역사를 공공 학술부문으로 만드는 것, 단순한 골동취미와는 다른 공공의 지원에 의한 역사연구의 정당성을 두드러지게 해야 하는 것의 핵심에는 큰 문제의식들이 있다는 사실에 직면한다. 이런 의문들은 종종 역사학자들이 정면으로 다루기를 꺼리는 것이다. 그들이 관련된 모든 자료들을 일차적으로 다루는 것만으로는 잘 대답할 수 없기 때문이다. 그러나 그런 의문들을 위해서 역사학이라는 직종이 존재하는 것이다.

큰 의문들은 종족 집단들, 국가들, 종교들, 문명들, 시대의 성격들, 진보와 쇠퇴의 문제, 예술 유파, 종교 운동, 과학적 발견, 경제 체제의 중요성과 상호 영향에 대해 무엇이 근대적이고, 서구적이고, 동양적이고, 중세적이고, 고전적이고, 후진적이고, 보수적이고, 자유주의적인지 그 성격과 '동양적 왕권 개념', '근대적 사업태도', '기독교적 도덕성', '예술의 서구적 전통' 등의 개념적 연관을 다루는 것이다.

이러한 모든 것들은 아주 넓은 맥락 안에서 많은 다양하고 개별적인 것들의 비교를 수반한다. 이 모든 것은 주어진 사건들의 다면적인 역사적 맥락을 이해하기를 요구하는데, 특히 어디에서 비교가 필요하고 어디에서 필요치 않은지에 대한 의식의 측면에서 보았을 때 그러하다. 또한 그것은 거의 대부분 상대적으로 가까운 거리에서 역사 전체에 대한 사람들의 관념 —유럽, 아시아, 아프리카, 고대, 중세, 근대같이 전제로 깔리는 개념들— 즉 세계에 대한 암묵적 이미지를 동반한다.

이것들은 어떻게 보면 대답하기 불가능한 의문들이다. 그러나 그들은 역사적 감각이 흔히 적용되는 가장 중요한 의문들이기도 하다. 건전한 역사학적 거대개념들 없이는 그러한 질문들은 책임 있는 전문적인 규율을 결여하게 된다. 그런 거대개념들을 항상 새롭게 비판적으로 걸러내면서 토론에 토론을 거듭하는 것이 역사가들의 보이지 않는 의무다.

그러므로 역사가들은 역사를 바라보는 여러 가지 전체적 방법의 적절성을 가늠하는 법을 개발해야 한다. 어떤 수준에, 어떻게 연결되어 있는, 어떤 부분들을 볼 것인가? 왜냐하면 그러한 역사적 발전의 상이 기본적 연구에서 추구하는 의문들과 그런 의문들이 현재의 논의에서 취하는 형태를 결정하기 때문이다. 우리는 질문이 대답을 결정한다는 것을 알고 있다. 우리가 하는 질문은 자료 수집의 범위를 결정하고 또—질문이 하나의 가치를 지니는 정도에 따라—객관적이고 집요한 의문 추구가 어떤 대답에 도달할지를 결정한다. 겉보기에는 같은 주제에 대한 가장 진지한 역사적 연구들 사이의 차이는 그 연구들이 던지는 질문들의 차이다. 그러나 우리는 간혹 사용된 범주들이 어떤 질문이 던져졌는가와 아주 큰 관련이 있다는 사실을 잊곤 한다. 만일 우리의 범주가 주권국가들이라면, 우리가 기후대를 범주로 했을 때와는 다른 질문들을 할 것이므로 지역간 상업에 대해 아주 다른 상을 갖게 될 것이다. 우리가 미국의 역사를 공부한다면, 대평원의 정치운동은 캐나다의 프레이리 주들을 포함하는 북아메리카의 역사를 연구할 때와는 아주 다른 곡선을 그릴 것이고, 교육과 경제적 요인들과 다른 관계를 갖는 것으로 보이리라.

상세한 부분을 다루는 역사에 있어서도 (무의식적으로 취한) 가정에 기반한 범주들의 문제가 중요한데, (역사학자들이 그런 점에서는 최종적으로 받아들이곤 하는) 전통적인 생각의 단위들이 공통의 용어로 훨씬 덜 적절하게 발전되어 있기 때문에라도 그것은 규모가 큰 역사에서 더 긴박한 문제가 된다. 규모가 큰 역사는 항상 국가들이나 혹은 국제적인 제도의 측면에서 논할 수 없다. 더욱 근본적인 영역에서 그것은 일반적으로 지역 문화전통이나 문명의 측면에서 다루어진다. 오이쿠메네에 대한 우리의 연구에서 보았듯이 사실은 이것마저도 불충분하다. 규모가 큰 역사는 이런 모든 것을 포함하여 여러 종류의 역사복합체를 다루어야 한다. 나는 '역사복합체'라는 말을 어떤 주어진 역사해석에 묶이지 않고 중립적이고 유연한 것으로 조심스럽게 사용한다. 인류학자들은 이러한 사고방식을 상대적으로 편하게 받아들일 수 있다. 역사학자들은 직업의 특성상 '역사복합체' 운운 하는 것이 구체적 사건으로부터 너무 멀리 떨어져 있다고 반대할지도 모른다. 그러나 사건을 제대로 위치시키려면 이것은 불가피하다. 만일 우리가 공통의 용어로 표준화된 몇몇 종류에 한정되지 않으려면, 이전에 이름이 없던 것까지 포함하여 여러 유형을 찾아내려고 관념적으로 준비하고 있지 않으면 안 된다. 역사 사건들의 과정들이 서로 너무나도 긴밀하게 관련되어서 (범주들 사이의 추상적 비교가 아니라) 그중 한 과정에 대한 중요하고 실질적인 의문이 그 모든 과정에 대한 대답들을 관련시키는 것을 볼 때, 우리는 그것을 역사복합체라고 부를 수 있다. 그것이 긴밀하게 교류하는 문화적 요소든 (예를 들면 불교, 힌두, 무슬림이 공존하는 남아시아) 널리 퍼진 하나의 문화전통이든 (예를 들면 자바에서 나이지리아에 이르는 이슬람문화) 혹은 여러 문화의 경계를 넘어 한 전통 안에서 일어난 새로운 부류의 발전이든(예를 들면 그리스, 아랍, 산스크리트, 중국, 라틴 지역에서의 수학 전통) 모두 역사복합체라 할 수 있다. 그것은 종교적 전체성, 자체의 시대정신이 있는 시대, 무역 네트워크일 수도 있다. 이 용어는 물론 덜 광범위한 사건들의 무리에는 적용시키기 어렵다. 미국의 노예제에 대한 논의는 변방, 대양, 산업화, 캐나다에서의 자유, 퀘이커교도 등에 대한 논의를 포함하며, 이는 북아메리카의 역사가 어떤 수준에서는 하나의 역사복합체를 구성한다는 것을 보여준다. 이 역사복합체는 또한 자체보다 작은 복합체를 포함하며 더 큰 복합체에 포함되기도 한다. 이 용어의 범위는 지속적인 문화 패턴만이 아니라, 역사적 요소들의 지속적인 상호관계들(비록 그런 상호관계의 문화적 내용들은 크게 변한다고 할지라도)도 포함할 수 있을 정도로 넓어야 한다. 오이쿠메네 자체가 그렇듯이 말이다. 이는 우리로 하여금 규모가 큰 역사적 과정들이 취할 수 있는 다양한 형태를 보게 해주고, 우리는 그에 따라 우리의 연구를 종합할 수 있도록 준비해야 한다.

우리가 규모가 큰 개념화를 그 자체의 관점에서 보게 되면, 그런 개념들이 얼마나 모든 역사 연구에서 핵심적인지 자명해진다. 어떠한 역사복합체의 연구이든 간에 두 가지 측면에서 중요하다. 우선 주어진 역사복합체 전체의 성격을 그 자체의 수준에서 이해하는 게 중요하다. 왜냐하면 의식적이든 무의식적이든 인간 행위의 모든 결과가 생생하게 살아 나오는 것은 오직 그 자체의 관점에서만 가능하기 때문이다. 다른 한편으로 넓은 복합체의 연구는 그 안에서 특수한 변화들을 제대로 위치지우고 해석하기 위해서 아주 중요하다. 그리하여 오이쿠메네적인 조합의 완전한 이해가 있을 때 후기 이슬람 역사의 통일성과 다양성을 볼 수 있게 된다. 그리고 서구의 역사에 대한 기본적인 왜곡을 바로잡을 수 있도록 해준다. 그러나 어떠한 주어진 사건이나 사건군(群)이 지역간적이고 큰 역사복합체 수준의 중요성을 가지거나 그게 아니면 국지적인 중요성을 가질 뿐인 것은 아니라는 점을 염두에 둘 필요가 있다. 종종 더 중요한 것은 한 사건이 어떠한 점에서 광범위한 역사복합체에 연관되느냐 하는 문제다. 그리하여 서북유럽에서의 쟁기의 발전 같은 지역차원에서 기술적으로 중요한 진전은 (우리가 본 것같이) 기술적 발전 그 자체로 중요한 것이 아니라 궁극적으로는 단지 그것이 유럽인들에게 오이쿠메네 전체에서 전과는 다른 역할을 하도록 도와주었다는 점에서 중요하다. 독창성, 상호연관성에 대한 모든 의문과 탐구를 이러한 관점들에서 보는 것이 매우 중요하다. 인종, 국민문화, 시대정신

등에 드러나게 혹은 암묵적으로 전제된 특정한 태도들이 개재된 이런 의문들을 잘 정제하여 유효한 것을 분리시켜내는 일은 정말로 중요하다.

큰 의문들과 그들이 전제로 하는 범주들의 체계화 가능성(disciplinability)

그러나 규모가 큰 역사적 의문에 대한 대답들이 얼마나 유효할 수 있을까? 그런 의문들이 아무리 핵심적이라고 해도 객관적으로 답해지지 않는다면 학문적인 분야를 구성하는 데 도움이 되지 않는다. 즉 그 질문들은 모든 사람에게 분명한 개인적인 연관성이 있는 문제에서의 어떠한 주관적 추론의 경향도 극복할 수 있는 진지하고 지적인 훈련에 의해 지배되어야 한다는 것이다.

규모가 큰 역사를 연구하려는 시도는 많은 문제로 점철되어 있다. 물론 우리는 그 넓은 지역에서 발생한 그 많은 과거 사건들의 절대량 때문에 용기를 잃을 필요는 없다. 궁극적으로 우리는 각국에서 일어난 개개의 사건들에 관심이 있는 게 아니라 인류의 대부분에 관련이 있는 사건들에만 관심이 있는 것이며, 이것은 우리의 역사적 경험 모두에 대해 일종의 테두리를 만들어 준다. 그런 사건들은 아주 중요한 반면, 상대적으로 수가 많지 않다고 가정할 수 있다. 역사를 보는 시각이라는 목적에서 보면 (이것이 규모가 큰 역사의 단 하나의 목적이 될 필요는 없지만, 물론 중요하다) 얇은 책이 두꺼운 책보다 더 가치 있을 수 있다.

더욱이 우리는 적어도 진보든 순환이든, 패권경쟁이든 신의 계시든 모든 역사를 포괄하는 보편적인 틀을 찾아낸다는 풀기 어려운 문제는 미뤄둘 수 있다. 역사는 아주 풍부하기 때문에 조금만 들여다봐도 패턴에 대한 시사점이 너무나 많다. 이것은 우리가 관심을 가지는 그 넓은 지역에 대해서도 역시 마찬가지다. 역사가가 그의 비판과 탐구라는 상세한 일을 시작하기 전에 미리 그가 의문을 갖는 분야 전체에 대한 패턴을 정할 필요는 없다.

만약 세계사가 철학적으로 가능하다면, 그것은 아무래도 두 개의 중요한 한계를 가진다. 그것은 애초에 인류를 고민하게 했던 모든 사건들 혹은 대부분의 사건들을 다루게 될 개연성이 적다는 것뿐만이 아니다. 더 나아가, 그것은 특정한 공동체에 대한 사려 깊은 역사서술이 가질 수 있는 종류의 인간적 의미를 가질 개연성이 적다. 왜냐하면 세계사는 국가와 문화적 지역의 한계 안에서 손쉽게 다루기에는 너무나 파장이 크고 넓은 주제들만을 다룰 것이기 때문이다. 그런 주제들은 불가피하게 약간은 비인격적이다.

그런 한계를 충분히 인정한다고 해도, 규모가 큰 역사는 여전히 중심적 성격을 갖는다. 이런 사실은 역사학자 모두에게 중요한 딜레마를 야기한다. 앞서 넓은 역사복합체 안에서 큰 의문들의 추구가 아무리 불만족스러워도 진지한 역사가에게는 불가피하다고 이야기했다. 어떤 분야의 학자든 가능한 한 오류를 많이 줄이려고 노력해야 한다. 그러나 보통 사람에게 역사적 사고가 중요한 것은 바로 큰 의문들 때문이다. 보통 사람은 아마도 인간적으로는 그렇게 하고 싶지 않아도 실제적으로는 도덕적 지평을 그의 현재에 고정시켜 놓아야 하겠지만, 그들 나름대로 역사를 보는 시각이 있다. 역사가는 바로 그것을 훈련시켜야 한다.

역사학은 모든 과학과 학술이 그렇듯이 사람의 사고를 훈련시키는 문제다. 즉 많은 사람들이 대충 생각하고 있는 문제에 대해 궁극적인 체계를 한 번에 찾아내는 게 아니라 부분 부분 우리의 이해를 개선해 나가는 것이다. 비록 우리가 사람들이 들이대는 모든 질문들 — 예를 들면 보편사에 대한 것 — 에 답할 수 없을지라도 우리는 그런 질문들에 관련된 것들이 무엇인지를 보여줄 수 있고 보여주어야 한다. 적어도 이 정도는 우리가 피할 수 없는 일이다. 그러나 역사가 학술부문들 가운데 귀한 자리를 유지하려면 자신의 존재 이유로 남아 있는 이런 큰 문제들을 중심으로 사고가 짜여져야 한다. 그렇지 않으면 중요한 대목에서 역사는 본질적으로 주관적이므로 기껏해야 비판의 부차적인 도구라고 하는 일부 비역사적 사고방식을 가진 철학자들의 주장을 인정해야 한다. 역사는 세부에 있어서 과학적이 된다고 해서ー세세한 증거에서 어떤 논점이라도 결정적으로 증명해내는 것으로써ー과학이 되는 것이 아니다. 어떤 추리소설에서 탐정이 얼마나 치밀하고 과학적이든 간에 살인사건의 해결이 의도된 의미에서 '과학'이라고 부를 수 없는 것과 같은 이치다. 그러나 나는 역사가 그러한 학문분야의 통합에 열려 있어야 하며, 사실 어찌 보면 다른 유형의 학술과 기본적으로 다르지 않다고 생각한다.

역사가들의 모든 부류를 관통하는 하나의 분계선이 그러한 훈련에 관심을 가지는 사람들과 그렇지 않은 사람들로 그들을 양분한다. 유럽에서 중요한 문제들은ー이를테면 중국과 비교해 봤을 때ー기독교, 기술적 합리성, 그리고 우리의 현 세계의 기원 같은 것이라는 점을 인정할 수 있으리라. 그러나 단지 추측이나 영감에 의해서만 이러한 문제들에 답할 수 있고 진지한 학문적 관심의 대상은 될 수 없다고 생각하는 사람들은 '세계사'나 '서구의 역사'를 구성하는 세부적 사실들이 정확한 이상 그 안에 어떤 주관적 관점이 들어가 있는지 등에는 신경을 잘 쓰지 않는다. 제목은 장식에 불과하다. 그들은 어떤 시대구분이 쓰여지는지, 그들이 양념으로 집어넣는 지역간 비교가 어떤 측면에서 이루어지는지에 대해 별로 주의를 기울일 수 없다. 그들에게는 모든 당사자들에게 도덕적으로 공평한 비교를 한다는 것은 역사학적 관심의 범위를 넘어서는 것으로 보이리라. 무언가를 평가하는 판단이나 일반적 조건들의 간접적 원천 같은 것은 임의적으로 연구되는 세부적인 것에 포함되지 않는 한, 상관없는 것으로 보일 것이다. 물론 그들은 오이쿠메네의 구성에 대한 모든 논의가 허구적이고 그들이 하고 있는 실제의 연구에 기반할 수 없다고 느낄 것이다. 인문학적인 경향의 사람들 가운데는, 개인들의 업적에 집중할지도 모르지만 자신들의 주제에서 확연한 역사적 의식으로 감쌀 수 있는 범위를 넘는 프로젝트는 고사하고 국가들의 영욕을 학술적으로 비정할 수 있다는 것을 인정하는 데도 망설이는 사람이 있을지도 모른다. 과학적인 경향의 사람들 가운데는 그들의 문제에 직접적으로 개재되는 논점들을 신경쓰겠지만, 넓은 시각은 '역사철학자'들에게 맡겨 버리는 사람들도 있다. 이처럼 큰 문제를 외면하는 경향은 모든 유형의 연구에서 존재하는 것이지만 특정한 기질의 사람들만이 명백하게 드러낼 뿐 일반적으로 두드러지지 않는다. 그러나 그런 경향은 너무나도 지배적이어서 일반적인 역사연구들은 마치 큰 시각을 명백하게 거부하는 것처럼, 큰 시각에 대한 소홀함을 표현하는 것처럼 보인다.

그러나 일단 규모가 큰 질문들을 다뤄야 하는 필요성이 받아들여지면 그것들이 학술적인 의미에서의 체계화 가능성에 의해 지배된다는 것이 드러날 것이다. 별로 존경스럽지 않은 의미의 '역사철학'에 의존할 필요가 없는 것이다.

역사학적 세부사항의 체계화 가능성이 어디에 존재하는지는 오래 전부터 확실히 드러났다. 화학 실험이 그 자체로서는 도달할 수 없는 연구의 대상들(이 경우에는 추상적 '법칙들')에 대한 여러 종류의 반복 실험에서 더 이상 의심하는 것이 어려울 정도의 우연의 일치가 전제되어야 되는 시점까지의 증거의 축적인 것처럼, 역사 연구도 기껏해야 증거를 (물론 도달할 수 없는 이유는 다르지만 화학적 법칙만큼이나 도달하기 어려운 사건들 자체가 아니라) 다루는 것이며 어떤 한 관찰자의 작업과도 별도로 축적되어 의심불가능성의 단계에까지 나아가는 것이다. 증거 가운데 하나가 우연의 결과일지도 모르지만, 어떤 종류의 우연히 일치하는 연쇄 고리들은 어떤 독립적 연구자라도 인정할 만한 하나의 가설을 향해 함께 달려간다. 이러한 일들을 인정한다는 것에는—과연 한 시대의 습관들 그리고 연대 비정과 언어의 세부 사항에 대한 — 일련의 사건들 중 가장 멀리 떨어진 상황에 대한 해박한 지식이 필요할지도 모른다. 당면 문제와는 별로 관련이 없는 것처럼 보이지만 축적된 우연적 연쇄과정에 들어가는 작은 부분들에게 많은 것이 달려 있게 된다.

이처럼 더욱 심각한 문제가 야기되는 것은 큰 규모의 역사적 접근의 객관성과 관련해서다. 이 경우 의문이 너무 복잡하고 그에 관련한 질문들이 너무 광범위하기 때문에 더 이상 하나의 상황에 대한 문제가 아니라, 광범위한 당면의 질문에 대한 증거를 고르고 배치하는 문제가 된다. 따라서 이러한 더 정교한 해석에 있어서 역사가들은 자신들의 원칙에 따라 배치와 선택을 달리 하게 되고, 이 점에서 고집스럽거나 변덕스럽게 보일 수도 있다. 그러나 세부에 있어서 적용되는 객관성의 원칙은 종합에 있어서도 마찬가지로 가능하다. 특히 그 어떠한 정교한 작업이든 간에 그것은 그것이 제기하는 문제에만 — 그것이 처음에 가지고 시작하는 일반적 질문들만이 아니라, 그런 정교화를 구성하는 특수한 질문들에 대해서도 — 해답을 줄 수 있다. 즉 그것의 적절성은 그것의 특정한 구조에 의해 한정되어 있다. 우리가 앞으로 살펴볼 것처럼 어떤 한 의문의 추구도 한정된 구조 (determinate structure)를 가질 수밖에 없기 때문에 의문의 추구가 그것이 다루는 넓은 영역에 대해 제공할 수 있는 설명은 한계가 있다. 그러므로 하나의 시대나 한 사람을 균형 있게 이해하기 위해서는 다수의 보완적인 연구들이 필요하다. 그러나 그들 각각은 그것이 취한 틀 안에서 객관성의 측면에서는 비판받을 수 있다. 그리하여 한 분야에서 무한한 수의 다르지만 보완적인 연구들이 존재할 수 있으나, 바로 그 분야 안에서 제외되어야 할 무한히 더 많은 수의 불만족스러운 연구들이 있을 수도 있다.

선택과 순서 결정만이 아니라 범주화 역시 가능성을 제한한다. 시대구분, 인물분류, 혹은 활동의 계열, 지형지물의 선택, 어떤 사건들을 중요한 사건들의 하위에 놓는 것, 비교 목적으로 조건들을 종합해 보는 것 등—자료들을 개념으로 묶는 것과 그런 개념들에 의해 자기의 해석을 구성하는 데 있어서 어떻게 상대적 비중을 부여할 것인가의 문제—모두 변할 수 있지만, 어떤 측면에서는 여전히 유효한 것으로 남는다. 농민과 수공업자의 반응을 '하층민'이라고 뭉뚱그려서 보는 연구는 그들의 공통적인 반응의 분명함 대신에 구별되는 점을 강조하는 연구와는—다른 질문들에 답하는 것이므로—다르게 읽혀질 것이다. 왕의 치세에 따라 정치적 사건들을 배열하는 연구는 나름대로 정당하지만, 정치적 사건을 번영의 주기에 따라 순서를 정한 연구와는 다르게 느껴질 것이다.

그러므로 하나의 서술방식이 아무리 잘해도 모든 관점을 대변하기는 어렵고, 그것이 꼭 바람직한 것도 아니다. 따라서 역사서술은 연구의 최전선에서의 실수나 탐구의 불건전성을 통해서만이 아니라, 많은 저작들이 서로를 보완하게 되는 가장 기틀이 잡혀 있는 분야에서도 다양하게 나타날 것이다. 원의 완전한 둥글기를 측량할 때 우리가 오직 다각형의 무한한 면으로 근사치에 접근할 수 있을 뿐인 것처럼, 역사에서도—그리고 아마도 다른 분야에서도 마찬가지겠지만—한 분야가 점점 더 복잡해질수록 균형 있는 시각은 오로지 다양성을 통해서만 얻어질 수 있을 것이다. 베리(Bury)의 주는 기번의 로마의 세부적 고찰을 능가하면서 더 나은 연구들을 참고하여 실수를 고쳤지만, 그 밖에 기번의 야만주의와 종교의 승리라는 주안점(이것도 그 자체로 유효성을 계속 갖는 하나의 지향이지만)에 더하여 새로운 중세 기독교 사회를 만들어내려는 노력을 비잔티움 안에서 찾아보려는 근대 역사가의 면모를 보이고 있기도 하다. 이러한 상황은 역사가로 하여금 세부적 정확성을 기하는 것뿐만 아니라 각각의 구체적인 구성의 한계에서 오는 각각의 접근법이 갖는 적절성의 한계를 알아볼 의무를 지우기도 한다. 이러한 의무는 서평자들이 너무나도 자주 지적하는 것이지만, 역사가들 자신이 너무나도 자주 그의 특정한 서술이 마치 포괄적이고 궁극적인 것처럼 서술하고, 그 결과로 자신의 작업과 상관없는 곳에서 잘못된 결론을 내리고 마는 것과 관련되어 있다. 제대로 된 저작들에 대해서는 하나의 논증이 다른 논증을 보완해 준다고들 한다. 통찰보다는 미래에 있을 것으로 희망되는 해석에 대한 해설이 더 많이 기대되곤 하는 교과서에서만, 한 학술 분야의 모든 주요 관점들을, 사실에 대한 다양하면서도 똑같이 유효한 조명을 해주는 것으로 언급하려는 시도가 이루어진다.

역사적으로 부정적인 것이 규모가 큰 객관성에게서 요구되는 관점에 갖는 관련성

규모가 큰 질문들을 파고드는 데 있어 넓고 미묘한 시각에 대한 감각이 핵심적인 지적 미덕이라는 것은 명백하다. 여기에는 약간 위험한 결론이 숨겨져 있다. 우리는 번영하는 문화를 인식하는 것과 마찬가지로 '침체된' 문화를 가까이 느끼게 된다. 우리는 진보와 함께 쇠퇴도 똑같이 연구해야 한다. 만약 우리가 이미 행해진 일에서의 정신적 위험을 의식한다면 그 일은 더 이상 해롭지 않게 될 것이다. 그러나 경고를 해주는 의식없이 또다시 그 일을 저지르고 마는 경향이 꽤 있다.

르네상스의 기준에 의해 형성된 우리의 역사적 의식은 문명을 고전시대와 암흑시대로 (이제는 그렇게 하기를 망설이는 경향이 점점 늘어가지만) 나누어 왔다. 이러한 이분법은 우리가 유럽만이 아니라 이슬람, 인도, 중국을 연구하게 되었을 때도 마찬가지로 적용되었다. 우리는 새로운 것을 만들어내는 번영기와 위대하고 영광스러운 혁신을 한 사람들에게 관심을 집중했다. 우리가 이제 와서 예술이나 역사에서 온갖 종류의 이국적인 추세들을 쫓아다니고 있다는 것은 우리의 취향이 흔들리고 있다는 사실을 반영하는지도 모른다. 이것은 낭만주의자들이 유럽의 중세를 재발견했을 때부터 이미 나타난 경향인지도 모른다. 이러한 경향은 물론 온갖 시대의 세부사항에 대한 관심을 요구하므로 오이쿠메네적인 역사 연구에 매우 편리하다. 그러나 이러한 연구는 '고전시대' 자체의 이해를 위해서, 그리고 가장 순수한 취향을 생각하더라도 정당성을 갖는 것이다.

무의식적 전체(unconscious whole)의 역사적 중요성

그러나 규모가 큰 역사가 아무리 중요하다고 해도, 의문 추구의 수준에서의 유효성이 인정되었을 때에도 역시 이론적인 장애를 갖게 된다. 만약 역사학이 역사적 차원에서 인간의 행위에 대한 연구라면, 규모가 큰 역사를 구성하는 많은 것은—비록 역사학자에 의해 이용되지만—역사학의 문제가 아니라 임시변통으로 그때마다 그의 시야에 들어오는, 그러면서도 그의 작업의 본질적인 부분을 구성하지는 못하는, 사회과학 심지어는 생물학의 문제가 아닌가? 규모가 큰 역사적 과정에서는 세 수준의 흐름들이 작용하는데, 이상적으로는 무슨 일이 일어난 것을 평가하는 데 이 세 흐름들을 모두 고려해야 한다. 가장 많이 연구된 지역일지라도 우리는 이런 흐름들의 대부분에 대해 너무나도 무지하다. 그러나 이러한 흐름들을 염두에 두지 않고서는 번영이나 쇠퇴 같은 현상들에 의해 제기되는 문제를 적절히 다룰 수 없다. 그런 흐름들을 의식하면, 적어도 문제들의 차원을 이해할 수는 있다.

첫 번째 수준에는 우리가 역사외적 사건들이라 일컬을 만한 것들이 있다. 순전히 기후적인 문제들, 병원체의 돌연변이, 인간의 돌연변이 등이다. 반(半)역사적 수준에서는 인간 행위의 예기치 못한 혹은 의식하지 못한 결과들이 있는데, 여기서 기인하는 기후 및 자원의 변화, 인간의 적응과 방랑에 의해 변화하는 질병의 성쇠, 장기간의 이주에 의한 인구학적 결과, 큰 인구집단 사이에서 약의 사용이 일반 대중의 태도에 미치는 영향, 경제적 조직화에서 기인하는 음식 패턴이 건강에 미치는 영향, 가족(그리고 거기에 따르는 교육)의 패턴, 그리고 또 기술적 발명의 축적 등이 있다. 둘째, 좀 더 엄밀하게 말하자면 역사적인 ─ 비록 그 결과는 더 예측하기 어렵지만, 인간의 의식적인 행위 문제라는 면에서 역사적이라는 것이다 ─ 수준에서 정치적 행동, 경제 혹은 사회제도들의 생성, 새로운 의미의 지적이고 정신적인 발전, 경제적 번영과 활동 유형의 변화 등을 들 수 있다.

이제 이런 모든 종류의 변화는 부분적으로는 맹목적인 것이고, 상당수는 거의 무의식적인 것이다. 그리고 그 가운데에 엄밀한 분계선을 그릴 수가 없다. 그들은 모두 역사의 변화에 기여한다. 그들을 이해하지 않고는 어떤 대규모의 변화도 이해할 수 없다. 물론 우리의 역사가 인간의 성취와 실패에 중점을 두려면 이러한 모든 흐름들이 역사학자를 뒤흔드는 주요한 의문들과 관련하여 분석되어야 한다. 즉 우리 인간이란 누구인가, 우리가 무슨 일을 했는가 하는 의문들 말이다. 그러나 이러한 의문을 추구하는 데 있어서 이와 같은 모든 덜 직접적인 문제들은 역사적 수준에서 엄격하게 상호의존적이라는 점을 알게 될 것이다.

결국 인간의 역사적 행위란 단지 그것의 의식적 측면만이 아니다. 그것은 가장 많이 통제되는 것같이 보일 때에도 그 행위가 가해진 의식없는 실재와 그 행위를 의도와는 다른 것으로 만드는 조건들을 포함하는 그 행위의 전체다.

그렇다면 역사학 분야가 그 통합의 원칙을 찾을 수 있는 것은 지역 간 역사의 시각에서다. 그리고 지역간사의 중심적 특징은 오이쿠메네적인 구성이다. 본질적으로 협소한 범위의 연구와 오이쿠메네 사이에는 진정한 정지선이 없기 때문이다.

지역간 구성의 변화발전의 단순한 제시는 비록 파노라마적인 극적 흥미를 가지겠지만 본격적인 역사가 되지 못한다. 그것은 차라리 특정한 종류의 시각을 가능하게 만들어 주는, 역사학적 탐구의 한 도구가 된다. (어느 젊은 경제지리학자가 최근에 유럽사를 하는 데 있어서도 국가의 한계를 벗어나는 게 어렵다고 불평하면서, 국가의 구분에 기반해서는 얻을 수 없는 재미있는 결과를 보여주는 19세기 루르-벨기에, 북프랑스 석탄지대의 인구학적 연구의 결과를 근거로 대는 것을 보았다. 공통되는 제도들과 많은 '유럽'사의 존재에도 불구하고 국제적인 시각을 확보하는 것은 유럽사에서도 여전히 요망되는 과제다. 지역간적 시각을 확보할 방법들은 얼마나 더 어렵고 부족하겠는가?) 역사학자가 의지할 수 있는 지역간적 시각과 지향을 위해서는 구체적으로 손에 잡히는 기반, 구체적인 상이 필요하다. 오이쿠메네적 지역간 구성의 공부가 이것을 제공할 수 있다. 오이쿠메네 자체는 특정한 언어권의 고급 문화복합체가 온전한 역사 분야를 이루듯이 일반적인 전문 역사분야가 되지는 않지만, 설명할 때 관심 있는 학자들의 특별한 주의가 요망되는 독립된 주제다.

그러한 지역간적 구성에 대한 의식은 한 지역에 국한된 역사나 아주 일반적인 역사를 연구하는 데 직간접적으로 도움이 된다. 한편으로 그것은 전체적인 지역간적 상황이 한 지역의 발전가능성을 제한하거나 북돋는 데 주는 영향을 평가할 수 있도록 도와줄 것이다. 이는 특히 직접적으로 지역간적 성격을 갖는 군사적·상업적, 심지어 과학적인 사건과 동향의 경우 (예를 들면 몽골인들의 정복)에 적용된다. 다른 한편, 그것은 또한 특정한 조류가 다른 지역들에게 갖는 여파와 일반적으로 그 조류 자체가 다른 지역에서의 조류들의 반향으로서 갖는 지역간적 성격에 대해 이해하는 데―즉 지역간적 '영향'의 원인과 조건(왜 일어났나와 왜 일어나지 않았는가를 모두 포함하여)의 연구에 있어서(영향을 받은 문화 안에서 그러한 영향이 처한 조건들의 연구를 보충해 주므로)―도움이 된다.

이와 같은 두번째 유형의 이점에 대해서 말하자면, 같은 역사적 움직임이 여러 지역에서 개별적으로 일어나는 것, 혹은 같은 역사적 상황에 대한 대조적인 대응이나 대응의 부재 같은 것이 진지한 역사적인 의미를 갖는지는 명백하지가 않다. 하나의 구체적인 사회적 틀 밖에서 특정한 발전의 여파와 무의식적인 수렴을 의식하는 것이 중요하다는 점도 반드시 드러나지는 않는다. 중국 미술에서 (불교미술을 통해 전파된) 헬레니즘적 흔적은 헬레니즘적 문화 그 자체와 더 이상 유기적 관계를 갖지 못하는 것으로 보이며, 그 미술양식의 모든 여파를 동일한 '지역간적 발전'으로 다루는 것은 쓸데없는 짓처럼 보일지도 모른다. 그러나 삶의 역사적 차원이 열리는 데 있어서 진실로 본격적인 역사의 핵심 ─ 인간의 혼이 그 과정에 진입하는 시점 ─ 에 있는 위대한 비전들의 의미를 이해하려면 우리는 구체적인 역사적 발전 속에서 그러한 비전들의 중요성과 운명을 찾아보아야 한다. 역사의 아름다움 중 하나는 인간을 집중적으로 다루는 전기 문학 자체보다도 인간의 조건을 더 잘 조명해 준다는 것이다. 역사가 그렇게 할 수 있는 것은 같은 무대에서 대조되는 목적들과 함께 발현되면서, 이전에는 알려질 수 없었던 하나의 목적이 갖는 암묵적 의미들을 드러냄으로써다. 이는 각각의 비전들이 위인들의 전기에서 의미했던 것과는 조금 다른 것을 역사 전체의 맥락에서 의미하게 되는 효과를 갖는다. 지역간적 무대에서 펼쳐지는 역사에서는 이런 장기적인 미지의 요소들이 들어와 가장 위대한 사회적 비전마저도 상대적으로 왜소하게 만든다. 그리하여 무엇보다도 오이쿠메네적 시각에서 보았을 때 이슬람이 그 거대한 역정(歷程)에서 결국 인간적으로 의미한 것은 이슬람의 가장 선견지명 있는 창조자들이 기대했던 것과도 아주 달랐다. 이러한 의미가 평범한 역사학자들에게 갖는 중요성은 사실에 대한 판단에 그들이 종종 적용하는 '오직 단 한 번뿐인', '특기할 만한' 등의 서술이 좀 더 넓은 관점에서 볼 때는 종종 지엽적으로 보인다는 점에서 자명하다. 물론 이에 비해 철학적 깊이가 있는 역사학자는 동시대의 활동주체들의 의식에 의해 부과된 한계를 넘어서 한 사상의 전개, 어떤 상황의 본질을 추적할 수 있도록 도와주는 정보가 있으면 기뻐할 것이다.

지역간적 시각으로부터 서유럽의 역사가 입는 혜택은 단지 직접적으로 오이쿠메네의 지역간적 상황 전체가 유럽에서 가능했던 일들에 항상적인 영향을 주었다는 의미에서만이 아니다. 이 책의 1장에서 묘사된 서구지향적 왜곡을 통해 서구의 역사 자체가 과정과 성격에서 특별히 뒤틀려 버렸다는 의미가 아니라, 더욱 일반적으로 서구의 독특한 성격 —서유럽은 오랫동안 낙후된 변방이었고 세계적 변동의 중심으로 갑자기 대두되었지만 그 내부에서 자체의 힘으로만 발전한 적은 거의 없었다— 때문에 서구의 역사가 갖는 인간적 의미는 상당히 자주 좀 더 넓은 무대와 연결되었다. 비록 그 넓은 세계의 실제 배치에 대한 적절한 감각이 부족하여 헤겔의 경우보다 훨씬 더 구체적으로 세계사 속의 서양사에 대한 요구를 충족시킨 적은 없었지만, 우리는 서구의 역사에 대해 관심을 갖게 되는 일차적인 동기가 바로 세계 전체 속에서 우리 서구인들의 독특한 역할을 추적해 보는 것이라고 생각할 수 있다.

12장

역사적 비교를 위한 조건

역사적 역학의 사회학적 연구와는 달리 큰 규모의 역사학은 윤리적인 비교를 훈련해 주는 데서 대단한 윤리적 중요성을 띤다. 이미 우리가 본 것처럼 거대한 의문들 ―그들은 직간접적으로 또한 공통적으로 비교의 문제다― 의 역사적 연구를 불가피하게 만드는 것은 대체로 인간이 느끼는 비교의 필요 때문이다. 이것은 반드시 유쾌하지 않은 비교를 말하는 것이 아니다. 긍정적이든 부정적이든 모든 윤리적 평가는 비교의 일부분이다. 우리는 우리의 자기 정체성 자체를 우리 자신이 아닌 다른 것과의 비교를 통하여 만들어 간다. 개인을 다룬다는 것은 그 개인을 윤리적인 의미에서 다룬다는 것이고 ―개체성이란 그 차원 이외에서는 궁극적으로 아무런 본질적 의미가 없다― 이것은 개인을 일종의 표준의 측면에서 다룬다는 것이다. 그리고 표준과의 비교라는 것은 다양한 개인들의 상호 비교라는 더 큰 과정의 한 측면에 불과하다. 우리는 레오나르도 다 빈치가 위대한 예술가였다는 점을 다른 화가들의 작품과 그의 작품을 비교함으로써 알게 된다. 그것은 잘못된 본능이 아니라, 역사학의 사명 그 자체였다. 그리하여 역사가들은 그들의 영웅들에 대한 윤리적 평가를 일차적인 의무로 간주하게 되었다. 그리고 옛날식의 명백한 정리는 더 이상 유행이 아니지만 ―우리의 새 방식을 배우는 데 모델이 되었던 (과학이 아니라!) 소설의 경우처럼― 우리의 서술을 구성하는 숨은 평가들은 잘된 경우라면 윤리적 분석의 풍부함에 있어서 전혀 뒤지지 않는다.

따라서 규모가 큰 역사를 공부하는 데 필요한 주요 작업 중 하나는 역사적인 비교를 비평할 수 있는 근거를 마련하는 것이다. 그것은 우선적으로 여러 종류의 역사적 비교를 위해 유효한 모든 단위를, 그리고 비교가 적절하게 되는 맥락들을 비평해야 한다. 그러나 비교란 항상 일종의 공유된 맥락을 전제하고, 역사 안에 존재할지도 모르는 통일성의 유효한 요소들을 발견하는 것을 암시한다. 그렇다면 역사학 분야는 큰 규모의 비교라는 목적을 위해서 정당한 공통의 맥락을 형성하는가?

비교의 전제가 되는 역사적 통일성

비전공 학생에게 이슬람문명을 가르쳐 온 나의 경험에서 보자면, 나는 그들에게 온갖 문화적 성취(문학, 예술, 제도 등)를 이해시키기 위해 노력했다. 그런 점이 역사 연구의 주요 목표 중 하나지만, 학생들이 새로운 자료에 접근하는 데 길잡이로 삼아야 했던 것은 그들이 조우한 일반론들이었다. (왜냐하면 학생들은 많은 자세한 사실들을 오래 기억하지 못하기 때문이다.) 물론 학생들은 가장 간단한 것과 자기 환경의 편견에 가장 잘 맞는 것들을 기억했지만, 내가 그들에게 읽혀야 했던 자료들 가운데는 그런 아마추어적인 일반론들이 너무나도 많았다! (세부를 다루는 역사가의 관점에서 보면) 확연히 '부차적인 것들'이 강좌에서 핵심적인 것이 되었는데, 예를 들면 아랍 과학은 마치 두 번의 유럽의 대낮 사이에 있는 달과 별 같은 것이었다는 마이어호프의 언급이 그런 것이다. 그러나 이러한 비교들은 의미를 가지기에는 너무 잘못된 구조를 전제로 하고 있었다.

학자들은 무비판적으로 받아들인 세계관 위에 기반한, 원칙없는 '부차적인 것들'에 그들의 연구의 핵심이 되는, 그러한 문제들을 감히 맡겨 버리지 못한다. 제대로 된 비교는 역사적 판단의 근거가 된다. 두말할 것도 없이 역사적으로 중요한 주제를 선택하는 것 자체가 비교에 의해서 이루어지는 것이다. 미켈란젤로의 여러 작품들이 만들어진 배경을 연구하느라고 노력하는 것은, 우리가 미켈란젤로가 수지 아줌마보다 더 훌륭한 화가라고 확신하지 않는다면 전혀 의미가 없다. 당면 주제와 관련해서 이야기하자면, 같은 기준에서 비교할 수 있는 적절한 단위의 것들을 비교하는 게 아주 중요하다. 대부분의 경우, 르네상스 전성기의 이탈리아 회화와 중세에서 현대에 이르는 모든 시대의 온갖 프랑스 시각예술을 비교한다는 것은 오해의 소지가 있다. 더욱이, 적절한 비교단위를 놓고서 그에 대한 질문을 만드는 것도 똑같이 건전한 비교의 문제다. 이탈리아 르네상스 미술 속에서 미켈란젤로를 논의할 때, 그가 인간의 모습에 중점을 둔다는 것은 별로 언급할 만한 게 못 되는데, 그가 이 점에서 다른 르네상스 예술가들과 별로 다르지 않기 때문이다. 만약 시대적으로 현대에 더 가까운 화가들이 논의에 포함되는 경우, 미켈란젤로가 인간의 모습을 강조했다는 점은 더 중요해진다. 여기서 건전한 비교를 하려면 직접적으로 논의되고 있는 항목에 대한 비례감각 이상의 것이 필요하다. 거기에는 좀 더 넓은 맥락에서의 이해가 필요하다. 단지 한 사람은 인간의 모습에, 다른 사람은 자연의 모습에 주의를 기울였다는 점에서 미켈란젤로를 현대의 바다 풍경을 위주로 하는 화가와 비교하는 것은 별 의미가 없다. 그들의 선택이 각각의 시대의 다른 예술가들과 공유되었다는 사실을 인식하지 못하고 그렇게 단순한 비교를 한다면, 그 두 화가에 대한 어떤 중요한 질문과도 관련없는 비교가 된다. 우리가 무엇이 중요한 의문인지 알 수 있도록, 무엇이 문제이고 무엇이 문제가 아닌지 알 수 있도록 비교할 만한 단위들의 선택과 관련된 맥락에 대한 인식을 통해 비교의 과정에 원칙이 부여되어야 한다.

비교 대상의 한쪽이나 양쪽이 오이쿠메네적인 역사적 구성 안에 말려들어가거나 혹은 영향을 받는다면, 이 사실도 계산에 넣어야 한다. 예를 들어 바이킹과 폴리네시아인들의 탐험을 비교한다면, 바이킹과 좀 더 넓은 오이쿠메네 지대의 기술, 무역, 정치에 대한 훨씬 더 가까운 관련성이 각각의 항해문제와 궁극적인 결과를 평가할 때 간과되어서는 안 된다. 오이쿠메네 지대의 일부라는 것은 일차적으로 상대적으로 빨리 변화하는 문화적 수준의 좀 더 넓은 사회와의 항상적 접촉을 의미하는 것이었다. 탐험의 시대 동안 본국의 사정도 크게 변화하였다. 스칸디나비아에서 왕국들이 일어난 것과 그들의 기독교화는 팽창의 동기에 영향을 주었고, 원래의 중심지와의 계속되는 관계의 유형에도 영향을 주었다. 중동과 유럽을 상대로 한 북방인들의 무역은 이들의 탐험의 성과에 대한 선택적 평가에 계속 변화하는 기반을 제공하였다. 그리고 궁극적으로 바이킹 거류지들은 오이쿠메네 지역 안으로 흡수되거나 없어졌다. 그래서 지속되는 고립된 공동체들로 흩어져 존재하지 않았다는 점은 부분적으로는 지리조건의 결과지만, 또 부분적으로는 바이킹의 삶이 갖고 있었던 먼 거리의 사람들과의 상호의존의 결과이기도 하다.

오이쿠메네의 구성과의 연결은 여러 수준이 있을 수 있다. 콜럼버스 시대의 서유럽인과 멕시코인을 비교하면서 좀 더 넓은 비유럽적 배경을 고려하지 않는다면, 그러한 비교가 종전에 멕시코인들의 고유한 능력을 경멸하는 데 쓰여졌던 것처럼 분명 불공평한 처사다. 비교적 긴밀하게 서로 연결되어 있는 오이쿠메네 지역과 달리 단지 지엽적으로만 연결되어 있는 사람들의 경우, 직접적인 비교에는 역시 똑같은 불공평함이 개재되거나 영향력, 잠재력 혹은 발전을 평가하는 데 불건전함이 있게 된다. 그러한 어떤 경우에도 비교 대상이 되는 시대에서 오이쿠메네적 구성의 특정한 조건들을 인식하고 그들이 어떻게 오이쿠메네와 더 가까이 연결된 측과 관련되었는가를 인식해야 할지도 모른다. 즉 문자를 해독하는 사람들에 의한 지역 간 무역이 중요한 요인이었는지 아닌지, 보편 종교에 대한 개방적인 분위기가 예측되는지 아닌지 등의 문제들이다. 그러므로 헬레니즘 시대의 다신교 아랍인들—그들은 특수한 상황에 처했을 때 제노비아 같은 여걸을 배출하고 페트라나 팔미라 같은 장엄한 도시를 세울 수 있었다—을 동시대의 다른 먼 지역 사람들과 비교한다는 것은 그들을 기독교 시대의 다신교 아랍인들—그들은 특수한 상황에 처해서 무함마드와 그의 시대의 다른 예언자들을 배출할 수 있었다—과 비교하는 것과 같을 수 없다. 왜냐하면 두 시대의 아랍인들의 삶 속에서 내재된 차이들과는 전혀 별개로 그들이 각각 받고 있었던 전 오이쿠메네적 영향이 달랐고, 달라도 아주 결정적으로 달랐기 때문이다.

그러므로 이런 경우 우리는 바이킹들의 유럽에서의 환경 혹은 아랍인들의 중동 내에서의 환경 등 광범위한 역사적 환경을 자세히 고려해야 한다. 바이킹들은 물론 중동과 어느 정도 직접적인 관련을 맺고 있었고 아랍인들도 인도와 관계가 있었다. 그러나 이러한 먼 접촉들은 오이쿠메네 전체에 대해 전혀 주의를 기울이지 않고도 임시변통으로 고려할 수 있다. 오이쿠메네의 전체 구성을 염두에 두자는 이유는 부분적으로는 모든 관련 가능한 요소들을 다 시야에 넣고자 함이며, 다른 한편으로는 적절한 비례감각을 확보하기 위해서다. 이러한 이유들은 전적으로 오이쿠메네 역사복합체의 맥락 속에 들어가는 상황들을 비교하는 경우 특히 무거운 비중을 갖는다.

역사의 통일성은 다른 것보다는 여러 시대와 지역에서 제기된 문제(이는 궁극적으로 의문을 추구하는 역사가에게 제기된 의문이다. 비록 이 의문은 과거의 사람들에게 제기된 의문들에게 부분적으로 기반하지만 말이다)의 측면에서 상호의존성이며, 그 문제들을 해결하는 데 취해지는 인간의 행동의 측면에서의 상호관련이 아니다. 즉 유물론적 역사가의 하부로부터의 통일성이지,

관념론자의 위로부터의 통일성(보다 높은 통일성)이 아니다. 그러나 궁극적으로 두 개의 통일성은 동전의 양면이다. 왜냐하면 그 문제들은 단지 그들이 행동의 대상이 되었다는 이유만으로 문제가 되었을 뿐이기 때문이다. 한편 위로부터의 행동은 그것이 우리 시대에 완수되지 않는 경우에도 문제들의 통일성을 따라가야 하는 윤리적 의무가 있다. 역사의 통일성의 문제를 더 이상 부정적인 관련성 ―자기가 현재 여기에서 관여하는 일 이전에 다른 곳에 있는 중요한 뭔가를 먼저 배제하는 것―의 문제가 아니라, 불가피하게 긍정적인 윤리적·구조적 의미의 문제로 만든 것은 자연과 역사의 역류할 수 없는 진보에 대한 의식이었다.

구조적 통일성: 그것이 비교의 기반들에 미친 영향

나는 지역간적인 시각의 부족에서 기인하는 현상의 하나로서 서구지향적인 왜곡이 예부터 내려온 여러 가지 역사해석을 뒤틀어 놓은 방식을 설명했다. 지역간적인 모티프의 다섯 가지 유형을 분류하고 그로부터 야기되는 몇 가지 문제들을 생각해 보는 것이 도움이 될 것이다.

　우선 첫째로, 공통되는 사건들이 있다. '쇄신'과 '전복'의 시대(기원전 4000년에서 기원전 1000년 사이 인도-유럽인들의 이주와 정복이 광범위하게 이루어졌다고 추정되는 시기를 지칭하는 것으로 보인다-옮긴이)의 인도-유럽인들의 대이동, 몽골제국, 흑사병 등이 당연히 이런 모티프의 대표적인 예가 되며, 그런 경우 이 사건들의 지역간적인 결과와 종종 그 원인들마저 뚜렷해진다. 필연적으로 그런 경우에는 지역의 역사들이 좀 더 넓은 분야 속으로 파고들어갈 수밖에 없다. 그런 모티프들과 함께, '우연적인' 요소들을 함께 고려하는 것이 유용하다. 비록 공통의 상황하에서는 공통의 원인을 가질 수도 있지만, 그 모티프의 패턴 바깥에 있는 사건들도 고려해야 한다는 것이다. 그 예로 몽골의 정복 이전에 투르크인들이 중동을 정복한 것과 몽골의 정복 시대에 함께 이루어진 투르크인들의 인도 정복을 들 수 있으며, 그것은 십자군의 정복에도 동일하게 적용된다고 할 수 있다. 각각의 움직임들은 다른 모든 사건들과 관련되어 있으며 이 경우에는 여러 국가들의 힘의 측면에서 그러하였다. 그리고 주된 사건의 어떠한 공통된 결과에 있어서나 그런 사건들은 수정하고 보완하는 효과를 가질 것이다. 투르크인들은 중국에서 퉁구스(여진)족이 시작하였고 몽골인들이 끝낸 작업을 인도에서 행하였다. 그러므로 투르크인들과 퉁구스족은 그들 자체로서는 여러 지역에 같이 나타난 사건을 일으키지는 않았지만, 몽골의 정복과 연결시켜 함께 다루는 것이 유용할 수 있다. 이처럼 일반적으로는 한 지역 안에 국한된 듯이 보이는 모티프들 사이의 이와 같은 우연한 관계는 어떠한 모티프든 간에 그보다 훨씬 더 복잡한 네트워크로부터 추상화해서 만들어진 것이고, 그 네트워크 안에 있는 어떤 요소들이 상대적으로 우연한 것인 양 다루어진다는 것은 순전히 편의상의 문제라는 점이 분명해진다. 많은 문제들이 하나의 공통의 사건이라는 관점에서 다루어질 수 있다는 점은 앞으로 더 언급될 것이다. 예를 들면 사르곤(기원전 2300년경 메소포타미아의 악카드 제국의 군주-옮긴이)에서 알렉산드로스에 이르는 근동의 제국 전통은 행정 방법을 고안했다는 점과 반복적으로 문화적 혼합의 중심이 되었다는 점에서 인도-지중해 전 지역에 기반한 하나의 지역간적 사건, 혹은 그러한 사건들의 연속으로 볼 수 있다. 이와는 좀 다른 의미에서 연금술, 흙점, 점성술 등은 그것들이 여러 지역에 걸쳐 관념을 공유하는 공통의 사건이라는 형태로 고려할 수 있는데, 이들은 아마도 순수 과학에 대해서는 해악을 끼쳤겠지만 그들의 발전은 여러 문화에 뚜렷한 영향을 주었다. 이러한 후자의 예들이 공통의 지역간적 사건으로 간주될 수 있는 것은 문화들을 조명하는 부차적인 하나의 방법으로서일 뿐이다. 그들은 다른 유형의 모티브로서 더 쉽게 다루어질 것이다.

지역간적 모티프의 또 하나의 뚜렷한 유형은 나란히 나타나는 발전들이다. 예를 들자면 '해방기'(Liberation Period)의 개인들의 사상적 개화(開花), 경전이 있는 종교들의 진화, 초정부적 법의 발전 등이 있다. 인도와 중국의 '해방기'를 '단순히 비교하는 것이 하나의 예가 될 수 있다. 우리는 철학사상이나 정치적 역할 면에서 진나라를 펀자브에, 초나라를 마가다 국에 비교할수 있고 그와는 대조적으로 중국에서 진나라의 승리를 인도에서 마가다 국의 주도권에, 그리고 그들에게서 나온 제국들의 활력을 비교해 볼 수 있다. 그러나 이와 같은 즐거운 공상은 여기서 말하는 지역간적 연구의 핵심이 아니다. 만일 그리스, 산스크리트, 그리고 조로아스터교도들까지도 포함하여 '확립기'(Consolidation Period)의 지적인 전통들을 비교해 본다면 그러한 비교를 하는 데 배경이 되는 공통의 인도-유럽적 배경과 서로 연결된 지역적 배경을 볼 수 있을 것이다. 여기에서 우리는 아마도 공통의 조건과 상황이 개재되었을 것이라고 가정하는 것이다. 공통의 조건들을 그들 자체만으로는 연구하기 어려울 때, 사건들을 평행하고 비교할 만한 것으로 상정하고 접근하는 것은 이 어려운 문제에 대한 가장 쉬운 접근법이다. 그러한 평행한 발전들을 여러 문화가 일정한 시기가 되면 독립적으로 도달하고 거쳐야되는 예정된 단계들이라는 입장에서 보는 것은 아마도 비효율적일 것이다.

　　물론, 예를 들자면 어떤 일정한 시점에 가서 정부를 초월하는 법의 발전을 시작하려는 내재적 충동 같은 것은 존재하지 않는다. 로마법과 마니교의 법은 대략 같은 세기에 발전하게 되지만, 아주 대략 비슷한 시기일 뿐이다. 정권이 바뀌는 데도 불구하고 계속된 무슬림, 기독교, 그리고 완숙한 힌두교 법전들 또한 대략 기원후 첫 번째 밀레니엄의 중간 시기에 대략 같이 성숙하게 되지만, 그들의 성숙에는 정해진 시점이나 정해진 방식이 없다. 그러나 경전을 가진 종교, 대규모의 국가, 비판적 철학, 경제의 운영 방식 등의 발전은 그러한 모든 경우에 비슷하게 나타났고, 특히 경제부문은 대체로 끊임없이 교류를 하고 있어서 서로 수용하지 않으면 안 되었는데, 이런 점에서 대략 동시대에 나타나는 안정적인 법의 발전 배경을 찾아볼 수 있으리라고 기대할 수 있다. 긴 시간에 걸친 상호 수용은 하나의 움직임 속에 참여하는 사람들의 직접적이고 인간적인 관계들과 그에 따른 엄격하게 동시대적인 생성에 기여하지는 않는다. 그러나 상호 수용은 광범위하게 중요한 어떤 움직임의 방향을 결정하는 데에 그 근본적인 중요성을 가질 가능성이 높다. 한 지역의 중요한 발전 유형이 궁극적으로 어떤 형태로든지 그 이웃들에게 알려지지 않고, 서로 연결된 오이쿠메네 지대 전체에 수용되지 않는다는 것은 가능성이 희박하다. 우리가 살펴본 평행적 발전의 빈번함이 그러한 가정을 뒷받침해 준다.

그런데 이런 논리의 자연스런 귀결은, 지역간적 비교가능성을 모색하는 데 있어서 각각의 문화의 가장 빼어난 부분을 꼭 비교해야 하는 것은 아니라는 것이다. 진실에 가까이 가려면 종종 한 문화에서 두드러지지 않지만 비교가 가능한 부분을 다른 문화의 대단한 어떤 부분과 비교하는 게 필요하다. 만약 어떤 시점에서 페르시아에서 과학이 특별히 발달하고 편자브에서는 덜 그러했다면 ― 혹은 만약 신비주의가 페르시아에서보다 편자브에서 대단한 인물들을 배출해내고 있었다면 ― 각각의 경우 편자브의 과학과 페르시아의 신비주의는 지역간적 관계가 작용하는 것을 발견하는 데 있어서 좋은 성과를 낼 수 있는 연구 대상이 될 것이다.

지역간적 모티프의 세 번째 유형은 초지역적이라고 부를 수 있는 것이다. 그들은 전체의 조건들에 영향을 미침으로써 각각의 지역에 우연적으로 영향을 미친다. 그러한 초지역적 모티프의 가장 명백한 예는 오이쿠메네적 문명들의 팽창이다. 여러 문명들이 영향력을 점진적으로 확대시켜 나가면서 야만과 도시들 사이의 '세력균형'이 바뀌게 되었고, 그리하여 공통된 사건에 의한 것도 직접적 상호 관련에 의한 것도 아니라, 공통의 조건들의 영향을 통해 동일한 결과가 나타나게 된 것이다. 아틸라의 시대가 칭기스 칸의 시대와 다른 것은 후자의 시대에는 중앙아시아가 문명으로 뒤덮여 있었다는 점이다. 몽골의 정복은 유목민의 복수심과 문명의 기술을 직접적으로 충분히 활용했다는 점에서 흉족의 정복과는 아주 달랐고, 그에 부수되는 결과들도 완전히 달랐다. 중국인, 유럽인, 이란인, 인도의 불교도들마저도 대륙 전체를 변화된 땅으로 만드는 데 무의식적으로 함께 동참하였다. 이와 같이, 서구의 대변동이 진행되고 있었을 때는 아랍인, 중국인, 인도인들이 동반구의 오지 이외의 곳은 거의 다 탐험하였고, 기본적 무역로와 이용방법이 이미 개척되어 있었다. 이것이 이미 이루어진 기원후 두 번째 천년기의 후반부에 와서야 유럽의 세계정복이 가능해졌다고 짐작할 수 있으리라.

성쇠를 겪으며 계속 축적되는 과정도 또한 비슷한 초지역적인 성격을 가진다. 초기 비잔티움제국의 지중해 지역에서의 '수정기'(Revision Period)에는 별로 두드러지게 눈에 띄는 것은 없었지만, 비단의 도입, 디오판투스의 방정식(미지수의 개수보다 방정식의 개수가 적은 가운데 모든 방정식을 만족시키는 정수 해를 구하도록 고안된 것으로, 디오판투스는 3세기 알렉산드리아의 수학자였다-옮긴이) 등 수학, 법률, 의학, 행정, 종교, 예술 부문에서의 항목별 (부분적이지만) 지속적인 개선 등이 결국 궁극적으로 지역간적 성격을 갖는 자료들을 집대성해 냈고, 그 기반 위에서 이슬람의 번영이나 서구의 변신 같은 것들이 등장할 수 있었다. 사실 발전들에는 이런 방식으로 볼 수 있는 측면이 있다. 기원전 첫 번째 밀레니엄에 오이쿠메네의 전 지역에 걸쳐 동전의 주조가 독립적으로 일어난 것으로 보이고, 그것이 국내무역에 직접적으로 미치는 영향에 의해 적어도 간접적으로 지역간 무역의 조건은 어느 정도 바뀌었다. 여러 시대 개개의 정부들이 직면하고 해결했던 중앙집권의 문제는 궁극적으로 지역간적인 움직임의 전체적 경로와 관련되어 있었다.

네 번째 손쉬운 유형의 모티프는 활동의 모티프이며 특정한 활동이 지역간적 관계를 수반하는 경우다. 이러한 유형의 좋은 예로는 과학의 발전 경로, 그리고 기독교의 수도승, 이슬람의 데르비시, 불교의 비구승과 이슬람의 탁발승 등이 서로에게 배웠듯이 (그들의 종교적 경쟁에는 종교간의 대화의 측면이 개재해 있었다) 수도생활에서의 이상의 발전 등을 들 수 있다. 수도생활이 인도에서 시작되었든 아니든 간에 그것은 여러 지역에 공통된 활동이었고, 종종 서로 교류하는 특수한 전달자들이 있었다. 지역간 활동으로 특히 재미있는 것은 인도양 지역의 상업적 이용이다. 잔지바르에서 말라카까지 여러 문화와 지역에서 나오는 종교적, 상업적, 철학적 조류가 서로 교차하여 이러한 지역간 활동의 측면에서 단순하게 보자면 '재구성기'(Reconstruction Period)에 이르기까지 매우 특징적이고 통일적인 지역을 이루게 된다.

지역간적 모티프의 다섯 번째로 지역적 중심을 들 수 있다. 종종 하나의 지역은 그 위치와 내부 조건들이 좀 더 전체적인 역사에서 지속적인 모티프가 되면서 여러 지역간의 관계에서 특정한 역할을 하게 된다. 그러므로 굽타조 인도는 '수정기'에 자체의 문화를 생산함과 동시에 주위의 여러 경향들을 끌어모아서 사방으로 다시 전달해 주는 여러 조류의 중심으로 기능하였다. 비교적 가까운 시기에 사하라 이남의 아프리카는 무슬림과 기독교 선교자들, 무역상들, 군대들이 조우하게 된 장소였고, 그것의 위치와 이용 가능한 상태가 지역간적 역할을 한 것이다. 반면에, 아마도 중앙아시아의 점진적인 문명화는 주변 지역의 정복의 중심지로서 위치를 더욱 강력하게 만들었을 것이다. 아무튼 중앙아시아의 위치와 군사적 특성은 그 지역을 아주 오랜 옛날부터 정복의 중심지로 만들었고, 그것은 하나의 지역으로서 그러한 지역간적 역할을 갖는 것이다. 지역간사에 있어서 한 지역이 기이한 역할을 한 경우는 초기의 서구였는데 서구는 로마제국을 통하여 지중해 제국의 권좌가 되었고, 중동에 영향을 미치고, 오이쿠메네 지대의 더 먼 지역들에 간접적으로 영향을 미쳤다. 사실 모든 새로운 지역은 약간씩은 중요성이 있는 각각의 지역간적 역할이 있다. 라틴인들과 비잔티움 사람들 모두의 변방 문제를 상당히 변모시킬 정도로 자라난 러시아가 그러했고, 상업의 중심적 역할을 한 동남아시아가 그러했다. 오이쿠메네 시대를 통틀어 중동의 지리적 위치는 적어도 서북방의 유럽과 동남방의 인도, 인도제도에의 바닷길과 극동으로 가는 육로, 남방의 아프리카와 북방의 러시아와 중앙아시아를 잇는 오이쿠메네 전체의 중심 초점이 되었다. 불교조차도 인도에서 중국으로 전래될 때 처음에는 이란을 거쳐간 것으로 보이며, 산스크리트어를 중국어로 처음 번역한 것은 파르티아 사람들이었다. 중동에서의 여러 가지 발전 위상과 여러 가지 역사적 발전에서 중동의 위상이라는 것은 오이쿠메네의 역사를 일관적으로 관통하는 주제다. 이 지역은 단순히 말로만 문명의 메카가 아니라, 실제로도 그러했다.

이러한 다섯 유형의 모티프들은 물론 상호배제적이거나 완전히 망라적이지 못하다. 이들은 지역간적 현상을 고려하는 데 하나의 대안적 방법일 뿐이다. 아무튼 이들은 지역간적 요소들의 다양성과 복잡성을 보여주는 데 도움이 된다. 구체적인 지역간사는 대체로 각각의 지역과 시대에 각자의 몫을 배분하려 할 것이다. 그것은 각 지역사의 몫으로 남겨지는 것이 좋을 것이며, 구체적인 제도의 기원 문제보다는 관점과 맥락을 필연적으로 강조하게 될 것이다. 인류를 이해하기 위해서, 모티프들에 접근하는 법을 결정하는 것은 지역간사가 제공할 수 있는 시각이다.

세계사에 대해 일반적으로 어떤 지향을 갖게 되는지를 막론하고 전공논문의 주제가 되는 문제들은 비슷할 것이다. 이러한 세계사적 문제들은 어떤 한 지역에 대한 전문가들이 부차적으로 취급하는 것을 넘어서 독립적으로 다루어져야 한다. 지역간사는 그것 자체의 장점으로 충분히 주목받을 만한 가치가 있다. 물론 문화들간의 '영향'과 일반적인 관계에 대해 좀 더 많은 연구가 이루어져야 한다. 그러나 이런 연구는 단 하나의 지역에 한정된 관점을 가지고서는 — 예를 들면, 인도가 유럽에 어떤 영향을 주었는가 하는 문제 — 완전히 유익한 것이 되지 못한다. 그러나 세계의 관점에서 볼 때, 이러한 제한된 연구들마저도 지역간적 문제들을 추적하는 과정에서 나타나게 되는 온갖 종류의 무수한 연구들 가운데 위치하게 된다. 왜냐하면 이런 모든 것들의 대부분은 아주 지엽적인 분야 안에서 추구될 것이고, 연구에 생명을 불어넣는 목적만이 세계사적인 것이 될 테니까 말이다. 중요한 점은 이 목적이 명백히 드러나느냐 하는 점이다. 그러려면 지역간사 연구는 특수한 문제들과 시각을 명확히 의식하고 있어야 한다.

역사의 흐름들이 지역 문화들 위에 두드러지게 겹쳐질 뿐더러, 하나의 지역 안에서도 문화적 요소들은 종종 서로를 배제하는 지역의 맥락 안에서만 다루어지기에는 서로 지나치게 혼합되어 있었다. 굽타조 인도의 여러 측면을 그 사회의 경계 안에서만 혹은 그 사회가 우연히 다른 사회들에게 준 영향이라는 관점에서만 이해될 수 있는 것으로 본다면 우리의 시야는 크게 제한받을 것이다. 왜냐하면 굽타 시대 인도는 그 당시 세계의 다른 부분들의 조건과 관련해서만 의미와 효과를 전체적으로 파악할 수 있는 문화적 활동의 중심지였기 때문이다. 헬레니즘 미술에 대한 연구는 굽타조 인도를 그대로 관통하여 한편으로는 그것의 영향을 받아들인 서방의 좀 더 이른 시기와 다른 한편으로는 영향을 미치고 있었던 같은 시대의 동북방, 동남방과 연결할 것이다. 같은 이야기를 헬레니즘 과학에 대해 할 수 있는데, 여기에서는 굽타조 인도로부터 나온 영향이 북방과 남방만이 아니라 서방으로도 뻗어 나갔다. 상업에 있어서 서력기원 후 몇 세기 동안의 인도는 타밀족이 서방과 북방으로 이주해 나가고 있던 인도 제도로부터 영향력이 뻗어나가는 중심지였다. 불교와 힌두교는 인도 자체로부터 나왔고, 힌두교는 특히 동방으로, 굽타조의 불교는 특히 북방과 서방으로 전파되었다. 남인도로부터의 이주와 상업의 발전은 그들의 무역이 먼 서방과 북방의 지역들에 영향을 미친 것 이상으로 인도 제도와 인도차이나 반도에 영향을 주었다. 마치 그들의 이주와 북인도에서의 집중적인 불교 활동의 경우처럼, 대부분의 경우에 그 결과들은 궁극적으로 인도 자체보다도 극동과 동남아시아 등 다른 지역들에서 더 많이 느껴지게 되었다. 요컨대 굽타 시대의 인도는 여러 경향과 조류들을 집중시키고 다시 배분하는 중심지로, 마치 오이쿠메네 지대 전체의 중추인 것처럼 한동안 기능했던 것이다. 그당시 인도를 본질적으로 자급자족적인 문화 지역으로 보는 것은 당시 진행되고 있던 일들의 엄청난 중요성을 간과하는 것이 된다.

좀 더 자명한 경우지만 지역적 접근법이 불충분한 조금 다른 유형이 있다. 자체 내에서 시공간적인 필연적 지속성이 있으면서도 자체 내에서 거의 당황스러운 지역문화들의 혼돈을 보이는 '주변적' 지역들의 문제가 있는 것이다. 극동, 인도, 중동, 근대 서구로부터 나온 문화적 요소들의 상호작용들은 그 자체의 독특한 발전과 어우러져 동남아시아를 배타적인 문화패턴들을 위주로 하는 접근법으로는 다루기 힘든 대표적인 지역으로 만들었다. 이 지역이 근대 해양세력들의 제국주의적 팽창의 영역이 되었을 때처럼, 대부분의 다른 경우에도 인도차이나와 말레이시아의 발전은 오직 여러 문화들의 상호작용으로만 파악될 수 있는데, 그 상호작용은 완전히 두드러지게 작용하는 것이 아니었다. 이 지역을 거쳐 지나간 수많은 종교들은 여러 곳에 흔적을 남겼다. 가장 이른 시기의 신앙이 마지막으로 잔존한 힌두교를 믿는 발리, 내륙에서의 소승불교, 대승불교가 힌두교로부터 그렇게 힘들게 얻었다가 빼앗겨 버린 섬들에 있는 대승불교의 조각들, 여러 섬에 자리잡은 독실한 이슬람, 그리고 이전의 신앙들에 불완전하게 편입되어 나중에 도래한 기독교가 차지한 필리핀 등이 그것이다. 문학, 예술, 과학에서 중국 문화와 산스크리트 문화의 영향이 조합되었으니, 인도차이나라는 이름은 명실상부한 것이다. 이런 외래의 영향들 가운데서 토인비는 적어도 누대에 걸쳐 이어진 독립적 소승불교를 보았다. 문화의 가장 특징적인 요소들에서의 만화경 같은 변화의 파노라마를 좀 더 큰 지역들의 우연적인 관계들로 환원하려는 것은 말도 안 되는 것이다. 왜냐하면 문화 발전의 지속성이 시간과 공간을 통해 그 지역에 강제되었다는 것이 자명하기 때문이다. 자바와 수마트라는 불교의 수용과 거부를 놓고 서로 싸우면서도 완전히 서로 이해가 안 되는 영역에 속한 것은 아니었고, 자바가 수마트라의 불교 신앙을 받아들였을 때 갑자기 자바의 문화가 자체의 세계 속에서 기본적인 위치를 바꾼 것도 아니었다. 말라카와 싱가포르는 신앙이나 언어와는 상관없이 오랜 동안 인류의 교차로가 되어 왔고, 오직 오이쿠메네적인 그리고 이제는 전지구적인 발전의 측면에서만 제대로 이해될 수 있다. 이와 같은 복합적인 지역은 지역학에는 최소한의 이점만을 명시적으로 보여줄 뿐이고, 지역간적 문제들을 궁구하는 과정을 통해서만 그 지역에 대한 최대의 조명이 이루어질 수 있다. 러시아같이 애매한 경우는 또 다른 방식의 지역간적 조명을 필요로 한다. 러시아사는 라틴 서유럽의 범주에 거의 들어맞지 않지만, 표트르 대제에서 레닌에 이르는 최근 몇 세기 동안 서유럽과 어떤 측면에서는 떼려야 뗄 수 없을 정도로 묶여 버렸다. 다른 한편, 러시아는 단순하게 비잔티움의 전초기지로 이해될 수 없다. 그러나 러시아를 이해하려면 남방이나 서방과 완전히 별개로 생각해서는 안 된다. 동남아시아의 경우와 마찬가지로 단 하나의 해결책은 러시아가 그 안에 제 위치를 가질 수 있는 좀 더 포괄적인 개념틀을 만드는 것이다. 그러나 인도네시아에서는 지역간 무역이나 다른 비슷한 교류들이 그 지역이 특유의 형태를 만들어내는 중요한 요소들이 되는 데 반해, 러시아에서는 그 대신 내적인 문화발전, 지리적 균형의 형태로 나타나는 지역간 관계 혹은 러시아에 영향을 미치는 공통의 사건과 변화들이 더욱 더 기본적인 준거의 틀이 될 것이다.

　　그러나 여러 지역들 사이의 관계를 이해하는 데 지역학적 접근법과 지역간적 접근이 갖는 상대적인 영역들의 문제에는 더 많은 것들이 걸려 있다. 객관적 상호관계와 규칙성, 그리고 문화들의 '인과적' 발전에 대해 무슨 말이 있든 간에, 그들의 인간적 중요성은 다른 맥락에서가 아니라 오직 그 형태들이 하나의 공통된 전체로 해석되는 하나의 특정한 문화 안에서만 추구될 것이라고 간혹 시사되었다. 이러한 것들 사이의 어떠한 관계라도 여러 문화들에 깊은 인과적 영향을 끼칠 수 있는 한편, 각 문화와 배타적으로 관계된 특정 의미세계의 맥락 이외에서는 아무런 중요성도 갖지 않는다는 것이다. 이 논점은 마땅히 존중받아야 하는데, 왜냐하면 직접적인 가치가 없으면 과학에 대한 간접적 지식은 죽은 것이어서 어떤 집단 구성원 전체의 실용적인 합의나 일반 의미론의 학회가 평가하는 것도 인간사에 있어 적절한 것이 아니라는 게 우리들 사이에 일반적으로 인정된 중요한 부분이기 때문이다. 그럼에도 불구하고 배타적인 문화들의 입장에서 이것을 평범하게 공식화하는 것은 인간 역사의 대부분, 예를 들면 동남아시아나 소로킨(1889~1968, 러시아 혁명 후 미국으로 망명한 범죄학자 · 사회학자-옮긴이) 이 말하는 의미에서 한 문화 안에서 고도로 '통합'되지 않았다고 인정되는 시대들을 내팽개쳐 두는 일이다. 그것은 그들의 개인적 인성이나 그들의 문화적 배경들이 고도로 '통합'되었든 아니든 온갖 관계 속에 있는 사람들에게 삶이 의미를 갖는다는 사실을 그냥 지나가면서만 인식하고, 오직 일반적인 문화적 윤곽 안에서만 인간에게 주어지는 의미를 찾는 것이다.

역사적 비교의 단위들

역사복합체의 여러 유형들

세계사에 특히 관련 있는 역사복합체들은 세계 전체보다 작게 떼어낼 수 있는 역사적 활동의 단위 중 가장 큰 것들이다. (세계사란, 인류의 대부분을 포함하기 때문에 유럽이나 극동 같은 어떤 국지화된 지역의 관점으로 연구하게 되면 파편화되어 버리는 역사적 과정이다.) 역사복합체의 몇 가지 개념의 예를 그들의 역할과 함께 살펴보자. (a) 오이쿠메네(oikumene) 즉 유라시아와 북아프리카의 문명화된 지역으로 대략 기원전 3000년부터 최근까지 점진적으로 확대된 것인데, 이는 하나의 주요한 역사복합체다. 그러나 세계사를 제대로 역사학적으로 다루려면 오이쿠메네 안의 일정한 구성 요소들이 다루어져야 한다. (b) '문명'(civilization)은 일반적으로 가장 흔히 쓰이는 단위다. 이는 공통의 배경과 현존하는 상호관계로 이루어졌고, 그 안에서 예술이 창조되고 제도가 수정되는 등의 활동이 진행되는 맥락이며, 문명 밖의 문화적 존재들은 그 자체로 별로 의식되지도 못한다. (문명에 있어서 두 가지의 일반적인 결정요소는 공통의 종교 혹은 공통의 고전어 내지 교양어다.) '문명'은 내재적인 영적 혹은 지적 진화와 그것의 변증법―예술, 경제, 종교, 철학 그리고 과학에까지 ― 의 관점에서 사용하기에 좋은 단위다. (c) '지역'(region)이란 (역사적 고려로 그 경계가 정해지는) 지리적 영역이고 상당히 대조되는 문화들이 병존할 수 있지만, 상대적으로 소통과 상호교류에 주요한 물리적 장벽이 없는 영역을 말한다. (예컨대 인도차이나-말레이시아나 중국인과 운남의 타이인들의 공존을 들 수 있다.) '지역'이란 오이쿠메네를 포함하여 세력의 움직임의 외부적 상호관계와 자체 내의 문화발전에 상대적으로 관련없는 상존 요소들을 찾아내는 데 유용한 단위다. (d) '지역학' (area-studies)을 위한 '문화-지역'(culture-area)이란 역사적인 고려보다는 자연지리와 지질학을 포함하는 (예를 들면 지리학자의 중동 같은 것처럼) 단면적인 고려가 많이 개재되는 것이다. 이런 '문화지역'이란 특히 어떤 계획을 수립하기 위해 여러 학술분야를 하나로 모으는 데 유용하다. (e) 문명 전통 (civilized tradition)이란 문화와 역사에서의 공통된 배경을 전제로 하는 것이지만 그 안의 서로 다른 부분들이 반드시 항상 접촉하고 있다는 뜻은 아니다(일본과 중국의 예를 보라). 문명 전통을 크게 둘로 나누자면 '인도-중동-유럽'의 문명전통과 '극동'의 문명전통으로, 넷으로 나누자면 극동, 인도, 중동, 유럽으로 나눌 수 있다. 이 개념은 바탕에 깔려 있는 제도와 그들의 변형을 보는 것이나 인류학, 비교 연구 등의 관점에서 유용할 수 있다.

지역성

문명이라 불릴 만큼 넓은 영역을 가진 문화적 복합체들은 '지역'이라 불릴 만한 것보다 상위에 있다. 그러나 어떤 문명에 속하는지 금방 알 수 없는 많은 지역들도 존재한다. 비록 시작에서 끝까지 한 문명이 아주 크게 변모할 수 있지만, 예를 들면 이슬람 이전과 이슬람 시대에 함께 적용되는 많은 것을 이야기할 수 있고, 만일 우리가 (예를 들면 그 지역의 문명이 이후 이슬람적이라고 불리게 된 문명으로 변했던 7세기에도) '중동문화'를 운운할 수 있다면, 그것은 우리가 먼저 식별할 수 있는 문화전통들을 가진 영역으로 그 지역을 인식하고 있고, 어떤 시대에나 그 지역에 독특한 '문명'을 찾아보도록 유도될 수 있기 때문이다. 또한 인도는 '힌두문명'의 한 부분일 뿐이라는 사실에도 불구하고 인도-무슬림 시대에서 논의될 수 있는 명백한 한 지역이다. 사실 '인도에 하나의 공통적이고도 특징적인 문명이 있는가?'라는 질문은 공통된 역사복합체, 역사적 상호작용의 지역이 있었다고 전제하는 것이다.

우리의 논의에서 지역이란 더 큰 지역, 즉 사실상 오이쿠메네에까지 범위를 넓히지 않고도 많은 문제들을 다룰 수 있도록 긴밀하게 짜여진 역사적 상호관계와 상호작용의 영역일 뿐이다. 그러므로 동남아시아와 같이 복잡하게 구성된 곳도 역시 하나의 지역을 이룬다. 왜냐하면 힌두교인, 불교도, 무슬림, 유교도, 끝으로 기독교인마저도 서로 그토록 근접한 상태에서 그들의 역사를 살려내서 아무리 그들의 문화적 패턴이 달라도 공통의 지역을 이루게 되기 때문이다. 운남에 있던 타이인들의 시조들은 비록 중국인들은 아니었지만 한동안 중국이라는 지역의 일부가 되었는데, 그것은 그들이 그 문화에 참여했기 때문이 아니라 그들이 중국의 역사에 같이 섞여 들어갔기 때문이다.

가장 큰 지역은 오이쿠메네다. 그러나 우리가 '지역간적'이라는 말을 할 때의 지역이란 좀 더 작은 지역들을 말한다. 그리고 이 말이 '국지적'이라는 말과 대조되는 한, 그 지역들은 우리가 오이쿠메네 수준에 이르기 전에 혹은 적어도 예를 들면 인도-지중해 역사복합체에 이르기 전에 구별해낼 수 있는 가장 큰 복합체들이다. '지역들'은 '문화들'보다 훨씬 융통성 있게 다룰 수 있는데, 지역들은 문화들을 포함하면서도 다른 많은 종류의 사례들을 참작하기 때문이다.

지역간사를 위해 쓸 수 있는 지역들을 지정하는 데 서구의 경우와 같이 전통적인 어려움이 항상 따르는 것은 아니다. 그러나 예를 들면 지역적 용어의 부재로 인해 드러나는 문제는 있다. 현재 사용되는 하나의 표준적인 지역구분법은 대륙의 구분을 이용하는 것이며, 문화적 지역구분에 양보하는 경우는 유럽을 유라시아의 나머지 부분으로부터 떼어내는 것 이외에는 없다. 이것은 단지 유럽의 지위를 거대한 아시아와 등치시키는 것과 좋은 의도를 가지고 '아시아의 이상'과 '유럽의 기술'을 접합시키길 희망한다고 운위하는 교수들을 혼란시키는 것 이외에는 지리적, 민족지적, 정치적 기능이 전혀 없는 자질구레한 나머지의 개념으로 '아시아'를 탄생시켰다. 그러나 이런 '대륙'들은 지리적 목적으로도 유용하지 않을 뿐더러 인간을 탐구하는 데도 전혀 도움이 되지 않는다.[1] 적어도 인류의 5분의 4는 유라시아 대륙에 산다. 그리고 우리가 하고 있는 것처럼 유라시아를 둘로 나눈다고 문제가 해결되지는 않는다. 왜냐하면 '유럽'은 하나의 지역으로 불리기에 대체로 합당한 것인데, 그 나머지 모두를 '아시아'라고 뭉뚱그린다는 것은 단순히 서구지향적인 왜곡을 조장하는 데 지나지 않는다. 그 나머지를 구분해야 할 필요성 때문에 우리는 '근동', '중동', '극동' 같은 용어들을 만들었고 아직 그보다 더 좋은 것이 나오지는 않았다. 그렇지만, 그 개념들은 서로 다른 사람들이 각각 다른 의미를 부여했기 때문에 명확하지 못하다. 일부 사람들에게 근동은 옛 오스만제국의 영역이고, 다른 사람들에게는 발칸 반도이며, 또 다른 사람들은 이란의 역사가 불가피하게 오스만 영역의 전체적인 역사의 흐름과 얽혀 있었기 때문에 이란까지도 근동에 넣는다. 아마도 지역간적인 목적으로 유용하게 가장 자주 쓰이는 것은 이 마지막 의미겠지만, 이 용어의 모든 의미가 각각 사용되는 데가 있다. 이와 똑같은 확장된 의미에서 '중동'이라는 말이 이제 영국군에 의해 쓰이고 있으며, 미국에서는 이 용어가 일반적으로 지중해보다 훨씬 동쪽에 국한해서 종종 인도를 포함하는 개념으로 쓰인다(그러나 미국에서도 '중동'이라는 말은 곧 확장된 의미를 띠게 되었다-옮긴이). 학술용어로서 극동도 똑같이 문제가 있는데, 그것은 어떤 경우에는 중국과 일본 제국들을 지칭하고, 어떤 경우에는 말레이시아까지 포함하면서 남쪽으로 늘어나고, 어떤 경우에는 인도에까지 팽창하여 대략 인류의 절반을 포함하는 거추장스러운 개념이 되고 만다.

---

1) '아시아'에 대한 모호한 점들의 대부분은 '오리엔트'에도 적용된다. 이 단어의 이용에 대한 재미있는 예가 미슐레의 글에서 발견된다. "인류의 반씩을 이루는 두 자매 유럽과 아시아, 기독교와 이슬람이 서로 만나지 못한 지 무척 오래되었다."

'서구'(west)라는 단어도 물론 비슷하게 애매하다. 어떤 경우에는 옛 라틴 문화유산을 이어받은 나라들이라는 의미로, 어떤 때는 러시아와 발칸 반도를 포함하는 개념으로, 그리고 어떤 경우에는 영국, 프랑스, 독일로 축소되어 '중부 유럽의' 게르만 세력으로 축소되기도 한다. 그러나 애매모호함을 떠나서 이러한 용어들이 갖는 공통된 오류는 그들의 형태 자체에 '서양'과 '동양'이라는 오래된 구분을 보존하고 있다는 점이다. '근동'과 '극동'은 필연적으로 서양에도 이에 상응하는 구분들이 있어야 한다는 점을 시사한다.

물론 이런 용어들의 부적절성은 단지 지역간적 연구에 쓰일 지역적 도구들의 부실함을 가려주고 있을 뿐이다. 만약 지역간사가 어떤 특정 지역에 편리하게 잘 들어맞기에는 너무나도 넓은 현상들의 연구라면, 노력을 절약하기 위해서라도 지역적 차원에서 다루기에 적합한 서로 잘 조합되는 지역들이 어디인지 알아야 한다. 더욱이 오이쿠메네 지대 안에서, 오이쿠메네 구성의 상대적으로 항구적인 부분을 이루는 극동이나 라틴 서구와 같은 지역들을 구별해내는 것은 그 지대 전체를 가로지르는 무한히 복잡한 관계들의 네트워크 속에서 우리가 길을 잃지 않고 방향을 잡는 데 특별히 유용하다. 아마도 그러한 지역들 가운데 가장 중요한 것들은 유교적인 극동, 동남아시아의 반도와 섬, 인도와 주변지역, 중앙아시아의 광대한 영역, 나일 강에서 에게 해, 이란에 이르는 중동, 러시아 지역, 그리고 서구일 것이다. 물론 이에 더하여 수단, 지중해 지역, 레반트 등의 겹치는 지역들도 여러 경우에 유용할 것이다. 또한 상대적으로 많은 목적으로 일부 하위 구분들도 유념할 만하다. 서유럽 안에서는 지중해 주변의 남부, 대서양에 면한 북부를, 인도 안에서는 데칸 고원과 북인도를, 중국 안에서는 역시 남부와 황하 유역의 북부를 들 수 있다. 지역간사에 있어서 오이쿠메네적 조건들이 갖는 역할을 이해하려면 오이쿠메네의 지역들이 서로에 대해 어떤 역할을 했는지 검토하는 게 여전히 필요하다. 물론 우리는 여러 지역들을 고정된 실체로 생각할 수 없다. 그러나 오이쿠메네 지대 안에서 어느 정도의 문화적 통합—오랜 시간에 걸친 공통의 종교, 공통의 문학적 유산, 공통의 정치적 제도—이 이루어져 있는 상당히 항구적인 지역들을 추상적으로 상정하는 것이 도움이 되기는 한다. 오이쿠메네 지대는 매우 손쉽게 그런 지역들로 분류되며, 비록 항상 자라나고 변화하고 있으면서도 기원전 1000년기에 형성된 이래 서구의 대변동이 균형을 깰 때까지 수 세기에 걸쳐 그 구성을 알아볼 수 있도록 유지되었다. 예를 들면, 유교적인 극동은 주나라 시대 이래로 그러한 의미에서 독특한 지역이 되었다. 지역이 팽창함에 따라 일본 같은 새로 편입된 나라들이 제국의 통치에 항상 직접 통합되지는 않았지만, 같은 정치적 기준을 인정하고 중화제국 황제의 권위를 종종 함께 존경하여 주변의 더 작은 나라들과 함께 문학과 종교에 있어서만이 아니라 공통의 외교 지역을 형성하였다. 더욱이 오이쿠메네의 구성 안에서 극동은 일반적으로 수 세기에 걸쳐 다른 지역들과 똑같이 변치 않는 기능을 했다. 육로로는 중앙아시아와 직접 연결되고 그 너머는 중동이었다. 여러 무역로 외에 종교적으로 인도와, 바다로는 동남아시아와 연결되어 있었고, 동남아시아에서 다시 다른 항해지역들과 이어졌다.

이러한 의미에서 지역간적 연구를 하는 데는 상당히 항구적인 극서 지역을 정의하는 것이 또한 유용하다. 그리고 라틴어 사용지역에서 그와 같은 지역이 이미 존재하므로 우리는 그냥 그 개념을 쓰면 된다. 원래 서양이라는 말은 로마제국의 서쪽 반, 즉 기본적으로 이탈리아, 아프리카, 스페인, 갈리아 지방을 지칭하는 것이었다. 그리스인들은 자신을 서구인이라고 간주한 적이 없다. 그들에게는 델피가 세계의 중심이었다. 그러나 라틴인들의 문화적 종속의식은 그들을 중심에서 서쪽에 있는 것으로 생각하도록 만들었다.[2] 그 후 이러한 서지중해 지역과 그 북쪽의 배후지에서 오이쿠메네의 존속 기간 동안 하나의 문화 전체로서 연구되기에 손색없이 일관성 있는 지역이 존재하게 되었다. 왜냐하면 고대 카르타고 지역의 아프리카(비록 거기서도 중심이 성장하면서 점점 북으로 이동했지만) 이외에는 그 전체에 지속적으로 라틴 문화의 전통이 계속되었기 때문이다. 페니키아인, 에트루리아인, 그리스인 등 여러 해양세력들이 라틴인들의 제국 안으로 들어왔을 때부터 로마제국의 서부가 게르만인들의 기독교 왕국들로 나눠지는 시대를 거친다. 그러고 나서 이 지역의 주도권이 불분명하게 만든 카롤링거 왕조와 교황 세력의 성장 시대를 거쳐 유럽 협조체제(Concert of Europe)가 아직도 인정되던 시대에 이르기까지 이 지역은 정교회 지역이나 무슬림 지역 혹은 더 멀리 있는 지역들을 포함하는 세계의 나머지 부분들에 대비되는 문화적 통일성과 다소의 정치적 통일성을 갖고 있었다.

물론, 과연 지역간성(interregionality)의 목적을 위해서 무엇이 지역으로 간주되어야 할지는 대체로 편의성의 문제다. 북이탈리아와 남프랑스의 관계에 대한 연구는 아마도 일반적인 유럽에 대한 관심의 영역으로 간주되겠지만, 북이탈리아와 남이탈리아의 관계는 이탈리아 내의 문제로 분류된다. 마찬가지로 라틴인들과 비잔틴인들의 관계도 국지적인 것으로 혹은 지역간적인 것으로 간주될 수 있다. 예컨대 아프리카와 유럽의 일부를 포함하는 지역을 다른 지역으로부터 구분하고, 그 지역 안에서 공유되는 여러 문제들을 다룰 수 있을 것이다. 그러나 이것은 편리하지 않을 것이고, 그 연구에서 추적하는 연결선들이 다른 큰 지역들 사이의 연결보다 더 가깝기는

---

2) 몇몇 역사가들이 라틴-서구를 기본적으로 세계로 생각하는 감상에 의해 중세 라틴 정치이론의 '보편주의'에 지나친 강조를 하는 데 이르렀다. 정말 보편주의였던 것은 당시 중국의 정치 이론이었고, 왕안석같이 명석한 사람도 중국을 세계로 묘사하였다. 그러나 라틴인들은 좀 더 겸손하였다. 기독교권의 황제는 단지 서양의 황제였음을 인정하였고, 그것의 지역적 범위 밖에서는 기독교가 외부인들과 싸우고 있을 때만 (예를 들면 십자군의 경우와 같이) 최고사령관의 역할을 했다.

어려울 것이므로 그러한 연구는 다른 지역간적 연구와 함께 이루어질 때 더 큰 결실을 얻을 수 있을 것이다. 지역들 자체는, 그리고 지역간적 분야도 이미 행해진 지역연구에 의해 상당히 확고하게 경계가 이루어졌다. 그리고 지역들은 변화하지만, 연구를 위한 그들의 중요성은 사라지지 않는다. 우리는 티벳을 극동이나 인도, 혹은 중앙아시아의 모든 시대에 걸쳐 집어넣거나, 어느 한 시대라도 완벽하게 모든 측면에서 그 중 한 지역에 속했다고 볼 수 없다. 그런데도 티벳이 반구를 뒤덮는 거대한 움직임 속으로 들어올 때 우리는 티벳을 그러한 지역들 중 하나의 일부로서 연구한다. 인도 옆에 있으면서 티벳은 이탈리아와 벵골과 마찬가지로 시리아 알파벳을 쓸 줄 알게 된다. 극동의 일부로서 티벳은 파르티아나 일본과 마찬가지로 불교 선교자들로 뒤덮인다. 중앙아시아의 일부로서 티벳은 흉노와 아랍인들과 함께 무역로의 통제권을 놓고 다투게 된다.

시대 구분

다양한 종류의 역사복합체들은 시간과 시대 구분에 대해 각기 다른 관계를 갖게 된다. 지역들은 최소한의 시간적 경계(그것은 인간의 정주 패턴을 떠나서는 의미가 없지만)만을 갖게 된다. '문화-지역'은 현재지향적이다. '문명 전통'은 적어도 가설적으로는 문명 시대를 통틀어 지속되는 것으로 보일 것이다. '문명'은 가장 간단하고 가장 세분하기 쉬운 유형의 세계적 규모의 역사복합체. 문명들은 무엇보다도 공간과 시간에서 경계를 갖는 것으로 간주될 수 있다. (문화적 맥락을 규정하는 주요 특성들에서 상대적 불연속성의 지점들은 뚜렷이 지적되어야 한다.) 예를 들면 이슬람문명은 사산조 페르시아의 문명으로부터의 연속성에도 불구하고 8세기에는 확연히 새로운 것이 되었다. 혹은 세계사에 관계되는 더 작은 단위를 들자면 '르네상스 이탈리아와 그 주변의 문명'이라는 정도까지 세부적으로 들어갈 수도 있다.

오이쿠메네의 구성은 공간적으로 설명되어야 하는 것과 마찬가지로 오이쿠메네를 공부하는 데 맥락을 제공해 주는 적절한 지역들을 찾아서 오이쿠메네 전체의 발전을 다루는 데 사용가능한 시대 구분이 존재하도록 시간적으로도 설명되어야 한다. 물론 어떠한 전체적 시대 구분도 자의적이 될 것이며, 특히 오이쿠메네의 구성이 아직도 형성기에 있던 초기에 대해서는 더욱 그러할 것이다. 그러나 현재 사용되고 있는 일반적 시대 구분은 고대-중세-근대라는 구분과 세기에 의한 구분이 있을 뿐이다. 전자는 지역간 문제에서 어떤 자연적 중요성을 갖는 경우가 있다고 하더라도 실제 사용하기에는 너무 크게 시대를 자른다. 후자는 오이쿠메네의 구성의 발전에서 나타나는 어떠한 통합도 반영하지 않기 때문에 만족스럽게 다룰 수 있는 시간적 단위를 표시하는 데 시사적이거나 실용적이 될 수 없다. 시대 구분의 가치는 비교할 만한 발전이나 공통되는 사건들을 묶어서 다루는 것이 유용한, 일정한 길이의 시간을 추상화하는 데 있다. 예를 들면 유용하게 비교되는 개인들의 사상이 융성하던 시기가 수 세기에 걸쳐 나타났다. 똑같은 것이 근세의 팽창주의적이고 민족주의적인 움직임에도 적용될 수 있다. 비록 각 시대의 창의적인 내용을 비슷한 수준으로 만들 수는 없지만, 시대 구분의 유용성 가운데 하나는 여러 시대들을 길이상으로 상당히 비슷하게 만들 수 있다는 점이다. 세기로 시대 구분을 하면서 불가피하게 되는 것처럼, (결실이 없는 시대가 정말 있다면) 그런 시대를 결실이 없는 시대로 인정하는 것이 좋다. 왜냐하면 결실이 없었다는 것도 역시 설명되고 평가되어야 하기 때문이다.

근대사에 있어서의 역사복합체들

근대사의 성격을 규명하기 위해서는 다루어지는 문제에 따라 적절한 역사복합체 유형을 의식적으로 선택해야 한다. 종전의 범주들은 오해의 소지가 있다. 근대 문화사의 문제들 가운데 역사복합체 유형의 선택과 관련되는 것들은 다음과 같다. (a) 근대적 현상들이 개재될 때 비교 단위의 선택이 필요한 경우다. 즉 '서구'와 '이슬람'의 패턴들, 혹은 (서구 안에서) '근대'와 '중세'의 패턴들, 혹은 (더 나은 것으로서) (서구의 혹은 여타 지역의) 근대와 (서구나 혹은 이슬람의) 중세의 패턴들을 비교하는 경우를 예로 들 수 있다. (b) 의문 추구의 맥락을 그려보는 것과 관계되는 경우다. 즉 이탈리아 르네상스 이후 서유럽 미술의 맥락, 혹은 고대 그리스 이래 유럽 미술의 맥락, 혹은 18세기 이래 근대의 대변동이라는 전세계적 조건과 여러 가지 배경을 맥락으로 해서 현대 미술을 바라보는 경우의 문제를 예로 들 수 있다. (c) 그러므로 특히 근대사회를 특징짓는 것이 무엇인가를 설명하는 문제들에 있어서도 그러하다. 이런 문제들은 무엇이 근대적인 것인지 정의하고 다른 어떤 단위들이 거기에 비교할만한지 정의하는 것을 포함하며 유럽 내적인 혹은 기타의 맥락을 설정하는 것을 포함한다.

그러한 문제들은 일반적으로 이용되는 역사복합체의 범위를 가지고는 잘 상상하기 어렵다. 오이쿠메네 자체도 사실상 지속적인 역사복합체로서 더 이상 존재하지 않지만, 통시대적인 비교를 위해서는 아직도 유용한 개념이다. 통신이 완전히 변모한 현대의 조건하에서 '지역'은 전과는 상당히 다른 중요성을 갖는다. 그들은 중요성에 있어서 좀 더 국지적이고 과거를 분석하는 데는 효용이 적은 '문화-지역'에 의해 사실상 대체되었다. '문명화된 전통', 즉 제도의 연구와 비교는 그들이 보여주는 제도들의 유형이 기본적인 지속성을 가지고 있던 일정한 시대적 범위 안에서만(문명의 시작과 근대의 대변동 사이에서만) 적절하다. 그러므로 그것은 아주 제한적으로만 근대의 영역 안에 들어가는 것이다. '문명'에 대해서 말하자면 어느 모로 보나 (서구를 포함하는) 여러 역사적 문명들이 서구 혹은 근대의 대단한 변동의 도래와 함께 사라졌다고 생각할 필요가 있을 것이다. 역사적 문명들

―하나의 역사복합체로서 특정한 의문을 푸는 데 요구되는 것에 따라 다른 어떤 것에도 비교되어야 한다―은 새로운 유형의 전세계적인 역사복합체에 의해 대체되었고, 이 새로운 역사복합체는 오이쿠메네나 전근대 문명 같은 이전의 문명들 중 어느 것과도 결코 비견할 만한 것이 아니었다.

따라서 웅변가들이 '서구인'에 중점을 두고 이야기하는 것은 대체로 위험스러운 오류다.

문화적 창조성과 문화의 쇠락

문화적 창조성과 문화적 침체, 양자 모두 항상 일어나는 일이지만 대부분의 경우, 그 둘 중 어느 것도 지배적이지 않다. 지배적인 것은 문화적 보수주의다. (우리는 창조성의 침체를 번영과 사실상의 퇴보로부터 구별해야 한다. 이것은 과학과 학술 일반에서는 특히 쉽게 드러나지만, 예술이나 심지어 정치에도 적용되는 개념이다.) 문제는 언제 (후대에 고전시대로 간주되는) 번영의 시대나 혹은 (열등한 모방과는 구별되는) 침체의 시기에, 창조성이나 침체가 예외적으로 주도적인 특성이 되느냐 하는 것이다. 번영이나 쇠퇴는 개별적 분야에서 일어날 수 있다. 문명 자체는 오직 (그 문명에 있어서나 혹은 특정한 의문 추구의 목적에서 핵심이 되는) 주요 분야들이 침체하거나 번영할 때 그리고 문명 전체가 이를 반영할 때 그런 식으로 규정할 수 있다. 그리고 여기서 침체는 그에 상응하는 뭔가 새로운 것의 번영을 동반할 수도 있고, 아닐 수도 있다. 문명이란 문화적 창조성이 지배적이었던 시기 동안에 형성되고, 그 이후에 보존된 문화적 패턴이라고 정의할 수 있다. 그러므로 이러한 번영기는 특별히 중요하다. 그러나 문명은 사회적으로 정의될 수도 있는데 그런 경우 번영기는 단순히 특수한 경우에 불과하지만 역시 중요한 경우로 아마도 유형을 보여주는 기준 사례가 될 것이다.

근대에 있어서 문화적 창조성은 특출한 것이었다. 부분적이라도 그것에 견줄 만한 것은 각 문명의 고전적 번영기(그리고 오이쿠메네의 역사 전체에서 보이는 좀 더 소규모의 번영기들)나 심지어는 문명의 기원이 만들어졌을 때 정도다. 왜냐하면 취향의 수준, 지식, 기술 그리고 이들을 지탱해주는 제도들의 구조를 기준으로 삼아 문화적 창조성과 퇴보를 측정해 보았을 때, 문화적 창조성이 그 이전과는 비교도 안 될 정도로 제도화되었기 때문이다. (이런 목적을 위해서라면 사법 활동 역시 이러한 측면에서 헤아릴 수 있는 한 문화적 활동으로서 포함된다.)

문화적 번영이란 (예술과 과학의 번영에 대해서는 좀 더 특수한 원칙이 있지만) 교란의 지속적인 힘이 권위의 힘을 극복할 정도로 성장하되, 마찬가지로 지속적인 창조의 힘을 억누르지는 못하는 상황에서 발생하는 것이다. 한편 문화의 침체는 대체로 두 가지 유형으로 나뉜다. 첫 번째 유형은 국가 구조나 예술의 형태나 다른 무엇이든 소진의 법칙에 의해 내적 논리의 귀결로 생기는 것인데, 지나치게 많이 쓰여진 형태(혹은 취향, 권위 등)에 의해 만들어진 교착상태를 깨기 위해 더 낮은 수준으로 내려가게 되는 침체를 말한다. 이것은 (a) 새로운 세대의 감각이 뭔가 신선한 것을 요구하기 때문에 예술이 고전적 형태로 지속될 수 없되, 아직 취향이 형성되어 있지 않은 방면에서 진정하게 새로운 시작을 하는 데 요구되는 것처럼 조악한 것이 되기는 어려운 상황에서 나오는 것으로 바로크 같은 예술 양식에서 찾아볼 수 있다. (b) 정치에서 기본 원칙이 시대에 뒤떨어졌지만 너무나도 깊이 뿌리박은 것이어서 조악한 정치적 형태에 의존하지 않고 수정한다는 것이 불가능할 때로, 예를 들면 동로마제국 말기에 수도승들과 세속 지주들을 위해 땅을 양도한 것 등을 들 수 있다. (c) 심지어 과학에서조차도 기존의 이론적인 구조를 완전히 뒤엎는 위험을 감수하지 않고, 숨이 막힐 정도로 많은 수정을 가해 지속시키는 경우가 있다. 예를 들면 프톨레마이오스의 체계를 태양 중심설이나 나선형 궤도나 다른 무엇도 구해줄 수 없었지만 그것이 계속 사용된 것을 들 수 있다. 소진이란 단순한 보수주의를 의미할 수도 있고, 예컨대 재능 있는 사람들의 진로를 막고 그들을 다른 길로 돌려버리는 식으로 해서 실제로 퇴보에 기여할 수도 있다.

두 번째 유형의 침체는 교란의 힘이 지속적으로 효과를 발휘하거나 혹은 적어도 일부의 경우에서 예컨대 청교도주의와 같은 문화적 억압의 힘이 효력을 발휘함으로써 생기게 되는 것이다. 과학에서 침체와 창조성은 특수한 경우다. 왜냐하면 과학은 현상태를 유지하는 데 특별히 위험한 요소이기 때문이다. 그러므로 대부분의 지적 지향들은 종교적이든 혹은 유교의 경우에서처럼 심미적인 것이든 간에 반(反)과학적이다. 그러므로 과학은 지적인 현상 유지의 힘이 어떤 이유에서든 유보된 상태에서만 번영할 수 있다. 예술도 또한 번영과 쇠퇴라는 관점에서 보면 특수한 경우인데, 왜냐하면 (오직 특정한 매체만을 공격하는 우상파괴주의를 별도로 하면) 예술에는 항상 수요가 있고 지속적으로 높은 수준을 유지할 수 있는 길이 있으며, 예술의 성쇠는 오로지 점진적으로 절정에 달했다가 과도하게 난숙하게 되는 특정한 취향들의 내적 발전에 달려 있다. 그러므로 과학이나 예술을 기준으로 해서 전체적인 침체와 번영을 판단하려는 것은 매우 위험한 일이다.

성장이 최대한으로 작용하지 못하는 것이 침체이고, 성장이 상실을 상쇄하지 못하는 경우는 쇠퇴이다. 침체라는 것은 다음과 같은 것들을 포함한다. (a) 예술이나 종교는 특화되고 고도로 발전된 기준에 익숙해짐에 따른 취향의 타락이 있는데, 그것의 특징은 피상적인 신선함을 자아내기 위해 온당치 못하게 과장된다는 것이다. (b) 정치제도에서는 내재하는 고유의 자원에 의존하기보다 기성의 권력 패턴에 의존함으로써 판단력이 떨어지는 것이다. (c) 경제생활에서는 안전을 선호하여 모험적인 기획이 줄어들지만 원시경제에 비하면 엄청난 수준에 있는 것이다. (d) 지적인 생활에서는 자기 자신이 주도적으로 생각하기보다는 과거의 대가들에게 의존하는 경우를 말한다. 침체란 일단 높은 수준에 이른 뒤에는 인류의 문화에서 정상적으로 나타나는 현상이고, 주관적인 측면에서는 젊은 세대들이 타락하고 있다는 보편적인 느낌의 일반화와 서로 관련되어 있다. 항상 다음과 같은 의문이 남는다. 한 문화가 어떤 측면에서의 침체를 피할 수 있게 해주는 것은 무엇인가? 이런 점에서 볼 때 문화의 여러 측면들이 어느 정도로 분리될 수 있는 것일까? 상실이란 지속적인 것이므로 그것이 성장에 의해 상쇄되지 않으면 곧장 쇠퇴를 초래한다는 사실 이외에, 위에서 정의한 (보수주의와 거의 비슷한 내용의) 침체와 좀 더 절대적인 의미의 쇠퇴 (예를 들면 지식의 실질적인 상실) 사이에는 어떤 상호 관계가 있을까?

13장

지역간적 연구의 세계사적 중요성

이 연구를 통하여, 하나의 지역간적인 역사관이 오래 전부터 필요하였음에도 불구하고 없는 채로 남아 있었고, 그것이 광범위한 영향을 미칠 것이라는 점은 분명해질 것이다. 만일 지역간적 역사가 역사라는 분야 전체의 사명의 중심에 존재하는 것이라면, 그것을 추구하는 것은 그 자체만이 아니라 역사연구의 모든 부문을 위하여 중요할 것이다. 어쨌든 거기에서 더 나은 방향은 더 넓은 범위, 즉 일반 대중에게도 의미를 가진다. (역사가들은 결국 그들을 위해서 힘들게 일하고 있는 것이다.) 여태까지 부분적으로만 다루어졌던 서구의 세계인식의 실제적인 함의들의 몇몇 측면을 강조하고, 더욱 진실에 가까운 지역간적 관점을 역사학계와 일반 대중에게 소개하는 방법을 제시하는 것은 결코 잘못된 일이 아닐 것이다.

지역간적 관점을 위한 적절한 기반의 결여는 오이쿠메네의 발전을 추적함으로써 완전하게 채워질 수는 없다. 그럼에도 불구하고 이 방법은 그러한 지역간적 관점을 취하는 것을 더 용이하게 만들고, 그러한 관점의 빈자리가 느껴지는 많은 경우를 개선하는 데 도움이 된다. 그러한 관점이 결여되어 있는 예들을 단순하게 늘어놓는 것만으로도 그 시급성이 강조될 것이라고 희망한다. 그러한 예들은 오래된 것도 있고 새로운 것도 있는데, 오래된 예들의 노골성은 이제 유행이 지났지만 여전히 우리가 당연한 것으로 여기는 많은 생각들의 전제에 깔려 있는 태도들을 상기시킨다. 그러한 생각들이 지속적으로 교묘하게 영향을 주지 않게 하려면 우리는 그것들을 의식적으로 뿌리뽑아야 한다. 그러한 작업은 끝까지 계속되어야 한다.

더 나아가, 지역간적 관점에 대한 여러 가지 잘못된 접근을 피해야 한다. 역사의 서구적인 왜곡이라는 부분에서 단지 동양에 지금 받고 있는 지분보다 더 많은 지분을 주기로 결정하는 것만으로는 문제가 충분히 풀릴 수 없다는 점은 분명하다. 왜냐하면 그렇게 결정하는 것은 우리의 생각 속에 '동과 서'라는 관념을 남겨 두는 것이며, 사실 무의식적으로 다른 여느 때와 마찬가지로 서구를 추켜올리는 것이기 때문이다. 모든 다른 문명들을 하나의 이름 아래 뭉뚱그리는 것은 그들을 우리 서구에 보완이 되는 하나의 실체로 서로 연관시켜, 그들을 조그만 서구 국가들의 집단에 보완되는 일단의 국가들로 보는 것이다. 우리 자신을 높이고 그들의 중요성은 상당히 왜곡하는 것이다. 그러한 상황에서, 즉 인도와 중국 사이의 무역이 마치 이탈리아와 독일 사이의 무역에 비견할 만한 것인 듯 다루어지는 상황에서, 제대로 된 지역간적 역사를 쓰는 것은 불가능하다. '동방'이 그처럼 압도적으로 중요하다는 것에 대해 다음과 같은 사실을 지적할 수 있다. 즉 지난 5~6세기가 될 때까지 오이쿠메네 지대 전체 안에서 서구의 비중이 너무도 낮았기 때문에, 라틴 서구를 제외한 오이쿠메네 지역의 '동양'(Orient)의 역사가 문명의 역사 자체에 거의 육박할 정도가 된다는 점이다. 그러나 지역간적 역사에 더욱 치명적인 것은 오이쿠메네 지역 전체 조건에 대한 왜곡이다. 쉐퍼드(Shepherd)의 역사지도집(1920년대에 간행된 유명한 세계역사지도집. William R. Shepherd, Historical Atlas〔New York: Henry Holt and Company, 1923〕-옮긴이)에는 '유럽의 중세 상업'과 '아시아의 중세 상업'에 대한 한 쌍의 지도가 있다. 이 지도들은 반구의 서로 동등한 절반에서의 상업을 보여주기 위해 만들어진 것이다. 그러나 사실 전자는 순전히 지역

연구인 데 비해 후자는 지역간 무역로에 대한 연구다. 예컨대 유럽에서의 무역은 인도의 무역과 마찬가지로 후자의 지도 위에 전적으로 포함되어 있다. 여기서 실질적으로는 '아시아'가 인도나 다른 지역을 포함하는 것과 마찬가지로 유럽도 포함하고 있는 셈이다. 그러나 불행히도 우리는 지역 이름 아래 지역간 연구를 하고 있는 것도 아니다. 왜냐하면 유럽인들이 관심을 갖는 무역로만이 표시되어 있기 때문이다. 예컨대 운남과 버마 사이의 중요한 루트는 인도를 가로지르는 가장 중요한 무역로와 마찬가지로 무시되었다. 대신 우리에게 주어진 것은 늘 그런 것처럼 서구 역사의 연장일 뿐이다. 오이쿠메네 지대의 나머지를 '아시아' 혹은 '동양'으로 뭉뚱그림으로써 그러한 비정상적인 상태가 위장되어 있고, 지역간적 역사는 거의 불가능한 상태가 되어 버렸다.

　실제로 지역간적인 관점을 반영하는 것으로 오해받을 수 있는 일종의 표면적인 '세계시민주의'는 사실상 그것이 서구의 환골탈태에 도움이 될 때에만 다른 문명의 과거에 있었던 발전을 중요하다고 보는 함정에 빠진다. 즉 다른 사람들의 과거는 서구의 역사에 대한 영향의 측면에서만 평가되어야 한다는 것이다. 그러한 관점은 지금의 아랍어권 국가들이 세계의 진보에 얼마나 많은 공헌을 했는지를 보여주는 것을 즐겨한다. 그런 관점은 관대하게도 산스크리트 사상이 쇼펜하우어와 에머슨에게 준 영향을 추적한다. 또한 종이와 화약이 중국으로부터 전래되었다는 점을 지적하기도 한다. 그러나 그러한 탐구가 아무리 정당하게 확대되더라도, 그런 탐구가 주변적이었던 서구에 대한 다른 지역들로부터의 모든 거대한 공헌, 더 나아가 더 최근의 공헌들까지 모두 포함하게 된다고 해도, 거기에는 아주 근본적인 오류가 남을 것이다. 이들은 근대 서구가 진보 과정에서 중요한 단 하나의 종착점이라고 생각한다. 다른 지역에서 지금의 조건으로 이어지는 발전은 아무 의미가 없다. 이렇게 모든 문화를 우리 자신의 기준으로만 재단하는 것은 분명히 무책임한 행동이며, 근대의 대변동이 서구를 중심으로 일어났다는 사실 아래 숨길 수 없는 것이다.

대변동은 심오한 영향을 남겼다. 그러나 그것은 물론 다른 어느 지역 못지 않게 서구에게도 똑같이 심오한 영향을 미쳤다. 그러므로 그 이전 서구의 상황이 여전히 중요한 만큼, 다른 지역의 이전 상황도 역시 중요하다. 대학에 있는 신(新)토마스주의자(토마스 아퀴나스 연구자)들은 중세 스콜라철학이 서구 국가들에게 지속적으로 중요성을 띠어 왔다는 점을 지적할 것이다. 그러나 서기 800년 이후 같은 유형의 스콜라적 철학은 도처에서 꽃을 피우고 있었고, 샹카라, 알-가잘리, 주희가 성 아퀴나스만큼이나 여전히 살아 있는 힘을 발휘하고 있었다. 경전의 종교들은 대개 모두 같은 시기에 여러 곳에서 그 이전의 개인적인 지혜의 철학들과 타협에 이르렀다. 비슷한 제국적 · 철학적 배경과 적어도 우리가 서구의 스콜라철학에 영향을 주는 요소였다고 알고 있는 직접적인 상호관계들을 고려해 보면, 그것은 그 자체로 지역간적인 중요성을 갖는 변화였다. 그리고 그것이 유럽에 끼친 영향이라는 하나의 결과가 어찌되었건 간에 지금까지 그 여파를 미치고 있다.

우리는 서구가 후진지역을 점차적으로 동화시켜 가는 근대 세계가 아니라는 것이 무슨 의미인지 깨닫도록 우리 자신을 채찍질해야 한다. 그보다 서구는 다른 세력들에게 그들이 앞으로 그 안에서 작용하게 될 새로운 조건들을 만들어준 촉매였다. (물론 이 경우에 서구 자체도 역시 철저하게 변화되었지만 말이다.)

지역간적 관점에 입각한 문제들을 어떻게 다룰 것인가

비록 지역간적 역사가 아직 크게 발전하지 않았다는 점은 명확하지만, 이제 우리는 그 작업에 착수해야 한다. 우리는 정보를 가지고 있고, 그것에 대한 상세한 비평의 단초가 있고, 분석의 시작에 기반이 되는 다수의 체계가 있다. 한동안은 단순한 정보의 부족이 절망적인 장애물처럼 보일 수도 있다. 우리는 아는 게 별로 없다. 그러나 그것은 자료의 부족 때문이라기보다는 구할 수 있는 자료들에 대한 생각이 부족하기 때문이다. 유교문화권은 지중해와 유럽 지역처럼 2000년 이상의 세월에 대한 아주 우수한 기록들이 남아 있다. 이슬람의 도래 이후 중동 전역과, 좀 더 늦은 시기에는 인도의 기록도 잘 남아 있다. 그보다 조건이 나쁜 지역들과 더 이른 시기도 간헐적인 문헌 자료나 고고학을 통하면 탐구가 절대로 불가능하지 않다. 우리 서구인들은 유럽사의 어두운 구석들에 대한 자료를 힘들여 찾아내는 데 노력을 아끼지 않는데, 지역간사의 모든 중요한 부분을 위해서 똑같은 노력을 기울이지 못할 이유는 없는 것이다.

다루어야 하는 사료가 하나의 지역사보다 더 작은 범위인 경우에도, 배워야 하는 언어가 여러 가지가 된다면 학생 개인은 사료를 다루는 것이 어렵게 느껴질 것이다. 사료가 제대로 편집되어 있는 경우에도 이것은 문제로 남는다. 협동적인 학문을 하기 위한 좀 더 효과적인 방법을 고안해내야만 지 역간적 역사의 중요한 발전이 가능하게 될지도 모른다. 사실, 이 점에서 지역간적 역사는 극단적인 전문화의 무의미성을 깨닫는 모든 사람들에 의해서 열렬히 통합이 요구되는 다른 모든 학문들과 마찬가지의 운명을 지닌 것처럼 보일 것이다. 그러나 이 경우에 우리가 할 수 있는 최소한은 우리의 팽창된 서구 역사를 세계사라고 부르지 않는 것, 그리고 역사의 거대 이론을 서구사에 입각하지 않도록 주의하는 것이다. 한편, 연구 성과로 나오는 전공 논문들은 잠재적으로 큰 중요성을 띨 수 있다. 사실 이미 많은 연구가 되어 있다. 특히 서구와 다른 지역들과의 관계, 그 중에서도 중동과의 관계에 대한 부분은 많이 연구되어 있고, 다른 지역간의 관계, 예컨대 이란과 중국 사이에 대해서도 어느 정도 연구가 되어 있다.

어쨌든 이미 지역간적 분야 안에서 활성화되는 가설들을 지탱해 줄 만큼 충분한 자료들이 있는 것으로 보인다. 지역간적인 역사 혹은 그 주변에 대한 여러 유형의 접근이 이미 형성되어 있다. 특히, 단독 요소 하나하나에 대한 분석들은 슈펭글러를 다소 멀리 계승하는 일련의 분석들과 인류학자들의 분석까지 여러 가지로 다양하게 되어 있다.

인류학의 전통은 오이쿠메네적 구성의 지역간적 역사를 다루는 데 충분하다고 볼 수 없고, 현재로서는 더욱 불충분하다. '원시인들' 가운데서 문화 전파는 오이쿠메네 지대에서의 지역간 관계에 아주 넓은 의미에서만 관련이 있다. 그것은 선사시대에 대해서는 시사적이고 큰 도움이 될 수 있지만, 역사가들은 문명화된 지역들 사이의 역사를 그 자체의 문제들로 형성해내야 한다. 이 문제에 대한 세 가지 접근법의 도움을 받아 우리는 지역간적 역사를 그 자체를 위해서, 그 자체의 측면에서 의식적으로 발전시켜야 한다.

이미 이루어진 상당한 이론화와 현재 나와 있는 지역간적 문제의 여러 측면에 대한 몇몇 논저들에도 불구하고, 이 분야는 아직도 진정으로 인정받지 못했고 그 범위와 문제들을 명확하게 하는 것이 필요하다.

여기에서 하는 제안들은 물론, 더 많은 것을 찾아내려는 노력에 최소한도로 필요한 무슨 일이 있어왔는가에 대한 일부 생각을 개진하는 것일 뿐이지 어떤 역사 이론의 제시를 의도하는 것은 아니다. '오이쿠메네 지대'는 특징지을 수 있는 하나의 실체로서 제시된 것이 아니라, 서로 연결되어 있어서 특수한 연구 문제들을 야기시키는, 일련의 문명들을 연결시키는 방법론적인 개념으로 제시된 것이다. 마찬가지로, 세 가지 형태의 지역간적 역사를 구분짓는 것이나 지역간적 모티프의 다섯 가지 유형 혹은 한 지역이라는 관념 그 자체는 관심을 높이는 데 가치가 있을 뿐이지, 실상은 아무 의미도 없는 것이다. 오랫동안 우리가 논의를 할 때는 문제 해결에 기반하도록, 우리의 상징이 말하는 것이 무엇인지를 명확히 이해하도록 추상적으로 만드는 것을 의식할 것을 학습해 왔기 때문에 이는 아마도 당연한 것이라고 생각할 수 있다. 그러나 우리가 그것을 실제로 적용할 때의 어려움을 정면으로 보고 지적해내는 것이 여전히 필요하다. 그러므로 이러한 제안들은 무슨 일이 일어났는가 하는 전체상을 보여주기 위해 고안된 것이 아니라, 지역간적 역사를 공부하는 데 관련되는 문제의 일부를 끄집어내기 위해 마련된 것이다. 그것은 이전에 행해지던 것을 없애려는 것이 아니라, 더 적절한 해석을 이끌어내고자 한 것이다.

요컨대, 지역간적 역사의 필요성은 세 가지로 요약될 수 있다. 우선 우리는 그 분야를 인식하고, 한편으로는 현재 일반적으로 '세계사'라고 하는 용어로 일반적으로 지칭되고 있는, 팽창된 서구의 역사로부터 그것을 구별해야 한다. 그리고 다른 한편, 그 자체로 얼마나 많은 가치를 갖고 있더라도 일련의 지역사들과도 구분해야 한다. 어떤 특정 문제에 대한 논저들이나 적어도 이 주제에 관련된 이론들은 이미 존재하지만, 이 분야가 그 자체로 인정받기 전에는 연구를 결정적으로 도울 수 없다.

둘째, 우리는 지역간적 접근법을 가로막고 있는 역사의 넓은 문제들에 대한 여러 가지 오래된 사고방식으로부터 우리 자신을 해방시켜야 한다. 우리는 서구가 그저 여러 지역 중 하나로 역사에 있어서 제한된 역할을 했고, 대부분의 기간 동안 서구의 발전 과정이 특별히 주변적이었다는 사실을 받아들여야 한다. 그리고 근대에 있어서도, 모든 중요한 다른 지역들이 그 안으로 같이 통합되어 들어가는 그 시대의 본체가 아니라, 서구와 다른 지역들에 모두 영향을 미치는 중요한 사건들—이들은 지역간적 관점에서, 그들의 지역내적이지 않은 지역간적인 측면 때문에 중요한 것이었다—의 중심지로서 인식해야 한다. 서구를 이렇게 위치지우는 것과 함께 우리는 역사를 서구에 치우쳐 보는 패턴과 '동과 서'라는 이분법을 오이쿠메네 구성의 발전을 연구하는 데서 완전히 버려야 한다. 그리고 우리는 서구편향적인 패턴을 설정하는 데서 기원하는 생각의 흐름들을 우리의 이론화과정에서 배제해야 한다.

셋째, 우리는 여러 유형의 지역간적 역사, 특히 문자가 존재하던 시대에서의 지역간적 역사를 정리하는 방법을 지속적으로 만들어 가야 한다. 여러 유형의 지역간적인 주제들을 정리하면서 그 범위와 가치를 찾아야 하고, 의식적으로 지역간적인 관점에서 다양한 주요 상황들을 연구해야 한다. 동시에 우리는 이 분야에서 이미 진행되고 있는 모든 공헌들을 각각 관련된 문제의 특정한 측면을 보는 데 이용하여 가설들을 종합하는 방향을 생각해 나가야 할 것이다.

우리는 지역간적 분야에서의 연구 진척이 앞으로 어떤 중요성을 가질 것인지 미리 알 수 없다. 그러나 그것이 지역사의 많은 측면에 새로운 방향을 제공하고, 인류의 전반적 발전을 이해하는 데 기본적으로 중요한 일군의 자료를 제공할 가능성은 있어 보인다.

역사학을 통합시키고 그것을 다른 분야들에 연결시키는 지역간적 연구

하나의 학문 분야를 체계화하는 이유는 저자나 독자들이 좀 더 심오해질 것을 바라서가 아니라 — 이것은 궁극적으로 도덕적이거나 혹은 '심리적인' 문제다—교육받은 천박함의 결과가 대중을 오도하는 것을 막기 위해서다. (왜냐하면 학문적인 탐구가 확실한 지식의 증가로 귀결되는 것은 어쩌다가 있는 우발적인 일이기 때문이다. 일차적으로 그것은 일정한 범위 내로 오류를 제한시키는 의미를 갖는다.) 하나의 학문 분야를 만드는 것은 우선 그 범위를 정할 것을 요구한다. 이것은 배타적인 의미에서, 한 분야가 공식적으로 형성되려면 아무런 중복이 없어야 된다는 의미가 아니다. (역사 '분야'의 체계화의 한 부분은 일반화된 문화 연구들과의 다중적이고 상호적인 관계를 인정하는 데서 존재한다.) 특정한 주제만 다룬다는 의미도 아니다. 그러나 하나의 분야가 특정한 유형의 의문들로 존재한다는 점에서, 그런 유형의 의문들에 대한 답들도 어찌 보면 상호의존적이다. 그리고 그 학문적 분야는 그들의 특정한 상호의존적 측면에서 볼 때, 그러한 유형의 의문에 답하는 데 오류를 최소화하고 관련성을 최대화하는 것을 보장하려면 무엇을 고려해야 하는가를 인식하는 데 그 의의가 있다. 한편 관련되는 의문들의 전체 혹은 일부가 동시에 다른 분야들에 속할 수도 있다.

역사학적 의문은 인간의 신념과 관련된다. 예컨대 그것은 탁월함을 인정하는 기준이나 집단적 충성에 대한 것이다. 그러므로 그것은 특수한 시간과 장소가 명시된 것을 대상으로 다루며(자연과학에서처럼 혹은 일반화하는 경향이 있는 문화적 의문들처럼 — 여기서 일반화한다는 것은 역사학적 명제들이 적절한 의미에서 일반화를 하지 않는다는 의미에서가 아니라, 서로 일반적이고 특수한 관계에 있는 어떠한 두 개의 명제에서라도 상대적으로 일반적인 명제가 일반적인 의문 추구의 궁극적 관심이고, 그 반대되는 것이 역사적 의문의 대상이라는 점에서다) 전형적인 영원한 것을 다루지 않는다. 역사학과 철학은 인간들이 답해야 하는 두 종류의 즉각적인 의문들이다. 역사학자들은 우리가 누구인지, 즉 (우리가 무엇인지, 우리가 어떤 식으로 조종될 수 있는지가 아니라) 우리가 어떤 신념을 갖고 있는지를 구체적으로 연구하는 사람들이다. 철학자들은 우리가 어디에 있는지, 즉 자연과학에서처럼 모든 개인들을 하나의 유형, 하나의 표본으로 정형화하는 연구자들은 아니지만, 각각의 사람들의 개인적이고 역사적인 신념에서 무엇이 예외적인가에 대해서가 아니라 즉각적인 의문들을 다루고 표준화하는 연구자들이다. 그리하여 역사학과 철학은 두 개의 즉각적인 도덕-인지적 분야를 이루는데, 여기서 인지적이라는 것은 예술과 다르다는 의미에서다. 비록 예술도 즉각적이어서 예술가들이 세 번째의 정형화하지 않는 의문추구의 분야를 형성하지만, 이것은 그 즉각적인 형태가 도덕적이기보다는 미적이기 때문에 매우 다르다.

특수한 것들에 대한 의문이 어떤 점에서 서로 보완이 되는가? 그리고 어떻게 그들이 하나의 분야를 이루는가? (a) 첫째로는 물론 방법론에 대해서 언급해야 할 것이다. 그런 모든 의문에 대해 몇 가지 유용한 전제를 이야기할 수 있을 것이다. 그러나 이러한 차원에만 머무른다면 역사적 의문에 대한 광범위한 분야에 필요한 것을 제공할 수 없다. 만일 역사적 의문들이 단지 이런 것만을 공통적으로 지니고 있다면, 진정한 의미에서의 체계화를 위해서 다른 유형의 것들과 임의적으로 통합되는 편이 나을 것이다. (b) 도덕적 차원. 인간의 신념에 대한 의문을 제기하게 되는 이유는 도덕적인 것이다. 그것은 인간의 최대한의 반향을 얻으려면 다른 사람들에 대한 존중이 필요하다는 명제에 기반한다. 다른 사람들에 대한 존중은 그들이 중요시하는 것에 대한 존중을 필요로 한다. 그러한 존중에는 자기 자신과 다른 사람들에게 공통되는 맥락에서의 이해가 필요하다. (왜냐하면 맥락 없이는 어떠한 이해도 불가능하기 때문이다.) 그러므로 자기 자신과 다른 사람들의 신념에 대하여 동시에 의문을 갖는 것, 인류의 유산들에 의문을 갖는 것이 도덕적으로 요구된다. 이러한 차원에서 모든 위대한 신념들은 도덕적으로 연결되어 있는데, 그것은 모두가 도덕적으로 동등한 가치를 갖는다는 뜻이 아니라 (존중이 꼭 감탄을 동반하는 것은 아니다) 도덕적으로 같은 범위에 존재한다는 의미다. 하나의 도덕적 신념의 의미는 다른 도덕적 신념들의 공존과 그들 사이의 상호작용의 가능성에 의해 수정된다. (c) 서로 작용하는 사건들의 현실적인 차원. 역사는 인간의 신념들이 실제로 서로 공통의 맥락과 공통의 역동적인 사건들(물론 이들은 반드시 공통적인 결과를 가져오는 사건들은 아니었다)을 통해서 서로 부정적으로나 긍정적으로나 관련되어 온 단 하나의 분야다.

맥락을 얻으려면, 특수한 것을 이해하려면 전형적인 것을 이해해야 한다. (그러므로 역사적인 의문은 일반화된 문화적인 의문들과 밀접하게 관련되어 있다. 비록 서로 상반되는 극단에 있지만 그것들은 적어도 잠재적으로는 동일한 의문들을 다루는 것이다.) 예컨대 위대한 인류의 신념들이 들어 있는 도덕적이고 현실적인 맥락이 하나인 한, 그 안의 특수한 의문들이 위와 같은 차원들에서 상호관련된 형태를 고려하여 체계화하는 것이 필요하리라.

그러므로 어떤 특정한 의문이 그것의 가장 충실한 잠재적 의미의 맥락에서 어떤 방향으로든 연구되는 것을 가장 개연성 있게 만들 수 있도록 의문들의 가치에 순위를 매기고 서로 관련을 시키기 위해서, 우리에게는 관련점들을 — 어떠한 암시적 혹은 명시적 비교(비교는 모든 의문의 핵심이다)가 어떤 점에서 이루어질 때 가장 시사적이겠는가를 — 인식하는 데 있어서 세련화가 필요하다.

이 점을 가장 잘 드러내는 지표의 하나가 용어 사용이다. 어떤 특정한 한 무리의 용어가, 얼마나 다양하든지 간에, 역사학에서 필요하다는 것이 아니라(비록 우리가 훨씬 더 적절하게 정의된 다수의 상용어를 사용할 수도 있는 일이지만), 그보다는 그런 용어들의 세련된 취급이 기대된다는 의미다. 예컨대 가장 분명한 예를 들자면, 지리가 있다. 첫 단계는 어떤 저작의 대상이 되는 시기의 정치적 경계에 의해 정의된 지리적 용어들과 단위들을 쓰지 않고 피하는 것이다. 장기적인 비교라는 관점에서 보면, 우리가 대상으로 하는 시대에 정치적으로 정의된 용어들을 받아들이는 것도 역시 그 자체의 한계가 있다. 다양한 지역들에 대해서 여러 단계의 복잡성과 다양한 크기의 용어들이 필요하다. 그렇게 되면 시간이 지나는 데 따라 한 지역을 비교하는 것만이 아니라, 서로 다른 지역들 사이에서 일정 정도의 진실된 비교가능성을 가지고 비교해 보는 일이 가능하다. 끝으로 그 함의에 대한 인식을 최대화할 수 있는 용어들을 다루는 방법이 필요하다. 그래서 비록 의도적으로 희미하게 남겨 두었고 아마도 궁극적으로는 나일 – 옥수스적

(Nilo - Oxian)이라는 식으로 정형화될지도 모르지만 '나일 강에서 옥수스 강까지' 같은 말이, 저작에 따라서는 세밀하게 정의되어 있을지라도 '중동' 같은 아주 이상한 용어에 비해서는 이점이 있는 것이다. '나일 강에서 옥수스 강까지' 같은 용어가 어떤 한 부분에만 평가가 적용되는 경우 전체를 언급해야 할 특정한 이유가 없으면 그 해당 부분만 언급될 수 있도록 그 용어에 어떤 부분들이 포함되는지에 대한 의식을 분명히 해주기 때문에 그러하다. 다른 용어선택상의 문제들도 마찬가지다. 예컨대 왕조 그 자체에 관련되는 것과 그 왕조 통치하의 일반적인 문화와 관련되는 것을 구별하는 법을 배워야 한다. 어떤 실체가 실제로 적용되는 경우와 이론적으로 연구되는 것의 구별을 포함해서 그런 문제들은 많이 있다. (이슬람에 대한 여러 분야, 특히 이슬람 지역을 다루는 미술사는 나쁜 예들로 가득하다. 그러나 덜 확연하지만 서구에 대한 학문들도 오류가 있기는 마찬가지다.)

왜 이런 용어의 문제가 중요한가 하면, 용어의 선택은 우리가 사용하는 범주들을 결정하기 때문이다. 그러한 범주들은 우리가 갖게 되는 의문들의 형태와 한계를 결정한다. 그리고 그렇게 생긴 의문들은 어떤 대답을 기대할 수 있는지를 결정하게 된다. 그러나 비교가 전 분야에 걸쳐 이루어지게 되므로 범주화는 온전한 체계를 갖추어야 한다. 즉 시공간 속에서 모든 인류의 관련성과 불연속성을 인식해야 한다. 즉 (그럴수록 더 실질적인 상호관련들이 많았음을 증명할 수 있지만, 그런 부분을 고려하지 않더라도) 세계사가 역사적 의문들 사이의 본격적 상호관련을 위한 단 하나의 적절한 기반이라는 것이다.

세계사의 모든 유형은 역사적 의문을 체계화하기 위한 기반으로서 그 역할을 가질 수 있다. 그러나 어떤 요소들은 다른 요소들보다 더욱 중요할 것이라고 생각한다. 지역간적 의문의 가장 일반적인 접근법은 전파론적 접근이다. 그러나 역사적 맥락을 고려하는 접근법이 의심할 나위 없이 더 생산적인데, 그것은 예외적인 것이 이루어지는 시점, 더 정확하게 말하자면 신념이 이루어지는 시점은 어떤 배경 속에서의 창조이지 어떤 수준에서의 단순한 차용이 아니기 때문이다.

세계사 책들의 기능과 그들을 평가하는 기준

세계사 책이 할 수 있는 기능은 여러 가지다. 각각의 경우 세계사 책들은 그 특정한 기능 혹은 여러 기능들의 조합을 염두에 두고 기획되며, 그 서술 속에서 오이쿠메네적인 구성의 역할은 달라질 것이다. 모든 경우에서 오이쿠메네적 패턴은 적어도 명확하게 제시되어야 하는데, 그것에 대한 인식은 지역사 내적인 차원에서도 아주 핵심적인 요소이기 때문이다. 그러나 오이쿠메네적 구성은 기껏해야 단순히 기초적인 배경만을 제공해 줄 수 있을 뿐이고, 책의 구성에서 다소간 언급될 것이다. 어떤 경우에 그것은 전체 짜임의 주요 원칙 중 하나를 제공할 수도 있다. 그리고 특정한 상황하에서만 단 하나의 주요 구성원칙을 논리적으로 제공할 수 있게 될 것이다.

세계사 책의 첫 번째 기능, 그리고 가장 본질적인 기능은 더 지역적인 역사에 대해 어느 정도 지식이 축적되었다는 전제하에, 전체적인 관점과 넓은 범위의 상호관계에 대한 이해를 제공하는 것이다. 이러한 기능을 이야기하면서, 보쉬에(Bossuet)는 모든 나라들이 한꺼번에 보이고 다른 나라들과의 관계에서 각각이 차지하는 위치가 명확해지는 세계지도에 그러한 역사를 비유하였다. 그러한 역사는 거의 필연적으로 매우 짧아야 할 것이고, 어떤 한 주제에 대한 분석도 극히 축약된 형태가 되어야 할 것이다. 그렇지 않으면 독자가 머릿속에 캔버스 전체를 담아 두기가 어렵고, 세부사항들 속에서 길을 잃고 말 것이다. 그러한 역사는, 특정 주제에 대한 논저들을 통해 알려져 있다고 볼 수 있는 지역사보다는 세계의 다른 부분들과의 관계를 강조해야 하므로 지역간적 역사, 특히 오이쿠메네적 구성의 발전이 그 책의 줄거리와 내용 중 상당 부분을 결정지어야 할 것이다. 전적으로 이런 기능을 갖는 책에는 특별한 대우를 받는 시대와 장소들에 대해 세계지도에서보다 더 집중할 여지가 없다. 메르카토르 도법으로 제작된 우리의 전통적인 세계지도들이 이러한 기본원칙을 어긴 것처럼, 우리의 전통적 세계사들도 관점을 제공해 주는 역할을 한다고 주장할 때마저 같은 법칙을 똑같은 방식으로 어겼다는 점은 참으로 유감스러운 일이다.

그러나 세계사의 저자들은 세계지도의 제작자들과는 달리, 전망을 제공하고 상호관계를 보여주는 것만이 세계사의 기능일 필요는 없다고 호소할 수 있다. 독자가 관심을 가질 만한 여러 다양한 역사 분야의 특정한 최소 정보들을 한 자리에 모으는 것은 철학적 영역에 국한된 기능일지는 몰라도 전적으로 존중할 만한 기능이다. 그러한 저작은 세계지도와는 구별되는 세계지도집과 같아서, 모든 지역들이 어느 정도 다루어진다면 한 특정 지역을 필요한 만큼 자세하게 보여주어도 무방하다. 그러한 저작은 지도집과 같은 작업을 역사에서 하려는 것으로, 각각 자국사와 다른 모든 역사에 대한 두 강좌의 학교 교과서 정도가 될 것이다. 세계사를 다루는 두 번째 강좌를 위한 교과서에서는 특별히 자국사와 관련된 부분들을 강조함으로써 지역사 강좌의 공백을 보강하는 것이 필요하다. 그렇지 않으면 그러한 저작은 전세계를 책장 선반 하나에 놓고 싶어하는 소비자를 위해 고안된 여러 권짜리 전집이 될 수도 있다. 이 경우 소비자가 가장 많은 사전 지식을 갖고 있고 세부사항에 가장 많은 호기심을 가질 만한 부분들이 특별히 철저하게 다루어졌다면 판매원이 —당연하게도— 책 팔기가 훨씬 쉬워질 것이다. 그러한 전체를 모두 다루는 저작들은 필연적으로, 전체적인 방향을 보여주는 맨 처음의 기능을 수행한다는 관점에서 보자면 비례균형을 잘 맞추지 못하기가 쉽다.

그러한 저작들의 불균형이 필요 이상으로 극단적인 경우가 종종 있었지만, 약간의 불균형은 있을 수밖에 없다. 그러한 저작들에는 종종 모든 것을 다루려는 시도가 필연적으로 가지게 될 산만한 효과를 보상해 주는 내부적 구성원칙이 거의 결여되어 있다. 그러나 만일 오이쿠메네적 역사가 그러한 저작을 재배열하는 데 하나의 지침이 된다면, 가장 최악의 불균형이라는 결과는 피할 수 있을 것이다. 독자는 지역사의 발전이 일어나는 현상의 좀 더 넓은 세계사적 배경을 반복적으로 언급함에 의해서만이 아니라, 저작의 구도 자체의 결과로 적어도 전체의 비례를 의식하게 될 것이다. 장의 제목 자체가 아니더라도 부제들이 독자에게 전체적인 이야기 속에서 어디까지 왔는지를 상기시켜 줄 수 있을 것이다. 그리고 나서 특별히 관심대상이 되는 지역과 시대에 대해서 하위 서술단위들을 거의 무한정 늘릴 수 있겠지만, 독자는 적어도 이들 지역들이 특별 대우를 받고 있고 그 부분을 다루는 규모가 확대되어 있다는 점을 알게 될 것이다. 그러한 전집에서 오이쿠메네의 역사를 참고하는 것은, 그들이 그러한 관점에 저항을 하고 있음에도 불구하고 특별히 중요한 역할을 할 잠재적 가능성이 있다.

여러 권으로 된 세계사 책이 가질 수 있는 좀 더 학술적인 기능은 모든 역사 분야에 있어서 최근의 연구 성과들을 축약적으로 집대성한다는 것이다. 그러한 역사는 역시 '세계지도집' 같은 유형이 될 것이며 그 구성 원칙은 일반적으로는 대중적인 '잡다한 것이 다 들어가는' 세계사 책과 근본적으로 다르지 않을 것이다. 적어도 어느 정도까지는 가장 철저히 연구된 분야들에게 가장 많은 지면을 할애해야 할 것이다. 바로 이것이 학자가 '공동작업'으로서 세계사 논저에 동참할 때 머릿속에 떠올리게 되는 상당히 고매한, 그러나 아직 철학적이지는 못한 생각들이다. 편집자는 종종 어떤 전체적인 지침 비슷한 것을 보존하는 데도 어려운 입장에 놓인다. 여기에서 물론 지역간적 학문은 다른 어떤 학문과도 마찬가지로 자기 자리를 찾아야 하고, 그것을 통해서 오이쿠메네적 구성도 자기 자리를 찾아야 한다.

그러나 방위를 알기 위한 세계지도 방식의 유형에 입각하지도, 백과사전적인 목적의 세계지도집 방식의 유형에 입각하지도 않은 다른 방법으로도 대중적인 혹은 학술적인 세계사를 서술하는 것이 가능하다. 그것은 본질적으로 인류의 본성에 대한 통찰을 제시하는 해석적인 에세이가 될 것이다. 그러한 책들은 반드시 그 안에서 주장하는 통찰에 따라 구성되어야 한다. 어떤 사람들에게는 오이쿠메네적 역사가 최고의 중요성을 띨 것이다. 다른 사람들에게 오이쿠메네적 역사는 메마르고 주변적인 문제가 될 것이다. 모든 사람들에게 오이쿠메네적 구성의 전개는 적어도 그들의 추론과 해석에 본질적으로 한계를 두는 조건이라는 위치를 가져야 한다.

교육적 목적으로 고안된 우리의 세계사 저작들이 이러한 기능들 가운데서 합리적인 균형을 찾는 것이 물론 바람직할 것이다. 그러한 책들은 물론 전체적인 역사적 방향을 제공하는, 비례가 진실한 세계지도의 역할을 해야 한다. 또한 세계사 책들은 가급적이면 전체로서 인간의 삶의 역사적인 측면에 대한 통찰을 적어도 어느 정도까지는 전면에 드러내야 하며, 그러한 저작들의 구성은 그것들이 강조하게 되는 특정한 통찰에 따라 어느 정도 달라져야 한다. 그리고 인간에게 특별하게 중요성을 갖는 변화들에 대해 생각해 보는 수준에서는, 선생과 학생의 관심사가 중간에서 만나는 것을 거부할 필요는 없다. '세계지도집'적 측면에서, 그들은 감히 친숙하고 가까운 장면에 대해서만 생각하려고 하지는 못할 것이다. 그러나 거기에 주어진 선택의 폭은 친숙하고 가까운 데 치우칠 수 있다.

물론 일종의 그러한 균형이 취해질 수 있는 여러 방법들이 있다. (가능한 한 빨리 그러한 방법 모두를 철저히 탐구해 보는 것이 바람직하다.) 지역간적 관계의 전체 이야기를 중심에 놓고 — 다른 지역들의 궤적과 함께 — 서구의 부상을 이러한 관계의 측면에서 추적해 봄으로써 예전부터 있어 온 우리의 서구적 지역 배경에 대한 집착을 굳이 바로잡으려는 책이 있다면 좋을 것이다. 혹은 사회적·정치적인 요소를 엄격히 제한시키고, 가능한 한 전인적 수준에서 과학과 학술의 성장과 미적 감수성 혹은 종교적 감수성의 성장까지 강조하는 것도 매력적인 생각이다. 예술의 세련화, 그리고 그보다는 덜하지만 학문의 세련화도 원칙적으로는 보편적인 호소력을 갖는다. 그러한 각각의 접근에 있어서 오이쿠메네적 구성은 하나의 기본적인 틀을 제공하는데, 첫째로는 지역 간 관계에서 중요성의 수준을 규정함으로써 지나친 단순화나 관련없는 장황함을 방지하고, 둘째로는 상호 관련의 윤곽을 제시함으로써 인식의 (무제한적) 산만함을 방지할 수 있을 것이다.

교육적인 세계사에의 그러한 혼합적인 접근법의 세 번째 예는 핵심적 시대의 주요 지역문화들에 집중하면서 문화적 지평을 넓히고 균형을 맞추되, 제한된 수의 분야에 초점을 유지하는 것이다. 만일 제한된 수지만 사려 깊게 선택된 여러 지역들의 최상의 모습을 보게 된다면, 그것이 갖는 인간적 가치는 명확할 것이며, 교육자들도 주제의 생명력을 느끼게 될 것이다. 그리고 세계사 강좌가 서구의 역사로서의 역할을 겸할 필요가 없다는 것은 항상 희망사항이지만, 만약 그렇게 할 수밖에 없다면 적어도 책의 한 부분에서 서구의 적절한 상을 제공해 줄 수 있어야 한다. 그러한 책에서 오이쿠메네적 방향 설정은 그 책이 일련의 무관한 삽화들의 모음으로 전락하지 않도록 하는 데 아주 핵심적인 장치다. 그러한 방향 설정은 자꾸 언급되어서 드러나기 보다는 문명들에 대한 연구를 정선하여 병렬해 놓는 그 방식 자체와 그것을 담아내는 맥락에 의해서 드러날 것이다.

세계사로서의 이슬람사:

마셜 호지슨과 『이슬람의 모험』

— 에드먼드 버크 3세

오리엔탈리즘이 전문 분야 안팎에서 공격을 받고 있는 때에 마셜 호지슨의 삼부작 『이슬람의 모험』[1]이 출판된 것은 아주 중요한 사건이었다. 그 책의 주제가 너무나도 풍부하고, 분석틀이 너무나도 복잡하고 야심적이었으며, 도덕적 문제의식이 너무나도 진지해서 그 책에 대해 짧은 지면으로 설명하기는 어렵다. 이 책의 성과와 중요성을 이해하기 위해 이 책에서 가장 중요하다고 생각되는 측면들을 아래에서 논하고자 한다. 궁극적으로 나는 『이슬람의 모험』이 오리엔탈리스트 전통을 구하려는 지금까지의 노력 중에 가장 야심적이고 성공적인 것이라고 봐야 한다고 주장할 것이다.

　이렇게 말하고 보니, 또한 『이슬람의 모험』은 논란이 있는 저작이어서 그 세부사항이나 이슬람 문명사에 대한 전반적 비전에 대해서 논쟁을 불러일으키기 쉬운 책이라는 점을 지적해 두어야 할 것 같다.[2] 그것은 이미 대

---

1) Marshall G. S. Hodgson, *The Venture of Islam: Conscience and History in a World Civilization* (3 vols.; Chicago: The University of Chicago Press, 1974), vol 1, *The Classical Age of Islam*; vol. 2, *The Expansion of Islam in the Middle Periods*; and vol. 3, *The Gunpowder Empires and Modern Times*.

2) 호지슨의 각주들은 그의 책의 재미있는 부분 중의 하나이며 간과해서는 안 된다. 그의 각주들은 집합적으로 해당 분야의 논란을 체계적으로 정리해 주며, 미래의 연구주제들을 위한 비옥한 목록을 제공한다.

단히 개인적이고 당파적인 저작이라고 비판받았다. 그러한 비판은 옳은 점도 있지만, 중요한 논점을 벗어나 있기도 하다. 사실 이 책의 위대함은 호지슨의 인간성에서, 즉 그의 용어와 가정에 대한 귀찮을 정도의 천착, 이슬람문명을 세계사적 맥락에서 보는 것에 대한 일관된 주장, 그의 퀘이커교도로서의 완고한 도덕적 양심에서 나온다. 그리고 나머지는 학술적 논증이다. 호지슨의 학술정신에는 아날학파의 창시자들인 마르크 블로흐와 루시앙 페브르의 저작에서 두드러지는 평범함을 동반한 젊은 혈기를 방불케 하는 부분이 많다.[3] 아마도 호지슨의 예로부터 자양분을 섭취한 젊은 세대가 호지슨이 택한 길을 따라가기를 바라는 것은 결코 무리가 아닐 것이다.

『이슬람의 모험』은 독창적인 학술적 종합임과 동시에 이슬람문명에 대한 학부 개설강좌를 위한 중요한 새 교과서다. 이 글의 마지막 부분에서 나는 이 책을 동시에 두 가지로 읽는 것의 어려움에 대해 좀 더 이야기할 것이다. 여기에서는 이 책이 기본적으로 교과서이며, 그 목적은 이슬람문명의 인간적 성취를 그 자체의 입장에서 이해하도록 노력하는 것이라는 점을 강조하고 싶다. 좀 더 일반적인 수준에서 이 책은 이슬람문명사의 자취를 따라가면서 독자에게 문명의 본질이 무엇인지를 알려주려고 한다. 이 책은 이슬람문명을 인류 유산의 일부로 여기며, 세계사 속에서 그것의 중요성을 보려고 한다. 좀 더 구체적으로는, 당사자인 무슬림들의 행동의 맥락을 제공한 여러 사회문화적 연구를 통해 호지슨은 왜 그들이 그렇게 행동했는지를 설명해내려고 한다.

---

3) 나는 특히 영어로 『새로운 유형의 역사』(*A New Kind of History*, New York, 1973)라고 번역된 루시앙 페브르의 『역사를 위한 투쟁』(*Combats pour l'histoire*, Paris, 1953)을 염두에 두고 있다. 나는 물론 호지슨이 문명의 연구(문명연구란 주로 주요 문자 전통의 고급문화의 산물이라는 측면에서 파악된다)에 집중했는데, 아날학파는 사회경제사를 강조했다는 점에서 아날학파 역사학자들과는 다르다고 생각한다. 그들과 닮은 점은 학술정신과 방법론에 대한 노력의 경주다.

호지슨에게 비친 이슬람

모든 면에서 호지슨은 특이한 사람이었다. 1950년대 말 시카고 대학교의 보헤미안적 분위기에서도 호지슨은 그의 금욕적 성격, 비타협적인 채식주의, 그리고 좌파적 정치신조 때문에 눈에 띄는 사람이었다. 그의 세부사항에 대한 과도한 천착, 대단한 의욕, 그리고 바보들을 참아줄 줄 모르는 성격은 그를 종종 같이 지내기 어려운 동료로 만들었다. 약간 비우호적인 솔 벨로우의 글[4] 같은 곳에서 우리는 그가 상당히 이해하기 어려운 인물이었음을 느낄 수 있다. 관심을 끌지만 종종 같이 있는 것을 견디기 어렵고, 항상 대단히 명석한 인물이었음을 말이다. 그가 거의 추종자가 없었고 그의 과업을 물려받아 계속할 학파를 남기지 않았다는 사실은 이러한 그의 성격과 큰 관련이 있었음에 틀림없다. 1968년 47세의 나이로 그가 죽었을 때 그가 10년 이상 작업해 온 『이슬람의 모험』은 3분의 2 가량 끝난 상태였다. 결국 『이슬람의 모험』은 이슬람의 모험이었던 것만큼이나 그 자신의 모험이 되었다. 수 년에 걸쳐 그의 가장 가까운 협력자였던 루벤 스미스에게 큰 빚을 졌으니, 그는 출판될 때까지 희생적으로 이 원고를 편집했다.[5]

『이슬람의 모험』은 한 특정한 사람의 저작이었던 것만큼이나 특정한 시대와 장소의 산물이었다. 이 책의 책장마다 1950년대 말 1960년대 초 허친스(Hutchins: 1929년에서 1951년까지의 긴 세월동안 시카고 대학교의 총장을 지냈던 허친스는 기초학문을 위주로하는 학제적이고 수준높은 교육과정을 만들어냈

---

4) Saul Bellow, *To Jerusalem and Back: A Personal Account* (New York: Macmillan, 1976), pp. 105~109.

5) 호지슨이 죽었을 때의 원고 상태나 원고 편집에 있어서 스미스의 역할에 대해서는 스미스의 서문을 보라. 대개의 경우 스미스는 문체의 수준 이상으로 글을 고치지 않으려고 양심적으로 노력했다. 따라서 출간된 책은 실질적으로 호지슨의 원고와 동일하다고 볼 수 있다.

다-옮긴이)의 유명한 실험의 후반기였던 시카고 대학교의 분위기가 넘쳐
난다. 특히 이 책은 마셜 호지슨이 1958년에 시작되었을 때부터 학부에서
가르친 이슬람 문명개론 강의의 교재에서 기원하였다고 할 수 있다. 이 책
은 몇 번의 초기 버전들을 거쳐서 3권으로 된 이슬람문명 개론이 부가되었
고, 또 영어로 번역된 이슬람 고전들로부터 일련의 발췌문들이 덧붙여졌
다.[6] 시카고 대학교의 학부 교육과정의 특기할 만한 부분은 세계의 주요
문명들을 그들의 고전을 통해 공부하는 것이었다. 원래 이 프로그램은 서
양문명의 연구에만 국한된 것이었지만 1950년대 말 인도, 중국, 이슬람을
포함하는 것으로 넓혀졌다. 그리고 필연적으로 호지슨의 이슬람문명에 대
한 접근은 학부 커리큘럼의 '위대한 고전'이라는 방향에 의해 상당한 영향
을 받았다. 그것은 또한 당시 강좌들의 흐름에 전체적인 틀을 잡아준 로버
트 레드필드나 밀턴 싱어 같은 사람들에 의해 만들어진 문명의 개념에 의
해서도 영향을 받았다. 또 다른 한편 『이슬람의 모험』은 1950년대와 1960
년대 초에 걸쳐 넓고 절충적인 범위를 떠맡은 학제적인 대학원 프로그램이
었던 사회사상 협동과정에 호지슨이 참여했던 것에서도 영향을 받았다.
(사망 당시 호지슨은 그 협동과정의 주임이었다.) 여기에는 존 네프와 멀치아
엘리아데의 영향이 에드워드 실즈와 함께 가장 중요했던 것으로 보인다.
책은 또한 이슬람학 안에서의 호지슨의 동료들, 즉 구스타프 폰 그루네바
움(존 네프와 함께 그에게 이 책이 헌정되었다), 무흐신 마흐디, 로버트 애덤
스, 윌프레드 마델룽, 클리포드 기어츠, 로이드 폴러, 그리고 물론 루벤 스
미스의 영향을 드러낸다. 끝으로 윌리엄 맥닐의 『서구의 부상』[7]이 호지슨

---

6) 이 독본은 1958년에 출판된 옵셋 인쇄 『이슬람 문명 개론』(*History of Islamic Civilization*)의 부
   록이었다. 이것은 시카고 대학교 학생들을 위하여 1961년 역시 옵셋 인쇄로 나온 (2권으로 된)
   『이슬람의 모험』(*The Venture of Islam*)으로 대체되었다.

7) William McNeil, *The Rise of the West: A History of the Human Community* (Chicago: The
   University of Chicago Press, 1964)

의 세계사의 기본틀을 만드는 데 하나의 모델이자 비교했을 때 이 책을 더 돋보이게 해주는 배경으로서 중요한 역할을 했다는 점도 언급되어야 한다. 단순히 이런 이름들을 나열하는 것만으로도 그 당시 시카고 대학교가 얼마나 대단한 지적 환경이었는지를 상기하게 된다. 알버트 후라니가 이야기한 것처럼 『이슬람의 모험』이 다른 어떤 곳에서 쓰여졌을 것이라고 상상하기는 어렵다.[8]

나는 『이슬람의 모험』이 이슬람의 모험인 만큼이나 호지슨의 모험이었다고 생각한다. 이 책은 상당 부분 저자의 개인적 믿음과 윤리적 사려에 의해 형성되고 특징지워졌다. 구체적으로 어떤 방식으로 그러한가? 호지슨의 생각에 가장 기준이 되는 두 사람, 루이 마시뇽과 존 울먼을 통해서 이 문제에 접근할 수 있다. 그들 방식의 학술정신이 이 책의 한장 한장마다 넘쳐난다. 이 두 사람과 마셜 호지슨에게 그런 정신이 갖는 의미를 생각하면 이 책의 주요 특성을 추출해낼 수 있다.

『이슬람의 모험』에서 두드러지는 특징은 그것이 이슬람에 대해서 취하는 감정이입과 존중의 논조다. 이 점에서 이 책은 대다수의 '객관적' 연구들로부터 구별된다. 호지슨은 (마흐무드 아윱에 의하면) '모스크에 들어가기 전에 구두를 벗으려는' 노력을 했고 (즉, 예배실에 흙먼지가 들어가지 않도록 한다는 것이므로 이슬람 신앙을 존중하려고 노력했다는 의미 – 옮긴이) 그런 과정에서 그의 독자들에게 이슬람문명의 정신에 완전히 몰입해 보도록 권유했다. 여기서 영감으로 작용한 것은 루이 마시뇽의 저작(특히 그의 『살만 팍과 이란 이슬람의 영적인 시초』[Salman Pak et les premices spirituelles de l'Islam iranien])[9]과 이슬람을 내부로부터 이해해 보려는 그의 노력이다. 마

---

8) 그의 『이슬람의 모험』에 대한 서평을 보라. *Journal of Near Eastern Studies* 37, Ⅰ (1978), pp. 53~62.

시농으로부터 호지슨은 심리사회학적인 '감정이입의 과학'을 빌려 왔다. 하나의 주어진 입장을 확실히 이해할 때까지 "왜?"라는 질문을 그치지 않고, 자료의 모든 뉘앙스가 다 설명되고 모든 전제와 상황이 주어졌을 때, 자기 자신이 마치 그 역사적 인물과 똑같은 일을 하는 것처럼 느끼도록 만드는 것이 그의 변함없는 노력이었다.[10]

궁극적으로 호지슨은 빌헬름 딜타이와 칼 융으로부터 이해의 원칙을 적용하는 것에 대한 근거를 구했다. 마시농에게서 이 방법이 모호한 신비주의로 나아갔다면 호지슨은 그것을 역사학적 상상력을 절제 있게 쓰려는 노력으로 만들었다.

18세기 미국의 퀘이커교도였던 존 울먼은 호지슨의 의도를 이해하는 데 또 하나의 중요한 참고가 된다. 오늘날 퀘이커교도들의 공동체 밖에서는 잘 알려져 있지 않지만 그는 그가 살았던 시대에서 평화주의자였고, 노예폐지론자였으며, 식민시대 펜실베이니아의 상업적 가치관에 대한 신랄한 비판자였다. 그의 일기는 퀘이커교도들에게는 대단한 영향력을 행사해 왔다.[11]

호지슨의 책 『이슬람의 모험』은 "인류를 형제가 아니라고 생각하는 것, 다른 나라들을 배제하고 한 나라만이 은혜를 입었다고 생각하는 것은 그렇게 생각하는 사람의 어리석음을 확실하게 보여주는 것이다"라는 울먼의 인용문과 함께 시작한다. 이 인용문은 서구 학자들에 의한 이슬람에 관한 대부분의 저작들에 공통적으로 나타나는 자만에 찬 유럽중심주의에 대한 암시적인 판결로 의도된 것이 분명하다. 이 문구를 방패에 문장으로 새기고,

---

9) Louis Massignon, "Salman Pak et les premices spirituelles de l'Islam iranien," *Societe des Etudes Iraniens* 7 (1934).

10) *The Venture of Islam*, I, p. 379, n. 6.

11) John Woolman, *The Journal, and Other Writings* (New York and London, 1952).

호지슨은 종전의 연구에 나타났던 수많은 오류들과 선입견들에 맞서 싸우는 여정을 시작했다.『이슬람의 모험』의 중심적인 목적은 방법론적인 의식이 있고 좀 더 적절한 세계사의 틀에 맞아 들어가는 새로운 유형의 이슬람사의 가능성을 보여주는 데 있었다. 호지슨은 자신의 입장을 책의 본문과 여러 곳에 흩어져 있는 각주에서 밝혔다. 그런 연유로 이 책은 '이슬람문명 연구 입문'이라는 제목이 붙은 방법론에 대한 긴 글로 시작된다. 이 글은 오류의 목록을 보여주는데, 여기서 우리는 호지슨의 가장 논쟁적이고 교육자적인 면모를 본다. 그는 오리엔탈리즘과 문명연구의 중심적인 개념들, 인식론적인 가설들을 혹독하게 시험한다. 그 어떤 것도, 심지어는 높은 지위를 누려 왔던 메르카토르 도법마저도 호지슨의 비판을 피해가지는 못했다. 호지슨은 메르카토르 도법을 세계의 상을 심각하게 왜곡시키는 '인종차별적 도법'이라고 불렀던 것이다.

좀 더 일반적인 의미에서 울먼의 인용구는 호지슨의 퀘이커교도로서의 믿음에 대한 주의를 환기시켜 준다.『이슬람의 모험』에는 큰 줄거리에서나 세부에서 호지슨의 퀘이커교도적 양심이 각인되어 있다. 호지슨에게 '양심에 기반한 개인의 감수성은 역사의 궁극적 뿌리 중의 하나'라는 것은 아주 중요한 원칙이었다. 세 권을 관통하는 하나의 주제는 양심적인 인간에게 쿠란의 이상적 요구에 부응하여 자기 시대의 딜레마에 직면하도록 영감을 주는 쿠란의 메시지의 힘이었다. 그러므로 이『이슬람의 모험』은 도덕적인 무슬림 후예들을 골라 그들의 믿음의 형태에 대해 일련의 명상을 하게 하는 것으로 진행된다. 하산 알 바스리, 아흐마드 이븐 한발, 아부 하미드 알 가잘리, 잘랄웃딘 루미, 무굴제국의 술탄 악바르, 그리고 근대주의자였던 무함마드 압두와 무함마드 이크발. 이런 인물들이 호지슨을 매료시켰던 것은 이슬람의 실천을 통해 그들의 시대에서 갖는 의미를 새로 성취하려는 노력이었다. 이슬람사에 대한 그러한 접근에서 마치 호지슨은, 비록 퀘이커교도적인 외양을 가졌을지라도, 무슬림 인물사전을 재창조한 것 같은 느낌이 든다. 이러한 것은 위대한 장군, 정치가, 제국 건설자들을 영웅으로 보여주던 종전의 왕조사 중심의 이슬람사로부터 확연히 구별되는 것이었다. 그것은 또한 독자로 하여금 일시적으로 불신을 접어 두고 특정한 무슬림들의 정신 세계로 들어가 보도록 독려하는 가장 효과적인 방법이었다.

호지슨의 퀘이커 정신은 다른 방면에서도 드러난다.

첫째는 이슬람의 초기 팽창이 무력에 의해 이루어졌다는 점에 대한 그의 어처구니없다는 듯한 반응이다. 그러나 그의 평화주의는 몽골인들이 이슬람지역으로 진입하면서 사용했던 공포전술을 다룰 때에 와서는 더 기가 막혔던 것 같다. 호지슨은 몽골인들이 쓸데없는 저항의 어리석음을 보여주려고 만든 사람들의 뼈로 된 탑들에 대해 거의 음울하다고 할 수 있는 흥미를 보인다. 칼리프들의 절대주의에 대한 그의 태도 역시 나로서는 퀘이커교도적으로 보이는 국가에 대한 불신으로 물들어 있었다. (이것은 또한 그의 시카고 대학교 동료였던 레오 스트라우스〔1899~1973, 독일에서 망명한 정치철학자-옮긴이〕의 영향을 반영하고 있는 것일 수도 있다.) 이런 연유에서 그가 상대적으로 개방된 사회구조와 개인의 상대적 자유로 특징지을 수 있다고 주장한 10세기 중반에서 13세기 중반까지의 유연한 국제정치 질서를 선호하는지도 모른다.

호지슨의 도덕적 자세는 책의 에필로그인 「이슬람의 유산과 근대적 양심」에서 가장 두드러진다. 거기서 그는 근대에 있어서 인류의 도덕적 일체성에 대한 그의 믿음을 설파하고, 이슬람의 종교적 유산이 근대의 인간 존재에 어떤 의미를 가지는지를 묻고 있다. 그는 여러 가지 대답을 제공한다. 그 중 하나는 근대 세계에서 모든 도덕적 유산이 흔들리게 됨에 따라 우리(서구를 포함하여) 모두는 한 배를 타고 있다는 것이다. 그러므로 이슬람적 유산의 운명을 연구하는 것은 우리에게 우리 자신의 유산에 대해 가르침을 줄 것이고 인류의 공동 재산의 한 부분이 될 것이라는 이야기다. 그러나 그의 참모습을 더욱 더 잘 드러내 주는 것은 호지슨이 생각 있는 개인들이 함께 자신들의 신앙을 증언하는 영역으로서 이슬람 공동체가 인류 전체의 나아갈 길을 만드는 데 동참하기를 바란다는 부분이다. 여기서 그는 퀘이커교도의 표본을 보인다. 미묘한 정신적 연금술로 호지슨의 손안에서 이슬람 문명의 역사는 시간을 관통하여 이루어져 온 종교적 이상의 작용이라는 측면에서 퀘이커교도들의 공동체(The Society of Friends)의 역사를 닮게 된다.

세계사로서의 이슬람사

『이슬람의 모험』에 대한 첫인상은 압도적이라는 것이다. 그것은 너무나도 넓은 바탕화면에 그려지고, 너무나도 많은 시대와 지역의 역사적 인물들로 빽빽이 채워지고, 너무나도 새로운 생각과 개념들로 넘쳐나서 독자는 그것이 세계사의 명확한 틀과 문명연구의 이론 위에 세워졌다는 사실을 못 보고 놓칠 수도 있다. 이 절에서는 이슬람사를 세계사적 맥락 안에 위치시키려는 호지슨의 시도를 다루겠다. 이에 필요한 예비작업은 오리엔탈리즘 전통의 방법론적 전제들에 대한 예리한 검토다. 아래에서는 호지슨의 문명연구 이론을 다루겠다.

마셜 호지슨은 휴머니즘적 양심과 절충주의적이고 광범위한 관심을 가진 사람이었을 뿐만 아니라 세계사 속에서 패턴을 찾아보는 데 즐거움을 느낀 체계적인 사색가였다. 오리엔탈리즘 전통의 막다른 골목이 오늘날처럼 확연해지기 훨씬 이전에 호지슨은 이미 세계의 나머지 부분에 대한 우리의 역사학적·지리학적 태도를 근본적으로 재정립할 필요가 있다고 확신했다. 내가 보기에는 그와 같은 작업에서 유래한 다양한 의식을 담고서 이슬람문명의 역사를 쓰려고 한 노력이야말로 호지슨의 가장 중요한 성취일 것이다. 혹자는 이슬람문명이라는 것의 특정한 면모들에 대한 그의 생각에 동의하지 못할지도 모른다. 그러나 그는 처음으로 우리가 이슬람문명 전체의 발전을, 그리고 이웃 문명들과의 관계를 생각할 수 있도록 해 주었다.

『이슬람의 모험』을 이해하려면 그것이 명백히 세계사의 틀 위에서 쓰여졌으며 저자는 이슬람문명의 고전에 깊은 조예가 있는 동시에 세계사학자였다는 점을 인식해야 한다. 호지슨이 죽었을 때 그가 쓰려고 한 세계사의 미완성된 원고가 수백 쪽이나 발견되었다. 그 책이 완성되었다면 어떤 모습이었을지 말할 수는 없지만 그 전체적인 윤곽은 그의 이전의 저작으로부터 명확히 알 수 있다. 호지슨의 초기 저작 중 하나로 1954년 『세계사 저널』에 실린 「세계사적 접근법으로 본 반구의 지역간사」[12]라는 논문이 있었다. 여기서 볼 수 있는 뛰어나지만 아직 스케치에 불과했던 윤곽들이, 그 이후의 저작들에서 훨씬 상세하게 구체화 되었지만, 그때 이미 중심 주제들은 드러났다.[13] 이 논문에서 호지슨은 세계사의 새로운 틀을 만들기 위해 필요한 전제조건의 하나는 서구의 역사서술의 기본 전제들에 대한 체계적 비판이라고 주장했다. 세계에 대한 우리의 역사학적 관점을 근본적으로 바꾸어야만 이 과업을 수행할 수 있다는 것이다. 따라서 호지슨은 이 논문에서 세계사의 방법론에 자신의 에너지 상당 부분을 집중하였다. 그 작업을 하고 나서야 그는 자신의 관점의 틀을 제시했다.

호지슨의 서구에서의 세계사 서술의 전통에 대한 비판은 관점의 문제에 대한 이슈(세계사적인 관점으로 보면 유럽은 아프로-유라시아의 농경적 도시문

---

12) Marshall Hodgson, "Hemispheric Inter-regional History as an Approach to World History," *Journal of World History* I, 3(1954) pp. 715~723.

13) 호지슨의 "The Inter-relations of Societies in History," *Comparative Studies in Society and History* 5(1963), pp. 227~250과 "The Great Western Transmutation," *Chicago Today*, n. v.(1967), pp. 40~50도 참조하라.

명의 가장자리에 위치하였고, 1800년경에야 세계무대의 중심부에 부상했다), 용어상의 문제(서양이나 서구에 대비하여 그 나머지 세계를 '동양'이나 '아시아' 같이 생략하여 줄이는 개념을 쓰는 것), 그리고 (남반구를 유럽 중심적으로 왜곡하는) 메르카토르 도법의 무의식적인 인종차별에 초점을 맞추고 있다. 이 논문에서 호지슨이 시작한 주장의 윤곽은 『이슬람의 모험』 1권의 서두에 있는 「이슬람문명 연구 입문」에 나오는 그의 오리엔탈리즘 전통 비판의 기반을 제공한다. 이러한 비판들은 호지슨의 구상이 얼마나 혁명적 성격을 지녔는지 여실히 보여준다.

호지슨의 오리엔탈리즘적 학술 전통에 대한 비판은 몇 가지 이유에서 특기할 만하다. 그 중 하나는 이러한 비판이 오리엔탈리스트로서 훈련받았고 여러 가지로 오리엔탈리스트로서 직업적 정체성을 가졌던 사람에 의해 이루어졌다는 점이다. 『이슬람의 모험』에서 가장 성공적인 부분으로 꼽을 수 있는 것으로는 호지슨이 하나의 텍스트를 가지고 그 텍스트가 고유의 시간과 장소에서 어떤 반향을 가졌는지에 대한 좀 더 풍부하고 완전한 이해를 할 수 있도록 독자들을 이끌어가는 대목들을 들 수 있다. 그러나 호지슨은 문명에 대한 언어학적인 접근의 결과에 대해서는 깊은 불만을 갖고 있었다. 그는 텍스트에 너무 좁게 얽매이지 않고 언어의 장벽을 넘어 문화들의 상호작용에 좀 더 열려 있는, 좀 더 복합적인 비전을 추구하려 했다. 그는 오리엔탈리즘적 전통에 바탕이 되고 있던 인식론적인 가설들에 반대되는 입장이었다. 끝으로, 그는 이슬람 문화에 대한 논의가 역사적으로 구체적인 맥락 속에 안정적으로 뿌리내려야 한다고 주장했다. 그러므로 한편으로는 호지슨의 오리엔탈리즘 비판은 그 오리엔탈리즘 전통 안에서부터 나온 것이다. 그러나 그것은 또한 분명히 역사가의 작업의 성격에 대한 근본적으로 다른 관념에 기반한 것이기도 하다.

보다 최근에 있었던 오리엔탈리즘 비판은 반식민주의 투쟁의 맥락에서 생겨난 것이다.[14] 오리엔탈리즘이 서구의 지배를 은폐하고 정당화하는 논리로 작용했던 이상, 이것은 불가피할 뿐 아니라 (일부 지나친 부분이 있음에도 불구하고) 마땅한 일이다. 호지슨은 오리엔탈리즘의 정치적 이용에 절대로 무관심하지 않았지만 그는 이 문제를 좀 더 일반적인 수준의 논의 속에 놓고 보았다.[15] 그리하여 그는 이슬람학 연구자들이 작업하는 관념틀을 다섯 가지로 분류했다. 그것은 기독교, 유대교, 이슬람, 마르크스주의, 그리고 그가 '서구주의'라고 부르는 것인데, 각각은 일련의 특징적인 인식론적 가설들과 그에 부수되는 왜곡 패턴을 갖고 있다.

그러나 이러한 관념틀에 대해 신념을 갖지 않는 것이 객관성을 보장하지는 않는다고 호지슨은 지적한다. 사실 그것은 단지 당파적 관점들에 대한 분석적이지 않고 편협한 신념을 단순히 가장하는 것일 수도 있다. 이와 마찬가지로 무슬림이라고 해서 균형 있는 통찰력을 갖게 되는 것도 아니고 비무슬림이라고 객관성을 갖게 되는 것도 아니다.[16] 일정 정도의 객관성을 가지려면 그것은 부단한 방법론적 자기 인식과 학자 자신의 '위대한 전통'과 이슬람 전통 사이의 긴장을 받아들이는 노력에 의해 가능할 뿐이다. 세계사적 관점에서 역사를 서술하려 노력하는 데 있어서 기독교인과 서구주의자들만이 자신들의 궁극적 지향에서 나오는 편향성을 가진 것이 아니라 모든 마르크스주의자들과 문화적 민족주의자들이 다 마찬가지다. 따라서

---

14) 여러 저작 중에서도 A. L. Tibawi, "English Speaking Orientalists: A Critique of Their Approach to Islam and to Arab Nationalism," *Muslim World* 53, 3~4(1963), 185~204, 298 ~ 313; Anouar Abdel - Malek, "L' Orientalisme en crise," *Diogene* 24(1963), 109~ 142; Abdullah Laroui, *L' Ideologie arabe contemporaine* (Paris, 1967)과 *La crise des intellectuels arabes: traditionalisme ou historicisme?* (Paris, 1974)를 보라. 또한 Albert Hourani, "Islam and the Philosophers of History," *Middle Eastern Studies* 3(1967), pp. 206~ 268과 Edward Said, *Orientalism* (New York: Atheneum, 1978)도 참조하라.

15) *The Venture of Islam*, I, pp. 26~30.

16) 앞의 책, p. 27.

비록 오리엔탈리즘에 대한 최근의 비판에 호지슨이 공감하는 부분이 있더라도, 그의 논리는 아주 다른 전제에서 출발하는 것이다. 나는 다음 단락에서 호지슨의 오리엔탈리즘적 전통에의 비판에 대해 다시 논하겠다.

호지슨이 세계사를 보는 틀은 무엇인가? 진정한 의미의 세계사란, 인간의 문자화된 사회의 역사는 아시아와 그 주변(외곽)의 역사여야 하고 유럽은 그 이야기의 전개 속에서 특권적 역할을 갖지 않았다는 명제로부터 출발해야 한다고 그는 주장한다. 여기서 우리는 이전의 세계사 서술에 비추어 보면 큰 발전을 이루었지만 기본 개념에서 결함이 있는『서구의 부상』을 쓴 윌리엄 맥닐 같은 학자들과 호지슨의 논쟁에서의 핵심을 볼 수 있다. 세계사라고 불릴 가치가 있는 세계사 저작이라면 그것은 실제로 반구적 규모에서 상호의존적인 지역간적 발전에 초점을 맞추어야 한다. 이 접근법의 함의 중 하나는 문자화된 사회(특히 문명이 발달한 4개의 큰 핵심지역들)가 강조되고 중앙아시아의 유목민과 버마의 고산지역 사람들은 조명을 못 받는다는 것이다. 호지슨을 매료시킨 것은 인류 전체의 이야기를 편향적이고 서구적이며 자기 정당화를 하는 관점에서가 아니라, 전 지구적인 관점에서 할 수 있다는 가능성이었다. 그의 역사서술은 헬레니즘 미술의 확산, 수학의 발전, 인도식의 수도생활, 몽골제국의 건설 등 지역적 경계를 넘는 현상들에 대해 특히 관심을 기울이게 되었다. 호지슨에게 전 세계에서의 문화적인 혹은 그 밖의 기술과 발견의 지속적인 습득은 모든 곳에서 향후 발전 가능성의 변화를 누적적으로 이끌어냈다는 매우 기본적인 개념이었다. 화약 무기의 확산은 이러한 원칙이 작용한 특히 극적인 예일 뿐이었다. 그가 문명간의 상호관계와 인간의 기술과 문화 자원의 공동 자산의 누적적 발전을 강조하는 데서 호지슨의 퀘이커교도적 신념이 분명히 드러난다. 즉 모든 인간은 형제이며 역사의 눈으로 볼 때 이슬람은 다른 여러 모험적 사업(venture) 중 하나일 뿐이다.

호지슨은 그의 저술에서 여러 가지 시대구분을 사용한다. 그 중 하나는 (조금 후에 더 언급될) 서구의 대변동에 대한 그의 논의의 틀로 이용되는, 농경시대(1800년경까지)와 근대의 이분법이다. 그러나 문명사의 관점에서는 다음과 같은 4개의 큰 구분으로 이루어지는 시대구분론을 시용했다. (1) 초기 문명시대(기원전 800년까지), (2) 추축 시대(기원전 800년에서 200년까지), (3) 추축 이후 시대(기원전 200년에서 기원후 1800년까지), (4) 근대(1800년 이후). 호지슨은 중국, 인도, 지중해, 이란-셈계 문명의 형성에 지대한 역할을 했던 대단한 문화적 번영기를 지칭하는 데 칼 야스퍼스의 '추축 시대'라는 용어를 빌려왔다. 이슬람문명은 농경시대의 도시문명 생활 속에서 나타났다. 이슬람문명의 등장과 함께 그때까지 서로 싸우는 진영들로 나누어져 있던 나일 강에서 옥수스 강까지의 지역은 오이쿠메네 속에서 다시 한 번 우위를 자랑하게 되었다. 그 이전의 수 세기 동안 그 지역 안에서는 종교적 공동체주의의 경향이 점진적으로 있어 왔고, 각각의 문예 언어가 공통되는 문화 전통의 다른 줄기를 전파시켰는데, 이슬람의 도래가 이 경향을 역전시켜 세계시민적 문명이 맨 처음에 아랍어에 의해 전개되고 그리고는 여러 이슬람권의 언어들로 퍼져 나가는 것을 보여주었다. 세계사적 관점에서 말하자면, 이슬람문명은 오이쿠메네의 대부분을 수용하는 반구적 규모로 전체적 문명을 건설하려는 하나의 시도였다. 이슬람의 모험적 사업은 통시대적으로 일련의 변화를 겪었다. 근대가 시작될 때에야 비로소 오이쿠메네 속에서 지속되어 온 지역적 구성이 다시 뚜렷이 드러나고 통합력이 점차 줄어들었다. 유럽의 이슬람에 대한 지배의 길이 열렸고, 이슬람 세계에서 민족주의의 발흥이 뒤따랐다.

분석의 바탕이 되고 방향을 잡아주는 이념형의 이용은 호지슨의 세계사 방법론에서 중심이 된다. 이것은 다른 비슷한 저작에서는 찾아보기 어려운 분석력을 그의 이슬람문명 연구에 부여한다. 비록 막스 베버의 저작의 어떤 측면들에 대해서 비판적이지만 호지슨은 그로부터 많은 점을 배웠던 것이 틀림없다. 그러나 호지슨이 배운 것은 그의 결론이라기보다는 그의 방법론이었다. 예를 들어 그의 농경시대의 도시적 생활과 기술주의라는 서로 대비되는 개념들이 전근대(1800년까지)를 근대와 구분하는 것이 무엇인지 설명하려는 그의 노력을 뒷받침해 준다. 곧 보게 될 것처럼 호지슨은 이슬람문명의 주요한 각 단계마다 그들의 사회적·경제적·문화적 특성에 기반하여 개념을 추출하였다. 이러한 이념형을 피라미드처럼 쌓은 것은 『이슬람의 모험』에 보기 드문 풍부함과 복합성이라는 건축적 구조를 부여한다.

전통과 근대라는 이분법을 대체하기 위해 호지슨에 의해 만들어진 이념형들, 즉 농경시대와 기술주의라는 이념형들은 그의 전체적 방법론을 설명하는 좋은 예가 된다. 이 짝을 이루는 두 개념 중 전자인 농경시대라는 것은 문명의 시작에서 대략 1800년까지의 모든 인간 역사를 포함하는 것이다. 그것은 『이슬람의 모험』의 1권 서두에서 상당히 자세하게 논의되었다. 호지슨은 전근대의 문명들은 궁극적으로 토지세를 거두어내는 능력에 기반하고 있었고 그 밖의 부의 원천은 확연하게 부차적인 기능을 했다고 본다. 그러므로 농경적 경제에서 만들어진 잉여는 농업생산력에 의해 제한되었다. (유목은 말할 것도 없이) 상업이나 산업 생산은 그러한 특권계급의 농경에의 일차적 의존을 옮겨 놓을 만한 충분한 소득을 마련해 줄 수 없었다. 사실상 읽고 쓰는 능력이 특권층의 독점물이었기 때문에 한 사회의 문화적 생산은 또한 농경에서 나오는 소득에 의존할 수밖에 없었다. 이러한 필연적으로 제한된 잉여를 집중적으로 투자하는 것은, 좋은 조건하에서는 문화적 번영을 가져올 수 있었다. 그러나 그러한 번영은 정도와 지속성에서 한계를 갖고 있었다. 필연적으로, 번영기보다 덜 좋은 조건들이 다시 나타나고, 문명들은 농경단계에서 더욱 정상적인 기대수준에 다시 맞추어지게 된다. (똑같이 내장된 한계가 정치적·경제적 번영의 궤도를 결정하였다.) 이러한 분석으로, 호지슨은 근대성을 낳은 대단한 변화들은 농경적 조건하에서는 불가능했다고 주장한다. 이것은 농경시대에 혁신과 변화가 존재할 수 있었고, 실제로 존재했지만 그러한 일련의 변화들은 인간과 환경 사이의 관계의 성격 자체를 변동시키기 시작할 정도로는 나아가지 못했다는 것이다.

서구의 부상 혹은 호지슨이 서구의 대변동이라고 부르는 것은 농경시대와 이후 인간 역사의 진행과 극명한 대조를 이룬다.[17] 약 1600년경부터 서구사회는 일련의 미증유의 변화들을 겪었는데 그 변화들은 서로 교차하고 각각의 성과 위에 축적되어 곧 문화적 변화를 그것의 농업적 기반으로부터 해방시킴으로써 역사적 행동의 문맥 그 자체를 바꾸어 버렸다. 그때까지 아프로-유라시아의 역사복합체에서 — 누적되어 상당히 두드러질 정도로 되었던 — 사회적 힘의 전체적 상승은 대략 서로 동등한 정도로 이루어 지고 있었다. 진실로 기본적이고 새로운 변화가 있으면 그것은 도처에서 4, 500년이 지나는 사이에 점진적으로 채택되었다. 그리하여 아랍인들이 포르투갈인들에게 8~9세기에 누리고 있었던 우위나 포르투갈인들이 아랍인들에게 16세기에 점하고 있던 우위는 모두 일시적인 변화였고, 시간이 지나면서 적절한 적응에 따라 다시 균형이 회복되었다. 서구의 대변동은 그러한 점진적인 전파가 아프로-유라시아의 오이쿠메네 지역들 사이에서 대략적인 동등함을 유지할 수 있었던 전제조건들을 파괴하였다. 서구사회는 초기단계에서부터 그 결정적 영향력이 도처에서 느껴질 정도의 누적적이고 독립적인 일련의 변화들을 주요 부문에서 겪었다. 처음에는 적어도 오랜 생활양식이 변화 없이 지속되는 것처럼 보였지만, 농경생활의 기반 자체도 지속적으로 침식되어 나갔다. 이로부터 일상적인 행동조차 새로운 중요성을 띠게 되었다. 새로운 역사적 단계가, 기술주의의 시대가 도래한

---

17) 앞의 책, III, pp. 176~200. 또한 그의 "The Great Western Transmutation"을 보라.

것이다.

호지슨의 근대의 도래에 대한 논의에서 특기할 만한 점은 변화과정 전반(그가 '기술주의화'라고 부른 것)에 대한 그의 분석이라기보다는 그것을 세계사적 맥락에 삽입한 것이다. 여기서부터 몇 가지 중요한 결과가 초래된다. 첫째는 서구의 대변동을 반구 전체의 도시문명의 역사 속에 위치지움으로써 서구의 대변동이 그 이전에 있었던 모든 것과 연관됨을 기정사실화한다. "아프로-유라시아의 오이쿠메네 전체의 누적적인 역사가 없었더라면 서구의 대변동은 거의 생각조차 할 수 없었을 것이다."[18] (화약, 나침반, 인쇄술을 포함하는) 다른 지역에서 유래한 다수의 발명은 서구의 비약적 발전에 중요한 역할을 했다. 대체로 무슬림 상인들의 공으로 이루어진 거대한 세계시장의 존재도 큰 역할을 했다. 이런 관점에서 보았을 때는 서구의 도약이 종전에 생각했던 것처럼 필연적인 발전으로 보이지도, 서구문명이 독창적인 것으로 보이지도 않는다. 끝으로, 그리스에서 르네상스를 거쳐 산업혁명으로 이어지는 한 줄기의 선은 착시현상이며, 대단히 선택적인 역사적 상상의 산물이다. 세계사적 관점에서 봤을 때 서구의 대변동은 오이쿠메네 전체에서 1000년 이상 진행되었던 문화적 변화과정들의 축적이다.

서구의 부상을 세계사적 현상으로 보는 것의 두 번째 결과는 그것이 호지슨이 '발전의 격차'라고 부르는 문제를 다룰 수 있게 해주기 때문이다. 비록 이 개념이 구식일지는 몰라도 그 통찰은 현대적인 것이다. 호지슨은 "서구의 대변동은 다른 사회가 독자적으로 비슷한 대변동을 이루어낼 수도 없고, 그 전체를 도입할 수도 없는 것이었다"고 주장했다.[19] 동시에 대변동을 피할 수도 없다. 서구의 전대미문의 사회적 힘의 수준은 무수한 여

---

18) *The Venture of Islam*, III, p. 198.
19) 앞의 책, p. 200.

러 방면에서 다른 사회들에 개입할 수 있도록 해주었고, 대변동이 시작된 거의 처음부터 서구와 다른 사회들 사이의 관계의 전제조건들을 설정할 수 있게 해주었다. 문명화된 삶의 사회적 기반이 변한 것이다. 오이쿠메네의 나머지 부분들에서, "문화적 활동에서 중요하고 창의적인 부분들은 농경 사회의 도시 엘리트의 문제들에 맞추어진 것이 아니라, 기술주의적인 세계의 기술화되지 않은 엘리트의 문제에 맞추어지게 되었다."[20] 역사적 행동의 맥락을 결정적으로 바꾸어 버린 것은, 동시에 비서구인들에게는 "선진국에서 경제와 문화를 건설한 바로 그 동일한 힘들이 자신들의 경제와 문화를 파괴하여 자신들은 투자수준이 상대적으로 낮은 저개발국이 되었다"는 사실을 의미했다.[21] 호지슨이 근대화의 과정을 처음부터 세계적 규모로 파악하려고 노력하는 와중에서, 호지슨의 저작은 안드레 군더 프랑크, 사미르 아민, 이매뉴얼 월러스틴 같은 신마르크스주의 '종속'이론가들과 비슷한 면모를 보였다.[22] 그들처럼 호지슨도 세계시장의 '중심부'와 '주변부' 사이의 관계에 관심이 있었다. 그는 산업혁명과 시민혁명이 비서구 사회에 대해 갖는 중요성에 대하여 여러 선견지명 있는 관찰을 했다. 비록 서구의 대변동에 대한 그의 이해는 신마르크스주의자보다는 근대화론자들과 비슷하지만, 그것을 세계사적 문맥에 집어넣음으로써 호지슨은 근대화론의 패러다임과의 결별을 향한 결정적인 행보를 한 것이다. 그가 살아서 『이슬람의 모험』의 마지막 부분을 수정할 수 있었더라면, 그는 자신만의 좀 더 종합적인 이론을 만들어냈을 가능성이 크다. 어쨌든 호지슨은 서구

---

20) 앞의 책, p. 202.

21) 앞의 책, p. 203.

22) Andre Gunder Frank, *Capitalism and Underdevelopment in Latin America* (New York, 1969); Samir Amin, *Le developpement inegal* (Paris, 1973); Immanuel Wallerstein, *The Modern World System*, vol. I ., *Capitalist Agriculture and the Origins of the European Economy in the Sixteenth Century* (New York and London, 1974).

식 발전이 서구 외에서 일어난다는 가능성에 대해 전혀 환상을 갖고 있지 않았다.

근대를 농경시대와 구분짓는 것은 무엇인가? 호지슨의 답은 기술화인데, 그에 따르면 그것은 "계산적인 (따라서 혁신적인) 기술적 특화의 상태이며, 그 안에서는 여러 가지의 전문성이 사회 주요 부문들에서의 기대의 패턴을 결정할 만큼 충분히 큰 규모로 상호의존적이다."[23] 이 개념의 탁월함은 언뜻 보아서는 잘 느껴지지 않을 수도 있고, 호지슨의 매끄럽지 못한 문체 때문에 더욱 전달되기 어렵다. 그러나 기술화라는 개념은 호지슨이 비록 정통은 아닐지라도 중요한 사회사상가임을 증명한다. 산업화나 자본주의 같은 개념은 대변동이 일어나게 된 과정의 어느 측면을 크게 강조하는 것이지만, 그런 개념들은 비경제적 부문에서조차 광범위한 변화를 불러일으키는 대변동의 놀라운 힘을 설명하지 않고 놔둔다. 이 개념들은 충분히 정확하지도, 충분히 일반적이지도 않다. 호지슨에게 그 과정의 핵심은 문화적인 것이었는데, 바로 계산적이고 합리적인 원칙에 의해 세계를 바라보는 방식이 변화했다는 점이었다. 여기에서 우리는 베버의 프로테스탄트 윤리의 영향을 감지할 수 있다. 사실 기술주의라는 개념은 베버의 합리화 (비록 호지슨은 베버의 용어가 합리성이 근대의 독특한 특성이라는 점을 정도 이상으로 극단적으로 과장하고 있다고 비판하지만) 개념을 확대해서 갖다 붙인 것이라고 볼 수 있다. 끝으로 기술주의는 모종의 도덕적 성질, 그 중에서도 특히 거대한 효율성과 기술적 정확성, 그리고 인간적이고 협동적인 정신을 가진 자율적인 개인이라는 특정한 종류의 인간과 관련되어 있다. 하나의 지적인 구조물로서, 기술주의는 근대가 형성되어 온 복잡한 과정의 문화적 측면에 대한 조명을 통해 상당한 성과를 거두었다.[24]

---

23) *The Venture of Islam*, III, p. 186.

세계사 분야는 허무맹랑한 일반론과 형편없는 형이상학으로 가득한 비전문가의 놀이터라는 평판이 있다. 호지슨의 특정 문명의 문화에 대한 확고한 배경지식과 그의 방법론적 자기 인식(그것은 너무나도 철저하고 진지해서 다른 사람에서라면 심각한 지성의 마비로 이어졌을지도 모른다)은 그가 세계사 연구에 흔치 않은 엄격성을 도입할 수 있도록 만들어 주었다. 『이슬람의 모험』은 오류도 있고 기괴한 모순도 있지만, 이슬람문명을 세계사의 맥락에 위치하게 하려는 시도에서 나올 수 있는 많은 성과들을 보여주었다. 그러므로 그 교훈은 이슬람학이라는 좁은 범위를 벗어난다.

『이슬람의 모험』과 문명연구

오늘날 '문명' 같은 넓은 개념을 가지고 연구하면서 편안함을 느낄 학자는 거의 없다. 우리 시대는 꼼꼼한 전문 연구의 시대이지, 보편사의 시대가 아니기 때문이다. 그러나 호지슨의 문명연구에 대한 공헌을 평가하려면 우리는 호지슨이 『이슬람의 모험』을 쓰고 있을 때 문명연구가 시카고 대학교에서 명예로운 지위를 갖고 있었다는 사실을 기억해야 한다. 호지슨은 용감하게 문명의 개념을 복권시키려고 노력했지만, 나로서는 그의 이 분석의 층위를 받아들이기가 아주 힘들다. 그러나 여기에서도 그가 스스로를 이해시키려고 투입한 지대한 노력이 우리의 대화를 가능하게 한다. 그의 맨 처음 전제들을 인정하기 시작하면, 그의 다음 주장은 상당히 강력하게 다가

---

24) 즉 기술주의라는 개념은 문화사의 요구에 맞추어져 있다. 호지슨의 용례에 있어서 그것은 대체로 1960년대의 고전적인 근대화 이론에 부합되며, 사실 후자의 개념이 그에게는 서구의 대변동의 정치적이고 경제적인 측면을 의미한다. 호지슨의 노력은 '근대화론'의 한 형태이지만 근대화 과정을 세계적 맥락 속에서, 유럽과 나머지 세계의 관계 속에서 위치지우려 했던 점이 그를 흥미로운 전환기적 인물로 만든다. 만일 그가 6책을 완성할 때까지 살았다면 그의 근대화 이론에 대한 양면적 태도가 좀 더 명확해졌을 것이다.

올 것이다. 호지슨의 문명연구에 대한 접근법은 무엇인가? 그것은 그의 이슬람문명에 대한 이해에 어떤 성격을 부여하는가?

문명 개념을 사용하고자 하는 사람들은 문명 개념에 대해 있어 왔던 광범위한 비판에 대처해야 한다.[25] 문명 개념을 사용해 온 사람들에게 가장 큰 문제는 문명은 영구적으로 변하지 않는 존재이며 어떤 문명이 그것의 구성요소들에 의해 시작된 바로 그 순간에 그것의 운명이 미리 다 결정되어 버렸다고 보는 경향이었다. 이슬람문명은 종종 그런 식으로 간주되었다. 두 번째 어려움은 문명과 문화를 구별하는 것이었다. ('문명'이라는 용어는 얼마나 큰 단위를 포함하는가? 도시국가? 문예 전통? 제국?) 이와 관련된 세 번째 문제는 어디에서 한 문명이 끝나고 어디에서 다른 문명이 시작되는가이다. (예를 들자면, 기독교를 믿던 비잔티움은 한편으로 보면 그리스 문명이고, 다른 한편으로 보면 기독교권의 일부다.) 마지막 비판은 문명연구의 문화주의적 편향성이다. (문명 연구가 필연적으로 작동하게 되는 수준인) 문자화된 엘리트 문화의 수준과, 역사적으로 특수한 사회적·경제적 맥락을 지역과 계급의 구분을 초월하여 어떻게 관련시킬 것인가? 호지슨이 이러한 비판의 타당성을 인정하고 거기에 대한 답변을 하려고 노력한 점이야말로 그의 접근법의 장점이다.

호지슨의 접근법에서 중심이 되는 것은 문화와 문명은 정체된 것이 아니고 역동적인 것이며, 내부적인 분화와 그것을 형성하는 이상들과의 끊임없는 대화로 특징지어지며, 어떤 이상들이 한 시점에서 지배적이라고 해도 다른 시대에는 퇴조하기도 한다는 인식이다. 문명들은 그들의 (본질은 고사

---

25) 문명이라는 용어의 사용에 대한 최근의 논의를 보려면 Robert McC. Adams, *The Evolution of Urban Society* (Chicago, 1966); Ruth Tringham, "The Concept of 'Civilization' in European Archeology," in Jeremy A. Sabloff and C. C. Lamberg-Karlovsky, eds., *The Rise and Fall of Civilizations* (Menlo Park, 1974)을 참조하라.

하고) 지적 특성에 의해 한꺼번에 다 결정되는 것이 아니고, 과거의 압박에 갇혀 있는 것도 아니다. 호지슨에게 있어 문명은 복합적인 문화고, "도시적·문예적 수준에서의 상층문화의 형태 속에서 누적된 전통을 공유하는 정도에 따라 서로 연관된 문화들의 상대적으로 넓은 묶음"이다.[26] 하나의 문화적 실체가 어느 문화에 속하는지 결정하는 어려움에 대해서, 호지슨은 그러한 의문들은 결정적으로 해결할 수 없다고 지각 있게 지적한다. 목적에 따라서 이슬람문명은 이란-셈계 전통에 연속된다고 볼 수도 있고, 극히 단절된 것이라고 할 수도 있다. 호지슨은 문화의 가상의 생명 주기를 참고하지 않으면서 가변적인 방식으로 정의하려고 조심했다. 그의 논의는 특정 문화의 이른바 본질적인 특성을 실체인 것처럼 취급하는 일이 없다.

이슬람문명의 어떤 점이 이슬람적인 것인가? 호지슨의 대답은 문명연구에 대한 그의 일반적인 접근법을 보여준다. 그는 이슬람적 이상의 존재가 이슬람문명을 이전의 다른 문명들과 구별되게 만든다고 말한다. 이러한 이상들은 그 사회의 정통성을 부여하는 중심적 기준을 제공한다. 이러한 이상들, 즉 무함마드에게 계시된 쿠란의 메시지와 연속되는 여러 세대의 무슬림들 사이의 대화가 이슬람문명을 구성한다. 이 대화에서 두 개의 커다란 변수가 있어 왔는데, 그것이 순니 전통과 시아 전통이다. 이러한 이상의 주요한 담지자는 어떠한 시대에서나 다수가 아니고, 물론 결코 문자를 해독하는 인구 전체 정도로 범위가 넓지 않았다. 오히려 그들은 모든 시대에서 이러한 이상들을 실현하려고 시도하는 일을 스스로 떠맡은 한 무리의 사람들일 뿐이었다. 호지슨은 이 집단을 '경건주의자'(the piety-minded: 혹은 나중에는 샤리아주의자[the sharia-minded])라고 불렀다. 그들에 의해 만들어진 문명은 두 개의 차원에서 생각할 수 있다. 가장 좁게 보면 그것은 종

---

26) *The Venture of Islam*, I, p. 91.

교적인 것으로 간주되고 거기에서 파생되는 대화도 종교적인 것으로 볼 수 있다. 그러나 그것은 또한 좀 더 넓고 문명적인 측면에서 고려될 수도 있다. (그 경우 기독교인, 유대인 그리고 다른 비무슬림들도 그들이 그 대화 속에 참여한 만큼 그 문명 안에 포함된다.) 후자를 전자로부터 명확히 구별하기 위해 호지슨은 ('이탈리아풍[Italianate]'이라는 단어의 예에 따라) '이슬람풍'(Islamicate)이라는 신조어를 만들어냈다.

호지슨에게는 이슬람문명의 거대한 범위도 문제를 제공한다. 어떻게 7세기에서 현재까지 지속되어 왔고 모로코에서 중국까지의 아프로-유라시아의 오이쿠메네에 걸친 문명을 의미 있게 논할 수 있을 것인가? 여기에서 이슬람 세계의 개별 지역들의 사회경제사를 추적하는 데 관심을 가진 사람들의 비판이 적절성을 띤다. 호지슨은 문명사가 역사적으로 다양한 특정한 시간과 공간 속을 살아가는 무슬림(특히 엘리트가 아닌 무슬림)의 다양한 경험을 다루지 못한다는 것을 인정한다. 따라서 호지슨도 인정하는 것처럼 그는 상당히 중요한 일련의 문제들에 대해 답을 줄 수 없다. 그러나 만일 무슬림의 역사적 경험의 다양성보다 통일성에 관심이 있는 경우에는 문명이라는 개념이 설득력을 얻게 되고, 사회경제사가들은 이러한 차원의 분석에 공헌할 바가 거의 없다. 이슬람문명에는 적어도 현대에 이르기까지 통일성이 있어 왔고 그것은 (기독교인이나 불교인과는 달리) 무슬림들이 서로서로 그리고 그들의 문명을 형성하는 이상들과 지속적으로 접촉을 해왔기 때문이다. 그들의 여러 시대에 걸친 대화에는 이슬람문명을 역사적으로 공부할 여지가 있게 만드는 절대적 필요성이 있다. 무슬림들은 공통의 출발점, 공통의 어휘, 그리고 (최근까지는) 일련의 중요한 주제를 논할 몇몇 공통의 언어를 공유하고 있었다.[27]

---

27) 통일성에 대한 논의를 보려면 호지슨의 "The Unity of Later Islamic History," *Journal of World History* 5(1960), pp. 879~914를 참조하라.

호지슨의 문명연구에 대한 접근법에는 몇몇 중요한 장점들이 있다. 문명형성기의 이상이라는 관념은 그에게 어떤 형식의 하위 담론이나, 평행하는 (종종 경쟁관계에 있는) 문화적 전통이나 지역적 변이라도 모두 포함시킬 수 있을 만큼 충분히 넉넉한 이슬람문명을 생각할 수 있도록 해주었다. 그러한 출발점을 가지고는 어떤 개념을 실체라고 생각하는 경향에 말려들어갈 확률이 적어진다. 가장 중요한 장점은, 이 접근법이 이른바 순니 '정통' 해석을 언급하지 않으면서 이슬람문명의 시아적 변종에 대해 온전하게 다룰 수 있는 여지를 준다는 점이다. 이렇게 해서 무엇이 '진정한' 이슬람인가에 대한 비생산적이고 근시안적인 논쟁을 회피함으로써 호지슨은 매우 의미 있는 봉사를 한 것이다. 이와 비슷한 것으로, 이슬람문명의 기원을 나일에서 옥수스 사이의 도시문명의 전통 혹은 (토인비를 따라) 그가 '이란-셈계' 문명이라 부른 것의 맥락에서 찾아야 한다는 그의 주장도 이슬람의 부상이 그 지역과 오이쿠메네에서의 역사적 조류에서 단절이었을 뿐만 아니라, 얼마만큼 그 전통의 논리적 귀결이었는지를 밝힌다. 이는 또한 암묵적으로 이슬람문명의 운명을 그 최초의 담지자였던 아랍인들의 운명과 등치시키는 위험을 감소시킨다. 호지슨은 어떤 내밀한 친이란적인 생각 때문에 혹은 반아랍적인 편견 때문에 이런 결론에 이르게 된 것이 아니라, 이슬람문명을 세계사적 맥락에서 연구하려는 그의 노력의 결과로 도출된 것이다.

호지슨의 문명사 연구의 방법에서 중요한 측면 중 하나는 문화의 변증법이 두 부분에 의해서 이루어지는 과정이라는 그의 주장이다. 그 두 부분 중 하나는 문명을 형성하는 이상과 경건주의자들의 대화고, 다른 하나는 사회의 물질적 기반과 그것의 문화적 산물 (요컨대 그것의 문명) 사이의 덜 직접적인 관계다. 이미 살펴본 것같이 호지슨은 농경적 조건하에서 모든 문명은 (서양이나 동양이나 마찬가지로) 우리보다 더 물질적 환경에 의해 제약을 받았다고 보았다. 그리하여 문화적 번영은 그 지속성과 찬란함이 어떠하든 간에 그들이 막다른 골목에 이르기 전까지만 진행될 수 있었다. 표면적으로 이것은 (번영을 문화적 창성과 불황을 문화적 쇠락과 연결시키는) 얄팍한 마르크스주의나 혹은 (문명이 생명 주기를 가진다는) 조잡한 유기체론 같은 인상을 줄 수도 있다. 만일 (서구를 포함해서) 모든 농경시대의 문명들이 지속적인 혁신을 해 나갈 능력이 제한되어 있었다면, 모든 문명들이 장차의 혁신들을 평가하는 데 근본적으로 보수적이었을 것은 당연하다. 따라서 그들을 생각할 때 성공을 변화와 등치시키곤 하는 우리의 현대적인 편향성을 버려야 한다. 호지슨은 농경시대에 교육의 기능은 학생들에게 어떻게 생각할 것인가를 가르치기보다는 어떻게 행동할 것인가를 가르치는 것이었고, 관찰가능한 사실들을 공부하는 것보다는 문화적 규범을 숙지하게 하는 것이었다고 주장한다. 이러한 논리를 따라가다가 그는 이슬람사의 중간시기(945~1500 C. E.)에 대해 중요한 재평가를 하기에 이른다. 다음 부분에서 그의 작업의 이러한 측면에 대해서 좀 더 논할 것이다. 끝으로 이런 관점에서 접근했을 때 침체의 문제나 쇠락과 파탄이 불가피하다고 상정하는 문명의 법칙들은 무효라고 판정된다. 중동이 쇠퇴한 것인가 혹은 서구가 부상한 것인가? 호지슨이 인정하는 최대한은 "한 사회가 한 종류의 기회에 대한 투자를 너무나 크게 장려하여 다른 종류의 투자가 좀 더 이익이 남는 새로운 상황에서도 다른 방향으로 그 사회의 자원을 빨리 집결시키는 것이 어려울 수 있다"는 정도다. 그러므로 "농경시대의 필요를 충족시킨 이슬람권의 문화의 탁월성, 그 자체가 농경시대를 넘어서 더 진보하는 데 방해가 되었을 수 있다"는 것이다.[28]

호지슨은 자신의 문명연구 이론에서 생래적으로 보수적인 문화가 매 시대의 생각 있는 남녀들의 간헐적 개입으로 상쇄되고 그들의 통찰이 지속되

---

28) *The Venture of Islam*, III, p. 204.

는 문화적 대화에서 새로운 요소를 형성한다고 하였다. 이런 접근법은 교육 장치로서 성공적이다. 독자는 단순히 이슬람사의 각 인물들에 대한 추정되고 있는 공헌을 아는 데 만족하지 않고, 이러한 인물들이 살았던 역사적 맥락을 진지하게 생각하도록 고무된다. 이러한 방법 없이는 호지슨의 추상적 사고로 향하는 경향이 완전히 압도적인 것이 되어 버리고, 그의 주장은 설득력을 조금 잃게 될 것이다. 그러나 몇몇 상당히 비범한 사람들의 경험에 그렇게 큰 비중을 두는 문명론에 대해서는 심각한 반대가 제기될 수 있다. 호지슨의 이론이 너무나 베버적인 비르투오소(자신의 종교적 전통이 요구하는 것을 구현하려고 노력하는 사람을 일컫는 막스 베버의 개념-옮긴이)들의 문제일 뿐만 아니라, 거기에 더하여 그러한 인물들을 어떻게 선택하였는지에 대해서도 정보가 없다. 호지슨이 설명하는 경건주의자 개인들은 실물보다 커보이는 한편, 자신들이 묻혀 살고 있던 문화에 대해 그러한 고양된 관념이 있지 않은 평범한 무슬림 남녀들은 대체로 인식되지 않고, 그들의 관심도 드러나지 않으며, 그 큰 전통(그리고 다른 부차적인 전통들)과 그들의 연결성도 대부분 검토되지 않았다.

문명에 대한 호지슨의 접근법은 다른 측면에서도 약점을 가지고 있다. 문명이 그들을 형성하는 이상에 의해 성격지워질 수 있다는 그의 생각에는 커다란 개념적인 문제가 내재되어 있다. 그러나 쿠란과 다른 권위 있는 무슬림 저작들 중에서 추출되는 수많은 이상들 중에서 무엇을 형성적인 것으로 골라낼 수 있는지 의문을 가질 수 있다. 무엇이 '진정한 이슬람'인지 결정하는 문제가 (대화의 다양성을 인정함으로써) 문 밖에 버려졌지만 창문으로 다시 돌아온 셈이다. 호지슨의 개인적인 도덕적 입장이 이슬람문명이란 무엇에 대한 것이라는 그의 느낌과 너무나도 깊이 관련되어 있기 때문에 무엇이 이슬람의 이상을 이루는 요소였는지에 대한 그의 생각은 거기서 영향을 받을 수밖에 없다. 그는 무슬림 개인의 신 앞에서의 도덕적 책임을 강조함으로써, 그리고 샤리아의 원칙에 대한 (집단에 대항하여 개인의 권리를 강조하는) 해석을 제시함으로써 호지슨은 그 전에 있었던 깁, 폰 그루네바움 등의 덜 도덕주의적인 해석들에 과감히 도전한 것이다. 그가 다른 사람들을 비판하는 실체화라는 측면에서의 비판 앞에서 그 자신도 자유로울 수 없다. 그리하여 비록 호지슨의 문명연구에 대한 강도 높게 개성적이고 집요한 체계적인 접근법은 칭찬받을 만한 점이 많이 있지만, 비판을 면할 수 있는 절대적인 것은 아니다. 문명연구에 대한 더 적절한 접근법을 찾아볼 때, 문명이 건설되어 있는 기반에 대한 이상주의적 가정들은 세련되게 표현되었음에도 불구하고 적어도 나로서는 받아들이기 어려운 것이다. 그러한 가정을 하지 않고도 문명들에 대한 의미 있는 글을 쓸 수 있는 것일까 하는 중요한 의문이 남는다. 필요하다고 생각되는 것은 문화를 물질적 조건들의 단순한 반영으로 파악하지도 혹은 시간을 관통하여 어떤 이상이 펼쳐져 나가는 것으로 파악하지도 않는 문화에 대한 접근법이다. 그런 의미에서는 유럽중심주의에도 불구하고 좀 더 개방적이고 덜 체계적인 맥닐의 접근법이 더 나아 보인다.

이슬람사의 패턴

『이슬람의 모험』은 일종의 건축 구조물 같은 구성으로 되어 있어서 주요 구성성분의 복잡한 패턴들은 여러 가지의 추상화된 수준에서 추적해 볼 수 있다. 그것은 또한 이슬람사의 조금 다른 형태의 시대구분, 아니 그보다는 일련의 시대구분들을 불러일으킨다. 이것은 어떤 유형의 이슬람사를 만들어 내는가? 호지슨판의 역사와 표준적인 설은 어떤 상호관계를 갖게 되는가? 끝으로 이슬람사를 세계사의 맥락 안에 집어넣으려는 그의 노력의 주된 장점은 무엇인가? 이런 문제들을 다루는 데 있어서 나는 호지슨의 잘못된 점들, 혹은 이 분야에서의 최근의 발전이 그를 능가한 점 등 많은 세부 사항들을 빼놓을 수밖에 없는데, 이렇게 광대한 범위의 저작에는 그런 부분들이 불가피하게 많이 생기게 되기 때문이다. 먼저, 호지슨의 이슬람사에 대한 해석을 보기로 하자.

가장 일반적인 추상화의 수준에서, 이슬람문명이 이란-셈계 문화의 비교적 평등주의적이고 세계시민적 경향을 제도화하는 데 주로 공헌했다고 하는 것이 호지슨의 이론인데, 그는 나일 강에서 옥수스 강 사이의 지역에서 상업적 이해관계가 두드러진 것과 관련된 도시적·공동체적 기대에 핵심적인 역할을 부여했다. 그가 죽은 뒤에 출판된 논문에서, 그는 그 지역 내에서의 이러한 평등적이고 세계시민적인 특성들을 발전시킨 것이 세계사 속의 이슬람의 주된 역할이었다고 논했다.[29]

또 다른 차원에서 추상화해 보면, 이슬람문명사는 세 부분으로 나누어질 수 있는데 형성기, 중간시기 그리고 화약제국의 시기와 근대다. 『이슬람의 모험』 각 권은 이러한 시대구분에 하나씩 해당된다. 형성기(기원후 600~945)의 주요한 움직임들은 주된 문화어였던 시리아어와 팔라비 페르시아어가 아랍어에 의해 대체되고, 그 지역에서 더 이전에 있던 공동체적 구분들 대신 포괄적인 하나의 무슬림공동체가 출현했고, 절대주의적 농경제국을 다시 건설하려는 노력이 실패하여 새롭고 더 유연한 사회질서가 만들어지게 되었던 것이었다. 중간시기는 호지슨에게는 이슬람문명의 전성기로서 세계시민적인 상층 분화가 대단히 유연한 사회와 공존하였던 시기다. 이슬람사의 세 번째 시기, 즉 화약제국의 시기와 근대는 오래된 공동체적·지역적인 구분들이 오이쿠메네 안에서 다시 두드러지게 되었다는 점이 그 특징이다. 무굴, 사파비, 오스만 같은 새로운 지역제국들이 만들어졌

---

29) Marshall G. S. Hodgson, "The Role of Islam in World History," *International Journal of Middle East Studies* Ⅰ, Ⅰ (1970), pp. 99~123.

지만 그들은 몽골 이후 정권들의 정치적 취약성을 부분적으로만 보상할 수 있었다. 문화적 보수주의는 이제 혁신의 기회를 봉쇄하려고 했다. 사파비의 시아 부흥도, 무굴과 오스만의 철학화된 순니 신앙도 개혁을 해내는 데는 적합하지 않은 것으로 드러났다. 동시에 세계사의 맥락도 서구의 부상과 기술주의 시대의 도래로 크게 바뀌었다. 바로 이것이 주요 종교의 유산에 기반했던 다른 모든 문명들과 함께 이슬람문명의 운명을 결정지었다.

또 다른 수준의 분석도 나타난다. 『이슬람의 모험』은 6개의 책으로 나누어져 있는데, 그것은 문명발전의 여섯 단계에 각각 해당한다. 이 여섯 단계는 초창기(692년까지), 칼리프국의 융성기(945년까지), 국제적인 문명(1238년까지), 몽골 집권기(1303년까지), 화약제국의 시기(1800년까지)와 근대다. 이슬람사의 시대구분은 표준적인 왕조별 연대표의 틀과는 현격한 대조를 보인다. 이 시대구분은 왕조의 구분을 넘어서 연속성을 강조하며 문명 진화의 주요 단계들에 맞춰져 있다. 다음에 보게 될 것처럼 이 여섯 시기들은 (그 자체가 이념형을 만드는) 일련의 사회와 문화의 특성들로 결속되어 있는데, 그것들은 호지슨으로 하여금 한 시기와 다른 시기를 구별할 수 있도록 해주었다. 이슬람사의 통일성은 무엇보다도 역사를 통해 면면히 이어진 대화의 통합성에 기반한 것이다.

이슬람사의 이러한 시대구분과 함께, 호지슨은 좀 더 구체적인 움직임에 초점을 맞춘 여러 연표들을 제공한다. 예를 들면, 이슬람문명의 중요한 발전을 중국, 인도, 유럽의 동시대 사건들과 대조시키는 표들이 있다. 또한 무슬림 철학파들, 수피 교단들, 시아 계보들, 문필가 등에 대한 표들도 있다. 그가 작업하는 배경이 넓어짐에 따라 호지슨은 이슬람세계의 각 지역들에서 일어난 사건들을 함께 보여주는 표들을 집어넣었다. 이렇게 하여 그는 독자로 하여금 이슬람문명 자체를 세계사적 맥락 속에 유지하면서 동시에 이슬람문화의 특정한 조류들을 따라가는 눈을 기르도록 만든다. 우리는 단선적인 정치적 시간이 흐르는 세계를 떠나, 넓은 역사적 패턴들이 여러 가지 리듬과 속도로 1000년에 걸쳐 서로 대조되고 서로 강화해 주었던 영역으로 들어가게 되었다. 이것 자체로도 시간의 흐름 속에서 이슬람문명의 전개에 대한 우리의 이해를 크게 전진시켰다고 할 수 있다.

문화사로서 『이슬람의 모험』은 나일 강에서 옥수스 강 사이의 지역에서 일어난 지적 전통의 발전을 그 시초에서부터 근대의 최종적 기반상실에 이르기까지 추적하고 있다. 호지슨은 추축 시대 이후에 이 지역에서 작용한 세 개의 주요 지적 전통을 대별한다. 예언자적 유일신론, 그리스적 자연과학과 철학, 그리고 페르시아적 제국 전통이다. 이슬람의 도래와 함께 이런 전통들이 소멸한 것이 아니라 이슬람풍의 맥락에서 재구성된 것이다. 처음에 손꼽히는 가장 중요한 것은 이슬람의 종교적 학문들의 발전이다. 쿠란 주석학, 하디스 비판, 법학의 연구가 여기에 해당한다. 호지슨은 이슬람이 이란-셈계 예언자적 유일신론 전통의 기존 주제들에 어떻게 새로운 형태를 부여하고 지속시켰는지 보여주는 데 신경을 썼다. 그의 분석 기준은 법적 · 사회적 관계에 대한 샤리아적 개념을 이슬람공동체의 사회적 · 정치적 조직에 적용한 것이 지닌 결정적인 효과를 강조했다는 점이다. 막 생겨나고 있던 이슬람의 문화적 담론에 점차로 편입되기 시작한 두 번째의 주요한 지적 전통은 페르시아의 절대주의 통치의 전통이었다. 호지슨은 역시 이 전통이 만들어지고 있던 다른 이슬람적 지적 전통들과의 대화 속으로 들어가 아답(adab: 문학 · 교양 · 예절 등을 뜻하는 아랍어-옮긴이)이라는 고상한 궁정 문화의 발전이 어떻게 이 전통에 기반하고 있는지, 그러면서도 그것을 어떻게 변형시켰는지를 보여주고 있다. 또한 (기본적으로 헬레니즘의 유산인) 그리스의 자연과학과 철학적 전통은 이슬람사상이 발전한 세 번째 주요 경로이다. 아답의 전통처럼 맨 처음에는 경건주의자들의 관심사와는 상충되는 경향을 보였던 이 철학적 전통은 특히 알 파라비(al-Farabi)와 이븐 시나(Ibn Sina)의 작업 결과로 점차 이슬람적 대화 안으로 통합되었다. 칼리프국의 융성기 말이 되면 이러한 지적 전통들은 이미 완전히 이슬람적인 형태를 갖추게 된다. 거기서부터, 그들의 상호침투와 상호작용은 이슬람문화의 짜임새를 만드는 데 일조하였다. 16세기가 되면, 새로운 문명적 대화를 스스로 재개하는 힘이 완전히 없어지지는 않았지만 문화적 보수주의를 향한 농경시대의 자연스러운 경향들이 점점 더 강하게 대두되었다. 따라서 오스만이나 무굴제국의 경우와 마찬가지로 사파비의 문화적 쇄신 노력도 성공적이지 못했다. 근대에 와서 이슬람적 유산은 무슬림들에게 그 중요성이 감소했다. 왜냐하면 다른 주요 종교의 유산과 마찬가지로 그것은 기술주의의 영향하에서 극단적으로 변화한 역사적 행동의 맥락 안에서 경쟁해야 했기 때문이다. 이상은 호지슨에 의해서 제시된 이슬람 문화의 역사 구조를 대단히 도식적인 형태로 요약한 것이다.

호지슨의 이슬람사의 여섯 단계에는 각각 이념형이라는 형태로 제시된 정치적 구성이 대응된다. 이들은 아랍 부족의 집권, 칼리프 절대주의, 아얀-아미르 시스템, 군사-원조 국가(military patronage state), 화약제국, 근대 국민국가다. 이슬람사의 첫 단계에서는 사회가 아랍인들의 우월성이라는 원칙을 중심으로 조직되었다. 정치적 정통성은 통일성의 관념, 즉 아랍 무슬림 지배층 사이의 통일의 필요성이라는 관념에 기반하였다. 우마이야조의 마르완계 집권 후기에서 945년까지 지속된 칼리프 절대주의의 단계에서는 페르시아적 왕권의 오랜 전통이 중앙집권화된 제국적 관료제와 군대를 중심으로 국가를 조직하도록 강력한 영향을 미쳤다. 비록 많은 경건주의자들이 칼리프 절대주의에 반발했지만 이것은 수 세기에 걸쳐 사회와 정치를 조직하는 강력한 원칙이었다. 그러나 궁극적으로는 그러한 체제 안에서, 상업 이익과 가장 명확히 연관되었던 이 지역에서의 세계시민주의와 평등주의의 조류들은 과도하게 억압되었다.

호지슨은 그 결과 분권화되고 유연한 새로운 국제사회가 나름대로 사회적 세력들간의 암묵적인 균형을 갖추고 중간시기 전반에 나타났다고 논파한다. 호지슨이 아얀-아미르 체제라고 특징지은 이 사회는 대단한 개방성과 적응성을 가지고 있었다. 이 경향을 갖게 되는 데는 여러 주요 구성요소들이 도움이 되었다. 그 중 하나는 농경적 권위의 군사화였는데, 그러한 과정은 칼리프 절대주의 단계 가운데서 시작되었다. 이크타(토지 사여〔賜與〕)제도의 진화를 통해 대부분 투르크인이었던 군사적 통치자들의 새로운 집단이 존재하게 되었다. 사회의 정치 구조와 농경 수입의 수취는 많은 자율적인 혹은 반(半)자율적인 단위들로 분권화되었다. 칼리프제 자체도 정치적으로 중요하지 않을 정도로 쇠락했다. 다른 한편 이러한 아미르들(군사지도자들)에 대응하는 또 다른 강력한 사회 세력이 등장하고 있었는데, 그것은 도시의 상업 이익과 새로이 두드러진 세력을 형성하게 된 울라마였고 이들을 좀 더 일반적으로 뭉뚱그려 말하면 아얀이 되는 것이다. 그들의 힘은 상인들의 중심적인 경제적 지위로부터 유래했을 뿐만 아니라, (울라마의 요구가 공동체의 활동들을 집중시키고 조직하는 데 도움이 되었으므로) 울라마가 샤리아의 주요 해석자가 됨으로써 대표하게 된 정통성에서도 나왔다. 이슬람사의 이렇게 고도로 개방적인 단계를 지나는 동안에 문화적 대화는 가장 넓은 범위에 이르렀고, 그것을 이루는 여러 조류들간의 상호작용도 가장 강렬하게 되었다. 이 시기를 형성하는 움직임 중 마지막으로 들 수 있는 것은 타리카(교단) 수피즘의 옹호자들에게 시민권을 부여한 것, 그리고 여러 교단들의 고정화였다. 이것은 사회 내의 하층민들 속에 이슬람 신앙의 침투를 크게 증진시켰으며 그것이 외부적으로 확산되는 것을 도와주었다.

몽골 침입의 재난은 중간시기 전반의 국제적 사회에 종지부를 찍었고 이슬람사의 새로운 단계를 열었다. 바로 몽골 패권기였다. 몽골의 정복 이후에 성립된 이슬람계통의 계승국가들은 정복자들의 왕조적 권위로부터 강력한 영향을 받았다. 호지슨은 이 시기의 특징적인 사회구성을 강조하기 위해 군사-원조 국가라는 개념을 고안했다. 대부분 투르크계로서 이 시기를 주름잡았던 엘리트는 국가의 행정과 군사를 왕국의 확대로 생각했다. 몽골의 선례에 따라 그들은 문화를 크게 후원했고, 도시를 지었고, 불후의 건축물들을 건설했다. 이 시기에 나일에서 옥수스 지역의 사회생활과 정치생활에서 초원의 제도들의 영향력은 극에 달하였다.

16세기가 시작되면서 이러한 국가들은 근세의 더욱 안정적인 화약제국들에게 자리를 내주었는데, 그들 가운데는 무굴, 사파비, 오스만제국들이 가장 중요했다. 이 지역에서 절대주의적 전통의 재흥은 군사-후원 국가들의 기본적 특성의 지속 및 발전과 더불어 정치적이고(정치적인 면에서의 성취는 자명하다) 지적인 측면 모두에서 무슬림 위업의 시대를 이루어냈다. 호지슨은 이들이 비록 명확히 보수적인 경향을 보였지만 이러한 정권들은 문화적으로 침체된 것과는 거리가 멀었고, 어떤 부문들에서는 중대한 혁신을 경험하기도 했다고 주장한다.

물론 변화의 동력은 이미 다른 방향으로 흘러가고 있었다. 기술주의의 도래와 함께 인간의 역사는 결정적인 단계에 들어섰다. 이 부분에 와서 호지슨은 처음으로 서구의 대변동의 기원에 대해 그리고 그것의 전 지구적인 반향에 대해 집중적으로 논했다. 이슬람 지역들에 대한 유럽의 경제적·정치적 지배는 우리가 살고 있는 20세기에 와서는 민족주의의 부상과 국민국가의 출현으로 이어졌다. 비록 기술주의라는 개념은 강력한 관념적 도구를 이루지만, 호지슨이 근대를 다루면서 참고한 문헌들은 적어도 한 세대는 시대에 뒤떨어진 것이다. 그가 참고한 이론적·실증적 문헌들의 빈약함을 고려하면 그는 이 문제를 너무나 잘 다루어냈다.[30] 그러한 내용이 들어 있는 6책(총 3권 6책)은 호지슨이 죽었을 때 초고 상태였고, 거의 그대로 출판되었다. 6책의 취약성이 『이슬람의 모험』에 대한 전반적인 인상을 망쳐 놓고 대학생들에게 읽힐 교재로서의 적절성을 현저히 감소시킨다는 면에서 이것은 불행한 일이다. 호지슨 자신도 감지했던 것처럼 6책에 대한 불만의 더 깊은 이유는 근대가 되면 이슬람문명이라고 하는 개념이 종전에 가졌던 어떤 효용성도 잃고 만다는 점이었다. 그가 문명이라는 개념의 기반으로 삼은 지속적인 문화적 대화는 오이쿠메네 안에서의 지역 언어들과 지역 전통들의 부흥에 의해 심각하게 교란되었다. 이전에 존재했던 국제적인 엘리트 문화는 1800년이 되면 심각하게 기반을 잃어 갔다. 예를 들면 모로코의 무슬림들은 아프리카 혹은 인도네시아의 무슬림들과 겨우 어렵게 의사소통을 하는 정도였다. 어떤 면에서는 이 책을 기술주의의 새벽과 함께 끝내는 편이 깨끗한 결말이었을지도 모른다. 그러나 우리는 왜 호지슨이 이 작업을 최근 시대에까지 끌고 가고 싶었는지 알 수 있다. 바로 이 점에서 호지슨이 그의 원고의 마지막 부분을 재검토하지 못하고 죽은 게 아쉽다.

호지슨에게 이슬람사의 통일성은 면면히 이어지는 여러 세대의 무슬림들과 이슬람문명을 형성하는 이상들 사이의 지속적인 대화의 함수였다. 구체적으로 말하면 이것은 이슬람의 원칙과 경건성을 설명하려는 울라마, 즉 신앙의 올바름과 생명력을 유지하는 일을 맡은 일단의 종교전문가들의 추구였다. 이것은 그의 이슬람 형성기 서술에 형태를 제공했고, 중간시기의 아얀-아미르 체제의 작동에 기본적인 설명을 제공했고(여기서 그의 이러한

---

30) 예를 들면, 터키, 이란, 아랍 동부지역에 대한 거의 모든 사회경제사 저작들은 호지슨의 6책이 쓰여진 이후에 나타났다. 비록 참고문헌 목록에 앨버트 후라니의 『자유주의 시대의 아랍 사상』 (Arabic Thought in the Liberal Age)이나 버나드 루이스의 『근대 터키의 등장』(The Emergence of Modern Turkey) 같은 고전적 저작들이 나오기는 하지만 텍스트 내용을 볼 때, 호지슨이 이런 저작들조차 충분히 활용할 수 있었는지 분명치 않다. 이론적인 저작들로 말하자면, 근대화 이론에의 비판론 전체 뿐만 아니라 무어의 『독재와 민주주의의 사회적 근원』(Social Origins of Dictatorship and Democracy)과 에릭 울프의 『20세기의 농민전쟁』(Peasant Wars of the Twentieth Century)도 6책이 쓰여진 이후에 나왔다. 이 부분이 쓰여진 1960년대 초와 우리 시대 사이에는 생각과 경험의 세계에서 거대한 차이가 있다.

관점은 하나의 눈부신 절정에 이른다), 그리고 (좀 더 이야기될 수피즘의 개념에 있어서는) 나중 시기의 통일성을 설명하는 데 계도적인 개념을 이룬다.

『이슬람의 모험』의 처음 몇 쪽들에서도 호지슨에게 샤리아라는 용어가 특별한 중요성을 띤다는 점이 명확하게 드러난다. 이것은 단지 이슬람 법을 지칭할 뿐 아니라 문명의 핵심을 이룬다. 이슬람의 부상을 초래한 종교적 충동의 기원을 찾아 호지슨은 이란-셈계의 예언자적 유일신론의 윤리적 측면으로 관심이 거슬러 올라간다. 쿠란의 원래 메시지들이 갖고 있는 평등주의적이고 대중주의적인 함의의 진화가 이슬람사의 동력을 제공한다. 형성기의 끝에 이르면 경건주의자들의 평등주의적·대중주의적 관심에 부응하여 모든 무슬림을 구속하는 종교법이 이미 결정화되어 있었다. 샤리아는 무슬림들에게 자기실현을 위한 구심점을 마련해 주었다. 샤리아의 사회적·법적 패턴들이 사실상 생활의 모든 측면에 점차 침투하여 공동체의 짜임을 결정하고, 울라마가 압바스조와 그들의 계승자들의 궁정문화보다 우월했던 하나의 자율적인 영역을 만들어냈다. 2책에 수록된 샤리아의 이슬람적 비전에 대한 장은 이슬람 법이 존재하게 되기까지의 과정을 근사하게 설명해 주었다. 거기에서, 그리고 그 다음의 무슬림의 개인적 신앙에 대한 장에서 호지슨은 정의로운 사회에 대한 권위 있는 모델과 신앙의 구심점을 제공하는 데 있어서 쿠란과 초기 이슬람공동체의 이미지가 갖는 역량을 강조하였다. 그러나 아무리 설득력 있게 제시되었더라도 이러한 분석은 호지슨이 다른 사람들의 저작에 대해 정당하게 개탄하였던 바로 그 본질주의적 문제들의 씨앗을 내포하고 있다. 13세기 두 문명 사이의 광대한 대조를 보여주는 호지슨의 「이슬람권과 서구에서의 문화적 패턴 비교」에 이르러 보면 호지슨은 샤리아를 이슬람 사회의 조직원리로까지 상정하고 있다. 기독교와 이슬람을 종교생활의 틀로 비교하는 데서 그는 중심적 주제가 부패한 세상에서 구원을 이루는 사랑에 대한 개인적 응답을 요구하는 종교와 자연 그대로의 세계에 도덕적 질서를 부여하기 위한 개인적 책임을 요구하는 종교 사이의 대조를 강조한다. 그리고 나서 그는 사회질서의 구성과 문화의 세련화에 있어서의 각각의 실제적 함의를 추적한다. 이렇게 하여 그는 (개인의 권리가 집단의 권리보다 우선하는) 무슬림문명의 계약주의를 그가 일컫는 이른바 중세 서양의 계서적 법인주의와 대조시킨다. 아얀-아미르 체제는 중세 봉건주의와 대조되고, 아라베스크는 고딕 성당 건축에 대조된다. 호지슨의 논의는 아주 힘차지만, 궁극적으로는 그것이 지나치게 추상적인 수준에서 이루어졌기 때문에 신빙성이 떨어지게 된다.

수피즘은 호지슨의 이슬람의 문명적 대화의 단일성에 대한 논의에서 중요한 또 하나의 개념이다. 전반적으로 보면, 수피즘에 대한 부분은 이슬람 신비주의의 발전에 대한 간략한 설명 가운데서 최고에 속하며, 복잡하고 무질서한 현상에 대한 탁월하게 민감한 해설이다. 그러나 샤리아 개념을 소개하는 데서 보여준 그의 조심스러운 분별과 대조해 보면, 호지슨의 수피즘론은 전혀 그와 같은 설득력 있는 분석력에 의해 이끌어지지 않았다는 점을 알 수 있다. 그는 수피즘을 신비주의로 정의하지만, 두 개념 모두 다 적절히 설명되지 않았다. 여러 형태를 지니고 있으며 종종 저속하기까지 한 수피즘의 다양성과 수피즘의 지적인 접근에의 거부는 호지슨의 범주들을 이리저리 빠져나간다. 숭고한 사랑의 신비주의(비스타미, 루미, 알 가잘리의 수피즘)라는 수준에서만 호지슨은 그의 정교한 관념적 틀과 '감정이입의 과학'을 알기 쉽고 이해를 돕는 형태로 적용시킬 수 있었다. 수피 텍스트들을 어떻게 읽을 것인가에 대한 간략한 설명들과 루미의 마스나비(Masnavi) 한 구절에 대한 긴 명상은 이러한 방법의 매력과 설득력을 잘 보여준다. 그러나 대중적인 교단들, 성인숭배, 치료 행위들에 대해서 호지슨은 무기력했다. 여기에서 그의 문화적 엘리트주의는 가장 첨예하게 드러난다. 대중적 교단들의 부패와 타락에 대한 그의 충격받은 듯한 태도는 『이슬람의 모험』의 주된 주인공들인 개혁지향적 울라마들의 청교도적인 도덕주의를 연상시킨다. 이슬람 사회의 짜임새를 만들어내는 데 있어서 수피즘의 역할에 대한 단순한 논리적 설명보다는 사회학적 설명을 원하는 사람들은 다른 연구를 참조해야 할 것이다.

『이슬람의 모험』의 가치

앞에서 확연해졌을 테지만 나는 『이슬람의 모험』이 대단히 인상적인 업적이라고 본다. 이 책과 비교하면 이슬람문명에 대한 다른 모든 저작들이 시원찮게 보이게 만드는 풍부함과 복합성이 이 책에는 있다. 이 책의 등장은 여러 가지 측면에서 서구의 이슬람학 전통의 최정상을 대변한다. 그러한 작업을 떠맡는다는 것은 필연적으로 개인에게 대단히 특별한 일이 될 수밖에 없으며, 과연 『이슬람의 모험』은 예사롭지 않은 저작이었다. 호지슨은 자신이 훈련받은 전통 속에 있었던 인식론적 가설들에 대해 비범한 자기성찰을 했으며, 이슬람문명을 세계사적인 맥락 안에 위치시키려고 일관된 노력을 기울였다. 내가 보기에는 이 저작의 바로 이러한 측면이 영속적인 중요성을 담보한다고 생각된다. 그것이 아니었다면 독자의 주의를 산만하게 만들곤 하는 그의 괴벽스러운 개인적 집착을 성공적으로 제어하지 못했을 것이다. 『이슬람의 모험』이 그토록 개인적이면서도 동시에 그토록 엄격하게 개인을 초월한 저작이었기 때문에, 이 책은 진실로 대단한 역사학적 상상력이 낳은 하나의 업적이 되었다.

호지슨의 가장 중요한 업적, 그리고 그가 우리 모두에게 가르쳐 주는 부분은 세계사를 서술하는 새로운 틀을 고안하려는 그의 노력이다. 그의 책을 읽은 후에는 세계사에 대한 반구적·지역간적 접근법을 한 번도 시도해 보지 않은 사람들이라도 그보다 덜 포괄적인 접근법들의 함정을 인식하게 될 것이다. 그의『이슬람의 모험』은 역사적 과정에 대한 우리의 중심적인 가설들의 상당수를 철저하게 재검토해 볼 필요성을 지적한다. 문자를 사용하는 인류 사회의 역사에 이슬람문명의 이야기를 편입시킴으로써 호지슨은 오래된 패러다임들과 결연히 결별하고 새로운 유형의 역사를 향해 큰 걸음을 내디딘 것이다. 이념형의 사용과 주요 개념들의 조심스러운 정의는 종전의 이슬람문명사 서술을 이끌었던 자아도취적 가설들로부터의 신선한 변화였다. 특히 서구의 부상을 세계사적 맥락에서 보려고 한 시도는 우리가 잃어버린 세계로부터 우리를 분리시킨 근대의 대변동을 이해하는 데 관심이 있는 모든 사람들의 진지한 관심을 끌기에 충분하다.

이에 비해 역사학에 있어서 (그리고 오리엔탈리스트의 전통에 있어서) 문명을 유용한 개념으로 다시 부활시키려는 호지슨의 시도는 좀 문제가 있다고 하겠다. 앞에서 내가 보여주려고 했던 것처럼, 그와 같은 시도는 끝까지 분석해 들어가면 호지슨의 샤리아 개념의 사용에 기반한다. 비록 문명연구를 인종주의적 가설로부터, 관념을 실재인 것처럼 보는 경향으로부터, 그 밖의 다른 오류들을 분리해내려는 진지한 노력을 했음에도 불구하고 샤리아 개념의 배경에 상정된 이상주의적 가설들은 부인하기 어렵게 그를 문화적 본질주의에 근접시키며 이는 그의 성과의 상당 부분을 상쇄해 버리는 효과를 가져온다. 호지슨은 '진정한 이슬람'을 찾는 게 아니라고 했지만 그가 한 일은 궁극적으로는 이슬람을 그것을 형성하는 이상들과 연관지으려는 시도였고 그렇게 함으로써 종파라는 수준에서 종교 전체로 탐색의 수준을 옮기는 것이었다. 종전의 실수에 빠지지 않으면서 한 문명의 역사를 쓸 수 있었던 것에 대해서라면 우리는 호지슨의 노력에 박수를 보낼 수 있다. 그러나 역사가들이 점점 더 무슬림의 '문명'보다는 사회사와 경제사에 관심을 기울이고 있는 만큼 호지슨의 역작은 굉장히 시대착오적인 것처럼 보인다.

『이슬람의 모험』은 이슬람문명 전부에 대한 독창적이고 종합적인 저술이자 동시에 대학 학부생들을 위한 교과서다. 그래서 이 책은 양면의 미덕을 갖추고 있다. 이 책은 어떤 부분에서는 매우 교육적이고(예를 들면, 페르시아 세밀화, 수피 문학, 무슬림 신앙의 여러 형태들, 그리고 타바리, 루미, 이븐 할둔 같은 저술가들의 작품을 어떻게 이해할 것인지에 대한 조언을 제공한다), 또 다른 부분에서는 학술적이고 지적인 자극을 준다. 이슬람사의 전 범위를 하나의 서술의 틀 안에서 다루어 보려고 했다는 점에서 그는 역사학에 독창적이고 중요한 공헌을 한 것이다. 그러나 두 가지 일을 한꺼번에 하느라 몇몇 중요한 결점들도 생겨났다. 예를 들자면 『이슬람의 모험』은 너무나 추상적인 수준에서 쓰여졌기 때문에 학부생들에게 가르치기에는 너무 어렵다. 이 책은 또한 학생들이 (혹은 심지어 그의 동료 학자들이) 가진 배경지식을 지나치게 과대평가했다. 이 책은 종종 따라가기 어려운 복잡하고 괴상한 언어를 사용하고 있는데, 그 정도가 너무 심하기 때문에 호지슨의 생각은 지나치게 빽빽해서 파고들어가기 어렵다고 느껴질 때가 자주 있다. 만약 이 저작이 텍스트로서 그리고 학술적인 저술로서 궁극적으로 성공적이라면 (대차대조표를 만들자면 나는 성공적이라고 생각한다) 그것은 저자의 강도 높은 개인적 노력이 들어갔기 때문이며, 이것은 독자에게 이에 상응하는 강도 높은 개인적 노력을 요구하는 경향이 있다.

『이슬람의 모험』은 독자에게 마치 수피 이야기처럼 동시에 여러 수준에서 도전을 제기한다. (내밀하고 추상적인 논의를 이해하지 못하는) 초심자에게나, (이 책이 지적인 자극을 주는 통찰과 종종 잘못된 방향으로 향하는 부차적인 의견과, 그리고 방법론적인 찬사들로 가득 차 있다고 느낄) 좀 더 경험 있는 독자들에게나 이 책은 정신적으로 그리고 도덕적으로 온 힘을 다하게 만든다. 그래서 나는 이 책이 무한히 매력적이고 생각을 자극한다고 본다. 여러 가지 어려움에도 불구하고 『이슬람의 모험』은 가능한 많은 사람들이 읽어볼 만한 가치가 있는 책이다.

호지슨은 기존의 개념에 만족하지 않고 자신이 스스로 실제의 역사상을 더 잘 반영한다고 생각한 일련의 어휘를 새로 만들거나 또는 기존의 어휘를 재정의해서 사용했다. 비록 번역의 편의상 호지슨의 용어를 일 대 일로 일관되게 쓸 수는 없었지만 『이슬람의 모험』의 도입부분에 설명되어 있는 다음과 같은 호지슨의 대표적인 어휘의 의미를 알아 두는 것이 그의 기본적인 입장을 이해하는 데 도움이 될 것이다.

오이쿠메네(oikoumene):　농경이 시작된 이래 산업혁명 때까지 계속 성장하면서 지역을 초월하여 연결되어 가고 있던 아프로–유라시아의 역사 복합체.

도시문명 (단계의) 사회(citied society):　도시를 포함하며 도시가 그 주변지역을 지배하는 사회라는 뜻으로, 단순히 '문명화된 사회'(civilized society)라고 하는 것이 내포하는 가치판단을 배제한다.

농경(적) 사회(agrarianate society):　근대 사회에 대응되는 흔히 '전근대 사회' 또는 '전통 사회'라는 용어 대신, 그러한 사회들의 성격을 좀 더 적확하게 보여주면서 지나치게 정태적인 인상을 주지 않기 위해 만든 용어다.

이슬람권(Islamdom):　기독교권(Christendom)에서 착안하여 종전의 '이슬람 세계' 혹은 '무슬림 국가들'이라는 용어 대신 무슬림들이 지배적인 지역들이 사실상 유대인, 기독교인 등 다양한 요소들을 내포하는 '사회적 관계의 복합체'임을 암시한다.

이슬람풍의(Islamicate):　종래 '이슬람 미술', '이슬람 문학', '이슬람 과학' 등의 상투적인 문구에서 지나치게 남용되어온 형용사 'Islamic' ('이슬람의' 혹은 '이슬람적')에 대조되는 형용사이다. 호지슨은 종교 자체로서의 이슬람에 직접 관련된 것이 아닌 경우에는 '이슬람권의 사회와 문화와 관련되는' 혹은 '이슬람 스타일의' 라는 정도의 의미를 갖는 이 형용사를 대신 쓸 것을 주장했다.

나일 강에서 옥수스 강까지(Nile to Oxus): 호지슨은 '근동' 이나 '중동' 이라는 지역 명칭이 사람에 따라 일관성 없이 포함하는 범위가 다르게 사용되었다고 지적하고 이슬람권의 가장 주도적인 문화적 중심지역을 구체적으로 나일 강에서 옥수스 강 사이로 지목하여 불렀다.

기술주의(technicalism): 산업혁명과 프랑스혁명 이후의 '근대' 의 특징을 호지슨 나름대로 지칭하는 용어로, 『이슬람의 모험』(*The Venture of Islam*)에서 호지슨은 '근대' 를 기술의 시대(the technical age)라고 불렀다. 그가 '근대' 와 같이 성격이 뚜렷하지 않은, 애매한 용어를 싫어했음을 볼 수 있는 한 예다.

10여 년 전 내가 미국에서 박사 과정 수업을 들을 때, 호지슨의 이슬람사 개설서 『이슬람의 모험』(*The Venture of Islam*)을 독서 과제로 받은 적이 있다. 이 책은 너무 읽기 어려워서 대강의 뜻을 이해하기에도 급급할 정도였다. 호지슨의 책은 학부생과 전문가 모두를 대상으로 한다고 했지만 미국인 학부생들에게도 대단히 버거운 책이었다. 그러나 그렇게 어려워도 그 책에는 그냥 덮어버릴 수 없을 정도로 사람을 압도하는 장엄한 아름다움 같은 것이 있었고, 학자들이 왜 그 책에 대해 존경심을 갖고 있는지를 중동사에 갓 입문한 초학자였던 나도 충분히 느낄 수 있었다. 호지슨의 말은 비록 그 근거가 잘 설명되어 있지 않더라도 권위 있게 들렸다. 사실 호지슨의 책을 읽고 자신의 연구 주제에 대한 영감을 얻은 사람도 많다고 한다. 당시 이슬람 중세사를 가르치던 베아트리스 만츠라는 학자는 호지슨이 만든 '이슬람풍의'(Islamicate) 같은 신조어에 빗대서 자신이 '호지슨식'(Hodgsonate)이라고 농담을 할 정도였다. 나는 그의 책에서는 소략하게 다루어진 근세 이슬람사를 전공하였는데, 나중에 이슬람문명사 강의를 맡게 되어서 억지로라도 자신의 세부 전공을 넘어 이슬람사 전체에 대한 이해를 하지 않으면 안 되었을 때에야 비로소 그 책의 진가를 발견하게 되었다. 호지슨이 보여주는 이슬람의 역사상은 어느 누구의 연구보다도 깊이 있고 종합적이며, 그가 원했던 대로 세계사와 밀접하게 결합되어 있다. 그렇기 때문에 호지슨은 죽은 뒤 지금까지도 많은 이슬람사학자, 세계사학자들에게 영향을 미치고 있고 70년대 중반에 나온 그의 『이슬람의 모험』도 꾸준히 읽히고 있다.

이 책 『마셜 호지슨의 세계사론』(*Rethinking World History*)은 호지슨이 죽은 후 그의 세계사에 대한 구상을 밀도 있게 보여주기 위해 에드먼드 버크 3세가 그의 이슬람사와 세계사에 대한 논문과 유고를 엮은 것이다. 그러므로 이 책은『이슬람의 모험』과 내용이 겹치기도 하고 동일하고 일관된 시각이 나타나 있으며, 문체와 기본개념도 비슷하다. 따라서 호지슨의『이슬람의 모험』에 대해 이루어진 평가는 이 책에 대해서도 상당 부분 적용될 수 있다고 생각한다.

독자들은 이 책에 수록된 글이 1940~60년대 미국에서 쓰여진 것임을 감안하고 호지슨의 논의에 귀를 기울여야 할 것이다. 간혹 글에 공산주의와 소련에 대한 반감과 '원자력 시대'에 대한 언급이 나오는데 이런 것들은 그가 우리와는 다른 시대에 살았던 사람임을 실감케 해준다. 이후 이슬람사의 각 분야에서 많은 연구가 축적되어 왔고, 호지슨이 알고 있던 역사학적 정보들 중 그 일부는 지금의 관점에서 보면 너무나 시대에 뒤떨어졌다. (특히 그가 조심스럽게 언급하려 하였던 후기 이슬람사에서의 침체, 그 중에서도 경제적 침체에 대한 학설들은 근래의 실증적 연구들에 의해 수정되고 있다. 그러나 호지슨은 자신이 언급했던 주장이 계속 수정되어 가고 있는 것을 아마 누구보다도 더 기뻐했을 사람이기도 하다.) 게다가, 여기 수록된 논문들은 여러 지면에 20여 년의 세월에 걸쳐 발표된 것들이라 용어의 사용이 일관되지 않고, 원래 하나의 책으로 기획된 것이 아니라서 비슷한 논지가 여기저기서 중복되기도 했다. 혹자는 호지슨의 논의가 60년대 당시의 첨단학문 수준을 보여줄 뿐이고 오늘날에는 의미가 없다고 생각하기도 한다.

그러나 위와 같은 난해함과 부분적으로 현 시대에 맞지 않는 점에도 불구하고 호지슨의 저작들이 여전히 높은 평가를 받는 까닭은 무엇일까? 그것은 무엇보다도, 그가 아직도 온존하고 있는 세계사와 이슬람사에 대한 관념적 왜곡에 대해 가장 용기 있게 정면으로 다루었고, 가장 양심적으로 학자적 신념에 대한 깊이 있는 성찰을 해냈으며, 이슬람사를 대단히 예리한 감수성으로 내면에서부터 이해하는 데 성공했기 때문일 것이다. 그래서 우리는 그의 책을 읽으면서 단지 그의 논리에 지적인 자극을 받을 뿐만 아니라, 학술서적을 읽으면서 흔치 않은 일종의 감동마저 얻는 것이다. 이렇게 이슬람권의 사람들에게 감정이입이 가능하다는 것은, 일반적으로 외부 사람들에게 이해할 수 없을 정도로 특이하게 비치는 이슬람권을 똑같은 인간들이 만들어낸 개성 있는 세계로 이해했다는 의미이다. 그의 책에서 이런 논의가 되풀이되는 것을 '도덕적 설교'라고 하면서 싫어하는 사람도 있겠지만, 그것은 실제의 예들을 통해서 생생하게 느껴질 수 있어야 한다.

에드워드 사이드의 『오리엔탈리즘』(Orientalism)이 출간된 이래 이슬람 사학계는 큰 지각변동을 겪었고, 오리엔탈리스트라는 용어는 젊은 세대 학자들 사이에서는 비하하는 의미를 담을 정도로 부정적인 말이 되었다. 대학의 커리큘럼도 이제는 중동권 언어의 텍스트를 중심으로 하는 것에서 실증적 연구와 사회과학 이론의 요소를 많이 포함하는 것으로 변해 갔다. 호지슨은 오리엔탈리스트 세대에 속하는데 그 세대의 장점인 면밀한 텍스트 분석을 잘 체현하면서도 오리엔탈리즘의 좁은 역사관을 뛰어넘을 수 있었다는 점에서 더욱 위대했다. 젊은 학자들이 이론적으로는 세련되었지만 전 세대의 오리엔탈리스트만큼 사료에 정통하지 못하다는 점은 분명히 하나의 상실이다. 오리엔탈리즘을 비판적으로 계승하는 데 있어서도 호지슨은 모범을 보여주고 있는 것이다.

사실 호지슨이 오리엔탈리스트들의 최상급 연구 성과들을 종합하고도 양심적인 성찰과 감정이입을 통해 그것을 한 단계 더 끌어올린 것만으로도 그의 업적은 길이 남을 터인데, 거기에 만족하지 않고 이슬람사를 세계사 안에 위치시키는 작업도 했기 때문에 그의 저작이 이슬람사에 전문적 관심을 갖지 않는 사람도 관심을 가질 만한 대상이 되는 것이다. 사실상 그는 현존하는 분야로서 세계사가 존재하기 이전에 그 선구자가 된 사람이고, 안드레 군더 프랑크는 그를 즐겨 인용한다. 그는 여러 지역들의 역사가 각각 상관없는 독립된 분야로 존재하기보다는 세계사라는 단 하나의 역사 분야가 존재해야 한다는 철학적 신념을 지녔다. 그와 같은 철학적 신념을 지니는 것은 비교적 쉬운 일이지만, 그 철학적 신념을 저작에서 구현하기는 너무나도 어려운 일이다. 그렇기 때문에 예컨대 요즘도 세계사 학회(World History Association)의 정기 학술대회에서 발표되는 논문들은 세계의 주요 부분들을 실제로 연결시키지 못하는, 굉장히 피상적인 수준의 교류사에 그치는 경우가 많다. 호지슨처럼 유라시아 대륙의 주요 문명들을 아우르는 넓은 공간적 범위와 기원전 수천 년에서 20세기에 이르는 시간적 범위를 조망하는 세계사론 저작에 성공한다는 것은 대단한 위업이다. 특히 이 책은 종합적인 접근을 시도하는 데 있어서 종교, 지식, 법, 제도, 정통성 부여의 패턴, 도덕 윤리 등을 강조하는 지성사 혹은 문화사의 입장이 강하다는 점에서 독특하다. 그의 이러한 접근법은 일견 지나치게 '상층문화'에만 천착하는 것으로 보일 수도 있지만 한편으로는 그런 논의들을 방대한 지식과 통찰력을 가지고 전개했으며 상대적으로 흔히 보는 사회경제사에 입각한 세계사에 비해 세계사의 인간적이고 인문학적인 측면들을 동시에 보여주는 것이 장점이다. 그는 개인적이고 내면적인 사색가이면서도 역사가들이 공중(公衆)에 대해 갖는 책임을 강조하며 세계사에 대한 관심을 환기시킨다. 비록 각론에서는 호지슨의 논의에 동의하기 어려운 부분들이 있더라도, 그가 진실로 객관적인 세계사를 위해서 보여준 노력만큼은 많은 사람들에게 와 닿는 것이다. 사실 그가 보여주는 세계사와 이슬람사는 우리에게 불모지로 남아 있는 (그리고 물론 세계적으로도 연구가 진척 되어 있지 않은) 두 분야의 절묘한 배합이며 여기에 이 책을 번역한 의의가 있다. 역자는 이 책이 앞으로 우리 사회와 학계에 이슬람에 대한 진지하고 깊은 관심을 불러일으키며 우리의 세계인식을 돌아보게 하는 계기가 되기를 바란다.

그의 저작들은 읽기 쉬운 편이 아니다. 호지슨은 대단히 심오한 사색가여서 그의 문장에는 복잡하게 서로 관련된 생각의 흔적이 드러나 있다. 그의 문장은 독일 학자들의 글을 연상시킨다고들 하는데, 종종 지나치게 복잡하고 너무 많은 뉘앙스를 포함하고 있다. 그런 한편 어떤 주장을 하고 그에 대한 근거를 구체적으로 설명하지 않을 때도 많다. (그래서 구체적이고 사실적인 논의를 좋아하는 사람들은 호지슨을 별로 높이 평가하지 않기도 한다.) 거기에다 마치 독자가 이 정도 사전 지식은 갖추어야 된다는 듯한 태도로 생소한 고유명사들(힌두의 전사집단 이름이나 무굴제국 시대 악바르 대제의 인공 신도시 등)을 아무 설명도 없이 언급하는 일이 잦다. 뿐만 아니라, 호지슨은 우리가 기존에 쓰고 있는 개념들 속에 들어 있는 기성의 관념과 그것이 갖는 편향성과 애매함을 너무도 깊이 의식하고 있어서 좀 더 정확성을 기하기 위해 종종 신조어를 만들어내기도 한다. 이런 점 때문에 일부 학자들은 내용의 중요성에 비해 너무 어렵게 썼다는 비판을 하기도 하며 따라서 역자의 번역 작업도 대단히 어려웠다. 생전의 호지슨은 그의 난해한 문장을 쉽게 다듬으려는 편집자들의 요청을 단호하게 거부하는 학자적 소신을 가졌다고 한다. 나는 가능한 한 그의 문장을 이해하기 쉽게 다듬으려 노력했지만, 그래도 어려운 부분들은 남아 있고, 다만 그의 대의를 잘못 파악한 부분이 없기를 기원할 따름이다.

끝으로 번역 의뢰를 받고도 엄두가 안 나서 망설이던 역자를 격려해주신 서울대 동양사학과의 김호동 선생님, 번역과 교정에 거의 3년 가까운 시간이 들었을 정도로 까다로운 책을 출판하는 데 인내심을 보여주신 사계절출판사 관계자들, 그리고 번역 과정에서 음으로 양으로 도움을 주신 많은 분들께 깊은 감사의 마음을 전한다.

2006년 1월
옮긴이 이은정

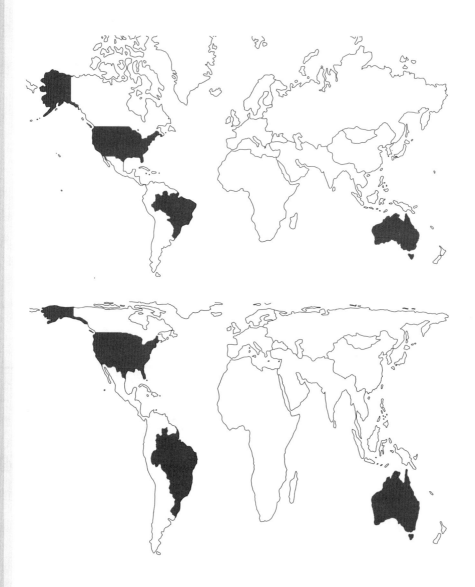

정각 도법인 메르카토르 투영법(위)과 등적 도법인 피터즈(Peters) 투영법(아래)에서 나타나는 세계의 모습을 비교해 보면 유럽과 북아메리카의 면적이 아프리카나 인도 같은 지역의 면적에 비해 얼마나 과장되어왔는지 실감할 수 있다. 피터즈 투영법은 다른 등적 도법들에 비해 고위도의 면적이 메르카토르 지도와 특히 확연하게 대조되므로 메르카토르 도법의 면적왜곡을 드러내고자 하는 사람들에 의해 애용되고 있다.

마셜 호지슨의 세계사론

유럽, 이슬람, 세계사 다시 보기

2006년 1월 23일 1판 1쇄

지은이 | 마셜 호지슨
엮은이 | 에드먼드 버크 3세
옮긴이 | 이은정

편집 | 류형식·강창훈·강변구
디자인 | 백창훈
제작 | 차동현
마케팅 | 정한성
홈페이지 관리 | 최영미

출력 | 한국커뮤니케이션
인쇄 | 대원인쇄
제책 | 명지문화

펴낸이 | 강맑실
펴낸곳 | (주)사계절출판사
주소 | (413-756)경기도 파주시 교하읍 문발리 파주출판도시 513-3
등록 | 제 406-2003-034호
전화 | 마케팅부 031)955-8588 편집부 031)955-8558
전송 | 마케팅부 031)955-8595 편집부 031)955-8596
홈페이지 | www.sakyejul.co.kr 전자우편 | skj@sakyejul.co.kr

값은 뒤표지에 적혀 있습니다.
잘못 만든 책은 구입하신 서점에서 바꾸어 드립니다.

사계절출판사는 성장의 의미를 생각합니다.
사계절출판사는 독자 여러분의 의견에 늘 귀기울이고 있습니다.

ISBN 89-5828-144-8 93900

이 도서의 국립중앙도서관 출판시도서목록(CIP)은
e-CIP 홈페이지(http://www.nl.go.kr/cip.php)에서 이용하실 수 있습니다.
(CIP제어번호: CIP2006000019)